BIOLOGIA

Matèria de modalitat

Ciències i Tecnologia

1r BATXILLERAT

Josep Cuello
Antoni Domínguez
Jordi Pons

BARCANOVA
EDITORIAL

Índex

COM S'ESTRUCTURA UNA UNITAT

Pàgina inicial: pàgina que presenta els diversos continguts de la unitat.

Esquema: índex amb els punts principals tractats en la unitat.

Introducció: text breu que contextualitza el que s'explicarà en la unitat.

El contingut de la unitat està estructurat en apartats i subapartats numerats que permeten una millor ordenació de l'estudi.

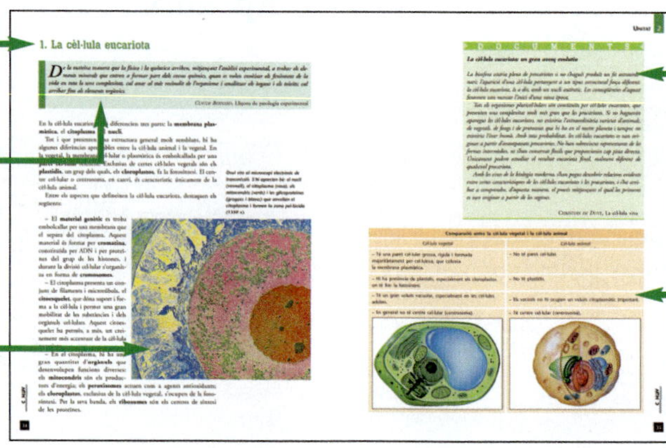

Apartats: numerats i amb títol indicatiu.

Citació: cada unitat està encapçalada per un fragment d'un text d'alguna personalitat.

Fotografies: documentades i d'absolut rigor.

Documents: textos que amplien el contingut.

Taules i esquemes: elements gràfics que ajuden a la comprensió del text.

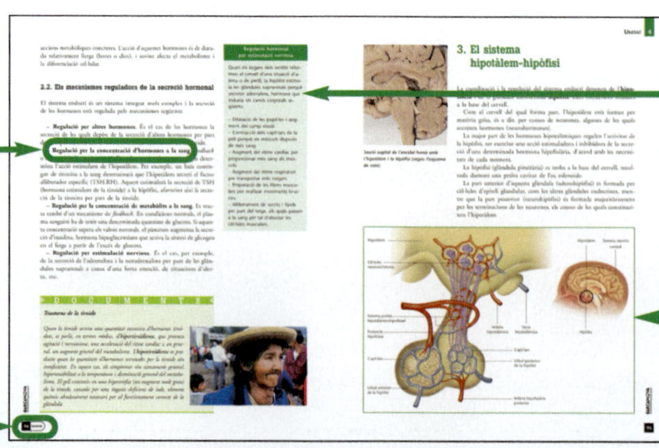

Paraules en negreta: paraules que identifiquen els conceptes que cal retenir.

www: indicació per marcar que en l'adreça www.espaibarcanova.cat hi ha enllaços per completar la informació.

Quadres de text: informació addicional.

Dibuixos: elements gràfics que ajuden a la comprensió del text.

Activitats: cada apartat presenta una proposta d'activitats, identificades amb el número d'unitat i el número correlatiu d'activitat.

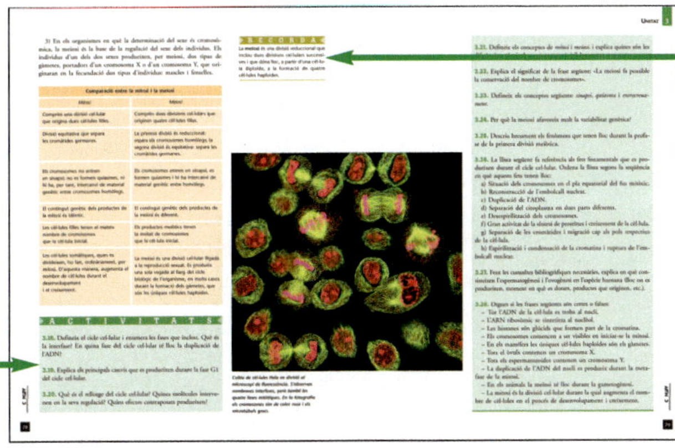

Recorda: textos breus que reforcen conceptes importants.

El tancament de la unitat consta dels elements següents:

Activitats finals: activitats per treballar alguns dels aspectes tractats en la unitat. La numeració és consecutiva amb la resta d'activitats de la unitat.

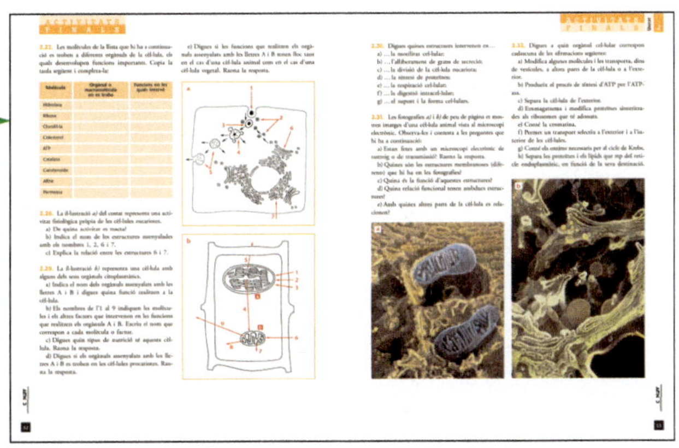

Activitats d'avaluació: activitats per avaluar l'assoliment dels continguts de la unitat.

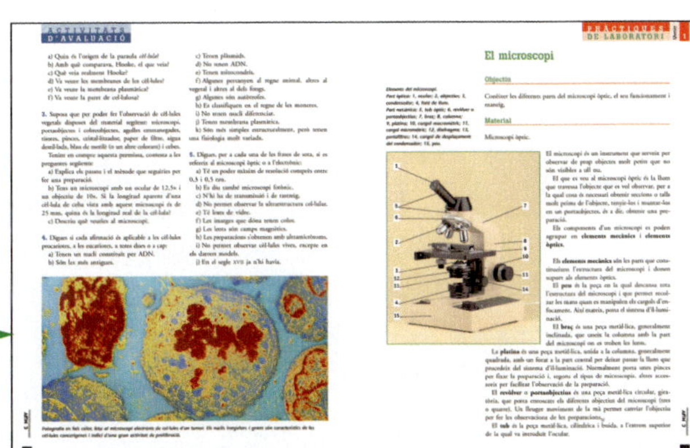

Pràctiques de laboratori: activitats experimentals per fer al laboratori.

UNITAT

1 Els microscopis i la teoria cel·lular

Esquema

1. La teoria cel·lular
2. Els microscopis i l'estudi de la cèl·lula
3. L'organització procariota i eucariota

Santiago Ramón y Cajal (1852-1934).

El descobriment de les cèl·lules, la indagació de les seves parts fonamentals, i més endavant el convenciment de la importància de les cèl·lules en la composició i el funcionament dels éssers vius, són part d'un procés de segles que va culminar en el segle XIX. Més endavant, ja ben entrat el segle XX, noves tecnologies van fer possible l'accés als detalls de la ultraestructura cel·lular (o estructura més íntima). Aquesta llarga història és paral·lela a la història dels microscopis.

BARCANOVA

1. La teoria cel·lular

Vaig agafar un tros de suro, [...] amb un ganivet en vaig llescar una làmina ben prima [...] i vaig poder veure perfectament que estava perforat i proveït de porus, com una bresca d'abelles, [...] que inclouen i constitueixen les cèl·lules.

ROBERT HOOKE, Micrographia *(1665)*

La cèl·lula és la unitat estructural i funcional dels éssers vius. Aquesta és la senzilla formulació de la **teoria cel·lular**, que des que va ser enunciada, en el transcurs del segle XIX, constitueix una de les teories bàsiques de la biologia.

La primera formulació precisa de la teoria cel·lular la van fer simultàniament els alemanys Matthias Jakob Schleiden, en el camp de la botànica, i Theodor Schwann, en el camp de la zoologia (1839). No obstant això, tots dos, van sostenir idees errònies sobre l'origen de les cèl·lules.

De fet, va caldre l'aportació d'un tercer naturalista alemany, el metge Rudolf Virchow, per desenvolupar i completar la teoria cel·lular de Schleiden i Schwann. Virchow va sintetitzar la seva teoria l'any 1858, amb el famós aforisme «*omnia cellula ex cellula*», és a dir, «tota cèl·lula s'origina a partir d'una altra de preexistent».

DOCUMENTS

El microscopi. Dades cronològiques

Cap al 50 dC

L'escriptor i polític Luci A. Sèneca, de Còrdova, utilitza per llegir uns globus convexos plens d'aigua. Aquesta pràctica es continua fent servir fins a l'Edat Mitjana, època en què s'utilitza per miniar.

Cap al 1000

Ibn al-Haytam realitza els primers estudis de l'òptica de l'ull humà i de les lents.

Cap al 1285

Es fan les primeres ulleres per a prèsbites i hipermetrops.

Cap al 1575

Es fan les primeres ulleres per a miops.

Cap al 1590

Data probable de la construcció del primer microscopi compost (o microscopi amb dos sistemes de lents: ocular i objectiu), amb un poder de magnificació real d'uns 10 augments. És difícil de dir qui va ser el primer fabricant d'aquests objectes, ja que molts precursors en prepararen el camí. La ullera de llarga vista construïda per Galileu, per exemple, podia haver donat pas a un microscopi.

Microscopi utilitzat per Robert Hooke. Al fons, el seu llibre Micrographia*, obert per la làmina que il·lustra l'estructura del suro.*

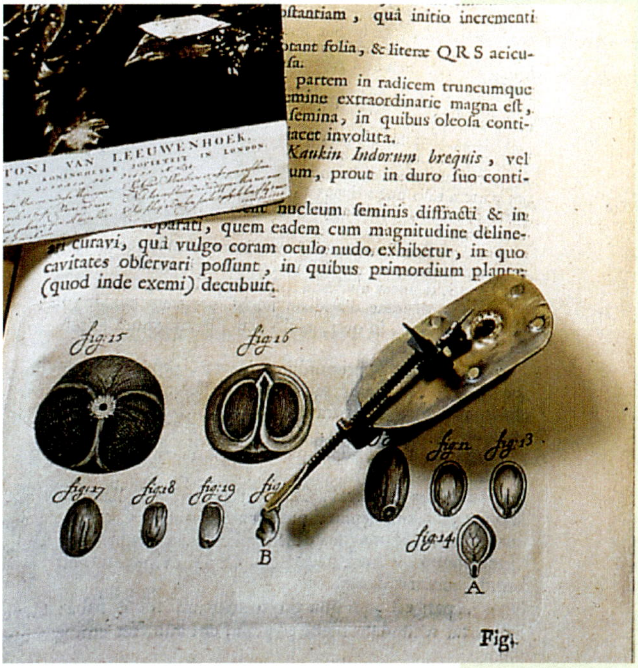

Un dels microscopis utilitzats per Anton van Leeuwenhoek.

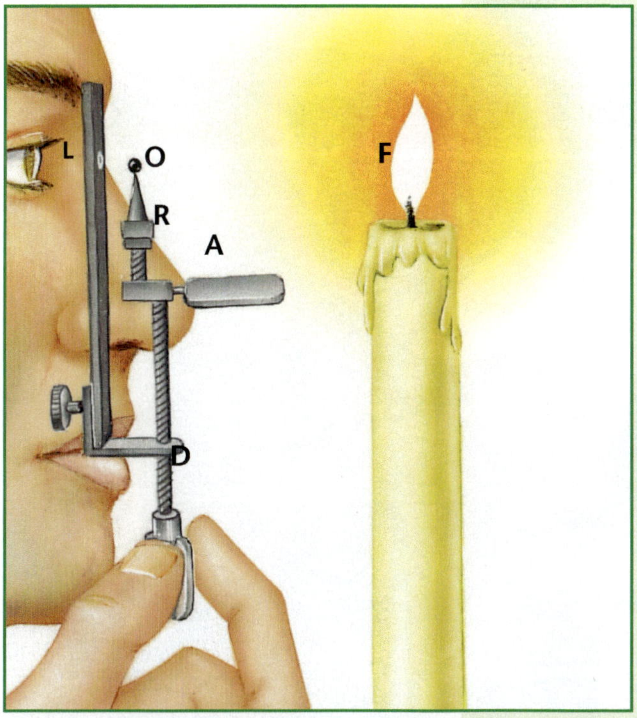

Esquema del funcionament del microscopi d'Anton van Leeuwenhoek.

L: lent
O: objecte
R: cargol de rotació
A: cargol d'aproximació
D: cargol de desplaçament
F: font de llum

1665

L'anglès Robert Hooke (1635-1703) observa una fina làmina de suro amb un microscopi compost de pocs augments. Hi pot veure allò que en realitat són els buits i les parets de cèl·lules mortes del teixit del suro. Impressionat per la semblança que l'estructura té amb les cel·les d'una bresca del rusc de les abelles, diu que és formada per cèl·lules, nom que ha fet història.

1677-1683

L'holandès Anton van Leeuwenhoek (1632-1723) descobreix i descriu la vida microscòpica (els protozous i els espermatozoides), i fins i tot entreveu els bacteris. Els seus microscopis (de fet són lupes, ja que tenen una sola lent molt petita muntada sobre un suport), li donen un augment màxim d'uns 300x. Amb aquest nivell d'augments, les distorsions produïdes per les lents no tractades són ja molt grans i a vegades el porten a errors. Abans que Leeuwenhoek, l'italià Marcello Malpighi (1628-1694), que havia descobert la circulació capil·lar, i l'holandès Jan Swammerdam (1637-1680) havien fet també algunes observacions de vàlua.

1828

El botànic escocès Robert Brown descobreix el nucli cel·lular.

1838

L'alemany Matthias J. Schleiden (1804-1881) proclama la teoria cel·lular en les plantes.

1839

L'alemany Theodor J. Schwann (1810-1882) amplia la teoria cel·lular al món dels animals. Aquesta teoria, que presenta alguns punts inexactes sobre la divisió cel·lular, serà ampliada posteriorment per altres naturalistes: Nägeli, Kölliker, Siebold, etc.

1860

Apareixen els microscopis binoculars. Dos anys abans, l'alemany Rudolf Virchow (1821-1902) proclamà el famós aforisme «omnia cellula ex cellula», *amb el qual confirmava un punt de la teoria cel·lular que quedava pendent: que cada cèl·lula prové, per reproducció, d'una cèl·lula preexistent.*

1878

El físic alemany Ernst Abbe perfecciona els anomenats objectius d'immersió i els condensadors més avançats. Amb aquests sistemes de lents, que se situen entre el focus de llum i l'objecte, i permeten una il·luminació molt més intensa, la capacitat de magnificació del microscopi òptic arriba gairebé al seu sostre, cap als 2 000x.

1879

Walther Flemming observa la divisió de la cèl·lula i els processos que hi tenen lloc. Comprova la constància numèrica dels cromosomes i introdueix el mot mitosi per designar aquesta divisió cel·lular.

1887-1890

Theodor Boveri i Oscar Hertwig observen i descriuen la meiosi en cèl·lules animals.

1888

Eduard Strasburger fa el mateix en cèl·lules vegetals.

1899

Santiago Ramón y Cajal postula la teoria de la neurona, que significa l'extensió de la teoria cel·lular al teixit nerviós, l'últim reducte que quedava per confirmar.

1902

Walter Stanborough Sutton i Theodor Boveri formulen la teoria cromosòmica de l'herència, segons la qual la base física de l'herència rau en els cromosomes del nucli cel·lular.

1932

L'alemany Ernst Ruska construeix el primer microscopi electrònic, amb un poder de magnificació de 4000x. Aquest microscopi funciona amb feixos d'electrons en lloc de llum, i amb bobines electromagnètiques en lloc de lents. Cinc anys mes tard, el canadenc James Hillier i el seu deixeble Albert F. Prebus construeixen un nou prototipus de microscopi electrònic de 7 000x.

1938

El nord-americà d'origen rus Vladimir Kosma Zworykin (que havia construït la primera càmera de televisió pocs anys abans) desenvolupa els prototipus de microscopis electrònics fins a aconseguir instruments que, combinats amb fotografia, donen una magnificació superior a 2 000 000x. Aquests microscopis han representat una autèntica revolució en el camp de la citologia, perquè han permès estudiar la ultraestructura cel·lular, és a dir, els detalls arquitectònics de cadascun dels orgànuls cel·lulars.

Microscopi òptic.

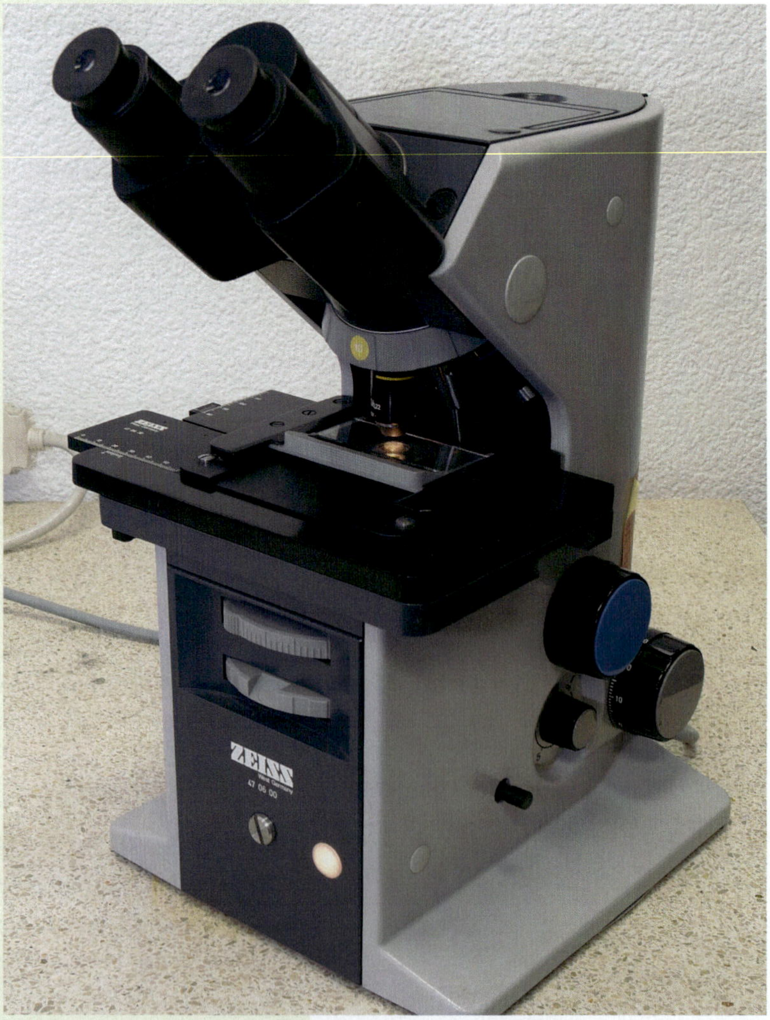

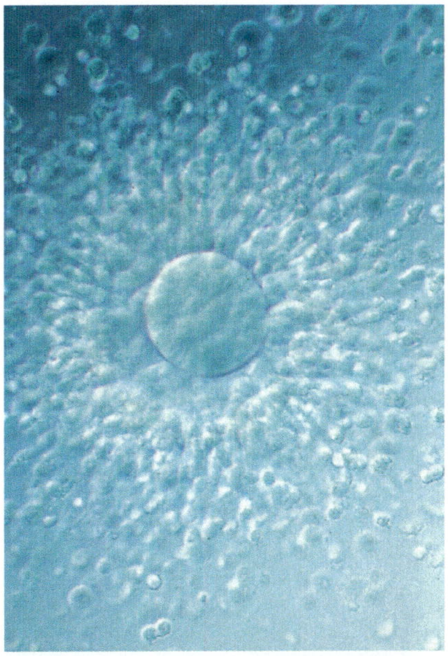

Ovòcit vist a través del microscopi òptic.

En l'actualitat, podem formular la teoria cel·lular de la manera següent:

– La cèl·lula és la part viva més petita i amb l'organització més senzilla. Tots els organismes són constituïts per una o per moltes cèl·lules. La cèl·lula és la **unitat estructural** dels éssers vius.

– La cèl·lula és capaç de portar a terme totes les reaccions químiques necessàries per mantenir-se viva. El bon funcionament dels organismes depèn del funcionament adequat de totes les seves cèl·lules. La cèl·lula és la **unitat funcional o fisiològica** dels organismes.

– Tota cèl·lula deriva per divisió d'una cèl·lula anterior. En molts organismes, la reproducció queda confiada a una estirp especial de **cèl·lules**, anomenades **reproductores** (gàmets, espores...). Tots els organismes, des del més simple fins al més complex, s'originen a partir d'una cèl·lula. La cèl·lula és la **unitat reproductora** dels éssers vius.

– És freqüent que en els organismes pluricel·lulars les cèl·lules presentin les funcions repartides, de tal manera que hi ha cèl·lules especialitzades en una funció determinada i altres cèl·lules que s'especialitzen en altres funcions. Quan això succeeix, l'organisme és integrat per diversos **teixits cel·lulars** o estirps de cèl·lules que realitzen funcions concretes.

La cèl·lula porta a terme les funcions bàsiques de la matèria vivent i és el sistema organitzat més simple portador de les funcions vitals. La cèl·lula viva és un sistema format per molècules orgàniques i inorgàniques que funciona a temperatura constant (isotèrmic), obté l'energia i les matèries primeres de l'entorn i s'autoordena, s'autoregula i s'autoperpetua.

2. Els microscopis i l'estudi de la cèl·lula

El microscopi clàssic és un instrument òptic que funciona amb lents d'augment. Els microscopis actuals es basen en la combinació de dues lents (en realitat, dos sistemes de lents), l'**objectiu** i l'**ocular**, que augmenten la imatge que els arriba després que la llum hagi travessat la preparació, que ha de ser, per tant, molt fina i sovint tenyida per augmentar-ne el contrast. Un tercer sistema de lents, el **condensador**, concentra el feix de llum que arriba a la preparació i millora notablement el rendiment del microscopi.

De totes maneres, el microscopi òptic no pot mostrar elements més petits de 0,2 μm. De fet, si bé el seu límit teòric és proper als 2 000 augments, en la pràctica no és senzill passar de 1 500x. El límit ve determinat per la longitud d'ona de la llum emprada i per l'índex de refracció del medi. Es pot millorar una mica la visió de la preparació si s'utilitza llum ultraviolada o objectius d'immersió, que treballen en un medi líquid.

2.1. Els microscopis electrònics

Si bé la majoria dels orgànuls cel·lulars van ser descoberts amb el microscopi òptic, coneixem la **ultraestructura** d'aquests orgànuls gràcies a la utilització, a partir de la dècada de 1930, del **microscopi electrònic**, que fa servir feixos d'electrons en comptes de llum i bobines electromagnètiques en lloc de lents. Les imatges obtingudes amb aquests instruments poden proporcionar cents de milers d'augments.

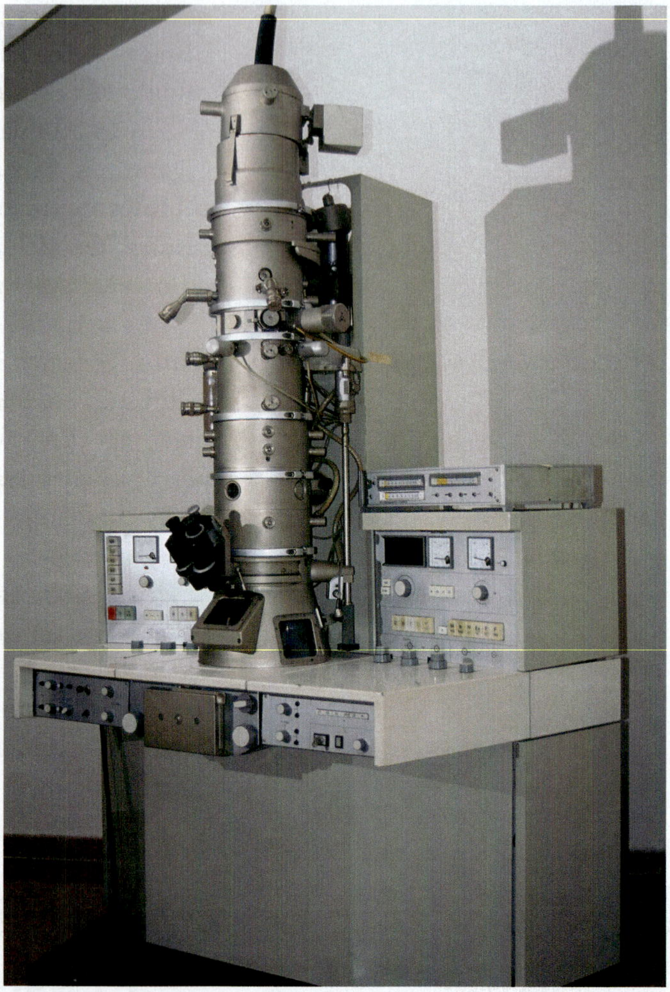

Microscopi electrònic.

Hi ha dues classes de microscopis electrònics: el microscopi electrònic de transmissió i el de rastreig.

El funcionament del **microscopi electrònic de transmissió** es basa en el fet que els electrons que travessen una mostra, quan col·lisionen amb els àtoms d'aquesta són dispersats (canvien de direcció de propagació) i, finalment, poden ser interceptats sobre un suport (negatiu fotogràfic, tub de raigs catòdics...) que en proporciona imatges visibles.

Cada punt de la mostra, que ha de ser extremament prima, té una capacitat determinada de dispersió dels electrons: és més o menys «dens» als electrons. Aquesta capacitat, adequadament tractada per addició, per exemple, de substàncies opaques als electrons que hi actuen com un «colorant», millora el contrast de les imatges.

En el **microscopi electrònic de rastreig**, les imatges es formen a partir dels electrons secundaris que emet la superfície d'una mostra quan és escombrada per un feix d'electrons intens. Aquest microscopi, que no sol passar dels 20 000 augments i sovint treballa pels volts del miler d'augments, és especialment adequat per observar estructures tridimensionals, ja que proporciona relleus d'una precisió extraordinària.

L'estudi de la cèl·lula ha progressat no tan sols gràcies als microscopis, sinó també a la conjunció i al desenvolupament de nombroses tècniques que han fet possible millorar les **preparacions microscòpiques**. Entre aquestes tècniques, cal esmentar la **microtomia**, aplicada a l'obtenció de talls prims per mitjà d'aparells especials o micròtoms; la **citoquímica**, que ha desenvolupat tècniques bioquímiques de tinció d'estructures cel·lulars específiques; la **centrifugació**, i la **radiobiologia**.

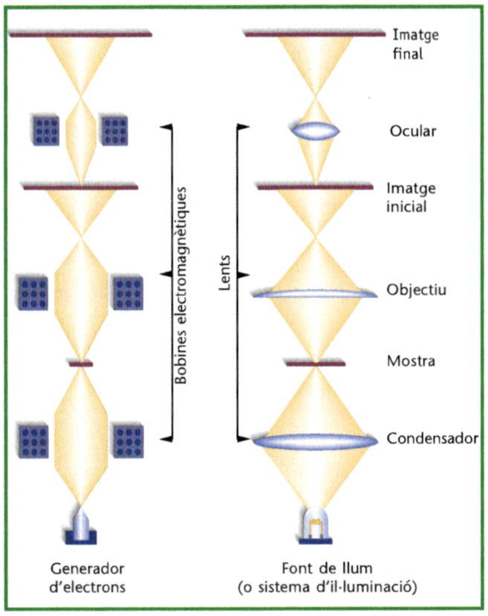

Esquema del funcionament del microscopi electrònic (esquerra) i del microscopi òptic (dreta).

DOCUMENTS

Microscopi òptic o fotònic

El microscopi òptic o fotònic té les característiques següents:
– Possibilita observacions d'entre uns 25 i uns 1 500 augments.
– Té un poder de resolució d'unes 0,2 µm.
– Les preparacions tenen un gruix mitjà de 5 a 15 µm i s'obtenen amb micròtoms.
– Les preparacions són il·luminades amb longituds d'ona d'entre 0,4 i 0,8 µm.
– Té lents de vidre.
– Les imatges es recullen directament a l'ull.
– S'hi poden observar cèl·lules senceres, amb els seus colors naturals o tenyides amb colorants diversos. No s'hi pot observar la ultraestructura cel·lular.

Microscopi electrònic de transmissió

El microscopi electrònic de transmissió té les característiques següents:
– Els augments més freqüents oscil·len entre 1 500 i 200 000x, però es pot treballar a menys augments i fins a 500 000x.
– Té un poder de resolució d'entre 0,3 i 0,5 nm.
– Les preparacions tenen un gruix d'entre 0,09 i 0,05 nm i s'obtenen amb ultramicròtoms.
– Les preparacions són il·luminades per feixos d'electrons amb una longitud d'ona de l'ordre de 0,5 nm i a 65 000 volts.
– Les seves lents són camps magnètics.
– Les imatges es recullen en tubs de raigs catòdics (monitors de televisió) o plaques fotogràfiques.

Grans de pol·len de cogombre (en fals color) vistos al microscopi electrònic de rastreig (350x).

DOCUMENTS

Les unitats mètriques usades en citologia

Els prefixos que es fan servir en citologia per expressar longituds molt petites, d'acord amb el sistema internacional de mesures (SI), són els següents:

mil·li (m) = 10^{-3} m
micro (µ) = 10^{-6} m
nano (n) = 10^{-9} m

A banda del mil·límetre, que resulta massa gran ateses les dimensions de les cèl·lules, les unitats més utilitzades són, per tant, el micròmetre (µm) i el nanòmetre (nm). Els valors i les equivalències són:

micròmetre (µm) = 10^{-6} m = 10^{-3} mm.
nanòmetre (nm) = 10^{-9} m = 10^{-6} mm = 10^{-3} µm.

A vegades, s'usen també els termes micra *i* micró *com a sinònims de* micròmetre.

Dècades enrere, s'havia fet servir una altra unitat, avui en desús, l'angstrom (Å), equivalent a 10^{-10} metres.

DOCUMENTS

L'obtenció de preparacions microscòpiques

1) Obtenció de mostres fresques d'òrgans o de teixits.
2) Fixació de la mostra. Es deixa la mostra submergida en un fixador (alcohol, formol, etcètera) entre 12 i 24 hores (segons el tipus i la grandària).
3) Deshidratació. Després del rentatge, la mostra se submergeix successivament en alcohol etílic de diferents graduacions.
4) Inclusió en parafina.
5) Tallat de les mostres amb el micròtom. S'obtenen talls d'entre 5 i 15 µm de gruix.
6) Extensió dels talls.
7) Eliminació de la parafina i hidratació.
8) Tinció dels talls desparafinats amb diferents colorants, segons el material a observar i allò que es pretén veure.
9) Rentatge i deshidratació.
10) Muntatge. Els talls, tenyits i rentats, es posen a la part central d'un portaobjectes (net i desgreixat) i damunt es col·loquen els cobreobjectes. Per fixar la preparació, es fa servir algun adhesiu, com ara el DPX.

Mètode d'obtenció de preparacions microscòpiques.

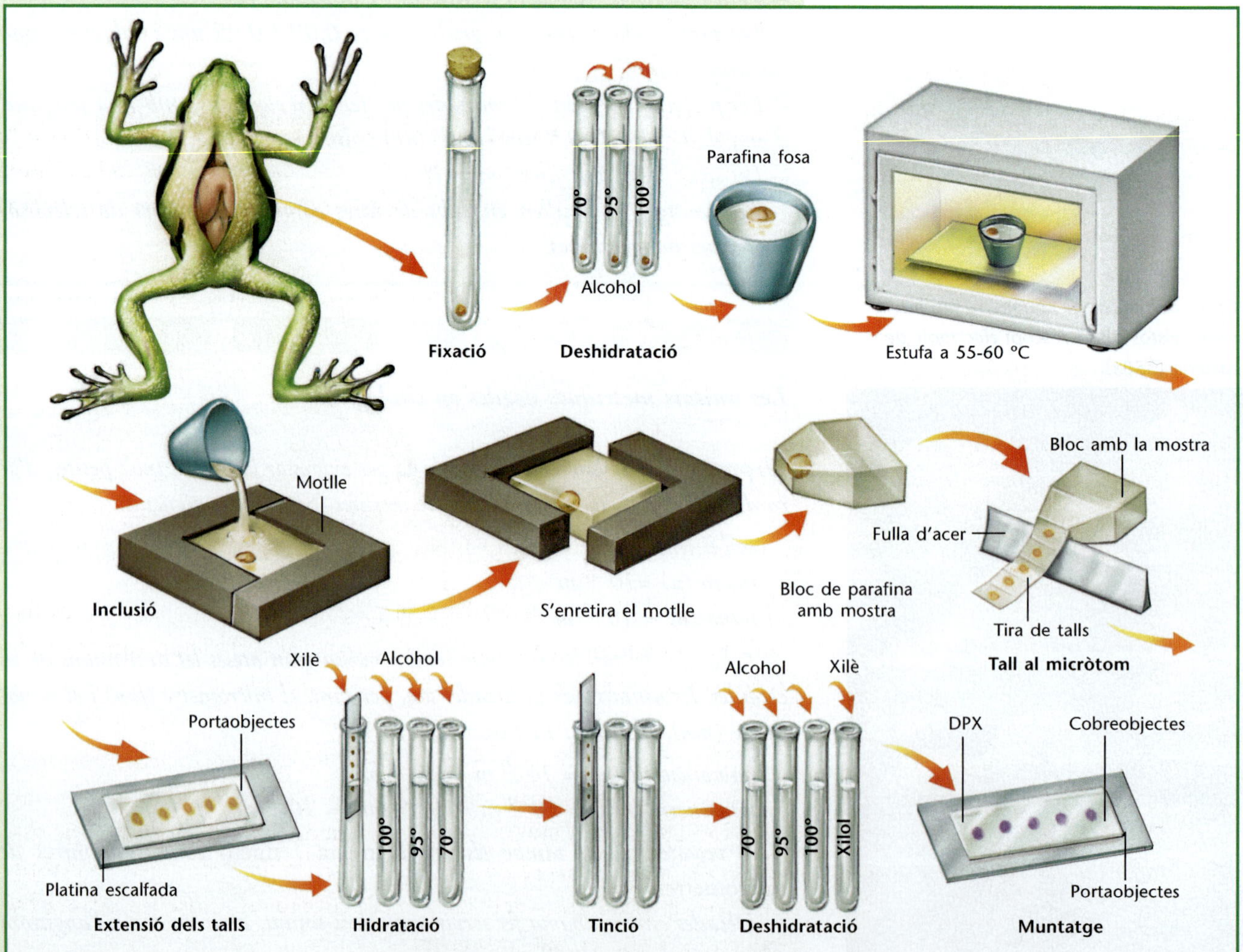

ACTIVITATS

1.1. La imatge que es veu a través d'un microscopi és invertida i augmentada. La longitud aparent d'un objecte és igual a la longitud real multiplicada per l'augment del microscopi. Així, per exemple, un objecte de 20 µm de longitud vist amb un microscopi amb ocular de 10x i objectiu de 40x presenta una longitud aparent de 8 000 µm. La longitud real, l'aparent i l'augment del microscopi mantenen sempre aquesta relació:

longitud aparent = *longitud real* × *augment*

Si un microscopi augmenta 500 vegades, quina longitud aparent, expressada en mil·límetres, tindrà un objecte, la longitud real del qual és de 20 micròmetres?

1.2. Un micròmetre equival a...

a) ... 10^3 nm;
b) ... 10^2 nm;
c) ... 10^{-2} nm;
d) ... 10^{-3} nm;
e) ... 10^{-3} m.

1.3. Al microscopi, els òvuls i els espermatozoides es veuen aproximadament com en la il·lustració que tens a sota. Fixa't que cada cèl·lula presenta un augment diferent. Digues quina és la mida real, en micròmetres, de cada cèl·lula.

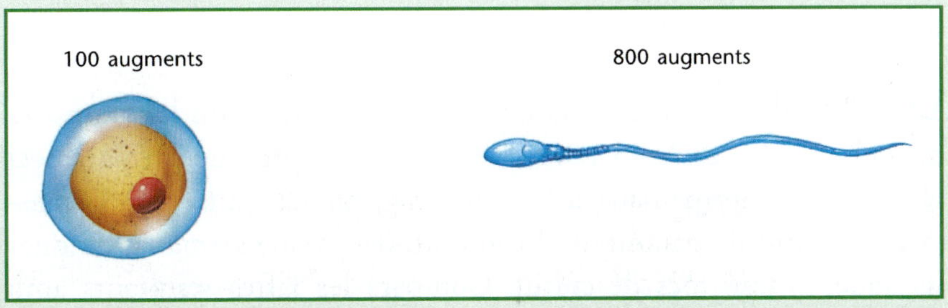

1.4. Formula la teoria cel·lular segons s'entén actualment i explica quines diferències presenta amb la teoria cel·lular que van formular Schwann i Schleiden.

1.5. Per què els virus no es consideren cèl·lules?

1.6. De quina manera es formen les imatges en un microscopi electrònic? Digues quins són els dos tipus bàsics de microscopi electrònic, quina és la principal diferència de funcionament entre un tipus i l'altre, i per a què s'utilitza cada un.

1.7. L'òptic i naturalista holandès Anton van Leeuwenhoek va escriure, l'any 1674: «He pres una mica de sang de la mà i he observat que consisteix en petits glòbuls arrodonits que neden en un líquid clar.»

Com ho va poder descobrir? Com funcionaven els microscopis que feia servir? Què és el que va veure exactament? A què es referia? ¿Es podien veure les cèl·lules de la sang amb l'augment dels seus microscopis? ¿Leeuwenhoek utilitzava el concepte i el terme *cèl·lula*?

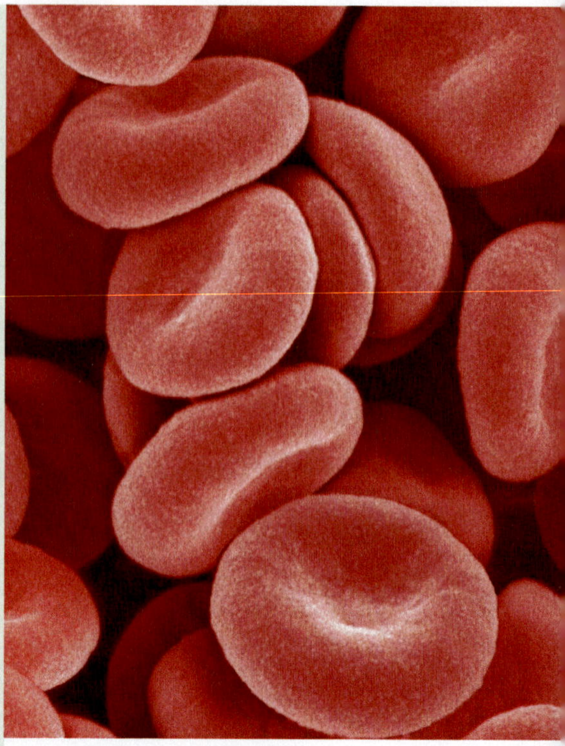

Glòbuls vermells (2 000x).

1.8. L'alga unicel·lular *Chlamydomonas* té uns 15 micròmetres de longitud i neda a una velocitat de 120 micròmetres per segon. A quina velocitat comparativa hauria de nedar un peix de 20 cm de longitud per aconseguir el mateix desplaçament relatiu?

1.9. Assimila les formes d'un parameci i d'un bacteri a la d'un cilindre cinc vegades més llarg que ample, i suposa que un parameci de 100 micròmetres de longitud ingereix cada dia 5 000 bacteris de dos micròmetres de longitud. Calcula quin tant per cent de volum corporal del parameci representa la seva ingesta diària de bacteris.

1.10. Els glòbuls vermells dels mamífers són cèl·lules anucleades que es formen contínuament per substituir els que són destruïts en el fetge i en la melsa. Els glòbuls vermells de la sang humana tenen una vida mitjana de cent vint dies i es troben en una quantitat que oscil·la al voltant dels cinc milions per mil·límetre cúbic de sang. Quants glòbuls vermells per segon es formen en un adult amb cinc litres de sang?

1.11. Un parameci que disposi de prou aliment, en un laboratori es divideix en dos cada 45 hores. Tenint en compte que un parameci té una massa aproximada d'1×10^{-6} mg, digues quina serà la massa d'un cultiu de paramecis al cap d'un dia, d'una setmana, de dues setmanes i d'un mes de cultiu. Compara les xifres resultants amb algunes magnituds conegudes.

1.12. Relaciona cada conjunt de paraules del primer grup amb el conjunt del segon grup.

Primer grup: teoria cel·lular, Theodor Boveri, primer microscopi electrònic, va descobrir el nucli cel·lular, Santiago Ramón y Cajal.

Segon grup: Robert Brown, teoria de la neurona, Rudolf Virchow, observació de la meiosi al microscopi, Ernst Ruska.

1.13. El microscopi dóna imatges d'una grandària superior a la real. La grandària aparent no és fàcil de precisar, si no és mitjançant l'ús d'una escala graduada especial; tanmateix, és prou intuïtiva. Tenint en compte això, respon a les preguntes següents:

a) Un microbi determinat, vist al microscopi, té una longitud aparent d'1 cm. La longitud real d'aquesta espècie de microbis és d'1 μm. Quin és, doncs, l'augment del microscopi?

b) Treballem amb un microscopi que té un objectiu de 40 augments (40x), però en el qual no hi ha cap indicació respecte a l'augment de l'ocular. Amb aquest microscopi mirem una espora de 50 μm de diàmetre, de manera que sembla que tingui 2 cm de diàmetre. Quin és l'augment de l'ocular?

c) En una observació microscòpica de microbis es fa servir un ocular de 15 augments (15x) i un objectiu de 40 augments (40x). Quin és l'augment real d'aquest microscopi?

d) Amb aquest microscopi s'observa un microbi amb un diàmetre aparent d'1 mm. Quin és el seu diàmetre real?

e) Quina longitud aparent, expressada en micròmetres, tindrà una cèl·lula de 20 μm de longitud observada amb aquest microscopi?

Expressa la longitud anterior en mil·límetres, en centímetres i en metres.

Paramecis vistos al microscopi electrònic de rastreig. S'observen clarament la «boca», o citostoma, i les bandes d'abundants cilis (300x).

1.14. A continuació, tens el recordatori d'algunes normes bàsiques d'ús del microscopi. Llegeix-les i completa els espais buits amb els termes següents: *més*, *menys*, *micromètric*, *macromètric*, *objectiu*, *ocular*, *il·luminació*, *preparació*, *lents*.

1) Per enfocar una ... començarem sempre amb l'objectiu de ... augment. Mirant pel costat –no pas directament a través de l'ocular– aproparem el tub òptic fins gairebé tocar la preparació i aleshores començarem a enfocar, separant a poc a poc l'objectiu de la preparació –amb el cargol ... – mentre mirem per l' ... . Si ho fem a l'inrevés –baixant el tub òptic mentre mirem per l'ocular–, podem trencar l' ... , la part més delicada i valuosa del microscopi.

2) Un cop enfocada la ... farem l'ajustament amb el cargol ... .

3) Abans de posar un objectiu de ... augment, centrarem –en el camp de visió– l'objecte o la part que ens interessa veure amb més detall.

4) Per a una bona ... cal situar-se d'esquena a les finestres o a altres focus importants de llum per evitar reflexos. Si es pot triar, és millor la llum natural.

5) El microscopi és un instrument de precisió. Convé tenir la precaució de no sotmetre'l a cops ni moviments bruscos i evitar qualsevol acció que pugui ratllar les ... . Cal tractar-lo amb cura i guardar-lo sempre amb la funda i dins l'estoig per preservar-lo de la pols i la humitat.

3. L'organització procariota i eucariota

La cèl·lula és la unitat fonamental de la matèria vivent. La branca de la biologia que s'ocupa de l'estudi de la cèl·lula és la **citologia**. Tradicionalment, la principal divisió del món viu s'ha establert entre els vegetals i els animals. No obstant això, quan s'estudien els organismes pel que fa al caràcter cel·lular, la principal divisió s'estableix entre els organismes **procariotes**, constituïts per cèl·lules sense nucli, i els **eucariotes**, formats per cèl·lules amb nucli ben diferenciat.

La generalització de l'ús del microscopi electrònic ha fet possible conèixer amb molt detall la **ultraestructura cel·lular** i establir les principals diferències entre l'organització cel·lular procariota i l'eucariota, diferències que es detallen en el document de la pàgina següent. No hi ha dubte que la cèl·lula procariota té una estructura més simple que l'eucariota. Ara bé, malgrat la simplicitat estructural, presenta una fisiologia molt variada i es pot afirmar que la cèl·lula procariota va «inventar» gairebé tots els processos metabòlics que utilitzen la gran diversitat de formes actualment vivents.

Les cèl·lules procariotes són molt més antigues que les eucariotes: s'accepta que van aparèixer uns dos mil milions d'anys abans i van dominar la biosfera durant un període de temps llarguíssim. L'aparició i el desenvolupament de les eucariotes no va comportar-ne l'eliminació.

Els organismes procariotes continuen desenvolupant funcions essencials en la biosfera, com ara la fixació del N_2, i ocupen nínxols ecològics, sovint extrems, dels quals no han pogut ser desplaçats pels eucariotes, generalment més eficients. En les darreres dècades, s'ha formulat la suggeridora teoria de l'**endosimbiosi** o de les **comunitats microbianes coevolucionades**. Aquesta teoria és difícil de comprovar, atesa la seva dimensió temporal, però és una fecunda hipòtesi de treball, la qual suposa que la cèl·lula eucariota és el resultat de l'evolució de la simbiosi de primitives formes «bacterianes» (mitocondris, cloroplastos, flagels, cilis...).

Pel que fa als **virus**, cal considerar-los a part. No compleixen els principis de la teoria cel·lular, ja que no tenen metabolisme propi i per reproduir-se han de parasitar cèl·lules vives. En tot cas es poden definir, tot i la seva limitada autonomia, com a **organismes acel·lulars**.

Els arqueobacteris

Arqueobacteris
L'any 1977 l'equip del microbiòleg Carl Woese en estudiar i comparar l'ARN ribosòmic de diferents grups de bacteris va descobrir que els anomenats ***bacteris metanogènics*** tenien seqüències de nucleòtids clarament diferents de la resta de procariotes. Van proposar que als dos gran dominis de la biosfera, els procariotes i els eucariotes, calia afegir un nou domini per incloure els esmentats bacteris. El nom proposat per aquest nou domini va ser ***arqueobacteris***, per indicar que eren organismes molt antics.
Posteriorment s'ha comprovat que les diferències bioquímiques i estructurals entre els bacteris metanogènics i la resta de bacteris és molt important. S'han descrit prop de tres centenars d'arqueobacteris i s'ha comprovat que la majoria hi viuen en ambients extrems: a temperatures elevades (generalment més de 80° C), sense oxigen i en aigües hipersalines o àcides.

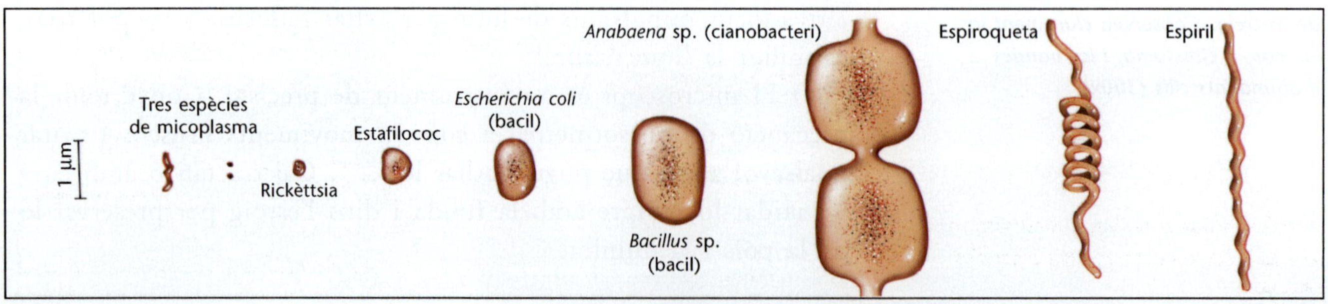

L'enclosimbiosi

L'**enclosimbiosi** és la condició d'un organisme que viu dintre d'un altre en associació simbiòtica, bé a l'interior de les cèl·lules (endocitobiosi, com la dels bacteris que van acabar transformant-se en mitocondris i cloroplastos), bé en els espais intercel·lulars (com les associacions entre fongs i arrels de certs arbres).

DOCUMENTS

La cèl·lula procariota

– El material genètic està en contacte directe amb el citoplasma. No té un nucli diferenciat i presenta una gran molècula d'ADN no associada a histones. A més, hi pot haver petits fragments d'ADN: els plasmidis.
– És de mida petita, al voltant de pocs micròmetres, i d'estructura senzilla.
– La divisió cel·lular és per escissió binària o escissiparitat. No té centre cel·lular.
– La respiració és anaeròbia (estricta o facultativa) o aeròbia. No presenta mitocondris. Les cadenes respiratòries es troben associades a la membrana cel·lular.
– No té motilitat intracel·lular.
– Té orgànuls citoplasmàtics poc abundants i envoltats per una membrana. Els carboxisomes i els clorosomes són exemples d'aquests orgànuls citoplasmàtics.
– Els ribosomes són més senzills que en la cèl·lula eucariota i tenen un coeficient de sedimentació de 70 svedbergs.

La cèl·lula eucariota

– El material genètic està embolcallat per una membrana que el separa del citoplasma. Té un nucli constituït per l'ADN, organitzat en un nombre plural de cromosomes i associat a histones.
– És més gran i més complexa que la cèl·lula procariota.
– La divisió cel·lular es produeix per mitosi típica. Presenta sovint centre cel·lular.
– La respiració és aeròbia (pot mostrar adaptacions secundàries a la vida anaeròbia). Presenta mitocondris que contenen els enzims de les cadenes respiratòries.
– Té una important motilitat intracel·lular.
– Té nombrosos orgànuls citoplasmàtics (complex de Golgi, reticle endoplasmàtic, lisosomes, vacúols...) envoltats per una membrana de tipus unitari.
– Els ribosomes són més complexos que en la cèl·lula procariota i tenen un coeficient de sedimentació de 80 svedbergs.

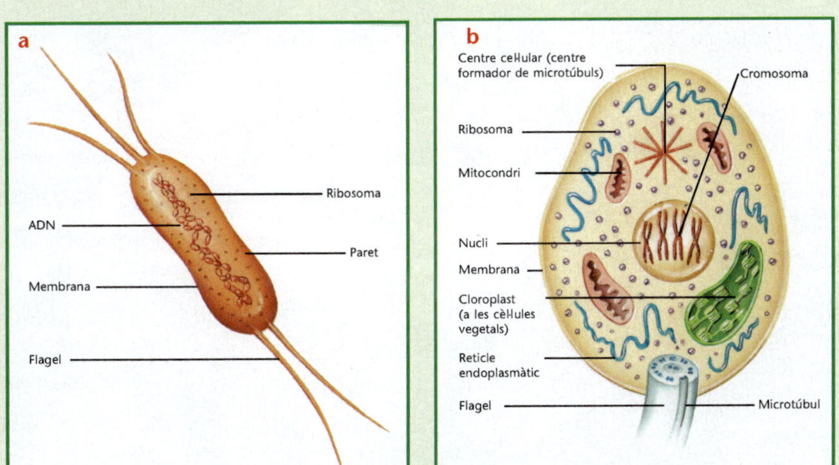

Esquemes d'una cèl·lula procariota (a) i d'una cèl·lula eucariota (b) a escales diferents.

DOCUMENTS

Els organismes procariotes

– *Són unicel·lulars.*
– *Presenten fenòmens de sexualitat amb intercanvi de material genètic (conjugació, transducció, transformació) i de reproducció asexual.*
– *Poden ser autòtrofs (fotoautòtrofs i quimioautòtrofs) o heteròtrofs. No presenten cloroplastos. La fotosíntesi pot ser anaeròbia (sense fotòlisi de l'aigua i producció d'oxigen) o aeròbia.*
– *Inclouen els bacteris i les cianofícies, que formen el regne de les moneres.*

Els organismes eucariotes

– *N'hi ha d'unicel·lulars i n'hi ha de pluricel·lulars.*
– *Els pluricel·lulars es reprodueixen sexualment amb formació de gàmetes, fecundació i formació d'un zigot diploide.*
– *Poden ser autòtrofs (fotoautòtrofs) i heteròtrofs. Els primers presenten cloroplastos amb els pigments i els enzims de la fotosíntesi, que sempre és aeròbia.*
– *Es divideixen en quatre regnes: protoctistos, fongs, vegetals i animals.*
– *En els pluricel·lulars, les cèl·lules apareixen diferenciades en teixits que formen òrgans, aparells i sistemes.*

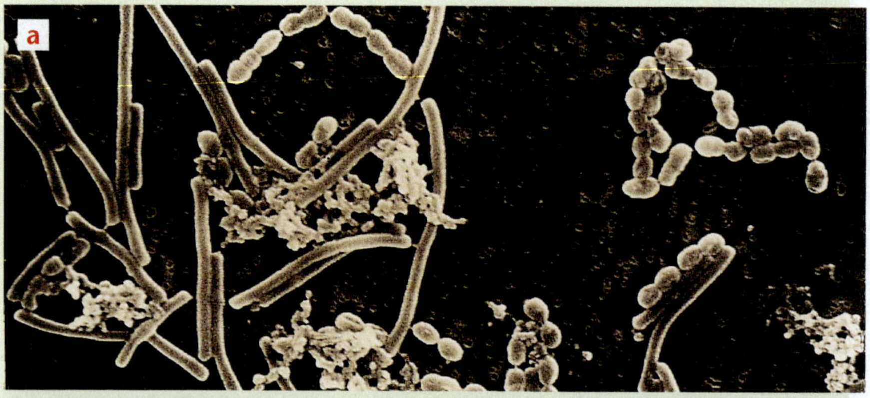
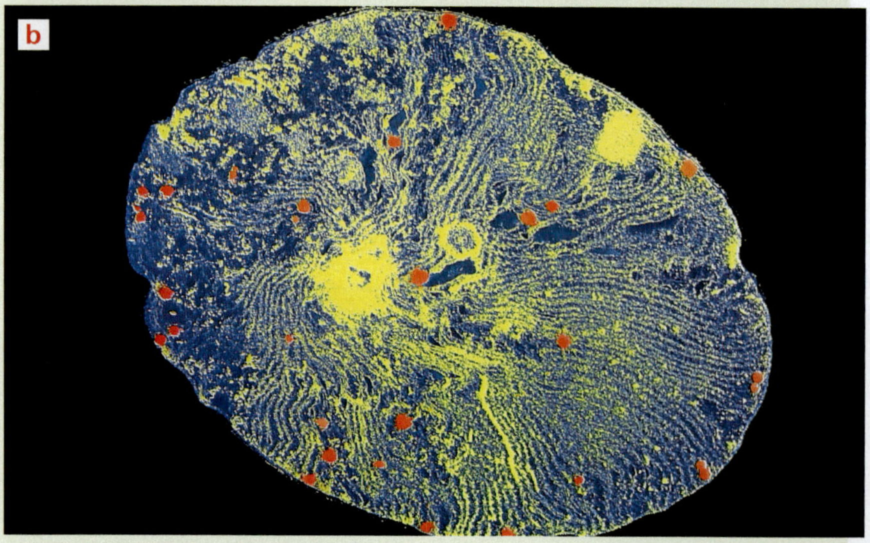

a) Lactobacils.
b) Cianofícia.
c) Fong.
d) Moixó.

1.15. Llegeix el text següent de Theodor Schwann i contesta a les preguntes que hi ha a continuació:

Les primeres exposicions de la teoria cel·lular

Si bé les plantes presenten una gran varietat de formes externes és notable la senzillesa de la seva estructura interna. L'extraordinària diversitat de les seves formes resulta exclusivament de les diferents maneres d'unir-se les estructures elementals simples, és a dir, les ***cèl·lules****, les quals tot i que presenten variades modificacions són, fonamentalment, les mateixes. La classe sencera de les plantes cel·luloses està únicament constituïda per cèl·lules, i moltes per agrupació de cèl·lules homogènies o, fins i tot, per una única cèl·lula. De la mateixa manera, les plantes vasculoses en les seves primeres fases, estan integrades per simples cèl·lules. El gra de pol·len, el qual, segons el descobriment de Schleiden, és la base de la nova planta, és una cèl·lula en les seves parts essencials.*

En les plantes vasculoses perfectament desenvolupades, l'estructura és més complexa. Des de fa algun temps hom distingeix en elles el teixit cel·lular, el teixit fibrós i els vasos o tubs espirals. Les investigacions sobre l'estructura i, especialment, sobre el desenvolupament d'aquests teixits han demostrat, tanmateix, que aquestes fibres i tubs espirals no són altra cosa que cèl·lules allargades (...). Les plantes vasculoses, per tant, estan constituïdes igualment per cèl·lules, algunes de les quals atenyen un grau molt alt de desenvolupament (...).

Els animals que presenten una varietat de formes externes molt més gran que la del regne vegetal, tenen també uns teixits d'estructura més complexa, principalment en les classes més elevades (...). Molt gran és la diferència entre un múscul i un nervi, entre aquest i el teixit cel·lular (que no té res a veure amb el vegetal del mateix nom), entre l'elàstic i el corni, etc. Malgrat això, en estudiar el desenvolupament d'aquests teixits es manifesta que totes les seves múltiples formes s'originen igualment només de cèl·lules, completament anàlogues a les vegetals i coincidents amb elles en alguns dels seus fenòmens vitals. El propòsit del present treball és provar aquest fet amb tota una sèrie d'observacions.

Theodor Schwann, Investigacions microscòpiques

a) Com resumiries el contigut del text?

b) Qui era Theodor Schwann? Per què el text que has llegit és important en la història de la biologia?

c) Què és la teoria cel·lular? Com la resumiries?

d) Per què la teoria cel·lular no va ser formulada fins al segle XIX?

a) Retrat de Marcello Malpighi.
b) Retrat de Francesco Redi.
c) Retrat d'Anton van Leeuwenhoek.

1. Robert Hooke (1635-1703), Anton van Leeuwenhoek (1632-1723), Jan Swammerdam (1637-1680), Marcello Malpighi (1628-1694), Nehemiah Grew (1641-1712), Francesco Redi (1626-1698) i Crisòstom Martínez (1638-1694), entre d'altres, van ser importants microscopistes que, en el transcurs del segle XVII, van descobrir aspectes importants del món microscòpic. Llegeix el text següent, completa la teva informació i contesta a les preguntes que hi ha en la pàgina següent:

Leeuwenhoek i els microscopis del segle XVIII

De tots els microscopistes clàssics, el que més impressionà els seus contemporanis fou Anton van Leeuwenhoek. Nascut a Delft, hi aconseguí un càrrec oficial, de poca importància, que li permetia dedicar el seu temps a la microscòpia. Ignorava completament la resta del món. Leeuwenhoek construí sempre els seus microscopis, les lents i els accessoris. Tanmateix, els millors microscopis no els volgué ensenyar mai, fins al punt que en una de les seves comunicacions feia notar que en reservava alguns exclusivament per als seus estudis i que «mai ningú, que no fos ell, no hi havia mirat».

El que caracteritza Leeuwenhoek d'entre els microscopistes clàssics és el fet d'haver treballat exclusivament amb lents simples. En aquella època, els microscopis compostos presentaven el que avui s'anomena «aberració cromàtica»; en canvi, una lent simple no acusa aquest inconvenient, tot i que, d'altra banda, si l'augment és molt gran, l'àrea del camp nítid es redueix molt. El principi general de construcció dels microscopis de Leeuwenhoek és totalment simple; la forma d'usar-los, tanmateix, ben complicada.

Leeuwenhoek no treballà mai llargues temporades sobre un mateix tema, sinó que es permetia deambular amb el seu microscopi pels diferents aspectes de la natura, retrobant, a cada pas, noves meravelles [...]: amplià el coneixement de la circulació capil·lar [...] i dels glòbuls sanguinis [...], donà excel·lents referències de l'estructura microscòpica dels músculs, del cristal·lí de l'ull, de les dents, de la pell [...]; és molt notable, també, el seu treball sobre els ulls compostos dels insectes [...], on demostrava que aquestes lents formen nombroses imatges invertides [...]. Entre les millors observacions de Leeuwenhoek cal esmentar les que es refereixen al desenvolupament de la formiga, a la naturalesa de la cotxinilla (un insecte), a l'aparell filador de les aranyes i al desenvolupament de les cloïsses; però tal vegada la seva conquesta màxima fou la d'haver albirat l'existència dels bacteris (1683).

Si s'examinen els escrits dels microscopistes clàssics, la primera impressió que se'n treu és que el seu treball no té un sistema determinat o una finalitat concreta [...].

La infinita complexitat dels éssers vius que el seu treball revelava fou filosòficament tan pertorbadora com l'ordenada majestuositat del món astronòmic que Galileu i Kepler havien desvetllat [...], si bé les seves conseqüències tardaren molt més temps a penetrar en la ment dels homes.

Hom no pot deixar de quedar impressionat per l'aïllament d'aquests homes. Com és freqüent, tots ells eren de caràcter excèntric. Constituïen un grup quasi totalment separat dels altres investigadors. Gairebé no tenien deixebles ni, tampoc, imitadors [...]. Romangueren sense continuadors efectius fins al segle XIX.

CH. SINGER, Història de la biologia

a) Redacta una biografia breu (lloc de naixement, època, activitats i principals descobriments) de cada personatge esmentat.

b) Fes una exposició raonada dels principals avantatges i inconvenients inherents als microscopis usats per Leeuwenhoek, tant des d'un punt de vista objectiu com en relació amb el moment en què els va usar i els instruments més emprats en aquella època.

c) Explica per què aquells microscopistes no eren especialistes, tal com entenem ara l'especialització dels científics. ¿És mera casualitat que no ho fossin o és un fet produït per les circumstàncies d'aquell moment científic? Raona la resposta.

d) Què perseguien aquells microscopistes? Quina finalitat buscaven?

e) Quines eren les condicions de treball i les circumstàncies personals i psicològiques dels microscopistes del segle XVII?

f) Comenta aquesta frase del text: «La infinita complexitat dels éssers vius que el seu treball revelava fou filosòficament tan pertorbadora com l'ordenada majestuositat del món astronòmic que Galileu i Kepler havien desvetllat [...], si bé les seves conseqüències tardaren molt més temps a penetrar en la ment dels homes.»

2. Llegeix el text següent de Robert Hooke i contesta a les preguntes que hi ha en la pàgina següent. (Si mai vols repetir l'experiència, no ho facis tal com diu Hooke, perquè et podries fer un bon tall; fes servir un micròtom de mà.)

LA PRIMERA DESCRIPCIÓ DE LES CÈL·LULES

Vaig prendre un tros de suro i amb un ganivet afilat com si fos una navalla en vaig tallar un fragment mirant de deixar ben llisa la seva superfície.

Aleshores, la vaig examinar amb diligència amb un microscopi i vaig poder percebre-hi petits porus, però sense poder distingir-los clarament.

[...] Amb el mateix ganivet vaig fer d'aquella peça de superfície llisa una llesca ben prima, la vaig posar sobre un suport negre, ja que per si mateixa era blanca, i la vaig il·luminar mitjançant una grossa lent planoconvexa.

Aleshores vaig poder veure perfectament que la làmina estava tota perforada i provista de porus, iguals que els d'una bresca d'abelles, si bé en aquest cas els porus no eren regulars i diferien d'una autèntica bresca en alguns punts:

En primer lloc, tenen molt poca substància sòlida en comparació de la cavitat buida continguda entre els intersticis (parets, com jo els denomino) o particions entre els porus, els quals intersticis són prims en relació amb els porus en si mateixos, talment com delicades pel·lícules de cera d'una bresca [...] que inclouen i constitueixen les cèl·lules hexagonals.

En segon lloc, aquests porus, o cèl·lules, no són gaire profunds, però es troben en gran nombre, com a petites capsetes, separades entre si per fins diafragmes [...].

ROBERT HOOKE, Micrographia

a) Quin és l'origen de la paraula *cèl·lula*?

b) Amb què comparava, Hooke, el que veia?

c) Què veia realment Hooke?

d) Va veure les membranes de les cèl·lules?

e) Va veure la membrana plasmàtica?

f) Va veure la paret de cel·lulosa?

3. Suposa que per poder fer l'observació de cèl·lules vegetals disposes del material següent: microscopi, portaobjectes i cobreobjectes, agulles emmanegades, tisores, pinces, cristal·litzador, paper de filtre, aigua destil·lada, blau de metilè (o un altre colorant) i cebes.

Tenint en compte aquesta premissa, contesta a les preguntes següents:

a) Explica els passos i el mètode que seguiries per fer una preparació.

b) Tens un microscopi amb un ocular de 12,5x i un objectiu de 10x. Si la longitud aparent d'una cèl·lula de ceba vista amb aquest microscopi és de 25 mm, quina és la longitud real de la cèl·lula?

c) Descriu què veuries al microscopi.

4. Digues si cada afirmació és aplicable a les cèl·lules procariotes, a les eucariotes, a totes dues o a cap:

a) Tenen un nucli constituït per ADN.

b) Són les més antigues.

c) Tenen plàsmids.

d) No tenen ADN.

e) Tenen mitocondris.

f) Algunes pertanyen al regne animal, altres al vegetal i altres al dels fongs.

g) Algunes són autòtrofes.

h) Es classifiquen en el regne de les moneres.

i) No tenen nucli diferenciat.

j) Tenen membrana plasmàtica.

k) Són més simples estructuralment, però tenen una fisiologia molt variada.

5. Digues, per a cada una de les frases de sota, si es refereix al microscopi òptic o a l'electrònic:

a) Té un poder màxim de resolució comprès entre 0,3 i 0,5 nm.

b) Es diu també microscopi fotònic.

c) N'hi ha de transmissió i de rastreig.

d) No permet observar la ultraestructura cel·lular.

e) Té lents de vidre.

f) Les imatges que dóna tenen color.

g) Les lents són camps magnètics.

h) Les preparacions s'obtenen amb ultramicròtoms.

i) No permet observar cèl·lules vives, excepte en els darrers models.

j) En el segle XVII ja n'hi havia.

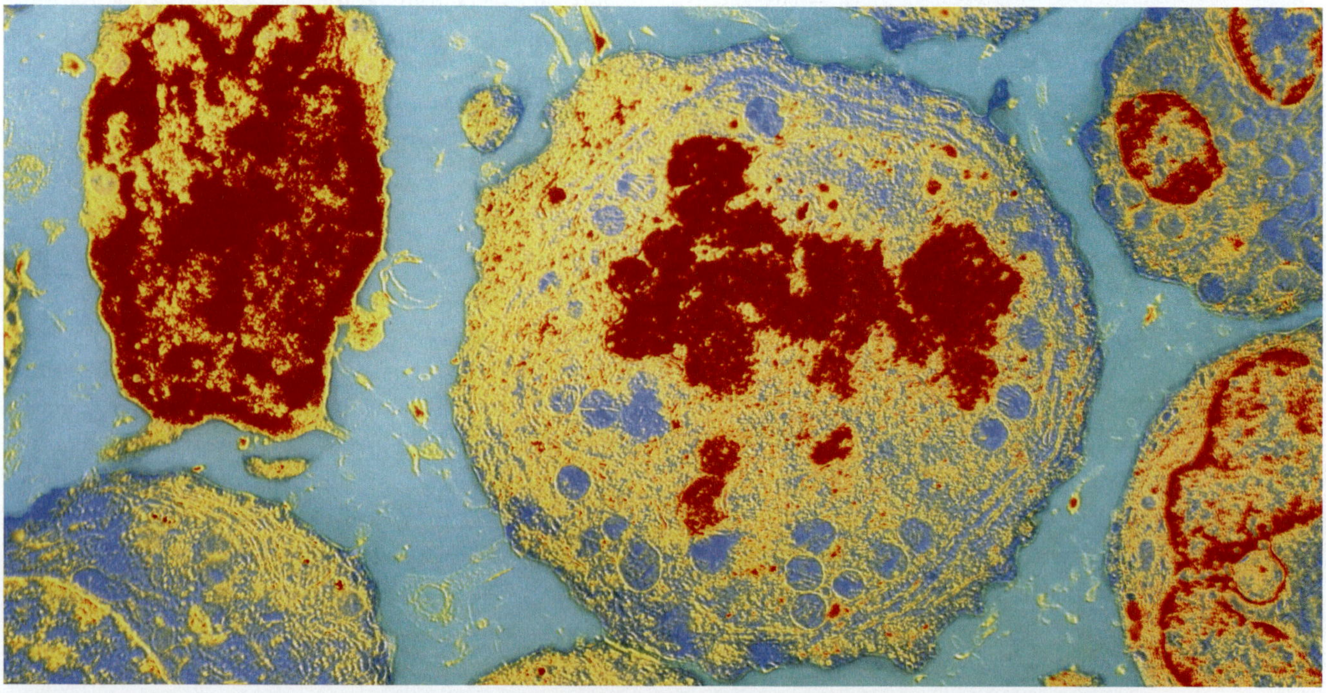

Fotografia (en fals color) feta al microscopi electrònic de cèl·lules d'un tumor. Els nuclis irregulars i grans són característics de les cèl·lules cancerígenes i indici d'una gran activitat de proliferació.

El microscopi

Objectiu

Conèixer les diferents parts del microscopi òptic, el seu funcionament i maneig.

Material

Microscopi òptic.

Elements del microscopi.
Part òptica: 1, ocular; 2, objectius; 3, condensador; 4, font de llum.
Part mecànica: 5, tub òptic; 6, revòlver o portaobjectius; 7, braç; 8, columna; 9, platina; 10, cargol macromètric; 11, cargol micromètric; 12, diafragma; 13, portafiltres; 14, cargol de desplaçament del condensador; 15, peu.

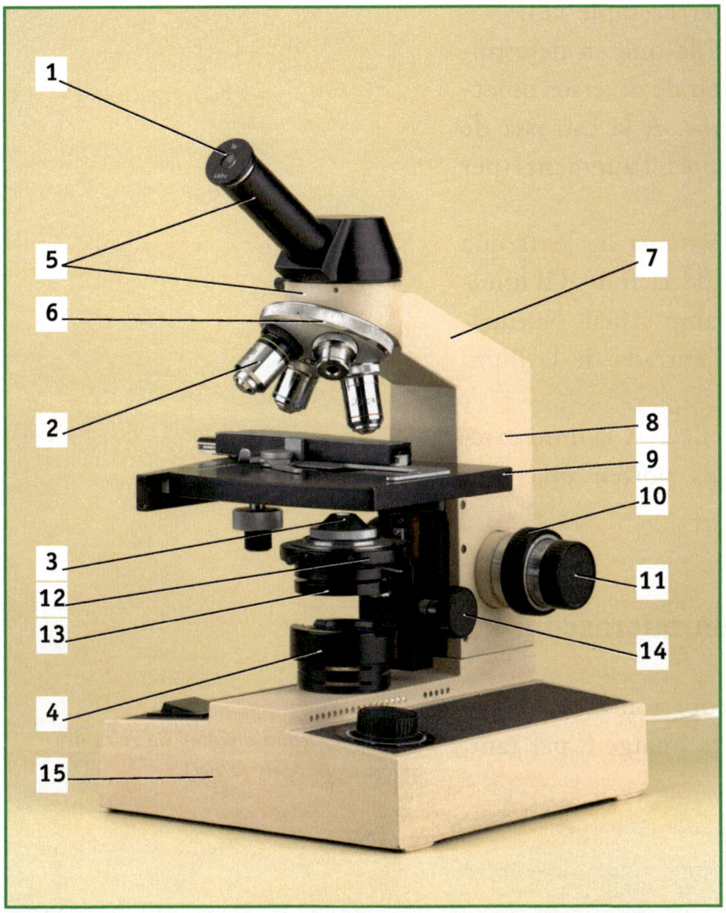

El microscopi és un instrument que serveix per observar de prop objectes molt petits que no són visibles a ull nu.

El que es veu al microscopi òptic és la llum que travessa l'objecte que es vol observar, per la qual cosa és necessari obtenir seccions o talls molt prims de l'objecte, tenyir-los i muntar-los en un portaobjectes, és a dir, obtenir una preparació.

Els components d'un microscopi es poden agrupar en **elements mecànics** i **elements òptics**.

Els **elements mecànics** són les parts que constitueixen l'estructura del microscopi i donen suport als elements òptics.

El **peu** és la peça en la qual descansa tota l'estructura del microscopi i que permet recolzar les mans quan es manipulen els cargols d'enfocament. Així mateix, porta el sistema d'il·luminació.

El **braç** és una peça metàl·lica, generalment inclinada, que uneix la columna amb la part del microscopi on es troben les lents.

La **platina** és una peça metàl·lica, unida a la columna, generalment quadrada, amb un forat a la part central per deixar passar la llum que procedeix del sistema d'il·luminació. Normalment porta unes pinces per fixar la preparació i, segons el tipus de microscopis, altres accessoris per facilitar l'observació de la preparació.

El **revòlver** o **portaobjectius** és una peça metàl·lica circular, giratòria, que porta enroscats els diferents objectius del microscopi (tres o quatre). Un lleuger moviment de la mà permet canviar l'objectiu per fer les observacions de les preparacions.

El **tub** és la peça metàl·lica, cilíndrica i buida, a l'extrem superior de la qual va introduït l'ocular.

Els **dispositius d'enfocament** són un o dos cargols adossats a la base del braç que permeten desplaçar la platina amunt o avall i situen la preparació més a prop o més lluny de l'objectiu. El cargol més gran, anomenat **cargol macromètric**, és de pas ràpid i es fa servir per realitzar un primer enfocament. El **cargol micromètric** és de pas lent i permet un ajustament precís de l'enfocament.

Els **elements òptics** fonamentals del microscopi són les lents: l'**ocular**, l'**objectiu** i el **condensador**.

L'**ocular** és la lent a la qual apropem l'ull per fer observacions microscòpiques. Es localitza a l'extrem superior del tub òptic, es pot treure amb facilitat i augmenta la imatge que dóna l'objectiu. Normalment porta gravat el seu augment a la part superior (per exemple x8).

L'**objectiu** és la lent principal del microscopi i la que en determina la qualitat. La majoria dels microscopis disposen de diversos objectius que van enroscats al revòlver o portaobjectius. A la carcassa de cada objectiu hi ha gravada un xifra que n'indica l'augment (per exemple x40).

El **condensador**, situat sota la platina, és un sistema de lents que concentra el feix de rajos lluminosos procedents de la font d'il·luminació i dóna una il·luminació uniforme a tot el camp visual. Normalment porta englobat un **diafragma** per regular l'entrada de la llum.

El **focus d'il·luminació** pot ser un mirall que reflecteix la llum exterior cap al condensador, però molts microscopis porten una font d'il·luminació elèctrica incorporada.

a) L'augment i el poder de resolució d'un microscopi

L'augment i el poder de resolució d'un microscopi són dues de les característiques més importants de la qualitat de la imatge i, per tant, de la qualitat d'un microscopi.

La major part dels microscopis disposen de més d'un ocular, cadascun d'ells amb un augment que ve indicat a la part superior, i de diversos objectius. El nombre total d'augments amb el qual es treballa s'obté multiplicant l'augment de l'ocular per l'augment de l'objectiu.

El poder de resolució (que a ull nu és de 0,1 mm) es defineix com la capacitat de veure separats dos punts molt propers, és a dir, la capacitat de veure'ls com a dos punts i no pas com a una taca única. Si apliquem aquest concepte al microscopi, podem dir que el seu poder de resolució (que té un

Microfotografia d'epiteli de ceba al microscopi òptic (100x).

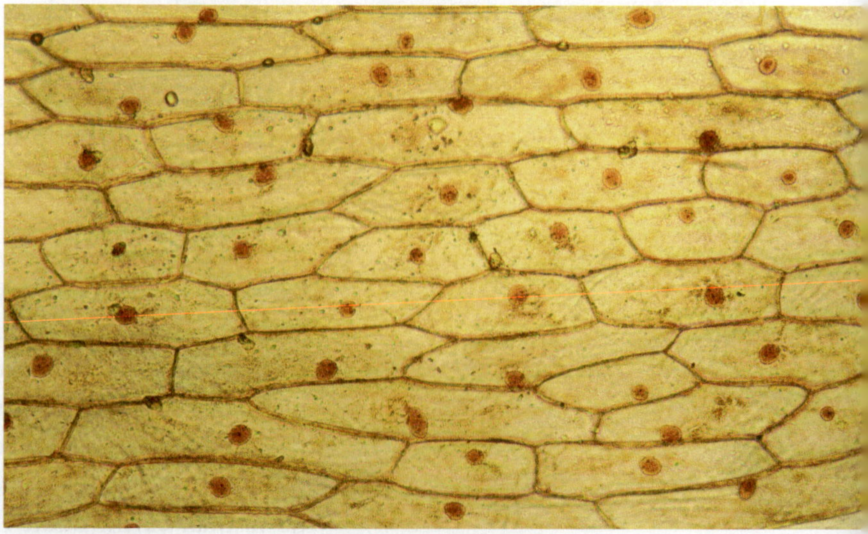

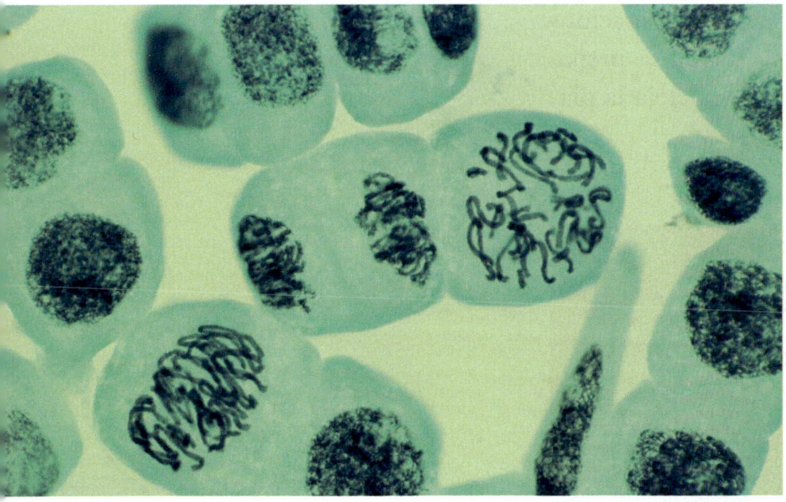

Cèl·lules d'arrel de ceba en mitosi al microscopi òptic (200x).

valor màxim de 0,2 micròmetres) és la capacitat d'oferir-nos el detall i no solament l'augment.

En el microscopi, el poder de resolució depèn de la qualitat dels objectius i ve determinat per l'anomenada **obertura numèrica** (que és una mesura de les dimensions del con lumínic refractat per la preparació que pot admetre l'objectiu).

Els bons objectius porten sempre inscrites dues xifres: l'augment, amb valors de x4, x10, x40, etc., i l'obertura mecànica, amb valors gairebé sempre inferiors a la unitat (llevat d'objectius especials o objectius d'immersió), però més propers a aquest valor com més qualitat tenen. Els objectius d'immersió permeten elevar l'obertura numèrica i, per tant, el poder de resolució, perquè són pensats per treballar en un medi diferent de l'aire. Això s'aconsegueix posant una goteta d'una substància oleaginosa entre la preparació i l'extrem de l'objectiu (per exemple, oli de cedre) i fent que es toquin.

b) El maneig del microscopi

Per manejar de manera correcta el microscopi et recomanem que realitzis el procés seguint aquests passos:

– Recolza de manera correcta el microscopi damunt la taula d'observació.

– Obre el sistema d'il·luminació i comprova que sigui l'òptima.

– Col·loca la preparació al centre de la platina i fixa-la amb les pinces de fixació.

– Mou el revòlver i posa en posició d'observació l'objectiu de menor augment.

– Situa la platina a una bona distància de l'objectiu.

– Apropa l'objectiu a la preparació utilitzant el cargol macromètric, i vigila que no arribin a tocar-se.

– Mira per l'ocular i enfoca la preparació amb precisió, fins a tenir una visió nítida.

– Sense deixar d'observar per l'ocular, mou la preparació en diferents direccions.

– Un cop feta una primera observació de la preparació, que et donarà una idea general del seu contingut, centra la part que vols observar a més augments.

– Movent el revòlver, situa en posició d'observació un objectiu de més augment. Normalment caldrà fer un petit ajustament de l'enfocament amb el cargol micromètric.

– A mesura que utilitzis objectius de més augment, caldrà regular la il·luminació per mitjà del condensador i del diafragma.

– Una vegada finalitzada la sessió d'observació, fes les operacions següents: apaga el sistema d'il·luminació i desendolla'l; treu la preparació de la platina; posa-hi l'objectiu de menor augment; neteja la platina i les altres parts del microscopi.

– Desa el microscopi al seu lloc.

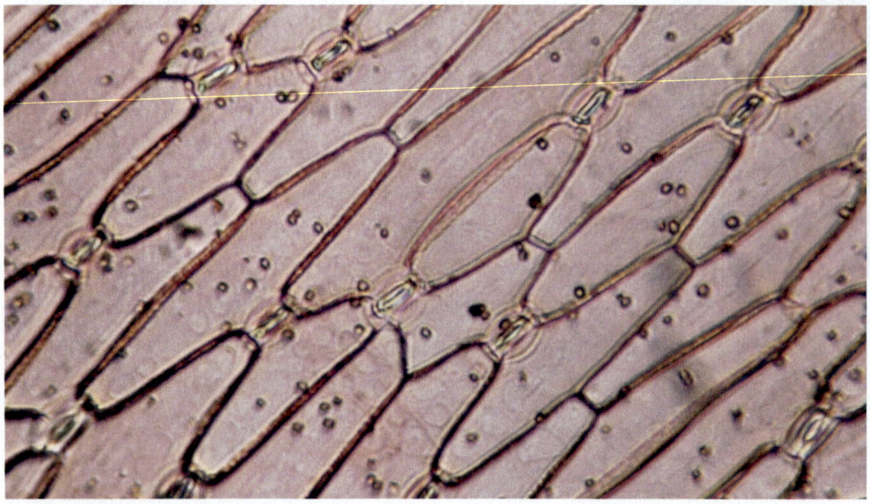

Epidermis amb estomes al microscopi òptic.

1. De quines parts del microscopi depèn la correcta il·luminació de la preparació que vols observar?

2. Quan desplaces el condensador, de quina manera varia la il·luminació?

3. Com varia la il·luminació quan obres o tanques el diafragma?

4. En una observació al microscopi, quin recorregut fa la llum des que surt del focus d'il·luminació fins que arriba al nostre ull?

5. Quants grups de lents hi ha en el microscopi? Quin nom reben?

6. Com calcules amb quin augment treballa un microscopi? Quines combinacions d'oculars i d'objectius es poden fer amb el microscopi que fas servir? Fes una taula que inclogui aquestes combinacions i l'augment final de cada combinació.

7. Preparació microscòpica amb un tros de paper.

Retalla un trosset de full de diari d'1 cm^2, aproximadament, que estigui escrit. Enganxa'l sobre un portaobjectes amb una mica de cola i cobreix-lo amb un cobreobjectes, amb quatre puntetes de pega als marges per tal que no caigui. Tria un objectiu de poc augment i enfoca la preparació.

a) Mou la preparació cap a la dreta. Què passa amb la imatge?

b) Mou la preparació cap amunt. Què passa amb la imatge?

c) Tria un objectiu de més augment. Què hi observes, ara?

Tradescància.

d) Enfoca un tros de lletra. Les altres fibres del paper, queden enfocades? I si les enfoques, què passa amb les fibres entintades? A mesura que enfoques allò més profund, es desenfoquen les fibres més superficials?

e) En el camp de la fotografia s'usa el concepte de *profunditat de camp*, que designa «l'espai anterior i posterior respecte al punt d'enfocament en què els objectes queden correctament enfocats». En microscopia també s'usa, aquest concepte. ¿Creus que hi ha alguna relació entre augment i profunditat de camp? Comprova-ho.

8. La tradescància –també dita amor d'home, misèries o cua de mico–, molt comuna com a planta ornamental, és originària d'Amèrica, i ens servirà per observar un seguit de fenòmens. Si no tens tradescàncies, bona part d'aquestes observacions les pots fer amb alguna altra planta, per exemple, lliris. Un cop fetes les preparacions que indiquem tot seguit, mira-les al microscopi, dibuixa el que hi observes, contesta a les preguntes i fes les activitats.

a) Observació dels estomes, que són foradets de l'epidermis per on entren i surten els gasos. Arrenca un trosset d'epidermis de fulla amb l'ungla, procurant de no arrossegar els teixits de sota. Munta'l entre el portaobjectes i el cobreobjectes amb una goteta d'aigua i mira'l al microscopi. Quina forma tenen les cèl·lules de l'epidermis? I les dels estomes? Les primeres, tenen cloroplastos? I les segones?

b) Observació del parènquima i dels cloroplastos. Si mirem de fer la preparació anterior, ens hi sortiran trossos de parènquima adherits, de color verd. Aquestes parts de la preparació són les que hem d'estudiar ara. El parènquima és el teixit que fa la fotosíntesi i té, per tant, cloroplastos. Com són? N'hi ha gaires?

c) Observació dels moviments del citoplasma (cal que la planta sigui florida). Agafa un estam, i millor encara un dels seus pèls blancs. Mira'l al microscopi a força augment, i amb calma. Hi veuràs bé els moviments interns del citoplasma. Tracta de definir-los.

Ara enretira el cobreobjectes, posa-hi una gota de blau de metilè i torna a observar el preparat. Quines diferències hi ha?

Vasos anellats i espiraliformes de tradescància vistos a través del microscopi òptic (100x).

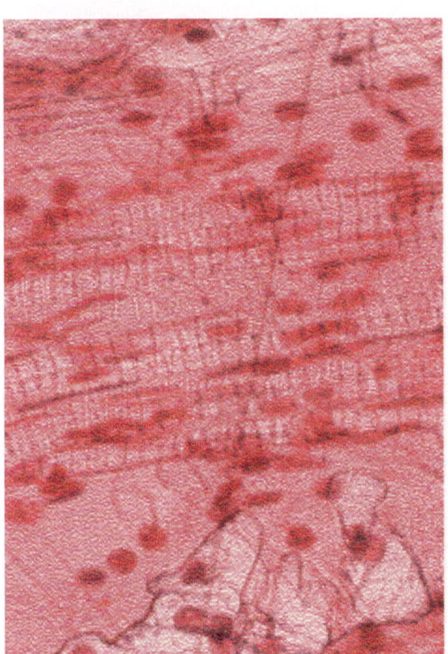

d) Observació de vasos anellats i espiraliformes (cèl·lules conductores). Fes un esqueix i deixa'l uns quants dies en aigua per tal que faci arrels. Pren una arrel que tingui poc més d'un centímetre i talla'n llenques amb una fulla d'afaitar. Escull-ne la més prima. Tenyeix-la uns deu minuts amb el colorant orceïna o un d'equivalent, segons el criteri del professor o de la professora. Posa-hi el cobreobjectes, tapa'l amb un paper de filtre doblegat i prem-lo amb el dit gros tant com puguis. Ara, la preparació ja està a punt per ser observada al microscopi.

Amb una mica de paciència hi veuràs, gairebé com si fossin una mena de cremalleres, unes cèl·lules molt allargades (que són els vasos conductors de la saba), les parets de cel·lulosa de les quals tenen uns reforços d'una substància molt dura, anomenada lignina, en forma d'anells o en espiral.

UNITAT 2

La cèl·lula eucariota

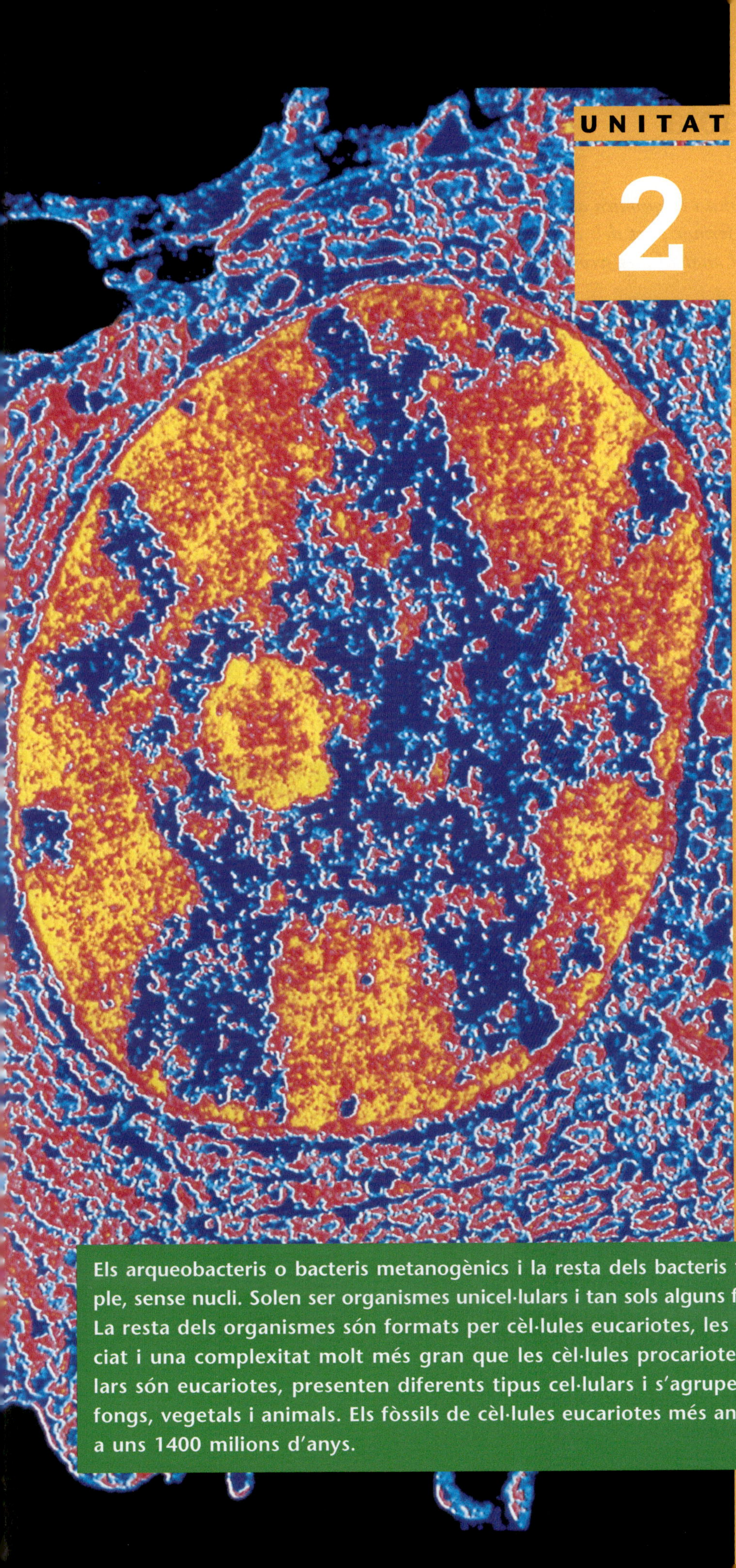

Esquema

Fragment de cèl·lula eucariota humana (50 000x).

Els arqueobacteris o bacteris metanogènics i la resta dels bacteris tenen una estructura cel·lular simple, sense nucli. Solen ser organismes unicel·lulars i tan sols alguns formen agrupacions multicel·lulars. La resta dels organismes són formats per cèl·lules eucariotes, les quals tenen un nucli ben diferenciat i una complexitat molt més gran que les cèl·lules procariotes. Tots els organismes pluricel·lulars són eucariotes, presenten diferents tipus cel·lulars i s'agrupen en quatre regnes: protoctistos, fongs, vegetals i animals. Els fòssils de cèl·lules eucariotes més antics que es coneixen es remunten a uns 1400 milions d'anys.

1. La cèl·lula eucariota

De la mateixa manera que la física i la química arriben, mitjançant l'anàlisi experimental, a trobar els elements minerals que entren a formar part dels cossos químics, quan es volen conèixer els fenòmens de la vida en tota la seva complexitat, cal anar al més recòndit de l'organisme i analitzar els òrgans i els teixits; cal arribar fins als elements orgànics.

CLAUDE BERNARD, Lliçons de patologia experimental *(1879)*

En la cèl·lula eucariota, s'hi diferencien tres parts: la **membrana plasmàtica**, el **citoplasma** i el **nucli**.

Tot i que presenten una estructura general molt semblant, hi ha algunes diferències apreciables entre la cèl·lula animal i la vegetal. En la vegetal, la membrana cel·lular o plasmàtica és embolcallada per una **paret cel·lular** resistent. Exclusius de certes cèl·lules vegetals són els **plastidis**, un grup dels quals, els **cloroplastos**, fa la fotosíntesi. El centre cel·lular o centrosoma, en canvi, és característic únicament de la cèl·lula animal.

Entre els aspectes que defineixen la cèl·lula eucariota, destaquen els següents:

Òvul vist al microscopi electrònic de transmissió. S'hi aprecien bé el nucli (vermell), el citoplasma (rosa), els mitocondris (verds) i les glicoproteïnes (grogues i blaves) que envolten el citoplasma i formen la zona pel·lúcida (1 350x).

– El **material genètic** es troba embolcallat per una membrana que el separa del citoplasma. Aquest material és format per **cromatina**, constituïda per ADN i per proteïnes del grup de les histones, i durant la divisió cel·lular s'organitza en forma de **cromosomes**.

– El citoplasma presenta un conjunt de filaments i microtúbuls, el **citoesquelet**, que dóna suport i forma a la cèl·lula i permet una gran mobilitat de les substàncies i dels orgànuls cel·lulars. Aquest citoesquelet ha permès, a més, un creixement més accentuat de la cèl·lula eucariota.

– En el citoplasma, hi ha una gran quantitat d'**orgànuls** que desenvolupen funcions diverses: els **mitocondris** són els productors d'energia; els **peroxisomes** actuen com a agents antioxidants; els **cloroplastos**, exclusius de la cèl·lula vegetal, s'ocupen de la fotosíntesi. Per la seva banda, els **ribosomes** són els centres de síntesi de les proteïnes.

DOCUMENTS

La cèl·lula eucariota: un gran avenç evolutiu

La biosfera estaria plena de procariotes si no s'hagués produït un fet extraordinari: l'aparició d'una cèl·lula pertanyent a un tipus estructural força diferent: la cèl·lula eucariota, és a dir, amb un nucli autèntic. Les conseqüències d'aquest fenomen van marcar l'inici d'una nova època.

Tots els organismes pluricel·lulars són constituïts per cèl·lules eucariotes, que presenten una complexitat molt més gran que les procariotes. Si no haguessin aparegut les cèl·lules eucariotes, no existiria l'extraordinària varietat d'animals, de vegetals, de fongs i de protozous que hi ha en el nostre planeta i tampoc no existiria l'ésser humà. Amb tota probabilitat, les cèl·lules eucariotes es van originar a partir d'avantpassats procariotes. No han sobreviscut representants de les formes intermèdies, ni s'han conservat fòssils que proporcionin cap pista directa. Únicament podem estudiar el resultat eucariota final, realment diferent de qualsevol procariota.

Amb les eines de la biologia moderna, s'han pogut descobrir relacions evidents entre certes característiques de les cèl·lules eucariotes i les procariotes, i s'ha arribat a comprendre, d'aquesta manera, el procés mitjançant el qual les primeres es van originar a partir de les segones.

CHRISTIAN DE DUVE, La cèl·lula viva

Comparació entre la cèl·lula vegetal i la cèl·lula animal

Cèl·lula vegetal	*Cèl·lula animal*
– Té una paret cel·lular grossa, rígida i formada majoritàriament per cel·lulosa, que cobreix la membrana plasmàtica.	– No té paret cel·lular.
– Hi ha presència de plastidis, especialment els cloroplastos, on té lloc la fotosíntesi.	– No té plastidis.
– Té un gran volum vacuolar, especialment en les cèl·lules adultes.	– Els vacúols no hi ocupen un volum citoplasmàtic important.
– En general no té centre cel·lular (centrosoma).	– Té centre cel·lular (centrosoma).

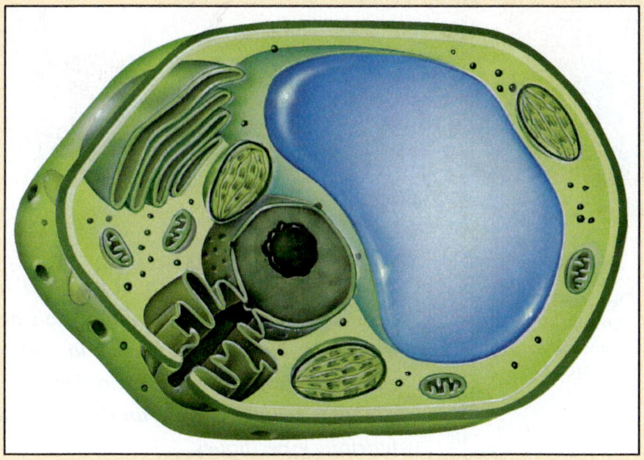

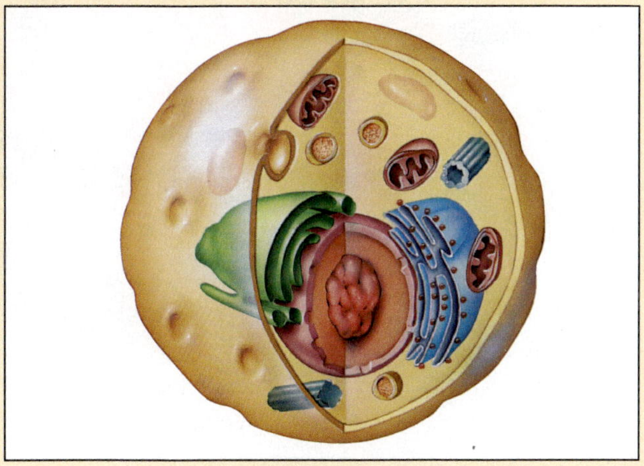

DOCUMENTS

Totes les cèl·lules eucariotes presenten una organització molt complexa que es pot comparar amb una ciutat ben administrada. Tal vegada, el fet més notable és que la cèl·lula, igual que la ciutat, presenta una coordinació de les activitats en compartiments especialitzats. En les cèl·lules, aquests compartiments són envoltats per membranes i reben el nom d'orgànuls membranosos.

Un breu passeig per alguns d'aquests compartiments pot començar per la membrana plasmàtica, la qual protegeix la cèl·lula al mateix temps que permet que hi entrin nutrients i que en surtin materials diversos.

Un compartiment clau de l'interior de la cèl·lula és el reticle endoplasmàtic, que funciona com una màquina de fabricar proteïnes, components fonamentals de la cèl·lula. Les proteïnes acabades de sintetitzar es transporten a un altre compartiment cel·lular, el complex de Golgi, veritable sistema d'emmagatzematge i distribució de la cèl·lula.

Els lisosomes són el centre de reciclatge de les cèl·lules: degraden les proteïnes «velles» i les que procedeixen de l'exterior per utilitzar-ne de nou els components.

De la mateixa manera que les ciutats necessiten centrals energètiques per obtenir l'energia per al seu funcionament, els mitocondris són les centrals energètiques de les cèl·lules on se sintetitza l'ATP, la «moneda» energètica cel·lular.

Igual que l'ajuntament de la ciutat és el lloc on es prenen les decisions, el nucli és el centre de govern de la cèl·lula, on s'emmagatzema la informació cel·lular i d'on surten les instruccions que la cèl·lula ha de complir per créixer i reproduir-se.

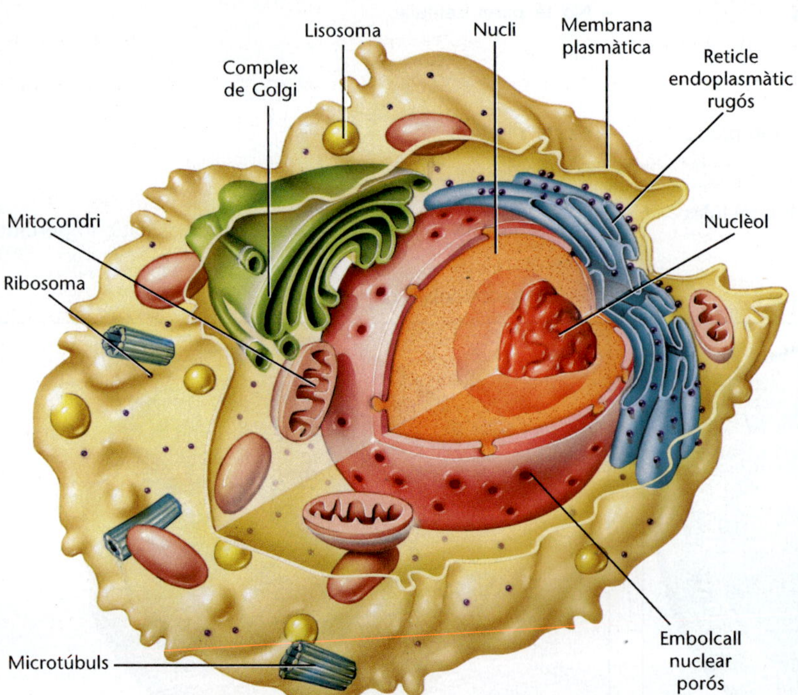

La membrana plasmàtica, el nucli i el citoplasma són les parts fonamentals de la cèl·lula. En el citoplasma de la cèl·lula eucariota destaca la presència dels orgànuls cel·lulars, cada un dels quals té funcions específiques.

2. Les membranes cel·lulars

Paret vegetal vista al microscopi electrònic de rastreig (900x).

Una de les característiques de tota cèl·lula és la presència d'una membrana, la **membrana plasmàtica**, que en separa el contingut o **citoplasma** de l'exterior. La membrana plasmàtica té una funció doble: d'una banda, actua com a barrera o separació entre el citoplasma i el medi extracel·lular; i, de l'altra, fa possible el bescanvi de matèria, d'energia i d'informació entre tots dos medis.

2.1. La composició i l'estructura de les membranes cel·lulars

La microscòpia electrònica i les modernes tècniques d'anàlisi bioquímica han fet possible conèixer amb força detall l'estructura molecular de la membrana, la qual té un gruix d'entre 7 nm i 10 nm.

La membrana cel·lular és formada pels elements següents:

– Una bicapa lipídica formada per fosfoglicèrids (cefalina, lecitina, etc.), altres fosfolípids i colesterol. En aquesta bicapa, les cues hidrofòbiques dels fosfolípids es disposen cap a l'interior, mentre que els extrems hidrofílics es disposen cap a l'exterior.

– Dos tipus de proteïnes: les integrals, que formen la transmembrana o part estructural de la membrana, i les proteïnes associades, situades a la superfície de la bicapa i lligades dèbilment als fosfolípids. Per damunt dels fosfolípids i de les proteïnes sobresurten, de la cara externa de la membrana, cadenes d'oligosacàrids (que formen part de glicoproteïnes o bé de glicolípids).

A la temperatura normal de la cèl·lula, la bicapa lipídica es comporta com un fluid; per tant, les proteïnes i els fosfolípids es poden desplaçar lateralment de manera que, tal com van proposar S. Jonathan Singer i Garth Nicolson l'any 1972, la membrana plasmàtica té una estructura dinàmica en **mosaic fluid**. D'altra banda, se sap que les membranes dels orgànuls cel·lulars (mitocondris, reticle endoplasmàtic, cloroplastos, etc.) i l'embolcall nucleic tenen una estructura molt similar a la de la membrana plasmàtica. És per això que s'ha formulat el concepte de **membrana unitària**, relatiu a les diverses membranes cel·lulars.

La membrana plasmàtica d'algunes cèl·lules es troba recoberta externament per altres estructures, com ara la **paret cel·lular** o el **glicocàlix**.

2.2. La fisiologia de la membrana plasmàtica

La bicapa de fosfolípids constitueix la matriu principal de la membrana. Gràcies a la bicapa lipídica, la membrana presenta una permeabilitat selectiva a les molècules hidrosolubles i es fa permeable a les molècules hidròfiles i polars. Les proteïnes actuen com a receptors de molècules externes a la cèl·lula, com a receptors d'informació (capten els senyals extracel·lulars) i com a marcadors específics en els processos immunitaris; a més, catalitzen i fan possible el transport d'ions i de determinades molècules a través de la bicapa.

Les membranes biològiques no són impermeables. A través de les membranes, es produeix un intercanvi continu de molècules i d'ions entre el citoplasma i el medi extracel·lular. Hi ha dos factors fisicoquímics que condicionen el transport de les substàncies a través de les membranes:

a) El **gradient de concentració**, o diferència de concentració entre una banda de la membrana i l'altra, el qual fa que les molècules tendeixin a desplaçar-se cap al medi on la concentració sigui inferior, fins que aquesta s'iguali.

b) El **gradient elèctric**, o diferència de potencial elèctric entre les dues cares de la membrana, el qual intervé en el transport d'ions, com ara Na^+, K^+, Cl^-, etc.

Les membranes biològiques són barreres molt selectives, que imposen a cada substància un balanç positiu o negatiu segons les necessitats de la cèl·lula, per tal de mantenir-ne constant el medi intern. Les membranes presenten **permeabilitat selectiva**, i permeten l'intercanvi de substàncies a través de quatre procediments bàsics:

Model de membrana plasmàtica animal.

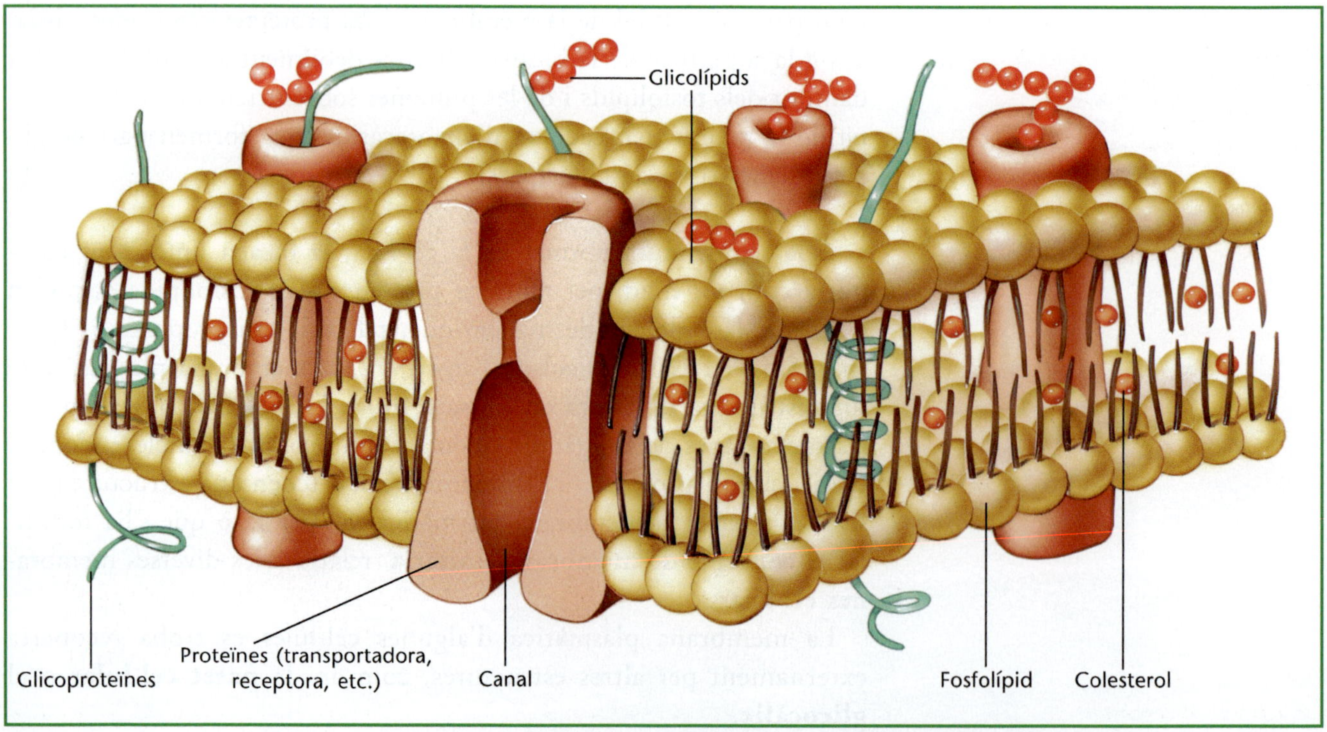

BARCANOVA

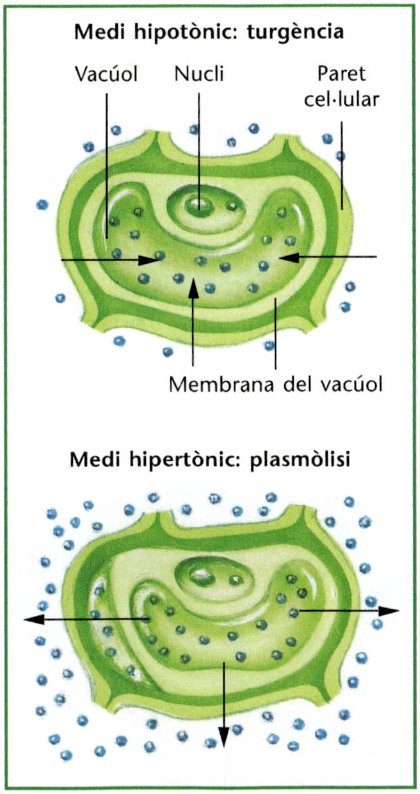

Gràcies a la permeabilitat selectiva de la membrana, l'aigua es mou per osmosi des d'on hi ha una concentració d'aigua més gran (o una concentració de solut més petita) fins on hi ha una concentració d'aigua més petita (o una concentració de solut més gran). Quan el medi exterior és hipotònic respecte a la cèl·lula vegetal, aquesta s'infla fins a comprimir-se contra la paret vegetal: turgència. *En canvi, quan el medi exterior és hipertònic respecte a la cèl·lula vegetal, aquesta perd aigua i es contrau:* plasmòlisi.

– **La difusió simple**. Algunes substàncies penetren, o surten, lliurement a través de la membrana a favor del gradient elèctric o de concentració; és el cas de l'aigua, l'O_2, el CO_2, la diversitat d'ions inorgànics i d'algunes molècules petites com ara l'alcohol etílic o la urea.

– **La difusió facilitada**. Igual que en el cas anterior, es tracta d'una difusió passiva, sense dispendi d'energia, a favor del gradient, però que es beneficia de l'existència d'uns transportadors especials, les **permeases**. Aquestes són unes proteïnes de la membrana que s'uneixen temporalment a les molècules per passar, de manera anàloga, a la unió de l'enzim amb el substrat. Així, la glucosa-permeasa és una proteïna de membrana que regula el pas de la glucosa cap al citoplasma. Moltes altres molècules hidròfiles, com ara els aminoàcids, passen la membrana d'aquesta manera.

– **El transport actiu**. Aquesta mena de transport exigeix consum d'energia, aportada generalment en forma d'ATP. És independent dels gradients elèctrics i de concentració, i fins i tot, com en el cas de la denominada **bomba de sodi / potassi**, pot actuar en contra de gradients de concentració elevada. Efectivament, la cèl·lula bomba contínuament ions Na^+ cap a l'exterior, i ions K^+ cap a l'interior, amb la qual cosa es crea un medi intracel·lular de concentració alta en K^+ i baixa en Na^+, i un medi extracel·lular immediat de característiques inverses. El transport actiu és la via ordinària d'ingrés a l'interior de la cèl·lula de les molècules i dels ions de massa molecular elevada.

– L'**exocitosi** i l'**endocitosi**. Les proteïnes de transport, que permeten el pas de petites molècules polars a través de les membranes, no poden transportar macromolècules, com ara proteïnes, polinucleòtids o polisacàrids. Els mecanismes que utilitzen les cèl·lules per ingerir i secretar aquestes macromolècules pressuposen la formació i fusió, seqüencial, de vesícules envoltades de membrana. El procés s'anomena **exocitosi** quan es tracta de secretar substàncies cap a l'exterior, i **endocitosi** quan la cèl·lula capta material mitjançant la invaginació de la membrana plasmàtica. Aquest últim procés comprèn la pinocitosi i la fagocitosi.

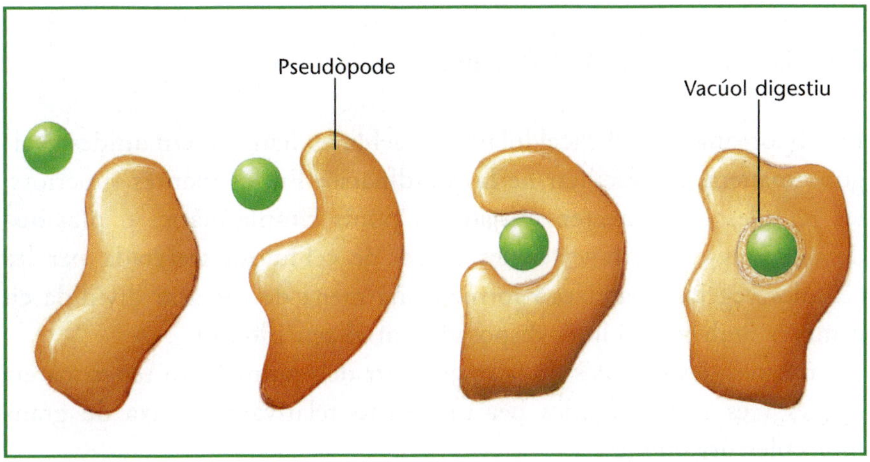

Esquema de la fagocitosi.

El material nou és envoltat per la membrana i és englobat juntament amb una pel·lícula de líquid extracel·lular, amb la qual cosa es formen a l'interior de la cèl·lula petits vacúols. Aquest fenomen s'anomena **pinocitosi** quan es tracta de la captació de gotetes de líquid o de molècules de diàmetre inferior als 150 nm; en canvi, quan les partícules així atrapades són sòlides i molt grans, el fenomen rep el nom de **fagocitosi**.

La fagocitosi és característica de les amebes i de tota mena de cèl·lules ameboides (com ara els leucòcits), les quals envolten i engloben amb els pseudòpodes les partícules de matèria orgànica o els microbis que en constitueixen l'aliment.

Una vegada a l'interior de la cèl·lula, els lisosomes propers a les partícules ingerides aboquen els enzims digestius i es forma el **vacúol digestiu**. Aleshores, s'hi produeix la digestió del seu contingut fins a reduir-lo a substàncies assimilables i a restes indigeribles. Aquestes últimes són expulsades a l'exterior després de la migració del vacúol fins a la membrana plasmàtica, en un procés invers d'**exocitosi**.

RECORDA

Per ingerir macromolècules i partícules grans, les cèl·lules les envolten progressivament amb una porció de membrana plasmàtica que es converteix en una vesícula intracel·lular. Aquest procés rep el nom d'*endocitosi*. Es distingeix la pinocitosi, o ingestió de fluids i soluts de menys de 150 nm de diàmetre, i la fagocitosi, o captura de partícules més grans.

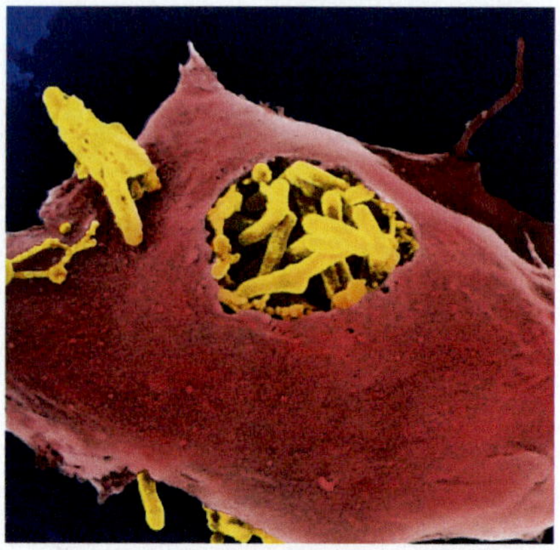

Macròfag fagocitant bacteris de la tuberculosi.

2.3. Els pseudòpodes i el moviment ameboide

Les amebes i altres cèl·lules nues desproveïdes de qualsevol mena de paret externa no tenen una forma determinada. El seu perímetre és ben deformable i el seu contorn varia en funció del **moviment ameboide** que presenten, el qual es deu als canvis de viscositat del citoplasma, que passa de sol a gel, o a la disminució de la tensió superficial. Així, en les amebes, mentre que la zona més interna del citoplasma (endoplasma) és fluida, la part perifèrica és més gelificada. En una ameba en moviment, la part posterior sofreix una contracció que desplaça l'endoplasma, en fase de sol, cap endavant, i provoca així la formació d'una prolongació citoplasmàtica o **pseudòpode**. El moviment permet a les amebes desplaçar-se i capturar l'aliment.

2.4. Les cobertes de secreció

En els organismes pluricel·lulars, les cèl·lules han d'estar unides d'alguna manera, per facilitar-ne la coordinació. En les plantes superiors, les cèl·lules es connecten mitjançant ponts citoplasmàtics o **plasmodesmes**, els quals travessen les parets de cel·lulosa secretada per les cèl·lules vegetals mateixes i formen una mena de carcassa dividida en cambres amb les cèl·lules disposades en el seu interior.

En canvi, les cèl·lules de la major part dels animals no tenen parets rígides i es troben unides per una xarxa relativament laxa de grans molècules orgàniques.

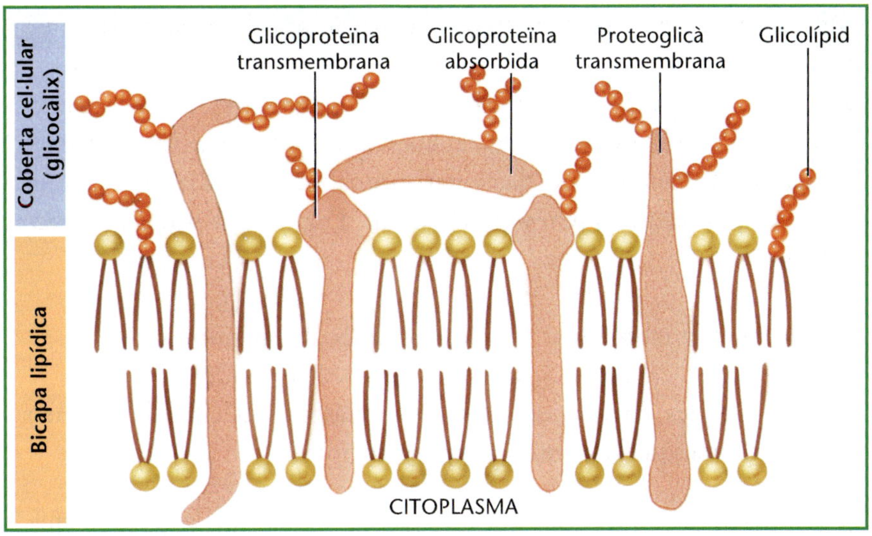

Les glicoproteïnes i els glicolípids que s'estenen més enllà de la membrana plasmàtica constitueixen la coberta cel·lular o glicocàlix.

Matriu extracel·lular

Aquesta xarxa laxa i poc definida de grans molècules en què es troben immerses les cèl·lules animals, i que a través de la membrana plasmàtica es comunica amb el citoesquelet de les cèl·lules, s'anomena **matriu extracel·lular**. En moltes cèl·lules eucariotes, es pot visualitzar, més enllà de la membrana plasmàtica i utilitzant colorants adequats, una zona perifèrica que conté glicoproteïnes i glicolípids, la qual rep el nom de **coberta cel·lular** o **glicocàlix**. Algunes d'aquestes molècules són components de la membrana, de manera que és difícil delimitar on acaba la membrana plasmàtica i on comença la matriu extracel·lular.

Totes aquestes estructures de la superfície de les cèl·lules animals intervenen en els processos defensius i immunitaris de la cèl·lula, en l'absorció de molècules i en les unions cel·lulars per formar teixits.

La paret de cel·lulosa

Paret cel·lular d'un gra de pol·len vist al microscopi electrònic de rastreig.

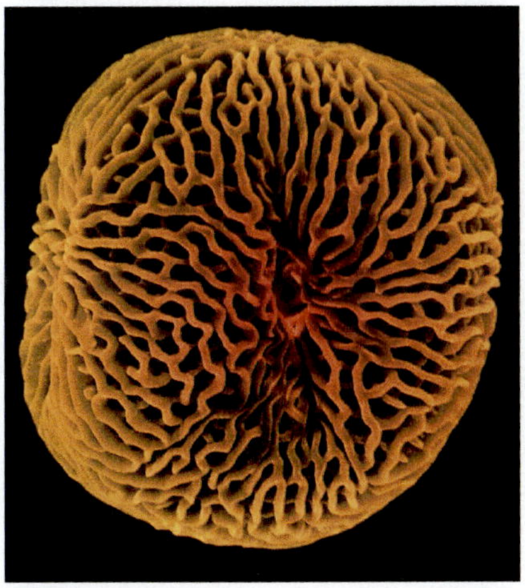

Les cèl·lules de les plantes tenen la membrana plasmàtica recoberta per una elaborada matriu extracel·lular, la **paret cel·lular**. Es tracta d'un embolcall ben definit i rígid format per fibres de cel·lulosa englobades en una matriu d'altres polisacàrids i proteïnes, entre els quals hi ha hemicel·lulosa, pectina, gomes, mucílags, etc. No es tracta d'un estoig inert de la cèl·lula, sinó que li dóna forma i resistència. A més, permet que hi hagi una forta pressió hidrostàtica interna, o **turgència**, sense que això comporti la ruptura de la membrana plasmàtica.

La paret de cel·lulosa és, de fet, una estructura dinàmica que intervé en la nutrició i en el desenvolupament de la mateixa cèl·lula. La composició i l'aparença de la paret de cel·lulosa es modifiquen en els diferents tipus de cèl·lules vegetals, de manera que aquesta **paret cel·lular secundària** permet l'especialització cel·lular i la diversitat de funcions.

ACTIVITATS

2.1. Els organismes de la biosfera actual s'agrupen en cinc regnes. Indica quins són i el tipus de cèl·lules que els formen (procariota o eucariota). Consultant un diccionari o una enciclopèdia, indica l'etimologia dels termes *procariota* i *eucariota*. Digues què són els arqueobacteris?

2.2. Què és la cromatina? Quines biomolècules la formen?

2.3. Explica les diferències entre el citoplasma i el citosol. Defineix què és el citoesquelet i enumera'n les funcions.

2.4. Digues si la membrana plasmàtica és rígida, impermeable, fluïda, lipídica, proteica, unitària. En cada cas, justifica la resposta.

2.5. De quina manera estan relacionades les cèl·lules procariotes i les eucariotes segons la teoria de l'endosimbiosi?

2.6. Enumera els components dels fosfolípids que formen la membrana plasmàtica. Quin altre tipus de lípid és component de la membrana plasmàtica?

2.7. Escriu una definició de *paret cel·lular* i indica quins són els seus components, quina funció desenvolupa i quines cèl·lules s'hi troben.

2.8. El pas de substàncies des de l'exterior cap al citoplasma, i viceversa, es realitza a través de la membrana cel·lular.

a) Explica quines característiques permeten a la membrana plasmàtica de realitzar aquesta funció.

b) Osmosi, difusió i transport actiu són alguns dels mecanismes d'intercanvi. Comenta en què consisteix cadascun d'aquests mecanismes i a quin tipus de substàncies faciliten el pas.

c) Identifica els processos que es troben representats en els esquemes de sota. Defineix-los i explica'n la funció.

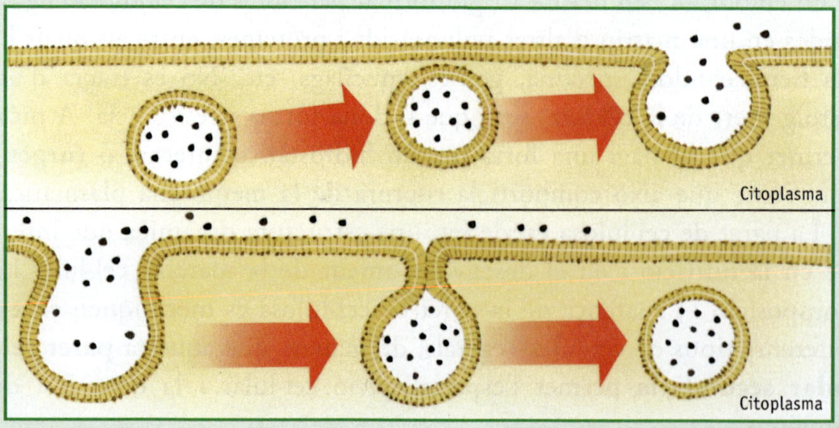

Guèiser en erupció, al Parc Nacional de Yellowstone (Estats Units). En aquests ambients termals, s'hi poden trobar freqüentment alguns organismes procariotes molt senzills.

Lliri blau.

2.9. Els pètals de les flors tenen coloracions molt vistoses perquè emmagatzemen pigments en els grans vacúols de les cèl·lules que els formen. Imagina't que has fet una preparació microscòpica amb un trosset de pètal molt fi, de color llampant, i que has posat una gota d'aigua destil·lada entre el portaobjectes i el cobreobjectes. Fes un dibuix del que veuries si observessis la preparació al microscopi òptic. Assenyala-hi com serien les cèl·lules i quines estructures típiques hi observaries.

Imagina't ara que fas una altra preparació amb el mateix pètal, però entre el portaobjectes i el cobreobjectes hi poses una gota de solució salina al 10 %, en lloc d'aigua destil·lada. Dibuixa el que observaries si miressis aquesta nova preparació amb el mateix microscopi i formula una hipòtesi que expliqui els possibles canvis respecte a les estructures anteriors.

2.10. Indica si són certes o falses les frases següents:

a) Les cèl·lules eucariotes es reprodueixen per mitosi.

b) El transport actiu a través de la membrana plasmàtica es produeix a favor del gradient elèctric.

c) La plasmòlisi designa la pèrdua d'aigua i la contracció de la cèl·lula vegetal quan es troba en un medi extern hipertònic.

d) Les permeases són proteïnes del citoplasma que intervenen en els processos de respiració cel·lular.

e) La turgència és el procés invers a la plasmòlisi.

f) Mitjançant la pinocitosi entren a la cèl·lula les partícules sòlides.

3. El citoplasma: sistemes de sosteniment i de transport

Reticle endoplasmàtic vist a través del microscopi electrònic de transmissió.

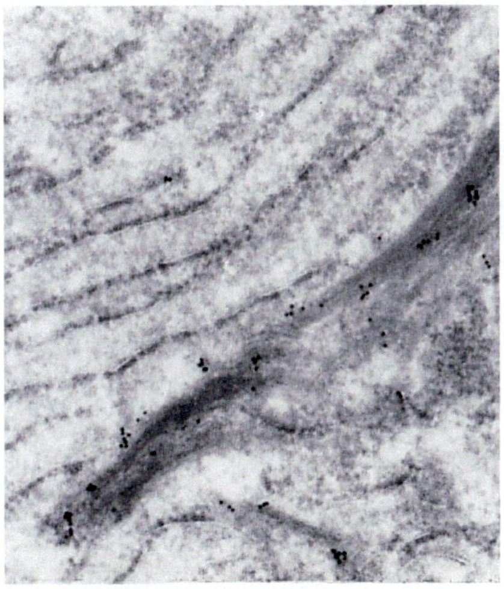

El **citoplasma** és la porció de cèl·lula limitada per la membrana plasmàtica i per la membrana nuclear. Inclou el **citosol** i els **orgànuls citoplasmàtics.**

El citosol, o medi fonamental de la cèl·lula, és una dissolució col·loïdal aquosa, gelatinosa, formada per proteïnes, per monòmers essencials (aminoàcids, glucosa, àcids grassos, nucleòtids), per molècules energètiques (per exemple l'ATP), per ions diversos, etc. Aquesta composició es manté constant i en equilibri gràcies al transport que es produeix a través de la membrana plasmàtica. En el seu interior, es produeixen moviments, anomenats **ciclosi**, que redistribueixen els materials.

En el citosol, es desenvolupen importants processos metabòlics, com ara la glicòlisi, la fermentació làctica, la síntesi d'àcids grassos, etc.

3.1. El citoesquelet: el suport i la forma de la cèl·lula

El **citoesquelet** és format per filaments i microtúbuls de proteïna que constitueixen un reticle flexible i en renovació contínua. Reforça el citoplasma d'algunes cèl·lules, proporciona fixació a diversos orgànuls i intervé en la distribució de la matèria en el citoplasma. Alguns microtúbuls formen els centríols, mentre que certs filaments intervenen en la formació del fus acromàtic durant la divisió cel·lular. Els cilis i flagels de les cèl·lules que en tenen, també són formats per microtúbuls del citoesquelet.

3.2. El reticle endoplasmàtic: la síntesi i el sistema de transport

El **reticle endoplasmàtic** és un conjunt de conductes i de vesícules aplanades (cisternes) del citoplasma format per una membrana unitària.

Tot i que l'interior del reticle és un únic sac continu, per raons expositives s'hi distingeixen dues parts: el **reticle rugós** i el **reticle llis.**

El primer presenta abundants ribosomes a la superfície externa, es localitza en les proximitats del nucli i està relacionat amb la membrana nuclear. La seva funció és la de recollir, emmagatzemar i transportar les proteïnes sintetitzades en els ribosomes. En canvi, el reticle endoplasmàtic llis intervé en la síntesi de lípids i en el transport de moltes biomolècules. Es desprenen del reticle endoplasmàtic rugós abundants vesícules amb proteïnes que van a parar al complex de Golgi, on aquestes molècules experimenten les darreres modificacions.

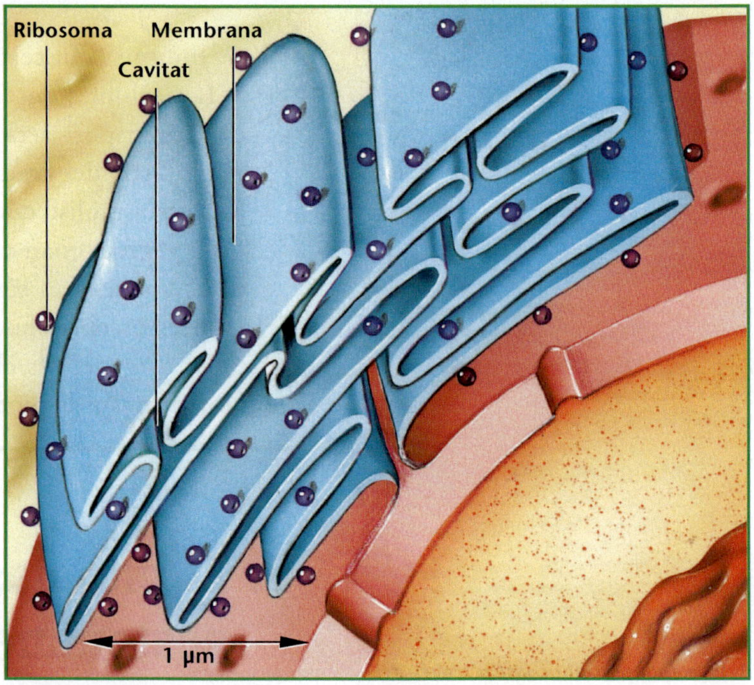

Ribosomes adossats al reticle endoplasmàtic rugós.

3.3. Els ribosomes: fàbriques de proteïnes

Els **ribosomes** són orgànuls esfèrics, d'entre 15 i 25 nm de diàmetre, formats per molècules d'àcid ribonucleic ribosòmic (ARNr) i per proteïnes. Es troben dispersos pel citoplasma o adossats a la paret externa del reticle endoplasmàtic rugós. Una petita fracció de ribosomes es troba a la matriu dels mitocondris i a l'estroma dels cloroplastos. Sovint els ribosomes es presenten en grups, anomenats **polisomes** o **poliribosomes**, que s'encarreguen de sintetitzar una mateixa proteïna específica simultàniament.

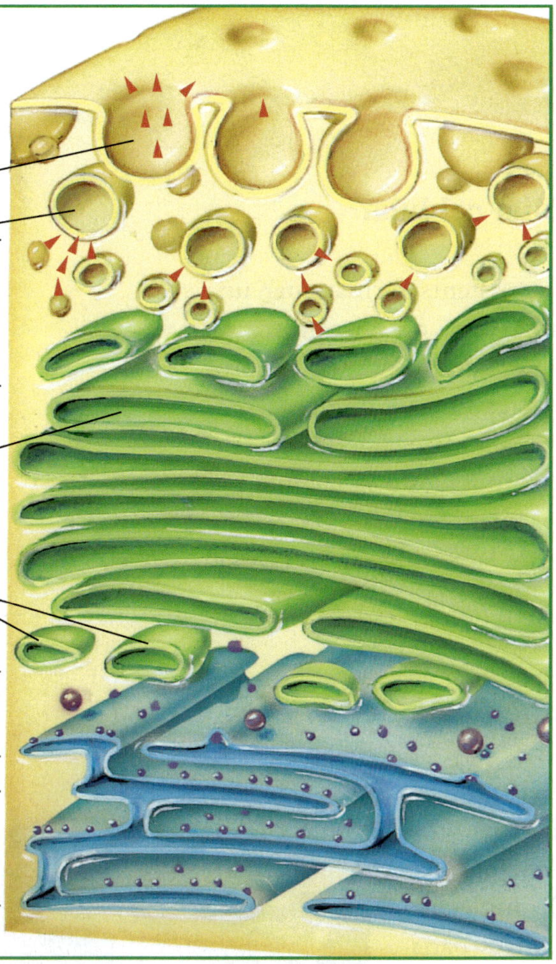

Complex de Golgi i reticle endoplasmàtic.

En els ribosomes és on té lloc la síntesi de les proteïnes que necessita la cèl·lula, mitjançant la unió dels aminoàcids segons una ordenació o seqüència característica de cada proteïna. Les instruccions adequades de com s'ha de produir aquesta síntesi les proporciona l'àcid ribonucleic missatger (ARNm), que porta fragments d'informació genètica transcrita de l'ADN del nucli.

3.4. El complex de Golgi: el sistema de distribució cel·lular

El **complex de Golgi** és un conjunt de vesícules aplanades de forma discoïdal, o **dictiosomes**, que es presenten en grups apilats.

Aquests orgànuls s'originen a partir del reticle endoplasmàtic rugós, estan en renovació contínua i acaben formant vesícules de secreció i lisosomes.

El complex de Golgi és un sistema d'emmagatzematge, de maduració i de transport de biomolècules, especialment de les proteïnes que se sintetitzen en els ribosomes. Intervé també en la síntesi de polisacàrids i de glicoproteïnes que actuen com a anticossos.

Del complex de Golgi es desprenen vesícules plenes de proteïnes, les quals o bé són exportades a l'exterior de la cèl·lula (vesícules de secreció), o bé als lisosomes, on faran funcions d'enzims digestius.

3.5. Els vacúols

Els **vacúols** són vesícules que es formen a partir de fragments de reticle endoplasmàtic o del complex de Golgi, o per invaginacions de la membrana plasmàtica, i que tenen com a funció principal emmagatzemar substàncies (sals minerals, proteïnes, àcids grassos, etc.).

Alguns vacúols fan funcions digestives (quan s'hi aboquen els enzims hidrolítics dels lisosomes), i altres intervenen en la regulació de la pressió osmòtica de la cèl·lula variant-ne el contingut en aigua (vacúols pulsàtils o contràctils). Malgrat que es troben en tot tipus de cèl·lules eucariotes, els vacúols són especialment abundants a les cèl·lules vegetals, on poden arribar a ocupar una part important del volum cel·lular. El conjunt de vacúols d'una cèl·lula s'anomena **vacuoma**.

4. El citoplasma: orgànuls funcionals

4.1. Els lisosomes: digestió i hidròlisi cel·lular

Els **lisosomes** són orgànuls esfèrics i molt resistents formats per una membrana entapissada internament per una capa de glicoproteïnes. Contenen molts enzims hidrolítics (hidrolases) que degraden les proteïnes, els lípids, els glúcids i els àcids nucleics fins als monòmers.

Aquests orgànuls citoplasmàtics poden hidrolitzar o digerir substàncies d'origen extracel·lular (heterofàgia), incorporades a la cèl·lula per pinocitosi o fagocitosi, o bé substàncies cel·lulars (autofàgia).

La ruptura o l'augment de permeabilitat de la membrana lisosomial pot provocar processos patològics greus.

4.2. Els mitocondris: centrals energètiques de la cèl·lula

Els **mitocondris** són orgànuls esfèrics o allargats on es produeix l'oxidació dels metabòlits amb alliberament d'energia que serveix per sintetitzar l'àcid adenosinatrifosfòric (ATP), molècula que proporciona l'energia necessària a les altres parts de la cèl·lula.

Un mitocondri és format per una doble membrana que envolta la **matriu**, formada per aminoàcids, sistemes enzimàtics, ADP, ATP, etc. La part interna de la membrana presenta nombroses invaginacions cap a l'interior, anomenades **crestes**.

Cal destacar dues característiques dels mitocondris:

– Contenen un **patrimoni genètic propi**, amb ADN, ARN i ribosomes, amb el qual sintetitzen una part de les proteïnes que necessiten.

– S'originen per divisió de mitocondris predecessors, a un ritme diferent del de la divisió cel·lular. Repliquen el seu ADN, que transmeten als mitocondris fills, i tenen, per tant, la seva continuïtat genètica.

Aquestes característiques permeten afirmar, d'acord amb la teoria de l'**endosimbiosi**, que els mitocondris probablement són descendents modificats de cèl·lules procariotes aeròbies que, juntament amb altres formes «bacterianes», van originar les cèl·lules eucariotes per evolució d'una simbiosi primitiva.

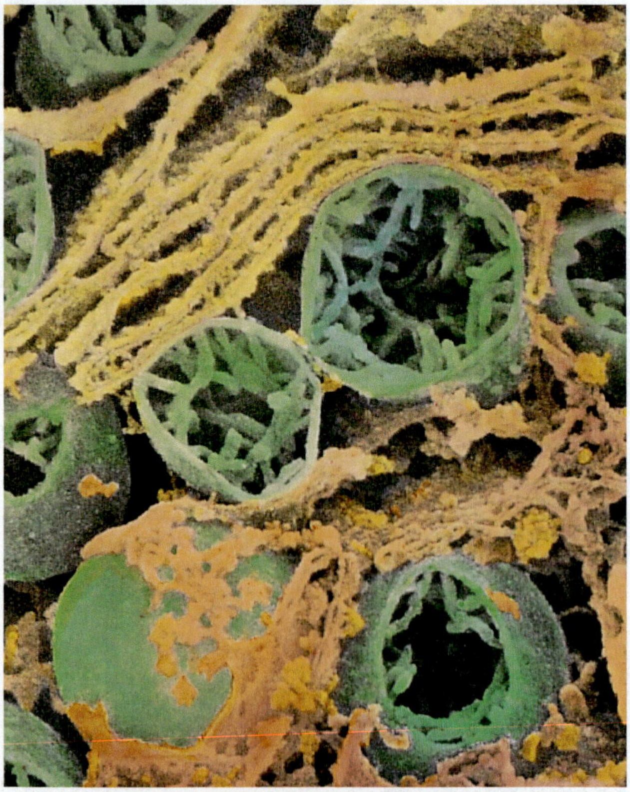

Secció de mitocondris (en fals color verd) d'una cèl·lula hepàtica vista al microscopi electrònic (28 000x).

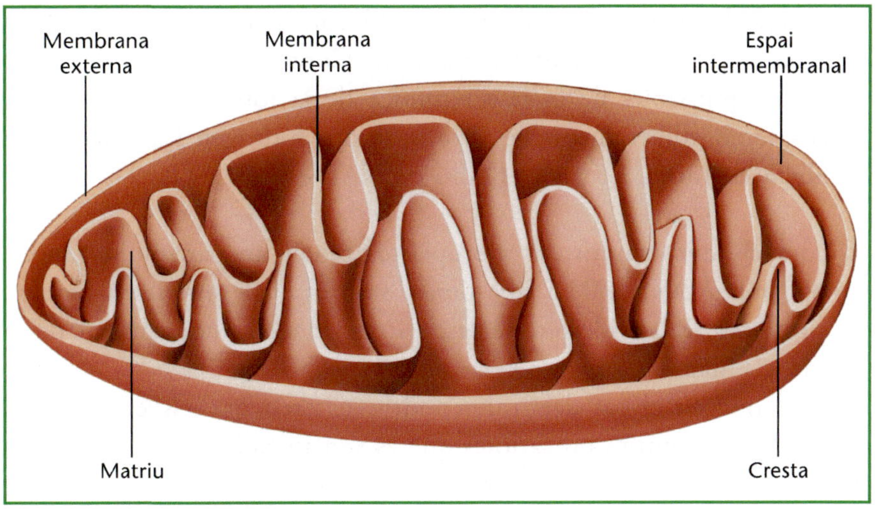

Secció transversal d'un mitocondri.

4.3. Els peroxisomes: orgànuls antioxidants

Els **peroxisomes**, també anomenats **microcossos**, són orgànuls esfèrics o ovoides constituïts per una membrana que delimita una matriu molt rica en enzims. En aquests orgànuls es desenvolupen reaccions d'oxidació, amb alliberament d'energia en forma de calor. Els microcossos eliminen el peròxid d'hidrogen (agent oxidant molt tòxic per a la cèl·lula) mitjançant un dels enzims que hi ha a la matriu: la catalasa.

Es creu que, com els mitocondris i els cloroplastos, aquests orgànuls provenen d'antigues cèl·lules procariotes que van establir una simbiosi amb les primitives cèl·lules eucariotes. No obstant això, a diferència dels mitocondris i dels cloroplastos, els peroxisomes no tenen material genètic propi.

Cloroplast (en fals color) vist a través del microscopi electrònic de transmissió (5 000x).

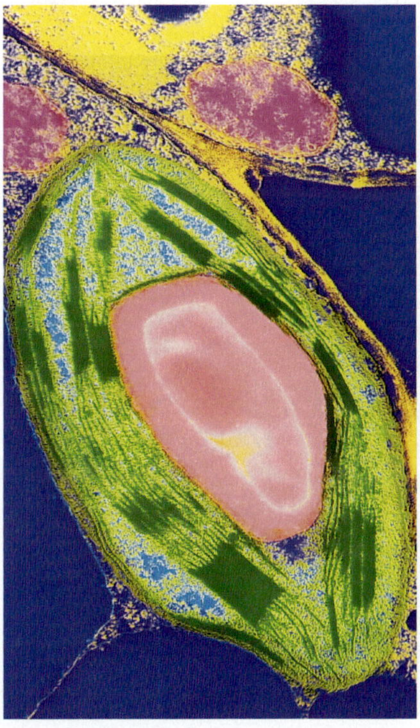

4.4. Els plastidis: fotosíntesi i emmagatzematge

Els plastidis són orgànuls exclusius de les cèl·lules vegetals que contenen pigments fotosintetitzadors o materials de reserva. Se'n distingeixen tres tipus: cloroplastos, cromoplastos i leucoplastos.

Els **cloroplastos** són de color verd perquè contenen bàsicament clorofil·la, el principal pigment que intervé en la fotosíntesi. Són especialment abundants en les cèl·lules dels òrgans fotosintetitzadors de les plantes, sobretot en les fulles. Un cloroplast típic és format pel següent:

– Una **membrana doble** de tipus unitari que regula els intercanvis de materials entre el citoplasma i l'interior del cloroplast.

– Una **matriu granulosa** o **estroma**, formada per proteïnes, àcids nucleics, ribosomes i monòmers diversos. Dins l'estroma és on es produeixen les reaccions de la fase obscura de la fotosíntesi: fixació i reducció del CO_2 per formar molècules hidrocarbonades.

– Abundants vesícules allargades o tilacoides, que en certes zones apareixen apilades formant els grànums. Contenen la clorofil·la i els enzims responsables de la fase lumínica de la fotosíntesi: fotòlisi de l'aigua (amb alliberament d'electrons, d'ions hidrogen i d'oxigen que s'allibera en forma de gas) i síntesi de NADPH i d'ATP.

Com els mitocondris, els cloroplastos tenen un patrimoni genètic propi, amb ADN, ARN i ribosomes, amb el qual sintetitzen part de les proteïnes. Es divideixen per escissió de manera independent de la divisió cel·lular.

Igual que en el cas dels mitocondris, es creu que els cloroplastos descendeixen d'antics procariotes que es van introduir a les primitives cèl·lules eucariotes i van passar a ser-ne part integrant.

Els **cromoplastos** són plastidis que a més de clorofil·la contenen altres pigments fotosintetitzadors, com ara **carotenoides**, de color vermell, i **xantofil·les**, de color groc.

Els **leucoplastos** són plastidis sense pigments fotosintetitzadors que actuen com a magatzems de biomolècules, com ara midó (amiloplastos), proteïnes (proteoplastos) i lípids (oleoplastos).

Secció transversal d'un cloroplast.

4.5. El centrosoma

El **centrosoma** és un orgànul de les cèl·lules animals, relacionat amb el citoesquelet i situat prop del nucli. És format per dos corpuscles cilíndrics, els **centríols**, envoltats per material citoplasmàtic dens, la **centrosfera**, i una corona de filaments, l'**àster**. Intervé en la formació del fus acromàtic durant la mitosi.

4.6. Els cilis i els flagels: òrgans propulsors

Els **cilis** i els **flagels** són prolongacions citoplasmàtiques filiformes i mòbils, constituïdes per microtúbuls de proteïna envoltats per la membrana plasmàtica. Els cilis són curts i molt nombrosos, mentre que els flagels són més llargs i n'hi ha un o dos.

Es tracta dels òrgans de locomoció de certes cèl·lules, com ara els protozous ciliats i flagel·lats, els espermatozoides o les cèl·lules d'epitelis, i també intervenen en la producció de moviments en el medi extracel·lular, per tal de facilitar la captura de partícules d'aliment. Aquests òrgans propulsors també són presents en cèl·lules immòbils d'organismes pluricel·lulars, com és, per exemple, el cas dels epitelis que recobreixen la tràquea o les trompes de Fal·lopi.

Protozou ciliat del gènere dels paramecis, amb diversos vacúols digestius i membrana ciliada.

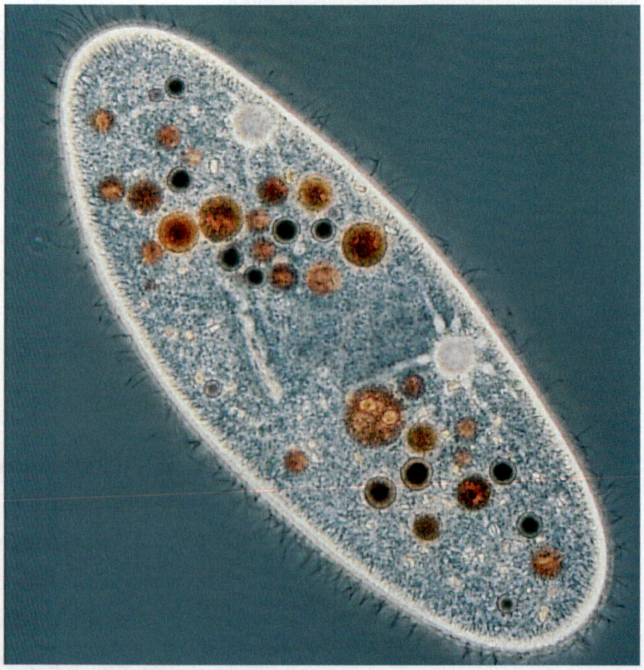

5. L'origen de la cèl·lula eucariota

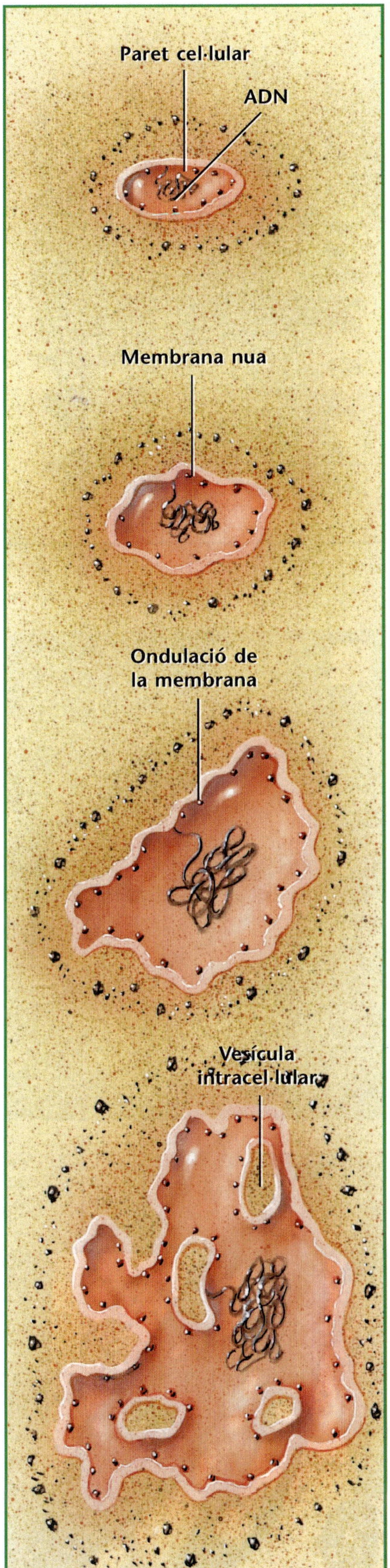

Seqüència hipotètica de l'evolució que conduí a l'aparició de la cèl·lula eucariota.

Durant la major part de la seva història, la Terra ha estat poblada exclusivament per microorganismes procariotes. L'aparició de la cèl·lula eucariota va ser un esdeveniment fonamental que va fer possible la gran diversitat de la biosfera actual.

Els canvis evolutius que van transformar la cèl·lula procariota en eucariota van afectar la membrana, el citoplasma (amb l'aparició de nombrosos orgànuls i estructures amb funcions específiques) i el material genètic, el qual va ser envoltat per una membrana i va originar el nucli. S'accepta que certs components de les cèl·lules eucariotes, per exemple, els mitocondris i els cloroplastos, deriven d'antics microorganismes procariotes que es van introduir a d'altres formes cel·lulars primitives, o van ser fagocitats per aquestes, i van establir-hi relacions simbiòtiques permanents.

Un fenomen important en l'evolució cap a la cèl·lula eucariota va ser l'adquisició de certs orgànuls citoplasmàtics, com ara els mitocondris, i, posteriorment, en una de les línies evolutives, els cloroplastos. Algunes de les característiques d'aquests orgànuls (per exemple, la de tenir un patrimoni genètic propi i la capacitat de reproduir-se independentment de la divisió cel·lular) fan pensar que són descendents modificats de microorganismes procariotes que van penetrar dins les cèl·lules eucariotes, van romandre-hi com a simbionts i van realitzar funcions bàsiques per a la cèl·lula, com ara la producció d'energia en totes les cèl·lules eucariotes (mitocondris) o la fotosíntesi que porten a terme moltes cèl·lules vegetals (cloroplastos).

Un primer pas dels canvis cap a la cèl·lula eucariota va ser l'ondulació i el plegament de la membrana plasmàtica, amb el consegüent augment de la superfície cel·lular i una millora dels intercanvis de materials amb el medi extracel·lular.

El progressiu plegament de la membrana cap a l'interior (invaginacions) va permetre la formació de vesícules tancades a l'interior de la cèl·lula, algunes de les quals compten amb enzims digestius per digerir substàncies. D'aquesta manera, es va poder originar part dels orgànuls del citoplasma de la cèl·lula eucariota (citoesquelet, reticle endoplasmàtic, complex de Golgi, lisosomes, vacúols, etc.).

Es va ocasionar, doncs, una cèl·lula molt més gran i complexa que qualsevol cèl·lula procariota individual, amb capacitat de flexionar i d'invaginar la membrana i amb un sistema de transport intracel·lular força complicat. Una de les invaginacions de la membrana va donar lloc a una vesícula que contenia l'ADN de la cèl·lula. S'havia originat així, d'acord amb aquesta hipòtesi, el nucli característic de la cèl·lula eucariota.

ACTIVITATS

2.11. Digues què és el ribosoma i explica'n la localització i la funció. Digues també quin és el component fonamental d'aquest orgànul i què és un poliribosoma.

2.12. Quina és la funció del reticle endoplasmàtic llis?

2.13. El dibuix *a)* que hi ha a la dreta representa alguns dels principals sistemes de membrana del citoplasma. Digues el nom de cada un d'aquests sistemes i explica quines relacions hi ha entre ells.

2.14. Fes una taula que resumeixi les principals característiques que diferencien la cèl·lula vegetal de la cèl·lula animal.

2.15. Què s'entén per vacuoma d'una cèl·lula? Quines cèl·lules el tenen més desenvolupat?

2.16. Digues quines són les funcions del centre cel·lular, dels cilis i dels flagels.

2.17. La il·lustració *b)* de la dreta mostra unes cèl·lules vegetals vistes a través d'un microscopi òptic, i la *c)*, en canvi, mostra una secció d'un cloroplast vist a través d'un microscopi electrònic. Fes un dibuix esquemàtic d'aquestes dues il·lustracions, assenyala-hi la membrana, els tilacoides i els grànums, i explica'n les funcions. Calcula la longitud real aproximada del cloroplast, tenint en compte que aquesta il·lustració és a 5 700x.

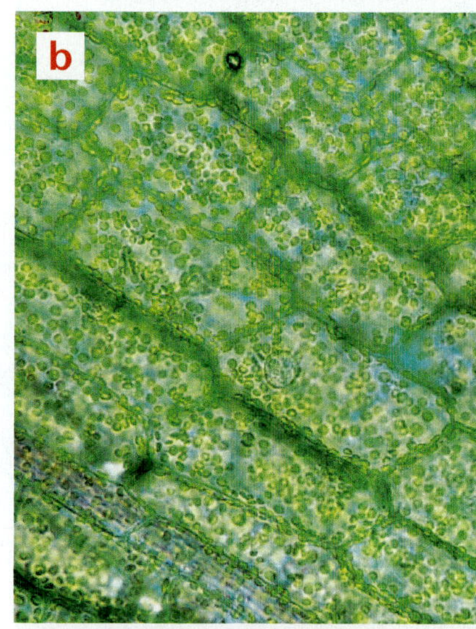

2.18. A més dels cloroplastos, esmenta altres tipus de plastidis que es trobin a les cèl·lules vegetals i explica'n la funció. Quins pigments fotosintetitzadors, a més de la clorofil·la, contenen els plastidis?

2.19. Explica breument l'origen de la cèl·lula eucariota.

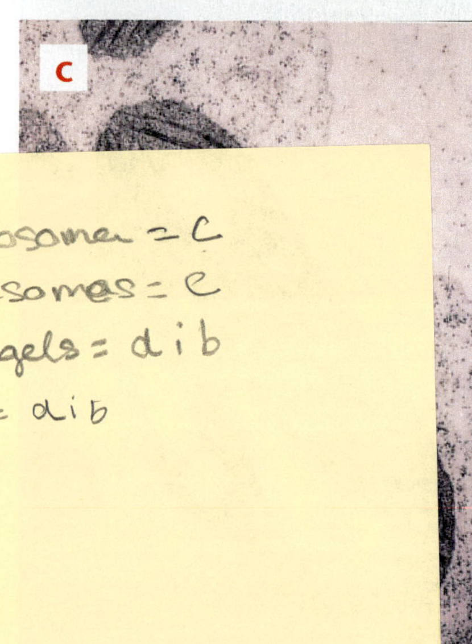

2.20. Copia les respostes que consideris correctes:

- El centrosoma…
  - a) … és exclusiu de les cèl·lules vegetals.
  - b) … és un sistema de transport intracel·lular.
  - c) … intervé en la divisió cel·lular.
  - d) … inclou els centríols i la centrosfera.
- Els ribosomes…
  - a) … contenen ADN propi.
  - b) … intervenen en la síntesi de l'ARN.
  - c) … uneixen els aminoàcids per obtenir proteïn
  - d) … no tenen cap de les característiques anterio

2.20
• El cromosoma = c
• El ribosomes = c
• Els flagels = d i b
• L'ADN = d i b

- Els flagels...
  a) ... són part del sistema digestiu intracel·lular.
  b) ... són els orgànuls responsables de la mobilitat d'algunes cèl·lules.
  c) ... són responsables de la captura d'aliment extracel·lular.
  d) ... pot haver-n'hi un o més.
- L'ADN...
  a) ... és un component exclusiu del nucli de les cèl·lules eucariotes.
  b) ... associat a proteïnes forma la cromatina.
  c) ... és format per nucleòtids amb ribosa.
  d) ... és un component del nucli i d'alguns orgànuls citoplasmàtics.

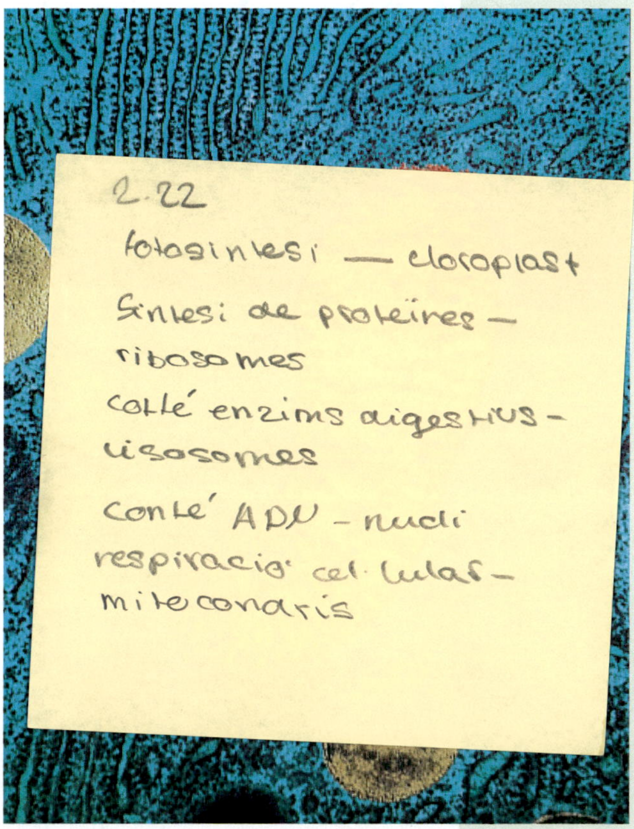

2.21. La il·lustració de l'esquerra és una fotografia d'un mitocondri vist a través d'un microscopi electrònic. Fes un dibuix que representi aquest mitocondri i assenyala-hi la doble membrana, l'estroma i les crestes.

2.22. Relaciona cada paraula o sintagma del primer grup amb el mot del segon grup que li correspon.

Primer grup: fotosíntesi, síntesi de proteïnes, conté enzims digestius, conté ADN, respiració cel·lular.

Segon grup: nucli, mitocondri, lisosoma, ribosoma, cloroplast.

2.23. Explica com es creu que es van originar les parts de la cèl·lula eucariota següents: reticle endoplasmàtic, nucli, mitocondri i cloroplast.

2.24. En una cartolina gran, dibuixa-hi el contorn d'una cèl·lula, aproximadament circular, amb un radi d'uns 15 centímetres. A continuació, posa a l'interior les diferents parts de la cèl·lula eucariota, amb fotocòpies o dibuixos.

2.25. Talla per un pla equatorial una bola de poliestirè expandit o de suro, la més grossa que trobis, i fes un model de cèl·lula eucariota dibuixant-hi a sobre les seves estructures principals, o enganxant-hi models fets de poliestirè expandit o de suro.

2.26. Els ribosomes i els mitocondris són dos orgànuls citoplasmàtics essencials de la cèl·lula eucariota. Per portar a terme la seva funció, cal que hi penetrin certes molècules.

a) Quines són?

b) Quines biomolècules s'originen en aquests orgànuls i quina és la funció que hi fan?

2.27. Les molècules de la llista que hi ha a continuació es troben a diferents orgànuls de la cèl·lula, els quals desenvolupen funcions importants. Copia la taula següent i completa-la:

Molècula	Orgànul o macromolècula on es troba	Funcions en les quals intervé
Hidrolasa		
Ribosa		
Clorofil·la		
Colesterol		
ATP		
Catalasa		
Carotenoide		
ARNr		
Permeasa		

2.28. La il·lustració *a)* del costat representa una activitat fisiològica pròpia de les cèl·lules eucariotes.

a) De quina activitat es tracta?

b) Indica el nom de les estructures assenyalades amb els nombres 1, 2, 6 i 7.

c) Explica la relació entre les estructures 6 i 7.

2.29. La il·lustració *b)* representa una cèl·lula amb alguns dels seus orgànuls citoplasmàtics.

a) Indica el nom dels orgànuls assenyalats amb les lletres A i B i digues quina funció realitzen a la cèl·lula.

b) Els nombres de l'1 al 9 indiquen les molècules i els altres factors que intervenen en les funcions que realitzen els orgànuls A i B. Escriu el nom que correspon a cada molècula o factor.

c) Digues quin tipus de nutrició té aquesta cèl·lula. Raona la resposta.

d) Digues si els orgànuls assenyalats amb les lletres A i B es troben en les cèl·lules procariotes. Raona la resposta.

e) Digues si les funcions que realitzen els orgànuls assenyalats amb les lletres A i B tenen lloc tant en el cas d'una cèl·lula animal com en el cas d'una cèl·lula vegetal. Raona la resposta.

a

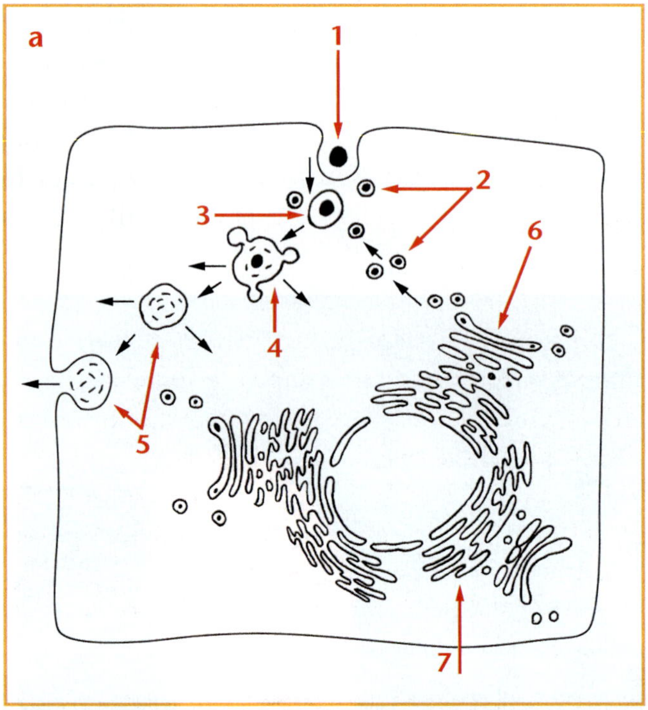

b

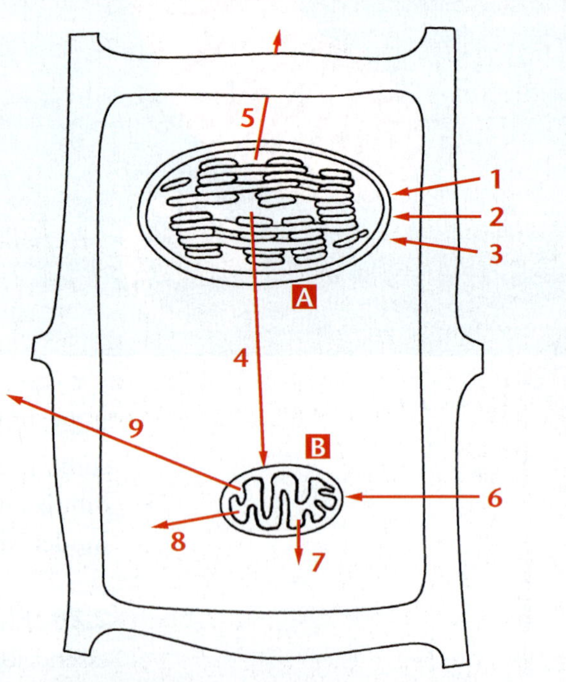

2.30. Digues quines estructures intervenen en…

a) … la motilitat cel·lular;

b) … l'alliberament de grans de secreció;

c) … la divisió de la cèl·lula eucariota;

d) … la síntesi de proteïnes;

e) … la respiració cel·lular;

f) … la digestió intracel·lular;

g) … el suport i la forma cel·lulars.

2.31. Les fotografies *a)* i *b)* de peu de pàgina et mostren imatges d'una cèl·lula animal vista al microscopi electrònic. Observa-les i contesta a les preguntes que hi ha a continuació:

a) Estan fetes amb un microscopi electrònic de rastreig o de transmissió? Raona la resposta.

b) Quines són les estructures membranoses (diferents) que hi ha en les fotografies?

c) Quina és la funció d'aquestes estructures?

d) Quina relació funcional tenen ambdues estructures?

e) Amb quines altres parts de la cèl·lula es relacionen?

2.32. Digues a quin orgànul cel·lular correspon cadascuna de les afirmacions següents:

a) Modifica algunes molècules i les transporta, dins de vesícules, a altres parts de la cèl·lula o a l'exterior.

b) Produeix el procés de síntesi d'ATP per l'ATP-asa.

c) Separa la cèl·lula de l'exterior.

d) Emmagatzema i modifica proteïnes sintetitzades als ribosomes que té adossats.

e) Conté la cromatina.

f) Permet un transport selectiu a l'exterior i a l'interior de les cèl·lules.

g) Conté els enzims necessaris per al cicle de Krebs.

h) Separa les proteïnes i els lípids que rep del reticle endoplasmàtic, en funció de la seva destinació.

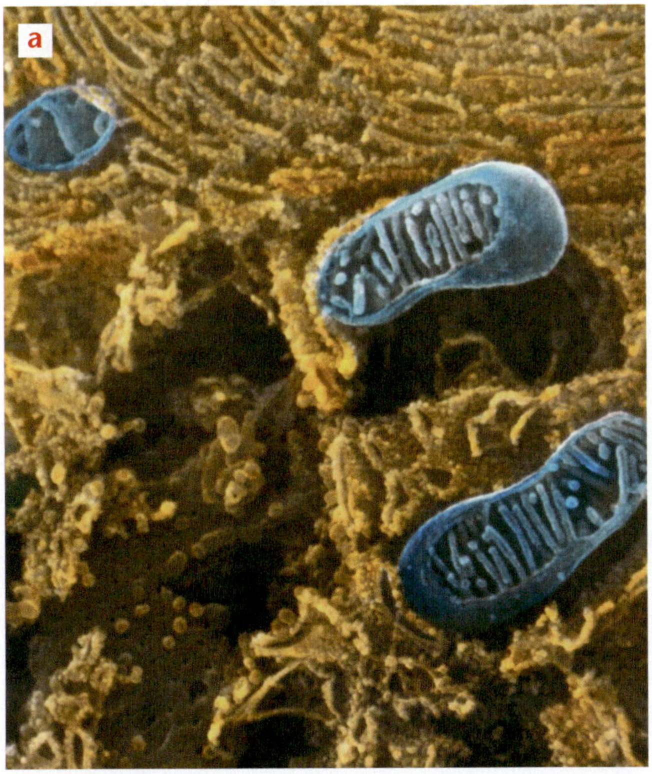

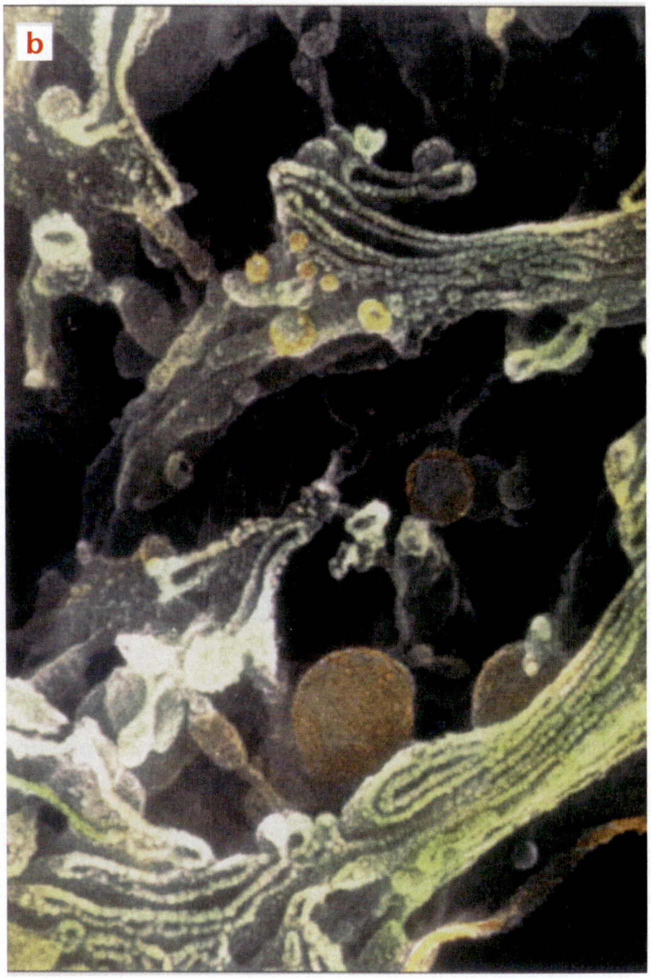

2.33. El dibuix que tens a la dreta et mostra una imatge d'una cèl·lula animal vista al microscopi electrònic de transmissió.

a) Per què podem afirmar que es tracta d'una cèl·lula animal que s'ha fotografiat a través d'un microscopi electrònic?

b) Quins són els orgànuls i les estructures assenyalats amb els nombres de l'1 al 6?

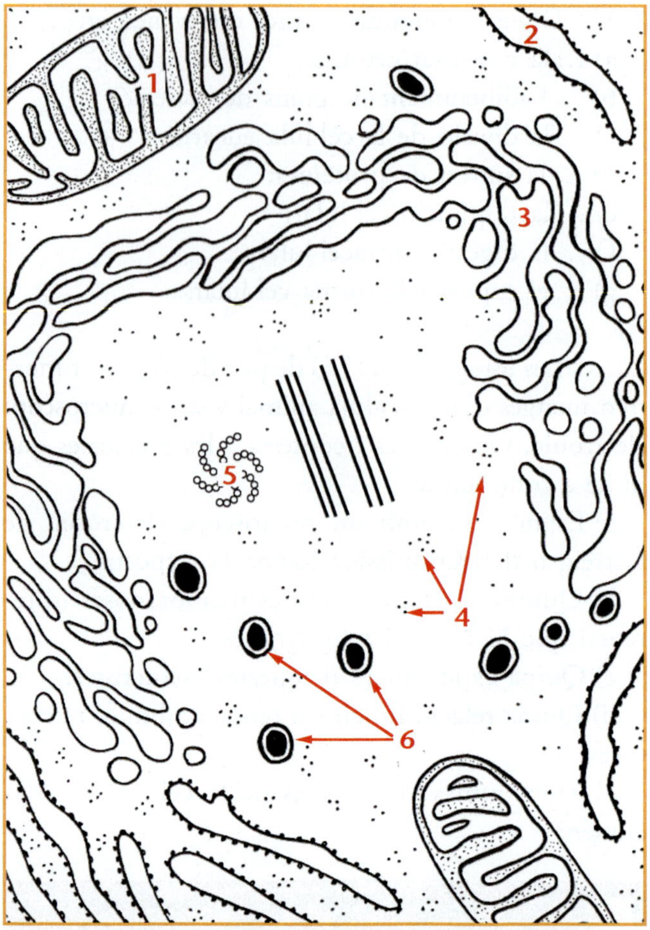

2.34. La fotografia de sota mostra un òvul envoltat d'espermatozoides. Amb un regle, mesura el diàmetre de l'òvul, el diàmetre del cap de l'espermatozoide i la longitud de la cua de l'espermatozoide. Digues quines són les dimensions reals d'aquestes cèl·lules i explica com has fet els càlculs.

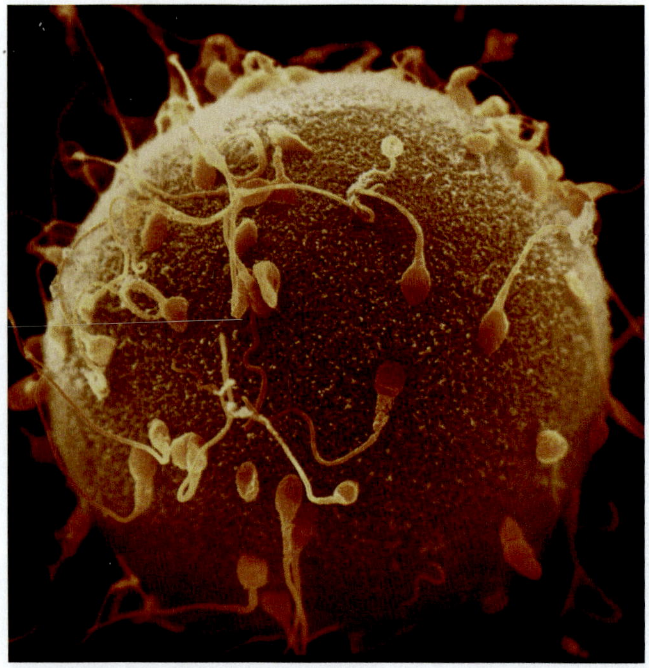

(1 000x)

2.35. Els termes següents tenen a veure amb un mateix procés cel·lular: complex de Golgi, endosoma, exocitosi, fagocitosi, lisosoma secundari i lisosoma primari.

Digues de quin procés es tracta, quina significació biològica té i fes-ne un dibuix esquemàtic.

2.36. Copia els textos següents, que fan referència a diverses estructures cel·lulars, i completa'ls amb les paraules adequades:

a) La ... és una làmina que separa els medis extracel·lular i intracel·lular. Químicament està constituïda per una bicapa de ... en la qual poden inserir-se les ... . Aquesta làmina presenta a la seva superfície externa unes terminacions glucídiques molt ramificades, que formen el ... .

b) El ... és l'orgànul que controla i governa totes les funcions cel·lulars. Està constituït per una doble membrana (la part externa és un prolongació del reticle ... rugós) que presenta una sèrie de ... que comuniquen l'interior d'aquest òrganul amb el ... .

c) Els ... intervenen en la síntesi de proteïnes. Els podem trobar lliures al citoplasma, sobre les membranes del ... i a l'interior dels ... i dels ... .

2.37. Al microscopi electrònic, les cèl·lules revelen una estructura com la que et mostren les il·lustracions *a)* i *b)*. Observa-les atentament i contesta a les preguntes següents:

a) De quin tipus de cèl·lula es tracta en cada cas? Per què?

b) Quines són les estructures que només es veuen en un dels dos tipus de cèl·lules?

c) A quina estructura o a quin orgànul corresponen els elements assenyalats a cada cèl·lula?

d) Digues quina funció fa cada un d'aquests elements.

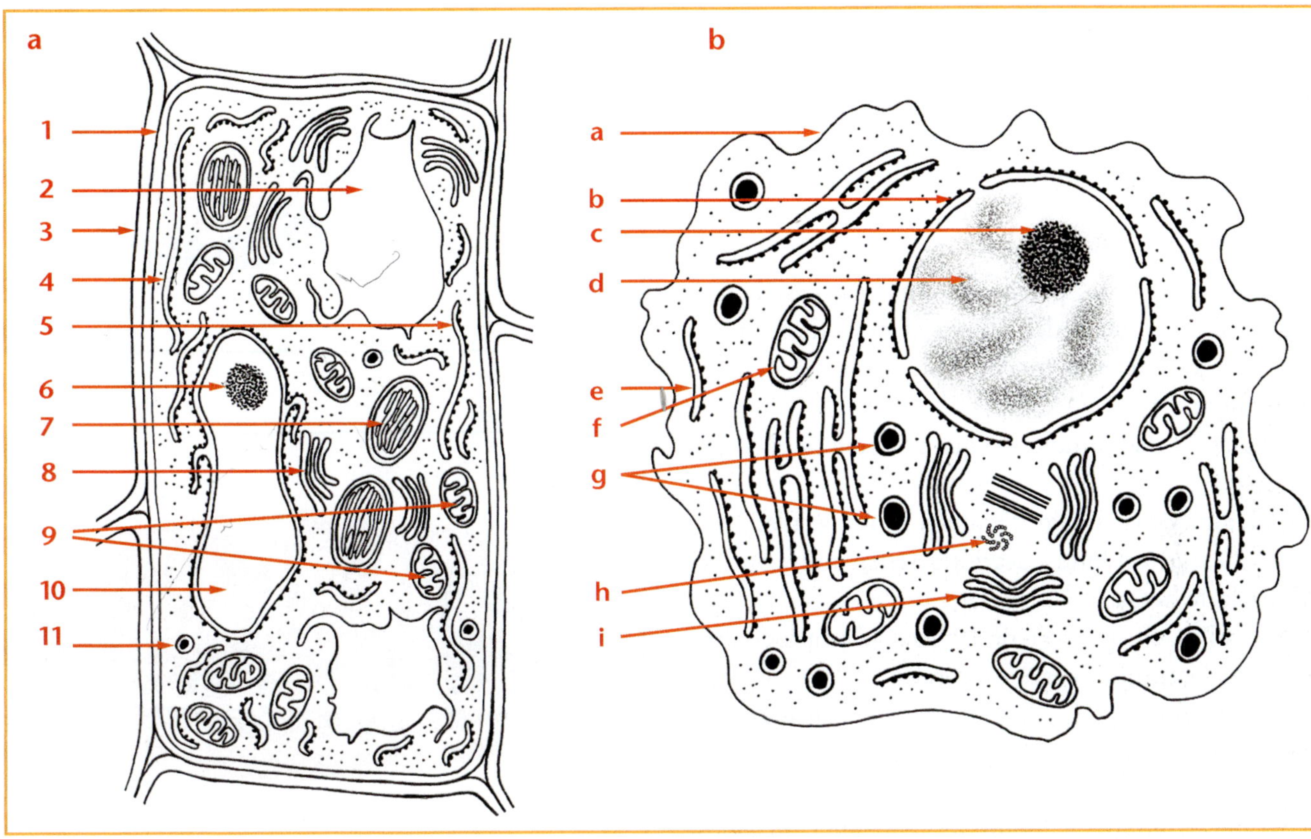

a)
1- llamina mitia
2- vacuola
3- paret cel·lular
4- } reticulo endoplasmatico
5- } liso
6- nucli
7- cloroplast
8- coplexo de golgi
9- Mitocondria
10-
11-

1. Comenta l'afirmació següent: «La cèl·lula eucariota representa un gran progrés evolutiu. Té una estructura molt més complexa que la dels bacteris i arqueobacteris.» La resposta ha d'incloure els mots següents: *nucli, embolcall nuclear, unicel·lular, pluricel·lular, animals, vegetals, fongs, endosimbiosi.*

2. Fixa't en el dibuix *a)*, el primer dels tres dibuixos de la columna dreta, que representa una cèl·lula eucariota.

a) Identifica cadascuna de les estructures i cadascun dels orgànuls assenyalats amb un nombre.

b) Digues quines funcions tenen.

3. El dibuix *b)*, el segon dels dibuixos de la columna dreta d'aquesta pàgina, representa l'estructura interna d'un mitocondri. Escriu el nom de les parts assenyalades amb un nombre i respon a les preguntes següents:

a) Quina és la biomolècula que s'origina en els mitocondris?

b) Quina és la funció d'aquesta biomolècula?

c) Totes les cèl·lules eucariotes tenen mitocondris? Raona la resposta.

d) Explica el significat de la frase «els mitocondris tenen un patrimoni genètic propi».

e) Descriu el procés pel qual s'originen els mitocondris d'una cèl·lula.

4. El tercer dibuix, el dibuix *c)*, representa un cloroplast. Escriu el nom de les parts assenyalades amb un nombre, explica quina funció té cada una i respon a les preguntes següents:

a) A quin tipus de cèl·lules es troben els cloroplastos?

b) Com es divideixen els cloroplastos?

c) Quin es creu que és l'origen dels cloroplastos?

d) Quines reaccions es produeixen a l'estroma?

e) Quina molècula es troba als tilacoides i als grana dels cloroplastos?

5. Fixa't en el dibuix de la pàgina següent, que representa la membrana cel·lular, i escriu el nom de les parts assenyalades. Digues, també, quina és la funció de la bicapa lipídica de la membrana i la de les proteïnes.

6. Copia les paraules i els conceptes de la pàgina següent i relaciona els del primer grup amb els del segon grup.

a

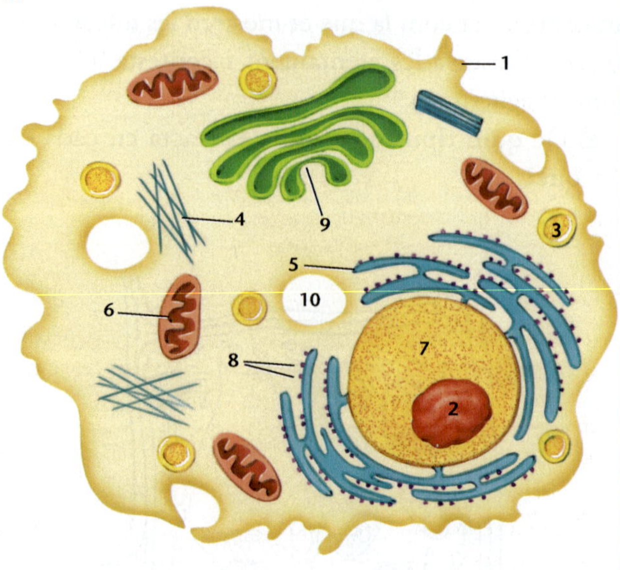

b

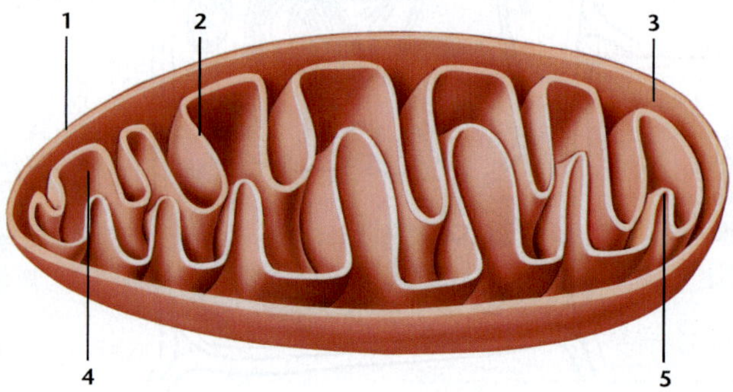

c

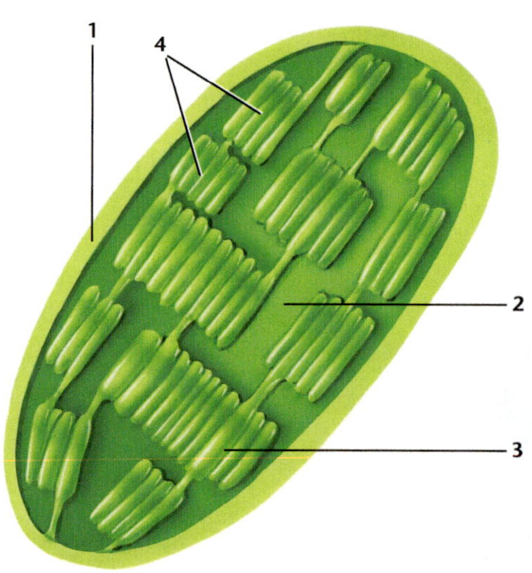

Primer grup: cloroplast, cromatina, ARNr, citosol, agent antioxidant, microtúbuls, flagel, dictiosomes, sense nucli, autofàgia, lisosoma, síntesi d'ATP, polisoma, leucoplast.

Segon grup: glicòlisi, moviment cel·lular, complex de Golgi, digestió intracel·lular, procariota, fotosíntesi, nucli cel·lular, mitocondri, peroxisoma, ribosoma, grup funcional de ribosomes, citoesquelet, magatzem de biomolècules, enzims hidrolítics.

7. Copia les frases següents i escriu al costat de cada una d'elles si és certa o falsa:

a) El centre cel·lular intervé en la divisió cel·lular (mitosi) de totes les cèl·lules eucariotes.

b) Les crestes dels mitocondris contenen carotens.

c) L'autofàgia és la digestió per part de les cèl·lules dels seus components.

d) Les reaccions que tenen lloc en els peroxisomes originen i degraden aigua oxigenada.

e) Els ribosomes es reprodueixen per escissió, de manera independent de la mitosi.

f) Els vacúols pulsàtils intervenen en la regulació del contingut d'aigua de la cèl·lula.

g) Els amiloplastos són plastidis en els quals s'emmagatzema glicogen.

h) Els ribosomes apareixen sempre adossats a la paret exterior del reticle endoplasmàtic.

i) Tot l'ADN de les cèl·lules eucariotes es troba dins el nucli.

j) La catalasa és l'enzim que es troba localitzat en els lisosomes.

k) Els organismes del regne de les moneres i del regne dels fongs són formats per cèl·lules procariotes.

l) La paret cel·lular de les cèl·lules vegetals és formada principalment per cel·lulosa.

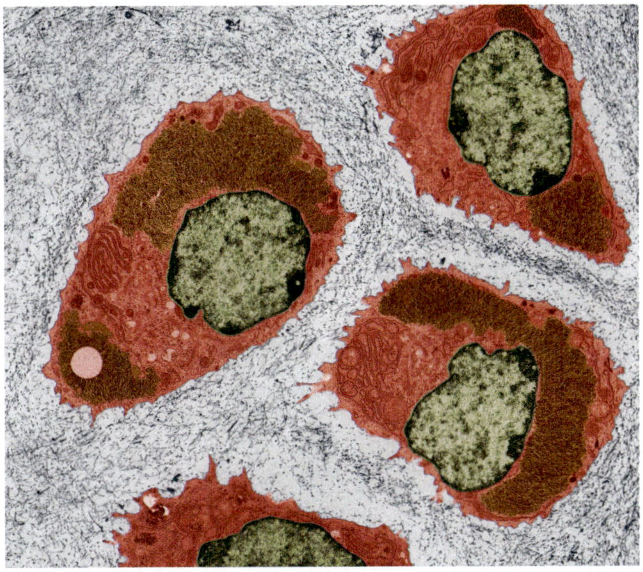

Cèl·lules cartilaginoses o condròcits vistes al microscopi electrònic de transmissió. En la fotografia (en fals color) el nucli apareix en verd i el citoplasma, en vermell. El citoplasma conté nombrosos grànuls de glicogen (en marró) (1 600 x).

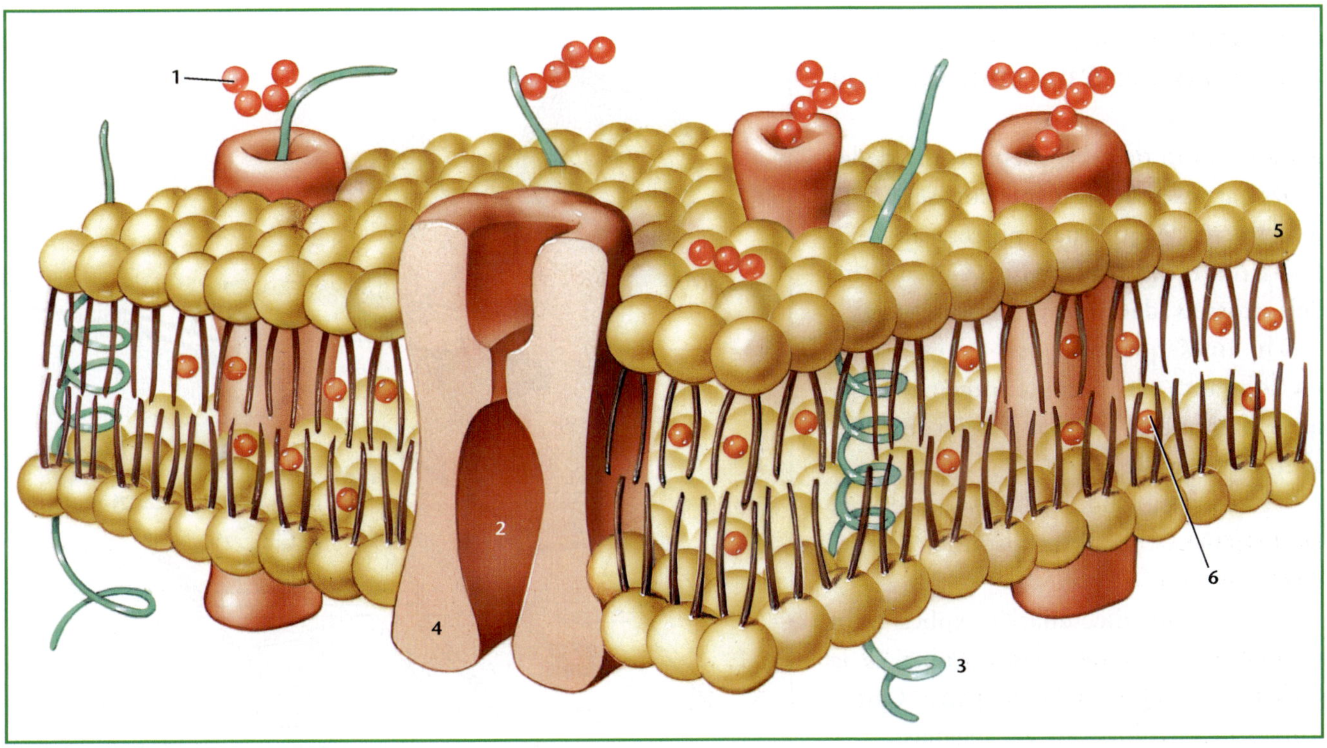

L'observació de les cèl·lules eucariotes

Objectiu

Observació al microscopi de diferents tipus de cèl·lules i de cultius de microorganismes, tant de preparacions ja fetes com de preparacions que es faran en el moment de l'observació.

Material

– Microscopi, portaobjectes, cobreobjectes i comptagotes.
– Micròtom i agulla histològica.
– Material de dissecció: agulles emmanegades, pinces de punta fina, bisturí, escuradents.
– Paper de filtre i colorants diversos: blau de metilè, orceïna, etc.
– Òrgans frescos de vegetals (arrel, tija, fulla), bulb de ceba, grans de pol·len.
– Cultius de microorganismes amb bacteris, protozous, algues, larves d'invertebrats, etc.
– Cultius purs de diferents microorganismes (es poden obtenir al Centre de Recursos Pedagògics del Departament d'Educació de la Generalitat de Catalunya).
– Preparacions ja fetes, freqüents als laboratoris escolars.

a) Observació de cèl·lules de l'epidermis d'un bulb de ceba

Talla un bulb de ceba i separa una de les fulles carnoses del seu interior, segons la il·lustració. Amb unes pinces, aparta'n uns trossets de l'epidermis. Col·loca un dels trossets damunt un portaobjetes i tira-hi unes quantes gotes d'aigua amb un colorant, per exemple, orceïna. Posa-hi al damunt el cobreobjectes i mira-ho al microscopi.

Observa les cèl·lules i fes un dibuix esquemàtic de la seva disposició en el teixit.

Consulta un diccionari i explica quin tipus d'òrgan és un bulb i quina és la seva funció. Què és l'epidermis? Quina funció desenvolupa en els vegetals?

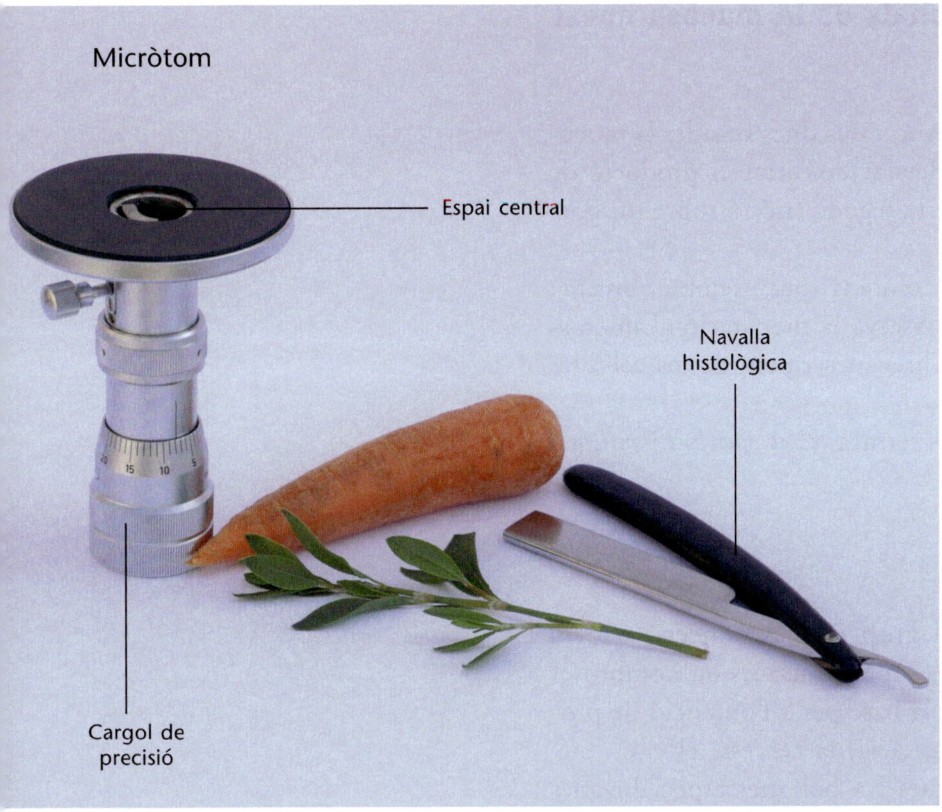

b) Observació de l'estructura interna de diferents òrgans vegetals

Per observar l'estructura interna de diferents òrgans vegetals (arrel, tija, pecíol, etc.), el més adequat és efectuar talls transversals prims d'òrgans vegetals tendres i després tenyir-los per comparar les diferents estructures.

El procediment de preparació de les mostres que es vol observar al microscopi inclou les etapes següents:

a) Obtenció d'un fragment d'un òrgan fresc (arrel, tija, etc.).

b) Inclusió d'aquest fragment entre dos blocs d'un material consistent, com ara pastanaga, patata, etc.

c) Col·locació, en l'espai central buit d'un micròtom de mà, del conjunt de la mostra i del material consistent. Fent servir el cargol de precisió i una navalla histològica o un bisturí s'obtenen talls molt prims.

d) Col·locació de cadascun dels talls obtinguts damunt un portaobjectes ben net i tinció dels talls per afavorir-ne l'observació.

Una bona tinció es pot aconseguir deixant la mostra amb hematoxilina durant uns deu minuts. A continuació, es renta la mostra amb aigua destil·lada i s'hi afegeix un nou colorant, el verd de iode, que es deixa durant uns tres minuts. Es renta la mostra i es col·loca el cobreobjectes.

c) Observació de grans de pol·len

Disposa de grans de pol·len, que aconseguiràs fàcilment a partir de flors madures. A l'hivern, quan té lloc la pol·linització dels pins, pots prendre el pol·len d'aquests arbres, ja que es conserva amb facilitat.

Per fer les observacions, espolsa els grans de pol·len damunt un portaobjectes net i col·loca-hi el cobreobjectes al damunt.

Els grans de pol·len tenen una mida i una forma característiques de cada espècie de planta fanerògama. Dibuixa els grans de pol·len que has observat.

Fent les consultes oportunes, defineix el terme *pol·len* i explica quina funció té en la reproducció de les plantes fanerògames. La ciència que estudia la morfologia dels grans de pol·len s'anomena *palinologia*.

d) Observació de cèl·lules epitelials de la mucosa bucal humana

Amb un escuradents o un objecte semblant, rasca dues vegades la mucosa de les parets interiors de la boca. Havent descartat el producte de la primera rascada, posa ben estès el de la segona fricció sobre un portaobjectes net.

Afegeix-hi unes quantes gotes d'un colorant (per exemple, orceïna acètica al 2 %), posa el cobreobjectes, observa la preparació al microscopi i fes un dibuix esquemàtic i una breu descripció de les cèl·lules que s'hi veuen.

Consultant un diccionari, defineix els termes *teixit epitelial* i *mucosa.*

e) Observació de llevats

Els llevats són fongs unicel·lulars, del grup dels ascomicets, que es reprodueixen per escissió o gemmació. Són els causants de nombroses fermentacions, algunes de les quals són la base per a l'obtenció de productes de gran consum, com ara el pa, el vi, la cervesa, el cava, etc. Els llevats es poden adquirir a les fleques i a botigues especialitzades en productes alimentaris.

En un portaobjectes, tira-hi una gota d'aigua i amb una agulla emmanegada toca la mostra de llevat i després la gota d'aigua. Col·loca-hi el cobreobjectes i observa els llevats al microscopi. Fes una breu descripció i un dibuix esquemàtic de les cèl·lules del llevat.

Fent les consultes oportunes, defineix els termes *fong*, *gemmació* i *fermentació*.

f) Observació de cultius d'organismes unicel·lulars

En aquesta experiència de laboratori, partirem de l'estudi al microscopi de l'aigua d'una bassa per poder fer un repàs del món dels protistos o organismes unicel·lulars.

L'aigua verdosa de les basses i els safareigs conté algues i altres organismes microscòpics.

Utilitzarem «aigua verda» d'algun bassiol o safareig. Rascarem, lleugerament, el «verdet» fixat a les parets, ja que moltes vegades a més de les algues hi ha també molts organismes adherits.

De fet, dins d'aquestes aigües, hi ha tota una comunitat microscòpica amb productors, consumidors i desintegradors. En el laboratori repartirem l'aigua en diferents brocals. Podem afegir-hi pa (per augmentar la matèria orgànica present), il·luminar-ho (per afavorir o alentir la fotosíntesi) o escalfar-ho (per accelerar els processos vitals).

Es tracta, doncs, d'anar observant l'evolució d'aquestes aigües i anotar o dibuixar els organismes observats i la seva freqüència. Apuntarem també l'augment del microscopi utilitzat.

Procediment

El procediment d'observació serà sempre el mateix. Agafa amb un comptagotes una o dues gotetes d'aigua i posa-les sobre un portaobjectes. Amb cura, i amb l'ajuda d'una agulla emmanegada, deixa-hi caure el cobreobjectes suaument perquè no quedin bombolles d'aire.

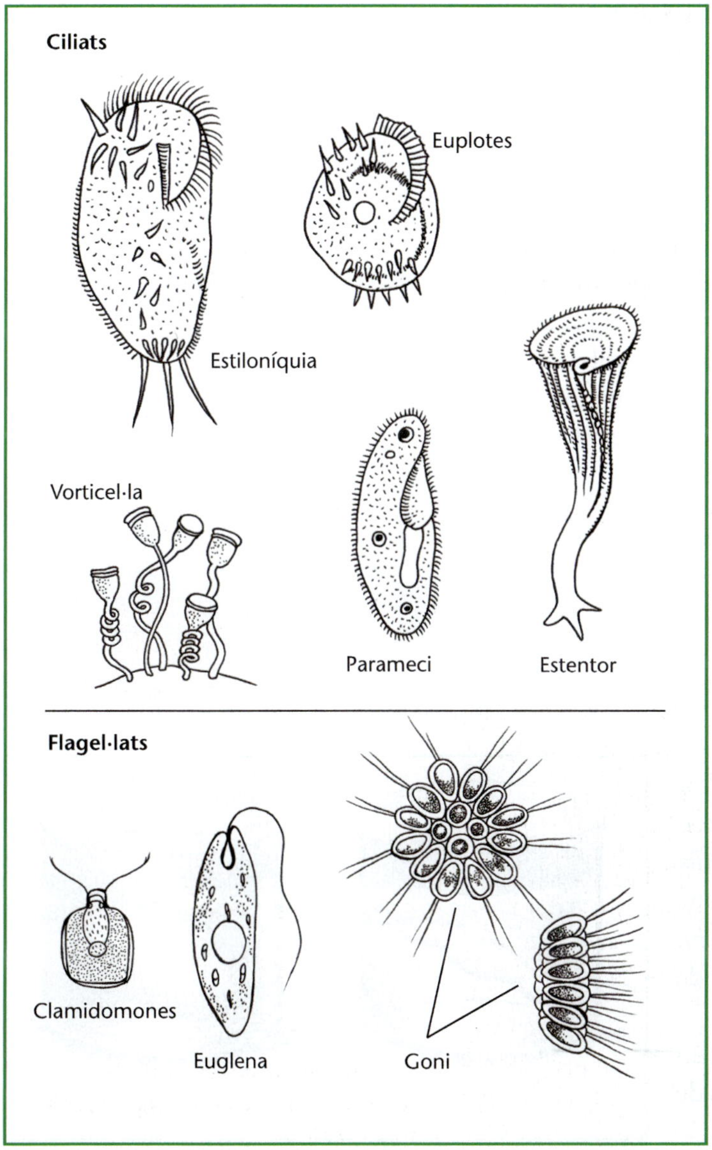

Els colorants (blau de metilè o roig neutre) et serviran per augmentar el contrast del nucli i de les estructures cel·lulars. En forta dilució, aquests colorants són compatibles amb la vida dels organismes; però si n'augmentes la concentració fins a l'1 %, per exemple, provocaràs la mort dels organismes. Així que hi posarem, en cada cas, tan sols una o dues gotetes de colorant.

Per observar els bacteris (organismes desintegradors) cal utilitzar grans augments.

Identificació dels organismes

Els organismes unicel·lulars són variadíssims i és molt difícil identificar-los ràpidament. Ens guiarem per alguns caràcters, però, per saber la seva biologia. Si tenen cloroplastos voldrà dir que són productors i, si neden activament, seran, probablement, depredadors d'altres organismes més menuts. Si s'acumulen en grans quantitats entorn de restes o detritus en descomposició vol dir que són desintegradors.

De tota manera, les il·lustracions ens presenten alguns organismes dels més freqüents. Els ciliats són heteròtrofs i neden ràpidament per mitjà dels seus nombrosos cilis. Els flagel·lats són verds perquè tenen clorofil·la i neden activament, però lentament, amb un o dos flagels.

Les propietats de les membranes

Objectiu

Observació d'alguns processos cel·lulars relacionats amb les membranes.

Material

- Paper i bossa de paper de cel·lofana.
- Sucre.
- Tub de vidre.
- Recipient transparent de vidre.
- Aigua destil·lada.
- Una patata.

a) El funcionament de les membranes i l'osmosi

Les membranes cel·lulars són semipermeables: deixen passar només certes substàncies. Per comprovar-ho, ens serà fàcil de fer un petit muntatge amb paper de cel·lofana, que es comporta com una membrana semipermeable.

Posa aigua en un got i aboca-hi tres o quatre cullerades de sucre. Vessa aquest líquid a l'interior d'una bossa feta amb paper de cel·lofana, introdueix-hi un tub de vidre en posició vertical i col·loca-hi el tub sense que el líquid pugi gaire amunt. Després senyala amb un retolador el nivell del líquid i, a continuació, submergeix tot el dispositiu en un got que contingui aigua sense sucre i observa cada 20 minuts el nivell del líquid en el tub.

a) Què passa amb el nivell del líquid?
b) Quina n'és l'explicació?
c) Què és una membrana semipermeable?

b) La bossa de cel·lofana

Agafa una bossa de cel·lofana, omple-la gairebé del tot amb aigua força ensucrada i posa-la dins d'un recipient amb aigua destil·lada, tal com il·lustra el dibuix *(a)* de la figura que hi ha al costat. Tres quarts o una hora més tard, la bossa tindrà l'aspecte del dibuix *(b)*.

a) Per què ha canviat de forma, la bossa de cel·lofana?

b) Què hauria passat si l'haguéssim submergit en una solució ensucrada més concentrada que la de l'interior?

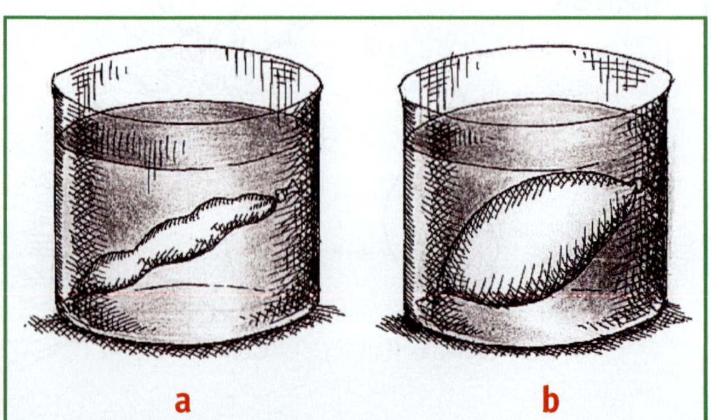

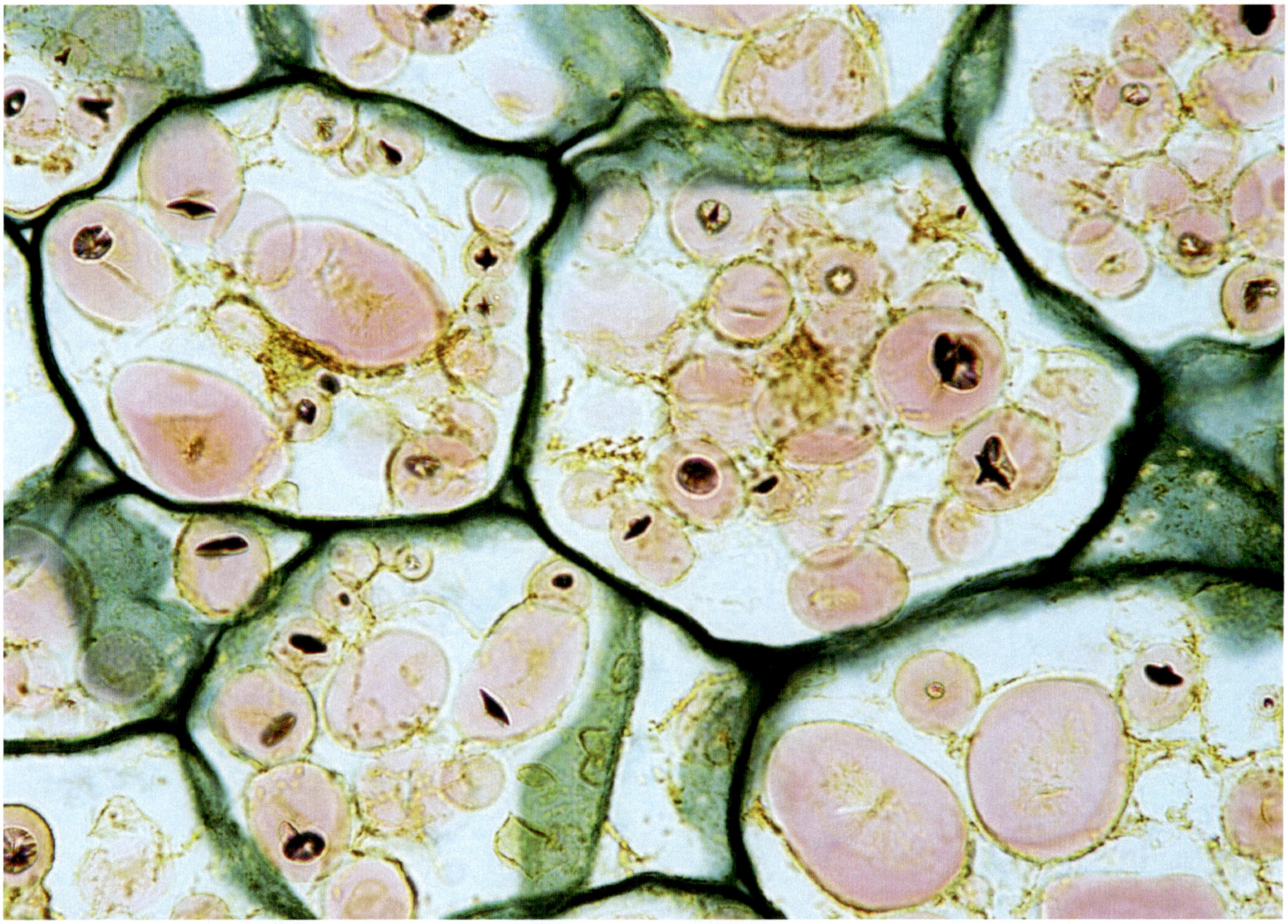

Cèl·lules amb amiloplasts, del parènquima de reserva de patata, tenyides i vistes al microscopi òptic (1 000x).

c) Què hauria passat si l'haguéssim submergit en una solució ensucrada igual de concentrada que la de l'interior?

d) Explica si això té cap paral·lelisme amb el comportament de la membrana plasmàtica.

c) L'osmosi determina canvis en les cèl·lules

Pela una patata crua, talla'n dues tires iguals (com per fer patates fregides) de 5 cm de llarg, i col·loca-les en dos recipients diferents: l'un ple d'aigua destil·lada i l'altre, d'una solució concentrada de sucre.

Al cap de 30 minuts aproximadament, observaràs que una tira de patata s'ha allargat i l'altra s'ha encongit.

A partir dels coneixements adquirits en aquesta unitat al llarg de les activitats proposades, contesta a les preguntes següents:

a) Què pot haver passat amb les cèl·lules de la patata?

b) Quina és la tira de patata que s'ha allargat? Per què s'ha allargat?

c) Quina és la tira de patata que s'ha encongit? Què ho explica?

d) Repeteix l'experiment amb dues tires de patata bullida. Les tires de patata, s'allarguen o s'encongeixen? Per què?

e) Si volguessis posar una tira de patata crua en una solució sense que s'estiri o s'encongeixi, com hauria de ser la dissolució?

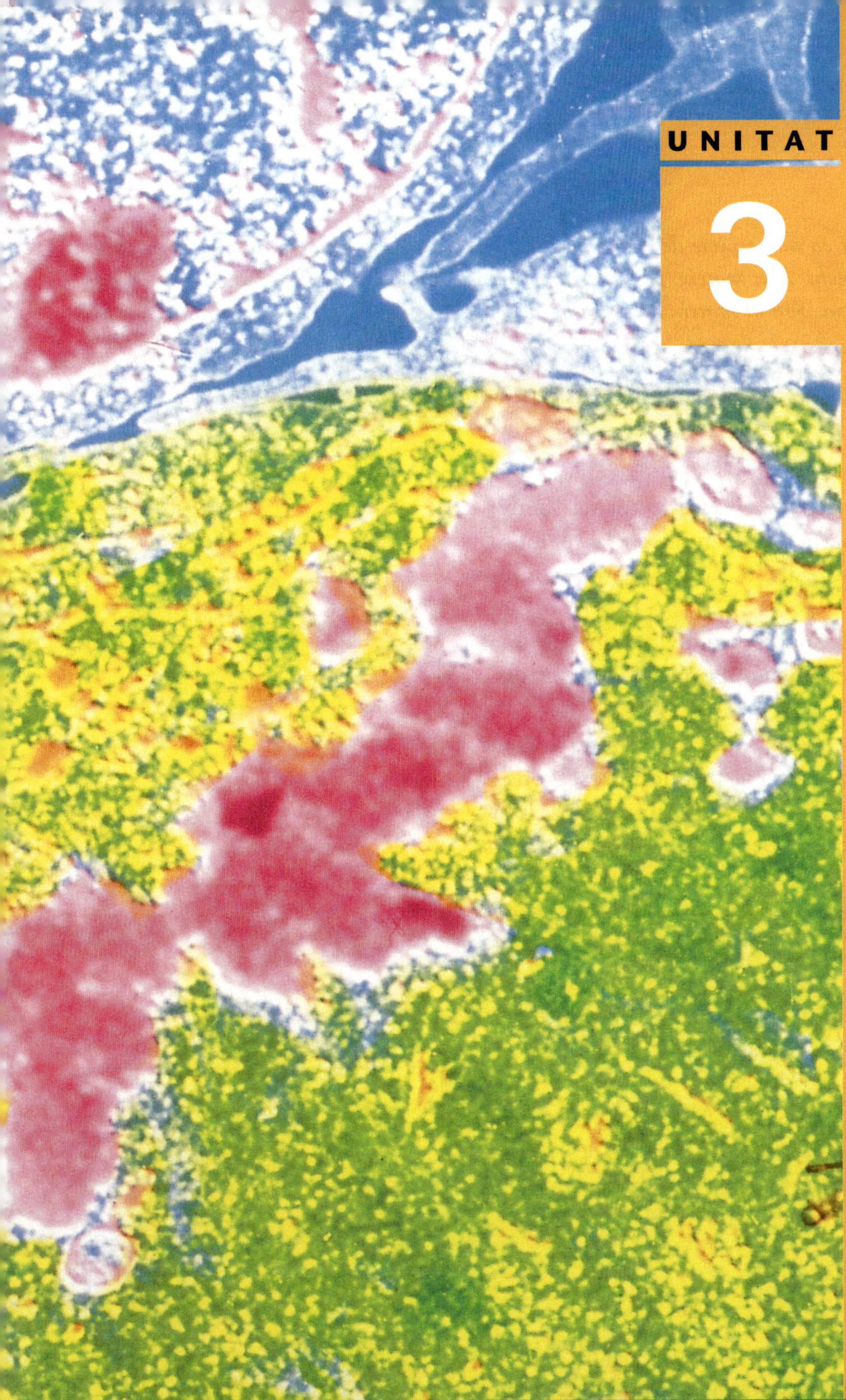

UNITAT

3 El nucli i la divisió cel·lular

Esquema

Microfotografia (en fals color) feta al microscopi electrònic de transmissió d'una cèl·lula humana en divisió cel·lular mitòtica (anafase) en què destaquen (en color rosa) els cromosomes (5 000x).

La gran quantitat de cèl·lules que formen el cos humà (segons alguns càlculs, n'hi ha uns 30 bilions) viuen en una clara interdependència, en la qual les unes regulen el creixement i la proliferació de les altres.

En els organismes pluricel·lulars, la divisió cel·lular, també anomenada *mitosi*, permet passar d'un estadi unicel·lular, la cèl·lula ou o zigot, a un de pluricel·lular. Les cèl·lules canceroses no respecten els controls normals de creixement i proliferació, i segueixen les seves instruccions de reproducció. Un càncer és un grup de cèl·lules de forma anormal que es reprodueixen de manera incontrolada. Algunes poden sortir del lloc on s'han format, entrar al sistema circulatori i envair altres òrgans.

1. El nucli cel·lular

La fibra cromosòmica conté xifrat en una espècie de codi en miniatura tot el futur de l'organisme, el seu desenvolupament i el seu funcionament. Així mateix, les estructures cromosòmiques posseeixen també els mitjans per posar en pràctica aquest programa. Són al mateix temps la llei i el poder executiu, el pla de l'arquitecte i la tècnica del constructor.

Erwin Schrödinger, Què és la vida? *(1944)*

El **nucli** és l'orgànul que conté gairebé tot l'ADN de la cèl·lula, és a dir, és el portador de la **informació genètica** i el director de l'activitat cel·lular. Generalment, ocupa una posició central en la cèl·lula i, tret dels vacúols d'algunes cèl·lules vegetals, és l'orgànul més voluminós.

En les cèl·lules en interfase (és a dir, que no es divideixen), el nucli és format per l'**embolcall nuclear**, el **nucleoplasma**, la **cromatina** i el **nuclèol**.

L'embolcall nuclear separa el nucli del citoplasma i està format per una doble membrana unitària, travessada per nombrosos porus que regulen els intercanvis materials amb el citoplasma. Cap a l'interior del nucli penetren els nucleòtids, per a la síntesi dels àcids nucleics, els enzims (ribonucleasa, transcriptasa...), les molècules energètiques, etc. Del nucli surten diferents tipus de molècules d'ARN.

El medi intern del nucli, o nucleoplasma, és una dissolució col·loïdal formada per proteïnes, glúcids, lípids, nucleòtids, nucleòsids i ions inorgànics. Conté el nuclèol i la cromatina.

El nuclèol, del qual hi ha sovint un o dos, és un corpuscle esferoïdal d'uns 2 μm de diàmetre format per ADN, ARN i enzims. És el lloc on se sintetitza l'ARN ribosòmic, el qual es fixa amb les proteïnes ribosòmiques per formar les subunitats dels ribosomes.

1.1. La cromatina

La **cromatina** és la matèria del nucli que conté la major part de l'ADN de les cèl·lules eucariotes. El seu nom fa referència al fet que es tenyeix fàcilment amb colorants bàsics. Químicament, la cromatina està formada per proteïnes, del grup de les histones, i per ADN, amb quantitats més baixes d'ARN, fosfolípids i ions calci. Al llarg de la major part del cicle cel·lular, entre dues divisions cel·lulars o mitosis, la cromatina apareix organitzada en fibres de 30 nm de gruix, i disperses per tot el nucli. Cada fibra presenta un eix d'histones al voltant del qual s'enrotlla l'ADN.

Durant la interfase, la cromatina es duplica i en iniciar-se la mitosi les fibres es condensen i originen els **cromosomes**.

Nucli d'una cèl·lula eucariota.

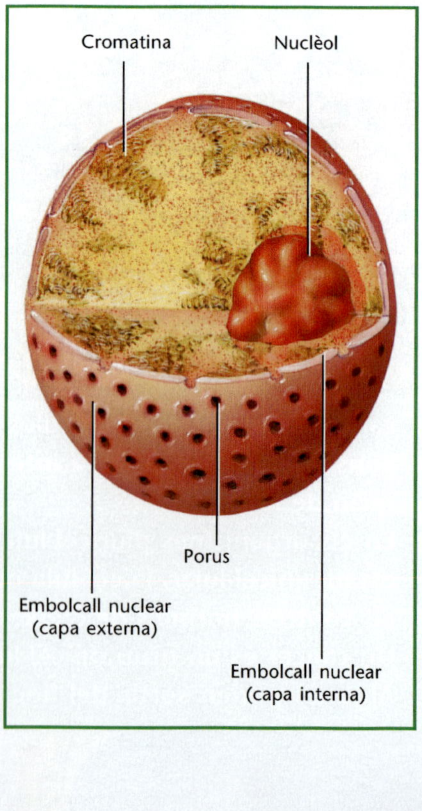

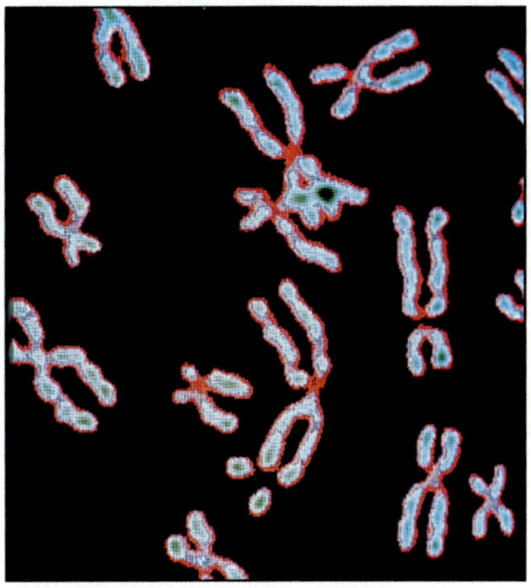

Cromosomes humans.

1.2. Els cromosomes

Els **cromosomes** són filaments grossos que es comencen a fer visibles a l'inici de la divisió cel·lular, per condensació de les fibres de cromatina. De fet, els cromosomes i les fibres de cromatina són dos estadis diferents del mateix material biològic.

A causa del seu contingut en ADN, els cromosomes són els corpúsculs portadors de l'herència biològica.

En una determinada etapa de la divisió cel·lular (metafase), cada cromosoma apareix dividit longitudinalment en dues unitats simètriques, les **cromàtides**, unides pel **centròmer**, que el divideix en dos braços. L'extrem de cada braç s'anomena **telòmer**.

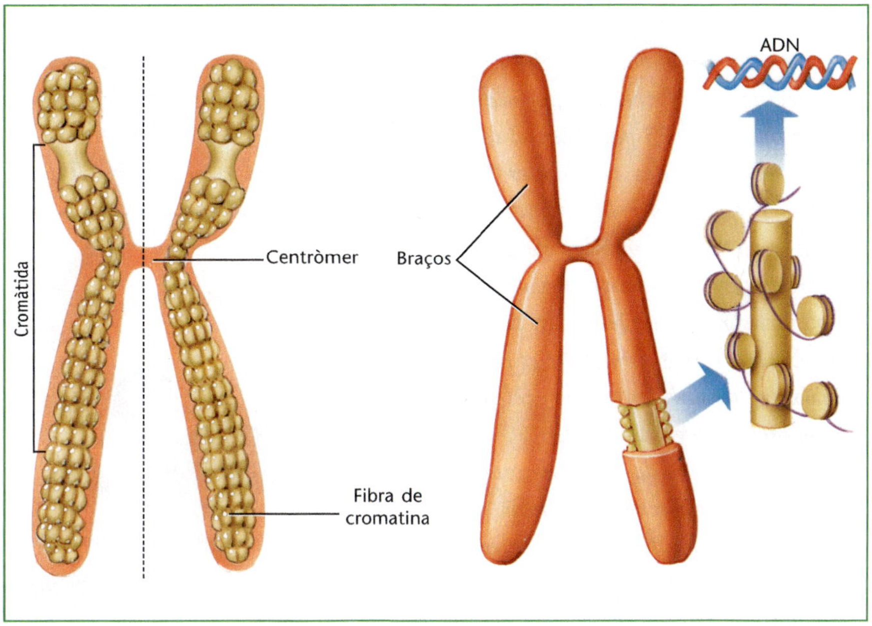

Esquema d'un cromosoma metafàsic.

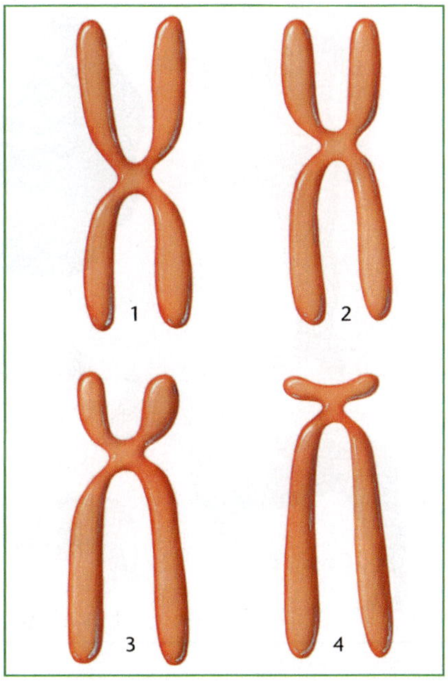

Segons la posició del centròmer, els cromosomes poden ser metacèntrics *(1), amb el centròmer en posició central i els dos braços iguals;* submetacèntrics *(2), amb el centròmer no central i els dos braços lleugerament desiguals;* acrocèntrics *(3), amb el centròmer clarament desplaçat cap a un dels extrems i els dos braços de mida molt diferent, i* telocèntrics *(4), amb el centròmer prop del telòmer.*

DOCUMENTS

Conceptes bàsics sobre els cromosomes

Llei de la constància numèrica dels cromosomes. *Totes les cèl·lules d'un organisme i de tots els individus de la mateixa espècie tenen el mateix nombre de cromosomes, la qual cosa està relacionada amb el fet que els individus de cada espècie posseeixen una quantitat fixa de cromatina i, per tant, una mateixa informació genètica. Cal remarcar que el nombre de cromosomes de les diferents espècies no té cap relació ni amb les mides ni amb el seu grau evolutiu.*

Cariotip. *És el conjunt de les característiques dels cromosomes de les cèl·lules dels individus d'una espècie (nombre, forma, mida, etcètera). El cariotip humà està format per 46 cromosomes.*

Cromosomes homòlegs. *En el cariotip de la major part d'espècies, cada cromosoma està representat, en realitat, per dos exemplars iguals i equivalents, anomenats cromosomes homòlegs, l'un procedent de la mare i l'altre, del pare. El cariotip d'una espècie es pot indicar també pel nombre de parells de cromosomes homòlegs (23 parells en el cas de l'ésser humà).*

Cèl·lules diploides i cèl·lules haploides. *La dotació cromosòmica d'una espècie s'expressa per la fórmula* 2n, *en la qual* n *és el nombre de parells de cromosomes homòlegs. Les cèl·lules diploides són les que tenen* 2n *cromosomes. En els organismes que es reprodueixen sexualment, les cèl·lules reproductores o gàmetes tenen un únic representant de cada parell de cromosomes homòlegs; tenen, per tant, tots els cromosomes diferents: presenten n cromosomes i es diu que són cèl·lules haploides.*

Heterocromosomes o cromosomes sexuals. *En molts organismes superiors, un dels parells de cromosomes homòlegs es diferencia dels altres pel fet que en els individus d'un dels sexes no són iguals. S'anomenen heterocromosomes o cromosomes sexuals, per diferenciar-los dels altres parells, o autosomes. El sexe que presenta els dos heterocromosomes iguals, que normalment és el femení, s'anomena homogamètic. Aquests cromosomes es designen amb la lletra X, i l'altre, diferent, amb la lletra Y. El parell de cromosomes sexuals de les femelles d'aquestes espècies serà XX i el dels mascles, XY.*

Nombre de cromosomes d'algunes espècies animals.

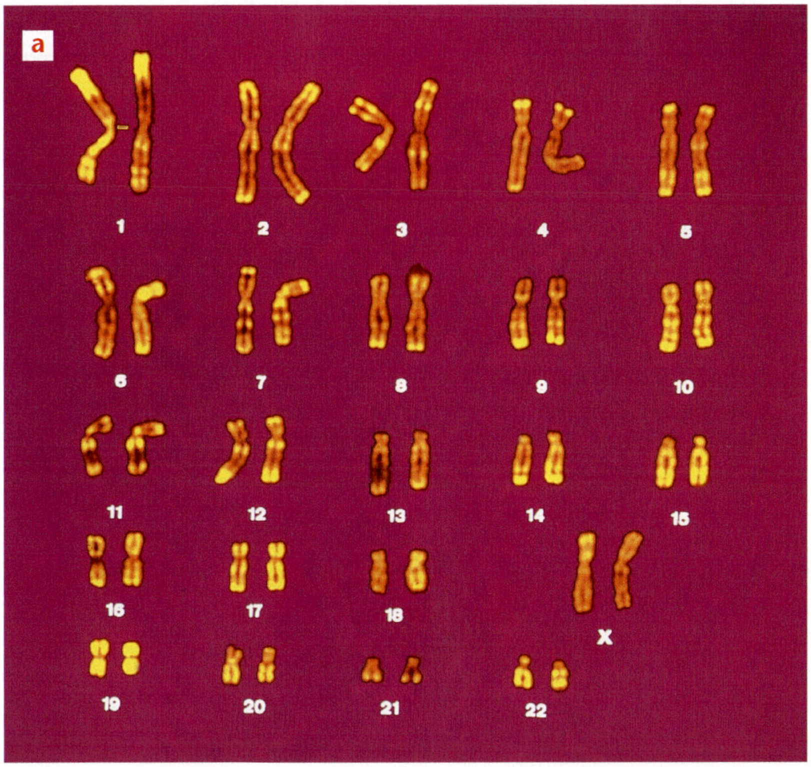

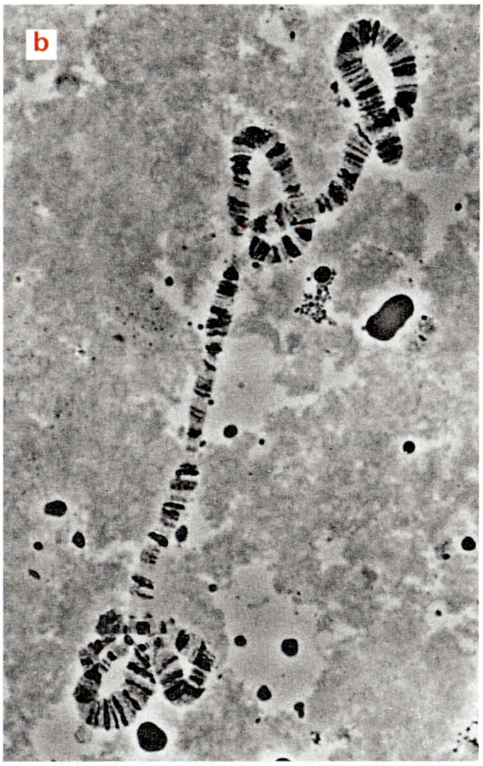

a) Cariotip humà (♀).

b) Cromosoma gegant de drosòfila (400x).

ACTIVITATS

3.1. Quina és la diferència entre el nucleoplasma i la cromatina? Indica algun sinònim del primer terme.

3.2. Com s'anomena la separació entre el citosol i el nucleoplasma? Quina és la composició d'aquesta estructura? Explica'n les relacions amb els altres orgànuls del citoplasma.

3.3. Enumera els principals components de la cromatina.

Aquesta substància experimenta canvis importants al llarg del cicle cel·lular. En quines dues formes es presenta aquesta substància al llarg del cicle?

3.4. Defineix *cromosoma*, *centròmer* i *telòmer*. Indica els noms de quatre tipus de cromosomes segons la posició del centròmer i fes-ne un dibuix.

3.5. Quina fórmula es fa servir per indicar el nombre de cromosomes d'una espècie? Digues quin és el nombre de cromosomes en el cariotip humà.

3.6. Quins noms reben els cromosomes sexuals en la major part dels animals superiors? Digues com s'anomenen els cromosomes sexuals del mascle i de la femella en els mamífers.

3.7. La il·lustració de la dreta representa el nucli cel·lular. Escriu el nom de les parts assenyalades amb un nombre i indica'n la funció. Escriu també quins monòmers penetren en el nucli pels porus de l'embolcall nuclear, per fer possible la síntesi dels àcids nucleics, i quines molècules d'aquests àcids nucleics surten del nucli per participar en la síntesi de les proteïnes.

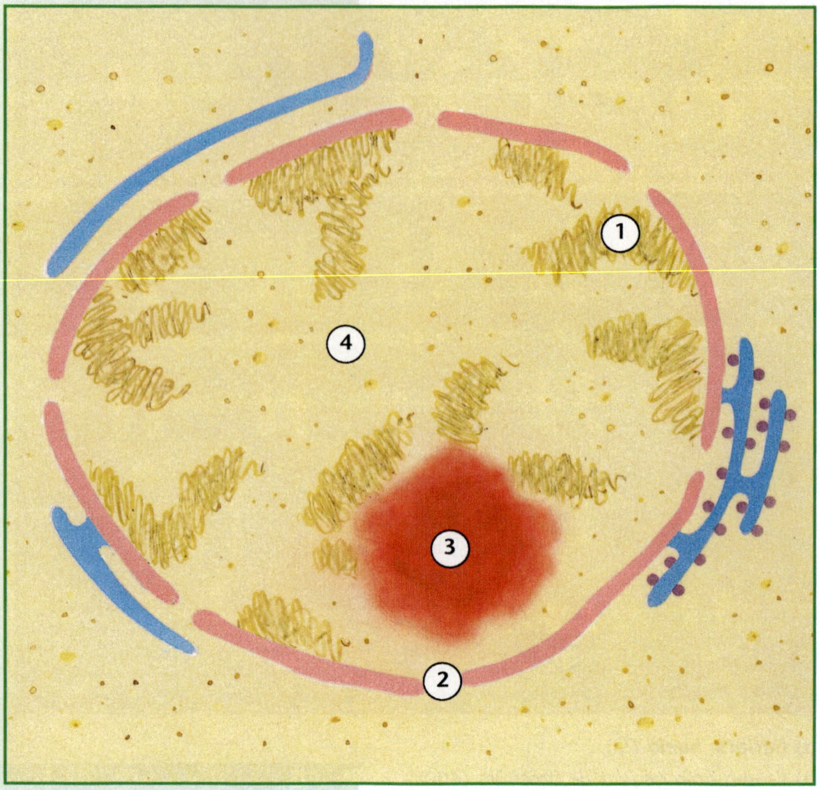

3.8. Defineix els termes *homogamètic* i *heterogamètic*.

3.9. Defineix la funció del nucleòl i descriu-la.

3.10. Amb quina estructura del citoplasma està relacionat l'embolcall nuclear? Quines substàncies passen a través seu?

3.11. Indica el nombre de cromosomes de l'ésser humà, del ximpanzé, de la vaca, de la drosòfila i del gos.
Digues també per què és important la constància numèrica dels cromosomes?

3.12. En quina estructura del nucli se sintetitza la major part de l'ARN de la cèl·lula? Quin és el destí d'aquestes molècules?

3.13. Quina és la diferència entre els autosomes i els heterocromosomes? Quina és la procedència de cadascun dels cromosomes de cada parell?

3.14. Explica les diferències entre les cèl·lules diploides i les haploides. Quina és la funció d'aquestes últimes? Com s'anomenen en la majoria dels animals superiors que es reprodueixen sexualment?

3.15. Digues quants parells d'autosomes conté el cariotip humà.

3.16. Explica el significat de la frase següent: «La meiosi és a la base de la regulació del sexe dels individus.»

3.17. Observa la il·lustració que hi ha al costat i digues quin nom reben els cromosomes amb aquesta morfologia.

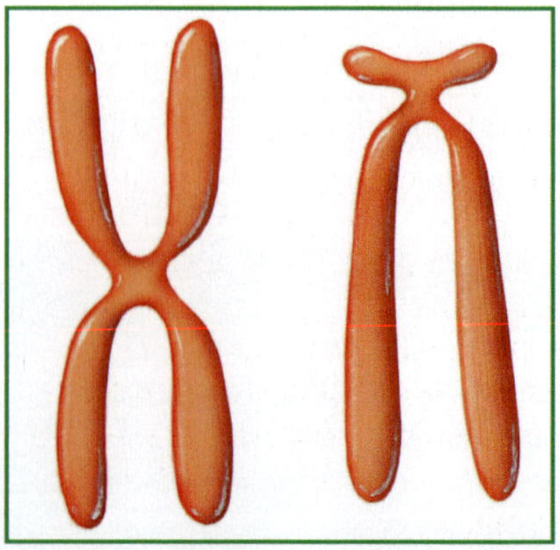

2. El cicle cel·lular

El cicle cel·lular és el període de temps que transcorre des que una cèl·lula es forma, per divisió d'una cèl·lula progenitora, fins que ella mateixa es divideix.

El cicle cel·lular inclou quatre fases o etapes, anomenades G1, S, G2 i M. El conjunt de les tres primeres constitueix la **interfase**, mentre que la fase M correspon a la **mitosi**.

Per regular aquesta successió de fenòmens, les cèl·lules reben un conjunt de senyals, en forma de molècules de proteïnes, la major part dels quals procedeixen de cèl·lules veïnes: s'anomena rellotge del cicle cel·lular. Uns d'aquests senyals són estimuladors del creixement cel·lular i «posen en marxa» la divisió de la cèl·lula, mentre que d'altres en són inhibidors.

Aquest rellotge o sistema de control del cicle cel·lular opera d'una manera anàloga al sistema de control d'una rentadora. La rentadora funciona seguint una sèrie de passos: entrada d'aigua, entrada de detergent, rentatge, esbandida i centrifugat. Un sistema de control, amb sensors del nivell d'aigua, fa que cada etapa comenci quan ha acabat l'anterior.

La cèl·lula funciona de manera semblant: les etapes del cicle se succeeixen segons un ordre determinat. Les proteïnes que regulen el cicle cel·lular –ciclines i proteïnes quinasa– s'activen, per fosforilació, només en el moment en què ha de començar l'etapa que controlen.

Quan el rellotge del cicle cel·lular funciona correctament, la cèl·lula creix i es divideix de manera adequada. Algunes vegades el rellotge es descontrola i les cèl·lules no dominen ni el seu creixement ni la seva divisió.

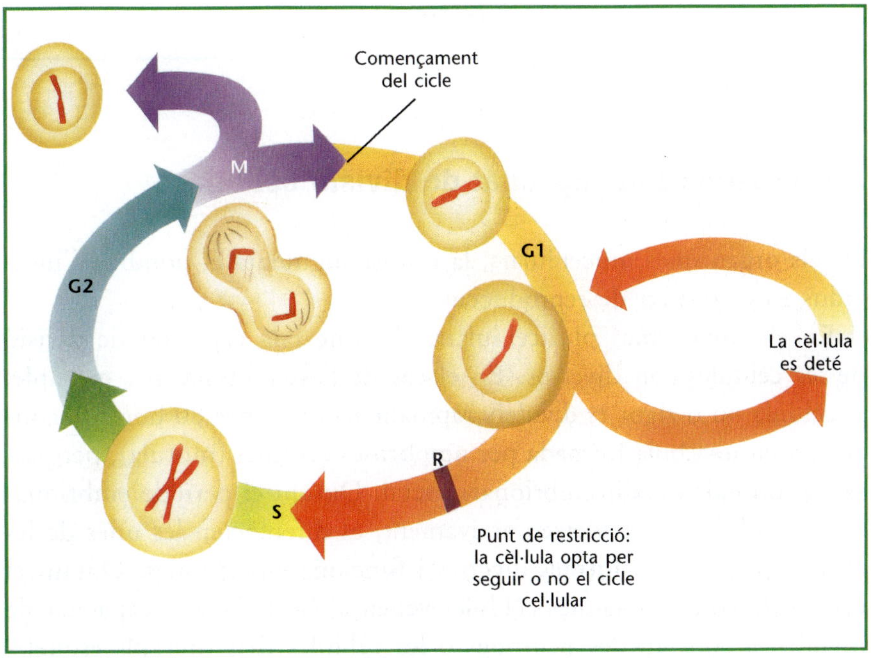

G1: Gran activitat metabòlica de la cèl·lula, amb una síntesi intensa de proteïnes, un augment de mida i una preparació per duplicar l'ADN. Al final d'aquesta fase, en el punt de restricció (R), el nivell de certes proteïnes determina si el cicle cel·lular ha d'aturar-se o ha de continuar.
S: Duplicació de l'ADN del nucli.
G2: Comencen a individualitzar-se els cromosomes i tota la cèl·lula es prepara per dividir-se i originar dues cèl·lules.
M: Mitosi.

BARCANOVA

3. La divisió cel·lular. La mitosi

La **divisió cel·lular** o **mitosi** és un procés fonamental en la vida dels organismes. Mitjançant aquest procés, una cèl·lula dóna lloc a dues cèl·lules filles, cadascuna de les quals té la mateixa dotació cromosòmica i les mateixes parts (membranes, orgànuls, etc.) que la cèl·lula inicial.

La mitosi és una part del cicle cel·lular que s'inicia quan la cèl·lula rep uns senyals químics en forma de proteïnes (ciclines i quinases) que modifiquen altres components de la cèl·lula.

RECORDA

L'any 1858 el biòleg Rudolf Virchow va formular el seu axioma: «tota cèl·lula s'origina a partir d'una altra de preexistent», que condueix al concepte de ***multiplicació cel·lular per divisió***.

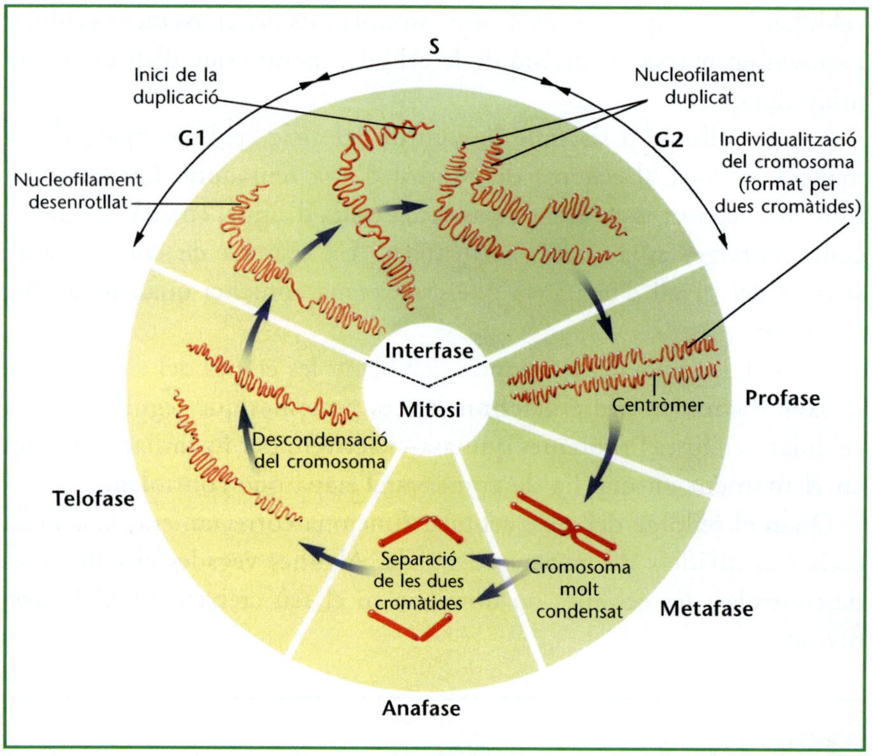

Cicle cel·lular exemplificat amb els canvis que experimenta un cromosoma.

3.1. El ritme i la capacitat de divisió cel·lular

En els organismes unicel·lulars, la mitosi augmenta el nombre d'individus i és sinònim de reproducció.

En els organismes pluricel·lulars, el ritme i la capacitat de divisió de les cèl·lules són diversos. En el cas de l'ésser humà, per exemple, la cèl·lula ou o zigot es divideix ràpidament i en unes 80 hores es converteix en una bola formada per nombroses cèl·lules (mòrula), per passar després als estadis embrionari i fetal. Durant el període embrionari, les cèl·lules es divideixen activament, es diferencien les unes de les altres i adquireixen formes diverses i funcions específiques. Durant el desenvolupament, algunes cèl·lules veuen afeblida la seva capacitat de dividir-se, com ara les neurones o les cèl·lules dels músculs esquelè-

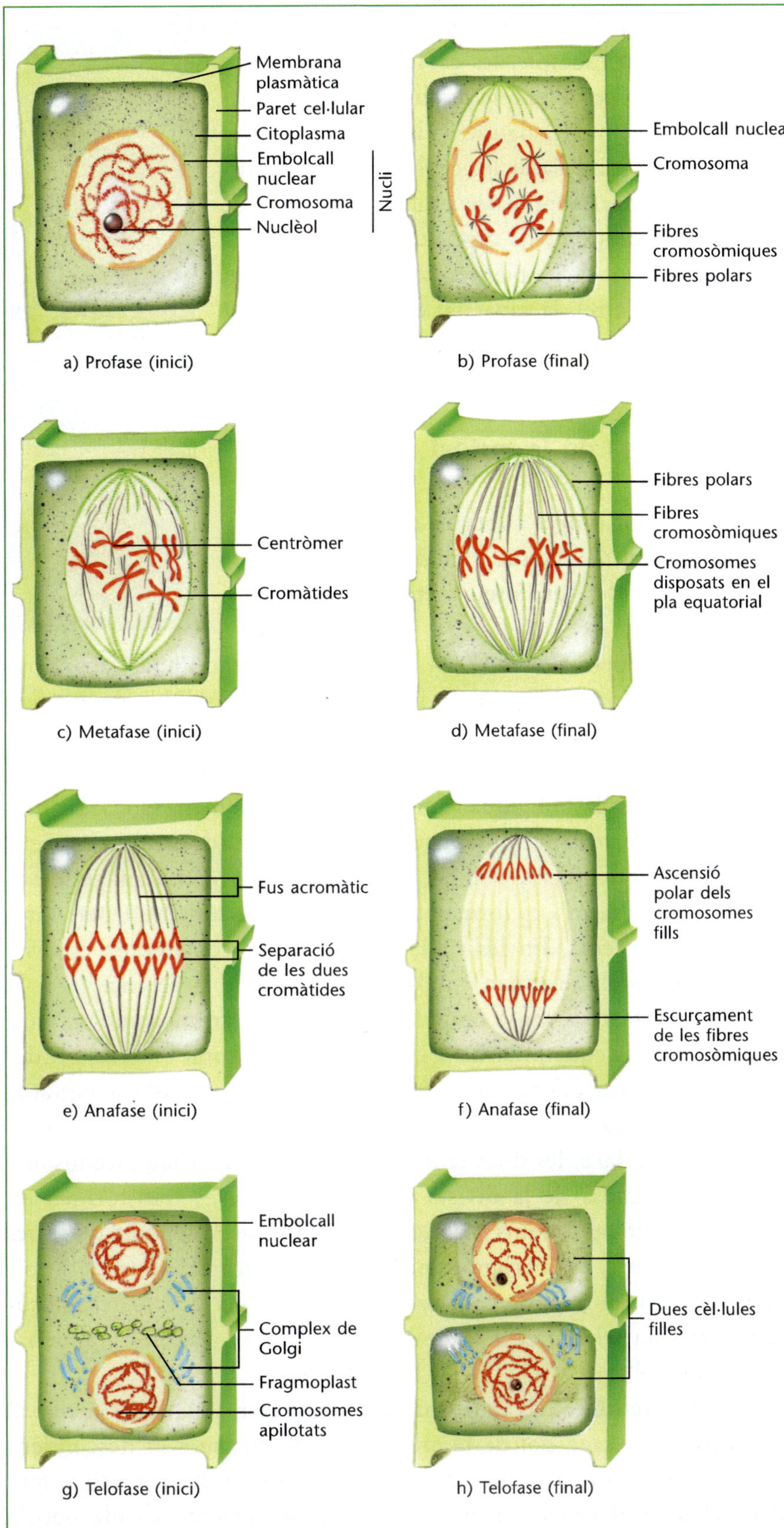

Etapes de la mitosi en les cèl·lules vegetals.

tics. D'altres es divideixen durant tota la vida de l'organisme, per exemple, les cèl·lules que originen els espermatozoides o les que produeixen les cèl·lules sanguínies. Finalment, algunes cèl·lules solament es divideixen per reemplaçar les cèl·lules mortes o per cicatritzar ferides, com passa amb les cèl·lules de l'epidermis o dels epitelis digestius.

En certs òrgans de les plantes, com ara els extrems de la tija i de l'arrel, la capacitat de divisió es manté durant tota la vida del vegetal.

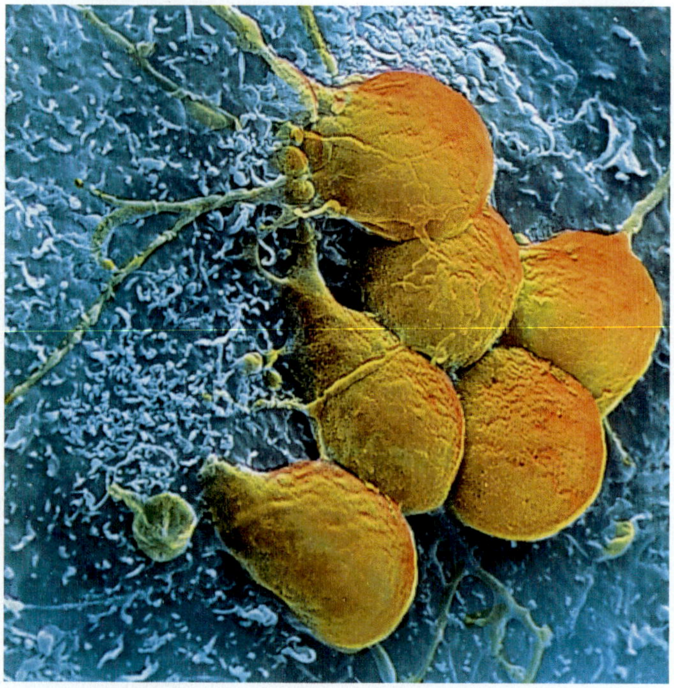

Fotografia (en fals color) del teixit nerviós, obtinguda per mitjà d'un microscopi electrònic.

3.2. Les fases de la mitosi

La **mitosi** és un procés continu, però per facilitar-ne la comprensió i l'estudi, el dividim en quatre fases, anomenades **profase**, **metafase**, **anafase** i **telofase**.

Tal com acabem de veure en tractar del cicle cel·lular, abans no comenci la mitosi s'ha produït la duplicació de l'ADN, de manera que, ara, els cromosomes estan formats per dues cromàtides.

La **profase** es caracteritza per la progressiva condensació de les fibres de cromatina amb individualització dels cromosomes, cadascun dels quals apareix format per dos filaments, les **cromàtides**, units pel centròmer. Simultàniament, comença a desfer-se la membrana nuclear, desapareix el nuclèol i es forma el **fus acromàtic**, constituït per fibres i túbuls de proteïna. En les cèl·lules animals, el centrosoma es divideix i els centríols se situen en els pols oposats de la cèl·lula.

En la **metafase**, ja sense embolcall nuclear, els cromosomes es desplacen cap al pla equatorial de la cèl·lula, i resten immobilitzats i ordenats per les fibres del fus acromàtic. Es forma així la **placa equatorial** o **metafàsica**.

Durant l'**anafase**, les dues cromàtides que formen cada cromosoma se separen, a causa de la divisió del centròmer, i es transformen en dos cromosomes autònoms idèntics. A continuació, i seguint les fibres del fus acromàtic, cada cromosoma nou es desplaça cap a un dels pols de la cèl·lula i, al final de l'anafase, cada un té una dotació cromosòmica completa i idèntica a la de la cèl·lula inicial (figures anomenades estrelles filles).

Durant la **telofase**, els esdeveniments segueixen un procés invers al de la profase: a cada pol de la cèl·lula els cromosomes es descondensen fins a transformar-se una altra vegada en fibres de cromatina; reapareix el nuclèol i es reconstrueix l'embolcall nuclear. A cada pol de la cèl·lula, s'hi ha reconstruït un nucli fill.

En el citoplasma s'esdevenen, simultàniament (pot, fins i tot, haver-se avançat al final de l'anafase), la regressió del fus acromàtic, la divisió del citoplasma i la reorganització de la membrana plasmàtica.

4. La meiosi

RECORDA

Per mitjà de la mitosi una cèl·lula origina dues cèl·lules filles, cada una amb la mateixa dotació cromosòmica que la cèl·lula inicial.

En els organismes amb reproducció sexual hi ha un altre tipus de divisió cel·lular, la **meiosi**, que inclou dues divisions cel·lulars i origina quatre cèl·lules, cada una amb la meitat dels cromosomes de la cèl·lula inicial.

En els organismes amb reproducció sexual, hi ha un altre tipus de divisió cel·lular, anomenat **meiosi**, que inclou dues divisions cel·lulars successives i que dóna lloc, a partir d'una cèl·lula diploide, a la formació de quatre cèl·lules filles haploides. Aquest fet s'esdevé perquè durant les dues divisions meiòtiques només hi ha una duplicació i una divisió longitudinal dels cromosomes. La meiosi és, doncs, una divisió reduccional perquè els nuclis de les cèl·lules resultants tenen només la meitat dels cromosomes de la cèl·lula inicial.

La primera divisió meiòtica (meiosi I) s'inicia amb una profase molt llarga i complexa, clarament diferent de la profase d'una mitosi normal, que se subdivideix en cinc subfases, anomenades leptotè, zigotè, paquitè, diplotè i diacinesi.

En aquesta profase, els cromosomes homòlegs s'aparellen l'un al costat de l'altre (**sinapsi**) i formen els **bivalents**, parells de cromosomes homòlegs amb quatre cromàtides cada parell. Abans de separar-se, els bivalents mantenen una o diverses zones de contacte, els **quiasmes**, a través dels quals es produeix l'**entrecreuament** o intercanvi de material genètic, de tal manera que hi ha fragments de cromàtides que passen d'un cromosoma homòleg a l'altre.

Al final d'aquesta profase, els cromosomes homòlegs se separen definitivament (**disjunció**), es dissol el nuclèol i comença la desorganització de l'embolcall nuclear.

Les fases següents de la primera divisió meiòtica són semblants a les d'una mitosi normal, però se separen cromosomes homòlegs en lloc de cromàtides germanes. El resultat de la meiosi I és la formació de dues cèl·lules filles amb *n* cromosomes, casdascun amb dues cromàtides. A causa de l'entrecreuament, aquests cromosomes seran diferents dels de la cèl·lula inicial.

La segona divisió meiòtica (meiosi II) és semblant a una mitosi normal, sense duplicació prèvia de l'ADN.

Observació al microscopi òptic de cèl·lules durant les subfases zigotè i paquitè de la profase de la primera divisió meiòtica (meiosi I).

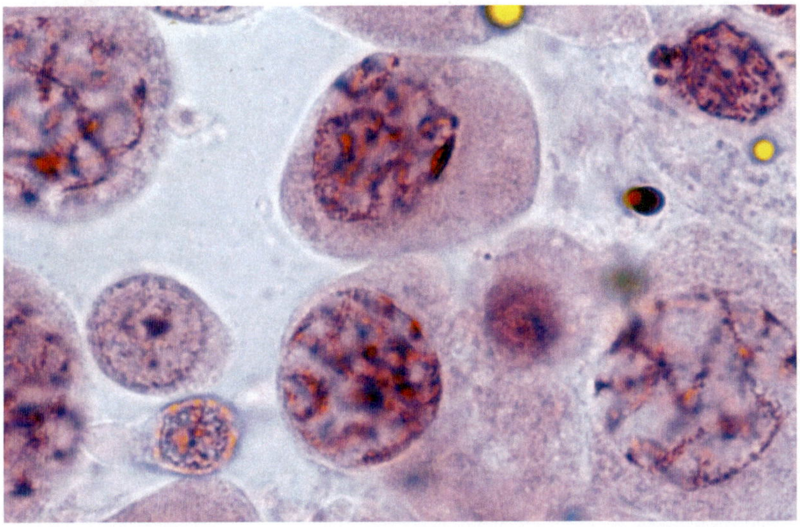

El resultat final de la meiosi és la formació de quatre cèl·lules haploides amb *n* cromosomes a partir d'una cèl·lula diploide.

En els animals, la meiosi té lloc en el transcurs de la formació dels gàmetes, és a dir, durant el procés de formació dels espermatozoides en els mascles (**espermatogènesi**) i durant el procés de formació dels òvuls en les femelles (**ovogènesi**). En les plantes superiors, els productes de la meiosi són la **micròspora**, en el gra de pol·len, i la **megàspora**, a l'interior del sac embrionari.

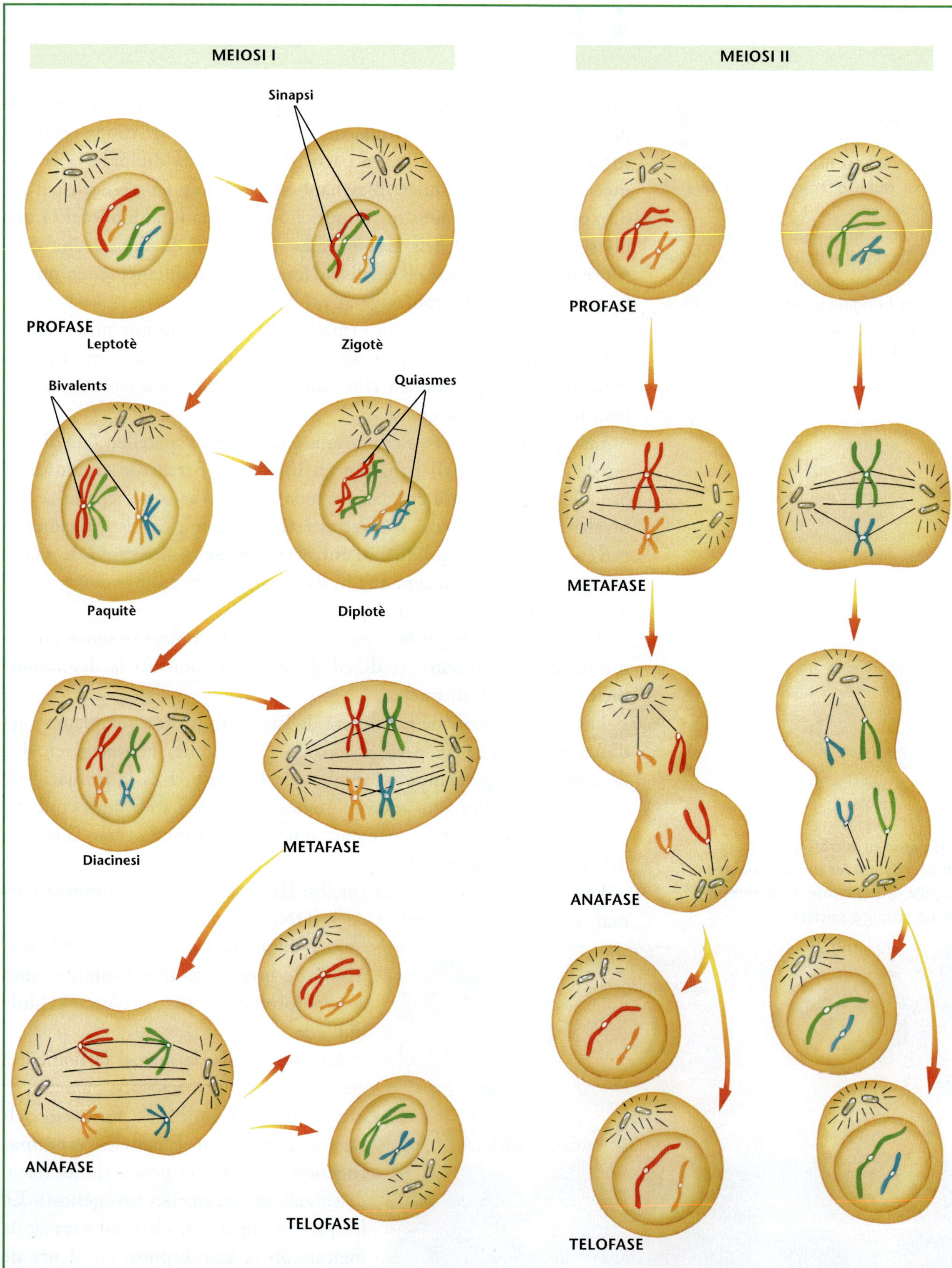

Les fases de la meiosi en una cèl·lula amb quatre cromosomes.

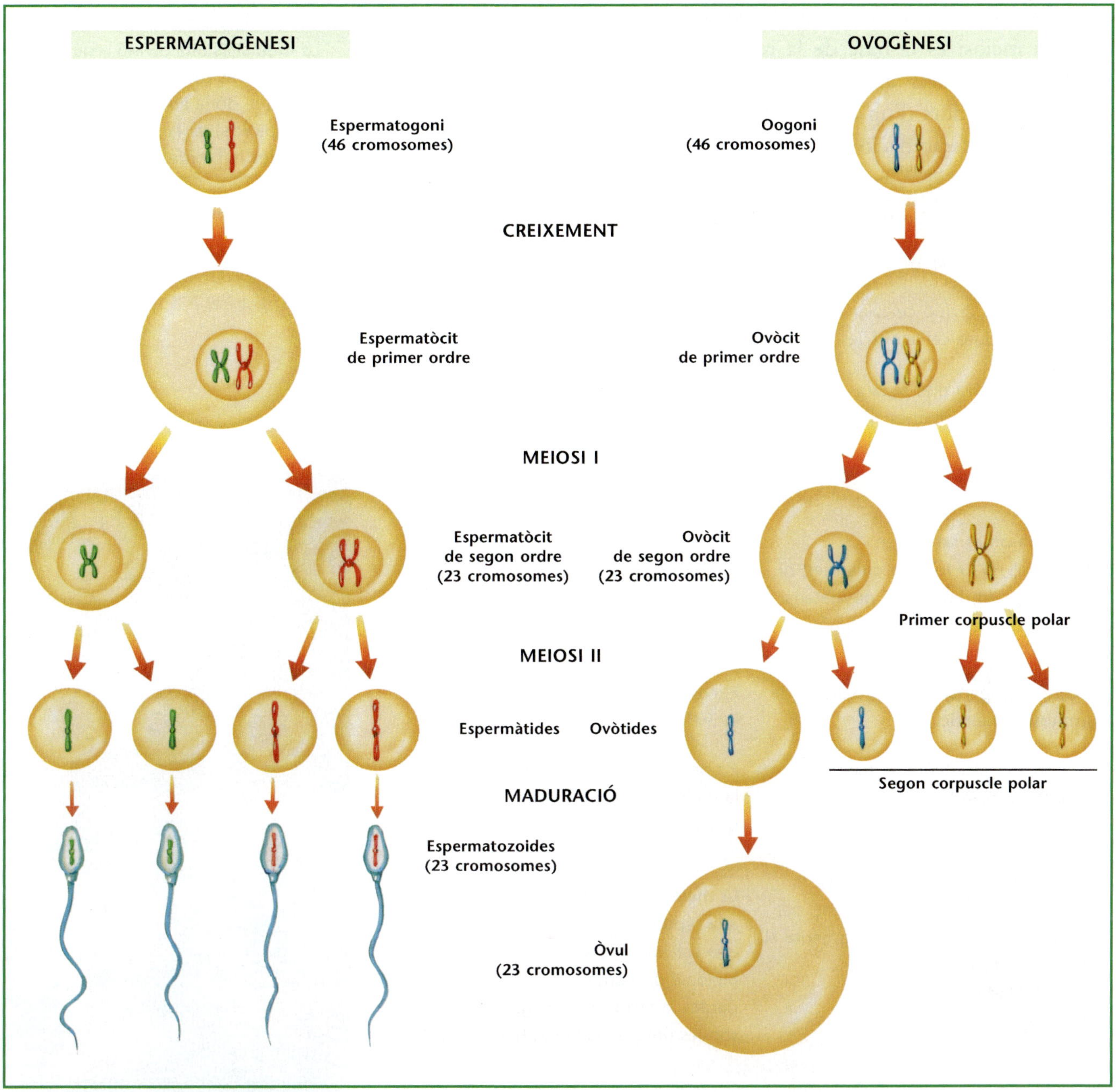

Esquema general de l'espermatogènesi i de l'ovogènesi en l'espècie humana.

4.1. El significat de la meiosi

El significat de la meiosi es pot resumir amb els tres punts següents:

1) En els organismes que es reprodueixen sexualment, la meiosi fa possible la conservació del nombre de cromosomes de generació en generació.

2) Amb la meiosi, els organismes amb reproducció sexual tenen unes possibilitats extraordinàries de canvis evolutius, gràcies a les opcions quasi inesgotables de recombinació genètica. L'entrecreuament de material genètic afavoreix la recombinació dels trets hereditaris materns i paterns fins a nivells virtualment il·limitats.

3) En els organismes en què la determinació del sexe és cromosòmica, la meiosi és la base de la regulació del sexe dels individus. Els individus d'un dels dos sexes produeixen, per meiosi, dos tipus de gàmetes, portadors d'un cromosoma X o d'un cromosoma Y, que originaran en la fecundació dos tipus d'individus: mascles i femelles.

RECORDA

La **meiosi** és una divisió reduccional que inclou dues divisions cel·lulars successives i que dóna lloc, a partir d'una cèl·lula diploide, a la formació de quatre cèl·lules haploides.

Comparació entre la mitosi i la meiosi

Mitosi	*Meiosi*
Comprèn una divisió cel·lular que origina dues cèl·lules filles.	Comprèn dues divisions cel·lulars que originen quatre cèl·lules filles.
Divisió equitativa que separa les cromàtides germanes.	La primera divisió és reduccional: separa els cromosomes homòlegs; la segona divisió és equitativa: separa les cromàtides germanes.
Els cromosomes no entren en sinapsi; no es formen quiasmes, ni hi ha, per tant, intercanvi de material genètic entre cromosomes homòlegs.	Els cromosomes entren en sinapsi, es formen quiasmes i hi ha intercanvi de material genètic entre homòlegs.
El contingut genètic dels productes de la mitosi és idèntic.	El contingut genètic dels productes de la meiosi és diferent.
Les cèl·lules filles tenen el mateix nombre de cromosomes que la cèl·lula inicial.	Els productes meiòtics tenen la meitat de cromosomes que la cèl·lula inicial.
Les cèl·lules somàtiques, quan es divideixen, ho fan, ordinàriament, per mitosi. D'aquesta manera, augmenta el nombre de cèl·lules durant el desenvolupament i el creixement.	La meiosi és una divisió cel·lular lligada a la reproducció sexual. Es produeix una sola vegada al llarg del cicle biològic de l'organisme, en molts casos durant la formació dels gàmetes, que són les úniques cèl·lules haploides.

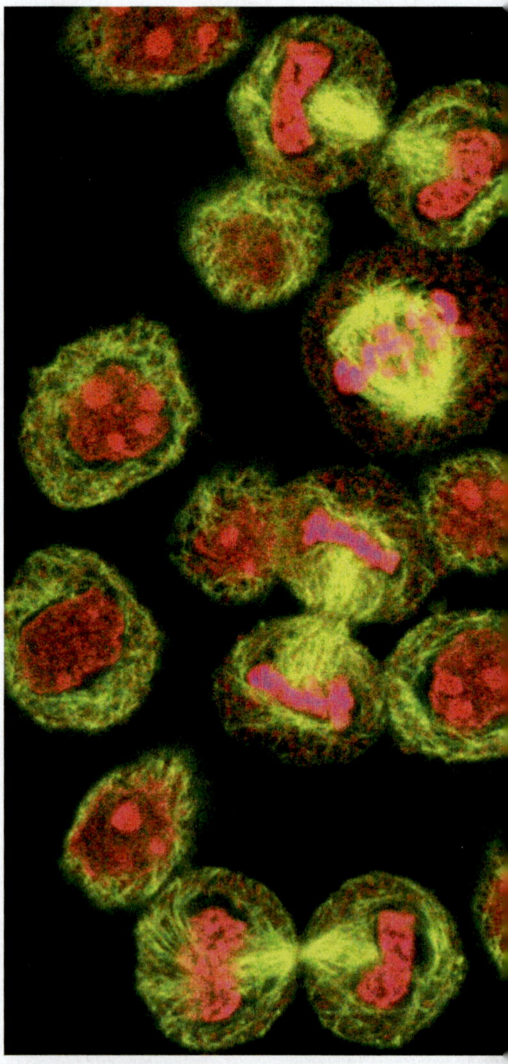

Cultiu de cèl·lules He-La en divisió al microscopi de fluorescència. S'observen nombroses interfases, però també les quatre fases mitòtiques. En la fotografia els cromosomes són de color rosa i els microtúbuls, grocs.

ACTIVITATS

3.18. Defineix el cicle cel·lular i enumera les fases que inclou. Què és la interfase? En quina fase del cicle cel·lular té lloc la duplicació de l'ADN?

3.19. Explica els principals canvis que es produeixen durant la fase G1 del cicle cel·lular.

3.20. Què és el rellotge del cicle cel·lular? Quines molècules intervenen en la seva regulació? Quins efectes contraposats produeixen?

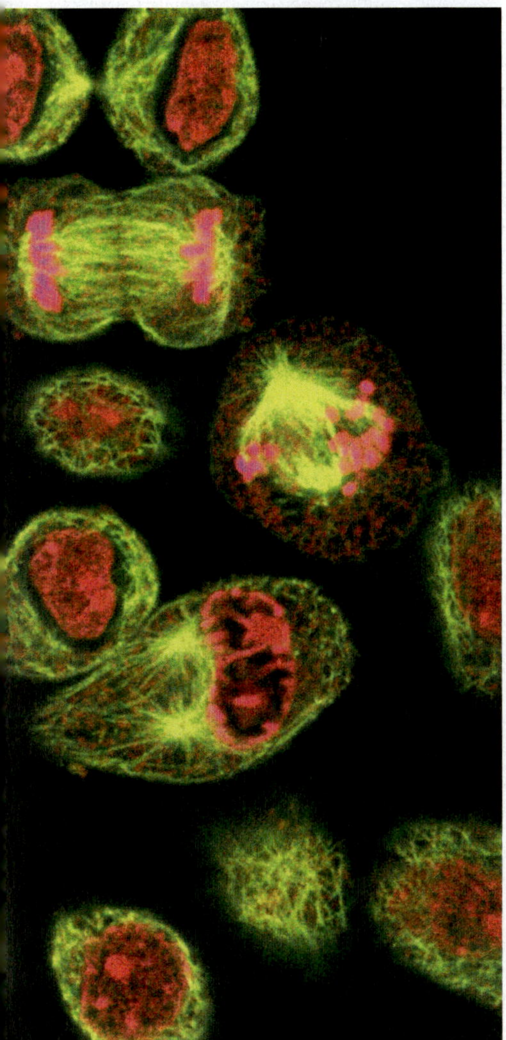

3.21. Defineix els conceptes de *mitosi* i *meiosi*, i explica quines són les diferències principals entre un procés i l'altre.

3.22. Explica el significat de la frase següent: «La meiosi fa possible la conservació del nombre de cromosomes.»

3.23. Defineix els conceptes següents: *sinapsi*, *quiasma* i *entrecreuament*.

3.24. Per què la meiosi afavoreix molt la variabilitat genètica?

3.25. Descriu breument els fenòmens que tenen lloc durant la profase de la primera divisió meiòtica.

3.26. La llista següent fa referència als fets fonamentals que es produeixen durant el cicle cel·lular. Ordena la llista segons la seqüència en què aquests fets tenen lloc:

a) Situació dels cromosomes en el pla equatorial del fus mitòtic.
b) Reconstrucció de l'embolcall nuclear.
c) Duplicació de l'ADN.
d) Separació del citoplasma en dues parts diferents.
e) Desespirilització dels cromosomes.
f) Gran activitat de la síntesi de proteïnes i creixement de la cèl·lula.
g) Separació de les cromàtides i migració cap als pols respectius de la cèl·lula.
h) Espirilització i condensació de la cromatina i ruptura de l'embolcall nuclear.

3.27. Fent les consultes bibliogràfiques necessàries, explica en què consisteixen l'espermatogènesi i l'ovogènesi en l'espècie humana (lloc on es produeixen, moment en què es donen, productes que originen, etc.).

3.28. Digues si les frases següents són certes o falses:

– Tot l'ADN de la cèl·lula es troba al nucli.
– L'ARN ribosòmic se sintetitza al nuclèol.
– Les histones són glúcids que formen part de la cromatina.
– Els cromosomes comencen a ser visibles en iniciar-se la mitosi.
– En els mamífers les úniques cèl·lules haploides són els gàmetes.
– Tots el òvuls contenen un cromosoma X.
– Tots els espermatozoides contenen un cromosoma Y.
– La duplicació de l'ADN del nucli es produeix durant la metafase de la mitosi.
– En els animals la meiosi té lloc durant la gametogènesi.
– La mitosi és la divisió cel·lular durant la qual augmenta el nombre de cèl·lules en el procés de desenvolupament i creixement.

5. El càncer

En els organismes pluricel·lulars, la proliferació de les cèl·lules té com a finalitat conservar el conjunt i fer que tot funcioni correctament, de manera que les mitosis i el creixement cel·lular només es produeixen sota una coordinació general.

El **càncer** és una malaltia cel·lular per la qual les cèl·lules proliferen exageradament a causa de mitosis repetides, i sovint anòmales, que condueixen a la formació d'una massa informe (tumor) que genera noves cèl·lules que es multipliquen sense tenir cap relació amb els teixits normals que l'envolten. Parlem de **tumor maligne** quan aquest tumor creix ràpidament, envaeix els teixits veïns i, mitjançant el torrent circulatori, es reprodueix en altres òrgans.

El terme *càncer* designa un nombrós grup de malalties que poden afectar gairebé tots els teixits del cos. Si bé cada tipus de càncer té unes característiques pròpies, els processos bàsics que els originen, en l'àmbit cel·lular i molecular, són molt similars i comencen a ser coneguts.

Les cèl·lules d'un individu sa viuen en una clara interdependència, en la qual les unes regulen el creixement i la proliferació de les altres. Les cèl·lules normals únicament es divideixen quan reben instruccions precises procedents de cèl·lules veïnes. Aquesta col·laboració assegura que cada teixit mantingui la grandària, la morfologia, etc., adequades a les necessitats del cos.

Les cèl·lules canceroses ignoren els controls normals de proliferació i segueixen unes instruccions internes de reproducció pròpies. La proliferació excessiva d'aquestes cèl·lules pot provocar que envaeixin els teixits veïns, i fins i tot poden desprendre's del lloc originari i, mitjançant el torrent circulatori, migrar a òrgans allunyats i crear-hi nous tumors o **metàstasis**.

Les cèl·lules que formen un tumor deriven d'una única cèl·lula, la qual en algun moment (generalment dècades abans que el tumor es manifesti) va experimentar una mutació que va alterar-ne el programa normal de proliferació. La transformació maligna d'una cèl·lula es produeix després per acumulació de mutacions en uns gens específics. El coneixement d'aquests gens i de la seva funció és la clau per entendre el càncer.

RECORDA

Sovint designem amb el terme ***càncer*** tot un nombrós grup de malalties que afecten òrgans i parts del cos ben diferents. Totes aquestes malalties tenen en comú un desajustament de la divisió cel·lular que porta a la proliferació exagerada de masses cel·lulars informes: els tumors.

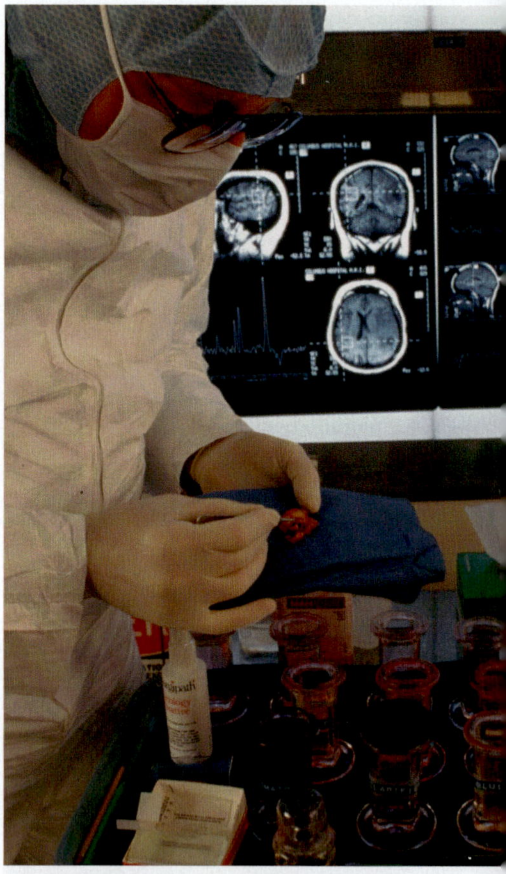

La histopotologia, o estudi dels teixits patològics, és una tècnica bàsica en la recerca mèdica.

5.1. El càncer i els gens

Hi ha dues classes de gens, els **protooncogens** i els **gens supressors**, que tenen un paper fonamental en l'inici del càncer. En les seves versions normals, aquests gens, mitjançant la codificació de proteïnes específiques, regulen el cicle cel·lular, és a dir, el creixement, la divisió i la proliferació cel·lular.

RECORDA

Hi ha dues classes de gens que tenen a veure amb el càncer: els protooncogens i els gens supressors.

Atles del Genoma del Càncer

L'Atles del Genoma del Càncer (TCGA) és un gran projecte de recerca iniciat l'any 2006 per diferents organismes de l'administració sanitària pública dels Estats Units per tal de detectar els canvis gènics implicats en els diferents tipus de càncers que afecten l'ésser humà. En aquest projecte s'estan analitzant mostres de tumors humans a partir de les tècniques de la seqüenciació del genoma (determinació de les bases de l'ADN) per identificar les mutacions gèniques associades a cada tipus de càncer. Les dades que s'obtinguin s'inclouran en una base de dades pública. El desenvolupament de l'Atles del Genoma del Càncer tracta d'obtenir dades sobre les bases biològiques del càncer, posar a punt proves per detectar la malaltia en les fases inicials, desenvolupar noves estratègies de prevenció del càncer i obtenir nous i específics tractaments contra els diferents tipus de càncer.

DOCUMENTS

Fases de la formació i del desenvolupament d'un tumor en un teixit epitelial

L'inici d'un càncer es produeix quan una cèl·lula normal pateix una mutació genètica que la fa proliferar de manera descontrolada.

*Aquesta cèl·lula i la seva descendència conserven inicialment un aspecte i un funcionament normals, però es reprodueixen en excés. Es diu que experimenten un procés d'**hiperplàsia.***

*Amb el temps, a més de dividir-se descontroladament, aquestes cèl·lules comencen a presentar anomalies en la forma i en l'orientació en el teixit afectat. Es diu que el teixit presenta **displàsia**. S'origina així un càncer* in situ, *que encara no ha envaït els teixits propers i que es pot mantenir així durant molt temps.*

*Noves mutacions poden facilitar que les cèl·lules canceroses envaeixin els teixits veïns, cosa que genera un **càncer invasiu** o una **massa tumoral maligna.** Algunes cèl·lules malignes es poden desprendre i, gràcies al torrent circulatori, poden arribar fins a òrgans allunyats, on donaran lloc a nous tumors o **metàstasis**.*

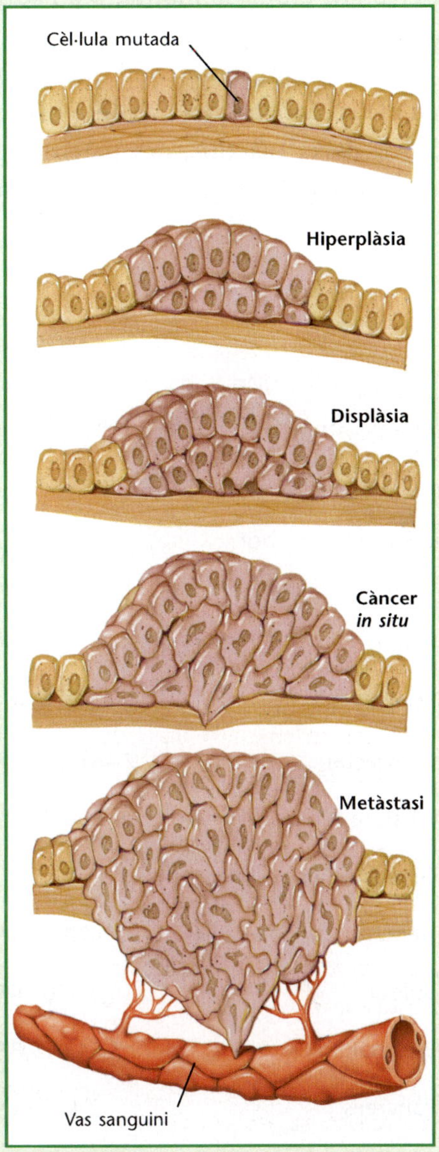

Els **protooncogens** codifiquen proteïnes (factor de creixement) que estimulen el creixement i la divisió cel·lulars. Són molt importants en determinades etapes de la vida, especialment durant el desenvolupament embrionari. Així mateix, alguns d'aquests gens continuen actius durant la vida adulta, ja que certs teixits necessiten que les seves cèl·lules es divideixin.

Els **gens supressors** tenen una funció contrària a la dels protooncogens: codifiquen proteïnes (proteïnes supressores de tumors) que controlen i inhibeixen el creixement i la proliferació de les cèl·lules.

En experimentar certes mutacions, els protooncogens es transformen en **oncogens**. En aquest estat, codifiquen proteïnes hiperactiva-

RECORDA

Els **oncogens** codifiquen proteïnes activadores de la multiplicació cel·lular, que porten a la formació de tumors. Les alteracions cromosòmiques, o l'acció d'alguns virus, el tabac i les radiacions són alguns dels factors que poden induir la transformació dels protooncogens en oncogens.

dores de la multiplicació cel·lular, amb un creixement anormal del teixit damunt el qual actuen. Es coneixen més d'un centenar d'oncogens implicats en el desenvolupament de tot tipus de càncers.

La transformació dels protooncogens en oncogens pot ser deguda a alteracions cromosòmiques, o a l'acció d'alguns virus, del tabac, de les radiacions, etc.

Els gens supressors codifiquen proteïnes que inhibeixen i reprimeixen el creixement de la cèl·lula i la seva degeneració. Quan una mutació els deixa inactius, desapareixen els frens que regulen la proliferació cel·lular. Exemples de gens supressors implicats en molts càncers són el P53 i el P16.

Font: Centre Nacional d'Epidemiologia.

MORTALITAT PER CÀNCER A ESPANYA. ANY 2005

Morts per totes les causes 385 056. Homes: 200 162 (52 %) Dones: 184 894 (48 %)

Morts totals per càncer: 96 499 (25 %). Homes: 60 701 (63 %) Dones: 35 798 (37 %)

Tipus de tumor	Homes		Dones		Total
	morts per càncer (%)	*morts totals (%)*	*morts per càncer (%)*	*morts totals (%)*	
Pulmó	16 614 (27,4 %)	(8,3 %)	2 459 (6,9 %)	(1,3 %)	19 073
Mama	65 (0,1 %)	(0,03 %)	5 703 (15,9 %)	(3,1 %)	5 768
Colorectal	7 461 (12,3 %)	(3,7 %)	5 456 (15,2 %)	(2,9 %)	12 917
Pròstata	5 500 (9,1 %)	(2,7 %)			5 500
Ginecològics			4 058 (11,3 %)	(2,2 %)	4 058
Hematològic	3 895 (6,4 %)	(1,9 %)	3 312 (9,2 %)	(1,8 %)	7 207
Bufeta	3 670 (6 %)	(1,8 %)	756 (2,1 %)	(0,4 %)	3 426
Estómac	3 543 (5,8 %)	(1,8 %)	2 125 (5,9 %)	(1,1 %)	5 668
Pàncrees	2 417 (4 %)	(1,2 %)	2 168 (6 %)	(1,2 %)	4 585
Fetge (primari)	1 816 (3 %)	(0,9 %)	650 (3 %)	(0,9 %)	2 466

DOCUMENTS

Càncers esporàdics i càncers familiars

La major part de ***càncers*** *són* ***esporàdics*** *i poden ser causats per molts factors. Afecten qualsevol persona de qualsevol edat i sense que hi hagi cap antecedent en la família. Els tumors esporàdics no s'hereten; per tant, si una persona ha tingut un d'aquests tumors, no vol dir que els seus familiars hagin de tenir un risc més gran de desenvolupar-lo que els familiars d'una persona que no l'hagi tingut. Tampoc no se sap per què unes persones en tenen i les altres no.*

RECORDA

La major part de càncers són esporàdics. Les principals causes ambientals que afavoreixen les mutacions genètiques que intervenen en el procés generador del tumor són el tabac i el tipus de dieta. Però hi ha altres factors cancerígens, com ara determinats microorganismes o productes químics.

La gran majoria de càncers esporàdics es desenvolupen per acumulació de mutacions successives en els gens que intervenen en el procés generador del tumor.

En la major part de casos, no naixem amb aquests gens ja alterats, sinó que al llarg de la vida les successives mutacions es van acumulant. No obstant això, algunes persones neixen amb algun d'aquests gens ja mutats i, per tant, amb un risc molt gran de desenvolupar un determinat tipus de càncer. En aquest cas, parlem de ***càncers familiars*** *(càncer de còlon familiar, càncer de pit familiar, etcètera), els quals són deguts a una causa genètica i es caracteritzen perquè en certes famílies apareix una proporció més elevada de parents, especialment de primer grau, que presenten el mateix tipus de càncer.*

Els càncers familiars representen, segons els coneixements actuals, aproximadament el 5 % dels càncers.

5.2. L'origen del càncer: causes genètiques i causes ambientals

Les causes de l'origen del desenvolupament del càncer poden ser **genètiques** o **ambientals**. Les primeres són per l'acumulació d'errors genètics sense relació amb influències externes, i estan vinculades, en un grau més o menys elevat, a l'herència. Les segones, en canvi, consisteixen en tots aquells agents o factors cancerígens aliens a la persona, i que no estan vinculats a l'herència.

Encara no s'ha establert amb claredat la incidència d'aquests dos tipus de causes en la major part de càncers. En alguns càncers, la «càrrega» genètica predominarà sobre la «càrrega» ambiental, i en altres serà a l'inrevés. En parlar de causes genètiques d'un càncer, cal aclarir que no es vol dir que una persona patirà sens dubte un tipus de càncer determinat, sinó que el risc que té aquella persona de patir-ne serà més gran.

Ovòcit humà vist al microscopi electrònic de transmissió. En el nucli, hi destaquen els cromosomes (grocs) i en el citoplasma, els mitocondris (verds). Els agents cancerígens poden induir modificacions en els gens del nucli cel·lular.

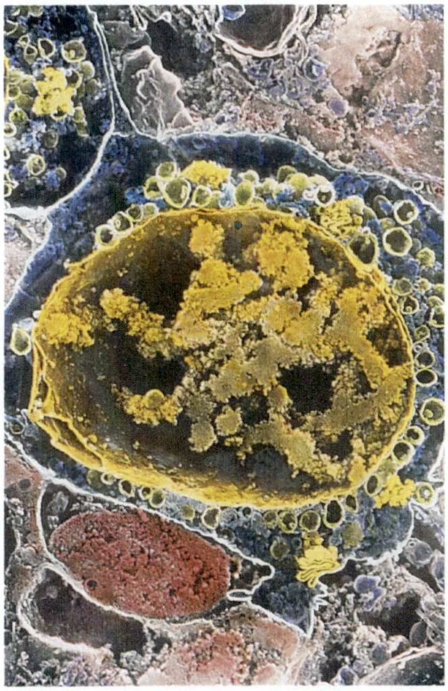

Pel que fa a les causes ambientals, els factors cancerígens presents en el medi són molts i de naturalesa molt diversa. El tabac i el tipus de dieta són considerats els dos principals agents cancerígens. També són agents cancerígens clars certs microorganismes, com ara alguns virus i alguns bacteris. D'altra banda, diferents tipus de radiacions i de productes químics estan clarament relacionats amb diversos tipus de càncers.

El consum de tabac està relacionat, sens dubte, amb el càncer de pulmó i d'altres òrgans de l'aparell respiratori, com ara els bronquis o la laringe. També influeix en el càncer de llengua i del llavi inferior.

Les relacions entre el càncer i la dieta són també molt clares. De fet, una ingestió excessiva de greixos saturats i de carn vermella està relacionada amb els càncers d'estómac, de còlon i de recte; un consum elevat de sal i d'aliments fumats té a veure amb el càncer d'estómac; les dietes pobres en fruita i verdura afavoreixen el desenvolupament de càncers dels òrgans de l'aparell digestiu, i el consum excessiu d'alcohol potencia l'aparició de càncers a l'aparell digestiu. D'altra banda, la cirrosi hepàtica, que sovint és conseqüència de l'alcoholisme crònic, degenera amb molta freqüència en càncer de fetge.

Dins dels virus cancerígens, cal fer esment dels papilomavirus, relacionats amb els càncers d'úter; dels virus de l'hepatitis B i C, relacionats amb el càncer de fetge, i del virus VIH, causant de diversos tipus de càncer relacionats amb la sida.

Entre els bacteris, l'helicobacteri (bacteri en forma d'espiral) de l'espècie *Helicobacter pylori* està relacionat amb alguns casos de càncer d'estómac.

Pel que fa a la relació entre les radiacions i el càncer, l'exposició a les radiacions solars, especialment als raigs ultraviolats, està relacionada amb el melanoma (un dels càncers de la pell). Aquesta exposició és especialment perillosa en la infància. També cal remarcar que les radiacions generades en les reaccions nuclears i les emeses pels materials radioactius són clarament i greument cancerígenes.

Finalment, està ben demostrat que certes substàncies químiques, habituals en diverses activitats industrials, són importants agents cancerígens. En són bons exemples l'arsènic, l'amiant, el benzè, algunes fibres artificials, el formaldehid, alguns pesticides, el sutge, etc.

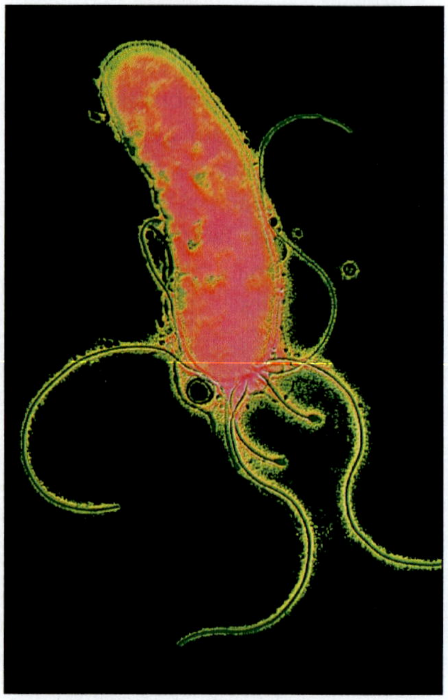

Helicobacter pylori ***vist al microscopi electrònic (7 700x).***

Els càncers humans

- L'any 2005 quasi 3 de cada 1 000 homes i quasi 1,7 de cada 1 000 dones van morir de càncer a Espanya.
- Es preveu que un de cada 3 homes i una de cada 5 dones patiran un càncer al llarg de la seva vida.
- L'edat mitjana dels homes que moren de càncer és de 69,3 anys i de 69,7 pel que fa a les dones.
- La mortalitat per càncer a Espanya es considera, en comparació amb els països de l'entorn, una mica alta entre els homes i baixa entre les dones.
- El nombre de casos de càncer que es diagnostiquen cada any augmenta, però la mortalitat global disminueix.
- El nombre de diagnòstics de càncer colorectal és el que més ha augmentat en els darrers anys.
- En l'actualitat, de les persones diagnosticades de càncer cada any un 44 % dels homes, un 56 % de les dones, un 76 % dels adolescents i un 72 % dels infants afectats sobreviuen al diagnòstic després de 5 anys.
- El consum de tabac està associat a diferents tipus de càncer, en especial al de pulmó. El càncer de pulmo és sens dubte el que causa un nombre de morts més elevat i el que més creix entre la població femenina.
- En el melanoma, o càncer de cèl·lules de la pell, el principal factor de risc és l'exposició al sol, especialment durant la infància. L'ésser humà de pell blanca el desenvolupa 40 vegades més que el de pell negra.
- L'herència familiar és l'origen d'un important nombre de càncers de còlon.

Cal protegir-se de l'acció cancerígena de les radiacions ultraviolades.

BARCANOVA

El codi europeu del càncer

La Unió Europea ha elaborat un decàleg amb deu normes senzilles molt útils per **prevenir alguns tipus de càncer**. A Catalunya, aquest **decàleg** és avalat per l'Institut Català d'Oncologia, i els consells a seguir són els següents:

Per a tothom

1. No fumeu. Si sou fumador deixeu de fumar al més aviat possible. Si no fumeu, no comenceu a fumar.
2. Modereu el consum d'alcohol, ja sigui cervesa, vi o licors.
3. Mengeu diàriament verdures i fruites fresques. Mengeu sovint cereals amb un alt contingut de fibra.
4. Eviteu l'excés de pes, feu exercici físic i limiteu el consum d'aliments rics en greixos.
5. Eviteu l'exposició excessiva al sol i les cremades produïdes pel sol, especialment durant la infantesa.
6. Respecteu estrictament les normes adreçades a evitar qualsevol tipus d'exposició a substàncies considerades cancerígenes. Acompliu totes les instruccions de salut i seguretat en relació amb les substàncies que puguin causar càncer.
7. Consulteu el vostre metge si noteu algun bony, una ferida que no cicatritza, una piga que canvia de forma, volum o color, o qualsevol pèrdua anormal de sang.
8. Consulteu el vostre metge en cas de trastorns persistents, com ara tos o ronquera permanents, canvi en els vostres hàbits intestinals, alteracions urinàries o pèrdua anormal de pes.

Per a les dones

9. Feu-vos una citologia regularment. Participeu en els programes organitzats de detecció precoç de càncer de coll d'úter.
10. Examineu els vostres pits regularment. Si teniu més de 50 anys, participeu en els programes de detecció precoç del càncer de mama.

- Segons alguns estudis epidemiològics, en el càncer de coll d'úter, les relacions sexuals en edats molt joves i la promiscuïtat sexual són importants factors de risc.
- Els programes de detecció i prevenció de certs tipus de càncer, com ara la realització sistemàtica de mamografies a les dones a partir dels 50 anys i de citologies de l'úter, comencen a donar resultats positius importants pel que fa a l'augment de la supervivència i a la reducció de la mortalitat.
- Recentment s'ha autoritzat i comercialitzat la vacuna contra el virus de papiloma humà, responsable del càncer de coll d'úter, el contagi del qual es produeix principalment per contacte sexual. La sanitat pública espanyola ha iniciat un vacunació gratuïta de les adolescents abans de l'inici de l'activitat sexual.

ACTIVITATS

3.29. Què és un càncer? Què diferencia una cèl·lula normal d'una cèl·lula cancerosa?

3.30. Explica què és un càncer invasiu. Explica també què són una displàsia i una hiperplàsia.

3.31. Què és un melanoma? Quin es creu que és el principal factor de risc relacionat amb aquest tipus de càncer?

3.32. Explica les principals diferències que hi ha entre els càncers esporàdics i els càncers familiars.

3.33. Esmenta tres agents cancerígens i explica amb quin tipus de càncer estan relacionats.

3.34. Explica breument les bases cel·lulars i moleculars del càncer. Quina és la diferència entre un càncer *in situ* i una metàstasi?

3.35. Com s'anomenen les dues menes de gens que intervenen en el desenvolupament dels diferents tipus de càncers? Explica breument com porten a terme la seva funció.

3.36. Explica la relació existent entre un oncogen i un protooncogen.

3.37. Quins són els principals agents microbians relacionats amb el desenvolupament dels càncers? Posa'n tres exemples concrets.

3.38. Quins són els mecanismes de control del cicle cel·lular? Quines molècules hi intervenen?

3.39. En el dibuix de sota, es representa un cromosoma profàsic i un altre de metafàsic. Escriu quin nombre correspon a cada una de les parts següents: centròmer, cromàtida, ADN i braços.

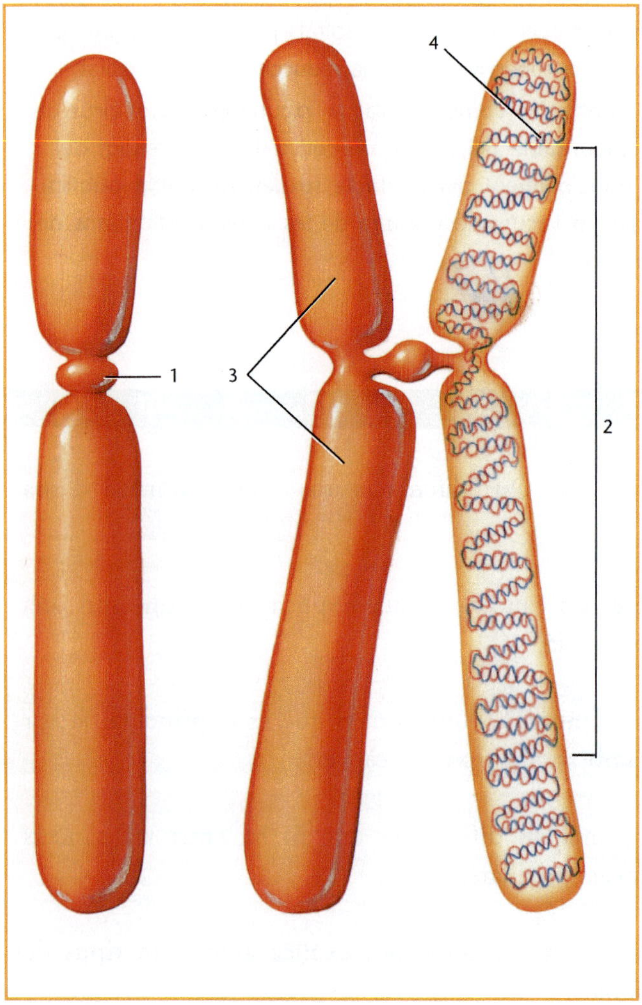

3.40. Copia les frases següents i escriu al costat de cada una d'elles si és certa o falsa:

a) El nucli cel·lular conté tot l'ADN de les cèl·lules eucariotes.

b) El nuclèol és el principal lloc de síntesi d'ARN.

c) El medi interior del nucli també s'anomena cariolimfa, nucleosoma i cromatina.

d) Els cromosomes i les fibres de cromatina són dos estadis diferents del mateix material biològic.

e) Per cariotip s'entén el conjunt i les característiques dels cromosomes de les cèl·lules dels individus d'una espècie.

f) Les cèl·lules haploides tenen un nombre senar de cromosomes.

g) L'ADN del nucli de les cèl·lules es duplica abans de començar la mitosi.

h) Els cromosomes són els orgànuls del nucli cel·lular portadors de l'herència biològica.

i) El cariotip humà està format per 45 cromosomes.

j) El contingut genètic de les cèl·lules resultants de la meiosi és diferent del de la cèl·lula inicial.

k) La mitosi origina cèl·lules haploides.

l) La meiosi origina quatre cèl·lules haploides a partir d'una cèl·lula diploide.

3.41. Explica l'enunciat de la llei de la constància numèrica dels cromosomes.

3.42. Explica el significat de les afirmacions següents:

a) En els organismes unicel·lulars, la mitosi és un sinònim de reproducció.

b) La meiosi és una divisió reduccional.

3.43. Esmenta alguns teixits, animals o vegetals, les cèl·lules dels quals experimentin mitosi al llarg de tota la vida de l'organisme a què pertanyen. Esmenta també dos teixits humans constituïts per cèl·lules que no es divideixen al llarg de la vida.

3.44. Copia l'esquema mut de la gametogènesi que hi ha en la pàgina següent i completa'l amb la dotació cromosòmica dels quatre zigots possibles, resultants de la fecundació de l'òvul per part dels espermatozoides. Indica-hi, també, el sexe que tindrà cada individu resultant del desenvolupament dels zigots.

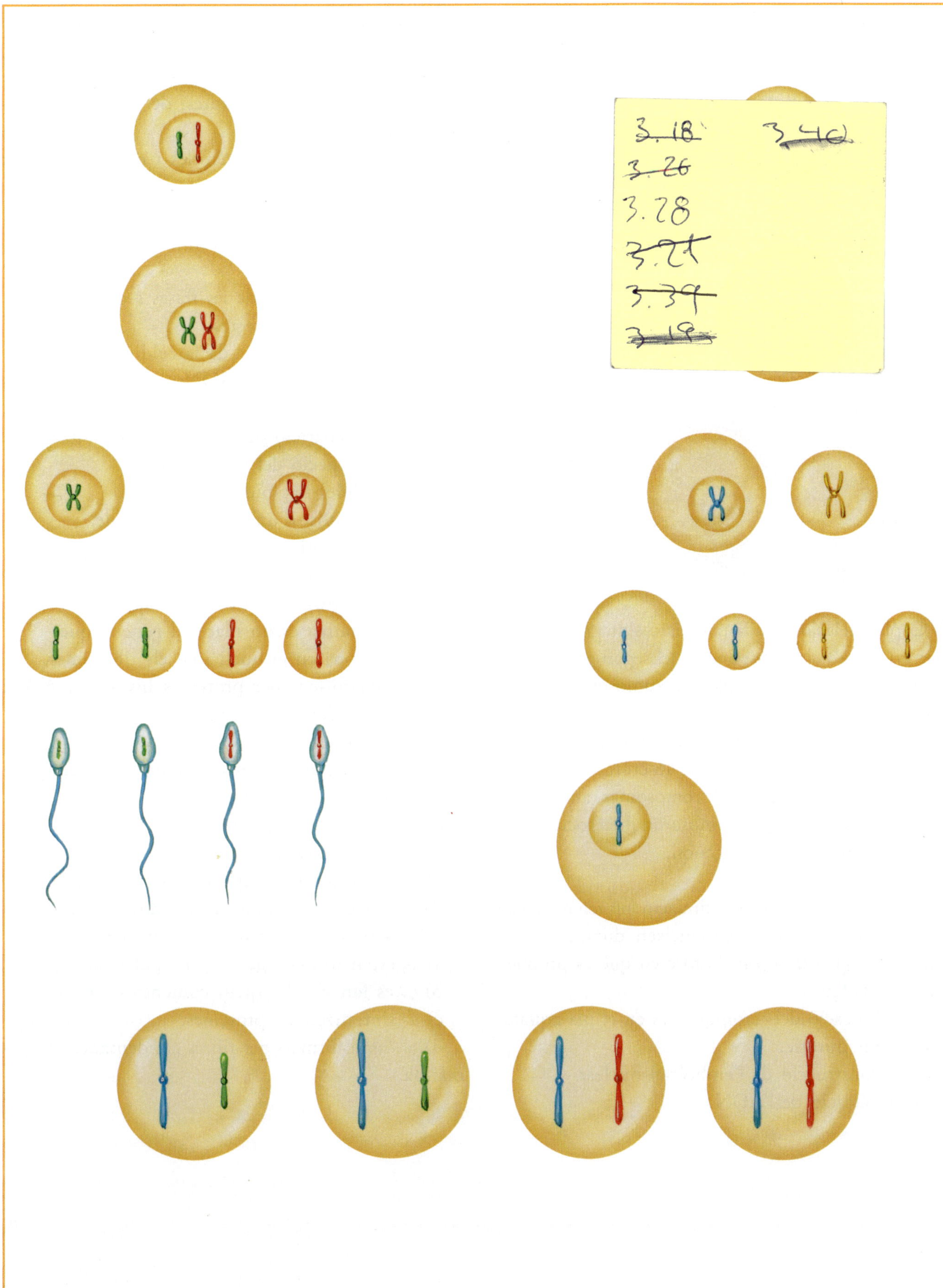
3.18
3.40
3.26
3.28
3.21
3.39
3.19

1. En la fotografia següent es veuen cèl·lules de l'arrel d'una planta superior en diversos estadis del cicle cel·lular. Indica a quina fase es troben les cèl·lules assenyalades amb fletxes.

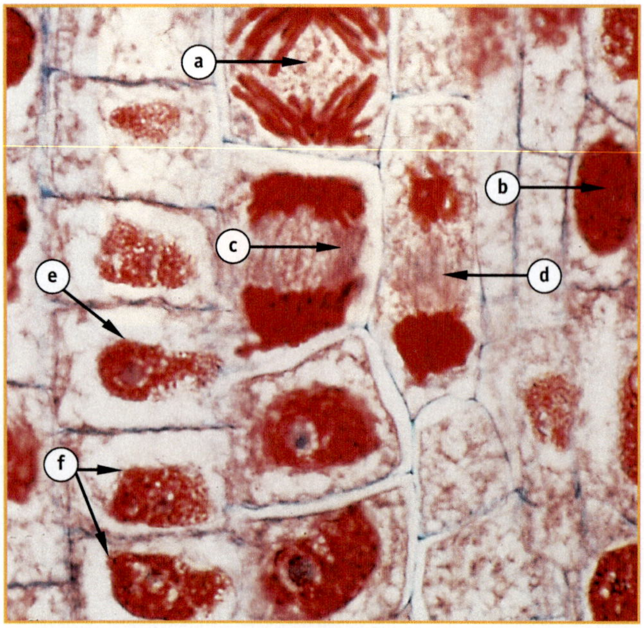

2. Copia i relaciona cada paraula o sintagma del primer grup amb el corresponent del segon grup:

Primer grup: cèl·lula haploide, cromosomes sexuals, telòmer, nuclèol, homogamètic, meiosi, cariotip humà, espermatozoide humà, cariolimfa.

Segon grup: síntesi de l'ARN, 46 cromosomes, cromosomes sexuals iguals, 23 cromosomes, amb *n* cromosomes, extrem d'un cromosoma, heterocromosomes, nucleosoma, gametogènesi.

3. Les frases que hi ha a continuació fan referència als fets fonamentals que es produeixen durant el cicle cel·lular. Copia-les segons l'ordre en què es produeixen aquests fets:

a) Col·locació dels cromosomes en el pla equatorial del fus mitòtic.

b) Reconstrucció de l'embolcall nuclear.

c) Duplicació de l'ADN.

d) Separació del citoplasma en dues parts diferents.

e) Desespirilització dels cromosomes.

f) Gran activitat de la síntesi de proteïnes i creixement de la cèl·lula.

g) Separació de les cromàtides i migració cap als pols respectius de la cèl·lula.

h) Espirilització i condensació de la cromatina i ruptura de l'embolcall nuclear.

4. Completa cada una de les frases següents amb la resposta o respostes correctes:

• En la fase *S* del cicle de la cèl·lula hi té lloc...
a) ...la duplicació de l'ADN.
b) ...la duplicació dels centríols.
c) ...la desaparició de la membrana cel·lular.
d) ...la formació del fus acromàtic.

• Les cèl·lules haploides s'originen...
a) ...per mitosi d'una cèl·lula diploide.
b) ...per meiosi d'una cèl·lula diploide.
c) ...per bipartició d'una cèl·lula haploide.
d) ...per mitosi d'una cèl·lula haploide.

• La cromatina és un material genètic que...
a) ...es troba en el nucli i en els ribosomes.
b) ...està format per proteïnes histones i ADN.
c) ...es condensa en forma de cromosomes.
d) (Cap de les tres anteriors.)

• El nombre de cromosomes dels gàmetes d'un organisme amb $2n = 12$ és de...
a) ...sis cromosomes iguals.
b) ...sis cromosomes diferents.
c) ...sis cromosomes iguals dos a dos.
d) ...dotze cromosomes iguals dos a dos.

• Els cromosomes són uns orgànuls que...
a) ...estan formats per ARN i polisacàrids.
b) ...es fan visibles quan comença la mitosi.
c) ...sintetitzen les proteïnes.
d) ...estan formats per fibres condensades de cromatina.

La divisió cel·lular vista al microscopi

Objectiu

Observacions de cromosomes i de diferents fases de la mitosi.

Material

- Microscopi (objectiu x 100).
- Portaobjectes i cobreobjectes.
- Llanceta emmanegada.
- Tisores de punta fina.
- Paper de filtre.
- Fogonet.
- Colorants: orceïna A i orceïna B.
- Arrels joves de ceba.
- Larves de *Drosophila melanogaster.*

Larva jove de **Drosophila melanogaster.**

a) Observació de cèl·lules d'arrel de ceba en diferents fases de mitosi

A les arrels joves de les plantes, en la ceba especialment, hi trobem un teixit, el meristema –en creixement continu i ràpid–, que és molt adequat per observar cèl·lules en diferents fases de la divisió cel·lular o mitosi.

Per obtenir les arrels, posa una ceba dins un recipient amb aigua de manera que només la part inferior de la ceba toqui l'aigua. Necessitaràs uns colorants específics per a la tinció dels cromosomes: orceïna A i orceïna B.

El procediment per observar cèl·lules mitòtiques inclou les fases següents:

a) Amb unes tisores de punta fina, talla els últims mil·límetres de la punta de les arrels joves de ceba i posa-les en la part central d'un portaobjectes ben net.

b) Tira unes quantes gotes d'orceïna A damunt els fragments de les arrels.

c) Escalfa, suaument i per sota, el portaobjectes amb la flama d'un fogonet fins que surti vapor; evita que el colorant arribi a bullir. Repeteix aquesta operació dues o tres vegades fins que els fragments de les arrels agafin un color vinós.

d) Deixa'l refredar i, a continuació, afegeix-hi unes gotes d'orceïna B.

e) Posa el cobreobjectes i, damunt, un fragment de paper de filtre doblegat dos o tres cops.

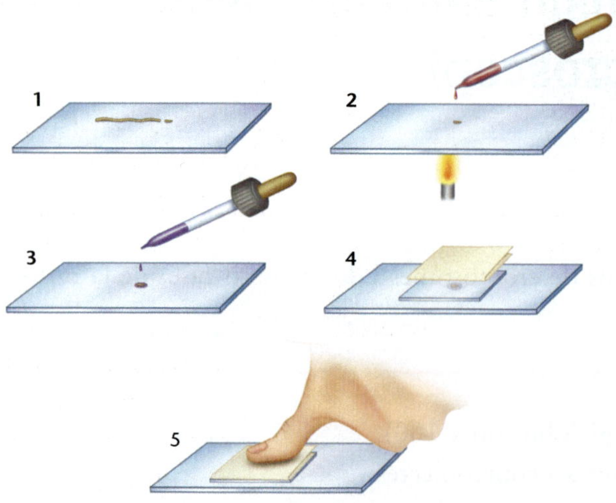

f) Amb el dit gros, prem amb força el cobreobjectes, sobre una superfície plana, per tal de rebentar l'arrel i distribuir en una capa ben fina totes les cèl·lules.

g) Comença a observar la preparació al microscopi amb poc augment, fins a localitzar les cèl·lules meristemàtiques, petites i cúbiques. Un cop localitzades, fes servir un augment més gran. Si has fet la preparació correctament, observaràs cèl·lules en diferents fases de la mitosi.

b) Observació de cromosomes gegants de les glàndules salivals de *Drosophila*

Utilitzarem larves del tercer estadi larvari i ben desenvolupades de *Drosophila melanogaster*. El procediment inclou les fases següents:

a) Col·loca la larva ben desenvolupada sobre un portaobjectes, subjecta-la amb una llanceta, i amb unes pinces estira'n suaument les peces bucals (que es destaquen pel color fosc), fins a arrencar-les.

b) Si l'operació ha reeixit, darrere les peces bucals seguiran les glàndules salivals –on hi ha els cromosomes gegants que volem observar–, i potser altres fragments de l'aparell digestiu. Les glàndules salivals (parells) es distingeixen per l'aspecte filamentós i translúcid.

c) Amb agulles emmanegades, retira del portaobjectes tot el que no siguin les glàndules salivals, i amb una goteta d'aigua acaba de netejar-lo. A continuació, amb una mica de paper de filtre, eixuga'l des de les vores.

d) Immediatament, fes-ne la tinció amb orceïna aceticolàctica durant 20 o 30 minuts.

e) En acabat, posa-hi un cobreobjectes i pressiona amb força amb el dit polze sobre una superfície plana, tal com has fet en l'activitat anterior.

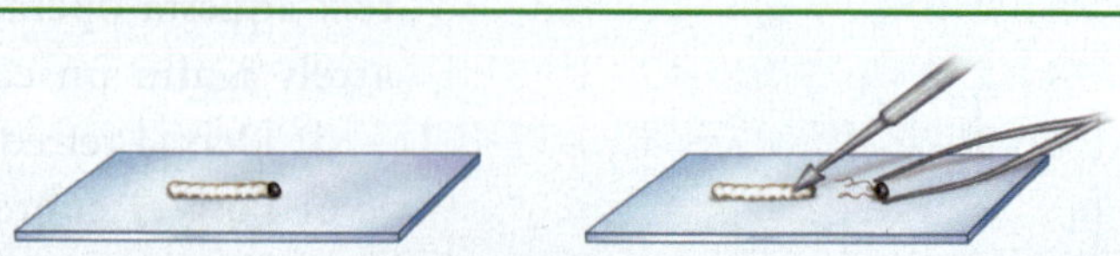

UNITAT

4 La coordinació cel·lular

Esquema

Macròfag fagocitant cèl·lules procariotes.

En els organismes pluricel·lulars, les cèl·lules no funcionen aïllades. Els processos de comunicació entre les cèl·lules es realitzen gràcies a l'acció combinada del sistema nerviós central i del sistema endocrí (hormonal o humoral). Mentre que el sistema nerviós transmet els senyals mitjançant unes xarxes o circuits de neurones directament sobre l'òrgan que convingui, en el sistema endocrí els missatgers, les **hormones**, actuen a distància dels òrgans que les secreten. De la defensa dels organismes contra l'entrada d'agents patògens o de substàncies alienes (antígens), se n'encarrega el **sistema immunològic**.

1. La comunicació cel·lular

En tots els éssers vivents, el medi intern, que és un veritable producte de l'organisme, conserva les relacions necessàries per als canvis i el manteniment de l'equilibri.

Claude Bernard, Introducció a l'estudi de la medicina experimental *(1865)*

En els organismes pluricel·lulars les cèl·lules han de coordinar el propi comportament, i per fer-ho necessiten comunicar-se. Tenim més coneixements de com es comuniquen les cèl·lules dels animals que no pas les d'una planta. Aquestes comunicacions entre les cèl·lules són vitals per al conjunt de l'organisme. Durant el desenvolupament en depèn la funció que farà cada cèl·lula i si continuarà viva, si es dividirà o si morirà. En l'adult, la comunicació cel·lular permet integrar l'activitat en defensa i benefici del conjunt.

La comunicació entre els éssers humans es desenvolupa en àmbits diferents, des de les converses íntimes –cara a cara o per telèfon– fins als missatges adreçats a tota la població –anuncis publicitaris, avisos de perill, etc.–. Això també succeeix en la comunicació cel·lular, en la qual sempre hi ha una cèl·lula que emet un **senyal** i una **cèl·lula diana** que el capta.

El mecanisme de comunicació cel·lular més comú és l'**endocrí**: senyals adreçats a tot el cos mitjançant molècules senyalitzadores –hormones– abocades a la sang en el cas dels animals o la saba en el cas de les plantes. Menys comuna és la comunicació **paracrina**, en la qual les molècules senyalitzadores –**mediadors locals**– es difonen localment en el teixit afectat i exerceixen la seva funció sobre les cèl·lules veïnes. Les respostes d'inflamació i de cicatrització davant agressions locals es produeixen d'aquesta manera.

La **comunicació nerviosa** és un tercer tipus de senyalització que es realitza mitjançant **impulsos elèctrics** que viatgen a gran velocitat (fins a 100 m/s^{-1}) a través dels axons de les neurones. En les zones de comunicació entre neurones (les sinapsis) l'impuls elèctric produeix la secreció d'una substància química o **neurotransmissor** que indueix la continuïtat de l'impuls elèctric en la neurona receptora.

*Les cèl·lules animals disposen d'un conjunt de proteïnes receptores –diferents segons el tipus de cèl·lula– que els permeten respondre a diversos senyals per tal de sobreviure, dividir-se, diferenciar-se i especialitzar-se. Si no reben els senyals adequats, les cèl·lules experimenten l'**apoptosi**, és a dir, la mort cel·lular programada.*

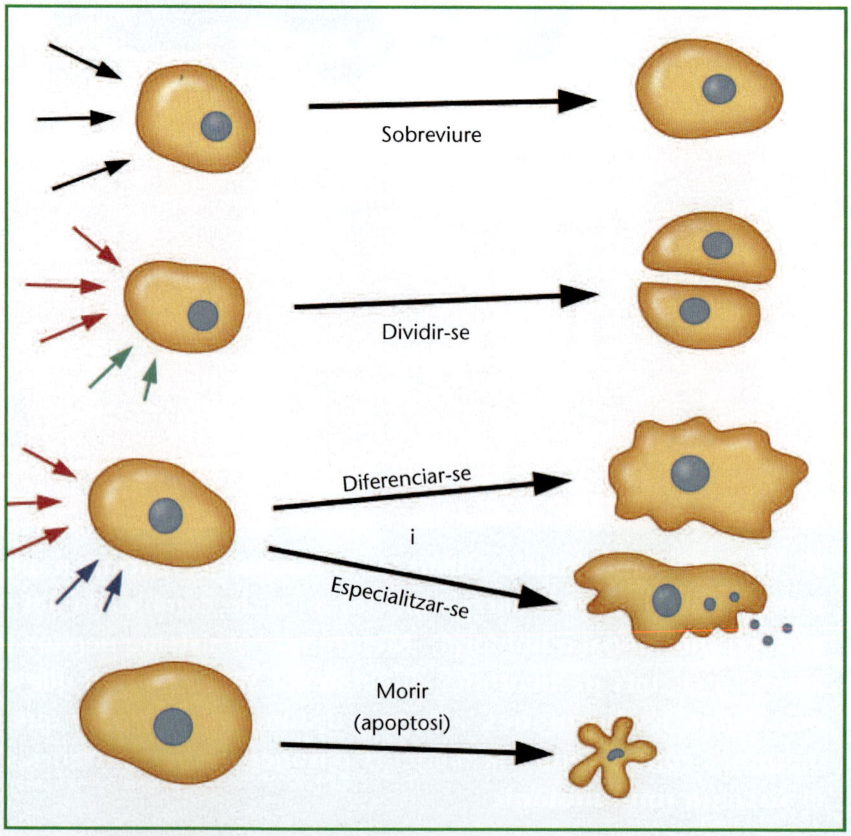

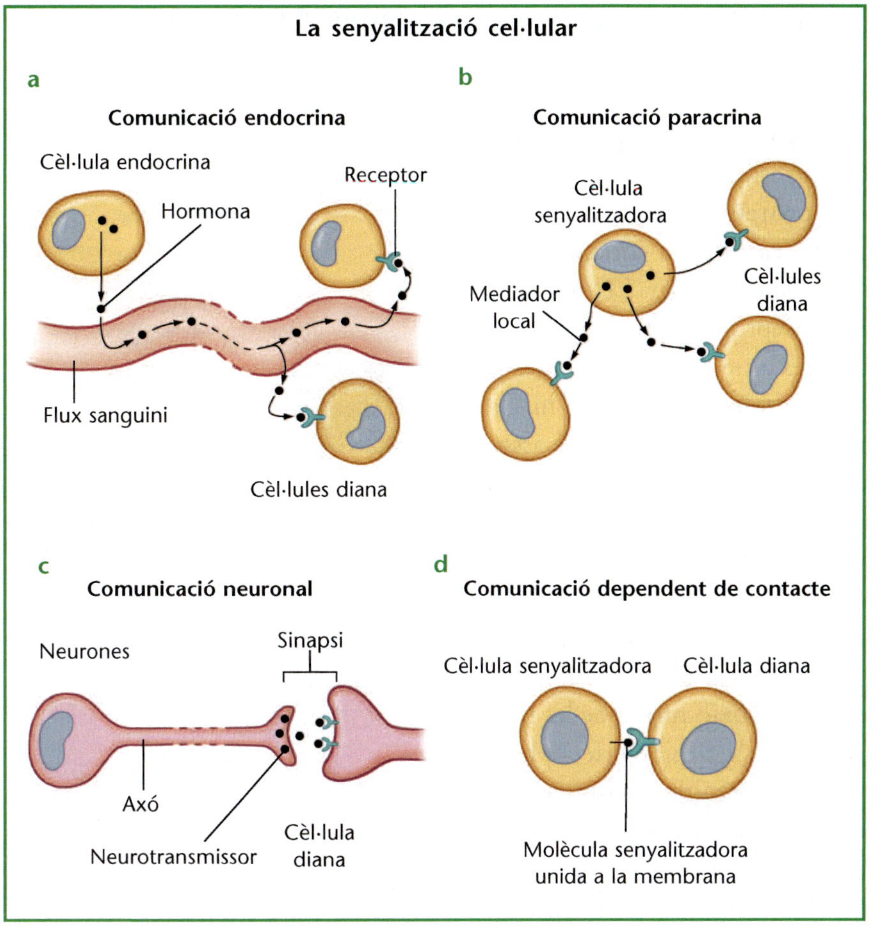

En els casos a, b i c, moltes de les molècules senyalitzadores són les mateixes. Les diferències rauen en la velocitat de la comunicació i en la selectivitat amb què els senyals són distribuïts a les cèl·lules diana. En el cas d, les cèl·lules entren en contacte directe a través de les seves membranes.

Finalment, en la comunicació **dependent de contacte** no se secreta cap molècula, ja que les cèl·lules entren en contacte directe mitjançant molècules senyalitzadores de la superfície cel·lular.

Els mecanismes de la comunicació cel·lular que s'han estudiat permeten fer-se una idea de la precisió i complexitat del sistema:

– Un mateix senyal no afecta totes les cèl·lules, sinó tan sols aquelles que tenen el receptor apropiat (les altres són «cegues» per a aquest senyal).

– Un mateix senyal pot induir respostes diferents en cèl·lules diferents. Per exemple, la cèl·lula cardíaca respon a l'acetilcolina disminuint el ritme de contracció, mentre que la cèl·lula de la glàndula salival ho fa secretant saliva.

– La presència d'un senyal determinat modifica la resposta cel·lular a un altre senyal. Això significa que diferents senyals rebuts conjuntament poden provocar respostes que van més enllà de la suma de la resposta a cada senyal.

– Els senyals modifiquen el comportament de les cèl·lules. Els que determinen canvis en el moviment, en la secreció o en el metabolisme cel·lular solen ser molt ràpids. En canvi, els senyals relatius al creixement i la divisió cel·lular són més lents perquè impliquen l'expressió de gens i la síntesi de proteïnes.

1.1. Proteïnes receptores i cascades de senyalització

La recepció s'inicia quan el senyal troba una molècula diana en la cèl·lula, gairebé sempre una **proteïna receptora** que en molts casos està situada a la superfície cel·lular. Les molècules receptores més nombroses són les que estan associades a les **proteïnes G**, si bé hi ha altres proteïnes receptores associades a **canals iònics** de la membrana. El flux d'ions genera un impuls elèctric, el qual s'utilitza per a la transmissió ràpida en el sistema nerviós.

A vegades, però (i aquest és el cas de l'òxid nítric, de les hormones de la tiroide i de les hormones esteroidees com ara el cortisol, l'estradiol i la testosterona), el senyal penetra a l'interior de la cèl·lula on es localitza la proteïna receptora.

En qualsevol dels casos, la proteïna receptora transforma el senyal i el transmet, amplificat en una forma molecular (mediador) com ara l'**AMP cíclic**, als indrets de la cèl·lula on es produiran les respostes. En el transcurs d'aquest procés, el senyal pot ser modulat per factors externs o interns a la cèl·lula.

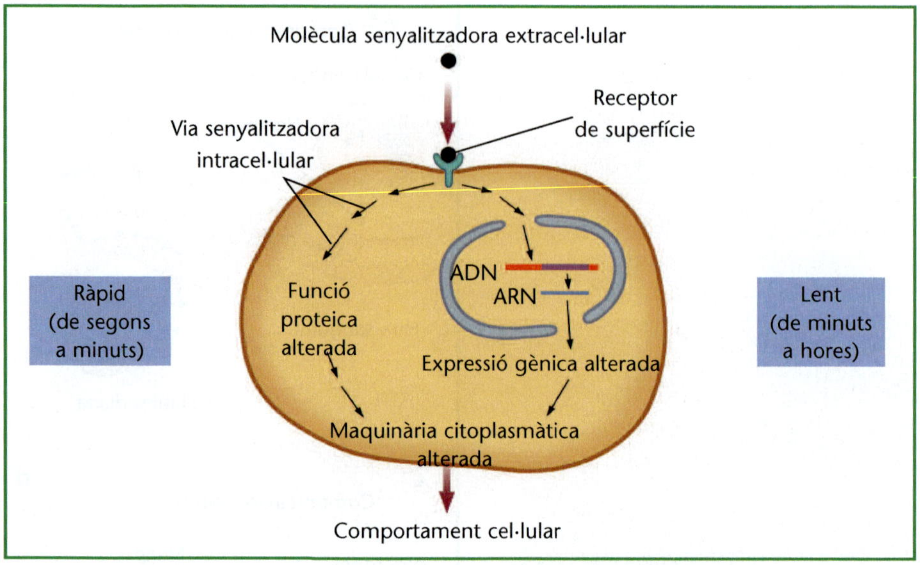

Les respostes a senyals externs que impliquen canvis en el metabolisme, en la secreció o en el moviment cel·lular són ràpides. En canvi, les que han de posar en marxa la maquinària genètica (les relatives al creixement i la divisió cel·lular) són més lentes.

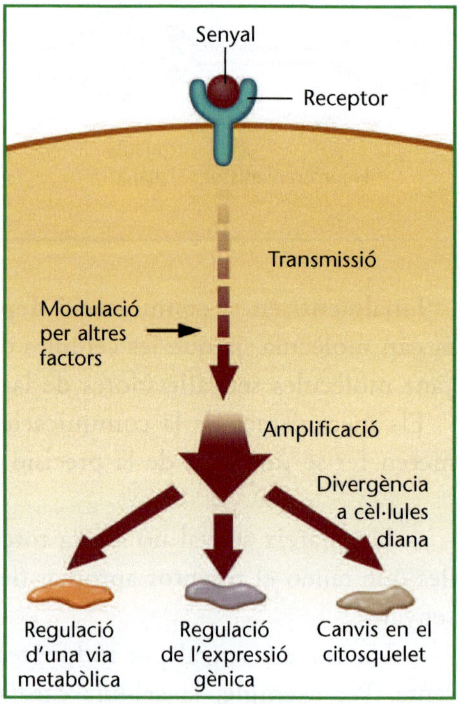

Algunes respostes cel·lulars en què intervé l'AMP cíclic		
Hormona	*Teixit diana*	*Resposta*
Adrenalina	Cor	Augment de la velocitat i de la força de contracció
Adrenalina	Múscul	Catabolisme del glucogen
Adrenalina, ACTH i glucagó	Adipós	Catabolisme dels greixos
ACTH	Càpsula suprarenal	Secreció de cortisol

En els processos de comunicació cel·lular, la fisiologia de la membrana plasmàtica és clau per a la transmissió i la recepció correcta dels senyals.
Un cop rebuts, aquests senyals modifiquen la resposta cel·lular.

Classificació química de les hormones

– **Hormones peptídiques.** Estan formades per cadenes d'aminoàcids, són hidrosolubles i es fixen a receptors de la superfície de les cèl·lules diana. En són exemples la insulina, el glucagó, la somatotropina, etc.

– **Hormones derivades d'aminoàcids.** Són hidrosolubles i la majoria actuen sobre receptors de la superfície de les cèl·lules diana. En són exemples l'adrenalina, la noradrenalina, la tiroxina, etc.

– **Hormones lipídiques o esteroides.** La majoria són derivades del colesterol, són liposolubles, travessen la membrana cel·lular i s'uneixen a receptors del citosol. Es divideixen en andrògens (hormones sexuals masculines) i estrògens (hormones sexuals femenines).

2. Les hormones: missatgers químics

Les hormones són substàncies químiques secretades, en quantitat molt petita, per les **glàndules endocrines** i transportades mitjançant la sang fins a les **cèl·lules diana**, on indueixen una resposta. L'**endocrinologia** és la branca de la medicina que estudia el **sistema endocrí**, és a dir, les glàndules endocrines, les hormones que secreten, l'acció d'aquestes hormones i les malalties originades per un funcionament hormonal inadequat.

Les hormones intervenen en la regulació de nombroses funcions: el creixement, la diferenciació sexual, el control de la reproducció, la regulació de la temperatura corporal, la regulació de contingut de glucosa a la sang, la resposta davant de situacions de perill, etc. Actuen sempre a distància de les glàndules que les secreten i la durada de la seva acció, que oscil·la entre pocs minuts i uns quants dies, és més llarga que la de l'acció del sistema nerviós. Una vegada finalitzada la seva acció, són degradades al fetge i eliminades per l'orina o la bilis.

Les hormones no es metabolitzen a productes útils, no tenen acció enzimàtica ni intervenen de manera directa en l'activitat cel·lular. Porten a terme la seva funció unint-se a receptors cel·lulars. La major part de les hormones són molt específiques i actuen sobre teixits molt concrets, estimulant o inhibint la seva funció, o sobre una reacció metabòlica concreta.

2.1. Els mecanismes d'acció de les hormones

L'acció de les hormones es basa en la seva capacitat per unir-se a molècules específiques de les cèl·lules diana i formar el complex **hormona-receptor** cel·lular. Les hormones peptídiques i la major part de les que es deriven d'aminoàcids no poden travessar la membrana de les cèl·lules diana i s'uneixen a receptors que es troben en la membrana plasmàtica. El complex hormona-receptor indueix la formació, en el citosol, d'un segon missatger que activa un determinat efecte metabòlic. Aquestes hormones són d'acció ràpida i de curta durada.

Algunes vegades, diversos complexos hormona-receptor s'agrupen i són envoltats per una invaginació de la membrana fins a originar una vesícula d'endocitosi, que posteriorment alliberarà els complexos hormona-receptor a l'interior de la cèl·lula.

Les hormones lipídiques i la tiroxina travessen la membrana cel·lular i formen el complex hormona-receptor en el citosol. Aquest complex penetra en el nucli, on intervé en la transcripció de l'ADN a ARNm. L'ARNm surt del nucli i dirigeix la síntesi de proteïnes, algunes de les quals tindran, per exemple, una acció enzimàtica que es tradueix en accions metabòliques concretes. L'acció d'aquestes hormones és de durada relativament llarga (hores o dies), i sovint afecta el metabolisme i la diferenciació cel·lular.

2.2. Els mecanismes reguladors de la secreció hormonal

El sistema endocrí és un sistema integrat molt complex i la secreció de les hormones està regulada pels mecanismes següents:

– **Regulació per altres hormones**. És el cas de les hormones la secreció de les quals depèn de la secreció d'altres hormones per part de la hipòfisi, com ara la TSH, hormona estimulant de la tiroide.

– **Regulació per la concentració d'hormones a la sang** (*feedback* o retroacció). La concentració d'una hormona a la sang és el que determina l'acció estimulant de l'hipotàlem. Per exemple, un baix contingut de tiroxina a la sang determinarà que l'hipotàlem secreti el factor alliberador específic (TSH.RH). Aquest estimularà la secreció de TSH (hormona estimulant de la tiroide) a la hipòfisi, afavorint així la secreció de la tiroxina per part de la tiroide.

– **Regulació per la concentració de metabòlits a la sang**. Es tracta també d'un mecanisme de *feedback*. En condicions normals, el plasma sanguini ha de tenir una determinada quantitat de glucosa. Si aquesta concentració supera els valors normals, el pàncrees augmenta la secreció d'insulina, hormona hipoglucemiant que activa la síntesi de glicogen en el fetge a partir de l'excés de glucosa.

– **Regulació per estimulació nerviosa**. És el cas, per exemple, de la secreció de l'adrenalina i la noradrenalina per part de les glàndules suprarenals a causa d'una forta emoció, de situacions d'alerta, etc.

Regulació hormonal per estimulació nerviosa

Quan els òrgans dels sentits informen el cervell d'una situació d'alerta o de perill, la hipòfisi estimula les glàndules suprarenals perquè secretin adrenalina, hormona que indueix els canvis corporals següents:

- Dilatació de les pupil·les i augment del camp visual.
- Contracció dels capil·lars de la pell perquè els músculs disposin de més sang.
- Augment del ritme cardíac per proporcionar més sang als músculs.
- Augment del ritme respiratori per transportar més oxigen.
- Preparació de les fibres musculars per realitzar moviments bruscos.
- Alliberament de sucres i lípids per part del fetge, els quals passen a la sang per tal d'abastar les cèl·lules musculars.

D O C U M E N T S

Trastorns de la tiroide

*Quan la tiroide secreta una quantitat excessiva d'hormones tiroidees, es parla, en termes mèdics, d'**hipertiroïdisme**, que provoca agitació i nerviosisme, una acceleració del ritme cardíac i, en general, un augment general del metabolisme. L'**hipotiroïdisme** es produeix quan les quantitats d'hormones secretades per la tiroide són insuficients. En aquest cas, els símptomes són cansament general, hipersensibilitat a la temperatura i disminució general del metabolisme. El goll consisteix en una hipertròfia (un augment molt gran) de la tiroide, causada per una ingesta deficient de iode, element químic absolutament necessari per al funcionament correcte de la glàndula.*

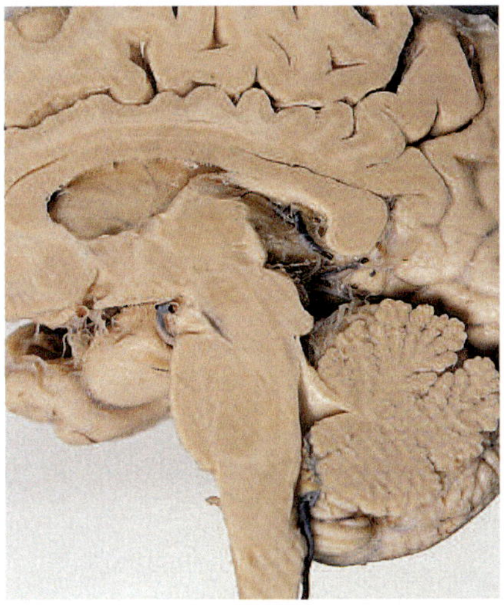

Secció sagital de l'encèfal humà amb l'hipotàlem i la hipòfisi (vegeu l'esquema de sota).

3. El sistema hipotàlem-hipòfisi

La coordinació i la regulació del sistema endocrí depenen de l'**hipotàlem** i de la glàndula anomenada **hipòfisi**, dues estructures situades a la base del cervell.

Com el cervell del qual forma part, l'hipotàlem està format per matèria grisa, és a dir, per cossos de neurones, algunes de les quals secreten hormones (neurohormones).

La major part de les hormones hipotalàmiques regulen l'activitat de la hipòfisi, tot exercint una acció estimuladora i inhibidora de la secreció d'una determinada hormona hipofisiària, d'acord amb les necessitats de cada moment.

La hipòfisi (glàndula pituïtària) es troba a la base del cervell, recolzada damunt una petita cavitat de l'os esfenoide.

La part anterior d'aquesta glàndula (adenohipòfisi) és formada per cèl·lules d'epiteli glandular, com les altres glàndules endocrines, mentre que la part posterior (neurohipòfisi) és formada majoritàriament per les terminacions de les neurones, els cossos de les quals constitueixen l'hipotàlem.

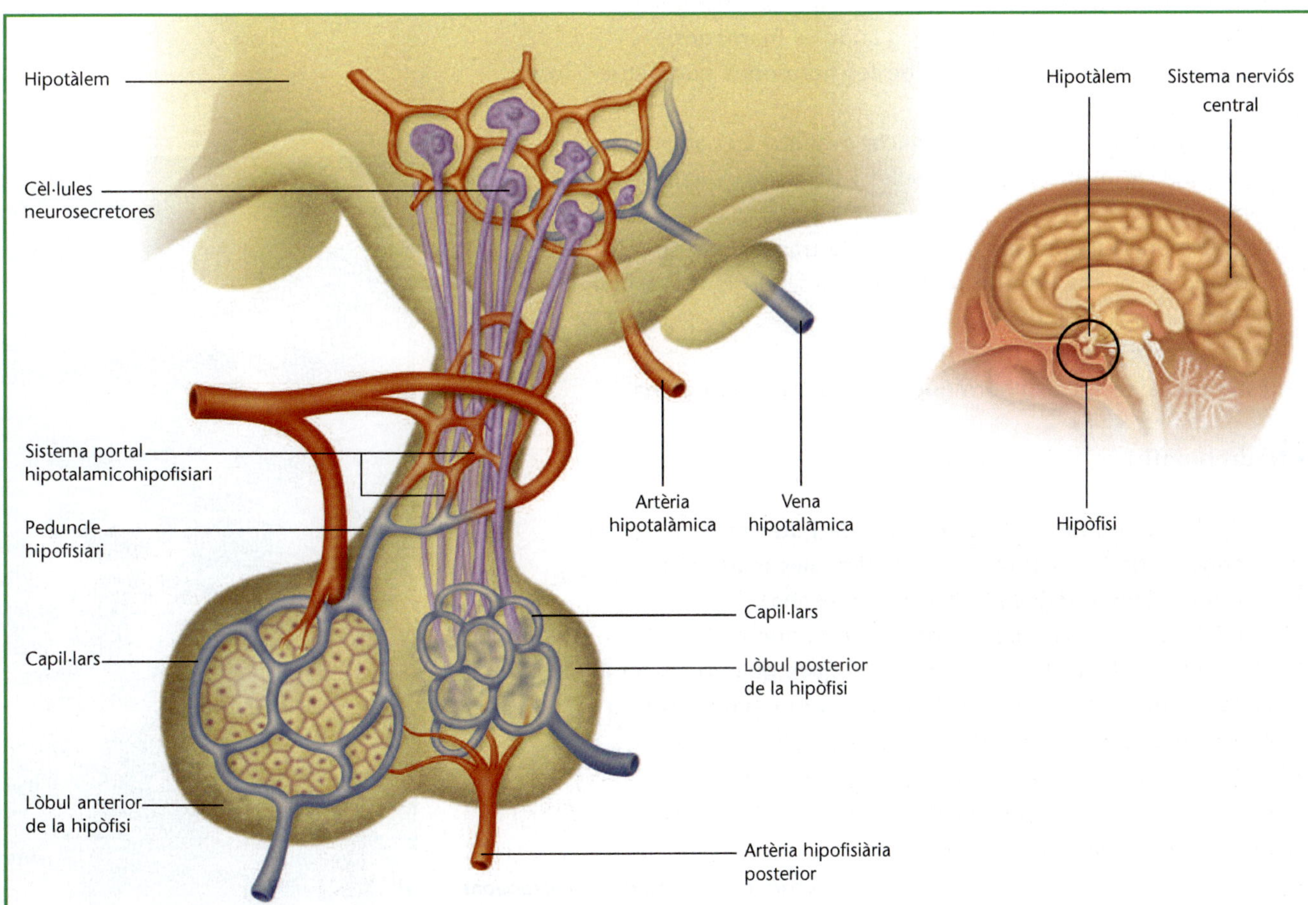

Hormones hipotalàmiques

- **Factors alliberadors** (RH). Estimulen la secreció d'hormones per part de la hipòfisi. Per exemple:
  - GH.RH, factor alliberador de l'hormona somatotropina (STH) o hormona del creixement (GH).

- **Factors inhibidors** (RIH). Inhibeixen la secreció d'hormones per part de la hipòfisi. Per exemple:
  - GH.RIH, factor inhibidor de l'hormona somatotropina (STH) o hormona del creixement (GH).
  - Hormona antidiürètica (ADH) o vasopressina, que s'emmagatzema a la neurohipòfisi.
  - Oxitocina, que s'emmagatzema a la neurohipòfisi.

Hormones hipofisiàries

- **Adenohipòfisi**
  - Hormona estimulant de la tiroide (TSH). Activa la secreció hormonal de la tiroide.
  - Hormona del creixement (GH) o somatotropina (STH). Actua sobre tot l'organisme afavorint la biosíntesi o l'anabolisme i la formació de teixits (ossos, músculs, etc.).
  - Prolactina (PRL). Activa la secreció de llet en les glàndules mamàries.
  - Gonadotropines (nom genèric de les hormones que actuen sobre les glàndules sexuals).
    - L'hormona estimulant del fol·licle ovàric (FSH) activa la formació del fol·licle ovàric en les femelles i l'espermatogènesi en els mascles.
    - L'hormona luteïnitzant (LH) activa la transformació del fol·licle ovàric en el cos luti i la secreció de les hormones sexuals femenines o masculines.
  - Adrenocorticotròpica (ACTH). Estimula la secreció d'hormones en el còrtex suprarenal.

- **Neurohipòfisi**
  - Oxitocina. Estimula la contracció dels músculs de l'úter en el part i la producció de llet a través de les glàndules mamàries.
  - Hormona antidiürètica (ADH o vasopressina). Tendeix a reduir el volum d'orina i a mantenir dins d'uns determinats límits algunes característiques químiques de la sang. Actua com a vasoconstrictor dels vasos sanguinis i com a hipertensor.

RECORDA

El *sistema hipotàlem-hipòfisi* és la peça principal en la regulació del sistema endocrí i en la coordinació nerviosa de la secreció d'hormones.

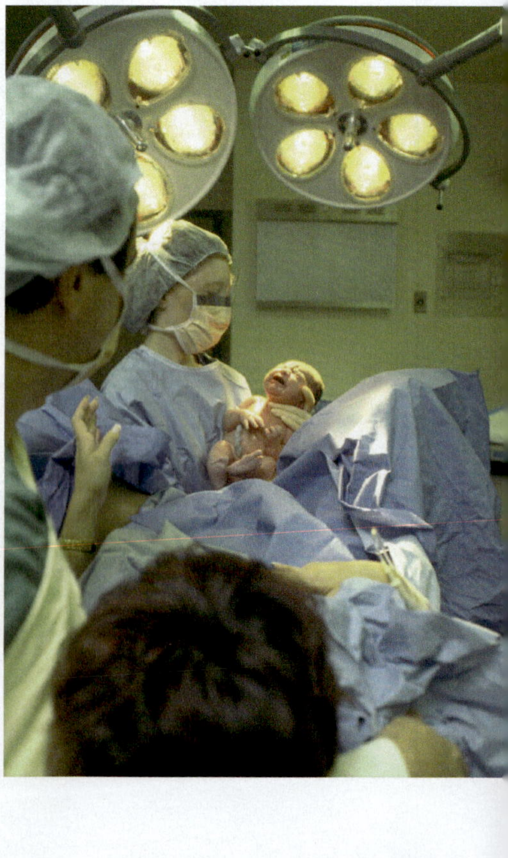

L'oxitocina estimula les contraccions interines en el transcurs del part.

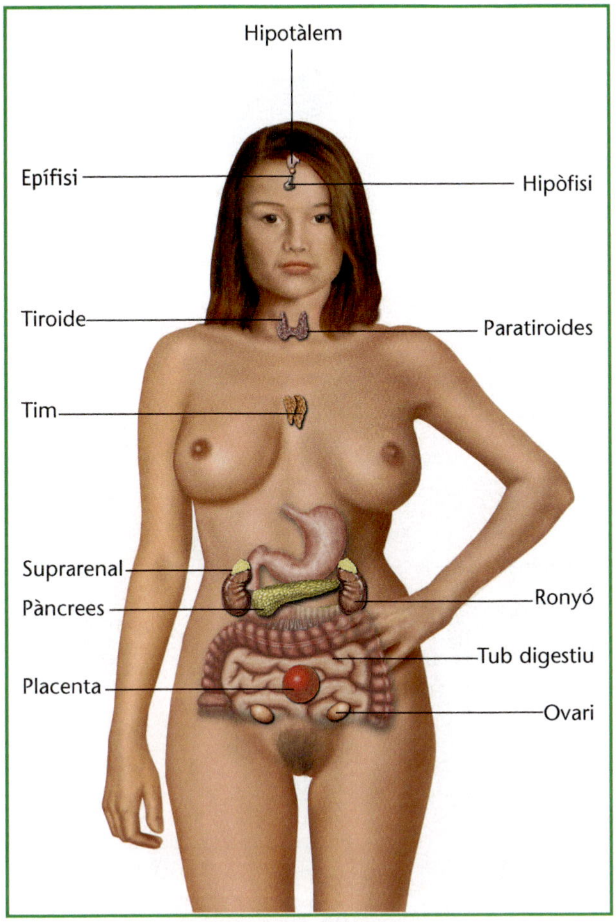

3.1. Les principals glàndules endocrines del cos humà i les hormones que secreten

Placenta

Òrgan femení que s'origina durant l'embaràs per intercanviar substàncies entre el fetus i la mare.

– **Gonadotropina coriònica.** Impedeix la prossecució del cicle menstrual i prepara l'úter per a la implantació de l'embrió.

– **Lactogen.** Activa la secreció de la llet a les glàndules mamàries.

– **Estrògens i andrògens.**

Tim

Òrgan limfoide del sistema immunològic, situat a la part central del tòrax, que ajuda a formar i madurar limfòcits. És propi dels infants i arriba a la màxima mida i activitat en la pubertat, a partir de la qual es va atrofiant.

– **Timosina.** Estimula la resposta immunitària per part del sistema limfàtic.

Ovari

– **Estrògens**, com ara l'**estradiol**. Estimulen la maduració i el funcionament dels òrgans sexuals femenins. Manteniment dels caràcters sexuals secundaris femenins.

– **Progestàgens**, com ara la **progesterona**. Mantenen els processos fisiològics de l'embaràs, tot deixant en suspens la repetició del cicle menstrual. Desenvolupament del sistema alveolar de les glàndules mamàries.

Tiroide

Es troba a la zona anterior del coll, sota la laringe, adossada a la tràquea. El seu funcionament requereix l'aportació de iode.

– **Triiodotironina.** Activa el metabolisme cel·lular energètic i la síntesi de proteïnes.

– **Tiroxina.** Incrementa el metabolisme basal afavorint l'oxidació dels glúcids, la producció de calor i l'acció de molts enzims. Accelera el ritme cardíac i incrementa l'activitat neuromuscular. Influeix en el creixement, la maduració i la diferenciació de la major part dels teixits.

– **Calcitonina.** Regula el metabolisme del calci i del fòsfor. Afavoreix l'ossificació.

Tub digestiu

– **Gastrina.** Secretada per l'estómac, estimula la secreció de HCl gàstric.

– **Secretina.** Secretada pel duodè, estimula la secreció pancreàtica.

Epífisi (glàndula pineal)

– **Melatonina**. Intervé en la regulació del ritme natural de la vida diària, especialment en la regulació del son.

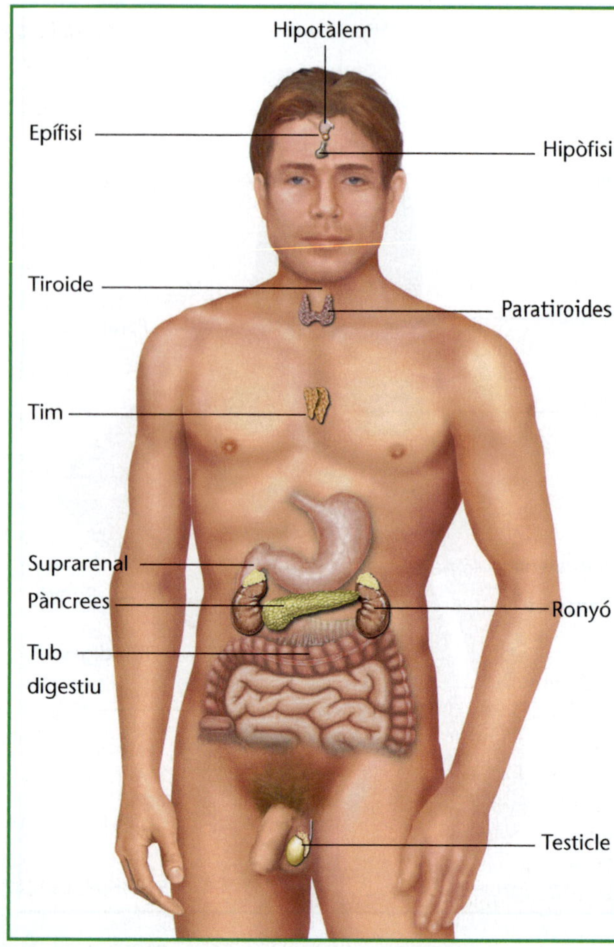

Paratiroides

Són quatre glàndules petites que es troben a la part posterior de la tiroide. Secreten la **parathormona**, la qual intervé en la regulació del metabolisme del calci i del fòsfor en l'organisme.

Testicle

– **Andrògens**. El més important és la testosterona. Estimulen la maduració i el funcionament dels òrgans sexuals masculins.

Ronyó

– **Renina**. Ajuda a controlar la pressió sanguínia.

– **Eritropoetina**. Intervé en la producció de glòbuls vermells.

Glàndules suprarenals (glàndules adrenals)

Es troben sobre els ronyons i cada una està formada per dues parts:

1) **Còrtex**
- Glucocorticoides: **cortisol** i **cortisona**. Regulen el metabolisme dels glúcids, dels lípids i de les proteïnes. Acció antiinflamatòria.
- Mineralcorticoides: **aldosterona** i **corticosterona**. Regulen el contingut d'aigua de l'organisme i l'equilibri entre els ions sodi i potassi.
- Hormones sexuals. Intervenen en el desenvolupament i manteniment dels caràcters sexuals secundaris.

2) **Medul·la**
- **Adrenalina** (epinefrina). Regula les reaccions d'emergència de l'organisme enfront dels perills: augmenta el ritme cardíac i respiratori, incrementa la glicogenòlisi al fetge i als músculs. Algunes neurones també la secreten com a neurotransmissor.
- **Noradrenalina**. Col·labora a mantenir la pressió sanguínia i regula les reaccions d'estrès. És un important neurotransmissor.

Pàncrees

Es troba a la part esquerra de la cavitat abdominal i forma part del tub digestiu. De fet, és una glàndula doble: exocrina (secreta enzims digestius) i endocrina (secreta hormones).

– **Insulina**. Fonamental en el metabolisme de la glucosa: disminueix la glucèmia (nivell de glucosa a la sang) i transforma la glucosa en glicogen en el fetge i en els músculs. Estimula la formació d'àcids grassos a partir de la glucosa. Afavoreix la síntesi de les proteïnes.

– **Glucagó**. D'acció oposada i complementària a la insulina, augmenta la glucèmia i afavoreix la glicogenòlisi al fetge. Facilita la hidròlisi de lípids en el teixit adipós.

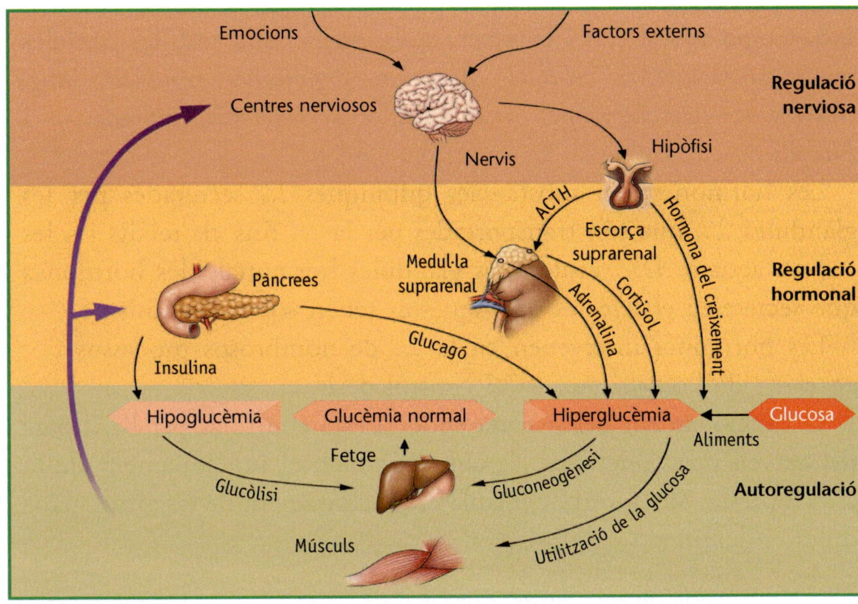

Regulació del contingut de glucosa en el plasma sanguini (glucèmia).
Es tracta d'un tipus de regulació de la secreció hormonal per concentració de metabòlits a la sang. Té lloc principalment al fetge i hi intervenen la insulina i el glucagó, dues hormones pancreàtiques.

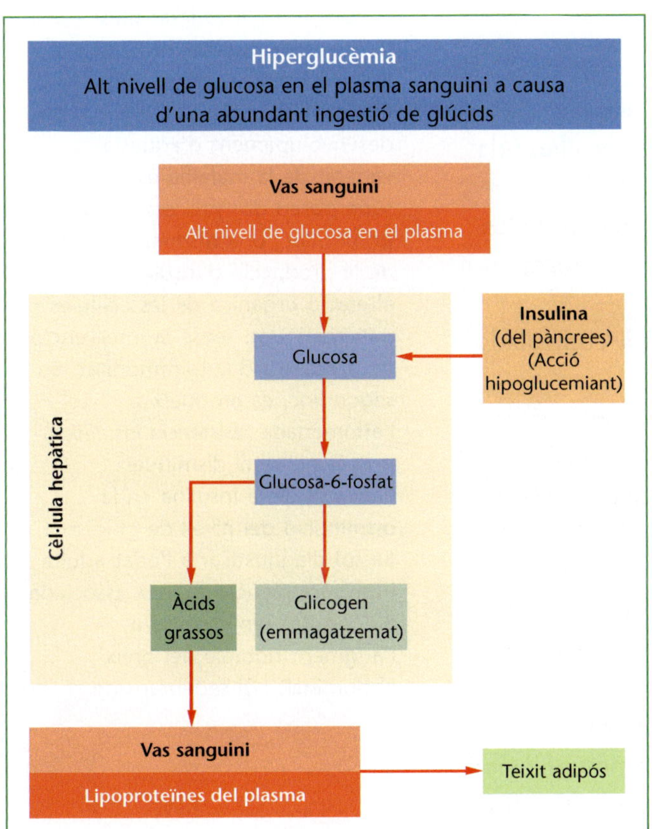

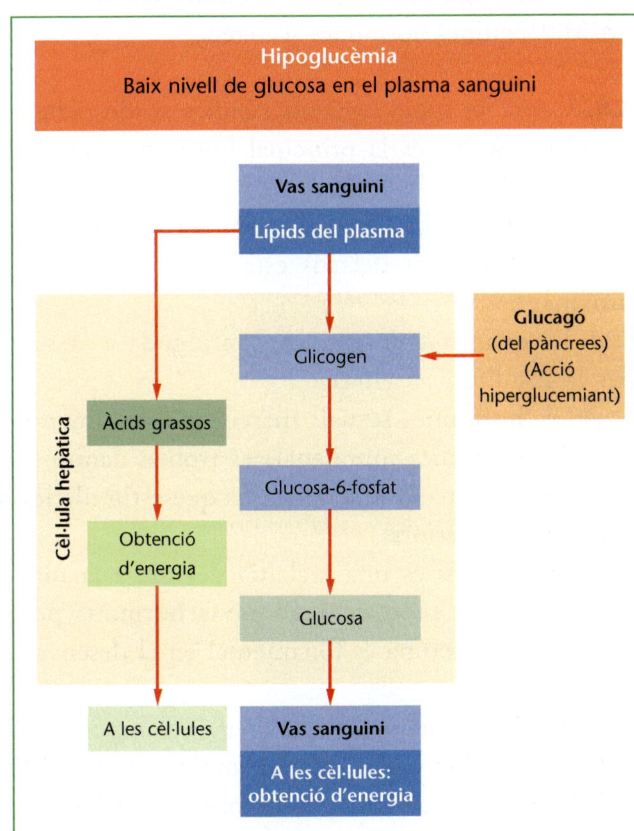

ACTIVITATS

4.1. De quina manera es poden comunicar dues cèl·lules properes? Quins són els sistemes de comunicació a distància de les cèl·lules?

4.2. Explica com és possible que un mateix senyal rebut per una mateixa proteïna receptora origini en alguns casos una resposta al cap d'uns segons i en altres casos al cap d'unes hores.

4.3. Copia aquest text i completa'n els espais buits amb les paraules següents: *metabòlics, cèl·lules, hipotàlem, orgàniques, regulació, sang, creixement, neurohormones, endocrines, endocrinologia, reproducció* i *hipòfisi.*

Les hormones són substàncies químiques ... secretades per les glàndules ..., que són transportades per la ... fins als teixits i a les ..., on actuen. L'... estudia les glàndules hormonals, les hormones que secreten i els efectes que aquestes tenen sobre l'organisme.

Les hormones intervenen en la ... de nombrosos processos ..., en el ... de l'organisme, en el control de la ..., etc.

El funcionament del sistema endocrí està controlat per l'..., part del cervell que secreta les ... que estimulen el funcionament de la ... . Aquesta, al seu torn, controla el funcionament de les altres glàndules endocrines.

4.4. Escriu una llista de les glàndules endocrines i explica on estan situades i quines hormones secreten.

4.5. Copia les frases següents i indica si són certes o falses:

a) La insulina és la principal hormona secretada per la glàndula tiroide.

b) La testosterona és una hormona sexual secretada pels testicles.

c) El creixement del cos està controlat, en part, per l'hormona tiroxina.

d) La quantitat de glucosa continguda a la sang està controlada per la insulina i el glucagó.

e) Les hormones sexuals masculines s'anomenen *estrògens.*

f) Les glàndules suprarenals es troben damunt els ronyons.

g) L'adrenalina és una hormona que estimula les reaccions enfront dels perills exteriors.

h) La diabetis és una malaltia deguda a la manca d'insulina o a una insuficient producció d'aquesta hormona pel pàncrees.

i) La progesterona és fonamental en el desenvolupament de l'embaràs.

j) Els andrògens són hormones de composició peptídica.

k) El tim és un òrgan limfoide important en el sistema immunològic.

l) El iode és necessari per al correcte funcionament de la hipòfisi.

La diabetis

La **diabetis** és, sens dubte, un dels trastorns metabòlics i hormonals més freqüents i coneguts. La *diabetis mellitus* és una alteració crònica del metabolisme dels glúcids que es manifesta per un augment dels nivells de glucosa a la sang (hiperglucèmia), per l'aparició de glucosa a l'orina (glucosúria) i per la producció de notables quantitats d'orina.

Es distingueixen dos tipus principals de *diabetis mellitus*:

– Tipus I (abans anomenada *Insulinodependent* i *diabetis juvenil*) que es caracteritza per una ràpida destrucció de les cèl·lules pancreàtiques productores d'insulina (cel·lules beta dels illots de Langerhans) en un procés d'autoimmunitat. La malaltia apareix de sobte, majoritàriament en l'edat infantil i juvenil, i requereix l'aportació d'insulina exògena.

En un nombre significatiu de casos el factor hereditari o genètic és clar.

– Tipus II: És la varietat més freqüent: representa prop del 80 % dels casos que es diagnostiquen. En el desenvolupament d'aquesta varietat de la malaltia es superposen dos processos. En primer lloc, una disminució lenta de la producció d'insulina per una alteració orgànica de les cèl·lules pancreàtiques, sense la intervenció de processos d'autoimmunitat. En segon lloc, es produeix l'anomenada *resistència insulínica,* procés pel qual disminueix l'eficàcia de la insulina en la disminució del nivell de glucèmia. Se sol diagnosticar a l'edat adulta i amb freqüència apareix associada a l'obesitat (en especial a l'augment notable del greix abdominal) i al sedentarisme.

4.6. Respon a les preguntes següents:

a) A quin grup químic d'hormones pertany la tiroxina?

b) Quina glàndula secreta aquesta hormona?

c) Com s'estimula la secreció de la tiroxina?

d) On es troben els receptors sobre els quals actua aquesta hormona?

4.7. Explica breument què és el tim i amb quin altre sistema d'òrgans està relacionat.

4. La neurona

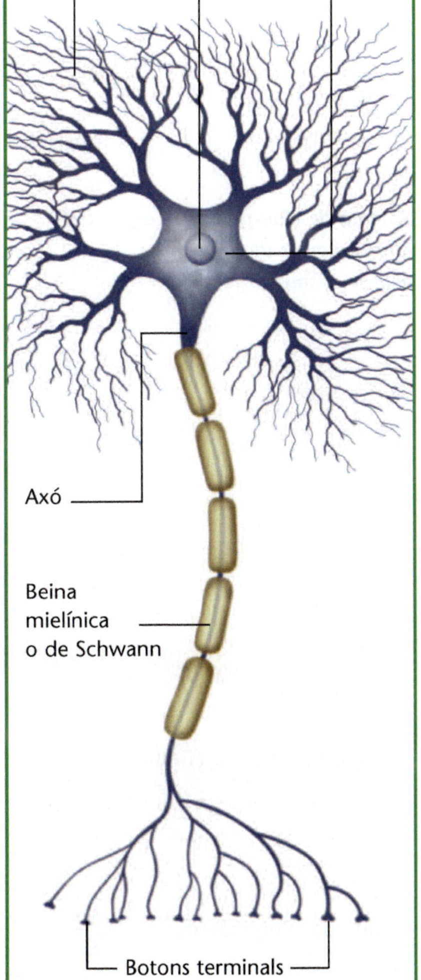

Estructura d'una neurona.

La **neurona** és la principal cèl·lula del sistema nerviós. S'hi distingeixen les estructures següents:

– El **cos cel·lular**, que inclou la major part del citoplasma i el nucli.

– Les **dendrites**, prolongacions del cos cel·lular curtes i ramificades que reben la informació d'altres cèl·lules i la transmeten al cos cel·lular. Són prolongacions centrípetes.

– L'**axó**, prolongació principal, a vegades de bastants centímetres de llarg, que al seu extrem presenta petites ramificacions que li permeten establir connexions amb moltes altres neurones de manera simultània. L'axó és la via de sortida de la informació de la neurona. Sovint, l'axó està envoltat per una **beina de mielina** (o de Schwann).

Cal destacar tres característiques de la fisiologia de les neurones: són cèl·lules que no es divideixen i, per tant, la seva destrucció és irreversible; són cèl·lules excitables que transformen els estímuls o la informació rebuda en impulsos nerviosos de tipus elèctric; s'integren en circuits en els quals l'axó d'una neurona connecta amb la dendrita d'una altra neurona o amb una cèl·lula efectora (fibra muscular, cèl·lula glandular).

4.1. La sinapsi i els neurotransmissors

La **sinapsi** és la zona de connexió entre neurones. L'estudi al microscopi del teixit nerviós ha permès comprovar que en les sinapsis no hi ha «contacte» físic entre les neurones i que la comunicació entre aquestes es produeix mitjançant la secreció de substàncies químiques, anomenades **neurotransmissors**, que sintetitzen les mateixes neurones.

Una sinapsi inclou els elements següents:

– la **membrana presinàptica** de l'axó d'una neurona, amb abundants mitocondris i vesícules que contenen els neurotransmissors;

– la **fossa sinàptica**, espai de pocs nanòmetres d'amplada que separa les dues neurones en sinapsi;

– la **membrana postsinàptica** d'una dendrita o un cos neuronal d'una neurona, d'una fibra muscular o d'una cèl·lula glandular. A la seva superfície presenta receptors dels neurotransmissors.

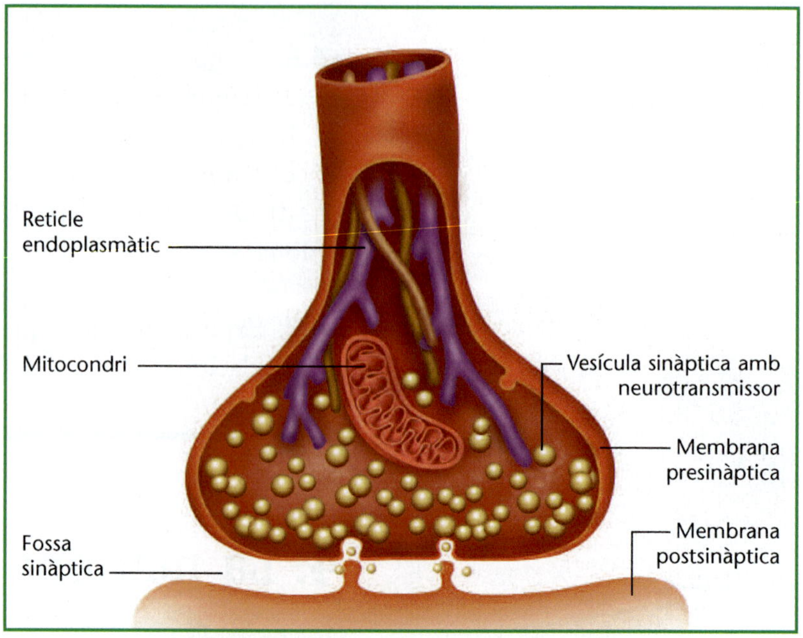

Estructura d'una sinapsi.

L'arribada de l'impuls nerviós a la membrana presinàptica fa que les vesícules que contenen el neurotransmissor es fusionin amb aquesta membrana i alliberin el neurotransmissor, el qual es difon per la fossa sinàptica i, finalment, s'uneix amb els receptors específics de la membrana postsinàptica, i provoca canvis que afecten les propietats elèctriques d'aquesta membrana. La unió neurotransmissor-receptor funciona, *grosso modo*, com un sistema claupany (el missatger químic o bé té una forma complementària a la de la molècula del receptor, o bé hi té afinitats elèctriques). El neurotransmissor determina canvis en les proteïnes receptores de la mebrana postsinàptica que indueixen la propagació de l'impuls nerviós (de vegades, prèvia a l'activació d'un missatger químic intracel·lular). Ara bé, quan el neurotransmissor ha causat el seu efecte és inactivat immediatament per un procés anomenat **de recaptació** (altrament es produiria un efecte repetit indesitjat, com si després d'haver premut el timbre d'una porta no retiréssim el dit del polsador).

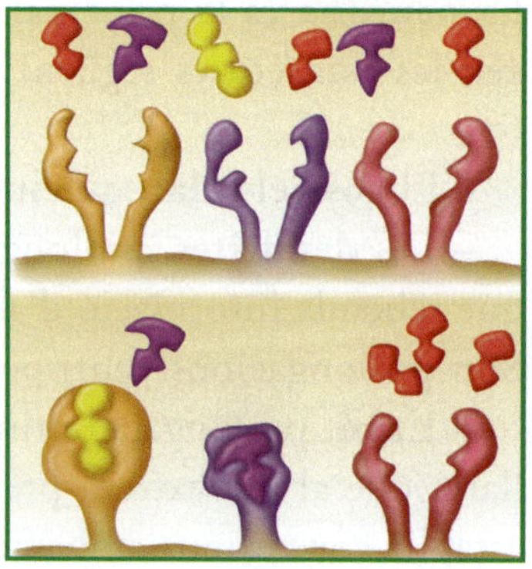

Sistema de clau-pany que explica el funcionament de la unió neurotransmissor-receptor.

Naturalesa química dels neurotransmissors

- **Aminoàcids:** glicina, glutamat, aspartat.
- **Derivats d'aminoàcids:** dopamina, adrenalina, noradrenalina, serotonina, histamina, àcid g-aminobutíric (GABA).
- **Derivats del metabolisme de la glucosa:** acetilcolina.
- **Neuropèptids:**
  - Neuropèptids de la hipòfisi: corticotropina, etc.
  - Neuropèptids que són hormones hipotalàmiques: factors alliberadors i inhibidors secretats per l'hipotàlem.
  - Neuropèptids que són hormones circulants a la sang: angiotensina, calcitonina, glucagó, insulina, etc.
  - Pèptids opiacis del cervell: dinorfina, endorfina, encefalina.
  - Altres neuropèptids: neurotensina, bradicinina, etc.

En el sistema nerviós dels animals superiors, els cossos de les neurones formen la substància grisa (que en aquest tall de medul·la espinal es veu tenyida de vermell), mentre que els axons, empaquetats en feixos, formen la substància blanca (tenyida de gris).

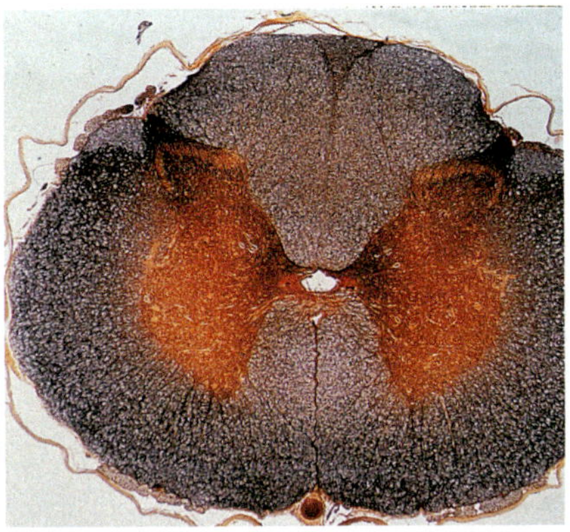

DOCUMENTS

Envelliment de les neurones

Totes les cèl·lules i tots els teixits, òrgans i organismes envelleixen. Aquest envelliment sembla programat, és a dir, la vida mitjana de les cèl·lules estaria predeterminada. En la mesura que les neurones no es divideixen, els òrgans del sistema nerviós, com ara el cervell, són molt sensibles a l'envelliment. Malgrat que el cervell humà perd milers de neurones cada dia, aquesta pèrdua no té una excessiva incidència funcional, ja que es produeix de manera aleatòria, és a dir, afecta neurones a l'atzar. Únicament la desaparició massiva de neurones acaba produint alteracions funcionals importants. Quan la destrucció de les neurones del cervell no es produeix a l'atzar, sinó que afecta una part d'un conjunt de neurones, aleshores apareixen trastorns importants. Dues grans famílies de malalties degeneratives del cervell estan lligades a la destrucció no aleatòria de neurones: les síndromes de Parkinson i d'Alzheimer, característiques de la demència senil. La malaltia de Parkinson consisteix en una alteració de la coordinació dels moviments musculars que normalment es porten a terme de manera automàtica. La causa de la malaltia és la degeneració d'un petit grup de neurones (uns quants milers), situades en els nuclis grisos de la base del cervell. La malaltia d'Alzheimer consisteix en un deteriorament progressiu i irreversible de certes funcions cerebrals, com ara la memòria, la capacitat d'orientació, etc. En aquest cas, les

DOCUMENTS

Santiago Ramón y Cajal

Metge aragonès (1852-1934), fou catedràtic d'anatomia a la Universitat de València (1883) i d'histologia a les universitats de Barcelona (1887) i Madrid (1892). Va desenvolupar una tasca fonamental en l'estudi del teixit nerviós al microscopi òptic, aplicant noves tècniques de tinció. Les seves observacions i els seus dibuixos encara es consideren modèlics des del punt de vista científic. Va defensar la teoria de la transmissió de l'impuls nerviós per contigüitat entre cèl·lules independents, coneguda com a teoria de la neurona. L'any 1906 va compartir el premi Nobel de Fisiologia i Medicina amb Camillo Golgi, pels seus treballs sobre l'estructura del sistema nerviós i el funcionament de les neurones.

a) Santiago Ramón y Cajal.
b) Microfotografia electrònica (en fals color) de neurones piramidals (en verd, les cèl·lules auxiliats de la glia) (500x).

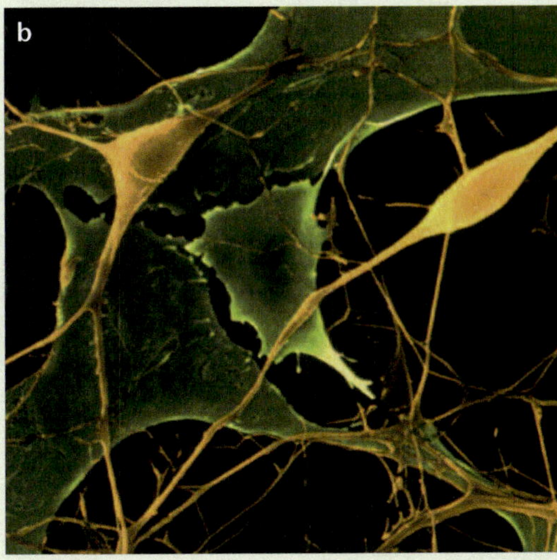

4.2. L'impuls nerviós i la seva transmissió

L'origen i la transmissió de l'impuls nerviós són deguts a canvis en les propietats elèctriques de la membrana plasmàtica.

En una neurona en repòs, la membrana separa dos medis (citosol i medi extracel·lular) amb una concentració desigual d'ions Na^+, K^+ i Cl^-. La cara externa de la membrana presenta un lleuger predomini d'ions positius, mentre que la cara interna és lleugerament negativa. S'origina així una petita diferència de potencial elèctric entre les dues cares de la membrana, anomenat **potencial de repòs** o **potencial de membrana.** Es diu que la membrana està **polaritzada.**

En algunes cèl·lules, la diferència de potencial elèctric pot variar temporalment com a conseqüència d'un estímul concret. S'anomenen **cèl·lules excitables** i són les **fibres musculars** i les **neurones**, capaces de generar un impuls nerviós (un corrent elèctric), és a dir, un canvi en el potencial de la membrana. De fet, els òrgans dels sentits o receptors sensorials contenen cèl·lules que transformen estímuls específics en impulsos nerviosos. Així, els bastons i cons de la retina tradueixen en impulsos nerviosos la llum que capten, i les cèl·lules ciliades de l'oïda interna ho fan amb el so que els arriba.

Quan s'estimula un axó es produeix, en el punt excitat, un augment de la permeabilitat de la membrana als ions: els ions sodi penetren massivament en l'axó, mentre que els ions potassi surten per difusió.

S'anomena **potencial d'acció** el canvi produït en el potencial de repòs de la membrana d'un axó com a conseqüència de l'arribada d'un estímul. El potencial d'acció origina l'obertura dels **canals de sodi** i l'entrada sobtada d'ions Na^+ a la cèl·lula. En el punt d'obertura dels canals, la cara externa de la membrana quedarà amb un certa càrrega negativa, mentre que l'interior cel·lular serà més positiu. Es diu que s'ha produït la **despolarització** de la membrana.

A través de la membrana, es produeix un flux continu d'ions, en el qual les proteïnes de membrana desenvolupen un paper essencial.
El transport passiu d'ions es produeix a través de les **proteïnes canal,** ***específiques per a cada espècie d'ions. Aquest transport es produeix a favor del gradient elèctric i de concentració d'ions: els ions Na^+ tendeixen a penetrar en el citosol, mentre que els ions K^+ tendeixen a sortir-ne.***
El transport actiu es produeix contra el gradient elèctric i de concentració d'ions, i necessita l'aportació d'energia. Aquest transport, el porten a terme la bomba de sodi i de potassi, amb intervenció dels enzims ATPases que consumeixen l'ATP.

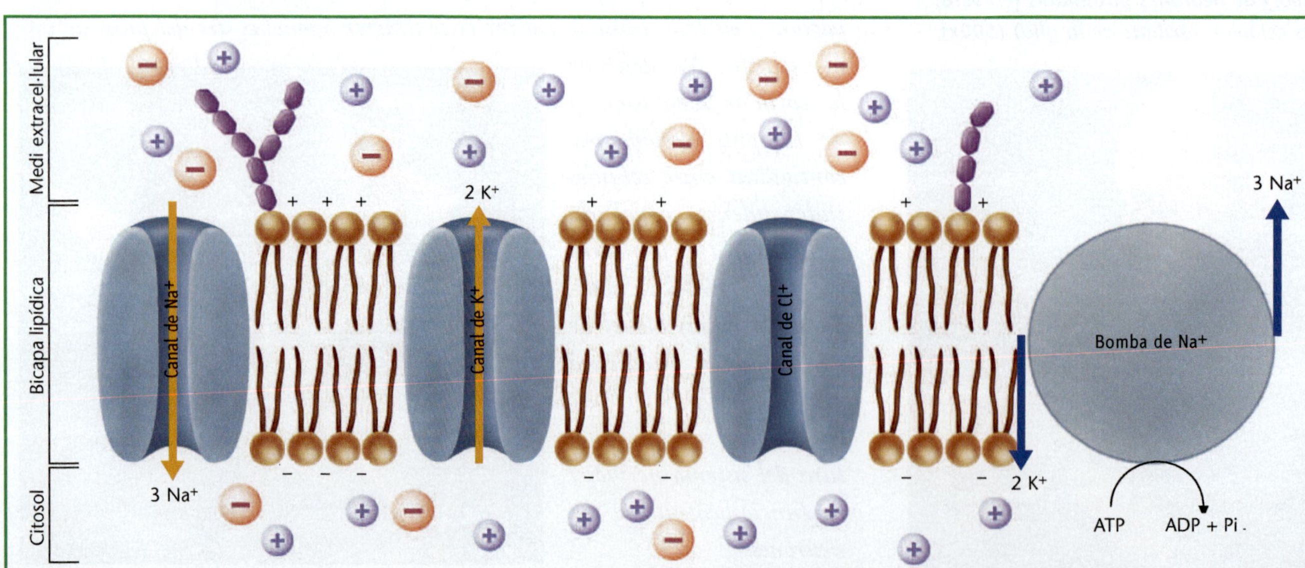

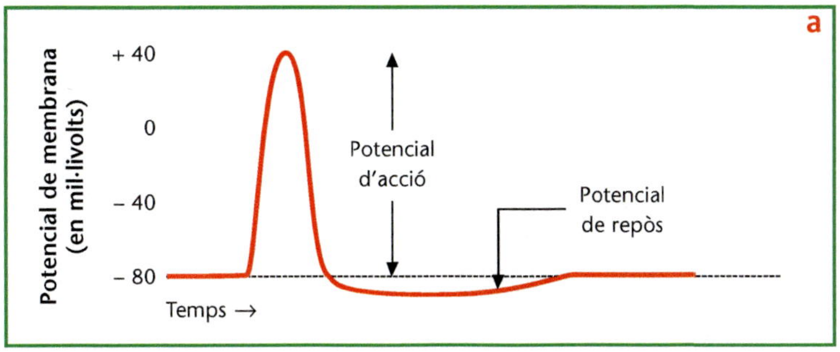

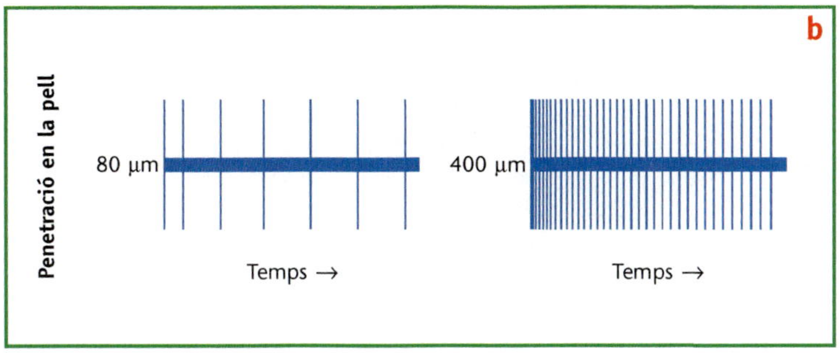

Tots els impulsos de totes les neurones tenen la mateixa durada i el mateix canvi de voltatge (a). Com més intens és l'estímul, més impulsos es generen per unitat de temps, tal com mostren els gràfics (b), els quals mesuren els impulsos nerviosos emesos per una neurona sensorial (tàctil) de la pell del gat quan la pell és pressionada amb forces diferents.

El potencial d'acció es propaga al llarg de l'axó com una taca d'oli, en forma d'**ona de despolarització**, per obertura dels canals de sodi propers.

El potencial d'acció ha d'arribar a un cert nivell, **llindar d'excitació**, perquè es produeixi la despolarització. Si se supera aquest llindar, s'origina sempre un potencial d'acció de la mateixa amplitud. Aquesta constància en l'aparició o l'absència del potencial d'acció es coneix amb el nom de **llei del tot o res** de l'excitació.

Després de la despolarització, els canals de sodi oberts es tornen a tancar (al cap d'un o dos mil·lisegons), alhora que s'obren els canals de potassi amb una funció similar respecte als ions K^+, amb la qual cosa es restableix ben aviat la situació prèvia a la formació del potencial d'acció i la repolarització de la membrana.

DOCUMENTS

Els reflexos

*El **reflex** és l'acció, involuntària i automàtica, més elemental del sistema nerviós. En són bons exemples el reflex rotulià (extensió de la cama quan es colpeja el tendó del múscul extensor de la cama) o el reflex pupil·lar (tancament de la pupil·la per acció de la llum).*

Un procés tan simple com ara caminar, a part de la intervenció d'altres estructures nervioses, implica, a la vegada, la coordinació simultània de nombrosos reflexos a les dues extremitats amb reflexos activadors i inhibidors de diversos músculs.

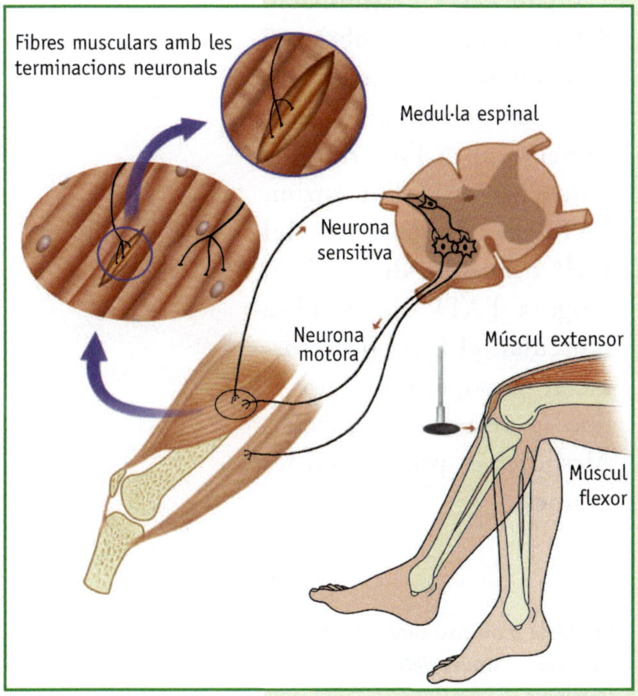

Hi intervenen els elements següents:

– Un receptor que capta un senyal i el transforma en impuls nerviós.

– Una via sensitiva o nervi sensitiu que condueix l'impuls cap a un centre nerviós.

– Un centre reflex (medul·la, etc.) que rep l'impuls i elabora una resposta en forma d'impuls nerviós transmès per una via motora.

– Una via motora o nervi motor que condueix l'impuls nerviós.

– Un òrgan efector que executa la resposta elaborada.

*Un **reflex condicionat** és aquell que s'adquireix per acumulació d'experiències. Mitjançant la reiteració d'un determinat estímul, associat a una resposta satisfactòria, es desencadena una resposta automàtica cada vegada que es repeteix l'estímul.*

4.3. La sinapsi neuromuscular. La contracció muscular

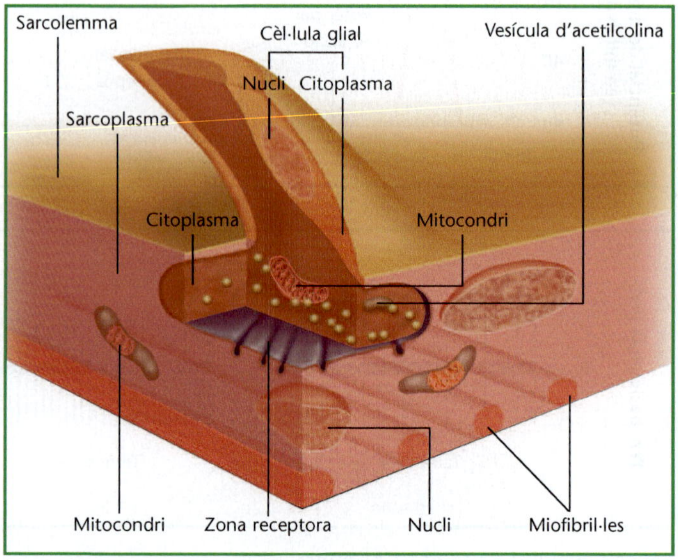

Sinapsi neuromuscular o placa motora.

La major part de les activitats dels animals es basen en la contracció dels músculs, formats per cèl·lules anomenades **fibres musculars**.

La fibra muscular es contrau com a conseqüència de l'arribada d'un impuls nerviós a través de l'axó de la neurona que fa sinapsi amb ella. La sinapsi neuromuscular s'anomena **placa motora** i el neurotransmissor que hi actua és l'**acetilcolina**.

La fibra muscular d'un múscul esquelètic és llarga, cilíndrica i polinucleada, amb un citoplasma (**sarcoplasma**) format per nombroses **miofibril·les**, és a dir, feixos de filaments de proteïnes contràctils. Cada miofibril·la està formada per milers de **sarcòmers** (unitats de contracció muscular) constituïts per dos tipus de filaments: uns de gruixuts de **miosina** i uns altres de prims d'**actina**, de **troponina** i de **tropomiosina**.

La contracció muscular s'inicia quan un impuls nerviós transmet un potencial d'acció a la membrana (**sarcolemma**) i d'aquesta a les vesícules del reticle endoplasmàtic, que alliberaran ions Ca^{2+} al sarcoplasma. Els ions calci s'uneixen a les molècules de troponina dels filaments prims, i provoquen canvis en la conformació d'aquests filaments, els quals llisquen damunt els filaments de miosina escurçant el sarcòmer. El resultat final és la contracció muscular. En aquest procés es consumeix ATP.

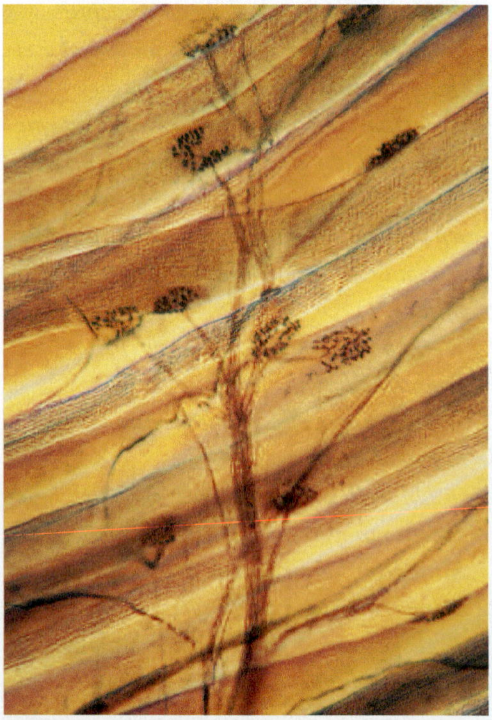

Contacte d'un axó amb una fibra muscular a través dels botons terminals.

Quan cessa l'estimulació del múscul, la membrana i el reticle es repolaritzen i els ions Ca^{2+} són bombats activament cap a l'interior del reticle per acció d'un enzim, l'**ATPasa dependent del Ca^{2+}** o **bomba de calci**. Si s'esgota l'ATP de la fibra muscular, el Ca^{2+} no retorna al sarcoplasma i no té lloc la relaxació muscular. Aleshores es produeixen les rampes.

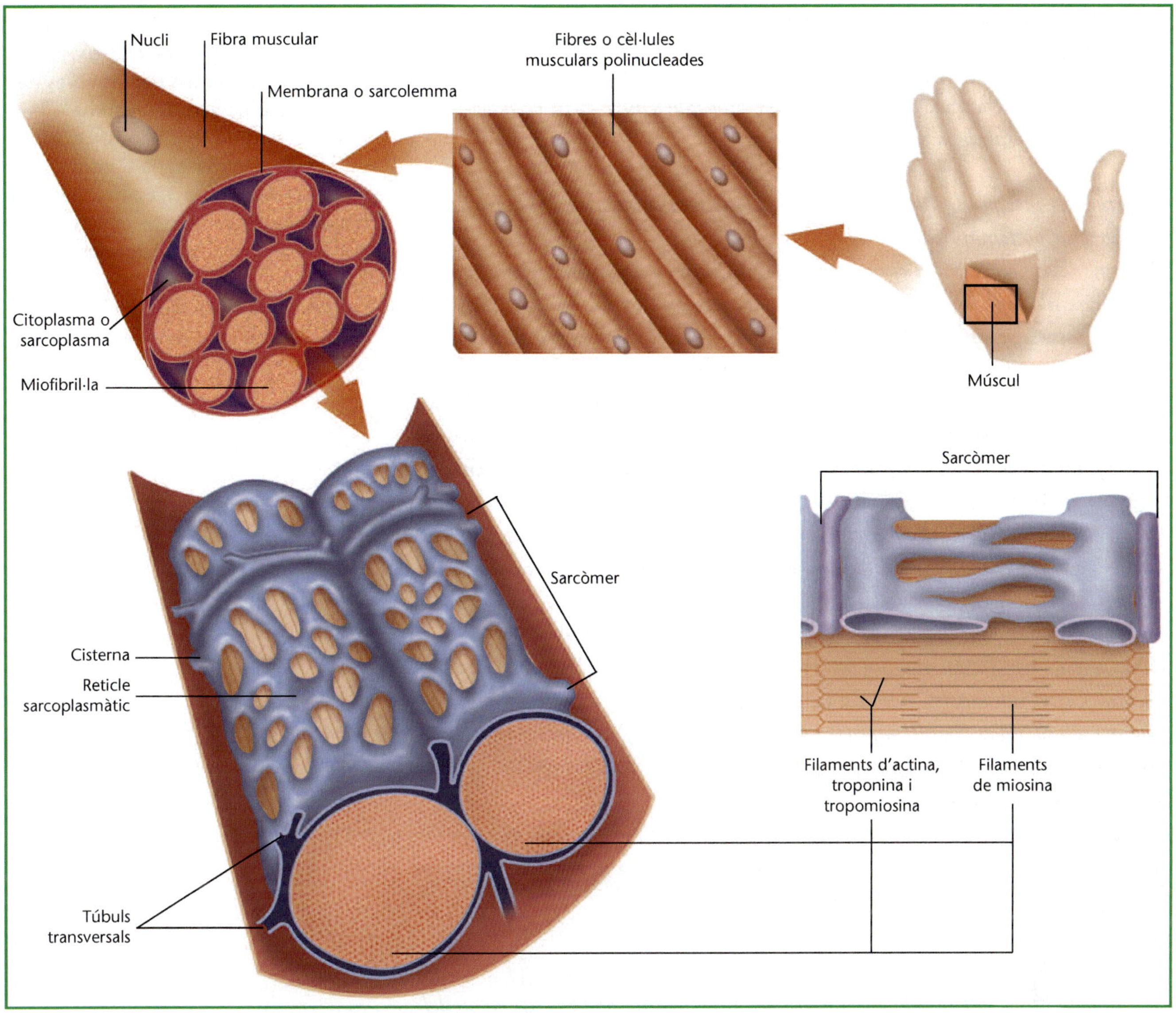

Estructura del múscul estriat, tal com s'interpreta a partir de l'estudi a través del microscopi electrònic (a dalt), i múscul estriat vist a través del microscopi òptic (a sota).

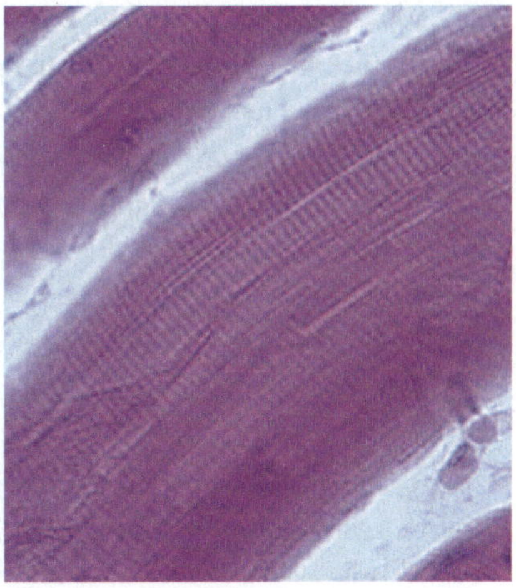

DOCUMENTS

Substàncies que modifiquen el funcionament de les sinapsis

Moltes substàncies estimulants (com ara les amfetamines), altres drogues (com ara la cocaïna, la nicotina o la morfina) o tòxics diversos (emprats, per exemple, en la fabricació de nombrosos insecticides i d'armes químiques i biològiques) alteren el funcionament del sistema nerviós estimulant o inhibint les sinapsis. El coneixement del funcionament de la sinapsi ha permès fabricar medicaments (antidepressius, ansiolítics, etc.) que actuen sobre les sinapsis que no funcionen bé.

Substàncies que modifiquen la síntesi de neurotransmissors per les neurones

Un exemple de la manca d'aquestes substàncies és la malaltia de Parkinson, en la qual un reduït grup de neurones degeneren i, a causa de la manca d'un enzim, deixen de sintetitzar el neurotransmissor dopamina.

Substàncies que influeixen en l'alliberament d'un neurotransmissor

Les amfetamines, per exemple, incrementen l'alliberament de neurotransmissors del grup de l'adrenalina, amb la qual cosa provoquen una forta excitació i la superació temporal de la sensació de cansament.

Substàncies que modifiquen la recepció de neurotransmissors per part de la membrana postsinàptica

Diversos verins de serp i el curare (verí que utilitzaven alguns indis sud-americans per enverinar les seves fletxes) són inhibidors competitius de l'acetilcolina, és a dir, s'uneixen als receptors específics d'aquesta en les sinapsis neuromusculars impedint la seva acció i provocant una paràlisi general.

L'acció analgèsica (disminució de la sensació de dolor) de diversos derivats de l'opi, com ara la morfina i l'heroïna, és deguda al fet que el cervell els reconeix com a neurotransmissors del grup de les endorfines. Provoquen una acció depressiva temporal del sistema nerviós, amb una sensació de benestar, absència de dolor, disminució de la freqüència cardíaca, etc. El problema és que aquestes drogues causen, entre altres problemes, una gran tolerància i dependència.

Substàncies que modifiquen la inactivació dels neurotransmissors

Una vegada han fet la seva funció, els neurotransmissors són degradats o reabsorbits. Certes substàncies, com ara les contingudes en molts insecticides organoclorats, són tòxiques perquè impedeixen la inactivació del neurotransmissor acetilcolina, acció que pot provocar un greu quadre clínic (diarrees, asfíxia, alteració del ritme cardíac, etc.).

RECORDA

El sistema nerviós funciona gràcies als impulsos que viatgen per les fibres nervioses i que passen de neurona a neurona a través de les sinapsis. En aquestes zones de contacte, la transmissió de l'impuls és química i es produeix per mitjà de l'alliberament de molècules que s'anomenen **neurotransmissors**.

Tot el que afecta la funció d'aquests neurotransmissors afecta el funcionament del sistema nerviós.

DOCUMENTS

Les amfetamines i les drogues de disseny

Les amfetamines són substàncies químiques sintetitzades al començament del segle XX a partir d'alcaloides vegetals per ser utilitzades en medicina. La seva administració estimula l'activitat de l'escorça cerebral produint eufòria, disminució de la fatiga, augment de l'activitat motora, confiança, iniciativa, insomni, etc.

El consum continuat d'amfetamines provoca una manifesta tolerància i dependència, i una clara síndrome d'abstinència.

Les amfetamines, en forma de ***drogues de disseny****, són les drogues més consumides entre els adolescents, juntament amb els derivats del cànnabis, la cocaïna i les drogues legals (alcohol i tabac). L'«èxtasi», probablement la droga de disseny més famosa, va ser sintetitzada l'any 1914, però aleshores no es va arribar a comercialitzar. Altres drogues molt conegudes són l'*speed*, la «píndola de l'amor» (MDA), l'«eva» (MDE), etc. A causa de la facilitat amb què es poden sintetitzar, les drogues de disseny varien constantment, per la qual cosa el consumidor no coneix ni la composició, ni la dosi, ni la puresa d'aquestes píndoles.*

El comerç clandestí de drogues de disseny és especialment actiu al voltant de determinats locals nocturns i en relació amb fenòmens musicals de moda.

RECORDA

Les **cèl·lules nervioses** són cèl·lules excitables que transformen la informació rebuda en impulsos nerviosos de tipus elèctric.

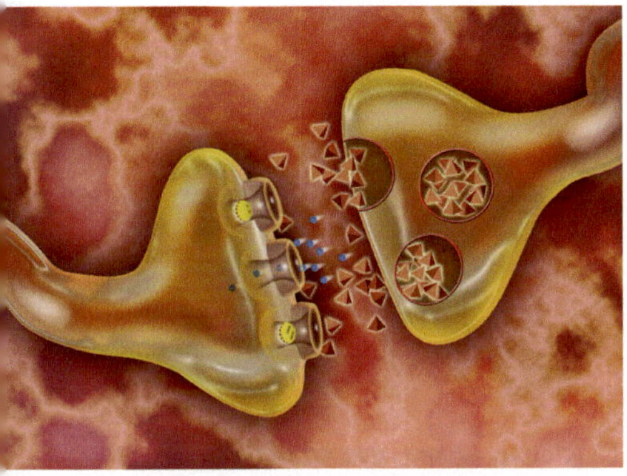

Les drogues psicoestimulants actuen sobre les neurones encefàliques que usen dopamina com a neurotransmissor, perquè faciliten l'alliberament per part de la neurona presinàptica (a la dreta).

ACTIVITATS

4.8. Copia aquest text i completa'n els espais buits amb les paraules següents: *connexió, neurotransmissors, comunicació, estímuls, impulsos nerviosos, contacte, divideixen, neurones, receptors* i *circuits.*

Les ... són les principals cèl·lules del sistema nerviós. Es tracta de cèl·lules que no es ... i que s'integren en ... .

La sinapsi és la ... entre dues neurones, que no arriben al ... físic.

Les neurones són cèl·lules que transformen els ... rebuts en ... de tipus elèctric.

La ... entre les neurones es produeix mitjançant missatgers químics, anomenats ..., que s'uneixen a ... específics.

4.9. Explica què és la matèria grisa i què és la matèria blanca i com estan distribuïdes en el cervell i en la medul·la espinal.

4.10. Fes un esquema d'una sinapsi i assenyala'n les parts.

4.11. Defineix i explica les diferències existents entre *dendrita* i *axó.*

4.12. Consulta un diccionari o una enciclopèdia i defineix *neurologia* i *psiquiatria.*

4.13. Què són les proteïnes canal? On es troben? Quina funció tenen?

4.14. Explica la frase següent: «La membrana plasmàtica està polaritzada.»

4.15. Copia cada frase o concepte del primer grup i relaciona'l amb el corresponent del segon grup.
Primer grup: sinapsi neuromotora, sarcolemma, proteïna contràctil, sarcòmer, bomba de sodi, sarcoplasma.
Segon grup: unitat de contracció de la fibra muscular, transport actiu, membrana de la fibra muscular, mitoplasma de la fibra muscular, miosina, placa motora.

4.16. Defineix *acetilcolina* i indica en quin tipus de sinapsi intervé aquest neurotransmissor. Explica quin efecte provoca el verí d'algunes serps en l'acció dels receptors de l'acetilcolina.

4.17. Quins noms reben el citoplasma i la membrana de la fibra muscular? Indica alguna característica distintiva d'aquest tipus de cèl·lula.

5. El sistema immunològic

Disseminat per tot el cos i format per diversos tipus de cèl·lules i per una gran varietat de molècules (els **anticossos**), el **sistema immunològic** ens defineix i ens protegeix. Ens defineix perquè és capaç de diferenciar el que és propi o aliè a l'organisme, i ens protegeix perquè intenta destruir tot allò que reconeix com a estrany: els **antígens**, com a agents patògens, cèl·lules d'altres organismes, substàncies químiques diverses, etc. Les cèl·lules essencials del sistema immunològic són els **limfòcits**. De fet, el sistema immunològic constitueix la tercera barrera de l'organisme, que es caracteritza per la seva especificitat. Les altres dues barreres són la pell i la resposta cel·lular inespecífica.

El sistema immunològic disposa d'una **memòria** característica que li permet reaccionar de manera ràpida i eficaç contra un antigen amb el qual ja ha estat en contacte. La memòria immunològica es va adquirint al llarg de la vida, però una part és «ancestral» i és transmesa genèticament pels pares.

La **immunologia** estudia la naturalesa de les malalties infeccioses, els nous enfocaments en el tractament del càncer i en les malalties causades per una mala resposta immunitària, i dóna bases científiques per comprendre l'organització química dels éssers vius.

5.1. Immunitat i resposta immunitària

Els glòbuls blancs, que en aquesta fotografia apareixen acolorits en verd, són les cèl·lules encarregades de la defensa de l'organisme.

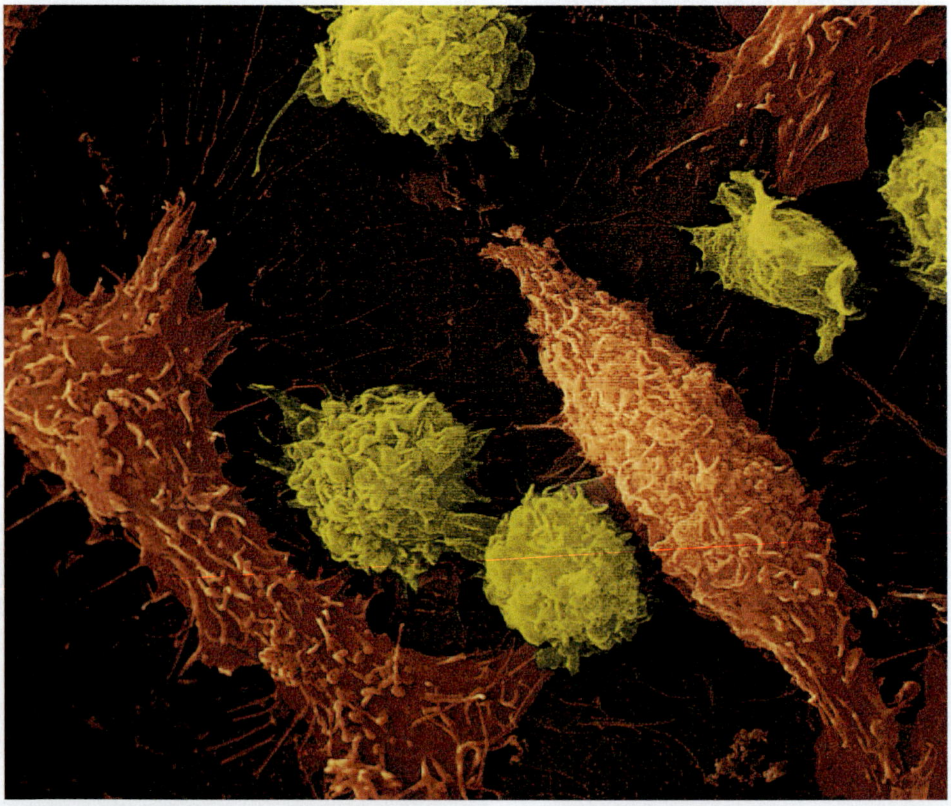

El sistema immunològic és el conjunt d'òrgans i estructures corporals que intervenen en la **immunitat**, és a dir, en la capacitat que l'organisme té per oposar-se de manera específica a microorganismes, cèl·lules o molècules alienes (els **antígens**) mitjançant cèl·lules pròpies o l'elaboració de molècules específiques (els **anticossos**). De manera més restringida, la immunitat es considera la invulnerabilitat a una malaltia infecciosa.

Les cèl·lules implicades en la immunitat s'originen a la medul·la òssia vermella, circulen per la sang i la limfa, i maduren i s'emmagatzemen en el òrgans limfoides. A la medul·la òssia vermella i al tim (òrgans limfoides primaris), les cèl·lules immunitàries adquireixen la **immunocompetència** o capacitat de distingir entre les molècules pròpies, que toleren, i les alienes, que tracten d'eliminar.

Les cèl·lules immunitàries no estan confinades en un sol punt del cos, ni estan agrupades per formar òrgans concrets, sinó que són mòbils, sense lligams fixos amb altres cèl·lules.

La **memòria immunològica** permet una resposta més ràpida i eficient quan un antigen penetra de nou a l'organisme. Aquesta memòria és la base de la **vacunació** (acció preventiva que afavoreix la producció d'anticossos específics).

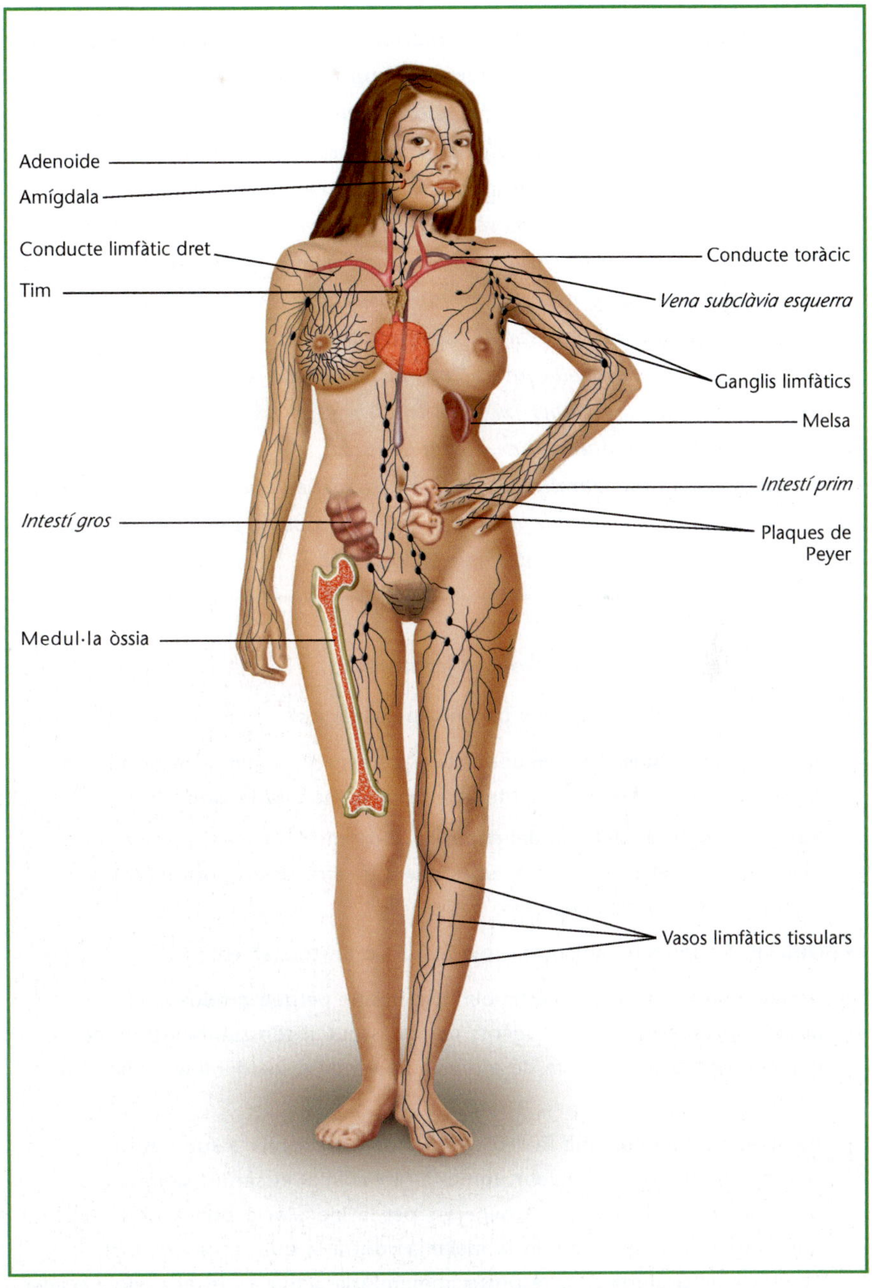

Òrgans i teixits del sistema immunològic. La medul·la òssia vermella i el tim constitueixen els òrgans limfoides primaris. La resta són els òrgans limfoides secundaris.

D O C U M E N T S

Alteracions en el funcionament del sistema immunològic

Com qualsevol òrgan o aparell, el sistema immunològic pot patir alteracions en el seu funcionament que es manifesten en un defecte o una exageració de les reaccions immunitàries considerades normals. Aquestes alteracions poden tenir causes molt diverses: genètiques, fisiològiques, per infecció de microorganismes, per penetració al cos de substàncies o radiacions de l'exterior, etc.

Algunes de les alteracions del sistema immunològic són les següents:

*– **Hipersensibilitat immunitària o al·lèrgies.** Consisteixen en reaccions desmesurades i mal dirigides contra antígens que, en condicions normals, no provoquen reaccions importants.*

*– **Reaccions de rebuig** en els trasplantaments d'òrgans. Requereixen l'administració de fàrmacs immunosupressors, com ara la ciclosporina.*

*– **Reaccions d'autoimmunitat** (malalties autoimmunes), en les quals l'organisme no reconeix com a propis alguns teixits i, conseqüentment, els ataca. En són bons exemples l'esclerosi múltiple (afecta determinades neurones) i alguns tipus de diabetis (destrucció de les cèl·lules del pàncrees que secreten la insulina).*

*– **Immunodeficiències** o funcionament incorrecte o parcial d'algunes de les cèl·lules implicades en la resposta immunitària, com ara els limfòcits. S'incrementen la freqüència i la gravetat de les infeccions, i també el desenvolupament de tumors. Els nens-bombolla presenten una mancança, d'origen genètic, en la resposta immunitària. Algunes immunodeficiències es tracten de manera satisfactòria amb el trasplantament de medul·la òssia.*

*– **Malalties immunoproliferatives,** que es desenvolupen quan un determinat tipus de cèl·lules immunitàries, com ara els leucòcits, proliferen de manera anormal i exagerada. N'és un exemple la leucèmia.*

A vegades, hi ha persones que, per una mancança d'origen genètic en el sistema immunològic, han de viure totalment aïllades dels gèrmens que ens envolten.

Tipus d'immunitat

- **Natural** (o **innata**). S'adquireix per mitjans biològics.
  - **Activa.** L'organisme desenvolupa anticossos específics com a resposta a la presència d'un antigen. És perdurable i pot durar tota la vida.
  - **Passiva.** Pròpia del fetus o del nadó. La subministra la mare a través de la placenta o la llet i dura només unes quantes setmanes o pocs mesos, el temps que duren els anticossos.
- **Artificial.** S'adquireix mitjançant una teràpia o un tractament.
  - **Activa.** Són les vacunes. S'estimula l'organisme perquè produeixi els anticossos específics contra agents patògens que li són subministrats de manera atenuada. Es tracta de mesures preventives, perdurables i, fins i tot, definitives.
  - **Passiva.** S'adquireix amb la seroteràpia, que consisteix a subministrar sèrum sanguini d'un donador immune (un animal el sèrum sanguini del qual conté els anticossos generats per la inoculació prèvia dels microorganismes que causen la malaltia contra la qual es vol lluitar). Serveix com a ajuda si la resposta immunitària activa és insuficient. La seva durada és limitada.

DOCUMENTS

Les cèl·lules immunitàries

Les cèl·lules immunitàries són cèl·lules sanguínies del grup dels ***leucòcits o glòbuls blancs****, que sovint es troben en altres teixits fora dels vasos sanguinis. Segons les característiques del nucli, els leucòcits es classifiquen en* ***mononuclears*** *(amb un sol nucli) i* ***polinuclears*** *(amb un sol nucli polilobulat que, observat al microscopi, fa la impressió de ser múltiple).*

Els leucòcits s'originen a la medul·la òssia i mentre que n'hi ha alguns que maduren (adquireixen la immunocompetència) en la mateixa medul·la òssia, d'altres ho fan en els òrgans limfoides.

Els ***limfòcits*** *són els leucòcits més petits, representen entre el 25 i el 30 % del total dels glòbuls blancs i se'n distingeixen dos grups principals, anomenats B i T. Els* ***limfòcits B*** *són els agents de la resposta immunitària humoral: produeixen anticossos o immunoglobulines que inactiven o destrueixen els antígens. Aquests limfòcits s'originen a la medul·la òssia, hi adquireixen la immunocompetència i alguns d'ells es transformen en* ***plasmòcits*** *o* ***cèl·lules plasmàtiques.*** *L'activitat dels limfòcits B és moderada pels limfòcits supressors, que n'esmorteeixen la resposta per impedir que es dirigeixi contra elements del propi cos. Els* ***limfòcits T*** *s'originen a la medul·la òssia i adquireixen la immunocompetència en el tim, des d'on passen a la sang. Aquests limfòcits són els agents de la resposta immunitària cel·lular. Entre els limfòcits T hi ha els* ***limfòcits T-8 citotòxics,*** *que reconeixen i destrueixen directament les cèl·lules portadores d'antígens al mateix temps que alliberen substàncies que atreuen leucòcits fagocitòtics i n'estimulen la multiplicació, i els* ***limfòcits T-4 col·laboradors*** *o* ***cooperadors*** *(cèl·lules Th), que reconeixen antígens ancorats a la superfície d'algunes cèl·lules i secreten limfocines que activen la maduració i l'activació d'altres leucòcits, com ara els fagòcits, els limfòcits B, etc.*

Els ***granulòcits*** *són leucòcits polinuclears amb el citoplasma d'aspecte granulós, els quals tenen com a missió principal la de fagocitar elements estranys. Els* ***monòcits*** *són leucòcits que donen lloc als macròfags, les cèl·lules fagocitàries més grans. També s'encarreguen d'eliminar les restes cel·lulars procedents del recanvi normal de les cèl·lules dels diferents teixits.*

La maduració dels limfòcits.

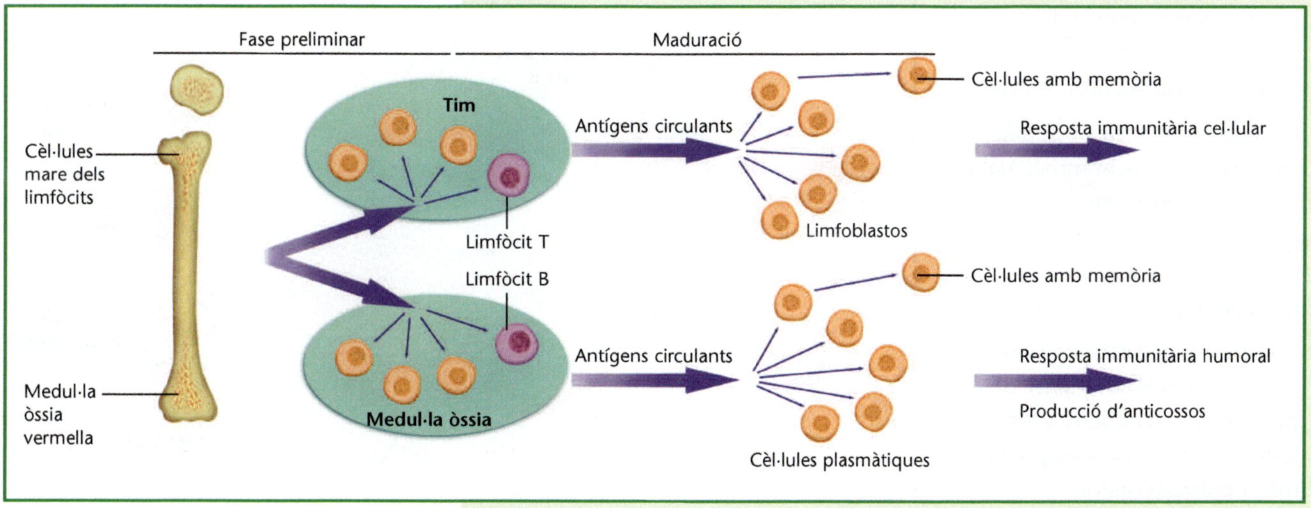

Fases amb què el sistema immunològic defensa l'organisme

– Quan un antigen (bacteri, cèl·lules alienes, proteïnes estranyes, etc.) penetra en l'organisme, alguns leucòcits l'ingereixen (fagocitosi) i el trenquen en fragments anomenats **pèptids antigènics**. La fagocitosi es pot desenvolupar en qualsevol part del cos, ja que les cèl·lules que la duen a terme es troben en tots els teixits. Aquesta primera fase de la defensa immunitària s'anomena **resposta immunitària inespecífica**.

– Mitjançant les proteïnes del sistema d'histocompatibilitat humana (HLA), els leucòcits fagocitaris i els pèptids antigènics són disposats en la membrana cel·lular i «mostrats» o «presentats» a les altres cèl·lules del sistema immunològic.

– Els limfòcits T presenten a la seva superfície cel·lular receptors que reconeixen els pèptids antigènics i es poden unir amb ells. Els limfòcits T, activats per aquest reconeixement, es divideixen de manera activa i secreten limfocines que mobilitzen altres cèl·lules del sistema immunològic, els limfòcits B.

– Quan un antigen entra en contacte amb els limfòcits B circulants, aquests es transformen en cèl·lules plasmàtiques que elaboren anticossos. És la **resposta immunitària humoral**.

– Mitjançant la unió amb els corresponents anticossos, els antígens són neutralitzats i destruïts.

– Alguns limfòcits B i T adquireixen una memòria immunitària, a través de la qual estimularan el sistema immunològic per eliminar el mateix antigen si aquest es presenta de nou.

– Producció de limfòcits T específics que destrueixen les cèl·lules que contenen antígens o les cèl·lules alienes. És la **resposta immunitària cel·lular**.

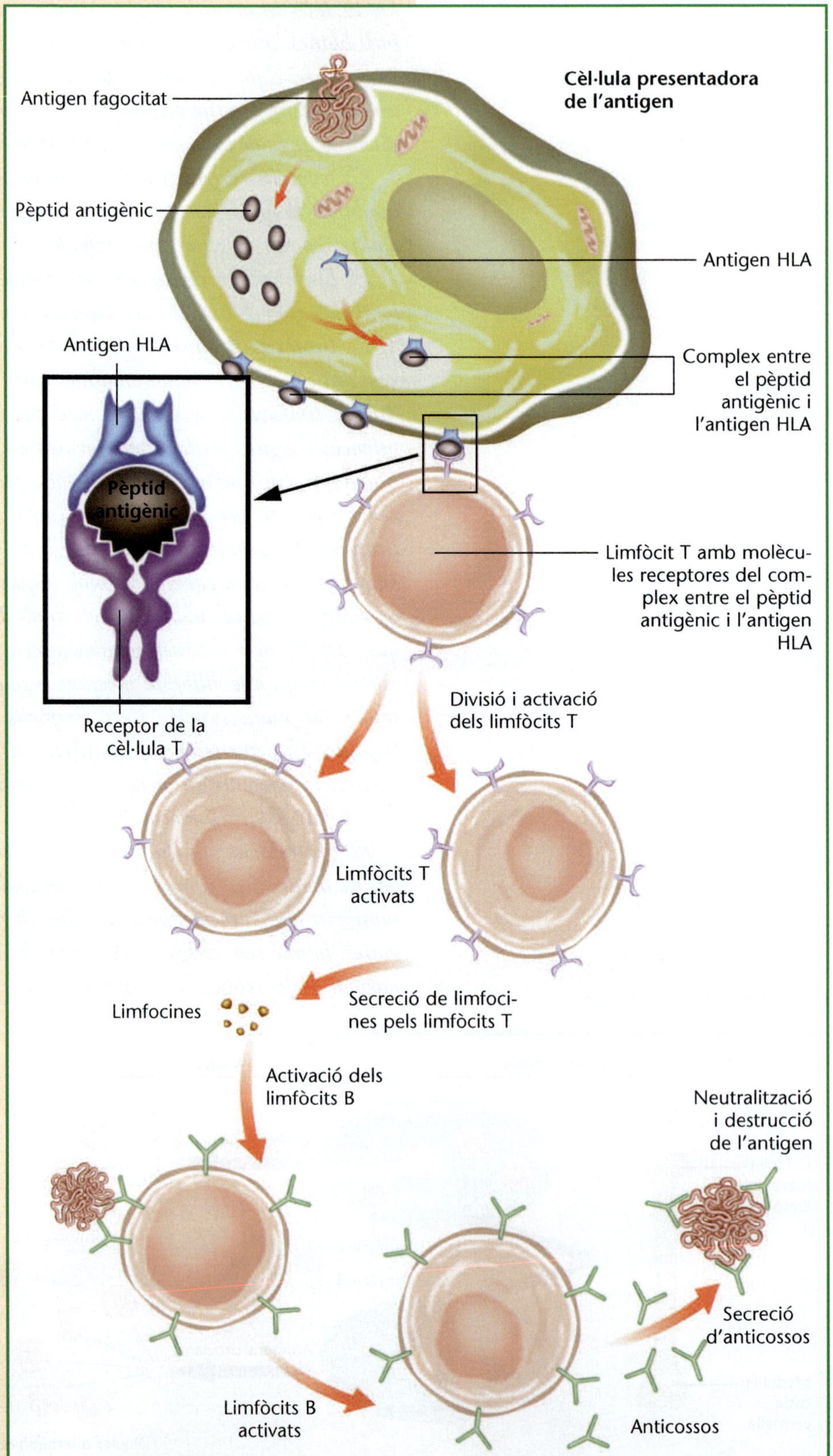

5.2. Els anticossos i els antígens

Els anticossos són proteïnes del grup de les immunoglobulines, sintetitzades pels limfòcits B, que tenen la funció d'unir-se a un antigen per neutralitzar-lo i destruir-lo. Els anticossos es poden trobar ancorats a la membrana dels limfòcits B (receptors de membrana) o lliures a la sang i a la limfa. De fet, aproximadament el 20 % de les proteïnes del plasma sanguini humà són anticossos.

El sistema immunològic pot produir anticossos contra qualsevol cosa, fins i tot contra substàncies sintetitzades per la indústria química. Per explicar la gran varietat d'anticossos, s'accepta la teoria de la **selecció clonal**.

Cada anticòs és codificat per un únic gen constituït per un mínim de tres fragments genètics diferents, triats entre més de cent, que són tallats i col·locats l'un a continuació de l'altre. Els segments d'aquests gens poden mutar a una velocitat molt superior que la resta del genoma. Aquestes dues característiques expliquen la gran varietat d'anticossos que pot produir el sistema immunològic.

Un **antigen** (etimològicament, 'el que engendra el seu contrari') és qualsevol substància que, introduïda al cos, provoca la formació d'anticossos. El cos cataloga com a antigen tot el que li és estrany: virus, bacteris, altres paràsits, cèl·lules i teixits d'altres individus, grans de pol·len, pols i substàncies químiques molt diverses.

En termes immunològics, els antígens són les molècules que desencadenen la resposta immunitària. En realitat, l'organisme respon a una part molt concreta de l'antigen, anomenada **epítop**, **determinant antigènic** o **centre antigènic**. Malgrat que un reduït nombre d'antígens són glúcids, lípids o àcids nucleics, la major part dels antígens coneguts són proteïnes.

Estructura molecular d'un anticòs.

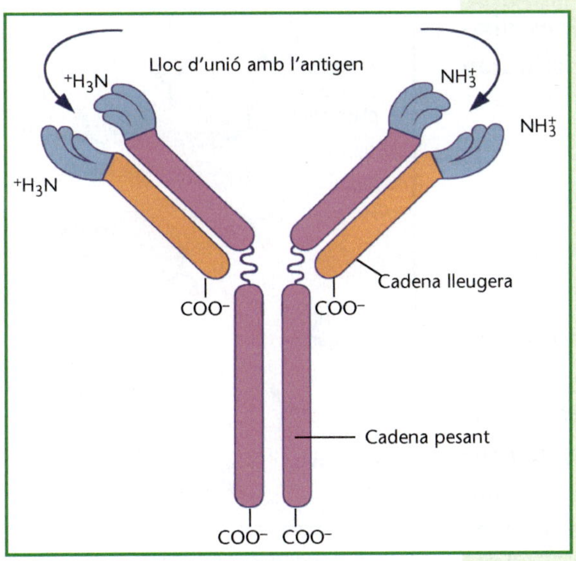

DOCUMENTS

Tipus d'anticossos

Hi ha cinc classes diferents d'anticossos: IgM, IgG, IgA, IgE i IgD. Es distingeixen tant per la seva estructura molecular com per les seves funcions, que en alguns casos no es coneixen prou bé.

*– **IgM o immunoglobulina M.** És l'anticòs que es produeix després de la primera exposició a un antigen en la denominada resposta primària i és el primer anticòs que fabrica un limfòcit B. Sorgeix entre uns 10 i uns 14 dies després de l'exposició, per exemple, després d'una primera vacunació. Els IgM són nombrosos a la sang, però normalment no són presents ni als òrgans ni als teixits. Són molècules grans pentàmeres, formades per la unió de cinc peces bàsiques (monòmers) en forma de Y. Activen els macròfags i les proteïnes del complement (proteïnes capaces de matar les*

cèl·lules a les quals estan units els anticossos).

*– **IgG o gammaglobulines típiques.** Constitueixen el tipus més freqüent d'anticossos presents a la sang, responsables de la resposta secundària. Tenen una estructura molecular típica en forma de Y. Es produeixen després de diverses exposicions a l'antigen (per exemple, després d'una segona dosi de vacuna) i d'una manera més ràpida, en un lapse de tan sols 5 a 7 dies. Activen el complement i s'uneixen als leucòcits fagocitaris. Es troben a la sang i als teixits. Es tracta de l'única classe d'anticossos que passen de la mare al fetus a través de la placenta i protegeixen el nounat en els primers mesos de vida conferint-li immunitat congènita passiva fins que no madura el sistema immunològic.*

– IgA. Exerceixen una missió importantíssima davant de la invasió de microorganismes a través de les mucoses. Estan presents a la sang i són transportats cap a la cara externa dels epitelis, de tal manera que es troben en les secrecions respiratòries i intestinals, les llàgrimes, la saliva i la llet materna. Poden existir en forma de monòmers o de dímers moleculars.

– IgE. Són anticossos productors de les reaccions al·lèrgiques agudes o immediates. Són monomèrics. Es troben principalment als teixits, on s'uneixen a la membrana dels mastòcits. El contacte amb un antigen desencadena l'alliberació d'histamina (causant de la reacció al·lèrgica) per part d'aquestes cèl·lules. Encara que no es coneix del tot la seva funció positiva, es creu que poden contribuir a la defensa enfront dels paràsits.

– IgD. Es troben a la sang en concentracions molt petites. Tenen estructura monomèrica. La seva funció no es coneix gaire.

5.3. La selecció clonal dels anticossos

La medul·la òssia de l'organisme elabora de manera contínua una extraordinària varietat de limfòcits B. Cada varietat de limfòcits B porta un sol tipus d'anticossos a la superfície cel·lular. Quan un antigen penetra en el torrent circulatori, l'anticòs d'algun tipus de limfòcit B el reconeix i s'hi acobla. Els limfòcits B triats o seleccionats es divideixen i s'activen, secretant i alliberant anticossos que neutralitzaran l'antigen.

5.4. Les proteïnes d'histocompatibilitat: el carnet d'identitat biològic

A excepció dels bessons univitel·lins, cada individu humà és únic. Les seves proteïnes són el resultat de l'expressió del seu genoma.

Les cèl·lules presenten a la superfície de la membrana unes proteïnes que actuen com a **marcadors cel·lulars** i que s'anomenen **proteïnes** o **antígens d'histocompatibilitat**, o **sistema HLA** (*Human Leucocyte-associated Antigen*). Aquestes proteïnes són les causants de la identitat biològica de l'individu, un veritable carnet d'identitat bio-

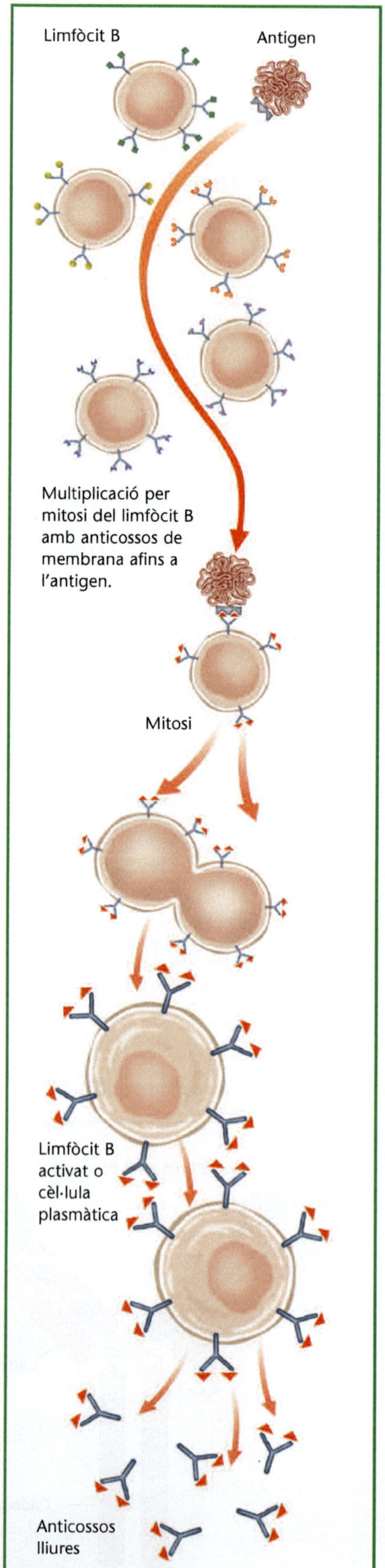

Secció clonal dels anticossos.

Les reaccions al·lèrgiques o reaccions d'hipersensibilitat són reaccions del sistema immunològic que provoquen lesions en els teixits sans. Cada reacció al·lèrgica és desencadenada per un al·lergogen específic. Identificar-lo sol comportar una curosa recerca per part del metge, que sovint recorre a tests cutanis.
Un cop identificat l'al·lergogen, acostuma a ser més eficaç evitar-lo que tractar la reacció al·lèrgica. Quan no és possible evitar entrar en contacte amb l'al·lergogen causant de la reacció al·lèrgica, es pot recórrer a la immunoteràpia. Sovint, però, aquesta pràctica demana un tractament llarg, amb injeccions freqüents de petites quantitats d'al·lergogen. A més, la immunoteràpia no sempre té una efectivitat que compensi clarament el cost i la durada del tractament.

lògic. Les proteïnes d'histocompatibilitat resulten de l'expressió d'un grup de gens que es troba al braç curt del cromosoma 6 i que s'anomena **CMH** (Complex Major d'Histocompatibilitat). A la superfície d'alguns leucòcits, aquestes proteïnes d'histocompatibilitat desenvolupen un paper essencial en les reaccions immunitàries, ja que són les causants dels problemes de rebuig que es produeixen en el trasplantament de teixits i òrgans.

5.5. Hipersensibilitat i al·lèrgia

S'anomena **hipersensibilitat** l'increment de la resposta immunitària fins a nivells perjudicials per a l'organisme. L'**al·lèrgia** és qualsevol reacció d'hipersensibilitat enfront d'antígens estranys. En les persones al·lèrgiques, alguns elements del sistema immunològic actuen de manera desmesurada contra substàncies que, en condicions normals, són innòcues. Els **al·lergògens** són els antígens causants d'una al·lèrgia. Els més freqüents són els següents:

– la pols, més concretament les restes d'àcars contingudes a la pols;
– les espores i el pol·len de les plantes;
– algunes restes d'animals, com ara els pèls dels mamífers;
– algunes substàncies secretades pels paràsits;
– les substàncies contingudes en alguns aliments;
– alguns medicaments, com ara la penicil·lina;
– algunes substàncies utilitzades en diversos tipus d'indústries, com ara la cosmètica, la química, la bijuteria, etc.

Les respostes al·lèrgiques es poden produir en diferents parts del cos:

– en les vies respiratòries superiors, on els efectes consisteixen en esternuts i congestió nasal;
– en les vies respiratòries inferiors, on provoquen constricció i obturació dels bronquis, tot participant dels símptomes asmàtics;
– en la pell, amb coïssor, urticària, lesions cutànies, etc.;
– en l'aparell digestiu, on poden provocar nàusees, espasmes abdominals, diarrees i vòmits;
– en la sang, on es pot produir una reacció anafilàctica que comporta inflamació, per permeabilitat capil·lar, i contracció de la musculatura llisa, la qual provoca ofec i, a vegades, la mort.

El tractament de les al·lèrgies requereix la determinació de l'al·lergogen causant, que es fa mitjançant proves cutànies, posant sobre la pell del dors o del braç extractes dels possibles antígens. La identificació de l'al·lergogen ve donada per la reacció local que ocasiona enrogiment, inflamació, etc. Una vegada identificat l'al·lergogen, es pot iniciar un tractament hiposensibilitzador inoculant dosis febles i repetides dels al·lergògens causants.

DOCUMENTS

Trasplantament d'òrgans

La substitució d'un òrgan malalt ha estat una de les grans esperances de la medicina. Les primeres transfusions sanguínies, veritables trasplantaments d'un teixit, es van portar a terme al començament del segle XX. *Després van venir els trasplantaments de còrnia, ronyó, cor, fetge, pàncrees, pulmons, medul·la òssia, etc.*

En l'actualitat, el trasplantament d'òrgans planteja fonamentalment dos problemes: l'obtenció d'òrgans adequats i el rebuig. Pel que fa al primer problema, els òrgans adequats s'obtenen gairebé sempre de cadàvers i, si la conservació és possible, es creen bancs d'òrgans. En molts casos (cor, fetge, pulmons, etc.), la difícil conservació dels òrgans que han de ser trasplantats obliga a actuar amb gran rapidesa, de tal manera que transcorri com menys temps millor entre l'extracció i la implantació d'un òrgan.

La possibilitat de fer servir òrgans procedents d'altres animals, com ara els porcs i els primats (xenotrasplantaments), planteja problemes encara no resolts.

Per evitar o limitar el problema del rebuig, és a dir, la reacció del sistema immunològic del receptor, que reconeix com a estrany l'òrgan o el teixit trasplantat, els trasplantaments requereixen l'administració de substàncies immunosupressores, que disminueixen la resposta immunitària.

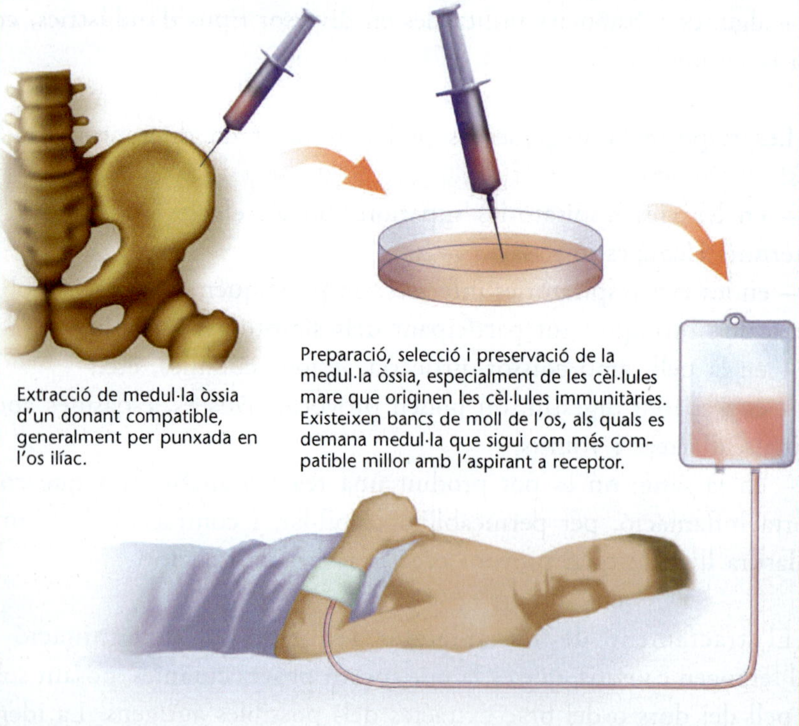

Extracció de medul·la òssia d'un donant compatible, generalment per punxada en l'os ilíac.

Preparació, selecció i preservació de la medul·la òssia, especialment de les cèl·lules mare que originen les cèl·lules immunitàries. Existeixen bancs de moll de l'os, als quals es demana medul·la que sigui com més compatible millor amb l'aspirant a receptor.

Preparació del receptor, la medul·la òssia del qual, en la major part dels casos, caldrà destruir mitjançant tractaments de quimioteràpia i radioteràpia. Transfusió per via endovenosa de la nova medul·la òssia. El receptor és mantingut en un ambient estèril i al cap de dues o tres setmanes comença a produir noves cèl·lules.

Trasplantament de medul·la òssia.

Algunes dades amb relació als transplantaments d'òrgans sòlids realitzats als centres sanitaris de Catalunya

El primer transplantament d'òrgan sòlid realitzat a Catalunya va ser de ronyó l'any 1971. Fins a finals de l'any 2007 s'han realitzat un total de 13 897 òrgans, un 11% més que el total acumulat a finals de l'any 2006.

Les principals dades de transplantaments són les següents:

Transplantament renal
Període 1971-2007 .... 8 813
Any 2006 408
66 de donant (viu)
Any 2007 .... 468 (+15 %)
76 de donant viu

Transplantament hepàtic
Període 1984-2007 .... 3 453
Any 2006 205
Any 2007 .... 211 (+3 %)
5 de donant viu

Transplantament de cor
Període 1984-2007.......... 844
Any 2006 39
Any 2007 39

Transplantament pulmonar
Període 1990-2007.......... 394
Any 2006 26
Any 2007 .... 43 (+53 %)

Transplantament de pàncrees
Període 1983-2007.......... 393
Any 2006 28
Any 2007 .... 26 (–11 %)

RECORDA

L'**al·lèrgia** és una reacció d'hipersensibilitat davant de determinats antígens específics.

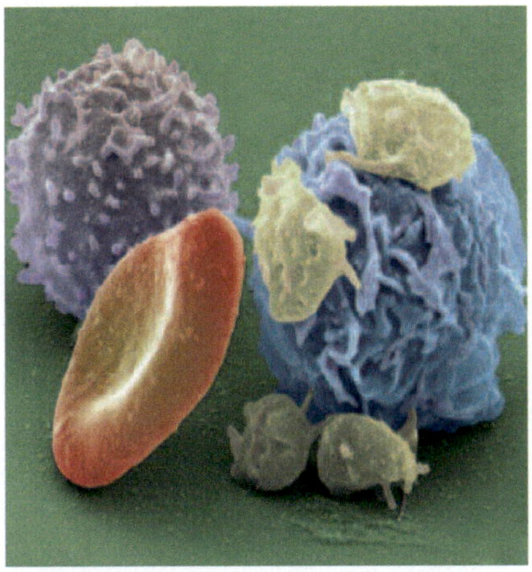

Fotografia (en fals color) de cèl·lules sanguínes vistes al microscopi electrònic de rastreig. S'hi pot veure un eritòcit (en vermell); quatre plaquetes (en verd clar); i dos leucòcits, un limfòcit (en blau) i un neutròfil (en lila).

DOCUMENTS

Vocabulari d'immunologia

Anticòs. *Molècula de proteïna, també anomenada immunoglobulina, fabricada pels limfòcits B, capaç de reaccionar amb un antigen específic, bloquejar-lo i destruir-lo.*

Antigen. *Qualsevol substància molecular capaç de desencadenar la producció d'anticossos.*

Apoptosi. *Fenomen de mort cel·lular programada. El procés està regulat per senyals procedents d'altres cèl·lules.*

Cèl·lula plasmàtica. *Limfòcit B madur que fabrica anticossos.*

Citoquina. *Proteïna soluble secretada, en resposta a un estímul, per cèl·lules immunitàries per regular i estimular la resposta immunitària. En són exemples les limfocines, les interleucines i l'interferó.*

Complex superior d'histocompatibilitat (CMH). *Grup de molècules –úniques per a cada individu–, també anomenades sistema HLA, que fa un paper destacat en la capacitat de l'organisme per distingir el que és propi del que és estrany. Totes les cèl·lules de l'organisme (tret dels glòbuls vermells) presenten aquestes molècules de superfície. Tota cèl·lula que mostra molècules CMH idèntiques és ignorada (tolerada) i tota cèl·lula que les mostri diferents és rebutjada.*

Epítop. *Dit també anomenat determinant o centre antigènic, és la part més petita de la molècula d'antigen capaç de suscitar la resposta del sistema immunològic.*

Histocompatibilitat. *Tolerància entre teixits, determinada sobretot per les molècules del complex superior d'histocompatibilitat (CMH). En la pràctica dels trasplantaments, l'anàlisi de la histocompatibilitat permet avaluar les possibilitats d'acceptació o rebuig.*

Immunoglobulina. *Anticòs.*

Leucòcit. *Cèl·lula sanguínia nucleada, també anomenada glòbul blanc. Es divideix en granulòcits o neutròfils, eosinòfils, basòfils, limfòcits i monòcits.*

Limfòcit. *Cèl·lula principal del sistema immunològic. Hi ha limfòcits B i limfòcits T.*

Limfòcit B. *També anomenat cèl·lula B. Limfòcit que s'origina i madura en la medul·la òssia vermella. En contacte amb un antigen madura i es transforma en una cèl·lula plasmàtica, productora d'anticossos.*

Limfòcit T. *Limfòcit que s'origina en la medul·la però madura en el tim. Regeix la defensa de la identitat pròpia de l'organisme i estimula el rebuig del que és estrany. Es divideix en tres grups: cèl·lules T col·laboradores, que ajuden altres cèl·lules a destruir els microbis; cèl·lules T supressores, que inhibeixen l'activitat del sistema immunològic enfront dels propis teixits, i cèl·lules T citotòxiques o assassines, que identifiquen i destrueixen les cèl·lules portadores dels pèptids antigènics.*

Macròfag. *Cèl·lula defensiva, derivada d'un monòcit, present als teixits, on ingereix, per fagocitosi, els microorganismes que els limfòcits han assenyalat amb anticossos que s'adhereixen a la superfície microbiana.*

Mastòcit. *Cèl·lula defensiva (en realitat un tipus de leucòcit basòfil), anomenada també cèl·lula encebada, que, en presència d'un antigen, allibera histamina i altres mediadors químics que provoquen la inflamació local dels teixits. Aquesta inflamació afavoreix l'acció del sistema immunològic.*

ACTIVITATS

4.18. Copia i completa la taula següent:

Cèl·lula immunitària	Origen	Funció
Granulòcit		
Limfòcit supressor		
Limfòcit B		
Macròfag		

4.19. Quins són els òrgans limfoides primaris? Descriu la seva situació anatòmica i la seva funció.

4.20. Defineix *vacuna* i explica el seu mecanisme d'acció. Esmenta tres de les vacunes que s'administren de manera general als infants. Esbrina l'etimologia del terme *vacuna.*

4.21. Louis Pasteur és considerat el fundador de la microbiologia moderna i va ser el primer a donar una explicació científica a l'acció de les vacunes. Fent les consultes oportunes, escriu una breu biografia d'aquest científic francès i explica alguna de les seves principals aportacions científiques.

4.22. Copia aquest text i completa'n els espais buits amb les paraules següents: *microorganismes, plasma, pròpies, oposar-se, anticossos, memòria, malalties infeccioses, immunologia, reconèixer* i *immunoglobulines.*

La ... estudia la naturalesa de les ... . La immunitat és la capacitat d'... a l'entrada al cos de ..., de cèl·lules estranyes o de molècules no ... . La immunitat artificial passiva s'adquireix administrant ... específics.

El sistema immunològic disposa d'una ... que li permet ... microorganismes amb els quals ha estat en contacte i intentar destruir-los.

Els anticossos són proteïnes del ..., del grup de les ... .

4.23. Explica en què consisteix el rebuig en els trasplantaments d'òrgans i què són els immunosupressors.

4.24. Busca informació sobre els òrgans que es trasplanten amb més freqüència. Què són els bancs d'òrgans?

4.25. Explica en quin tipus de malalts o d'accidentats són necessàries les transfusions de sang.

Els fàrmacs immunosupressors són substàncies químiques que disminueixen la resposta immunitària, és a dir, suprimeixen la inflamació, malmeten els limfòcits, etc. Per aquest motiu es poden utilitzar per combatre les reaccions de rebuig en els trasplantaments d'òrgans o en els casos greus d'artritis reumàtica. Tanmateix, com molts medicaments, poden presentar efectes secundaris importants.

Història de la sida

1981: Primers casos descrits de sida, als Estats Units (Los Angeles i Nova York). Això no obstant, les traces d'anticossos anti-VIH més antigues s'han trobat en mostres de sang congelades procedents del Zaire (1959) i els Estats Units (1968).
1982: El Centre de Control de Malalties d'Atlanta fixa el nom de la nova malaltia: síndrome d'immunodeficiència adquirida (sida).
1983-1984: El francès Luc Montagnier i el nord-americà Robert Gallo descobreixen el VIH.
1984: Es descobreix que la proteïna CD4 actua com a receptor cel·lular del VIH.
1985: Seqüenciació del genoma del VIH. Primeres proves disponibles per al diagnòstic de la infeció.
1986: Descobriment del VIH-2. Es confirma que la proteïna CD4 és el receptor cel·lular del VIH. S'inicia el tractament amb zidovudina (AZT) i, en anys successius, amb altres inhibidors de la retrotranscriptasa.
1995: Inici dels tractaments experimentals amb inhibidors de la proteasa (comercialitzada el 1996) i de la teràpia combinada.
1996: Descobriment dels coreceptors virals cel·lulars.
1999: Es desenvolupen nous medicaments experimentals inhibidors de la fusió del virus amb la cèl·lula.
2007: Prop de 40 milions de persones són portadores del VIH. Des de l'inici de l'epidèmia, més de 20 milions de persones han mort de sida.
L'Agència Europea del Medicament (EMEA) autoritza l'ús d'un nou fàrmac anomenat Atripla, que combina en una única píndola tres dels antiretrovirals més usats.

DOCUMENTS

La sida (síndrome d'immunodeficiència adquirida)

Síndrome: *conjunt de símptomes que caracteritzen una malaltia.*
Immuno: *relatiu al sistema defensiu o immunològic del cos.*
Deficiència: *mal funcionament.*
Adquirida: *que no és congènita.*

*La **sida** no és, en realitat, una malaltia concreta, sinó un conjunt de símptomes característics de diverses malalties, com ara infeccions oportunistes (és a dir, infeccions que en condicions normals poden ser superades, però que en persones afectades per la sida són molt greus i sovint mortals), diversos tipus de càncers (especialment de pell) i alteracions en les neurones.*

*La sida és provocada per la **infecció d'un virus** que ha estat identificat, aïllat i observat al microscopi electrònic. L'estructura general, el genoma i el cicle vital d'aquest virus es coneixen amb detall.*

La sida és una epidèmia d'abast mundial que nombrosos especialistes consideren el problema de salut més greu de les primeres dècades del segle XXI. En algunes zones, com ara a l'Amèrica del Nord o a bona part de l'Europa occidental, s'ha produït una desacceleració de l'aparició de nous casos de la malaltia, però en altres zones del món, com ara a l'Àfrica subsahariana i en algunes zones de l'Extrem Orient, l'epidèmia avança contínuament.

Per reproduir-se, el virus de la sida utilitza com a cèl·lules hostes les cèl·lules bàsiques del sistema immunològic humà, els limfòcits CD4; d'aquesta manera causa una destrucció progressiva de les defenses i afavoreix l'aparició d'infeccions oportunistes.

Fases de la infecció
Allò que es coneix amb el nom de sida és, en realitat, la darrera fase de la infecció provocada pel virus VIH (virus de la immunodeficiència humana adquirida). En el desenvolupament d'aquesta infecció, es distingeixen les fases següents:

*a) **Fase o període d'infecció aguda**, que ve immediatament després del contagi i que dura entre una i sis setmanes. Durant aquesta fase, el virus es multiplica de manera ràpida, però la persona infectada encara no presenta anticossos específics contra el virus. La presència d'aquest únicament es comprova mitjançant anàlisis que posin de manifest la presència del material genètic del virus. En la major part dels casos aquesta fase de la infecció passa desapercebuda, ja que els símptomes que origina són semblants als d'una grip (mal de cap, dolors articulars, trastorns digestius, etc.) que remeten de manera espontània. En aquesta fase les persones afectades **ja poden transmetre el virus.***

*b) **Fase asimptomàtica.** S'inicia entre tres setmanes i tres mesos després de la infecció, quan l'organisme comença a produir anticossos específics manifestables amb anàlisis senzilles. En la major part dels casos, aquesta fase es caracteritza per un cert equilibri de forces entre el sistema immunològic i el virus, que es multiplica sense parar. La durada de la fase asimptomàtica és indeterminada i, ara per ara, indeterminable.*

c) ***Fase de deteriorament del sistema immunològic.*** *Tard o d'hora, sovint al cap d'uns anys, l'equilibri de la fase anterior es trenca i apareixen de manera relativament brusca les manifestacions més greus i característiques de la infecció: lesions a les cèl·lules del sistema nerviós i de l'aparell digestiu i un deteriorament progressiu del sistema immunològic, causat per la contínua i massiva destrucció de les seves cèl·lules bàsiques, els limfòcits CD4, que són parasitats pel VIH. Aquest deteriorament fa que l'organisme sigui especialment feble davant certes infeccions oportunistes, que afecten els pulmons (pneumònia, tuberculosi), l'aparell digestiu (diarrees, infeccions per fongs i protozous), la pell, el cervell, etc. Característic d'aquesta fase és el desenvolupament de certs tipus de càncers, com ara el sarcoma de Kaposi, que afecta la pell i altres òrgans, i els limfomes, que afecten el sistema limfàtic.*

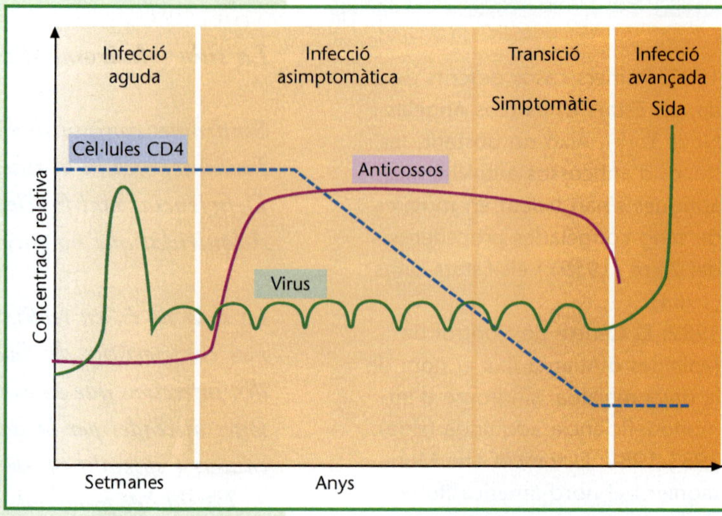

Les tres fases de la infecció pel virus de la sida i la resposta immunitària davant del VIH.

Característiques del VIH

Com la resta de virus, el VIH és un ***paràsit intracel·lular obligat****, és a dir, únicament pot sobreviure i replicar-se a l'interior de cèl·lules vives, aprofitant-se de les seves estructures i destruint-les. El virus de la sida parasita i destrueix preferentment un tipus de glòbuls blancs, els limfòcits T4, que desenvolupen un paper decisiu en la resposta immunitària humana. Altres cèl·lules parasitades són els macròfags, les cèl·lules nervioses i les de la mucosa intestinal.*

Es tracta d'un virus del ***tipus ARN****, ja que el seu material genètic o genoma està format per dues fibres d'àcid ribonucleic.*

Pertany al grup dels ***retrovirus*** *que tenen a la nucleocàpsida l'enzim* ***transcriptasa inversa*** *o* ***retrotranscriptasa.*** *Un cop el VIH penetra en una cèl·lula, aquest enzim transcriu l'ARN víric en ADN, que després és integrat en l'ADN de la cèl·lula hoste. Aquest procés de transcripció és invers al que es produeix a les cèl·lules.*

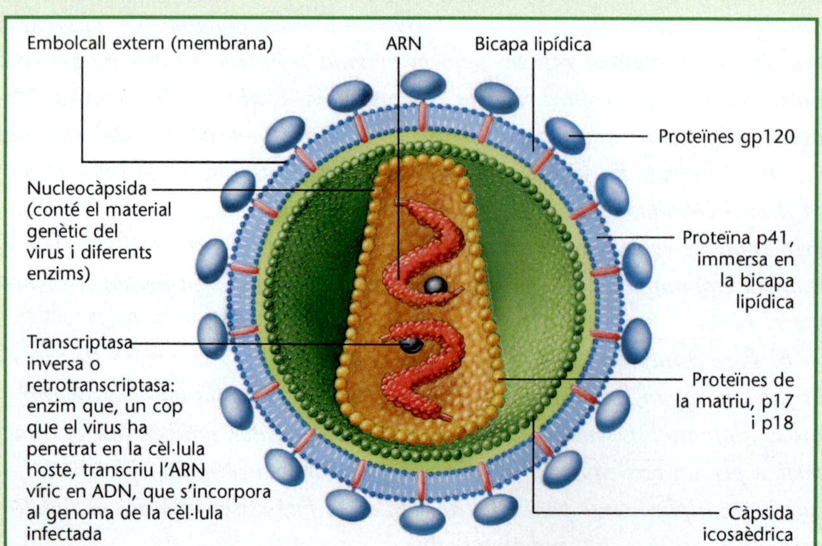

El virus VIH és una partícula gairebé esfèrica, amb un diàmetre entre 80 i 100 nanòmetres, formada per un embolcall extern i per una zona central o nucleocàpsida que conté el genoma víric.

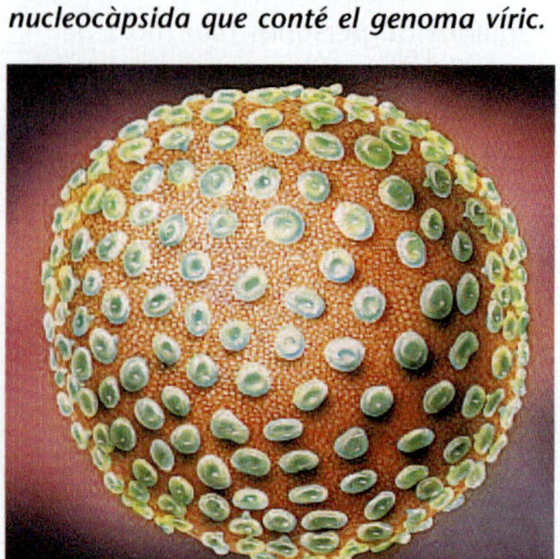

RECORDA

La **sida** és provocada per un virus (VIH) amb ARN que parasita les cèl·lules bàsiques del sistema immunològic.

Es coneixen dos tipus de virus de la sida, el VIH-1 i el VIH-2. Aquest segon té una distribució restringida a certes zones de l'Àfrica occidental, és de transmissió més difícil que el VIH-1 i és menys patogen, ja que transmet la malaltia amb menys freqüència i amb menys rapidesa. Sembla, d'altra banda, que la infecció per VIH-2 provoca una certa resistència contra el VIH-1.

Durant el procés de replicació, el virus de la sida experimenta freqüents mutacions, és a dir, «errors» en l'ARN que es manifesten en forma de canvis en les proteïnes víriques. En un mateix malalt es troben nombroses varietats del virus. Aquesta característica és la causant de la gran resistència del virus de la sida als medicaments i de la gran dificultat que hi ha per desenvolupar vacunes.

Amb les dades de què es disposa, s'accepta que el VIH es va originar a partir de virus semblants que, des de fa molt temps, afecten diversos primats africans, sense causar-los trastorns importants. D'altra banda, la major part dels mamífers emprats en l'experimentació mèdica no queden afectats pel virus de la sida, la qual cosa dificulta l'estudi experimental del VIH.

Cicle del virus de la sida

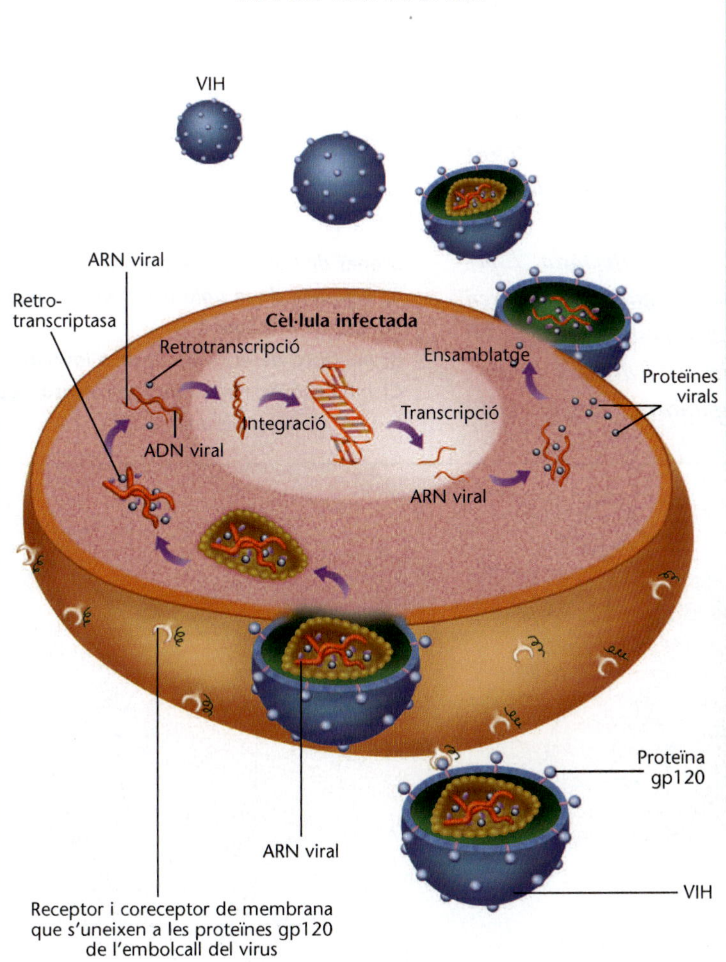

Cicle del virus VIH

*– **Infecció** d'una cèl·lula per part del virus, que travessa la membrana cel·lular i penetra en el citoplasma. En aquesta fase, algunes proteïnes de l'embolcall del virus, com ara la gp 120, i algunes molècules presents en la superfície de les cèl·lules hostes, com ara la proteïna CD4 i altres coreceptors, desenvolupen un paper fonamental. Una vegada en el citoplasma, el virus es desfà de l'embolcall i de la nucleocàpsida.*

*– **Còpia o transcripció,** mitjançant la retrotranscriptasa, d'un filament d'ARN del genoma víric en una cadena senzilla d'ADN. El virus utilitza, per a aquest procés, els materials i els orgànuls de la cèl·lula infectada. A continuació es duplica l'ADN i es produeix la degradació o destrucció de l'ARN original del genoma víric.*

*– **Integració** de l'ADN víric en el material genètic de la cèl·lula infectada.*

*– **Replicació.** A partir d'aquest moment, el funcionament de la cèl·lula infectada es veu alterat per les instruccions contingudes en el material genètic del virus i es produeix la síntesi d'àcids nucleics i de proteïnes víriques, que, una vegada acoblades, donaran lloc a noves partícules víriques.*

*– **Alliberament de nous virus** que perforen la membrana cel·lular i inicien la infecció d'altres cèl·lules.*

Transmissió del VIH
El virus de la sida es transmet a través de les secrecions sexuals (semen i secrecions vaginals) i de la sang.

1. Transmissió sexual
És la principal forma de transmissió del VIH i és possible tant en relacions heterosexuals com homosexuals. Durant les relacions sexuals, vaginals o anals, es produeixen petites lesions o erosions de les mucoses, a través de les quals es poden posar en contacte els virus de l'esperma o de les secrecions vaginals amb les cèl·lules que poden ser parasitades.

La probabilitat de transmissió sexual del VIH augmenta...

*– ...**amb el nombre de contactes sexuals,** si bé cal dir, no obstant això, que un sol contacte pot ser suficient;*

*– ...**amb les relacions via anal,** que en general són més traumàtiques perquè la mucosa anal és menys elàstica;*

*– ...**amb la presència d'altres malalties de transmissió sexual;***

*– ...**en la direcció home-dona,** encara que també és clarament possible en la direcció dona-home.*

2. Transmissió per la sang
Es produeix quan sang portadora del virus es posa en contacte amb sang d'individus sans. Les principals vies de transmissió del virus per la sang són les següents:

*– **Transfusions i injecció de productes sanguinis.** Gràcies a l'adopció de mesures específiques en molts països (control de les donacions de sang, estudi de la sang emmagatzemada, etc.), aquesta forma de transmissió del VIH està força controlada.*

*– **Ús compartit d'instruments contaminats amb sang infectada.** Especialment greu és la transmissió entre grups de drogoaddictes que comparteixen xeringues i agulles per injectar-se drogues per via endovenosa. Tot i que en principi seria possible que es produís la transmissió del VIH a través d'altres instruments (instrumental de dentistes, agulles d'acupuntura, pírcing, fulles d'afaitar, etc.), la possibilitat real que això passi és molt remota. De tota manera, cal reclamar la utilització d'instruments d'un sol ús o que hagin estat convenientment esterilitzats.*

*– **Transmissió en el medi sanitari** entre malalts i personal sanitari. Si s'acompleixen les mesures preventives establertes, la possibilitat de contaminació per aquesta via és molt petita. Tot i això, si es produeix un accident, l'ús de medicació anti-VIH fa molt remot el risc d'infecció.*

*– **Transmissió maternofetal.** Sense medicació, el virus VIH pot transme-*

RECORDA

El virus de la sida es transmet a través de la sang i de les secrecions sexuals (semen i secrecions vaginals).

Dianes de l'actuació terapèutica:
A) Bloqueig de la unió del virus VIH a la cèl·lula CD4 humana.
B) Inhibició de la transcriptasa inversa.
C) Inhibició de l'acció de la proteasa i de la unió de nous virions.

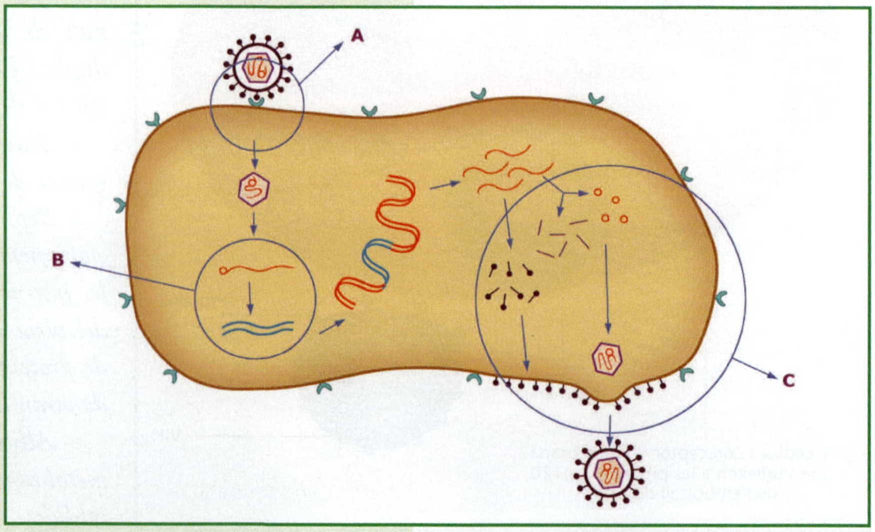

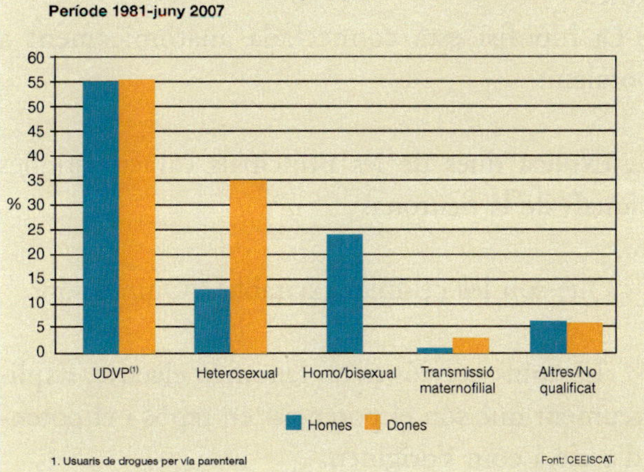

Distribució dels casos de sida segons grup de transmissió i sexe. Període 1981-juny 2007

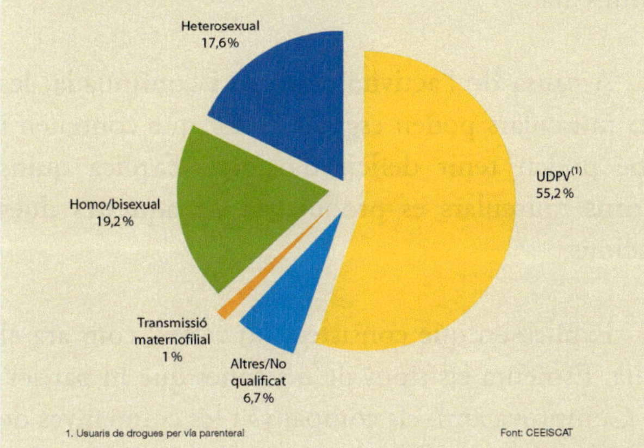

Distribució dels casos de sida segons grup de transmissió. Període 1981-juny 2007

très de la mare al fetus durant l'embaràs (a través de la placenta), durant el part i, fins i tot, durant l'alletament.

Algunes qüestions sobre la sida que cal tenir clares:

*– Els **seropositius** són persones que estan infectades pel virus de la sida. Malgrat que no presentin símptomes de la malaltia, poden transmetre el virus. Una vegada s'ha produït el contagi, aquest virus no roman inactiu, sinó que es replica de manera activa, però l'organisme encara disposa de defenses per fer-li front.*

*– Avui dia la sida és una **malaltia incurable**, amb dos tipus de manifestacions: lesions causades pel virus en el sistema nerviós (encefalopaties, pèrdua de facultats mentals, etc.) i en l'aparell digestiu (diarrees, desnutrició, aprimament extrem, etc.), i trastorns causats pel funcionament deficient del sistema immunològic per destrucció d'alguns limfòcits.*

– Existeixen tractaments que estabilitzen l'avenç del VIH i allarguen les expectatives de vida dels malalts. Les anomenades teràpies combinades i els còctels de fàrmacs en són un bon exemple. Aquests tractaments pretenen bloquejar la unió del virus a la cèl·lula que intenta parasitar, bloquejar l'acció de la retrotranscriptasa que transcriu l'ARN del virus en una cadena d'ADN i inhibir la formació de noves partícules víriques. D'altra banda, el tractament de les infeccions oportunistes i dels processos de desenvolupament de tumors ha millorat molt. Aquests tractaments tenen uns efectes secundaris importants i cal iniciar-los al més aviat possible. Els tractaments farmacològics contra la sida són molt cars i estan fora de les possibilitats econòmiques dels països africans i de l'Orient, que és on la malaltia progressa més.

*– La prevenció és, sens dubte, la millor manera de lluitar contra la sida. L'ús del **preservatiu** o condó en les relacions sexuals amb penetració és la prevenció més eficaç.*

– La recerca per obtenir vacunes contra la sida encara no ha donat fruits. S'atorga una gran importància a l'estudi de les persones que han estat en contacte amb l'epidèmia i que no han quedat afectades, així com als seropositius que, al cap de molts anys del contagi, no han desenvolupat la malaltia.

*– A l'actualitat no és possible parlar de **grups de risc** en relació amb la possibilitat de contraure la sida. Cal parlar de **pràctiques de risc**.*

– La sida no es transmet en les situacions quotidianes que posen en contacte unes persones amb les altres: saludar, fer petons, compartir instal·lacions (llocs de treball, piscines, bars, lavabos…), manipular objectes (telèfons, gots, diners…), etc. Els animals domèstics no transmeten la sida i no s'ha demostrat cap cas de transmissió de la malaltia per picada d'insectes o d'altres animals.

4.26. Copia cada paraula o sintagma del primer grup i relaciona'l amb el corresponent del segon grup.

Primer grup: androgen, humoral, somatotropina, epinefrina, hipoglucemiant, hormona antidiürètica, hipòfisi, epífisi.

Segon grup: adrenalina, insulina, vasopressina, pituïtària, melatonina, hormona del creixement, hormonal, testosterona.

4.27. Explica la situació anatòmica de la tiroide, les hormones que secreta i l'acció de cadascuna. Descriu com es regula l'activitat d'aquesta glàndula.

4.28. Què són les hormones esteroides? Posa'n exemples.

4.29. Explica en què consisteix la regulació de la secreció hormonal per *feedback* o retroacció. Descriu-ne un exemple.

4.30. Digues el nom de les glàndules endocrines que secreten les hormones següents: vasopressina, melatonina, FSH, prolactina, GH, glucagó.

4.31. L'adrenalina és una substància química que actua com a hormona i com a neurotransmissor. Contesta a les preguntes següents:

– A quin grup químic d'hormones pertany?

– Quina glàndula endocrina la secreta?

– Quines funcions desenvolupa aquesta hormona en el cos i sobre quins òrgans actua?

4.32. Fes les consultes bibliogràfiques oportunes i explica què és el goll.

4.33. Copia les frases següents i escriu al costat de cadascuna si és certa o falsa:

a) Les hormones tenen una clara funció enzimàtica.

b) Les hormones actuen sempre a distància dels òrgans que les secreten.

c) Els estrògens són hormones peptídiques.

d) L'adrenalina és una hormona liposoluble.

e) Els estrògens són hormones derivades del colesterol.

f) El iode és necessari per a un funcionament correcte de les glàndules suprarenals.

g) La cortisona intervé en les reaccions antiinflamatòries.

h) La hipòfisi està connectada anatòmicament a l'hipotàlem.

4.34. Explica dues de les principals característiques funcionals de la neurona.

4.35. Què són les cèl·lules excitables? Quines són?

4.36. L'impuls nerviós és un fenomen elèctric. Explica breument què són el potencial en repòs i el potencial d'acció i com s'originen.

4.37. Explica la funció dels ions calci en la contracció muscular.

4.38. A causa de l'activitat intensa i continuada, les fibres musculars poden esgotar l'ATP que contenen i també poden tenir dèficit d'oxigen. Explica quins trastorns musculars es produeixen en aquestes dues situacions.

4.39. Explica en què consisteix un reflex, com ara el rotulià. Esmenta els tipus de neurones que hi participen. Comprova amb els companys i les companyes de classe el reflex rotulià, el reflex aquil·lià i el reflex pupil·lar. A què creus que és degut el fet que els metges intentin comprovar els reflexos en pacients inconscients?

4.40. Copia cada paraula o sintagma del primer grup i relaciona'l amb el corresponent del segon grup.

Primer grup: seroteràpia, hipersensibilitat, CMH, que engendra el seu contrari, fagocitosi, leucòcit que s'activa al tim, immunitat artificial activa.

Segon grup: antigen, macròfag, limfòcit T, vacuna, immunitat artificial passiva, al·lèrgia, gens de la identitat biològica.

4.41. Explica el significat del concepte de *memòria immunològica*.

4.42. Digues què és una malaltia autoimmune i posa'n algun exemple.

4.43. Copia les frases següents i escriu al costat de cadascuna si és certa o falsa:

a) La immunitat natural té la mateixa durada que la presència d'un antigen.

b) L'al·lèrgia és una immunodeficiència.

c) La resposta immunitària cel·lular la porten a terme les cèl·lules fagocitàries.

d) Els determinants antigènics són cèl·lules que es formen al tim.

e) L'anafilaxi és la fase final i greu d'una al·lèrgia.

f) L'esclerosi múltiple és una reacció d'hipersensibilitat a la penicil·lina.

g) La durada de la immunitat artificial passiva és il·limitada.

4.44. Què són els xenotrasplantaments? Quins animals són els millors candidats per ser utilitzats com a donants d'òrgans per als éssers humans?

4.45. Defineix i explica tres alteracions de funcionament que pot patir el sistema immunològic. Què és un al·lergen?

4.46. Un dels problemes que pot plantejar la donació i el trasplantament d'òrgans és la possibilitat que s'estableixi un mercat d'òrgans, del qual traurien profit les persones amb més mitjans econòmics. En petits grups, intenteu establir quines mesures caldria prendre per evitar aquesta comercialització. Després feu les consultes oportunes per saber si existeixen lleis o reglaments que intentin impedir la comercialització d'òrgans.

4.47. Fes un esquema simplificat a partir del dibuix de sota, que representa el virus de la sida, i resol les qüestions que hi ha a continuació:

a) Posa el nom de les principals parts del virus de la immunodeficiència humana adquirida (VIH).

b) En el cas d'una hipotètica vacuna, quines parts del virus creus més adequades per generar anticossos?

c) Explica com ho fa el VIH per penetrar a l'interior de les cèl·lules.

d) Explica quin procés es desenvoupa a l'interior d'un limfòcit infectat pel virus de la sida.

e) Explica amb precisió a què ens referim quan parlem de sida.

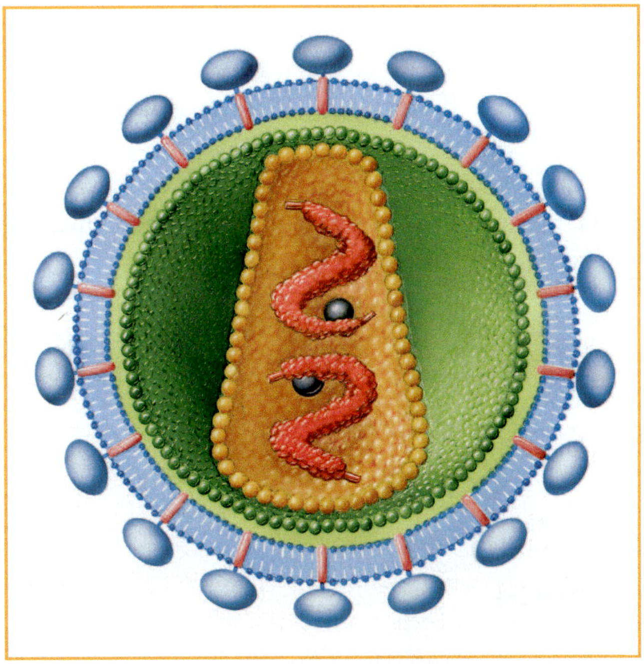

1. Copia la taula d'aquesta pàgina, referent a les hormones i a la seva acció, i completa-la.

2. La *diabetis mellitus* és una de les malalties metabòliques més conegudes i freqüents. Consultant la bibliografia de què disposis, fes un breu treball sobre aquesta malaltia. Entre els aspectes a tractar, inclou els següents:

a) Hormona o hormones amb què està relacionada, glàndula endocrina que la secreta i tipus de cèl·lules que l'originen.

b) Procés del metabolisme que no funciona quan s'ha desencadenat aquesta malaltia.

c) Principals símptomes de la malaltia i moment de la seva aparició.

d) Quin tipus de tractament dietètic serveix per pal·liar els efectes de la malaltia?

e) Com ha d'organitzar la seva vida diària el malalt?

f) Quin tractament farmacològic es fa servir i de quina manera s'administren aquests medicaments?

3. En aquest capítol, s'ha parlat de diversos tipus de substàncies que intervenen en la coordinació, la comunicació i la defensa de l'organisme. Explica quines són aquestes molècules, on s'originen i quin és el seu mecanisme d'acció.

4. Busca informació sobre la sida a Internet i contesta a les preguntes següents:

a) Com es va descobrir que la malaltia era produïda per un virus?

b) Quins són els mecanismes d'acció dels fàrmacs actuals?

c) Quines són les conductes segures en relació amb la prevenció de la sida?

d) Quina és la distribució per continents dels casos de sida?

e) Representa en un histograma de freqüències el nombre de casos de sida a Catalunya i a Espanya en relació amb l'edat i la via de contagi.

f) Explica si algun fàrmac antiintegrasa podria ser eficaç contra el VIH.

Hormona	Glàndula que la secreta	Funció
Insulina		
Oxitocina		
Testosterona		
Adrenalina		
Calcitonina		
Progesterona		
Glucagó		
FSH		
Hormona antidiürètica		
Cortisol		
Vasopressina		

5. En el transcurs d'una exploració clínica es mesuren, a intervals de 30 minuts, la concentració de glucosa (en mg/dL) i d'insulina (en μU/mL) en sang d'un individu després d'haver menjat. S'obtenen els resultats de la taula següent:

Minuts	**0**	**30**	**60**	**90**	**120**	**150**
Glucosa	86	124	113	97	92	87
Insulina	0	98	107	51	0	0

Representa gràficament aquests valors (en la mateixa escala vertical, sense tenir en compte la diferència d'unitats) i contesta a les preguntes següents:

a) ¿Poden considerar-se normals els valors de glucèmia?

b) Quina és la malaltia més freqüent relacionada amb valors elevats de glucèmia?

c) Quina funció té la insulina? On s'elabora?

d) Com regula l'organisme els nivells de glucèmia?

e) Com acumulen els teixits orgànics les reserves de glucosa? Per mitjà de quins processos bioquímics? On s'acumula preferentment la glucosa?

f) Els processos fisiològics als quals fan referència els experiments anteriors són propis dels organismes animals. Quines són les estratègies de les plantes en relació amb la glucosa? Contesta a les preguntes de l'apartat *e)* en relació amb els vegetals.

UNITAT

5 La reproducció. Els cicles biològics

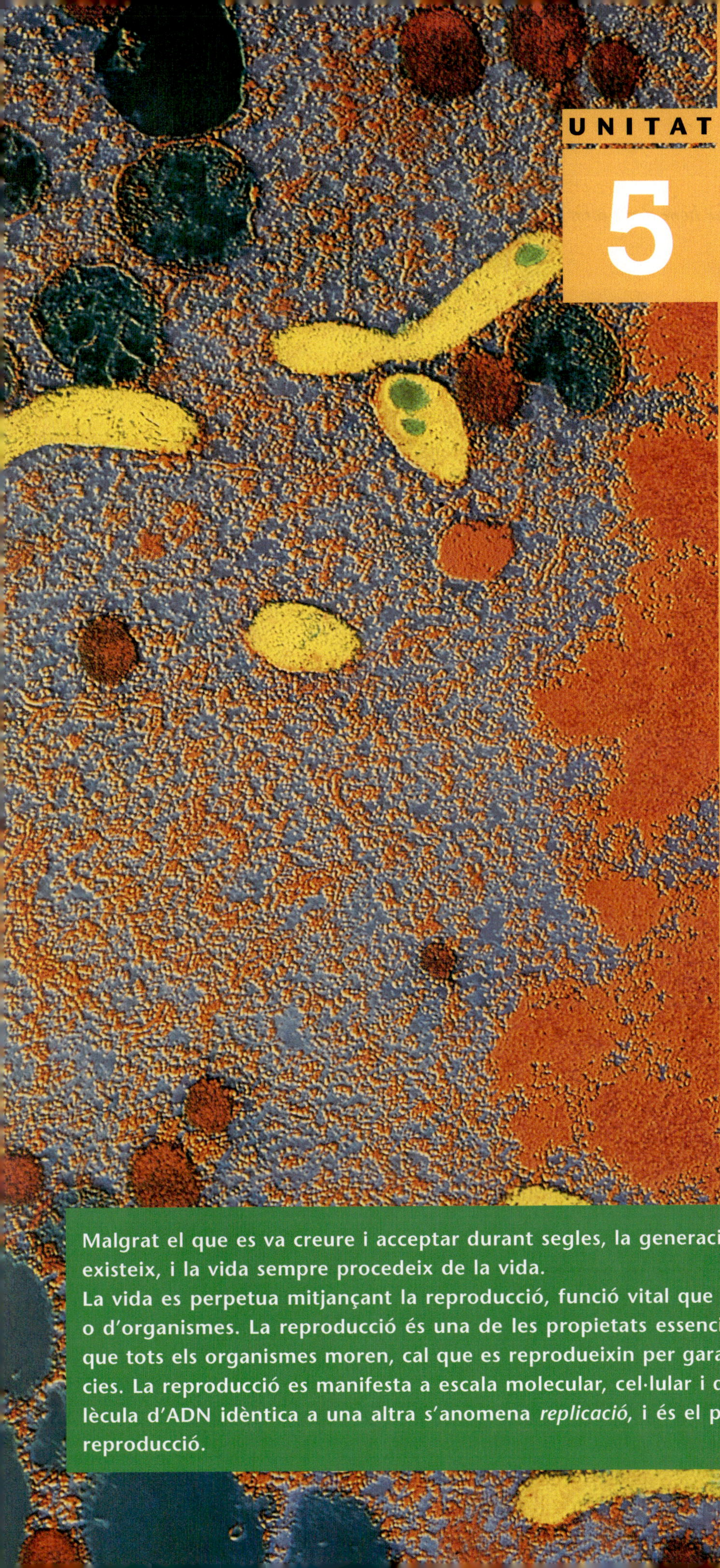

Esquema

Estructura cel·lular (en fals color) vista al microscopi electrònic, en què destaca la cromatina (en vermell) integrada per proteïnes i per l'ADN, la molècula que conté la informació hereditària (5 000x).

Malgrat el que es va creure i acceptar durant segles, la generació espontània dels organismes no existeix, i la vida sempre procedeix de la vida.

La vida es perpetua mitjançant la reproducció, funció vital que augmenta el nombre de cèl·lules o d'organismes. La reproducció és una de les propietats essencials dels éssers vius, perquè, com que tots els organismes moren, cal que es reprodueixin per garantir la supervivència de les espècies. La reproducció es manifesta a escala molecular, cel·lular i d'organisme. La síntesi d'una molècula d'ADN idèntica a una altra s'anomena *replicació*, i és el procés previ a qualsevol forma de reproducció.

1. Els gèrmens

Veieu aquest ou? És amb això que hom desfà totes les escoles de teologia i tots els temples de la Terra.

DENIS DIDEROT, Converses amb D'Alembert *(1758)*

Els **gèrmens** són parts del cos d'organismes pluricel·lulars que, mitjançant un creixement posterior, són capaços de transformar-se en nous individus. Aquest significat del terme *germen* és el que usem aquí. Tanmateix, el mot *germen* és polisèmic i pot voler dir altres coses. En les ciències biosanitàries, amb el terme *germen* es designa el microbi o microorganisme que pot causar una malaltia, una fermentació, etc., i fins i tot s'usa com a sinònim de qualsevol microorganisme. En botànica, la paraula *germen* també identifica l'embrió, és a dir, la part embrionària d'una llavor.

Els gèrmens, que poden ser unicel·lulars o pluricel·lulars, es caracteritzen per la seva menudesa, que n'afavoreix la producció i la dispersió; per ser produïts en grans quantitats, cosa que n'assegura la supervivència, i pel fet que sovint estan carregats de matèria de reserva nutritiva per tal de facilitar les primeres fases del desenvolupament.

Hi ha dos tipus de gèrmens: uns que són capaços d'originar un nou individu per ells mateixos i uns altres que necessiten fusionar-se amb un altre germen de naturalesa diferent. En el primer cas, tenim la **reproducció asexual**, i en el segon, la **reproducció sexual**. Per tant, reproducció no sempre és sinònim de sexualitat.

Tots dos tipus de reproducció són freqüents en molts organismes (en nombrosos animals i en la major part dels vegetals superiors) es presenten de manera successiva en els individus de l'espècie, en fases successives que s'alternen.

Esquema de la reproducció asexual.

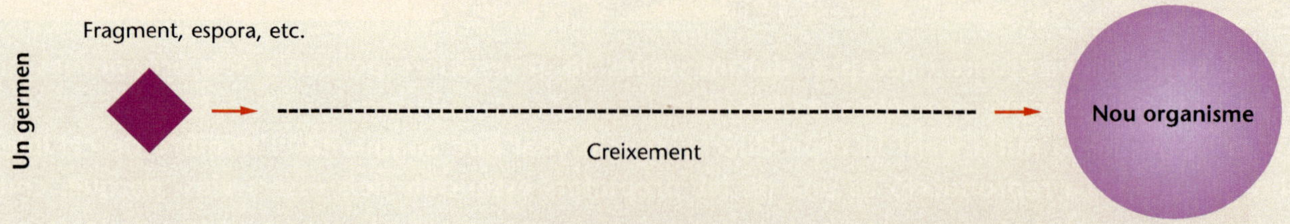

Un sol germen dóna lloc, per creixement posterior, a un individu adult.

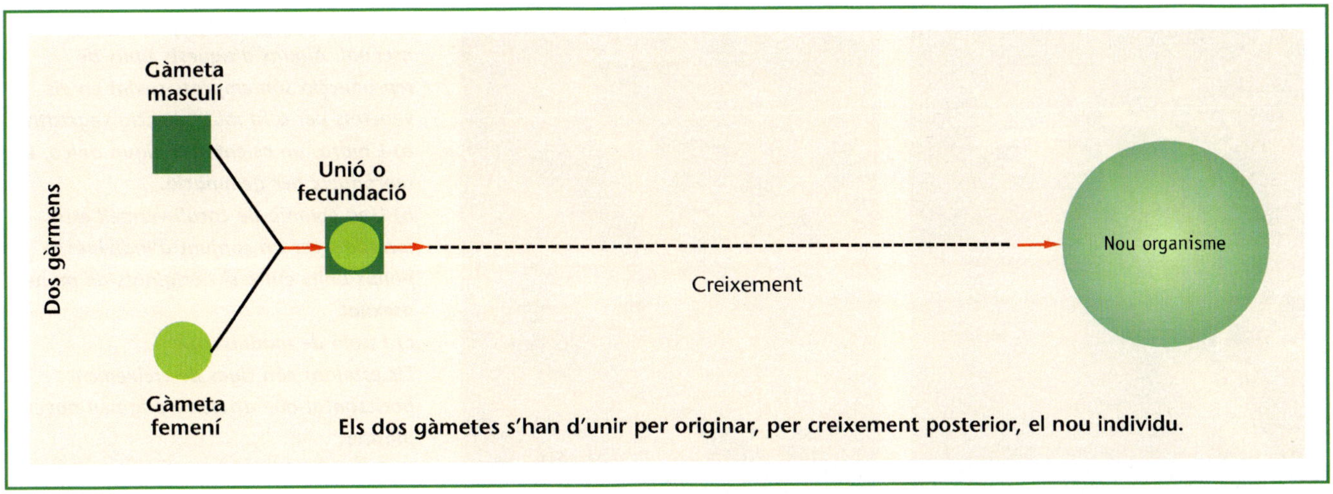

Esquema de la reproducció sexual.

2. La reproducció asexual

Fronda d'una falguera amb esporangis.

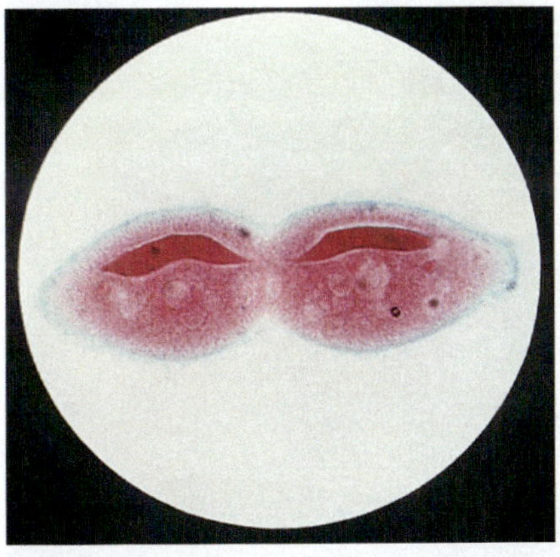

Parameci en divisió (100x).

Les **espores** són gèrmens capaços d'originar, per divisió, un nou individu. Les espores, que habitualment són unicel·lulars, si bé en alguns fongs poden ser pluricel·lulars, s'originen als **esporangis** mitjançant l'**esporulació**. Les espores es produeixen en gran quantitat i, gràcies a la seva ínfima massa, la seva gran resistència i al fet de no haver de fusionar-se amb cap altre germen, constitueixen un mètode molt eficaç de propagació. L'esporulació és freqüent en els protoctistos, els fongs i les plantes superiors.

En la **divisió** o **escissió primària**, un organisme progenitor es divideix longitudinalment o transversalment en dues parts aproximadament iguals, cadascuna de les quals originarà un nou individu semblant al progenitor. És la forma de reproducció més generalitzada en els bacteris i en els protoctistos, però és molt poc freqüent en els animals.

La **gemmació** és una divisió desigual d'un organisme. A partir d'una zona delimitada del progenitor (**gemma**), creix un nou individu. De vegades, les gemmes no es desprenen i originen **colònies** amb un gran nombre d'individus, tal com succeeix en el cas d'alguns coralls i gorgònies (animals celenterats). La reproducció per gemmació és freqüent en diversos grups de protoctistos i en els llevats. Així mateix, està força estesa entre alguns grups del regne animal, com ara les esponges, els briozous, etc.

La **multiplicació vegetativa** és un tipus de reproducció asexual molt freqüent en els vegetals i que coexisteix amb la reproducció sexual típica (amb formació de flors i llavors). Es fa mitjançant **propàguls**, que són aquelles parts d'una planta, com ara una tija, un tubercle, un bulb, etc., que per divisió i creixement donen lloc a una planta nova, genèticament idèntica a la progenitora. La multiplicació vegetativa es basa en el fet que moltes cèl·lules vegetals són **totipotents**, és a dir, no especialitzades de forma irreversible.

Diferents exemples de reproducció asexual. Alguns d'aquests tipus de reproducció són emprats sovint en els vegetals per a la multiplicació vegetativa.
a) L'hidra, un celenteri d'aigua dolça, es reprodueix per gemmació.
b) Una colònia de corall vermell està formada per un conjunt d'individus o pòlips units entre si i originats de manera asexual.
c) Estoló de maduixera.
Els estolons són tiges de creixement horitzontal que arrelen i originen noves plantes.
d) Tubercle de patata.
La patata és un tubercle o tija subterrània carregada de substàncies de reserva.
A la superfície s'observen els ulls, on es troben les gemmes laterals. En el cultiu de la patata, es fan servir fragments del tubercle que continguin algun ull.
e) Esqueix de gerani.
L'esqueix és un fragment d'una tija aèria que, una vegada introduït a la terra, hi arrela i origina una nova planta.

La reproducció asexual	La reproducció sexual
• Els investigadors que estudien l'origen i l'evolució de la vida afirmen que va ser la primera modalitat de reproducció a aparèixer. Es calcula que això va succeir fa aproximadament uns 3 500 milions d'anys, quan es va iniciar el desenvolupament dels primers organismes procariotes.	• Va aparèixer molt més tard que la reproducció asexual. Les restes fòssils indiquen que es va desenvolupar fa uns 1 500 milions d'anys, és a dir, amb l'aparició dels eucariotes, que són els únics éssers vius que realitzen la mitosi.
• Està lligada a la mitosi, un tipus de divisió cel·lular que origina cèl·lules que tenen el mateix nombre de cromosomes que els que tenia la cèl·lula progenitora.	• Està lligada a la meiosi, divisió cel·lular que implica la formació de cèl·lules haploides (els gàmetes) i requereix fecundació, la qual restableix el nombre de cromosomes característic de l'espècie.
• Només necessita un progenitor.	• Gairebé sempre es necessiten dos progenitors.
• Sovint les cèl·lules que en són agents no tenen cap tret característic que les diferenciï de les altres cèl·lules de l'organisme.	• Són necessàries unes cèl·lules especials (reproductores, germinals o haploides), diferents de la resta de cèl·lules del cos (cèl·lules somàtiques o diploides).
• És un sistema reproductor molt simple i rendible: per reproduir-se asexualment, els organismes no han de fer una despesa important de matèria i d'energia (si més no, en comparació de la reproducció sexual).	• És un sistema reproductor complicat i requereix una notable despesa de matèria i d'energia per originar les cèl·lules reproductores i perquè aquestes es trobin i fusionin.
• Els individus que origina són genèticament idèntics (formen un clon) i tenen, per tant, la mateixa combinació de gens.	• Els individus que origina són genèticament diferents i cadascun té una combinació pròpia, gairebé única, de gens.
• No possibilita la recombinació de gens i de caràcters; per tant, no afavoreix la variabilitat necessària per a l'evolució.	• Facilita la recombinació dels gens i dels caràcters dels progenitors; per tant, afavoreix la variabilitat necessària per a l'evolució.
• Permet un ràpid creixement del nombre d'individus i facilita l'explotació de recursos i, per tant, l'adaptació ambiental.	• La reproducció sexual biparental, la més característica, presenta dues alternatives: la partenogènesi (desenvolupament d'un ou sense fecundar) i l'hermafroditisme, amb òrgans masculins i femenins en el mateix individu.
• Les seves principals modalitats són l'esporulació, la bipartició i la gemmació.	

DOCUMENTS

Regeneració i autotomia

Molts animals i vegetals tenen la capacitat de reconstruir els teixits i els òrgans que han patit lesions. Un bon exemple és la cicatrització de les ferides. La ***regeneració*** *és freqüent en els animals. Un trosset del cos d'una planària (cuc freqüent a les aigües dels rius i llacs), sempre que no sigui massa petit i es conservi en aigua en bones condicions, ben aviat tornarà a adquirir la forma d'un individu sencer, regenerant nous teixits i òrgans.*

Algunes espècies d'estrelles de mar poden regenerar una estrella completa a partir d'un braç tallat, sempre que aquest conservi una porció del disc central.

Alguns insectes, crustacis i aranyes regeneren els apèndixs (antenes, peces de l'aparell bucal, etc.) que han perdut. Diversos amfibis i rèptils poden regenerar la cua i les potes. En alguns animals, el poder de regeneració es relaciona amb la facultat de desprendre's espontàniament d'algunes parts del cos amb finalitats defensives. El procés s'anomena ***autotomia,*** *i el porten a terme, per exemple, algunes sargantanes. Quan una sargantana és retinguda per la cua per un depredador, perd la cua i s'escapa.*

Regeneració d'un braç en una estrella de mar.

ACTIVITATS

5.1. Explica quines diferències hi ha entre divisió cel·lular, replicació i reproducció dels organismes. En quins organismes la divisió cel·lular equival a la reproducció? Explica la funció de la mitosi i de la meiosi amb relació a la reproducció.

5.2. Quins orgànuls cel·lulars es reprodueixen de manera autònoma? Quina explicació es dóna a aquest fet?

5.3. Defineix el terme *germen* i explica les diferències entre *espora* i *propàgul.*

5.4. Indica amb quin tipus de reproducció asexual estan relacionats els termes *tubercle, esporangi, gemma* i *propàgul.* Posa'n exemples amb relació a l'agricultura.

5.5. Defineix el concepte de *poder de regeneració* i d'*autotomia* i posa'n exemples concrets.

5.6. Digues quina mena de gèrmens intervenen en els tipus de reproducció següents:
a) multiplicació vegetativa; b) esporulació; c) divisió desigual.

RECORDA

La divisió cel·lular és el procés mitjançant el qual les cèl·lules originen altres cèl·lules semblants. Hi ha dos tipus de divisió cel·lular: la mitosi, que origina cèl·lules amb el mateix nombre de cromosomes que la cèl·lula progenitora, i la meiosi, que dóna lloc a cèl·lules amb la meitat de cromosomes que la progenitora.
En els organismes unicel·lulars, la divisió cel·lular és equivalent a la reproducció de l'organisme, mentre que en els pluricel·lulars és la base perquè es porti a terme alguna de les diferents modalitats de reproducció.

3. La reproducció sexual

La **reproducció sexual** requereix que dues cèl·lules reproductores, o **gàmetes**, de sexe diferent, s'uneixin en el procés de la **fecundació** per formar una **cèl·lula ou** o **zigot**. En els organismes pluricel·lulars, aquest procés donarà origen, després del desenvolupament embrionari (per mitosi i diferenciació cel·lular), a un nou individu.

En la reproducció sexual, la formació dels gàmetes (**gametogènesi**) està lligada a un tipus especial de divisió cel·lular (**meiosi**) que origina cèl·lules amb un contingut genètic diferent de l'inicial. La meiosi atorga als organismes amb reproducció sexual una font inesgotable de recombinació genètica i, per tant, de creació de nous genomes, amb unes grans possibilitats de variabilitat i plasticitat evolutiva.

La reproducció sexual és complicada, lenta i malbaratadora. Sovint requereix més temps i més consum de matèria i d'energia que la reproducció asexual, ja que cal que els dos individus de la parella reproductora s'apropin, es reuneixin i coordinin les seves activitats per obtenir descendència. Aquest alt cost de la reproducció sexual està clarament compensat per la gran variabilitat que introdueix en les espècies.

a) Posta d'ous de papallona.
b) Posta d'ous de granota comuna.

Els gàmetes

- Són cèl·lules haploides que s'originen per meiosi.
- Són sempre unicel·lulars.
- Es formen en uns òrgans especials, les glàndules sexuals, que en els animals s'anomenen **gònades** i en els vegetals **gametangis**.
- Quan els gàmetes són iguals, es parla d'**isogàmia**. És més freqüent en les algues i altres protoctistos.
- Quan els gàmetes són diferents, es parla d'**anisogàmia**. Es distingeixen dos tipus de gàmetes:
  - **Microgàmeta** (anomenat masculí i petit).
    - En els metazous, s'anomena **espermatozoide**. Té un nucli gran, poc citoplasma i és mòbil (disposa d'un llarg flagel). S'origina als testicles.
    - En les plantes, s'anomena **anterozoide** o **espermatozoide**. S'origina als anteridis.
  - **Macrogàmeta** (anomenat femení i gran).
    - En els metazous, s'anomena **òvul**. Té un citoplasma voluminós, ja que emmagatzema substàncies de reserva, i és immòbil. S'origina als ovaris.
    - En les plantes, s'anomena **ovocèl·lula** o **oosfera**. S'origina als arquegonis.

3.1. Mascles, femelles i hermafrodites

En la major part dels organismes amb reproducció sexual, hi ha individus **femella** o de **sexe femení** (♀), amb glàndules sexuals femenines, i individus **mascle** o de **sexe masculí** (♂), amb glàndules sexuals masculines. Són, per tant, organismes **unisexuals**, o mascles o femelles. El conjunt de diferències morfològiques i de comportament entre mascles i femelles rep el nom de **dimorfisme sexual**.

En algunes espècies, els individus són **hermafrodites** o **bisexuals**, és a dir, tenen glàndules sexuals femenines i masculines.

En els hermafrodites, l'**autofecundació** (unió d'un gàmeta femení amb un de masculí produïts pel mateix individu) és rara en comparació de la **fecundació encreuada** (unió de gàmetes procedents d'individus hermafrodites diferents). Alguns hermafrodites poden actuar com a mascle o com a femella. Els organismes anomenats **hermafrodites en el temps** són successivament mascles o femelles (per exemple, els coneguts peixos d'aquari anomenats «platis» i «xifus»).

Les flors de les fanerògames són sovint hermafrodites, ja que contenen òrgans femenins i masculins: carpels i estams. No obstant això, també existeixen flors unisexuals, és a dir, només amb carpels o només amb estams. Les espècies **monoiques**, com ara els pins, tenen flors masculines i femenines en el mateix individu, mentre que en les espècies **dioiques**, com ara la palmera de dàtils, existeixen individus femelles amb flors femenines (amb carpels) i individus mascles amb flors masculines (amb estams).

Dimorfisme sexual en el faisà.
a) Mascle.
b) Femella.

DOCUMENTS

La partenogènesi

*La **partenogènesi** (etimològicament, 'origen virginal') és una variant de la reproducció sexual en la qual l'embrió es pot desenvolupar a partir d'un òvul sense fecundar; és a dir, la femella, per ella mateixa, pot deixar descendència.*

La partenogènesi és freqüent en determinats grups d'animals, per exemple en algunes espècies de peixos i en alguns nematodes, crustacis, insectes, amfibis i llangardaixos del desert. En algunes espècies, com ara alguns insectes, la partenogènesi és l'únic sistema de reproducció conegut i no existeixen individus mascles.

En altres casos, tal com passa en les dàfnies, la partenogènesi és cíclica i les generacions partenogenètiques alternen amb generacions de reproducció sexual amb fecundació. Sovint hi ha una relació amb el cicle de les estacions.

Dàfnia o puça d'aigua dolça vista al microscopi. Aquest petit crustaci pot reproduir-se per partenogènesi. En aquest cas, la dàfnia, sense ser fecundada, pon ous que maduren i es desclouen en la cambra incubadora de la mare (26x).

3.2. El pol·len i la pol·linització

El pol·len s'origina a les anteres dels estams i està format per corpuscles microscòpics, els grans de pol·len. Cada gra conté la cèl·lula reproductora masculina dels vegetals superiors, equivalent a l'anterozoide de les molses i les falgueres i a l'espermatozoide dels metazous.

Quan el gra de pol·len és madur, està format pel següent:

Grans de pol·len de diverses espècies vistos a través del microscopi electrònic de rastreig.

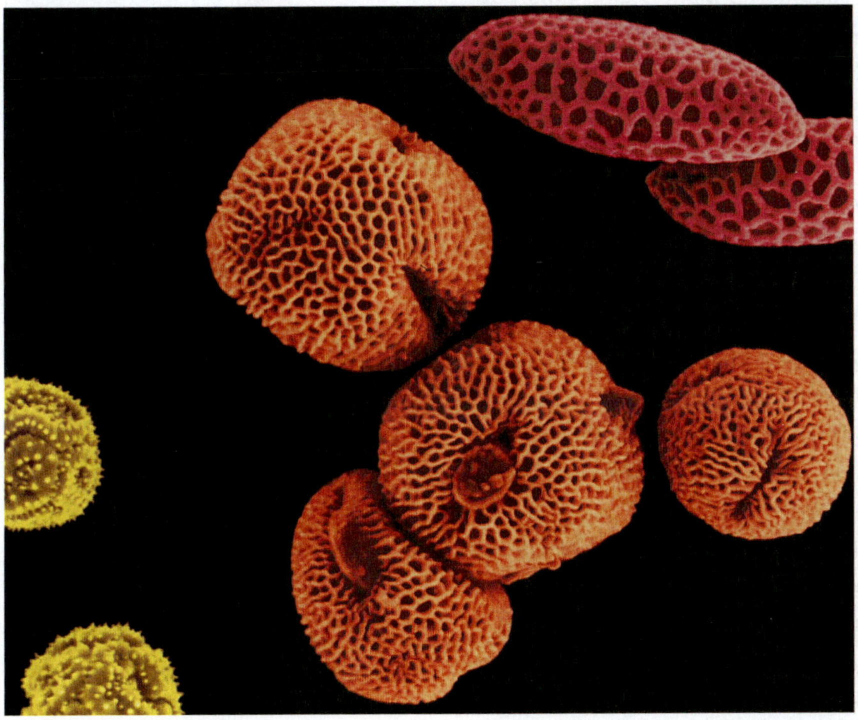

– una **doble membrana** molt resistent, amb una forma i una ornamentació externa característiques de cada espècie;

– una **cèl·lula vegetativa**, que originarà el tub pol·línic durant la germinació del gra de pol·len;

– una **cèl·lula generativa**, que originarà cèl·lules espermàtiques, una de les quals fecundarà l'ovocèl·lula.

L'estudi del pol·len i de les espores, **palinologia**, té molta importància en la sistemàtica vegetal i en paleobotànica (estudi de les plantes fòssils a partir de la determinació del pol·len contingut en sediments i roques).

a) Núvols de pol·len de pi aixecats pel vent. Pol·linització anemòfila.
b) Insectes pol·linitzant una flor. Pol·linització entomòfila.

- **Pol·linització directa o autopol·linització**
  És pròpia de les plantes autògames, en les quals el pol·len cau a l'estigma de la mateixa flor. És el cas de les flors hermafrodites, en què els estams i els pistils maduren al mateix temps. El pèsol i el blat són exemples de plantes autògames.

- **Pol·linització indirecta o creuada**
  És pròpia de les plantes al·lògames, en les quals el pol·len d'una flor cau a l'estigma d'una altra flor. El transport del pol·len a través del vent (pol·linització anemòfila) és una característica de les plantes amb flors poc vistoses, que produeixen enormes quantitats de pol·len de grans petits i lleugers. El transport del pol·len a través dels insectes (pol·linització entomòfila) és propi de les plantes amb flors vistoses, aromàtiques i ensucrades, que atreuen els insectes.

L'estudi de la quantitat de pol·len contingut a l'aire té un gran interès en agricultura (permet fer la previsió de collites de determinats cultius, com ara l'olivera, la vinya, etc.) i en medicina, ja que nombroses **al·lèrgies** són causades pel pol·len i cal conèixer les èpoques de pol·linització de determinades plantes.

La **pol·linització**, o transport dels grans de pol·len des dels estams fins a l'estigma, és el pas imprescindible previ a la fecundació i a la reproducció de les plantes superiors.

En arribar a l'estigma de la flor, el gra de pol·len germina: la cèl·lula vegetativa origina el tub pol·línic (una mena d'òrgan de copulació), que progressa per l'estil fins a arribar al sac embrionari, que conté l'ovocèl·lula. Una de les cèl·lules reproductores (anterozoides) contingudes en el gra de pol·len es fusiona amb l'ovocèl·lula i origina un zigot.

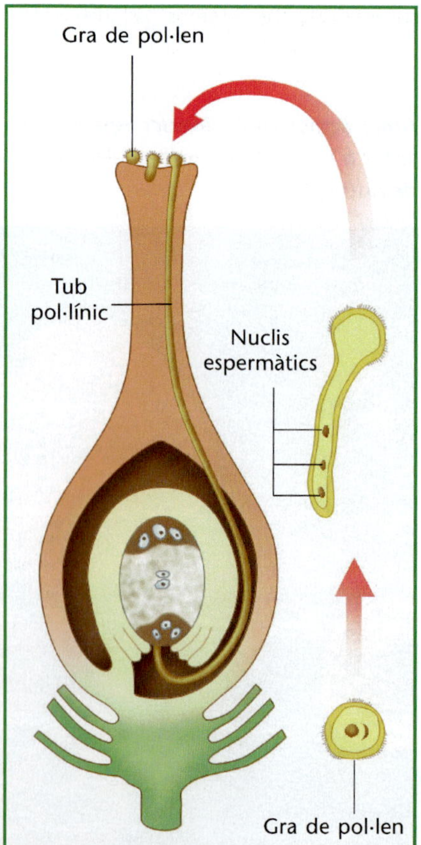

La formació del tub pol·línic i la fecundació.

Les flors

La flor és l'aparell reproductor dels vegetals superiors, **espermatòfits** o **fanerògames**. Una flor típica està formada per diferents tipus de fulles modificades, disposades en verticils al voltant d'una petita tija. Els dos verticils externs, formats pels sèpals i els pètals, són estèrils; mentre que els dos interns, formats pels **estams** i els **carpels**, són **fèrtils** i produeixen els gàmetes.

- **Calze**. És el verticil més extern format pels sèpals, que, situats a la base de la flor, amb freqüència són de color verd. Protegeix els òrgans interns de la flor mentre és poncella i reforça la base de la flor.

- **Corol·la**. Està formada pels pètals, els quals generalment tenen colors vistosos, i unes glàndules, els nectaris, que secreten el nèctar. Aquest està format per líquids ensucrats i substàncies oloroses. La principal funció dels pètals és atreure els insectes pol·linitzadors.

- **Androceu**. És el conjunt d'estams encarregats de produir pol·len. Cada estam està format per un filament prim i l'**antera**, que conté els sacs pol·línics on es forma el pol·len. La forma, la mida, la posició i el nombre dels estams són caràcters que es fan servir en la classificació de les plantes amb flors.

- **Gineceu o pistil**. És el conjunt de carpels que origina les cèl·lules reproductores femenines. Els carpels es troben a la part central i interna de la flor i poden aparèixer lliures o fusionats. En un pistil típic, es poden distingir: una part inferior, l'**ovari**, que conté els òvuls o primordis seminals i que es transformarà en el fruit si és fecundat; un tub prim que és una prolongació de l'ovari, l'**estil**, i l'**estigma**, part superior i eixamplada de l'estil que rep els grans de pol·len, els reté i n'afavoreix la germinació.

En les plantes **gimnospermes** (del grec *gymnós*, que vol dir 'nu', 'descobert', i *spérma*, que vol dir 'llavor'), els òvuls de les flors es troben sobre la superfície lliure dels carpels plans. Un cop fecundats els òvuls, les llavors resten al descobert i no es pot parlar, pròpiament, de fruit, encara que l'aspecte de les pinyes del pi sigui semblant al d'un fruit. Les gimnospermes més abundants són les coníferes, com ara els pins, que tenen flors unisexuals.

- **Flors masculines**. Neixen a la base dels brots de l'any; són petites, còniques, de color verdós. Es produeixen en grans quantitats i apareixen en grups d'unes quantes desenes.
- Flors **femenines**. S'originen a l'extrem d'alguns brots de l'any en forma de petites pinyes violàcies, formades per esquames imbricades, cadascuna de les quals és una flor rudimentària que porta dos òvuls diminuts.

Les flors de les plantes **angiospermes** (del grec *aggeion*, que vol dir 'receptacle', i *spérma*, que vol dir 'llavor') presenten una extraordinària varietat de formes, sovint resultat d'una adaptació al tipus de pol·linització.

Flors masculines de pi

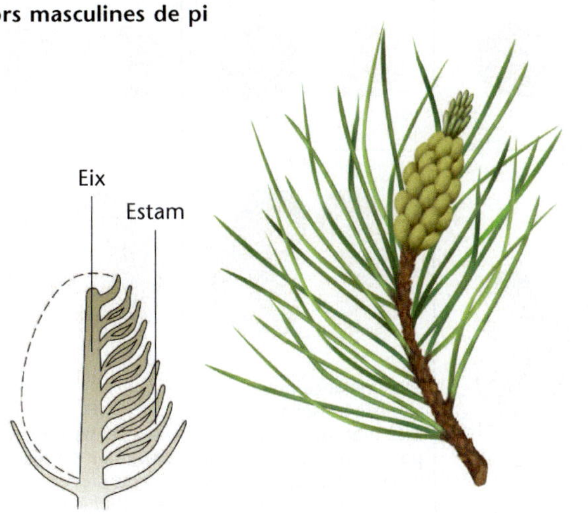

Flors femenines de pi

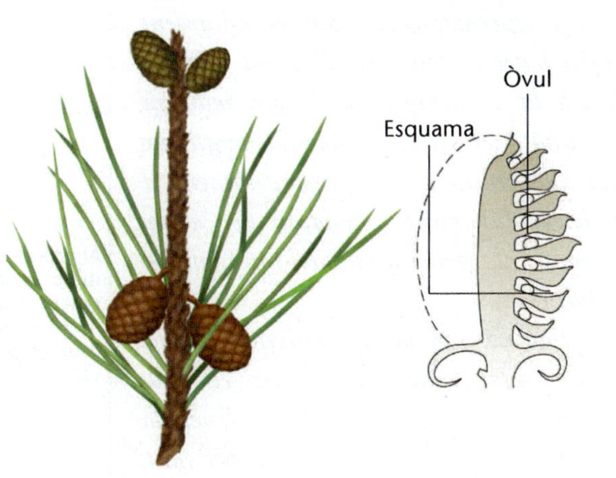

3.3. La fecundació en els animals

En nombrosos grups d'animals els gàmetes (espermatozoides o òvuls) són produïts en grans quantitats i expulsats al medi extern, on s'han de trobar i fusionar per formar el zigot. Es diu que la **fecundació** és **externa**. Els animals amb aquest tipus de fecundació no copulen.

En la **fecundació interna**, els espermatozoides són transferits de l'aparell genital masculí al femení, tot evitant la pèrdua de cèl·lules reproductores o la seva dessecació en els animals de vida continental.

En les aus, per tal de fecundar la femella, el mascle, desproveït de penis, aplica el seu orifici cloacal contra el de la femella.

Per facilitar la fecundació interna, els mascles d'alguns animals (com ara els mamífers, els insectes, els selacis, etc.) tenen un òrgan copulador, el penis, que introdueix els espermatozoides en l'aparell genital de la femella.

D O C U M E N T S

Els bessons i els siamesos

*En alguns parts, neixen dues o més criatures, els **bessons**. D'aquests, n'hi ha alguns, els **bessons bivitel·lins**, que procedeixen de dos o més òvuls que han madurat de manera simultània i han estat fecundats per espermatozoides diferents. Els zigots originats seran diferents, es transformaran en embrions diferents i donaran lloc a individus que tindran la mateixa semblança que els germans normals i que poden ser del mateix sexe o de sexe diferent. Dit d'una altra manera, són germans que han coincidit en el temps.*

*Els **bessons univitel·lins**, en canvi, procedeixen de la fecundació d'un únic òvul per un únic espermatozoide, són genèticament idèntics i del mateix sexe. El zigot originat iniciarà la segmentació i, en un moment determinat, les seves cèl·lules formaran dos grups que continuaran independentment el seu desenvolupament i donaran lloc a dos embrions. Els bessons univitel·lins són, en realitat, clons.*

Els siamesos són bessons univitel·lins que neixen units físicament perquè els seus embrions no s'han separat del tot. Tenen la mateixa constitució cromosòmica i, per tant, són genèticament idèntics.

	Un sol nadó	Bessons bivitel·lins	Bessons univitel·lins
Cada òvul és fecundat per un espermatozoide	1 òvul 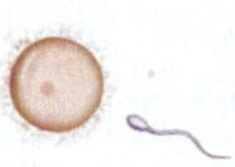 1 espermatozoide	2 òvuls 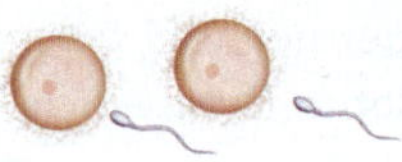 2 espermatozoides	1 òvul 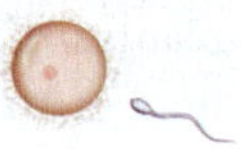 1 espermatozoide
Primera divisió cel·lular			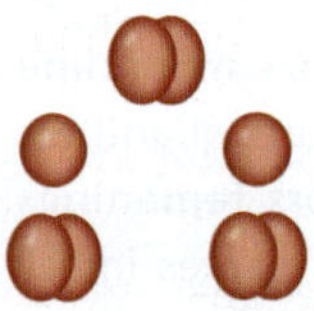
Divisions successives		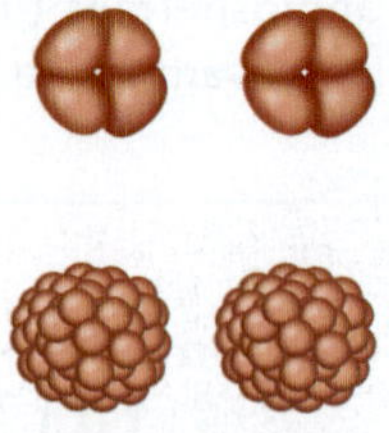	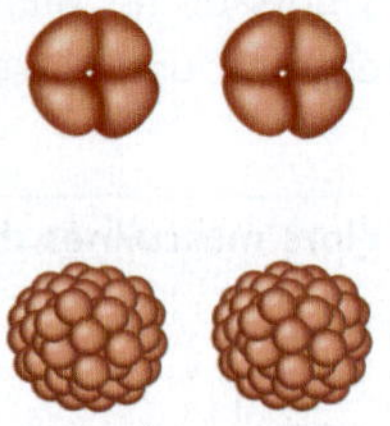
Al cap de nou mesos, s'ha desenvolupat un nadó des de cada grup de cèl·lules	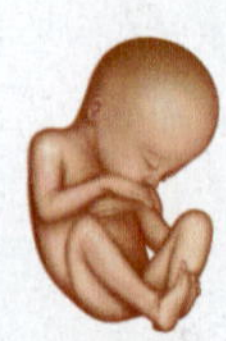	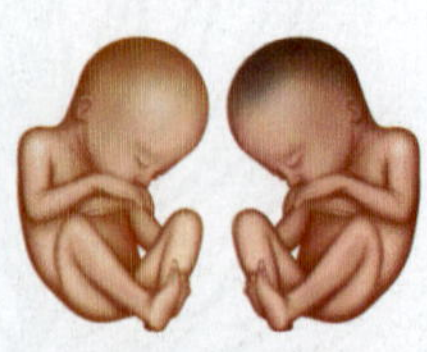 La semblança entre aquests bessons no és més gran que la que hi pot haver entre germans o germanes, ja que provenen d'òvuls i espermatozoides diferents.	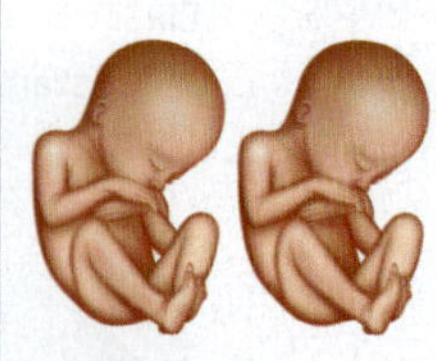 Aquests bessons són idèntics i del mateix sexe, ja que provenen del mateix òvul i del mateix espermatozoide.

Quimeres

Les **quimeres** són individus que procedeixen de la fusió de dos embrions diferents. Una quimera és, per dir-ho així, un únic cos format amb fragments de dos germans. La il·lustració de sota representa Maria Sabina, una nena que visqué a la missió de Matuna (Colòmbia) en el segle XVIII. El seu pare mulat degué transmetre informació diferent, quant al color, a cadascun dels embrions originaris.

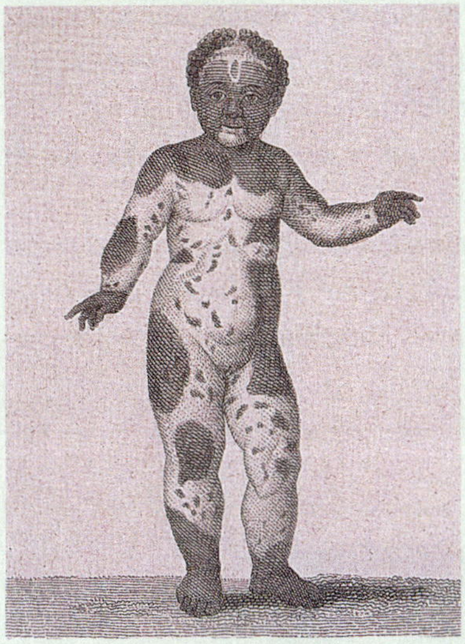

La gran majoria dels animals són **ovípars**, és a dir, la seva vida embrionària es desenvolupa a l'interior d'un ou, i ponen els ous en el medi en el qual viuen.

Molts ovípars abandonen la posta d'ous, mentre que d'altres retenen els ous en el cos (a l'oviducte) durant el seu desenvolupament. Llavors, els embrions s'alimenten a partir de la reserva nutritiva (vitel) emmagatzemada als ous, i quan s'han desenvolupat del tot fan obrir l'ou i surten a l'exterior amb les restes de la closca. Aquests animals són els **ovovivípars**, com ara alguns invertebrats (alguns insectes, mol·luscos, etc.) i alguns peixos i rèptils.

En els animals **vivípars** (naixement de cries vives), l'embrió es desenvolupa a l'úter matern i obté l'aliment directament de la mare. És la reproducció pròpia de la major part dels mamífers.

La reproducció en els vertebrats

- **Peixos**

  Ovípars, ovovivípars i alguns vivípars. Fecundació externa. Ponen grans quantitats d'ous, sense proteccions, per assegurar la descendència. Desenvolupament indirecte amb fases larvàries (alevins).

- **Amfibis**

  Ovípars. Fecundació externa. Ponen a l'aigua molts ous sense protecció. Desenvolupament indirecte amb metamorfosis i larves aquàtiques molt diferents de com són els adults.

- **Rèptils**

  Ovípars, ovovivípars i alguns vivípars. Fecundació interna. Ponen sempre a terra i no fan gaires ous, els quals tenen abundant matèria nutritiva i una closca protectora. Desenvolupament directe sense fases larvàries.

- **Ocells**

  Ovípars. Fecundació interna. Ponen pocs ous amb abundant matèria nutritiva i closca protectora. Incuben els ous en nius. Desenvolupament directe. Tenen cura de les cries.

- **Mamífers**

  – *Monotremes* (ornitorinc)

  Ovípars. Tenen cura de les cries i les alimenten amb llet.

  – *Marsupials* (cangur)

  Vivípars. Neixen immadurs i han de completar el desenvolupament en una bossa situada a l'abdomen de la mare, on es troben les mamelles.

  – *Placentaris*

  Vivípars. La major part dels mamífers actuals. L'embrió es desenvolupa a l'úter matern, on és alimentat mitjançant la placenta.

RECORDA

Els bancs d'esperma, la punció ovàrica, la incubació *in vitro* i la micromanipulació són, entre altres, algunes de les tècniques que actualment permeten aconseguir la fecundació i, per tant, l'embaràs quan aquest no és possible de manera natural.

DOCUMENTS

Tècniques de reproducció assistida

En un nombre de casos estadísticament important, la funció reproductora humana resulta obstaculitzada o impedida per motius diferents. Per intentar solucionar aquests casos, des de fa algunes dècades es fan servir les anomenades ***tècniques de reproducció assistida****, que tracten d'afavorir la fecundació, és a dir, la trobada i fusió de l'òvul i l'espermatozoide en aquells casos en què no es produeix de manera natural.*

La ***inseminació artificial*** *i la* ***fecundació* in vitro *i transferència d'embrions*** *són les tècniques de reproducció assistida que tenen en comú la manipulació de gàmetes al laboratori.*

En la ***inseminació artificial****, l'esperma és introduït, mitjançant un catèter adaptat a una xeringa, a l'interior de l'aparell genital femení, de manera que la possible fecundació tingui lloc a l'interior del cos de la dona.*

Les etapes de la fecundació in vitro*, tal com és possible avui dia, són les següents:*

– Obtenció de les cèl·lules reproductores. La dona és sotmesa a un tractament hormonal inductor de l'ovulació i, mitjançant ecografies de l'ovari, s'estudia la mida i l'estat de maduració dels fol·licles ovàrics. L'esperma s'obté per masturba-

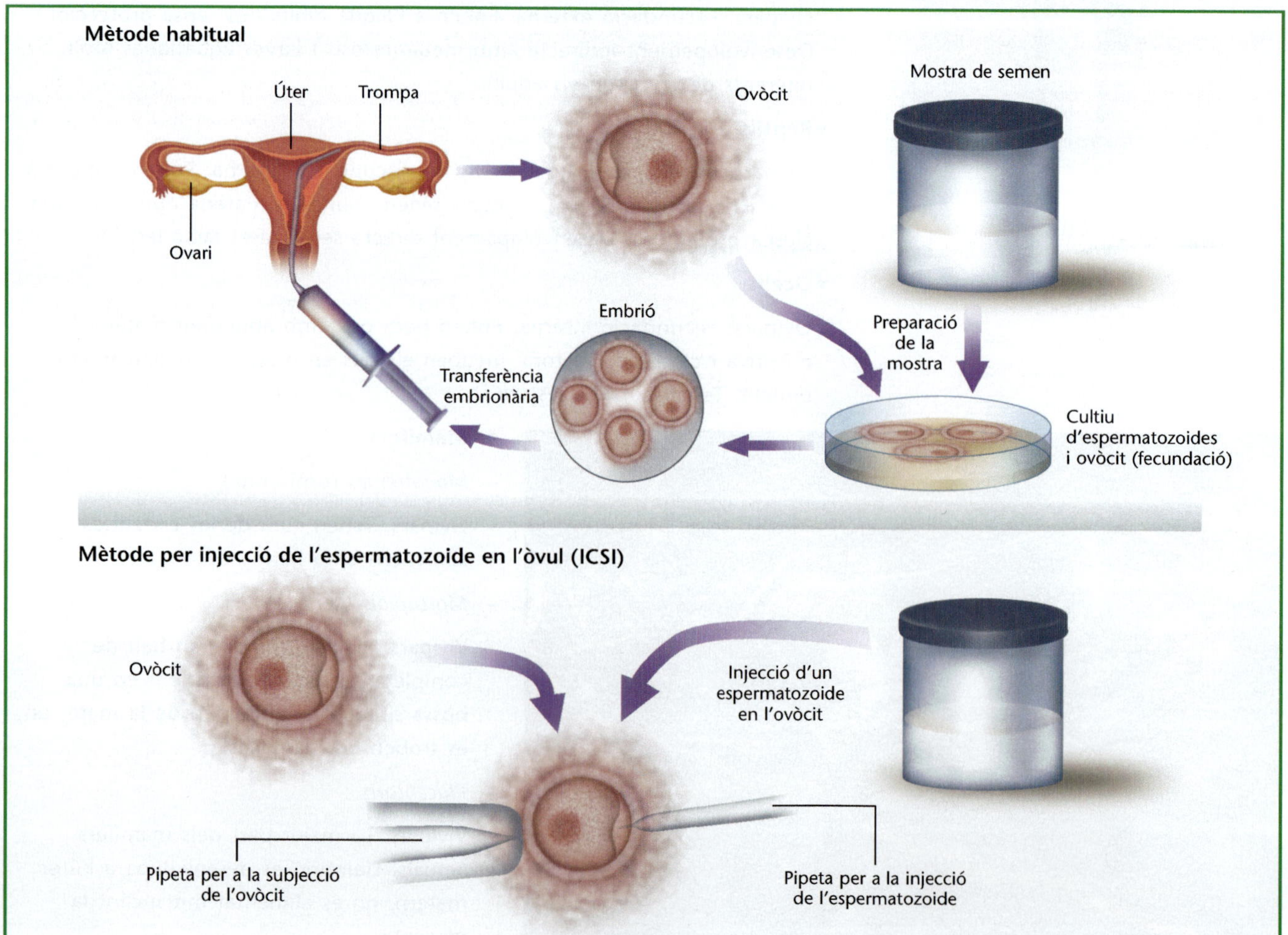

ció, és observat al microscopi, tractat i concentrat per assegurar-ne la capacitat fecundadora dels espermatozoides. Es poden fer servir gàmetes propis o de donant. En el cas del gàmeta masculí, es pot recórrer a un ***banc d'esperma****, els quals funcionen des de fa temps. En el cas dels òvuls, en molts països la donació presenta problemes legals.*

– Retirada dels ovòcits. Poc abans de l'ovulació (esclat dels fol·licles), es realitza l'obtenció dels ovòcits, mitjançant una punció ovàrica i l'aspiració del contingut dels fol·licles. Els ovòcits són observats al microscopi, incubats i cultivats en un medi adequat per a la futura fecundació.

– Inseminació o barreja dels ovòcits amb els espermatozoides. Es realitza per facilitar la fecundació, la qual es comprova al microscopi. En l'actualitat, l'espermatozoide pot ser injectat, mitjançant micropipetes, al citoplasma de l'ovòcit. Els embrions originats s'observen al microscopi i es cultiven en un medi adequat.

– Preparació de l'endometri. La dona rep un tractament hormonal amb progesterona que prepara la paret de l'úter per a la implantació dels embrions.

– Transferència d'embrions. Quan els embrions estan en la fase de 4 o 8 cèl·lules (aproximadament, als 2 o 3 dies de la fecundació), mitjançant un catèter són dipositats suaument a la cavitat uterina. Uns 12 dies després de la transferència d'embrions, es fa la prova de l'embaràs si no s'ha produït la menstruació. Si s'obtenen més embrions dels necessaris, es congelen per a transferències posteriors, en cas que la tècnica no doni resultats positius. En alguns països, es permet la transferència d'embrions a una dona diferent de la que ha aportat l'òvul («mares de lloguer»). Encara que es produeixen avenços en les tècniques, els resultats positius de la fecundació in vitro *oscil·len entre el 20 i el 30 %.*

RECORDA

Una **espora** és un germen asexual. En canvi, un **gàmeta** necessita fecundar-se –és a dir, unir-se amb un altre gàmeta de sexe contrari– per originar un zigot i desenvolupar-se.

ACTIVITATS

5.7. Copia les frases següents i indica al costat de cadascuna si és certa o falsa:

a) Les flors sempre són hermafrodites.
b) Espermatozoide és sinònim d'anterozoide.
c) Els animals hermafrodites sempre s'autofecunden.
d) Les gònades i els gametangis són glàndules sexuals.
e) Hermafrodita és sinònim de bisexual.
f) L'ovocèl·lula és el microgàmeta dels vegetals.
g) L'òvul és el macrogàmeta dels animals.
h) La reproducció asexual i la sexual són excloents.

5.8. Sovint, els organismes hermafrodites presenten estratègies per tal d'evitar l'autofecundació. Explica alguna d'aquestes estratègies en les plantes i en els animals.

5.9. Defineix el concepte de *dimorfisme sexual* i explica com es concreta en l'espècie humana aquest fenomen.

5.10. Digues què és la palinologia i explica les seves aplicacions.

5.11. Quines fases inclou el cicle sexual de la major part dels mamífers? Què s'entén per zel?

5.12. Indica quins avantatges i quins desavantatges tenen l'hermafroditisme i la partenogènesi en relació amb la reproducció sexual amb dos progenitors.

5.13. Explica les relacions, reproductora i nutritiva, entre els insectes pol·linitzadors i les plantes que pol·linitzen.

5.14. Què és la copulació i en quina forma de reproducció és necessària? Quins òrgans la porten a terme?

5.15. Explica quines són les diferències fonamentals, pel que fa a la fecundació i a la protecció de l'embrió, entre els animals ovípars, els ovovivípars i els vivípars.

5.16. Quin procés fonamental es produeix durant la fecundació?

5.17. Explica quines diferències genètiques i de sexe hi ha entre els bessons, segons siguin univitel·lins o bivitel·lins.

5.18. Fes les consultes adequades i explica l'etimologia dels termes *partenogènesi, hermafrodita, androceu* i *gineceu.*

5.19. Copia i relaciona cada element del primer grup amb l'element corresponent del segon grup:
Primer grup: macrogàmeta, pol·len, escissió, microgàmeta, glàndula sexual, cèl·lula ou, anisogàmia, multiplicació vegetativa, mitosi, fecundació.
Segon grup: espermatozoide, propàgul, reproducció cel·lular, gàmetes diferents, oosfera, fusió de gàmetes, estam, divisió, gametangi, zigot.

5.20. Indica en quin ordre es produeixen els processos següents en un animal que es reprodueix sexualment: desenvolupament embrionari, replicació de l'ADN, fecundació, formació de gàmetes.

5.21. Defineix els termes *androceu, fanerògama, anemògama, angiosperma, corol·la, poncella, gimnosperma* i *monoica,* relacionats amb el tipus de reproducció de les plantes.

5.22. Digues el nom de dos gèrmens asexuals i de dos gèrmens sexuals.

RECORDA

En la reproducció asexual, tots els descendents són clònics, és a dir, genèticament idèntics.
En canvi, la reproducció sexual comporta la mescla dels gens dels progenitors i, per tant, la diversitat genètica.

5.23. Quines són les característiques de les flors de les plantes que n'afavoreixen la pol·linització per part dels insectes?

5.24. Contesta a les preguntes següents:

a) A quin òrgan reproductor pertany l'antera?
b) Quina és la funció de l'antera?
c) Què és l'androceu d'una flor?
d) A quina part de la flor pertany el pistil?
e) Quin gàmeta conté el gra de pol·len?
f) Com arriba aquest gàmeta a fusionar-se amb el gàmeta del sexe contrari?
g) Com es transporten els grans de pol·len als òrgans femenins de la flor?

RECORDA

Els gèrmens asexuals originen per si sols un nou organisme. En canvi, els gàmetes o gèrmens sexuals s'han d'unir o fecundar. D'aquesta fecundació en resulta una cèl·lula ou o zigot, que per desenvolupament posterior origina un nou individu adult.

5.25. Copia aquest text i completa'n els espais buits amb les paraules següents: *molecular, haploides, embrionari, progenitora, replicació, zigot, gàmetes, meiosi, asexual, manté, regeneració* i *mitosi.*

La … és la producció d'una molècula d'ADN idèntica a una altra i, a escala …, és el punt de partida de tota mena de reproducció.

La reproducció cel·lular que … constant el nombre de cromosomes és la …, procés en el qual es basa la reproducció … i el creixement i … de parts dels organismes pluricel·lulars.

La … és el tipus de divisió cel·lular en el qual es basa la reproducció sexual.

A partir de la meiosi, s'originen cèl·lules …, és a dir, amb la meitat de cromosomes que la cèl·lula … .

Per fecundació de dues cèl·lules reproductores, o …, s'origina la cèl·lula ou o …, que per desenvolupament … originarà un nou individu.

Colibrí en vol libant.

5.26. Digues a quin tipus de reproducció (sexual o asexual) fa referència cada una de les frases següents:

a) Està lligada a la meiosi.
b) Implica fecundació.
c) Implica la producció de cèl·lules haploides.
d) Origina individus genèticament idèntics.
e) És la més ràpida.
f) Implica mitosi i fecundació.
g) Afavoreix la variabilitat.
h) Va ser la primera a aparèixer en la història de la biosfera.
i) És exclusiva dels organismes superiors.
j) Està lligada a la mitosi.
k) Implica la participació d'un sol progenitor.
l) És la que consumeix menys matèria i energia.

4. Els cicles biològics

Un **cicle biològic** és el conjunt de les etapes o fases en la vida d'un organisme. L'organisme neix, es desenvolupa, esdevé adult, es reprodueix i, finalment, mor. En els cicles biològics –com en qualsevol altre cicle–, s'arriba periòdicament a una situació semblant a la inicial.

Aquest conjunt d'etapes permeten que una generació substitueixi de manera adequada l'anterior, raó per la qual són necessaris uns mecanismes molt precisos en la reproducció que garanteixin que la dotació genètica de la nova generació sigui equiparable a la de l'anterior.

Les característiques dels cicles biològics dels éssers vius són un dels criteris per delimitar el regne al qual pertanyen. D'aquesta manera, els cicles més complets diferencien els regnes més complexos (les plantes, els animals i els fongs) dels altres dos (els protoctistos i, especialment, les moneres), que generalment tenen cicles biològics més senzills.

Els cicles biològics dels organismes inclouen, com hem vist en aquesta mateixa unitat, les dues formes bàsiques de reproducció (sexual i asexual) en diferents modalitats, que impliquen, fins i tot, l'alternança entre elles en alguns organismes.

4.1. La posició de la meiosi i el cicle biològic

La **meiosi** és una condició necessària per a les espècies amb reproducció sexual. Hi ha tres tipus d'espècies segons la posició de la meiosi: amb cicle biològic **haplont**, cicle **diplont** i cicle **diplohaplont**.

En el cicle de tipus **haplont**, el zigot és la cèl·lula que experimenta la meiosi en dividir-se. Per tant, és l'única cèl·lula amb dos jocs de cromosomes. En aquestes espècies, els adults són haploides, és a dir, amb un únic joc de cromosomes. Aquest cicle biològic és propi d'organismes d'organització més primitiva, com ara fongs i algues. Probablement, s'ha conservat per l'avantatge que suposa que els individus haplonts puguin reproduir-se fàcilment en forma asexual, segons les condicions ambientals.

En el cicle biològic **diplont**, en canvi, la meiosi es fa en el moment de la formació dels gàmetes o gametogènesi. Els éssers humans i els animals en general en són exemples. Tot l'organisme adult està format per cèl·lules diploides. Només són cèl·lules haploides els espermatozoides i els òvuls. La selecció natural pot haver afavorit aquests cicles diplonts, perquè els zigots tenen dos jocs de cromosomes, dues còpies per a cada gen. Així, encara que es produeixi algun canvi en el material hereditari d'un dels progenitors, els zigots continuaran sent viables.

El cicle biològic **diplohaplont** combina els avantatges del cicle haplont amb els del diplont, ja que els organismes diplohaplonts tenen,

RECORDA

En els organismes amb reproducció sexual, la **meiosi** assegura el manteniment del nombre de cromosomes, tot evitant que es dupliqui a cada generació. La posició de la meiosi en el transcurs del cicle biològic de les espècies permet distingir organismes haplonts, diplonts i diplohaplonts.

RECORDA

En l'alternança de generacions hi ha una fase, la de l'**esporòfit**, que es reprodueix per espores (reproducció asexual), i una altra, la del **gametòfit**, que ho fa per gàmetes (reproducció sexual).

alternativament, adults de les dues menes. La meiosi es produeix durant el procés de formació d'espores, tot dividint el cicle biològic en dues fases, cadascuna de les quals és representada per un adult independent. La generació haploide, el **gametòfit**, té reproducció sexual, mentre que la generació diploide, l'**esporòfit**, es reprodueix per espores obtingudes de la meiosi. Aquest cicle diplohaplont, que alterna generacions diferents, és propi de les algues, les plantes superiors i molts fongs.

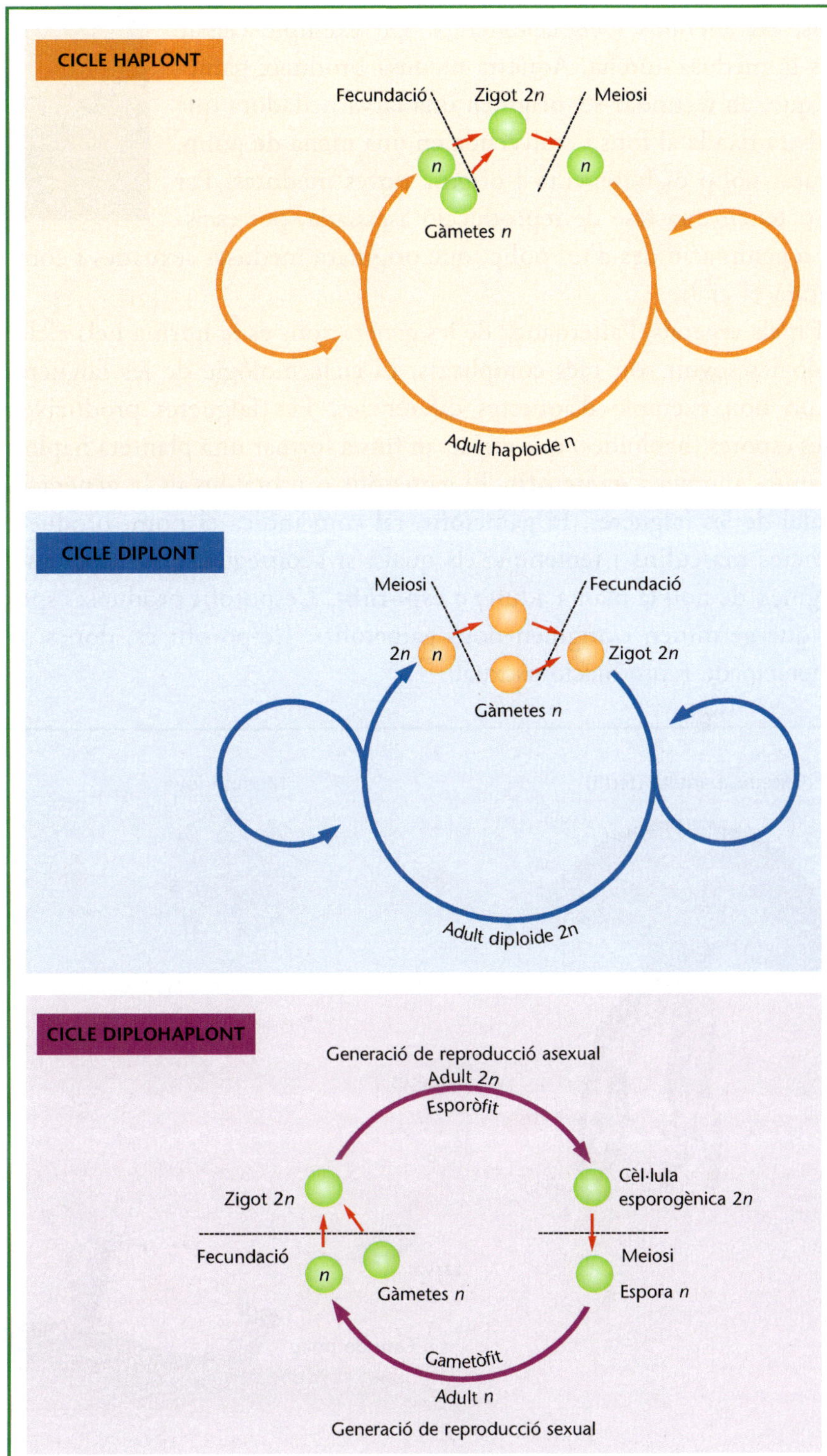

Eixam d'abelles.

4.2. Alternança de generacions

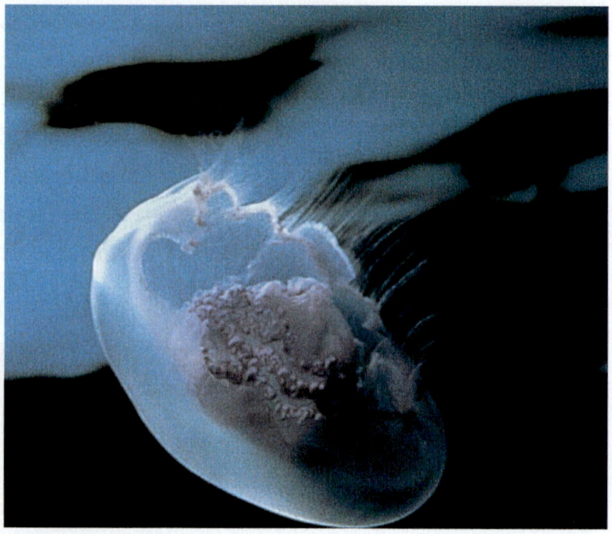

Aurelia aurita.

Tant entre les plantes com entre molts animals invertebrats, existeixen espècies que combinen la reproducció sexual amb l'asexual, sovint alternant dues o més generacions.

L'alternança de generacions (i, per tant, de reproducció) és present en animals com ara els tunicats, els hidrozous, els anèl·lids i els celenterats. Un exemple clàssic n'és la medusa aurèlia. Aquesta medusa produeix gàmetes que, en fecundar-se, originen una larva nedadora que acabarà fixada al fons i convertida en una mena de pòlip. Aquest pòlip es fragmenta i origina noves meduses. Per tant, tenen una fase de reproducció asexuada, per escissió o gemmació des d'un pòlip, que originarà meduses sexuades i completarà el cicle.

En els vegetals, l'alternança de les generacions és la norma i els cicles biològics sovint són més complicats. El cicle biològic de les falgueres és un bon exemple d'aquestes diferències. Les falgueres produeixen unes espores (haploides) que creixeran fins a formar una planteta haploide que s'anomena **gametòfit**. El gametòfit o protal·lus és la generació sexual de les falgueres. El gametòfit, tal com indica el nom, produeix gàmetes masculins i femenins, els quals, si aconsegueixen fusionar-se, originen de nou la planta adulta o **esporòfit**. L'esporòfit produeix espores que germinen i originen nous gametòfits. L'esporòfit és, doncs, la generació de reproducció asexual.

Alternança de generacions en la medusa aurèlia.

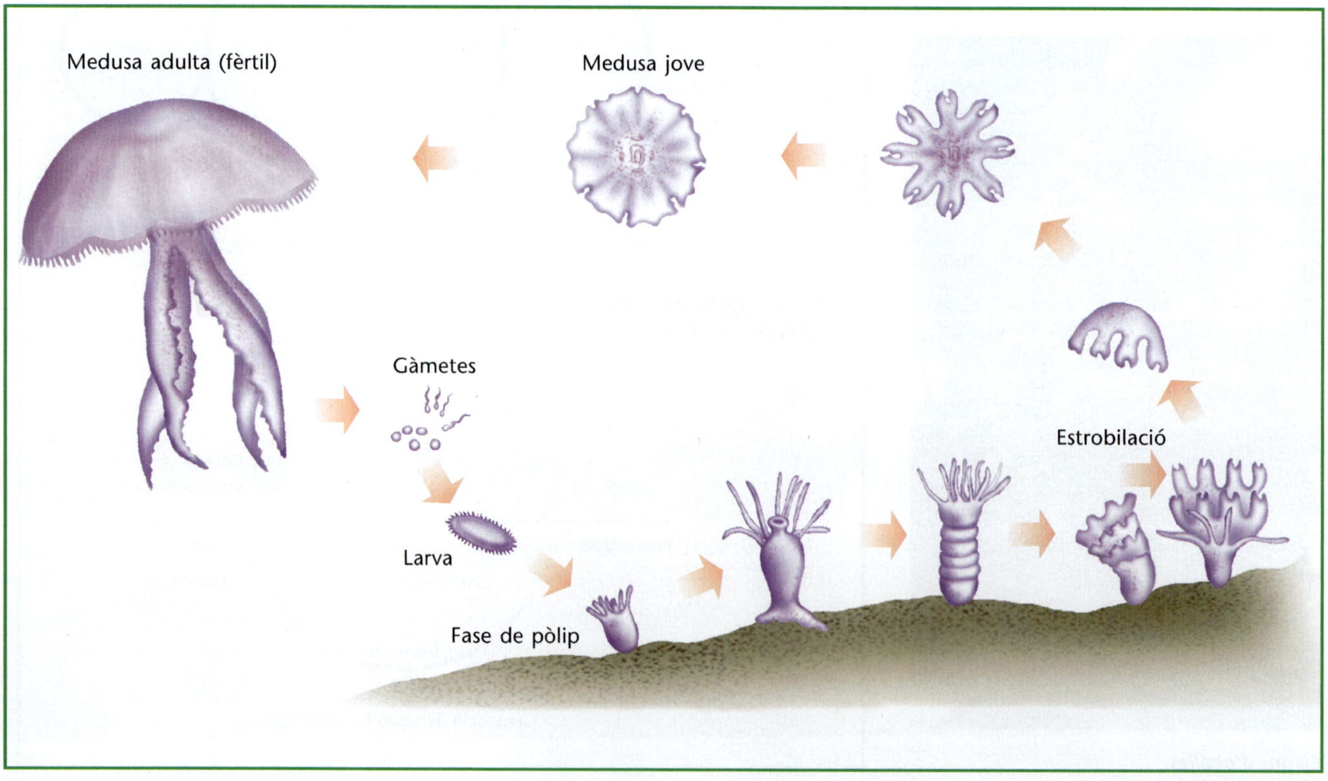

Les molses, les falgueres i les plantes superiors presenten alternança de generacions. D'esquerra a dreta, i de dalt a baix, alternança de generacions en una molsa (briòfit), en una falguera polipodiàcia i en una planta superior (angiosperma).
En cada cas, el desenvolupament relatiu de cada fase és diferent. A la molsa predomina el gametòfit, a costa del qual viu l'esporòfit, que és molt reduït. En canvi, a les falgueres les dues fases són independents, per bé que l'esporòfit és el més desenvolupat i aparent.
Aquest predomini de l'esporòfit és encara més evident en les plantes superiors.
En aquestes plantes, el gametòfit és microscòpic, viu a l'interior de la flor i està limitat al desenvolupament del tub pol·línic (gametòfit masculí) i a la divisió nuclear del sac embrionari (gametòfit femení).

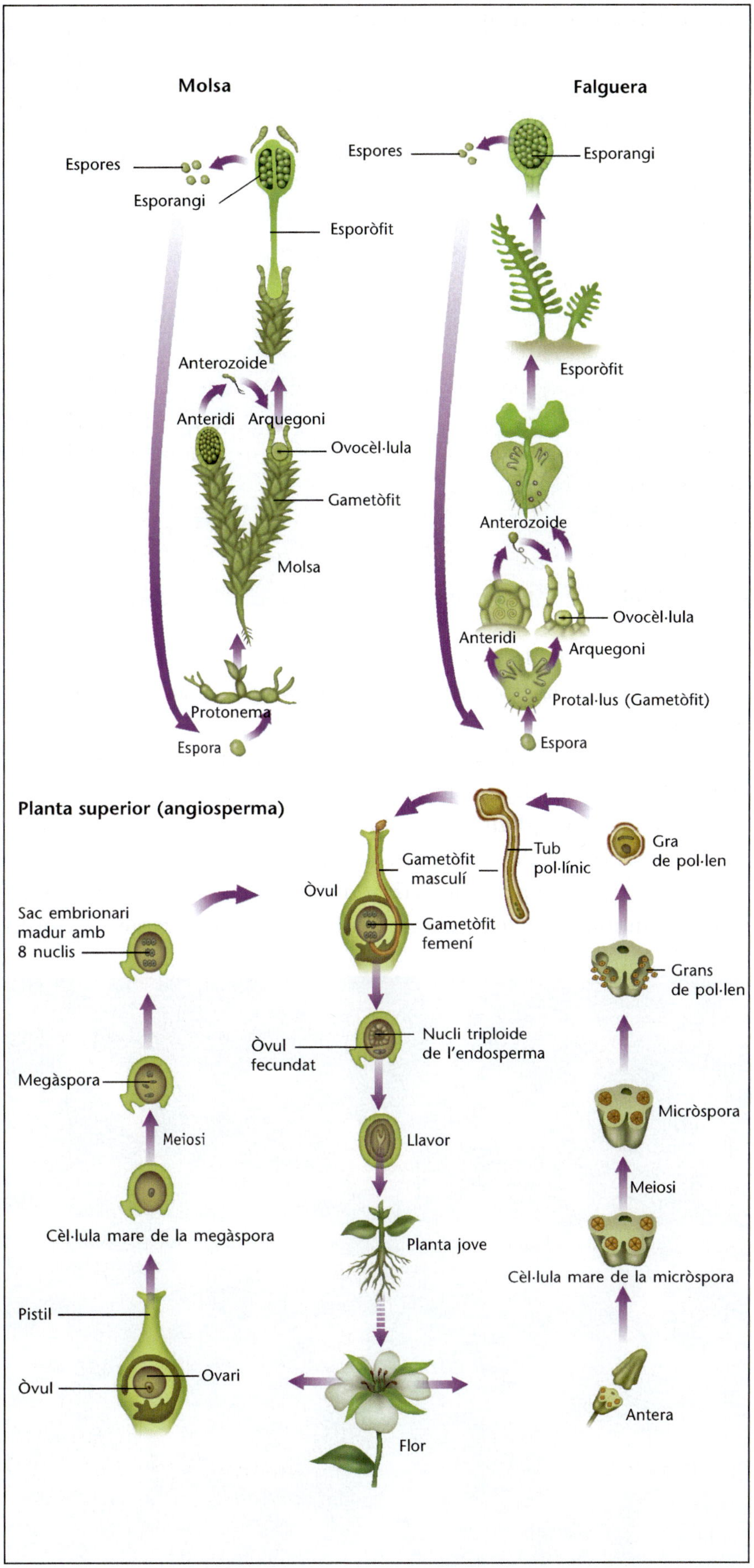

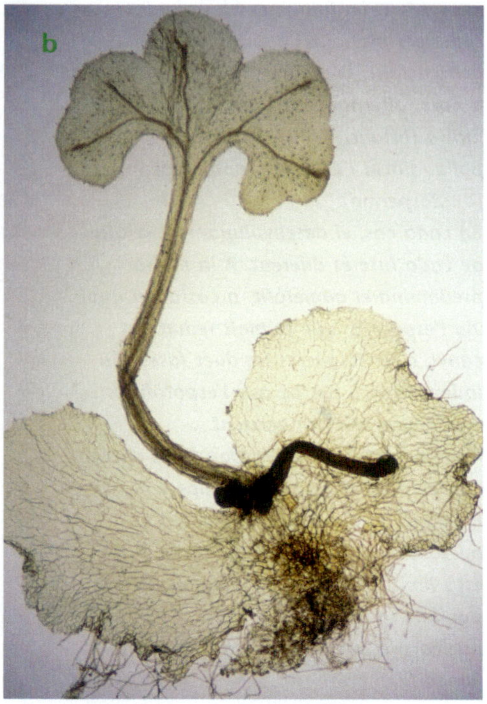

A més de la fase diploide (a), les falgueres tenen una fase haploide (b), més difícil de veure a la natura a (25x).

Les algues, les molses i les plantes amb flors també tenen esporòfit i gametòfit. Però la fase que predomina no és la mateixa en tots els casos. Mentre que a les algues i molses predomina el gametòfit, aquest està més reduït a les falgueres, i encara més a les plantes superiors, on l'esporòfit està més desenvolupat que en cap altra.

Efectivament, les **plantes amb flors** segueixen un cicle biològic amb un gran predomini de l'esporòfit. La generació del gametòfit consisteix només en el tub pol·línic derivat de la divisió dels grans de pol·len i el sac embrional, i té poques cèl·lules, les quals sempre es troben

A les molses hi ha alternança de generacions. La generació asexual o esporòfit, representada per les típiques càpsules portadores d'espores (molt evidents en la fotografia), viu sobre el gametòfit i a expenses seves.

Els dicaris

Entre els fongs es dóna un fenomen biològic únic: la formació de dicaris. Després de la fecundació de les dues cèl·lules haploides diferents, els dos nuclis no es fusionen immediatament, sinó que es divideixen a mesura que la cèl·lula que els conté es va dividint. De fet, per creixement i divisió s'originen hifes dicariòtiques. En realitat, una bona part de les cèl·lules que constitueixen un rovelló o un altre bolet típic són cèl·lules dicariòtiques, amb dos nuclis.

sobre l'esporòfit; tot succeeix dins la flor. El gametòfit, microscòpic, sempre és un paràsit de l'esporòfit.

Els **fongs** presenten un cicle biològic una mica diferent. D'una banda, poden tenir una reproducció asexual, per mitjà d'espores. Però el que és més interessant de destacar és que també poden tenir una reproducció sexual, malgrat que és una mica diferent de la dels animals i les plantes. La raó de fons és que els fongs són organismes haploides, i només són diploides en una curta fase del cicle biològic. Els fongs fan espores haploides, les quals, si poden créixer, es transformen en les hifes, que són, per tant, haploides.

Dues cèl·lules d'hifes diferents poden fusionar-se (conjugació) per formar una cèl·lula diploide. Cal destacar que no s'han format gàmetes i que les dues cèl·lules que s'han fusionat són d'idèntic aspecte. Poc després, una divisió meiòtica forma de nou espores haploides i el cicle recomença.

Entre els **protoctistos**, hi ha una gran varietat de cicles biològics, alguns semblants als descrits en cadascun dels altres regnes. Fins i tot les amebes i algunes algues prescindeixen de la reproducció sexual. Això no és estrany si tenim en compte el fet que es tracta d'un regne que, en certa manera, reuneix organismes que no encaixen en cap dels altres quatre.

En les **moneres** (sense nucli), tot i que tenen comportaments que permeten intercanvis d'ADN, no hi ha fusió de cèl·lules, i, per tant, no es fa necessària la meiosi per recuperar la dotació de material genètic original. En aquest sentit, el seu cicle biològic és més simple.

ACTIVITATS

5.27. Els organismes que es reprodueixen sexualment, com ho fan per mantenir constant el nombre de cromosomes? Per què no va augmentant a cada generació?

5.28. Una cèl·lula haploide, pot comportar-se com un gàmeta? I com una espora? Posa'n exemples.

5.29. Digues si un gametòfit d'una falguera fa meiosi per produir els gàmetes. Raona la resposta.

5.30. Suposem que s'ha trobat un organisme fins ara desconegut. Indica en què et fixaries per ubicar-lo en algun dels cinc regnes.

5.31. Quin avantatge suposa un cicle biològic diplont enfront d'un d'haplont? Per què no desapareixen els organismes haplonts?

5.32. En els animals, hi pot haver alternança de generacions? Posa'n algun exemple.

5. Els processos embriològics

Drosòfila amb mutació homeòtica (que, en aquest cas, té com a resultat la duplicació del segment toràcic portador de les ales).

Una vegada format, el zigot d'un organisme pluricel·lular amb reproducció sexual es divideix, per mitosis successives, en dues cèl·lules i, després, en un gran nombre de cèl·lules, cadascuna de les quals té una funció concreta. La informació necessària per portar a terme aquesta extraordinària transformació es troba en els gens del zigot.

L'**embriologia** és la ciència biològica que estudia el **desenvolupament del zigot**, és a dir, la realització del programa genètic contingut a l'ADN de l'organisme. Cada cèl·lula conté totes les instruccions de l'organisme sencer. Per això, aquest programa genètic s'ha de comparar, més que amb els plànols d'un edifici, amb una cinta enregistrada que cal escoltar o veure només quan es demana una resposta específica a estímuls procedents del mateix programa o de l'exterior.

A mesura que l'embrió es desenvolupa, la major part de les seves cèl·lules s'especialitzen, és a dir, porten a terme funcions particulars. De vegades, l'especialització funcional va acompanyada d'una especialització estructural, és a dir, es modifica també l'aspecte de les cèl·lules, i quan és molt gran resulta irreversible. S'originen així els **teixits**, agrupacions de cèl·lules d'un organisme que cooperen entre elles en la realització d'una funció conjunta.

L'embriologia estudia tres processos: la **proliferació cel·lular**, la **diferenciació cel·lular** i la **morfogènesi**.

La primera fase, la **proliferació cel·lular**, implica un augment de la massa cel·lular per multiplicació del nombre de cèl·lules. L'inici del creixement, la seva velocitat, la localització, etc., tenen a veure amb l'expressió de la informació continguda a l'ADN.

La **diferenciació cel·lular** consisteix en una modificació de l'estructura i la funció de la cèl·lula, amb la formació de cèl·lules especialitzades. La diferenciació cel·lular suposa una variació respecte a altres cèl·lules veïnes i respecte al passat de la mateixa cèl·lula. Les cèl·lules especialitzades perden la capacitat de viure independentment: la diferenciació (o especialització) és un avantatge per a l'organisme, però no pas per a una cèl·lula individual. Atès que l'ADN de les cèl·lules d'un organisme (tret del de les cèl·lules sexuals) és el mateix i hi és present en la mateixa quantitat, la diferenciació ha de ser deguda a diferències en el funcionament del material genètic, és a dir, a funcions gèniques diferenciades.

La **morfogènesi** (gènesi de la forma) és el procés d'aparició de la forma de l'embrió, resultat de la diferenciació i del creixement harmònics. En una paraula, és el resultat de tots els canvis de desenvolupament que porten a la formació d'un òrgan o d'una part del cos. Els estudis genètics han revelat l'existència de **compartiments de desenvolupament**, és a dir, compartiments restringits a regions particulars de l'embrió. Les denominades **mutacions homeòtiques** són

En les primeres etapes del desenvolupament embrionari, les cèl·lules encara no s'han especialitzat i, per tant, conserven totes les seves possibilitats de desenvolupament. Aquestes cèl·lules totipotencials o **cèl·lules mare** són de gran interès per a la recerca mèdica tal com s'estudia a les unitats de genètica.

alteracions (mutacions) en els gens que regulen el desenvolupament dels teixits. D'aquesta manera, hi ha parts del cos que desenvolupen teixits que pertanyen a parts ben diferents: una pota en lloc d'una antena, per exemple.

A través d'aquests tres fenòmens essencials s'arriba al nombre i a la diversitat de cèl·lules que formen els organismes adults. Una mosca, per exemple, té prop d'un milió de cèl·lules, que pertanyen a unes 60 classes diferents. L'ésser humà en té uns 100 bilions, repartides en unes 200 classes diferents. A mesura que l'organisme va creixent, les noves cèl·lules s'ordenen en morfologies tridimensionals diferents, seguint una mena de programa genètic.

En última instància, cal buscar la clau del desenvolupament en els mecanismes d'expressió i d'activació dels gens. Moltes proves experimentals suggereixen que els contactes entre cèl·lules veïnes possibiliten interaccions químiques que poden activar o desactivar grups de gens.

Recentment, els experiments per originar l'ovella Dolly que han portat a la clonació de cèl·lules adultes especialitzades, i altres experiments que, al contrari, n'han aconseguit la reversió, permeten pensar que la diferenciació i l'especialització cel·lular no són fets irreversibles.

6. El desenvolupament en els animals

6.1. La segmentació

Les primeres etapes del desenvolupament embrionari s'inicien amb la **segmentació** del zigot en dues cèl·lules, després en quatre, en vuit, en setze, etc. Aquestes cèl·lules resultants de les primeres etapes de la divisió del zigot s'anomenen **blastòmers**. La segmentació i el seu resultat varien bastant en funció de la quantitat de **vitel** (reserva alimentària) de què disposa la cèl·lula ou. El ventall de variacions possibles queda representat en l'ou de l'eriçó de mar, amb poc vitel però ben repartit; el de la granota, amb abundant vitel però concentrat en un pol de l'ou, i el de la gallina, amb gran quantitat de matèria nutritiva (que permet un llarg desenvolupament de l'embrió abans de l'eclosió de l'ou).

Mòrula vista a través del microscopi.

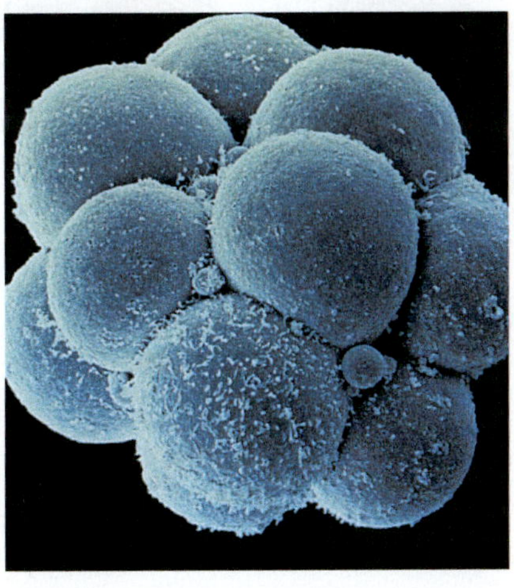

En el desenvolupament de l'ou de l'eriçó de mar, la segmentació és «igual», és a dir, origina blastòmers, de grandària sensiblement igual, que formen una petita massa de cèl·lules, la **mòrula** (dita així perquè té l'aspecte d'una petita móra). Posteriorment, mitjançant el desplaçament de les cèl·lules cap a la perifèria, s'origina una pilota, anomenada **blàstula**, amb una cavitat interior, el **blastocel**, plena de líquid.

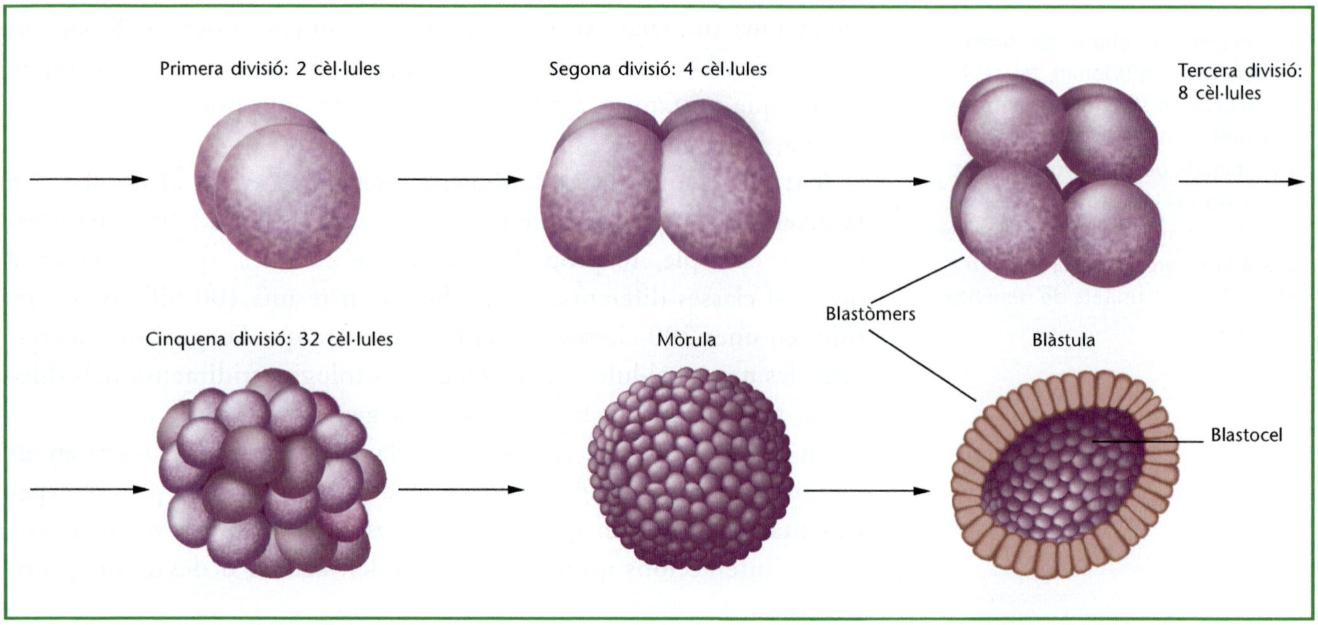

Primeres divisions cel·lulars fins a la formació de la blàstula.

En aquest tipus de segmentació, pràcticament no hi ha augment de grandària (els blastòmers són cada vegada més petits), de manera que durant un temps hi ha desenvolupament sense creixement. En el zigot de la granota, en canvi, es diferencien dos pols, l'un més proper a la zona per on ha penetrat l'espermatozoide, el **pol animal**, i l'altre oposat, el **pol vegetatiu**. Per segmentació desigual, es formen unes cèl·lules més petites al pol animal, a partir de les quals s'originarà la major part de l'embrió, mentre que al pol vegetatiu s'originaran cèl·lules més grans amb molt més vitel.

En la cèl·lula ou de la gallina, la segmentació té lloc exclusivament en un petit disc de cèl·lules procedents del nucli fecundat, situades entre el rovell i la clara de l'ou. Les divisions cel·lulars són incompletes i, si bé al principi totes les cèl·lules tenen accés al vitel, poc temps després algunes cèl·lules comencen a créixer cap a baix i formen dues capes que originen una **mòrula aplanada**. Posteriorment, es forma una cavitat entre les dues capes i així s'origina la blàstula.

a) Presència i repartició desiguals del vitel en l'ou de l'eriçó de mar, la granota i la gallina.
b) La segmentació en l'eriçó de mar i la gallina.

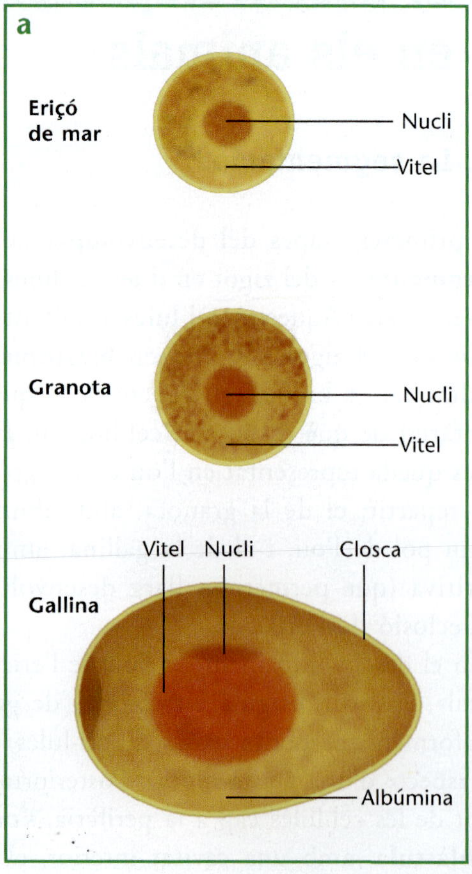

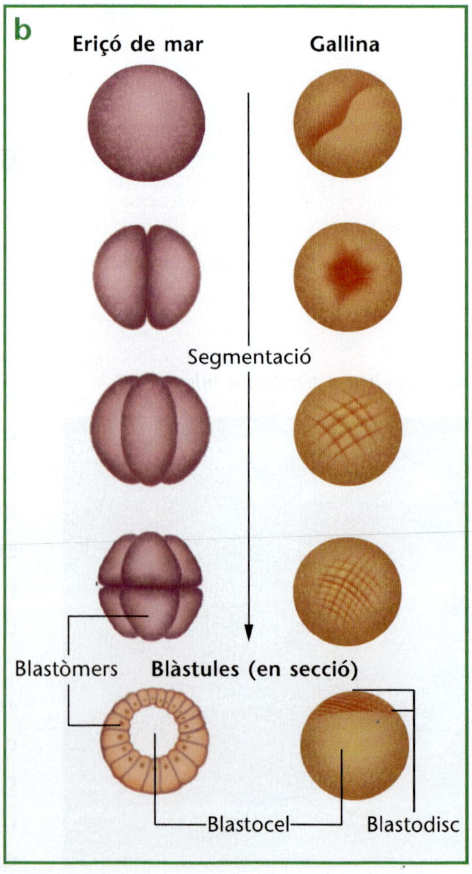

D O C U M E N T S

Determinants citoplasmàtics

Del desenvolupament del zigot de l'eriçó de mar s'origina una larva ciliada. Però si en la fase de 8 cèl·lules partim l'embrió per la meitat poden passar dues coses. Si la divisió es fa en el pla longitudinal (vertical), tant les 4 cèl·lules de la meitat dreta com les 4 de l'esquerra originaran una larva normal. Però si la divisió es fa amb un tall transversal (horitzontal), cap de les dues meitats prospera bé. La part superior desenvolupa cilis però poca cosa més. La part inferior, en canvi, resulta mancada de boca i de cilis. Això passa perquè en aquella fase inicial en què s'ha produït el tall ja hi ha una diferenciació entre un pol animal (superior) i un pol vegetatiu (inferior) determinada pel gradient de distribució de factors químics o ***determinants citoplasmàtics*** *(molècules d'ARNm o de proteïnes) entre els dos pols embrionaris.*

6.2. La gastrulació

L'etapa següent del desenvolupament és la **gastrulació**, fase que determina la fesomia bàsica de l'organisme adult. Efectivament, alhora que hi ha un augment real de la grandària, els moviments o desplaçaments cel·lulars (morfogènesi) determinen que les cèl·lules del pol vegetatiu s'enfonsin, s'invaginin, com una pilota desinflada, cap al blastocel. Es forma així una estructura en dues capes cel·lulars, amb una cavitat nova, l'**arquènteron**, o intestí primitiu, que s'obre a l'exterior pel **blastòpor**, que es convertirà en anus. En fases posteriors, les cèl·lules de l'extrem replegat tocaran les cèl·lules de la paret oposada i s'hi obrirà un nou forat, que esdevindrà la boca, alhora que l'embrió quedarà convertit en un tub obert pels dos extrems.

El procés de gastrulació.

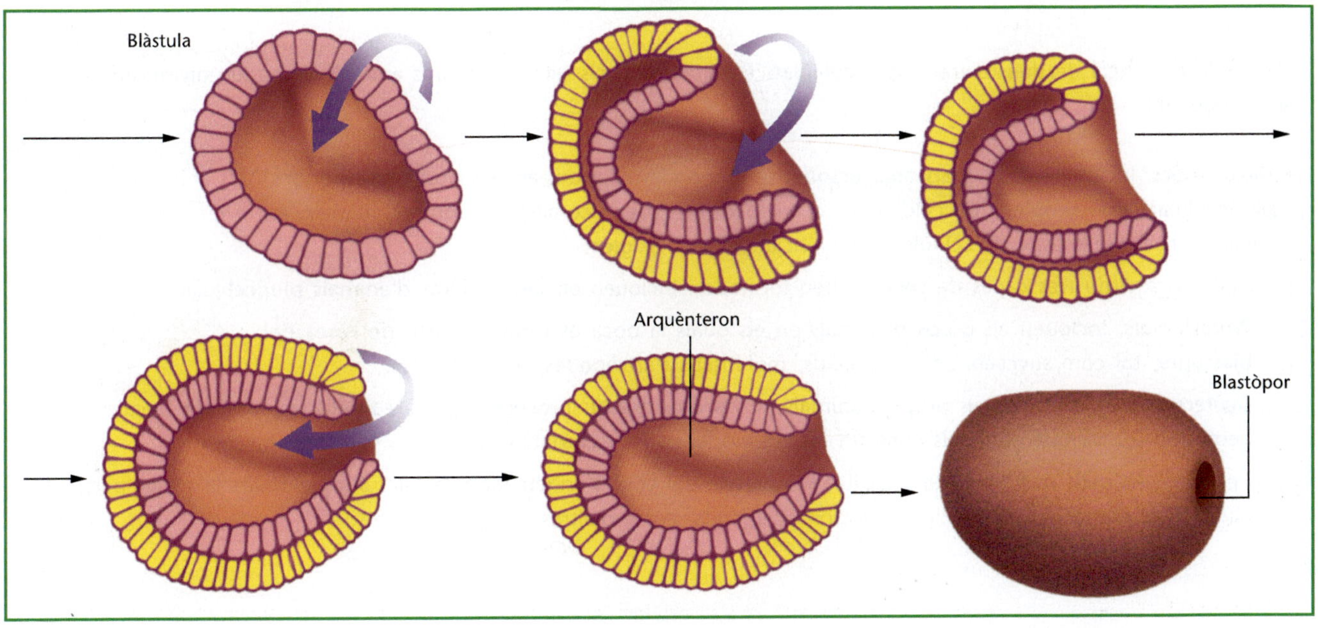

La capa cel·lular externa és l'**ectoderma** i la capa interna, l'**endoderma**. Algunes cèl·lules properes al blastòpor, i també d'altres de la zona oposada, es desprenen, se situen entre l'ectoderma i l'endoderma i originen un **mesènquima** primitiu que esdevé la tercera capa de cèl·lules, el **mesoderma**. En aquest moment, l'embrió rep el nom de **gàstrula**, mentre que el terme **gastrulació** representa tot el procés de formació embrionari.

Aquestes tres **capes germinatives primàries** constitueixen les primeres àrees diferenciables en l'embrió animal i originaran els òrgans i teixits concrets de l'organisme adult.

En l'embrió de granota i de pollastre, la gastrulació transcorre més lentament i segueix unes etapes d'aspecte força diferent. Reprenent el símil de la pilota desinflada, és fàcil d'entendre-ho. L'embrió de granota pot comparar-se amb una pilota mig plena de sorra, i el de pollastre, amb una pilota gairebé plena del tot. En aquestes condicions, la invaginació de la zona que originarà l'endoderma es pot produir només parcialment en la granota i molt poc en l'embrió de pollastre. No obstant això, en ambdós casos el resultat és el mateix: un embrió amb tres capes germinatives primàries, a partir de les quals s'originaran tots els teixits i òrgans.

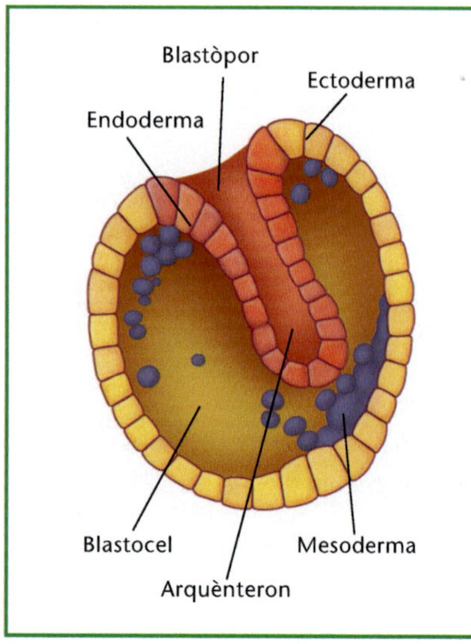

Començament de la formació del mesoderma.

Parts del cos procedents de cadascuna de les tres capes germinatives primàries		
Ectoderma	*Mesoderma*	*Endoderma*
Epidermis, pèls i ungles. Glàndules sudorípares. Sistema nerviós. Mucoses de revestiment del nas, de la boca i de l'anus. Esmalt dentari.	Dermis. Teixits connectiu, cartilaginós i ossi, musculatura, mesenteri. Dentina de les dents. Sang i vasos sanguinis. Ronyons i gònades.	Mucoses del tub digestiu, de la tràquea, dels bronquis, dels pulmons, de la uretra i de la bufeta urinària. Fetge i pàncrees. Tim, tiroide i paratiroide.

Segons la presència de dues o tres capes cel·lulars embrionàries, els diferents fílums animals es poden dividir en els tipus següents:

- *Diploblàstics.* Inclouen els animals amb ectoderma i endoderma, com ara els porífers (esponges), els animals pluricel·lulars més simples i els celenterats o cnidaris (meduses i coralls). En aquests animals, entre les dues capes cel·lulars hi ha una capa de cèl·lules indiferenciades: la mesoglea.
- *Triploblàstics.* Amb tres capes de cèl·lules ben formades. Inclouen els altres fílums d'animals pluricel·lulars.
  - *Protostomats.* Inclouen els grups d'animals en els quals la boca es forma a partir de l'àrea del blastòpor, tal com succeeix en els anèl·lids, mol·luscos i artròpodes, entre d'altres.
  - *Deuterostomats.* Inclouen els grups d'animals en els quals l'anus procedeix de l'àrea del blastòpor i la boca és de neoformació. Inclouen animals com ara els equinoderms i els cordats (inclosos els vertebrats).
  - *Celomats.* Animals que tenen una cavitat secundària del cos, d'origen mesodèrmic. Són celomats la major part dels fílums dels pluricel·lulars triploblàstics. Són acelomats, entre d'altres, els platihelmints.

DOCUMENTS

Els models de desenvolupament dels vegetals i dels animals

Els vegetals i els animals presenten importants diferències pel que fa al desenvolupament. El fet que les cèl·lules vegetals tinguin una paret vegetal gruixuda fa que les migracions i els moviments propis de les cèl·lules embrionàries animals siguin, en les plantes, molt més limitats. Per altra banda, cal tenir en compte que l'estructura de les plantes és, en termes comparatius, més senzilla, amb un

*Granota d'ungles (*Xenopus laevis*). L'exemplar d'aquesta fotografia és albí.*

màxim de quinze o vint tipus cel·lulars diferents, i que el seu creixement no és limitat com el dels animals, sinó continuat, a base de mòduls o unitats que es van repetint per ramificació. Això és possible perquè, a diferència dels animals, les plantes conserven en la vida adulta zones específiques de creixement: els meristemes.

Arabidopsis thaliana.

La conseqüència d'aquest fet és que mentre el creixement dels animals, el qual té lloc en les fases juvenils, és limitat, el de les plantes és continu, per bé que local, i no tan definit. La forma de les plantes també és més indefinida, molt més plàstica, més variable en funció de les condicions en què viu cada individu.

Per a l'estudi de les etapes del desenvolupament orgànic és convenient emprar organismes de biologia ben coneguda. Entre els animals són especialment indicats, per exemple, els amfibis del gènere Xenopus *i, pel que fa als vegetals, l'*Arabidopsis*, una petita planta de la família de la col, de desenvolupament ràpid.*

6.3. El control de la diferenciació i de l'organogènesi

La diferenciació de les cèl·lules de les capes germinatives per formar òrgans i teixits específics té lloc, bàsicament, mitjançant un procés denominat d'**inducció embrionària**. La formació del sistema nerviós n'és un bon exemple. El procés és el següent: les cèl·lules ectodèrmiques del llavi dorsal del blastòpor entren en contacte amb les del mesoderma, contacte que origina l'elongació de les primeres per formar la **placa neural**. A continuació, les cèl·lules d'aquesta placa comencen a plegar-se i a créixer cap a baix, fins que els dos costats es toquen i es fusionen per formar el **tub neural**.

La inducció primària que origina tota aquesta seqüència és el contacte entre el sostre de l'arquènteron (quan actua d'inductor) i les cèl·lules de l'ectoderma proper (que són induïdes). Sense contacte, tal com demostren estudis experimentals, no hi ha desenvolupament de la placa neural.

De fet, les cèl·lules del llavi dorsal del blastòpor actuen induint tot el desenvolupament posterior; per aquest motiu, es consideren les **organitzadores** del desenvolupament embrionari.

Segons el model de la inducció, un grup de cèl·lules induïdes per contacte amb un inductor poden esdevenir al seu torn inductors secundaris de processos posteriors, cada vegada més especialitzats (i a vegades recíprocs). En l'àmbit molecular, les causes de la inducció no són gaire clares, si bé sembla que es tracta d'un procés d'estimulació selectiva dels gens presents en les cèl·lules induïdes (que el procés afecta els gens del teixit induït ho demostra el fet que, experimentalment, és possible la inducció creuada; per exemple, induir l'ectoderma de salamandra a partir del mesoderma de granota, si bé aquest últim respon d'acord amb les potencialitats genètiques de la salamandra, no de la granota).

6.4. El desenvolupament postembrionari

La diferenciació de teixits i d'òrgans encara continua una vegada l'animal neix i comença la seva vida lliure, fins a arribar a la maduresa. Aquest procés rep el nom de **desenvolupament postembrionari**.

Molts animals neixen després d'un llarg període embrionari, en el qual han consumit les nombroses substàncies de reserva emmagatzemades en l'ou, o bé les substàncies procedents de la mare, de manera que el seu desenvolupament ja és notable i tots els òrgans, llevat dels sexuals, tenen un alt grau de maduresa o es troben, com a mínim, ben apuntats. Aquests animals es diu que tenen un **desenvolupament directe**, i en són exemple els vivípars (entre ells els mamífers), molts ovípars que ponen ous amb una gran quantitat de vitel (entre ells els rèptils i els ocells) i també alguns insectes, com ara els apterigots.

S'anomena ***organogènesi*** el procés embrionari que comporta la formació de teixits i òrgans. En aquest procés, hi té una funció clau la denominada *inducció embrionària*.

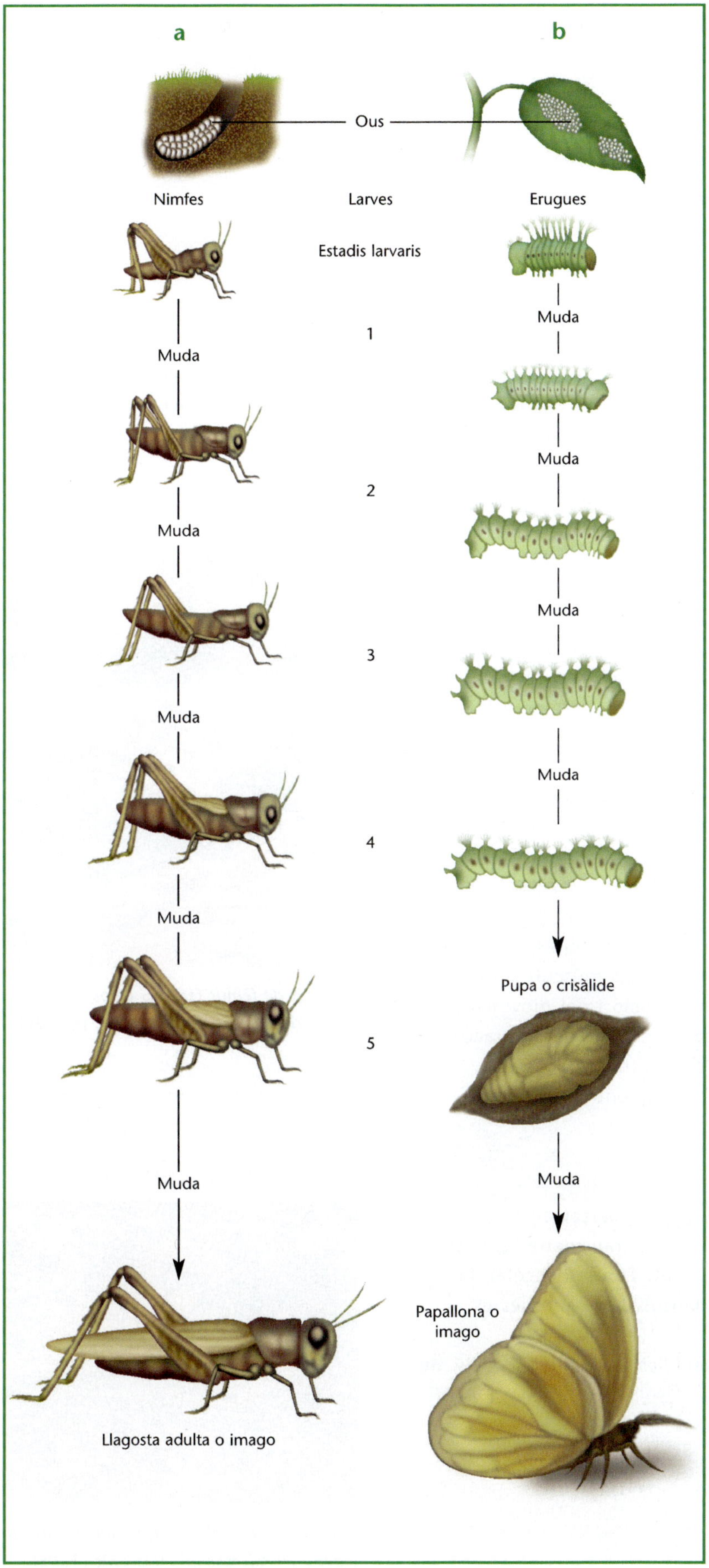

Un segon grup d'animals tenen, en canvi, un **desenvolupament indirecte**. Aquests animals procedeixen d'ous amb poc vitel i neixen en forma de **larva**, és a dir, en un estat de vida lliure diferent de l'adult. Abans d'arribar a l'estat adult o **imago**, han de sofrir un seguit de transformacions anatòmiques i fisiològiques que reben el nom de **metamorfosi**.

Un primer tipus de metamorfosi és la **metamorfosi senzilla** o **hemimetàbola**, pròpia d'alguns insectes (xinxes o llagostes), però també d'altres grups d'animals, com ara els amfibis o els equinoderms. Aquest tipus de metamorfosi es caracteritza perquè la larva, que s'assembla força a l'adult, no passa per períodes d'inactivitat i no para d'alimentar-se mentre dura el seu desenvolupament.

En canvi, en la **metamorfosi completa** o **holometàbola**, la larva (sovint en forma de cuc, com és ara el cas de l'eruga de les papallones) ha de passar per un estat quiescent, la pupa o crisàlide, abans d'arribar a la fase adulta. Durant la fase de la crisàlide, s'interromp tota activitat externa i tenen lloc profundes transformacions de teixits i d'òrgans. Aquest segon tipus de metamorfosi és pròpia dels insectes coleòpters (escarabats), lepidòpters (papallones), himenòpters i dípters (mosques).

a) Metamorfosi senzilla (hemimetàbola) en la llagosta.
b) Metamorfosi completa (holometàbola) en la papallona.

Teixits animals

Els teixits animals es classifiquen en cinc tipus principals: epitelial, connectiu, esquelètic, muscular i nerviós.

- *Teixit epitelial*

  Recobreix la superfície corporal externa i entapissa les cavitats internes. Les seves funcions principals són protectora (epiteli de revestiment), secretora (epiteli glandular) i absorbent.

- *Teixit connectiu*

  Dóna suport estructural (forma la bastida o l'embolcall d'altres teixits; la matèria existent entre altres teixits) i funcional (porta els vasos sanguinis i regula els intercanvis de substàncies entre la sang i els teixits). Una tercera funció d'algunes cèl·lules d'aquest teixit és la defensiva (els macròfags són uns veritables escombriaires de diferents teixits del cos). Les varietats de teixit connectiu són: lax, dens, reticular i mieloide o limfoide.

- *Teixit esquelètic*

  El teixit ossi forma els ossos, i el teixit cartilaginós, els cartílags. Els ossos estan formats pels osteòcits, unes cèl·lules molt transformades, i per matèria intracel·lular orgànica i inorgànica (principalment fosfat de calci). Fan de suport a molts òrgans, els protegeixen, permeten la inserció de la musculatura i són una important reserva de calci.
  Els cartílags estan formats per una matèria semirígida que envolta els extrems dels ossos llargs i que constitueix els discos intervertebrals, la tràquea, l'arbre bronquial, les orelles i el nas. Les seves cèl·lules són els condròcits.

- *Teixit muscular*

  Està format per unes cèl·lules molt especialitzades, les fibres musculars, que tenen la capacitat de contreure's. Els músculs són paquets de fibres musculars, agents de la locomoció i del moviment. Hi ha tres tipus de teixit muscular: esquelètic o estriat (de contracció potent, ràpida i voluntària), visceral o llis (de contracció no gaire enèrgica, continuada i involuntària) i cardíac (de contracció potent, continuada, rítmica i autònoma).

- *Teixit nerviós*

  Està format, principalment, per les neurones, que posseeixen la capacitat d'excitabilitat, és a dir, la possibilitat de transmetre impulsos elèctrics com a conseqüència d'un estímul rebut. Forma l'encèfal, la medul·la espinal, els nervis i els ganglis nerviosos. Les neurones es comuniquen per mitjà de les sinapsis.
  El teixit nerviós inclou un segon tipus de cèl·lules, les cèl·lules glials, de funcions auxiliars.

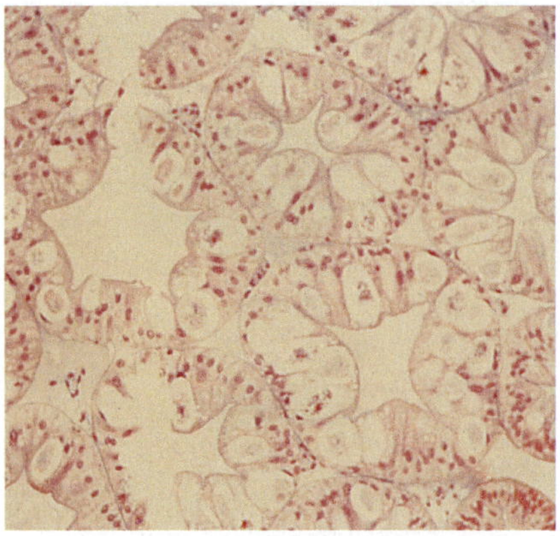

Secció de glàndula salival tenyida, vista a través del microscopi òptic.

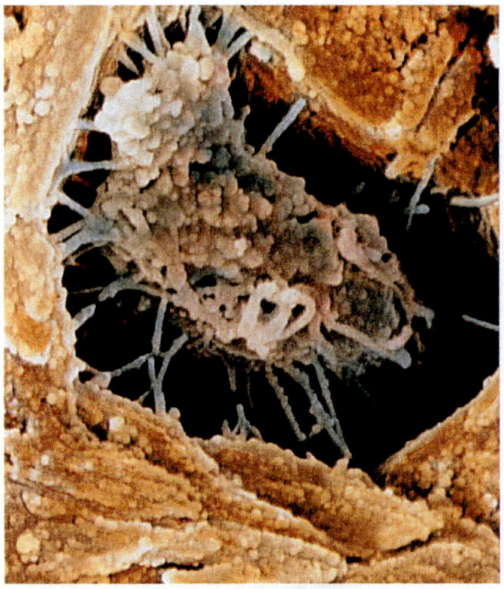

Osteòcit de fèmur (en fals color) vist a través del microscopi electrònic (4 000x).

Neurones cerebrals (en fals color) vistes a través del microscopi electrònic (100x).

7. El desenvolupament en els vegetals

Els vegetals presenten, respecte als animals, algunes diferències notables en el seu desenvolupament, les quals estan determinades pel fet que les plantes són sistemes oberts, en els quals perduren grups de cèl·lules embrionàries, els **meristemes**, que retenen les potencialitats de les cèl·lules indiferenciades. El creixement de les plantes no és definit ni té un límit temporal estricte. Els vegetals funcionen com a organismes en **desenvolupament permanent** però estacionari. D'altra banda, la forma dels vegetals no és limitada, com en el cas dels animals, sinó que presenta una plasticitat notable en funció d'estímuls o de factors tant interns com externs. Cal esmentar, per exemple, les diverses formes que es poden donar a les capçades dels arbres mitjançant una adequada esporgada, la gran quantitat de metres que poden arribar a mesurar algunes lianes, entre aquestes les cultivades, com ara les heures, o, en el cas oposat, el cultiu dels bonsais.

A partir de la fecundació, les parets de l'ovari creixen i es transformen i, per regla general, les altres parts de la flor es marceixen. L'ovari i els òvuls fecundats es transformen, respectivament, en el fruit i les llavors.

El procés de formació del fruit comporta un augment considerable de volum i de massa, el qual, en última instància, és degut a un augment del volum cel·lular, perquè s'acumula una gran quantitat de substàncies.

7.1. Les llavors i la germinació

Les **llavors** es formen a partir dels òvuls fecundats. En una llavor, podem distingir l'**embrió**, el teixit nutrici o **endosperma** i la coberta, **testa** o **episperma**.

L'embrió, tot i tenir un aspecte i una mida molt variables en funció de la llavor, sempre presenta les parts següents: **plúmula**, o tija rudimentària; **radícula**, arrel rudimentària que originarà l'arrel primària de la planta, i **fulles seminals**, **embrionàries** o **cotilèdons**, en nombre variable (una en les angiospermes monocotiledònies, dues en les angiospermes dicotiledònies i generalment més de dues en les gimnospermes).

L'endosperma és el teixit nutrici, ple de substàncies de reserva, que s'origina a partir d'una segona fecundació, paral·lela a la de l'òvul. Pot ser molt reduït i fins i tot pot faltar del tot en aquelles plantes en les quals els cotilèdons actuen com a dipòsit de substàncies de reserva.

El desenvolupament de l'embrió de la llavor pot quedar retingut durant un període de temps més o menys llarg, anomenat de **dor-**

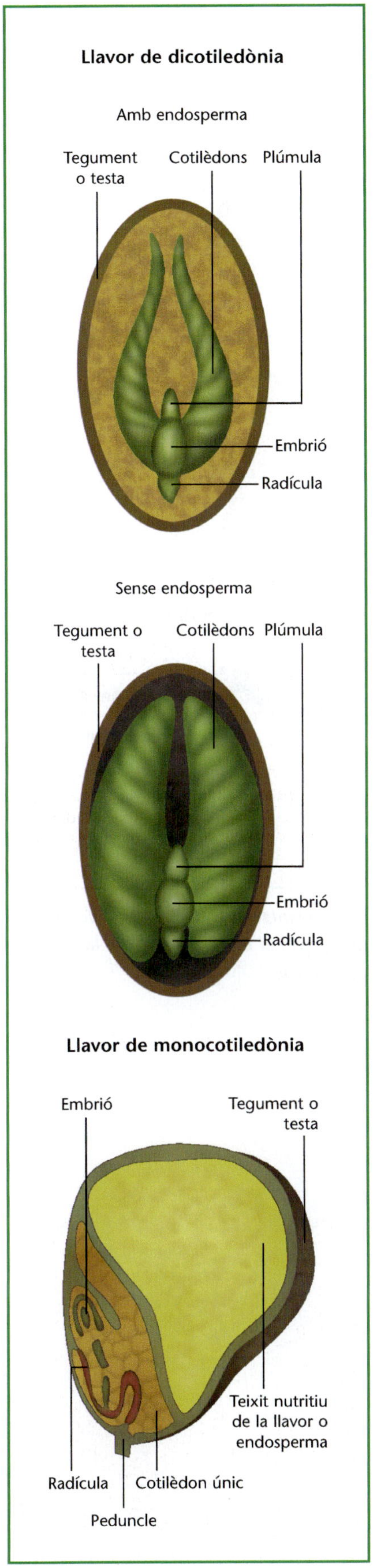

Estructura de la llavor.

mició o **latència**. En les llavors closes a l'interior d'un pinyol dur és necessària la degradació prèvia de la coberta, que fins i tot es pot produir per l'acció dels enzims del tub digestiu d'un animal. La **germinació** és el pas de la llavor de la vida latent a la vida activa mitjançant la utilització de les reserves nutritives que conté. Les diverses parts de l'embrió es transformen en les parts típiques de la nova planta.

La capacitat de germinació de les llavors té una durada limitada, i mentre en els salzes i els oms és de pocs mesos, en la major part dels cereals se situa entre els 3 i els 15 anys. El cas més notable que es recorda és el d'una planta, el lotus de l'Índia de Manxúria, les llavors de la qual conserven la seva viabilitat al cap de 250 i, fins i tot, 400 anys.

Entre els factors externs que condicionen la germinació, és prou coneguda la necessitat d'aigua i d'una certa temperatura, però en altres casos és necessari un període previ sec, o de fred. També hi influeix el fotoperíode.

Després d'haver absorbit l'aigua necessària, la germinació de la llavor comença amb l'esquinçament de la testa i la sortida, en primer lloc, de la radícula, que una vegada fora s'endinsa en el sòl, emet pèls absorbents i comença a ramificar-se i a absorbir les substàncies nutritives. Al mateix temps, emergeix la tigeta i, en arribar a la superfície del sòl, continua el seu creixement ascendent. Els cotilèdons poden acompanyar la tigeta en aquesta ascensió i emergir (**germinació epigea**), com és ara el cas de les llavors de ceba o de mongeta, o poden restar a l'interior de la llavor (**germinació hipogea**), tal com succeeix amb les llavors de les faves i dels pèsols.

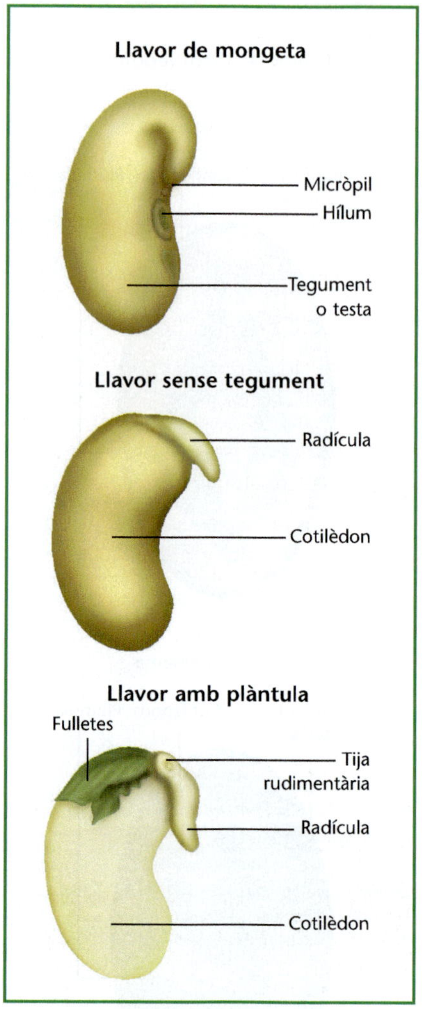

Les diferents parts de la llavor de la mongeta i el començament de la germinació.

Germinació epigea de la mongetera.

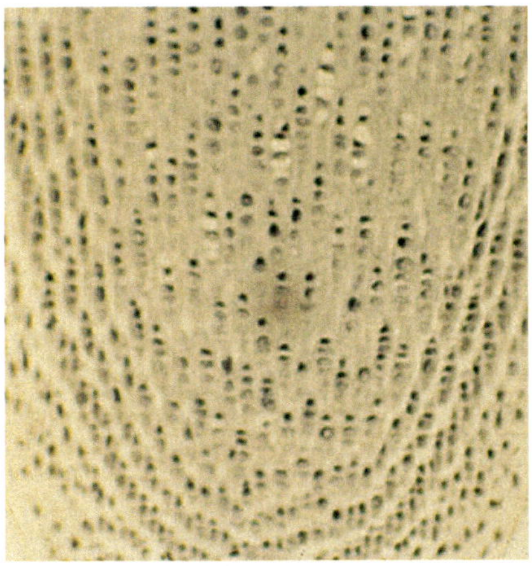

Meristema apical d'arrel de ceba vist a través del microscopi òptic.

Teixits vegetals

- **Teixits embrionaris o de creixement (meristemes)**
  Creixement i formació de nous òrgans. Estan formats per cèl·lules embrionàries que es divideixen de manera contínua i tenen la paret cel·lular molt prima. Es troben a la punta (**meristemes apicals**) i a l'interior (**meristemes romanents**) de tiges i arrels. El càmbium és el teixit del meristema romanent responsable del creixement en gruix de les tiges i les arrels dels vegetals que en tenen.

- **Teixits adults**
  - *Parènquima o teixit fonamental*
    Constitueix la massa principal de moltes plantes (especialment les herbàcies) i està format per cèl·lules grans, vives, poc diferenciades i amb grans vacúols. El parènquima assimilador conté cloroplastos; es troba a les fulles i a les tiges verdes, i en les seves cèl·lules té lloc la fotosíntesi. El parènquima de reserva abunda en els òrgans especials de reserva, com ara arrels napiformes, tubercles, etc.
  - *Teixits aïlladors*
    Fan la funció d'aïllar els òrgans aeris. Impermeabilitzen i actuen com a cicatritzants de ferides. N'hi ha de quatre tipus: l'epidermis (es troba a la superfície dels òrgans aeris tendres), l'endoderma, l'exoderma i el súber o suro. El rizoderma (epidermis de l'arrel) absorbeix l'aigua i els nutrients del sòl.

Epidermis de fulla de lliri vista a través del microscopi òptic.

  - *Teixits mecànics o de sosteniment*
    Donen consistència als òrgans aeris de les plantes. El col·lènquima està format per cèl·lules vives, allargades, poc diferenciades, amb plastidis i amb la paret cel·lular gruixuda. Reforça els òrgans aeris tendres (en creixement). L'esclerènquima està format per cèl·lules mortes amb la paret molt lignificada; dóna consistència als òrgans vells.
  - *Teixits conductors*
    S'encarreguen de transportar l'aigua, les sals minerals i els productes de la fotosíntesi a les diferents parts de la planta. El xilema (lleny), format per cèl·lules mortes (les tràquees), condueix la saba bruta i fa de sosteniment a les tiges velles. El floema (líber), format per cèl·lules vives, allargades (els vasos liberians), condueix la saba elaborada per tota la planta.
  - *Teixits de secreció i d'excreció*
    Produeixen i acumulen substàncies del metabolisme secundari. Es troben per tota la planta, i els productes que originen són alliberats a l'exterior o bé guardats al citoplasma de les cèl·lules. En són exemples els pèls secretors, els conductes lactífers (produeixen un suc blanc o làtex) i resinífers, les bosses d'essències, etc.

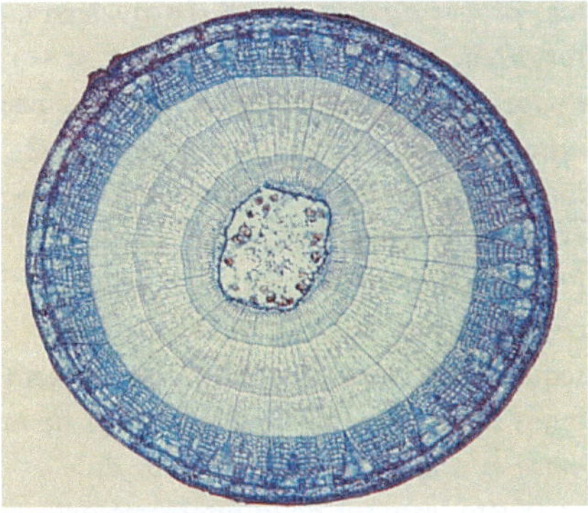

Tall transversal d'una tija de til·ler de quatre anys, tenyit i vist a través del microscopi òptic.

8. La coordinació reproductora

Les activitats reproductores de la major part dels organismes són cícliques. Els cicles reproductors són estacionals i estan coordinats de tal manera que les cries neixen en l'època de l'any més favorable per sobreviure.

Aconseguir la sincronització reproductiva és vital per a la conservació de les espècies, ja que en molts casos els individus únicament són fèrtils durant una determinada època (període de zel). És necessari que els animals en període reproductiu es trobin per possibilitar la fecundació dels gàmetes.

Tenen aquesta finalitat les migracions de moltes espècies d'ocells i de peixos, les reunions en determinats territoris d'animals que normalment viuen aïllats, l'apropament dels sementals a ramats formats per femelles, cries i mascles vells, etc.

Per afavorir la reproducció, els animals han desenvolupat diversos sistemes de comunicació, que sovint són comuns a tasques defensives, de marcatge del territori, etc.

DOCUMENTS

L'etologia

L'etologia és la branca de la biologia que estudia científicament el comportament animal, una part bàsica del qual és el comportament reproductor. Cal considerar el comportament com un procés biològic, com ara la respiració o l'excreció, amb una base genètica i, per tant, susceptible d'evolucionar.

D'altra banda, el comportament pot estar influït en un grau variable per l'experiència, de manera que l'aprenentatge es pot definir com la modificació del comportament com a conseqüència d'experiències específiques.

La conducta animal és, en bona part, instintiva, és a dir, innata, hereditària i no apresa.

L'any 1973 es va atorgar el premi Nobel de fisiologia i medicina als dos zoòlegs austríacs Karl von Frisch i Konrad Lorenz i al zoòleg holandès Nikolaas Tinbergen, que són considerats els fundadors de l'etologia moderna.

La ***sociobiologia*** *és aquella branca de l'etologia que estudia els fonaments biològics del comportament social d'alguns animals.*

L'etòleg Konrad Lorenz va demostrar que algunes aus, com ara l'ànec, en néixer, identifiquen l'objecte mòbil i cridaner més proper amb la mare i el segueixen a tot arreu. Ara bé, si en el moment de l'eclosió de l'ou se substitueix la mare per un altre ànec, una persona o un objecte inanimat però dotat de moviment i cridaner, els pollets el segueixen perquè l'identifiquen amb la mare. En aquest cas, la identificació sobtada i el seguiment formen part del comportament innat de l'au, però el reconeixement de la mare és adquirit. Aquesta pauta de conducta, resultat de la interacció del programa genètic de l'animal amb l'exterior, conté elements innats i adquirits i s'anomena impregnació.

DOCUMENTS

Les antenes són òrgans sensitius que tenen fossetes olfactives entre els artells. Gràcies a aquestes fossetes olfactives els mascles de papallona nocturna, com ara el d'aquesta fotografia, poden captar les feromones emeses per les femelles.

Els senyals per comunicar-se

Els animals han desenvolupat un complex sistema de senyals per comunicar-se entre els individus de la mateixa espècie. Una part important d'aquesta comunicació té finalitats reproductives.

Els senyals auditius

Són útils per localitzar la presència del mascle o de la femella, per donar crits d'alarma, de desemparança o d'intimidació, i per al marcatge del territori. Els utilitzen sobretot els animals que es desplacen per medis boscosos.

Entre els avantatges, cal destacar que es transmeten gairebé instantàniament, que poden arribar molt lluny i que es reben amb facilitat, fins i tot durant la nit.

Com a desavantatges, cal destacar que els depredadors els poden sentir, que cal repetir-los amb freqüència i que són poc efectius sota l'aigua (excepte per als cetacis).

Els senyals visuals

Són útils en les parades nupcials, en els contactes socials, en el marcatge del territori i en algun altre cas.

Entre els avantatges, cal destacar-ne la gran varietat: mímica, actituds, danses, excrecències diverses, colors, emmascaraments temporals, etc. Poden persistir indefinidament i, en general, tenen més eficàcia que els senyals sonors.

Com a desavantatges, cal destacar que únicament funcionen de dia (excepte per a les cuques de llum), al descobert i a una distància curta. A més, els colors els fan particularment vulnerables davant dels depredadors.

Els senyals químics (olors i feromones)

Es fan servir en el marcatge del territori, en la crida sexual a distància, en les parades nupcials, en el reconeixement social dels individus del mateix clan, en les situacions d'alarma... Són el tipus de senyal que més freqüentment utilitzen els invertebrats.

Entre els avantatges dels senyals químics, cal esmentar que persisteixen durant hores o, fins i tot, dies, que la seva localització per part dels depredadors és més difícil respecte als altres tipus de senyals, que funcionen en absència de l'emissor i que la seva emissió i la seva recepció no requereixen òrgans gaire perfeccionats.

8.1. Les feromones: missatges químics de l'amor

Les feromones són substàncies químiques que, emeses en un medi (aire o aigua) per un animal, són captades per altres animals de la mateixa espècie. Les feromones desencadenen, en els animals que les capten, uns comportaments determinats. Les feromones sexuals provoquen l'atracció entre individus de sexe contrari per facilitar la reproducció.

Algunes feromones són molt volàtils i requereixen òrgans olfactius per ser rebudes, mentre que d'altres han de ser ingerides i necessiten una percepció gustativa.

La comunicació mitjançant feromones és la més simple i la primera que va aparèixer en el curs de l'evolució. És molt important produir poca substància, perquè així és més fàcil de transportar. Alguns protoctistos (amebes i paramecis), les planàries (cucs plans), etc., utilitzen les feromones com a únic sistema de comunicació.

En algunes espècies de peixos, com ara l'arengada, els òvuls dipositats a l'aigua per les femelles atreuen els espermatozoides mitjançant feromones.

En certs animals (molts insectes, alguns ratolins, etc.), els mascles emeten feromones que indueixen la maduresa sexual de les femelles.

8.2. El galanteig i la parada nupcial

El galanteig és el conjunt de comportaments que tenen per finalitat la formació de parelles, que és la fase prèvia a l'acoblament. En les parades nupcials, predominen els senyals visuals, com ara colors brillants, estufament de les plomes, pèls i excrecències de la pell (per exemple les crestes dels galls), moviments del cap, de les articulacions i del cos, cops rituals, danses diverses, etc. Sovint, les parades nupcials van acompanyades de senyals sonors i olorosos. A més de tractar d'aconseguir el reconeixement i l'acceptació de la femella, les parades nupcials també serveixen per transmetre una amenaça als possibles rivals. En moltes parades nupcials, els mascles es fan tan vistosos, grans i sorollosos com poden. També és clar que en les parades nupcials s'intenta evitar que les femelles es confonguin i s'aparellin amb mascles d'espècies semblants.

La cua del paó és una exhibició visual que el mascle desplega en el transcurs de la parada nupcial.

8.3. La protecció i l'aprenentatge de les cries

Al llarg de l'evolució, els animals han desenvolupat sistemes cada vegada més evolucionats per tenir cura dels embrions i assegurar el naixement de les cries.

En els insectes socials (abelles, formigues, etc.), la cura dels ous i l'alimentació de les cries és un aspecte essencial en les complexes societats que originen.

En els vertebrats, la cura dels embrions i de les cries ha experimentat una progressiva complexitat des dels peixos fins als mamífers. La major part dels peixos i amfibis no proporcionen proteccions prou segures als ous ni a les cries. Han de pondre una gran quantitat d'ous per assegurar la descendència.

Els ocells, com aquest pingüí austral, tenen cura de les seves cries.

Els rèptils van desenvolupar un nou tipus d'ou, anomenat **amniota**, amb proteccions i abundant matèria nutritiva per facilitar el seu desenvolupament. Els ous d'alguns grups de rèptils, com ara els dels cocodrils, proporcionen una veritable protecció a les cries.

La major part dels ocells incuben els seus ous durant llargs períodes de temps, fins a la seva eclosió. No obstant això, la major part de les cries neixen cegues i sense plomes, i necessiten l'alimentació i la protecció dels pares per sobreviure.

Les femelles de gairebé tots els mamífers retenen els embrions en el seu interior i els alimenten mitjançant la placenta. L'alimentació, la protecció i l'aprenentatge duren llargs períodes de temps.

En els animals que tenen cura de les seves cries, el comportament maternal es desencadena de manera automàtica, sense tenir cap experiència prèvia, però únicament si la infància de la mare s'ha desenvolupat amb normalitat. S'ha comprovat que una mare criada sense contacte amb altres individus de la seva espècie manifesta molt poc interès per la seva descendència. L'afecte manifestat envers una femella jove determina el seu comportament maternal, com si reproduís les conductes que va rebre de la seva mare.

Treure els polls als congèneres és una pràctica habitual entre els primats. Aquesta pràctica contribueix, juntament amb altres conductes que impliquen contacte físic, a la cohesió del grup i a l'aprenentatge de la conducta.

El contacte dels animals joves amb la seva mare o amb els congèneres de l'espècie és molt important, ja que, de manera involuntària, emmagatzemen informacions sobre la seva espècie. Si reben informacions diferents, el seu comportament d'adult es veurà modificat. Per exemple, s'ha comprovat que uns cadells de gos criats per gats aprenen la gesticulació d'aquests, és a dir, es renten la cara amb les potes, esperen els ratolins a la sortida de les rateres, etc. De la mateixa manera, un gall criat per una ànega no dubtarà, en l'edat adulta, a banyar-se amb els ànecs i tractarà d'aparellar-se amb ànegues.

ACTIVITATS

5.33. Indica si són certes o falses les frases següents:

F a) La gàstrula està formada per dues capes de cèl·lules ben diferenciades.

C b) Els meristemes són teixits vegetals indiferenciats que poden créixer.

c) En els animals deuterostomats, la boca deriva del blastòpor.

C d) Els vegetals, a diferència dels animals, no tenen un límit clar en el seu creixement.

F e) El desenvolupament embrionari directe es produeix per metamorfosi.

C f) En la blàstula, el blastòpor és l'orifici que comunica amb l'exterior.

g) Un blastòmer és una cèl·lula indiferenciada d'un meristema.

h) Metamorfosi senzilla és sinònim d'hemimetàbola.

i) Els porífers o esponges són animals triploblàstics.

j) La pupa o crisàlide és la fase quiescent de la metamorfosi completa dels insectes.

RECORDA

La conducta sexual és més elaborada en els vertebrats superiors. Entre els mamífers i els ocells aquesta conducta continua després de la reproducció, durant el període de temps dedicat a tenir cura de la prole o, en el cas dels animals socials, a afavorir l'aprenentatge i la cohesió del grup.

5.34. Copia aquest text i completa'n els espais buits amb les paraules següents: *arquènteron, zigot, funció, blastòpor, capes, diferenciació, gàstrula, blastocel, mitosis, blàstula, blastòmers* i *mòrula.*

En el desenvolupament del ..., les successives ... donen lloc a una agrupació de cèl·lules, anomenades ..., que rep el nom de ... .

La ... cel·lular consisteix en una modificació de l'estructura i de la ... de la cèl·lula, amb formació de cèl·lules especialitzades.

La ... és una mena de pilota de cèl·lules que delimiten una cavitat interna, el ... .

L'etapa següent en el desenvolupament és la ..., que es produeix per invaginació de les cèl·lules de la blàstula i la formació de dues ... de cèl·lules, i una cavitat , l'..., que s'obre a l'exterior pel ... .

5.35. Indica en quin ordre es produeixen els següents processos en el desenvolupament embrionari d'un insecte amb metamorfosi completa: formació de la gàstrula, fase de quatre blastòmers, pupa, formació del celoma, segmentació, formació del blastòpor, formació de l'imago, formació del mesoderma.

5.36. Indica quatre teixits dels mamífers que provinguin de cadascuna de les tres capes germinatives següents: ectoderma, mesoderma i endoderma.

5.37. Explica les principals diferències entre la metamorfosi senzilla i la complexa. Fes un esquema del cicle d'un insecte del primer grup i d'un del segon grup.

5.38. Explica el significat de la frase: «Durant el desenvolupament embrionari, els caràcters generals apareixen abans que els propis de l'espècie.» A quina llei biològica fa referència? Fins a quin punt es pot considerar correcta aquesta frase?

5.39. Defineix el concepte de *metamorfosi hemimetàbola,* indica algun sinònim d'aquest terme i posa'n algun exemple. Indica el nom d'algun producte de consum i alguna plaga relacionada amb les erugues de determinades papallones.

5.40. Enumera tres tipus de senyals visuals i tres d'auditius que sovint fan servir els animals per comunicar-se entre ells i explica'ls. Explica també en quins ambients o medis naturals poden resultar més eficaços.

5.41. Defineix el terme *comportament* aplicat a la biologia. Explica les diferències entre el comportament instintiu i l'aprenentatge.

Papallona rei (Papilio machaon) *sortint de la crisàlide.*

5.42. Copia i relaciona cada paraula o sintagma del primer grup amb el corresponent del segon grup.

Primer grup: blastocel, gàstrula, imago, hemimetàbola, pupa, teixit vegetal embrionari, material nutritiu de l'ou, larva, pèls, deriva de l'endoderm.

Segon grup: metamorfosi senzilla, fetge, meristema, vitel, desenvolupament postembrionari, deriva de l'ectoderma, insecte adult, blàstula, crisàlide, blastòpor.

5.43. Explica les diferències entre la fecundació interna i l'externa. Exemplifica.

5.44. Indica en quin moment l'embrió animal rep el nom de blàstula i en quin moment, el de gàstrula.

5.45. Quina és la principal característica de l'embrió i dels adults dels animals diploblàstics? Posa un exemple d'aquest tipus d'animals.

5.46. Explica les diferències entre els animals deuterostomats i els protostomats.

5.47. Al llarg del desenvolupament, els embrions dels animals desenvolupen diferents tipus de cavitats internes. Defineix els termes *blastocel, arquènteron* i *celoma.*

5.48. Defineix què és una parada nupcial i explica'n algun exemple que coneguis.

5.49. Consulta una enciclopèdia i escriu una breu biografia de Konrad Lorenz, considerat un dels fundadors de l'etologia moderna.

Explica el concepte d'*empremta,* una de les principals aplicacions de Konrad Lorenz al camp de l'etologia.

5.50. Com es diuen els tipus de senyals olorosos més freqüents en la comunicació entre els animals? Explica les seves característiques.

5.51. Fes un breu resum de com es va perfeccionant la seguretat dels embrions i de les cries en els vertebrats, des dels peixos fins als mamífers.

5.52. Explica quins són els principals senyals visuals i auditius que els animals fan servir per comunicar-se. Fes una llista amb els avantatges i els desavantatges que té cada un d'aquests senyals.

5.53. Defineix els termes *llavor* i *germinació* i indica quines condicions afavoreixen, en general, la germinació. Explica també les diferències entre la germinació hipogea i l'epigea.

5.54. Les llavors tenen una gran importància tant en l'agricultura com en l'alimentació humana. Fes un petit treball en relació amb aquesta importància en el cas concret de l'agricultura i l'alimentació mediterrànies.

1. El gràfic de peu de pàgina mostra el nivell d'ADN cel·lular en el transcurs del cicle cel·lular, mentre que la taula d'aquesta columna permet relacionar la quantitat d'ADN amb el nombre de cromosomes. A partir de la informació que contenen la taula i el gràfic, contesta a les preguntes següents:

a) Quina fase del cicle cel·lular representen els segments 1, 2 i 3?

b) A què corresponen les lletres A i B?

c) Per què augmenta la quantitat d'ADN durant la fase 3?

d) Per què baixa, i de manera tan sobtada, el nivell d'ADN durant A i B?

Nombre de cromosomes	Picograms d'ADN (10^{-12} g)
23	3,65
46	7,3
46 duplicats	14,6

2. Copia aquest text i completa'l amb les paraules següents: *parades, social, territori, fèrtils, comunicació, aparellament, naixements, supervivència, cícliques, galanteig, amenaces, fecundació, defensives, reconeixement, sociobiologia* i *comportament.*

Les activitats reproductives de la major part dels animals són ... i cal coordinar-les perquè els ... es produeixin en les estacions més favorables per a la ... . La major part dels animals són ... en èpoques molt concretes i cal afavorir l'... durant aquestes èpoques per possibilitar la ... .

Per assegurar la reproducció, els animals han desenvolupat sistemes complexos de ..., que sovint són comuns a tasques ..., de marcatge del ..., etc.

L'etologia és l'estudi científic del ... animal, mentre que la ... estudia els fonaments biològics del comportament ... d'alguns animals.

Les ... nupcials, o ..., tracten d'aconseguir el ... i l'acceptació dels mascles per les femelles, però també serveixen per transmetre ... als possibles rivals.

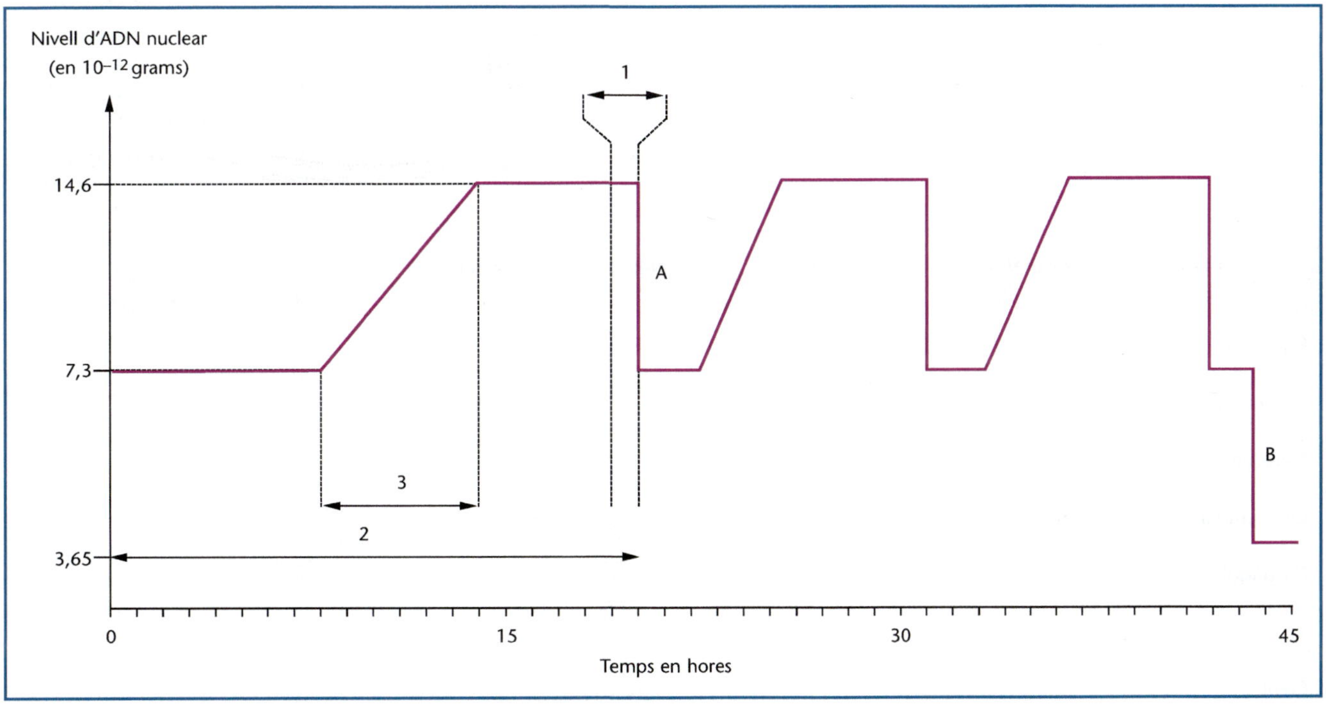

3. En la il·lustració *a*) de la columna del costat, es representen les fases de la metamorfosi de la granota. Respon a les preguntes següents:

a) A quina classe de vertebrats i a quin ordre pertany la granota?

b) Es diu que l'ou de la granota és de tipus anamniota. Explica, fent les consultes oportunes, el significat d'aquest terme.

c) Explica on viu, com es mou i com respira la larva de la granota.

d) Fes un breu resum de les característiques reproductores dels amfibis.

a

4. En la il·lustració *b*) de la columna del costat, es representen les fases de la metamorfosi de la papallona de la col. Escriu el nom de cada una de les fases il·lustrades i explica com s'alimenta i quines transformacions experimenta.

b

5. La investigació sobre les cèl·lules mare ha generat una considerable polèmica de caire sobretot ètic. Busca informació i enumera els arguments mèdics dels que consideren oportuna aquesta investigació i els arguments dels que no l'aproven.

6. Copia la taula de peu de pàgina, referent als diferents tipus de gèrmens, i completa-la.

Germen	Haploide	Diploide	Unicel·lular	Pluricel·lular	Òrgan on es forma	Reproducció en què intervé
Espora						
Espermatozoide						
Gemma						
Ovocèl·lula						
Propàgul						
Anterozoide						
Òvul						

Observació de cèl·lules reproductores

Objectiu

a) Observació de gèrmens o gònades de diferents organismes.
b) Observació del desenvolupament embrionari de diferents organismes.

Material

- Cucs de farina.
- Llavors de la favera (o d'alguna lleguminosa semblant).
- Flors masculines i femenines i pol·len de pi blanc.
- Flors diverses: ginesta, margaridoia i fenàs.
- Eriçons de mar.
- Lupa binocular i microscopi.
- Portaobjectes i cobreobjectes.
- Cristal·litzadors.
- Material de dissecció: agulles emmanegades, pinces de punta fina, estisores i bisturí.

a) Observació de les flors de pi blanc

Al final de l'hivern o al començament de la primavera, el pi floreix i forma dos tipus de flors: les flors masculines i les flors femenines (vegeu les il·lustracions de la pàgina 141).

Observa les flors masculines amb la lupa binocular i descriu-les.

Amb un bisturí, talla longitudinalment una d'aquestes flors i observa'n l'eix central i les làmines groguenques. Cada una d'aquestes làmines és un estam amb dues bosses (els sacs pol·línics), en les quals es forma el pol·len.

Ara observa una pinya violàcia (inflorescència femenina) formada per nombroses esquames imbricades, les quals, en realitat, són flors femenines molt simples. Arrenca'n una amb cura i observa'n les dues petites cavitats. Hi ha un petit pinyó (llavor), envoltat d'una membrana transparent, en cada una de les dues cavitats.

b) Observació dels gàmetes i de la fecundació en l'eriçó de mar

A la primavera, els eriçons de mar arriben a la maduresa sexual i les seves gònades formen gàmetes. Si es tallen els eriçons per un pla equatorial (com es pot veure en la il·lustració d'aquesta pàgina), s'observen les gònades en forma de cinc masses acolorides. En les femelles, els ovaris són ataronjats, mentre que en els mascles els testicles són més blanquinosos o groguencs.

Omple dos cristal·litzadors d'aigua de mar. En un esbocina-hi un trosset de testicle, per tal d'alliberar els espermatozoides, i en l'altre fes el mateix amb un tros d'ovari.

Agafa aigua de cadascun dels dos cristal·litzadors amb dues pipetes i posa'n una gota en un portaobjectes. Després col·loca-hi al damunt el cobreobjectes.

Observa les dues preparacions al microscopi i descriu els gàmetes (forma, mida, mobilitat, etc.).

Per intentar observar la fecundació, posa en un portaobjectes una gota de suspensió d'òvuls i una d'espermatozoides. Descriu el que succeeix si es produeix alguna fecundació.

Finalment, mescla en un mateix recipient les dues suspensions per tal que, si les condicions són adequades, s'hi produeixin moltes fecundacions. Si poses una gota d'aquesta suspensió en un portaobjectes i l'observes a intervals regulars (15', 30', 45', 1 hora, etc.), podràs veure-hi les primeres fases de la fecundació del zigot.

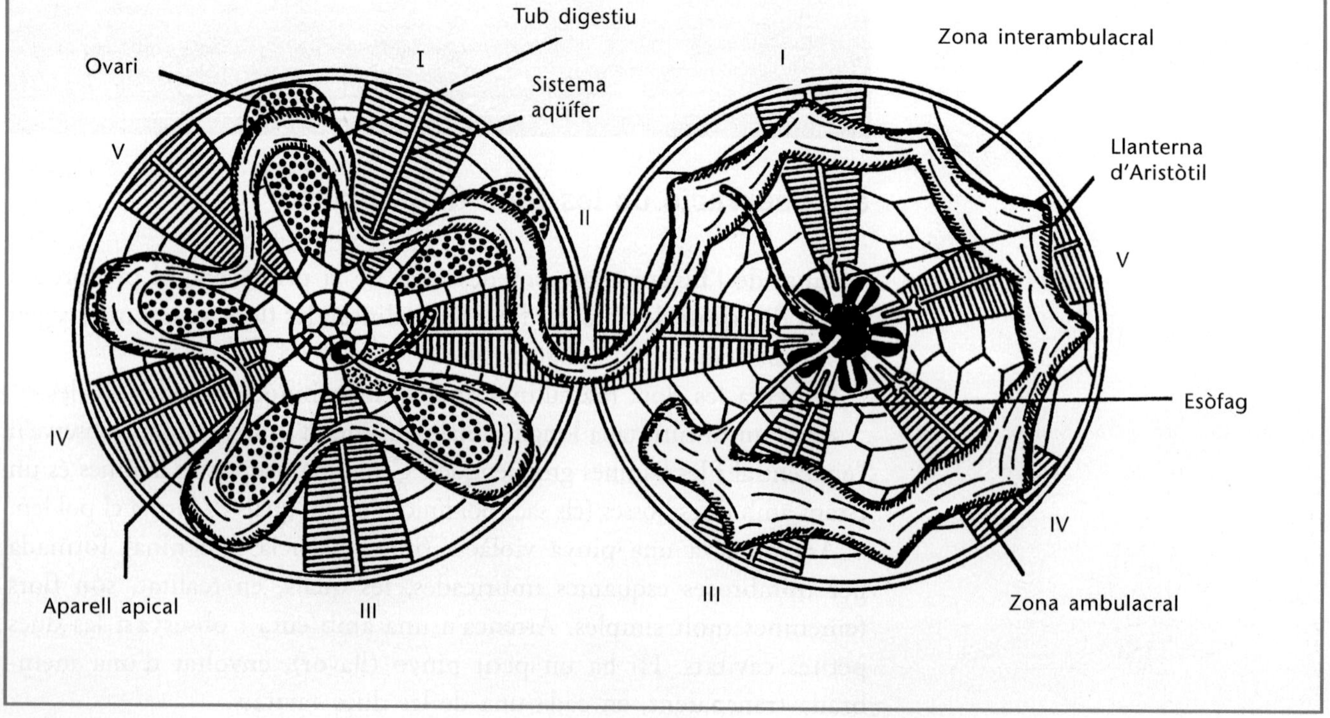

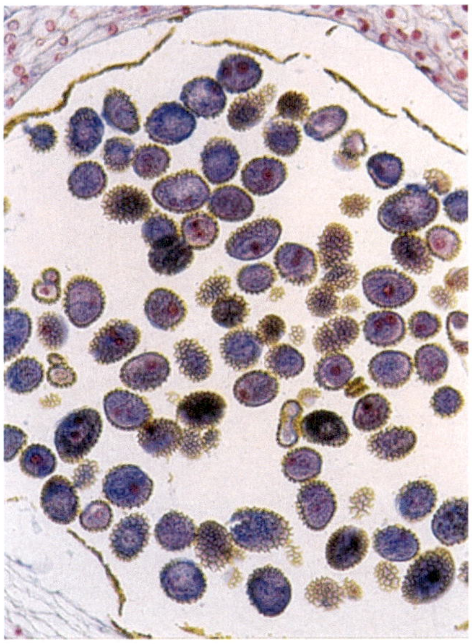

Pol·len de lliri vist a través del microscopi òptic.

c) Observació de la germinació dels grans de pol·len

Es necessiten flors madures amb pol·len i una solució nutritiva que es prepara al bany maria amb 100 ml d'aigua calenta, 10 g de sacarosa i 3 g de gelatina fosa glicerinada. Si no es disposa d'aquests productes, es pot intentar amb aigua ensucrada, encara que el resultat potser se'n ressentirà.

Per observar els grans de pol·len, posa en un portaobjectes una gota de gelatina fosa i estén-la bé. Damunt la gelatina fosa, sacseja-hi una antera madura d'alguna de les flors emprades, o bé tira directament grans de pol·len que hagis recollit prèviament (en primavera és fàcil recollir-ne a les pinedes). Observa la preparació al microscopi i descriu la forma i l'ornamentació dels grans de pol·len. Fes-ne també un dibuix, encara que potser no en sabràs retratar els detalls amb exactitud.

Per observar la germinació del gra de pol·len, amb la formació del tub pol·línic, cal posar unes gotes de la solució nutritiva en un vidre de rellotge ben net. Al mig del líquid es posa un estigma de la flor utilitzada i s'escampen grans de pol·len al seu voltant, fent servir anteres ben madures.

Es posa el vidre de rellotge dins una estufa de cultiu a uns 28 °C durant dues hores i mitja. Si s'observa al microscopi amb un augment mitjà, es poden veure tubs pol·línics clarament orientats cap a l'estigma.

Larva (a), crisàlide (b) i adult (c) del cuc de farina.

d) Cria i observació del desenvolupament embrionari del cuc de farina

L'anomenat cuc de farina o cuc de rossinyol és la larva d'un escarabat d'un centímetre i mig de longitud aproximadament, de color fosc, generalment negre. El nom de cuc de farina fa referència al fet que es tracta d'un escarabat que es desenvolupa amb gran facilitat en productes alimentaris farinacis, com ara la farina, el pa ratllat, el sègol, etc. El nom de cuc de rossinyol al·ludeix al costum dels ocellaires de donar-los com a aliment als ocells insectívors que es crien en captivitat.

El cicle biològic del cuc de farina

La cria d'aquest cuc no pot ser més fàcil. Posa les larves en un recipient amb trossos de pa sec, pa ratllat, farina o sègol. Aquestes larves es poden aconseguir en algunes botigues de fauna i flora, que les venen com a aliment viu per als criadors d'ocells. En condicions normals no necessiten aigua, ja que en tenen prou amb l'aigua que obtenen dels aliments. No calen mesures especials d'il·luminació (més aviat fugen de la llum) ni de temperatura. En tot cas, durant els mesos més freds, cal tapar els recipients de cria amb alguna cosa que en permeti la ventilació.

La durada del cicle biològic complet, en condicions normals, és de 2 o 3 mesos, si bé es pot accelerar augmentant la temperatura ambient.

Les larves tenen forma de cuc i fan uns 3 cm de longitud. Són de color clar, si bé el cap és més fosc, i tenen el cos clarament segmentat. Després de diverses mudes (es poden observar amb facilitat els embolcalls que deixen), es transformen en una pupa, la qual, observada amb una lupa, permet veure alguns òrgans interns. A l'interior d'aquesta pupa es produeixen canvis molt importants en l'anatomia de l'animal, fins a transformar-se en un insecte adult. Aquest, primer és de color clar, i després, al cap de 3 o 4 dies, assoleix el color negre.

Les femelles adultes ponen ous enmig de la farina, que es poden veure amb una lupa senzilla o binocular. Els ous són de forma ovalada, blancs, d'aspecte gelatinós i d'uns 2 o 3 mm de longitud.

Treballs a realitzar amb el cuc de farina

1) Dibuixa un insecte adult i posa el nom a les diferents parts del seu cos. Observa les formes adultes de pocs dies i explica quines diferències hi veus respecte dels adults definitius.

2) Observa (a ull nu i amb la lupa) els diferents estats larvaris en forma de cuc. Després, descriu-los i dibuixa'ls. Observa alguna muda amb la lupa.

3) Observa per transparència els òrgans de la pupa o estat quiescent i descriu-los. Després observa també els ous, descriu-los i dibuixa'ls.

4) Fes un resum de la metamorfosi d'aquest insecte i explica l'exemple d'algun altre tipus d'insecte que es reprodueixi d'aquesta manera (el cuc de seda, la processionària del pi, etc.).

e) Observació i estudi de la llavor i del fruit de la favera

Per fer aquesta activitat, necessites fruits de favera i algunes llavors seques.

El fruit de la favera és un llegum format per una beina d'uns 10 a 20 cm de llargària, recta o una mica corbada, de color verd quan és madura, formada per dues valves. Obre una de les beines de favera i observa que la paret interna presenta una pilositat blanquinosa d'aspecte pelfat.

La llavor és de forma el·líptica, d'uns 2 o 3 cm de llargada i de color verd. Un petit peduncle uneix la llavor a una de les dues valves del fruit, molt a prop de la sutura de les dues valves.

Observa ara una llavor fresca. Primerament retira els dos teguments, un d'exterior, de color verd i molt fi, i un altre d'interior, blanquinós. A l'interior, es troben dues masses verdoses, els cotilèdons.

1) Explica a quin grup de plantes pertany la favera.

2) Quines altres plantes de gran consum pertanyen al mateix grup?

f) Observació i dissecció de diferents tipus de flors

Observa amb detall les il·lustracions següents i llegeix el text que les acompanya. Aconsegueix un exemplar de cada una de les flors descrites i, fent servir el material de dissecció, separa'n les diferents parts i enganxa-les a un full de paper.

Ginesta

La flor de la ginesta (família de les lleguminoses) és de color groc, de simetria bilateral, amb cinc sèpals i cinc pètals de mida diferent. El pètal posterior és molt més gran que els altres. El conjunt dels pètals recorda una papallona. Els dos pètals més interiors estan soldats i formen una mena de tub, la carena. Els estams estan soldats per la base i el pistil sobresurt.

Margaridoia

La flor de la margaridoia (família de les compostes) és, en realitat, una inflorescència, és a dir, un conjunt de flors petites que imita l'aspecte d'una flor individual. Les flors centrals són grogues i presenten els quatre verticils (calze, corol·la, gineceu i androceu). Les flors perifèriques, generalment estèrils, presenten una mena d'ala que és el resultat de la fusió de tres pètals. Tot el conjunt, flors centrals i perifèriques, està envoltat d'unes peces foliàcies que formen l'involucre, que fa la funció del calze de la flor típica.

Fenàs

En la flor del fenàs (família de les gramínies), l'androceu està format per tres estams llargs que sobresurten, al mig dels quals es troba un pistil amb tres estigmes plomosos, que faciliten la captació dels grans de pol·len que els arriben suspesos en l'aire. L'androceu i el gineceu estan protegits per dues fulletes poc vistoses, les glumel·les. Els òrgans reproductors resten ben tancats a dins, i només quan la flor maduri n'emergiran estams i estigmes. Tot el conjunt de flors es distribueix en espiguetes. És una flor adaptada a la pol·linització pel vent.

UNITAT

6

La química de la vida

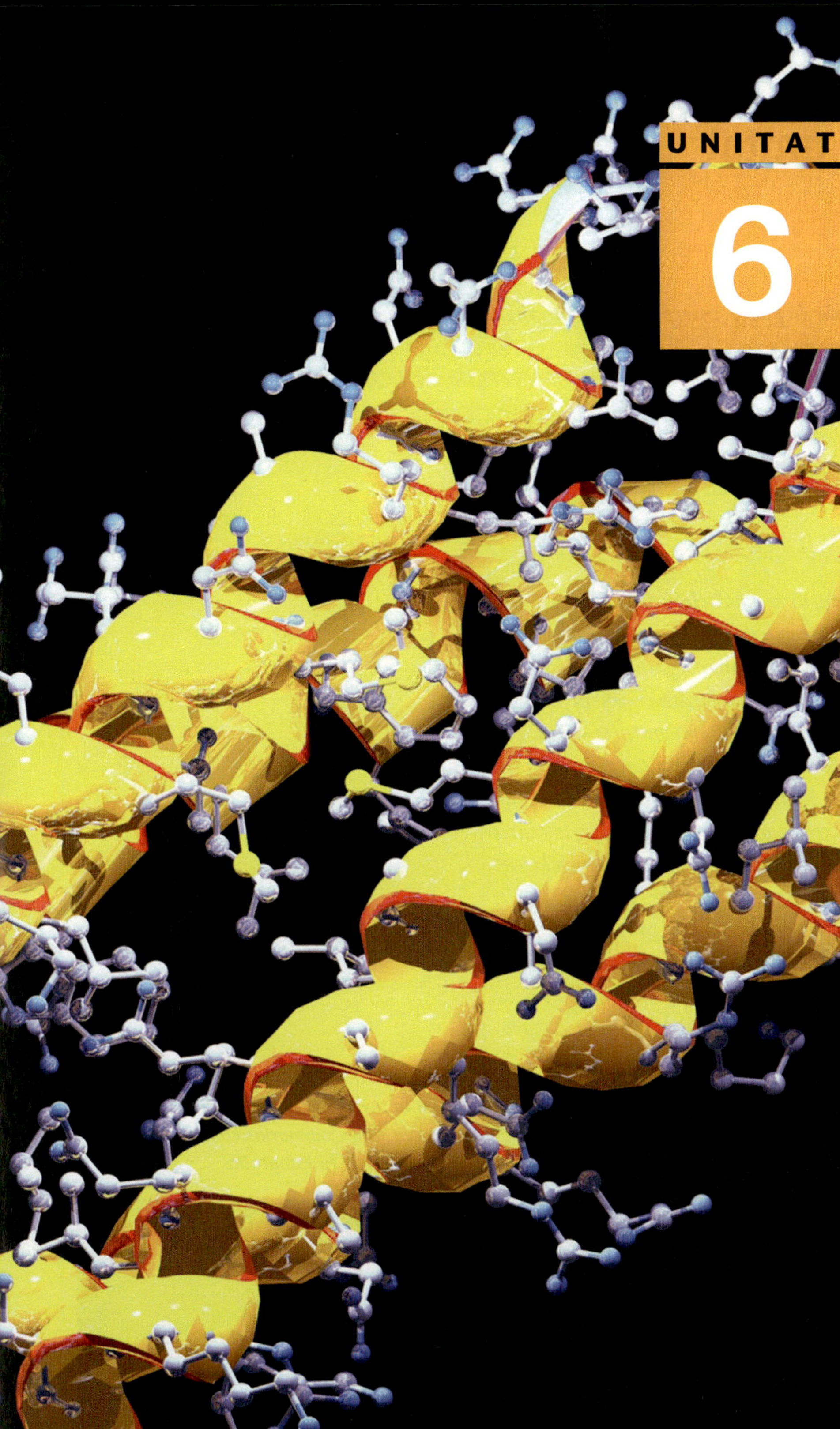

Model informàtic de la molècula de l'apolipoproteïna E (APOE).

Els organismes són químicament molt complexos, tenen una configuració molt organitzada i cada component hi fa una funció específica.

Els éssers vius són capaços d'extreure, de transformar i d'incorporar a les seves estructures la matèria i l'energia del seu entorn, i també presenten la capacitat d'eliminar les substàncies inútils o perjudicials. Aquests processos reben el nom de metabolisme. Els organismes presenten les capacitats de sensibilitat i d'irritabilitat, mitjançant les quals són capaços de respondre als estímuls físics i químics procedents de l'entorn, que canvia contínuament.

1. La diversitat i la unitat dels organismes

El propòsit de la biologia moderna és poder interpretar les propietats de l'organisme a partir de l'estructura de les molècules que el constitueixen.

FRANÇOIS JACOB, La lògica del vivent *(1970)*

DOCUMENTS

Les fronteres de la vida

Sovint es creu que els organismes necessiten unes condicions físiques i químiques molt estrictes per al seu desenvolupament, cosa que és certa respecte als vegetals i animals superiors, però en el món dels microorganismes s'ha comprovat que certs grups viuen en unes condicions extraordinàriament difícils.

La major part d'organismes de la biosfera viuen a temperatures suaus. No obstant això, els límits tèrmics en els quals es troben bacteris són molt amplis. Per exemple, a les fonts termals dels fons oceànics s'han trobat bacteris que viuen i es reprodueixen a 112 °C. En l'extrem oposat, alguns bacteris viuen a alguns graus sota zero en aigües suficientment salades per no congelar-se.

La pressió a què viuen alguns microorganismes també presenta límits extrems: alguns bacteris creixen a pressions molt baixes, properes al buit, mentre que els organismes dels fons marins poden suportar pressions hidrostàtiques extraordinàries (cal recordar que al mar la pressió hidrostàtica s'incrementa aproximadament una atmosfera per cada 10 metres de profunditat).

L'elevada salinitat tampoc no és un problema per a alguns organismes, que suporten salinitats de més del 30 %, com tampoc no ho és la manca d'oxigen, ja que nombroses comunitats microbianes anaeròbies poden viure en absència d'aquest element, i fins i tot n'hi ha algunes que només poden viure si hi falta oxigen lliure.

Durant molt temps s'ha cregut que la vida es desenvolupava en una franja molt estreta de la superfície dels continents (fins a pocs quilòmetres d'altitud i fins a pocs metres de profunditat en el subsòl) i dels oceans (la profunditat màxima dels quals és d'uns 11 000 metres). En canvi, s'han descobert bacteris en mostres de roques que procedeixen de perforacions que arriben als 2,8 km de profunditat, on les temperatures són elevades i les pressions litostàtiques extraordinàries, i riques comunitats en les dorsals oceàniques, a milers de metres de profunditat.

Les fronteres de la vida són cada vegada més difícils d'establir.

En la investigació oceanogràfica es fan servir ginys submarins com ara el batiscaf de la fotografia.

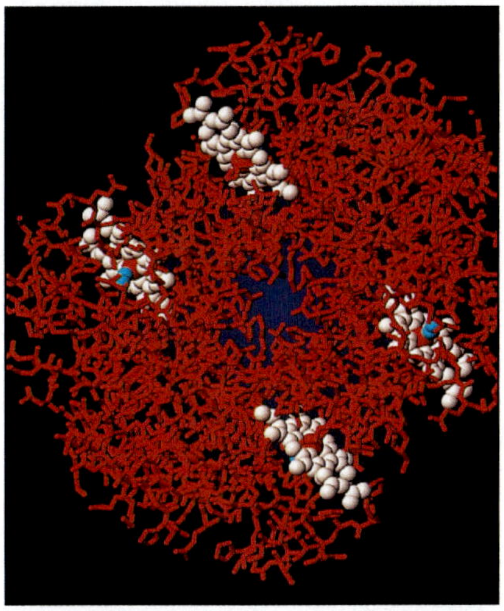

Model molecular d'hemoglobina creat per ordinador.

Quan s'estudia el conjunt d'organismes (biosfera) que poblen la superfície terrestre, destaquen dues característiques: la **diversitat** i la **unitat**.

Actualment la biosfera és formada per uns quants milions d'espècies d'organismes que es diferencien notablement per la mida (des dels microorganismes de menys d'un micròmetre fins a alguns vegetals i animals de bastants metres de longitud), per la forma i pels variats ambients on viuen.

Ara bé, no obstant aquesta clara diversitat, quan s'estudien els aspectes químics dels diferents organismes (és a dir, la seva composició i les reaccions químiques que tenen lloc en el seu interior), s'observa una notable similitud química. De fet, els organismes són formats per les mateixes molècules i tenen la mateixa constitució, ja que provenen de la química del **carboni** (química orgànica), que es desenvolupa en un medi líquid, l'**aigua**. Tota aquesta química es produeix a partir d'una organització bàsica que anomenem **cèl·lula**.

2. Els nivells d'organització

De macroscòpic a microscòpic (escala logarítmica).

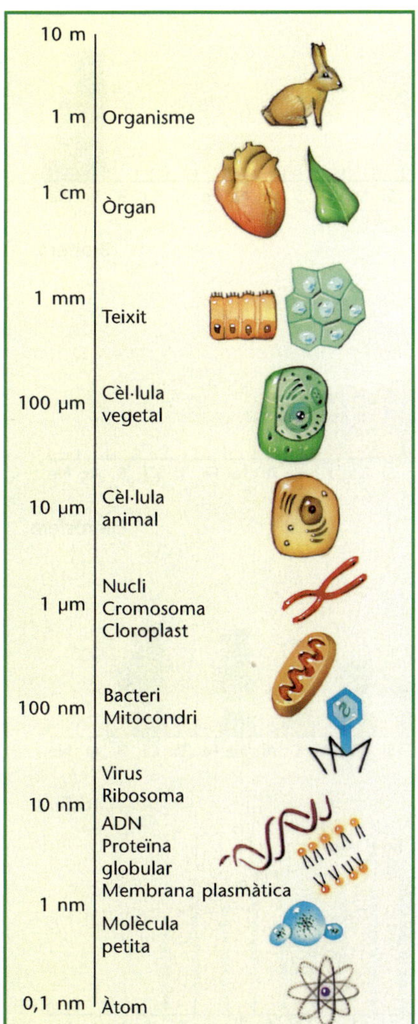

La composició, l'estructura i el funcionament dels organismes s'estudien des de cinc nivells d'organització o de complexitat diferents.

A **nivell molecular** s'estudia de quina manera els organismes són formats per determinats elements químics (bioelements) que es combinen formant les **biomolècules** (molècules biològiques o principis immediats). Del seu estudi se n'encarreguen la bioquímica i la biologia molecular.

A **nivell cel·lular** s'estudia la cèl·lula, la unitat estructural, funcional i reproductora dels éssers vius. Es coneixen dos tipus bàsics de cèl·lules: les **procariotes** (sense nucli diferenciat) i les **eucariotes** (amb nucli diferenciat). La citologia i la biologia cel·lular n'estudien les característiques.

A **nivell d'organisme** s'estudia de quina manera es coordinen les cèl·lules. Hi ha dos grans grups d'organismes: els **unicel·lulars** i els **pluricel·lulars**, els quals presenten **teixits**, **òrgans** i **aparells**. Les ciències que estudien aquest nivell són: la botànica, la zoologia, la microbiologia, la histologia, l'anatomia, la fisiologia, la genètica, l'embriologia, la paleontologia i la taxonomia.

A **nivell de població** s'estudien els organismes com a constituents d'una població, o conjunt d'organismes d'una espècie, que viuen en un espai i en un temps determinats. L'evolució i la genètica de poblacions en tracten els aspectes essencials.

Finalment, a **nivell d'ecosistema** s'estudien les interrelacions dels organismes entre ells i amb el medi en el qual viuen, és a dir, estudia l'ecosistema: la unitat funcional de la biosfera constituïda per un conjunt d'organismes (la biocenosi) i un espai i unes condicions físiques i químiques (el biòtop). L'ecologia s'ocupa d'estudiar aquest nivell.

3. Els bioelements

Els **bioelements** són els elements químics que entren en la composició de la matèria viva i que són necessaris per al bon funcionament dels organismes.

Del centenar d'elements químics coneguts, uns trenta són essencials per als organismes. Es tracta dels mateixos elements que es troben en l'escorça terrestre, a l'aire i a la hidrosfera, però en la matèria viva apareixen en proporcions força diferents.

Onze dels biolements, els anomenats **bioelements plàstics,** formen més del 99 % de la matèria viva i són presents en tots els organismes. Els altres, els anomenats **oligoelements**, es troben en quantitats molt petites i no pas en tots els organismes.

Si tenim en compte el nombre d'àtoms, els bioelements plàstics més abundants en els organismes són: l'hidrogen (H), l'oxigen (O), el carboni (C) i el nitrogen (N). Cal tenir en compte que els dos primers elements formen part de l'aigua, la biomolècula més nombrosa.

Composició elemental (en %) de l'atmosfera, la biosfera, la hidrosfera i la litosfera (l'escala és logarítmica).

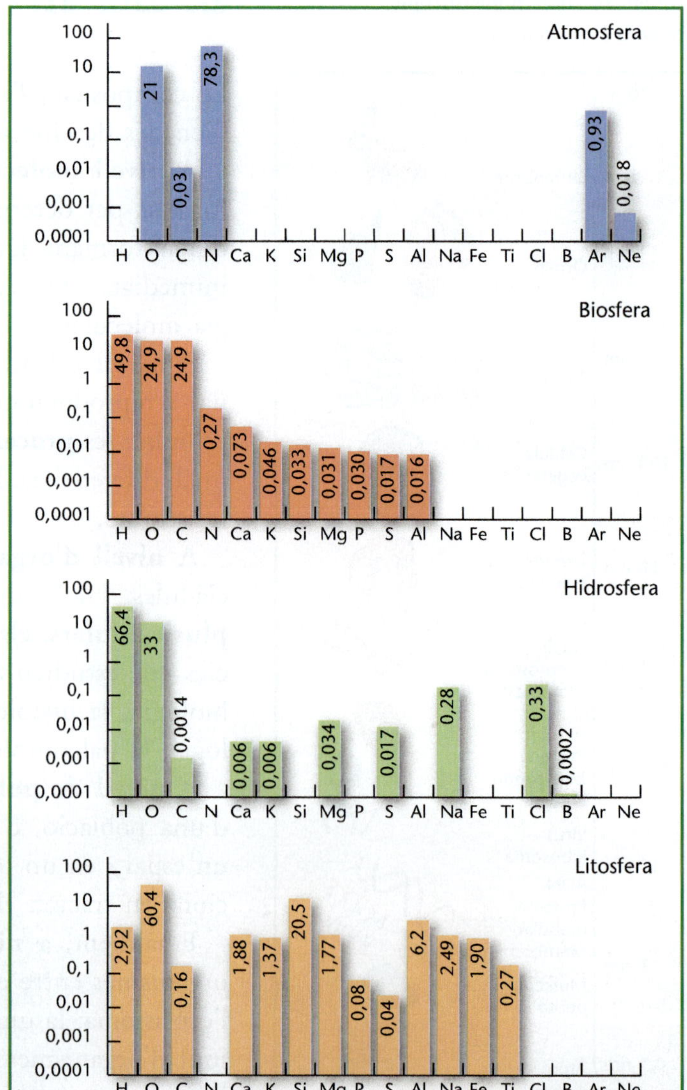

L'**hidrogen** és un dels components de l'aigua, la molècula més abundant en els organismes. Així mateix, és un component essencial de la major part de les biomolècules. L'ió hidrogen és l'element reductor en nombroses reaccions biològiques.

L'**oxigen** és l'altre component de l'aigua i forma part de la majoria de les biomolècules, generalment en forma de grups funcionals, és a dir, d'agrupacions d'àtoms que confereixen propietats característiques a les biomolècules orgàniques. Es troba lliure i en gran quantitat en l'atmosfera. Les plantes, els animals i la majoria dels microorganismes utilitzen l'oxigen per oxidar els aliments i obtenir energia; aquest procés s'anomena **respiració aeròbia**.

El **carboni** constitueix una desena part del pes total dels organismes i representa aproximadament el 40 % de la matèria seca. Sovint es diu que el substrat material dels processos vitals és format per molta aigua i carboni. El carboni és un element no metàl·lic, lleuger, tetravalent i que pot establir quatre enllaços amb altres àtoms o grups d'àtoms. Quan aquests quatre enllaços es formen amb àtoms o grups d'atoms diferents, el carboni rep el nom de **carboni asimètric**. L'enllaç carboni-carboni, de tipus covalent i molt estable, permet la formació de cadenes d'àtoms de carboni que constitueixen l'esquelet de la major part de les molècules biolò-

Els bioelements plàstics		
Element	*Símbol*	*Massa atòmica*
Hidrogen	H	1,01
Oxigen	O	16,00
Carboni	C	12,01
Nitrogen	N	14,01
Fòsfor	P	30,97
Sofre	S	32,06
Sodi	Na	22,99
Potassi	K	39,10
Calci	Ca	40,08
Magnesi	Mg	24,31
Clor	Cl	35,45

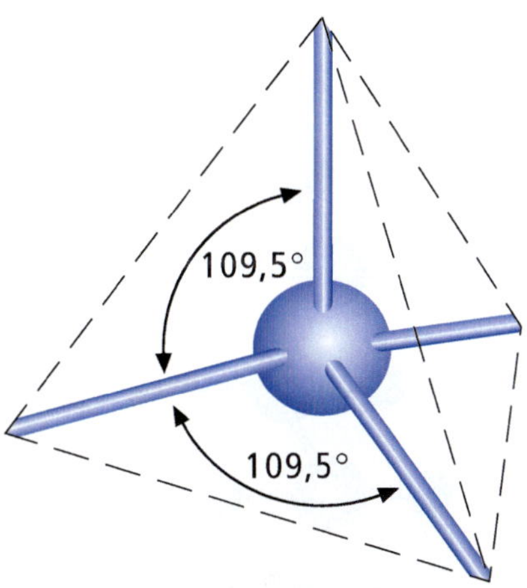

Disposició tetraèdrica de l'àtom de carboni: els quatre enllaços covalents es disposen en l'espai cap als quatre vèrtexs d'un teòric tetraedre.

giques. La principal font de carboni disponible per a la biosfera és el diòxid de carboni de l'aire. Mitjançant la fotosíntesi, les plantes capten aquest compost, que fan servir per crear les biomolècules, i desprenen oxigen.

El **nitrogen** forma part dels aminoàcids que constitueixen les proteïnes i de les bases nitrogenades que formen els àcids nucleics. Malgrat que es troba en grans quantitats en l'atmosfera, prop del 80 % de la qual és nitrogen lliure, únicament un reduït grup de microorganismes (els bacteris fixadors del nitrogen) són capaços de captar el nitrogen atmosfèric i fer que la resta d'organismes el puguin utilitzar.

Els altres bioelements plàstics –el fòsfor (P), el sofre (S), el sodi (Na), el potassi (K), el calci (Ca), el magnesi (Mg) i el clor (Cl)–, malgrat que també són essencials, es troben en quantitats molt més baixes i força variables d'un organisme a un altre.

El **fòsfor** és un component de moltes biomolècules, com ara els fosfolípids, certes proteïnes, els àcids nucleics, l'ATP, etc.

El **sofre** és un component d'un grup nombrós de proteïnes.

El **sodi** és un component bàsic de molts líquids orgànics i és imprescindible en la regulació dels processos osmòtics i en la conducció de l'impuls nerviós.

El **potassi** és imprescindible en el metabolisme vegetal i animal, ja que és necessari en el creixement de les plantes i intervé en la conducció nerviosa.

El **calci** forma part dels ossos, de les closques, de les parets cel·lulars, etcètera. Intervé en la regulació de la permeabilitat de les membranes, en la contracció muscular, en la regulació del pH...

El **magnesi** és un component de la molècula de clorofil·la, bàsica per a la fotosíntesi. Intervé en la producció d'energia al múscul, en la transmissió dels impulsos nerviosos, etc.

El **clor** és present en la major part de les cèl·lules i intervé en la regulació de la pressió osmòtica.

Composició en bioelements del cos humà (per cada 10 000 àtoms).
El 99,25 % dels àtoms del cos humà són H, O, C i N. El 0,75 % que queda correspon a diversos elements, alguns dels quals hi són presents en concentracions molt baixes.

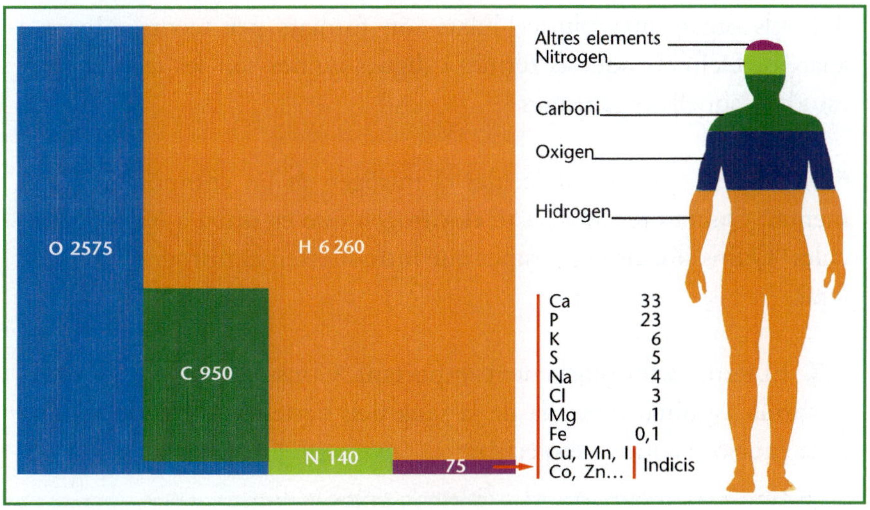

ACTIVITATS

6.1. Tenint en compte que el carboni és, després de l'aigua, el principal component de la matèria que forma els organismes, fes les activitats que et proposem a continuació:

a) Explica el significat de les afirmacions següents:

– El carboni és un element tetravalent.

– El carboni és un element no metàl·lic.

b) Consulta la taula periòdica dels elements i digues quin és el nombre d'ordre del carboni i el seu pes atòmic. Quin element precedeix el carboni i quin el segueix, en aquesta taula?

c) Quina és la procedència del carboni que forma la matèria orgànica dels organismes? Explica la relació entre la fotosíntesi i el carboni.

d) Dibuixa una cadena lineal de cinc àtoms de carboni i indica quants enllaços lliures presenta. Dibuixa també una cadena de sis àtoms de carboni amb dues cadenes laterals de dos i tres àtoms de carboni disposats en els carbonis 2 i 5.

e) Dibuixa les formes cícliques que es poden derivar de les dues cadenes d'àtoms de carboni representades a continuació:

6.2. La major part de les biomolècules es poden considerar derivades dels hidrocarburs. Quins són els seus dos components? Transforma en hidrocarburs les dues cadenes de cinc i sis àtoms de carboni representades en els dibuixos de l'activitat anterior.

6.3. Digues quins són els nivells d'organització des dels quals s'estudia la composició, l'estructura i el funcionament dels organismes.

6.4. Pel que fa a les cèl·lules, quina és la principal divisió dels organismes que formen la biosfera?

6.5. Els organismes pluricel·lulars són formats per teixits, òrgans i aparells. Defineix aquests termes i digues quines són les ciències que estudien aquells organismes.

6.6. Digues a quines molècules el nitrogen és un component fonamental. Quina procedència té el nitrogen que es troba a les biomolècules? Quins són els organismes que introdueixen el nitrogen a la biosfera?

6.7. El ferro és un bioelement important. Consulta una enciclopèdia i esbrina a quina molècula de la sang dels vertebrats abunda. Quina és la funció d'aquesta molècula?

Oligoelements

Cu, Cr, Sn, Fe, I, Mn, Co, Mo, Ni, Se, Si, V, Zn, F, B, As.

RECORDA

Els **hidrocarburs** són compostos formats únicament per carboni i hidrogen.

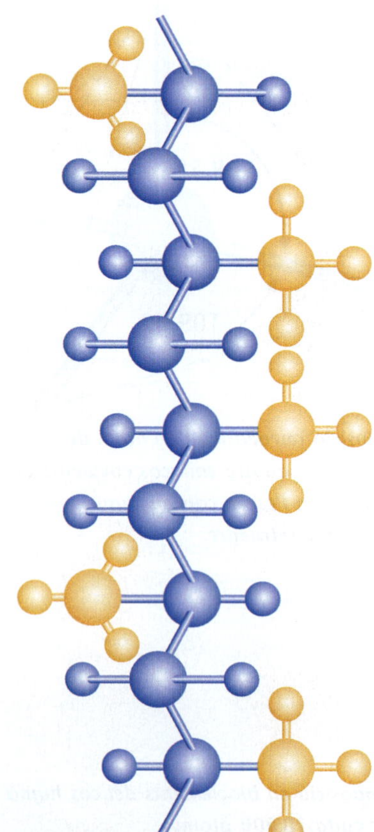

Cadena carbonada saturada amb hidrògens i radicals de metil. Els grups metil estan representats per les rodones de color taronja.

Principis immediats	
Inorgànics	*Orgànics*
Aigua	Glúcids
Sals minerals	Lípids
	Proteïnes
	Àcids nucleics

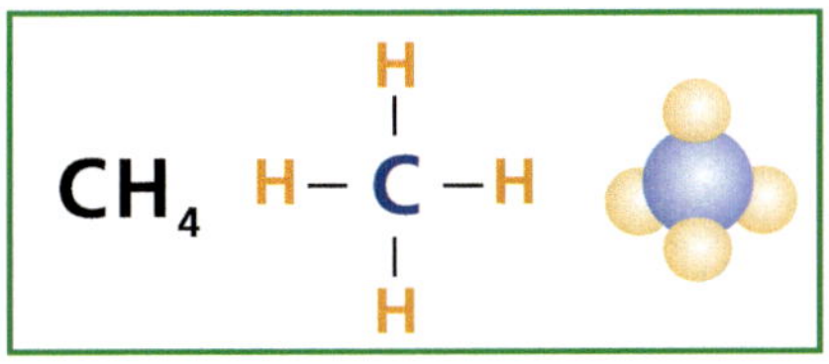

Fórmula, estructura i model molecular del metà.

Els alcans principals	
Nom	*Orgànics*
Metà	CH_4
Età	$CH_3–CH_3$
Propà	$CH_3–CH_2–CH_3$
Butà	$CH_3–CH_2–CH_2–CH_3$
Pentà	$CH_3–(CH_2)_3–CH_3$
Hexà	$CH_3–(CH_2)_4–CH_3$
Heptà	$CH_3–(CH_2)_5–CH_3$
Octà	$CH_3–(CH_2)_6–CH_3$
Nonà	$CH_3–(CH_2)_7–CH_3$
Decà	$CH_3–(CH_2)_8–CH_3$

4. Les biomolècules o principis immediats

Segons la seva composició química, les biomolècules es divideixen en dos grups: les biomolècules **inorgàniques**, que inclouen l'aigua i les sals minerals, i les biomolècules **orgàniques**, que inclouen els glúcids, els lípids, les proteïnes i els àcids nucleics, i que són formades per cadenes d'àtoms de carboni.

La major part de les biomolècules orgàniques són **hidrocarburs polifuncionals**. Els **hidrocarburs**, o els seus derivats, són compostos formats per carboni i hidrogen. L'esquelet dels hidrocarburs és format per cadenes d'àtoms en què els enllaços són saturats per àtoms d'hidrogen. Es diuen hidrocarburs **polifuncionals** aquells que tenen dos o més àtoms d'hidrogen substituïts per **grups funcionals** (alcohol, aldehid, carbonil...).

Els principis immediats orgànics es caracteritzen pels àtoms que els formen i per la seva disposició en l'espai. Així, es diu que dues biomolècules orgàniques són **isòmeres** quan són formades pels mateixos àtoms, alguns dels quals estan orientats de manera diferent. Normalment, les biomolècules isòmeres presenten propietats físiques i químiques diverses.

Les classes principals en què es poden classificar les biomolècules constitueixen els dos tipus diferents de principis immediats: els inorgànics i els orgànics. L'aigua i les sals minerals constitueixen els principis immediats inorgànics, mentre que els glúcids, els lípids, les proteïnes i els àcids nucleics constitueixen quatre classes existents de principis immediats orgànics.

La major part dels principis immediats orgànics tenen estructures grans i complexes, amb un pes molecular elevat, i s'anomenen **macromolècules**. Encara que les macromolècules que formen els organismes

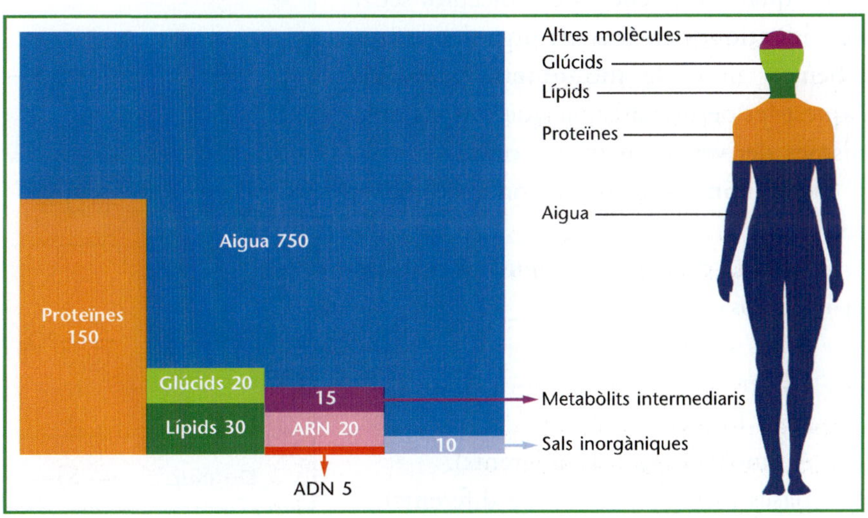

Composició en biomolècules d'una cèl·lula humana (en grams per cada 1 000 g de material cel·lular).

presentin una gran complexitat i una gran varietat (en l'ésser humà es coneixen, per exemple, desenes de milers de proteïnes diferents), totes elles són formades per un nombre reduït de molècules senzilles.

Així, per exemple, la major part dels polisacàrids (els glúcids més abundants) són formats per pocs monòmers simples, els monosacàrids, el més important dels quals és la glucosa.

En molts lípids els components fonamentals són uns quants àcids grassos, la glicerina i l'àcid fosfòric.

Totes les proteïnes, el grup de macromolècules més variat i abundant, són formades únicament per combinacions de vint aminoàcids diferents.

Els àcids nucleics, les molècules que contenen la informació genètica, són constituïts per vuit tipus diferents de mononucleòtids. Cadascun d'ells és format per una base nitrogenada (només se'n coneixen cinc), un glúcid de cinc àtoms de carboni (la ribosa o el seu derivat, la desoxiribosa) i l'àcid fosfòric.

Com a conclusió es pot dir que:

a) Els organismes són formats per una gran varietat de macromolècules biològiques que desenvolupen funcions específiques (energètica, de reserva, estructural, reguladora, etc.).

b) Les biomolècules orgàniques són constituïdes per la unió d'un nombre reduït (unes quantes desenes) de molècules senzilles, idèntiques en tots els organismes, que reben el nom de **monòmers essencials**. Aquest fet permet afirmar que tots els organismes deriven d'un tronc comú.

Els monòmers essencials són els següents:

- Ribosa, desoxiribosa, glucosa, galactosa i fructosa.
- Àcids grassos.
- Glicerina.
- Àcid fosfòric.
- Aminoàcids (20 de diferents).
- Bases nitrogenades (5 de diferents).

Grups funcionals més freqüents en les biomolècules orgàniques.

Grup funcional	Fórmula	Estructura	Família de compostos
Metil	$—CH_3$	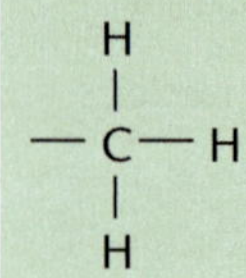	
Etil	$—CH_2—CH_3$	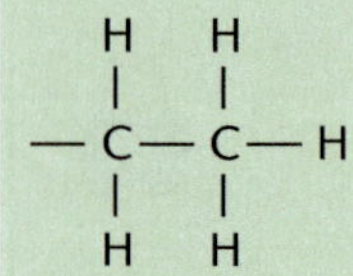	
Hidrox	—OH	—O—H	Alcohols i fenols
Aldehi	—CHO	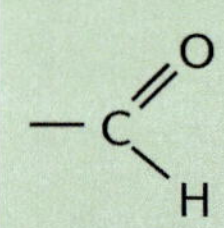	Aldehids
Carbon	—CO—	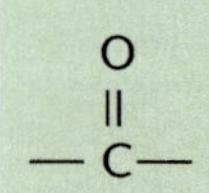	Cetones
Carbox	—COOH	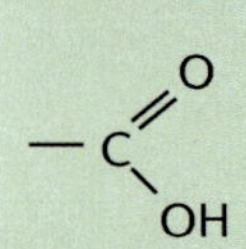	Àcids
Amino	$—NH_2$	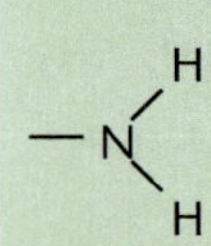	Amines
Èster	—COO—	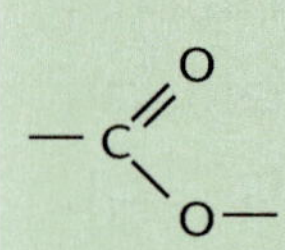	Èsters
Èter	—O—	—O—	Èters
Fosfat	$—H_2PO_4$	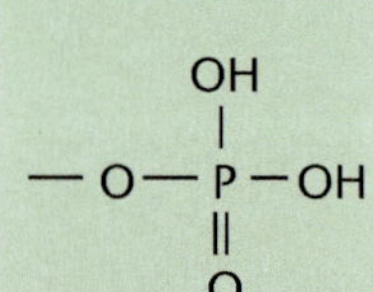	
Disulfur	$—S_2—$	—S—S—	

Estructura dipolar de la molècula d'aigua.

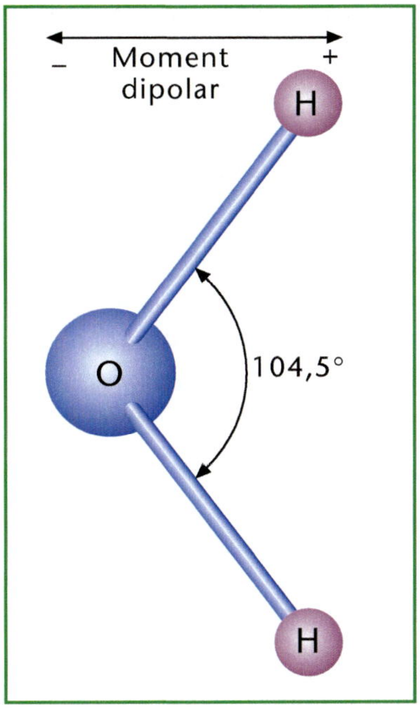

5. L'aigua

L'aigua és la biomolècula més abundant en tots els organismes i és el medi en el qual es desenvolupen les reaccions biològiques. Es pot afirmar que no hi ha vida sense aigua.

En els organismes, l'aigua es pot trobar en forma d'**aigua intracel·lular** (en les diferents parts líquides de la cèl·lula, com ara les que banyen el citosol i els orgànuls), d'**aigua intersticial** (la que ocupa l'espai entre les cèl·lules) i d'**aigua circulant** (la que constitueix els líquids orgànics, com ara la saba, la sang o la limfa). Cal considerar, també, l'**aigua metabòlica**, que s'origina durant les reaccions biològiques.

El pas de l'aigua pels organismes, en els quals es troba en renovació contínua, només és una fase del cicle de l'aigua en la natura.

Contingut d'aigua en el cos humà (%)	
Saliva	99,5
Llet	89
Ronyó	83
Sang	79
Múscul	76
Pell	72
Fetge	70
Cartílag	55
Os	22
Dentina	10

5.1. Les funcions biològiques de l'aigua

L'aigua realitza diverses funcions biològiques:

a) És un bon dissolvent, especialment dels compostos iònics, com ara la sal, i dels compostos polars, com ara els sucres. Amb les substàncies no solubles, per exemple les proteïnes i els greixos, l'aigua forma dispersions col·loïdals amb funcions biològiques importants.

b) És el principal agent de transport de moltes substàncies (nutritives, reguladores, excretores, etc.) i permet el moviment de partícules dissoltes (difusió).

c) Com a reactiu químic facilita moltes de les reaccions del metabolisme i produeix hidratacions, hidròlisis i reaccions d'oxidació-reducció.

d) Actua com un excel·lent termoregulador, gràcies a les seves característiques tèrmiques, i contribueix al manteniment de la temperatura dels organismes davant els canvis de la temperatura exterior.

e) Intervé en el manteniment de l'estructura i la forma de les cèl·lules i dels organismes pluricel·lulars, especialment en les plantes.

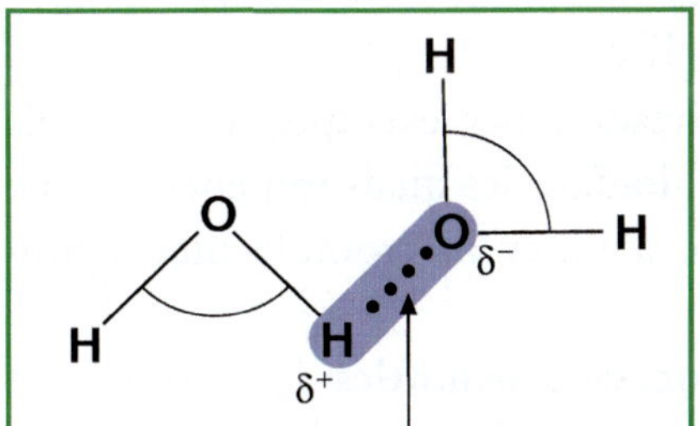

L'enllaç d'hidrogen és una unió entre dipols molt intensos.

La molècula d'aigua és polar: l'àtom d'oxigen posseeix una càrrega elèctrica negativa, mentre que els àtoms d'hidrogen tenen càrregues positives. Si bé la molècula és elèctricament neutra, la irregular distribució de les càrregues fa que entre les molècules d'aigua s'estableixin atraccions elèctriques que es coneixen amb el nom de ponts d'hidrogen.

BARCANOVA

DOCUMENTS

L'aigua i la vida

L'aigua és sens dubte el requisit essencial per al nostre tipus de vida. Malgrat que l'evolució ha originat éssers vius que viuen en terra ferma, aquests han de mantenir humit el seu interior. És cert que alguns organismes han desenvolupat sistemes per sobreviure en condicions d'extrema sequera, però és indubtable que els processos de la vida terrestre únicament tenen lloc a l'aigua. És el medi fonamental en què es produeixen les reaccions característiques dels organismes.

6. Les sals minerals

El grup de principis immediats inorgànics de les sals minerals és constituït sobretot per clorurs, sulfats, fosfats, carbonats, bicarbonats i nitrats de sodi, de potassi, de calci, de magnesi, d'amoni...

En els organismes, les sals minerals, o els seus ions, es poden trobar:

– en **estat sòlid**, com ara la sílice (SiO_2) de les closques de les diatomees i dels radiolaris, o el carbonat i el fosfat de calci que formen els ossos dels vertebrats i les closques dels mol·luscos, els equinoderms i alguns foraminífers;

– en **dissolució** en els líquids que constitueixen el medi intracel·lular i el medi intern;

– **combinades** per formar les biomolècules orgàniques, com és el cas de l'àcid fosfòric, que és un component dels àcids nucleics, de l'ATP, dels fosfolípids, etc.

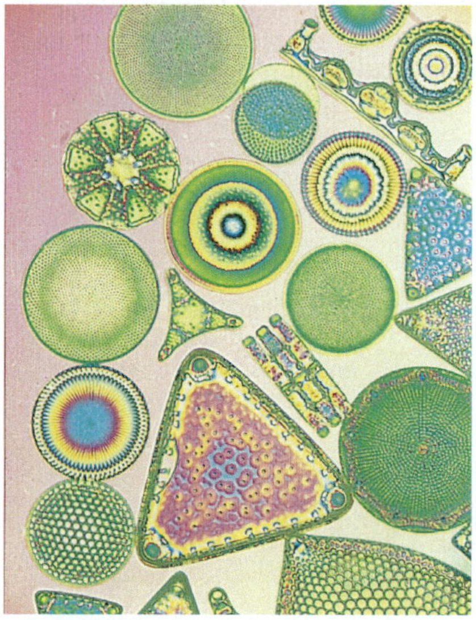

Les diatomees són algues unicel·lulars que presenten un exosquelet format de SiO_2 (200x).

Les funcions que desenvolupen els ions i les sals minerals en els organismes són molt variades i importants. Es poden resumir de la manera següent:

a) Funcions **estructurals**. Les realitzen el carbonat de calci, el fosfat de calci, la sílice, etc., que formen l'endosquelet i l'exosquelet de molts organismes.

b) Funcions **reguladores del pH**, realitzades principalment pel grup fosfat i el grup bicarbonat. Aquestes molècules (substàncies tampó) tenen un efecte estabilitzador sobre els canvis del pH.

c) Funcions **estabilitzadores**, realitzades, per exemple, per les sals estabilitzadores de les dissolucions col·loïdals, les quals impedeixen que aquestes gelifiquin i afavoreixen que algunes macromolècules siguin solubles.

d) Funcions **reguladores dels processos osmòtics** i de transport d'aigua a través de les membranes cel·lulars. El potassi, per exemple, afavoreix que la cèl·lula capti aigua i que augmenti la seva turgència, mentre que el calci fa l'efecte contrari.

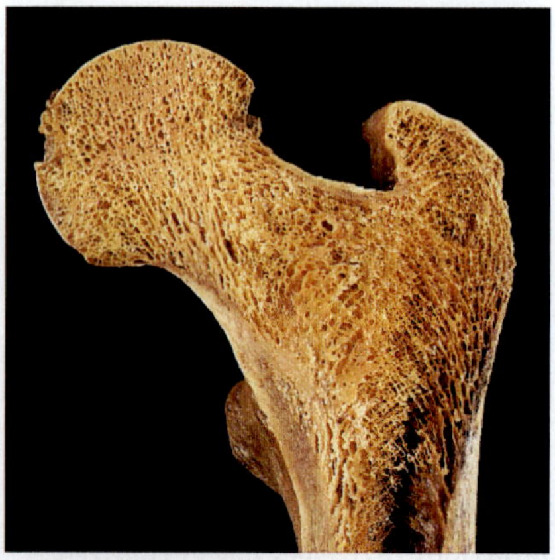

Secció del cap del fèmur humà.

e) Funcions **específiques**. La concentració de ions de sodi i potassi o de calci i magnesi, té una gran importància en la transmissió nerviosa i en la contracció muscular. Alguns cations són components imprescindibles de certes macromolècules, com ara el magnesi en la clorofil·la (pigment fotosintètic) i el ferro en l'hemoglobina dels glòbuls vermells de la sang.

RECORDA

Els compostos que tenen una mateixa fórmula molecular, però els àtoms distribuïts d'una manera diferent, reben el nom d'**isòmers**, i el fenomen rep el nom d'**isomeria**.

ACTIVITATS

6.8. Defineix *biomolècula* i *monòmer*. Indica de quines molècules biològiques formen part els monòmers següents: base nitrogenada, aminoàcid, glicerina, àcid gras, glucosa, nucleòtid i àcid fosfòric.

6.9. Enumera de quines maneres l'aigua és present en els organismes. Què s'entén per aigua metabòlica?

6.10. A part de l'aigua, quin és el grup de biomolècules més abundant en la cèl·lula humana?

6.11. Explica breument la funció transportadora i la funció termoreguladora de l'aigua en els organismes.

6.12. Indica si són certes o falses les frases següents:

a) En els organismes no hi ha cap element químic que no es trobi a l'escorça terrestre, a l'atmosfera o a la hidrosfera.

b) Les plantes poden prendre el nitrogen de l'atmosfera.

c) Els procariotes són els organismes formats per moltes cèl·lules.

d) Els hidrocarburs són formats per carboni, hidrogen i oxigen.

e) Els àcids nucleics són formats per uns monòmers anomenats nucleòtids.

f) La glicerina és un component de la major part dels glúcids.

g) L'aigua és un bon dissolvent dels glúcids i de les proteïnes.

7. L'estat fisicoquímic de la matèria viva

Els líquids que formen el medi intern dels organismes són **dispersions aquoses**. Si la mida de les partícules de la fase dispersa és inferior a 1 nm, les dispersions s'anomenen **dispersions vertaderes**; si són més grans, s'anomenen **dispersions col·loïdals** o **col·loides**.

En les dispersions vertaderes, la fase dispersa pot ser formada per molècules, **dissolució molecular**, o per ions, **dissolució iònica**. La glucosa forma dissolucions moleculars, mentre que les sals minerals, els àcids i les bases, a causa de la facilitat amb què es dissocien en ions, formen dissolucions iòniques.

DOCUMENTS

Tipus de col·loides

- *Segons les partícules que formen la fase dispersa:*

– ***Macromoleculars*** *(col·loides formats per un sol tipus de molècules de massa molecular superior a 10 000).*

– ***Micel·lars*** *(formats per agrupacions de molècules de mida més reduïda, que formen micel·les).*

- *Segons l'estat físic de la fase dispersa:*

– ***Suspensions*** *(si tenen la fase dispersa sòlida).*

– ***Emulsions*** *(si la fase dispersa és formada per un líquid no miscible amb la fase dispersadora).*

- *Segons l'afinitat entre les partícules de la fase dispersa i de la dispersadora:*

– ***Liòfils*** *(si l'afinitat és alta).*

– ***Liòfobs*** *(si l'afinitat és escassa o nul·la, o si hi ha repulsió).*

- *Segons l'estat físic del sistema col·loïdal:*

– ***Sol*** *(és fluid i líquid a causa de l'abundància de la fase dispersadora).*

– ***Gel*** *(és semisòlid i gelatinós).*

- *En cas que la fase dispersadora sigui l'aigua, els col·loides poden ser:*

– ***Hidròfils*** *(si les partícules de la fase dispersa tenen afinitat amb l'aigua i s'envolten de capes de molècules d'aquesta).*

– ***Hidròfobs*** *(si les partícules de la fase dispersa rebutgen les molècules d'aigua).*

Propietats de les dispersions

Viscositat. *Resistència d'una dispersió a facilitar el moviment relatiu de les molècules de la fase dispersa.*

Adsorció. *Procés mitjançant el qual les partícules d'un fluid es fixen a la superfície d'una partícula col·loïdal o a la superfície d'un sòlid.*

Moviment brownià. *Desplaçament caòtic de partícules col·loïdals en la fase dispersadora a causa del xoc amb les molècules del medi.*

Diàlisi. *Procés que permet separar les partícules col·loïdals de les no col·loïdals, fent servir una membrana semipermeable. Les membranes biològiques i els ronyons dels animals actuen com a membranes semipermeables.*

Osmosi. *Tendència a passar dissolvent de la dissolució menys concentrada a la més concentrada, fins a igualar-ne la concentració, en un sistema format per dues dissolucions d'un mateix dissolvent, però de concentracions diferents i separades per una membrana semipermeable. Per* ***pressió osmòtica*** *s'entén la pressió hidrostàtica necessària per impedir el pas del dissolvent a través d'una membrana semipermeable. L'****osmoregulació*** *és el manteniment de l'equilibri entre l'aigua i els soluts osmòticament actius davant de les condicions del medi que els envolta. L'osmoregulació inclou els processos de* ***plasmòlisi*** *i* ***turgència.*** *Si la pressió osmòtica del medi extracel·lular és superior a la del medi intracel·lular, l'aigua fluirà des de la cèl·lula a l'exterior (plasmòlisi). En cas contrari, es produirà el procés invers, pel qual entra aigua a la cèl·lula (turgència).*

Difusió. *És el procés que fa possible la barreja homogènia de les fases dispersa i dispersadora entre fluids. Es deu al moviment continu de les partícules dels fluids. Una part del transport de les membranes biològiques es produeix per difusió, simple o facilitada per algun mecanisme específic que activa el pas de les substàncies.*

RECORDA

Un **col·loide** és una dispersió aquosa en la qual les partícules de la fase dispersa tenen una mida superior a 1 nm.

Pols en suspensió.

7.1. El pH

En condicions normals, en qualsevol volum d'aigua hi ha un nombre reduït de molècules que es troba escindit, **ionitzat**, en dos fragments carregats elèctricament: un amb càrrega negativa $(OH)^-$, anomenat **hidroxil** o **anió**, i un amb càrrega positiva (H^+), anomenat **ió hidrogen** o **protó**.

En un litre d'aigua pura, hi ha 1/10 000 000 de mol (un mol és el pes molecular expressat en grams) de cadascun dels ions en què es ionitza l'aigua; aquest valor es pot expressar també per $1/10^7$.

El **pH** és un paràmetre químic que serveix per indicar de manera matemàtica la concentració de protons en una dissolució. En concret, el pH es defineix com el logaritme decimal, canviat de signe, de la concentració molar de protons. L'escala de valors del pH de les dissolucions varia entre 0 i 14.

Es diu que les dissolucions amb un pH 7 són **neutres**, és a dir, tenen la mateixa concentració de protons que d'ions hidroxils. Es considera que les dissolucions són **àcides** si tenen un pH inferior a 7 (concentració superior de protons) i que són **bàsiques** o **alcalines** si tenen un pH superior a 7 (concentració inferior de protons).

Els **àcids** són substàncies que, quan es dissolen en aigua, produeixen un augment de la concentració de protons. Les **bases** o **àlcalis** són aquelles substàncies que en reaccionar amb l'aigua produeixen un increment de la concentració d'hidroxils, i, per tant, un descens de la concentració de protons.

Molts processos biològics i moltes reaccions biològiques depenen de la concentració de protons, és a dir, del pH. Els fluids de l'interior de les cèl·lules tenen un pH lleugerament alcalí (amb un valor aproximat de 7,7).

La superfície del nostre planeta és lleugerament àcida, però la major part dels organismes s'han adaptat a una vida propera a un pH neutre, tan sols una mica més alcalí que l'aigua pura. Els éssers humans bevem i mengem substàncies que tenen valors del pH que van des de 2-3 (vinagre i suc de llimona, per exemple) fins a 8-9 (com ara el bicarbonat de sodi), però a l'interior de les nostres cèl·lules mantenim, com la major part dels organismes, un pH proper a 7,7. Tot i això, la mucosa gàstrica de l'estómac humà suporta secrecions d'àcid clorhídric (de pH 1). Alguns bacteris, com succeeix sovint amb altres paràmetres vitals, viuen en límits de pH molt més amples. Els bacteris dels sòls viuen amb un pH d'entre 5 i 8; algunes espècies de tiobacils viuen amb un pH d'entre 2 i 5; i els bacteris alcalòfils es desenvolupen més bé amb un pH superior a 10.

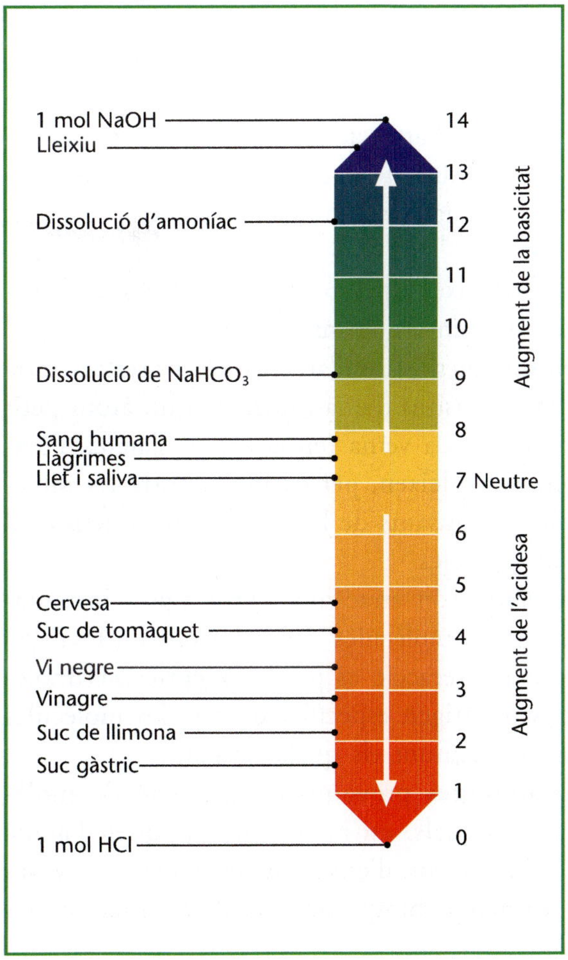

Valors del pH d'algunes substàncies.

8. Els tipus d'enllaços entre les biomolècules

Per formar les biomolècules, els àtoms s'uneixen entre ells mitjançant dos tipus principals d'enllaços: l'enllaç covalent i l'enllaç iònic.

L'**enllaç covalent** és el més abundant en les biomolècules i és molt ric en energia. Es produeix quan dos àtoms comparteixen els electrons dels orbitals més externs. És el tipus d'enllaç que s'estableix entre els àtoms de carboni per formar les cadenes característiques de les biomolècules. Els enllaços covalents entre els àtoms de carboni també poden ser dobles, que són més curts, més resistents i que no permeten llibertat de rotació dels àtoms implicats: els enllaços triples són rars en les biomolècules.

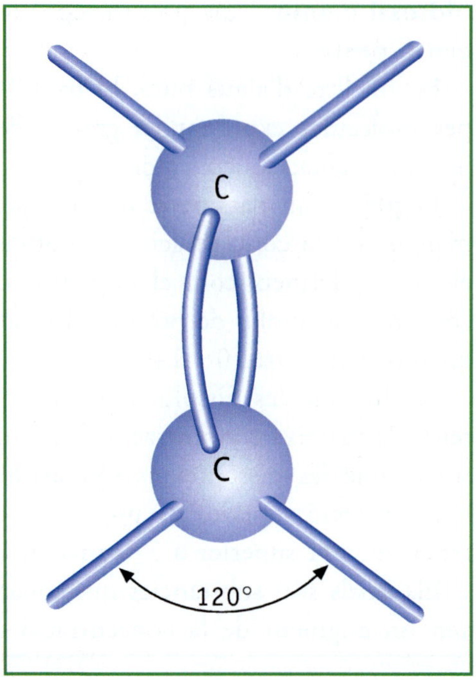

Model d'enllaç doble entre dos àtoms de carboni. A diferència de l'enllaç covalent simple, el doble no permet la rotació entorn de l'eix de l'enllaç.

RECORDA

El **carboni** té una gran facilitat per formar enllaços covalents, tant amb ell mateix com amb altres elements.

L'**enllaç iònic** és el resultat de l'atracció electrostàtica entre àtoms o un grup d'àtoms que han perdut o capturat electrons (**ions**). Els ions amb càrregues elèctriques negatives s'anomenen **anions**, i els ions amb càrregues positives, **cations**.

Entre les biomolècules s'estableixen diversos tipus d'enllaços, en general més dèbils que els que uneixen els àtoms.

Els **enllaços d'hidrogen** són unes forces d'atracció electrostàtica entre l'àtom d'hidrogen parcialment positiu d'una molècula i un àtom petit parcialment negatiu d'una molècula veïna (en el cas de l'aigua, l'oxigen). Els ponts d'hidrogen s'estableixen, per exemple, entre les molècules d'aigua i són els enllaços causants de l'estructura tridimensional de les proteïnes i dels àcids nucleics.

Les **forces de van der Waals** són atraccions entre dipols instantanis que permeten l'atracció entre molècules quan es troben a una distància òptima. Aquest tipus d'interacció es produeix entre una molècula d'un anticòs i la del seu antigen específic, o entre les molècules de certs enzims i els substrats damunt els quals actuen.

Les **interaccions hidrofòbiques** provoquen l'agregació de molècules d'àtoms hidrofòbics, les quals, en acostar-se, exclouen l'aigua que hi ha entre elles. Aquest tipus d'enllaç és característic de les molècules de lípids que formen la bicapa lipídica de les membranes biològiques.

RECORDA

En el metabolisme, i de manera especial en els processos de captació, emmagatzematge i utilització de l'energia, es produeixen nombroses reaccions d'oxidació-reducció, en les quals intervenen transportadors d'electrons i d'àtoms d'hidrogen, com ara el NAD, la ubiquinona o coenzim Q, els citocroms, etc., que actuen associats a enzims específics, per exemple les deshidrogenases.

En la primera fase de la digestió del midó (en la fotografia aliments que en contenen) s'obté glucosa en una reacció d'hidròlisi.

Principals tipus de reaccions químiques en els processos biològics

Les nombroses reaccions químiques que integren el metabolisme s'agrupen en famílies. Les substàncies que intervenen en una reacció s'anomenen **metabòlits,** i les que en resulten, **producte final**. En general, quan el producte d'una reacció és una molècula més complexa que no pas les inicials, es diu que la reacció és de **síntesi**; en cas contrari, es tracta d'una reacció **analítica**. Alguns dels principals tipus de reaccions del metabolisme són:

a) **Oxidació-reducció** o de transferència d'electrons. L'**agent oxidant** és el que guanya electrons (es redueix), mentre que l'**agent reductor** és el que perd electrons (s'oxida). Els oxidants i els reductors actuen segons sistemes o parells reductor-oxidant acoblats (parells redox). Un exemple de parell redox és el sistema ferro (III) – ferro (II):

$$Fe^{3+} + e^- \rightleftharpoons Fe^{2+}$$

on el Fe^{3+} és l'agent oxidant i el Fe^{2+} és el reductor.

b) **Condensació i hidròlisi**. En el primer cas es produeix la unió de dos o més metabòlits per formar una molècula més complexa amb l'alliberament d'una molècula d'aigua. En són bons exemples la unió de monosacàrids per formar polisacàrids, o la d'aminoàcids per formar pèptids. La hidròlisi és la reacció inversa, com ara l'obtenció de molècules de glucosa a partir de midó.

$$A + B \underset{\text{Hidròlisi}}{\overset{\text{Condensació}}{\rightleftharpoons}} C + H_2O$$

Un exemple concret de condensació és l'**esterificació**, o formació d'èster, per reacció entre un grup carboxil i un grup alcohol. Els lípids del grup dels acilglicèrids es formen per esterificació entre els àcids grassos i la glicerina. Un exemple d'**hidròlisi**, en canvi, és la **saponificació** d'un èster en un medi bàsic amb formació de **sabons** (sals d'àcids grassos).

c) **Polimerització** o unió de diverses unitats, **monòmers**, per formar una molècula funcional més gran: el **polímer**. La unió dels diversos pèptids amb altres molècules (grups prostètics) per formar proteïnes complexes, com ara l'hemoglobina.

d) **Isomerització** o de reordenació interna dels àtoms d'una molècula per formar un **isòmer**, substància amb la mateixa fórmula molecular, però amb una arquitectura espacial diferent i amb propietats diferents.

e) **Transferència de grups**. Traspàs d'algun grup funcional (per exemple, el grup amino, el carboxil, l'alcohol, etc.) d'una molècula a una altra.

$$A - NH_2 + B \longrightarrow A + B - NH_2$$

Un cas particular de transferència de grups és la **fosforilació** o incorporació d'un grup fosfat a una molècula.

A C T I V I T A T S

6.13. Esmenta tres sals minerals que formin part dels esquelets interns i dels externs d'alguns organismes.

6.14. A quines biomolècules abunden el fòsfor, el magnesi i el ferro?

6.15. Explica les diferències entre les reaccions d'isomerització i de polimerització. Posa algun exemple de cadascuna d'aquestes reaccions.

6.16. Digues què és un agent oxidant i què és un agent reductor.

6.17. Indica a quina família de compostos es troben els grups funcionals següents: hidroxil, carboxil, amino, aldehid i carbonil. Després, escriu-ne la fórmula empírica i la fórmula desenvolupada.

6.18. Copia i relaciona cada paraula amb la frase que la defineix.
Paraules:
Col·loide, hidròfob, gel, emulsió, micel·la.
Frases:
– Agrupació de molècules de mida reduïda.
– Col·loide semisòlid o gelatinós.
– Dissolució en la qual la fase dispersa és un líquid no miscible amb la fase dispersadora.
– Dissolució amb la fase dispersa formada per partícules de mida superior a 1 nm.
– Que rebutja l'aigua.

6.19. Indica alguna de les funcions del calci en els organismes.

6.20. Digues què és un polímer i explica en què consisteixen les reaccions de polimerització. Posa'n algun exemple.

6.21. Indica quines de les reaccions següents són de síntesi: oxidació-reducció, polimerització, esterificació, isomerització, saponificació, transferència de grups.

6.22. Digues què és una reacció d'hidròlisi i posa'n algun exemple.

6.23. Quina concentració iònica es pren com a referència per mesurar el pH d'una dissolució? Quin valor del pH tenen les dissolucions neutres?

6.24. Digues què és una substància bàsica o alcalina.

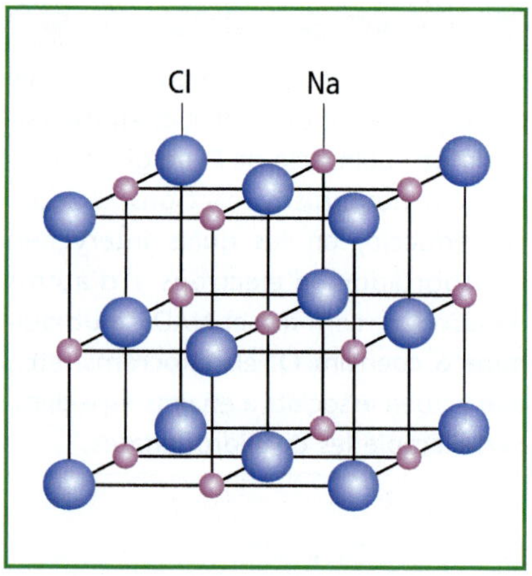

Estructura cristal·lina iònica del clorur de sodi (NaCl).

6.25. Defineix els termes següents i posa'n exemples: *bioelement, macromolècula, monòmer senzill* o *essencial, àlcali, reacció analítica, emulsió, àcid.*

6.26. a) Escriu la fórmula química i la fórmula desenvolupada de cinc grups funcionals freqüents en les biomolècules.

b) Escriu la classificació dels grups i subgrups més importants dels principis immediats.

6.27. a) Defineix què és el pH i indica'n el valor en els líquids orgànics humans.

b) Esmenta la reacció inversa de les reaccions següents: de síntesi, d'hidròlisi i de reducció.

6.28. Per estimar la quantitat d'aigua que hi ha en alguns aliments hem fet un senzill experiment amb una mostra d'espinacs i una d'embotit. Hem pesat cada mostra i després les hem deixat a l'interior d'una estufa d'assecament (a 60 °C). Cada dia hem tornat a pesar les mostres i hem obtingut els resultats de la taula de peu de pàgina, expressats en grams. Observa'ls i contesta a les preguntes següents:

a) Representa gràficament aquests resultats, justifica la forma dels gràfics i explica'n les diferències.

b) Calcula el percentatge d'aigua que tenien aquests aliments abans de ser assecats.

c) Suposa que fem un altre experiment: agafem una patata pelada i la pesem; després la submergim en una dissolució concentrada d'aigua amb sal (per exemple 60 g dm^{-3}) durant dos dies. Després, la tornem a pesar. Pesarà més o menys? Per què? I si no l'haguéssim pelada?

6.29. L'aigua és un compost amb propietats francament extraordinàries. La seva densitat, per exemple, augmenta a mesura que el líquid es refreda, però només fins a 4 °C, temperatura a la qual l'aigua assoleix la màxima densitat. Això significa que l'aigua gelada, a 0 °C, és més lleugera que l'aigua a temperatures superiors. Altres propietats singulars de l'aigua són l'elevada calor específica i l'elevada força d'adhesió entre les seves molècules.

a) Què signifiquen les expressions «elevada calor específica» i «elevada força d'adhesió entre les seves molècules», referides a l'aigua?

b) Quines conseqüències tenen les propietats de l'aigua sobre la vida dels organismes a la biosfera?

c) Per què es manté la vida en un llac que a l'hivern es gela?

6.30. Amb una bola de poliestirè expandit blanc i trossos de filferro, o amb materials semblants, fes un model d'àtom de carboni en què es vegi la disposició dels enllaços lliures. Així mateix, fes un model de dos àtoms de carboni units per un enllaç doble. Explica les principals diferències entre l'enllaç doble i l'enllaç simple.

6.31. A quin grup de bioelements pertany el sodi? Explica'n les funcions. Quina és la font principal d'aquest bioelement per a l'ésser humà?

6.32. Explica les diferències entre aigua intersticial, aigua intracel·lular i aigua circulant.

En quins tipus de reaccions metabòliques l'aigua actua com a reactiu químic?

	Pes inicial	*1r dia*	*2n dia*	*3r dia*	*4t dia*	*5è dia*	*6è dia*
Espinacs	10	3,9	2,6	1,8	1,4	1,1	1
Embotit	32	17,5	13,5	12	11,2	10,6	10,5

1. Sovint es creu que els organismes necessiten per viure unes condicions ambientals molt concretes i restringides. Llegeix amb cura el document «Les fronteres de la vida» i comenta els límits tèrmics, de pressió, de salinitat, de pH, d'altitud, de profunditat als oceans i a l'escorça terrestre en què és possible trobar organismes vius.

2. Defineix amb precisió les ciències següents: bioquímica, genètica, citologia, paleontologia, química orgànica i taxonomia.

3. Agrupa els elements de la llista següent en bioelements plàstics (majoritaris i minoritaris) i oligoelements: Cr, N, Cu, Ca, O, Mg, Cl, H, Fe, Na, Si, C, I, P, Sn, S.

4. En parlar dels organismes que formen la biosfera, es diu que dues de les seves característiques principals són la diversitat i la unitat. Explica cadascuna d'aquestes característiques.

5. Digues què és un monòmer i esmenta quins són els monòmers que formen els lípids i les proteïnes. Quines macromolècules són formades pels monòmers anomenats nucleòtids? Per quines molècules senzilles estan formats els nucleòtids?

6. Digues què és un isòmer i escriu dos isòmers amb la fórmula següent:

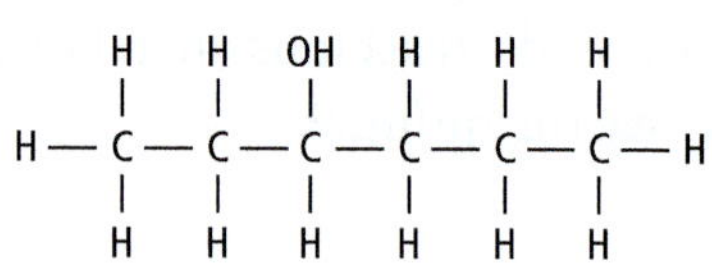

7. Quan es diu que una dissolució és àcida? I neutra? Indica si són àcides o bàsiques les solucions formades per suc de llimona, bicarbonat de sodi, vinagre, hidròxid de sodi, aigua de mar, lleixiu i cervesa.

8. El midó i la glucosa són dos dels glúcids més abundants i estan molt relacionats entre ells, mentre que els àcids grassos i la glicerina són els principals components dels lípids acilglicèrids. Indica el tipus i les característiques de les reaccions següents:

Midó ⟶ Glucoses

Àcid gras + glicerina ⟶ Acilglicèrid

9. Copia la taula de sota i completa-la amb el nom, la fórmula desenvolupada i la família de biomolècules en què abunden els grups funcionals següents:

Grup	Nom	Fórmula desenvolupada	Família de biomolècules
$-NH_2$			
–CO–			
–COOH			
–CHO			
–OH			

La química de la matèria viva

Objectius

a) Experimentació pràctica d'alguns dels conceptes bàsics relatius a la fisicoquímica de la matèria viva.
b) Identificació de substàncies i processos químics.
c) Ús d'utillatge i tècniques bàsiques de laboratori.
d) Preparació de dissolucions i reactius.
e) Disseny d'experiments, comprovació d'hipòtesis, recollida de dades i confecció d'informes.

Material

Genèric

– Ossos nets (de conill, de pollastre...) i closques de mol·luscos.
– Esquelet d'eriçó de mar, ou de gallina, pastanagues, llet, vi, lleixiu i llimona.
– Cristal·litzadors i altres recipients de vidre.
– Tubs d'assaig, gradetes, comptagotes i pinces.
– Tub de vidre de 0,5 cm de diàmetre i paper de cel·lofana.
– Col llombarda, móres, remolatxa i ceba.
– Refresc carbònic, morters i pipetes.

Productes, utillatge i reactius

– Àcid clorhídric 2 mol dm^{-3} i àcid clorhídric 0,5 mol dm^{-3}.
– Àcid acètic i aigua destil·lada.
– Nitrat de plata 0,5 mol dm^{-3}.
– Sucre (sacarosa) i sal comuna (clorur de sodi).
– Midó i parafina.
– Paper indicador de pH i lugol.
– Ataronjat de metil (dissolució alcohòlica a l'1 %).
– Fenolftaleïna (dissolució a l'1 % en alcohol de 50°).

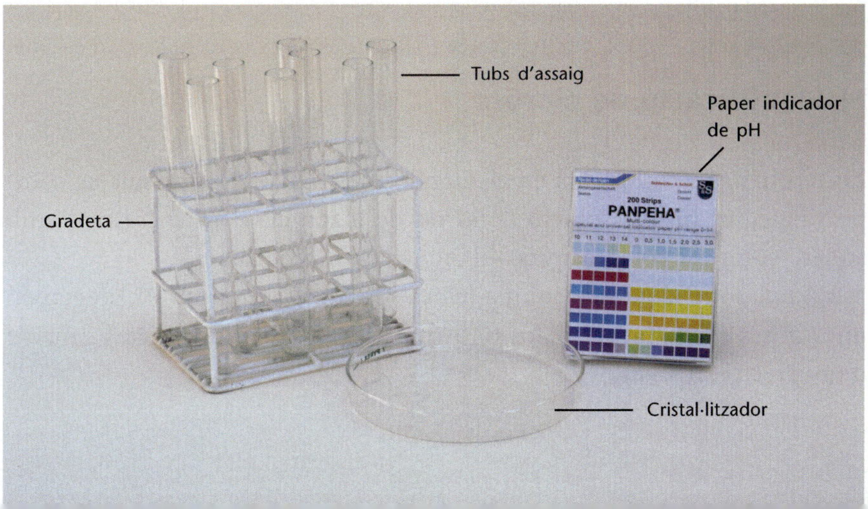

a) Comprovació de la presència de carbonat de calci en diversos materials

Amb aquesta activitat podràs comprovar la presència de carbonat de calci en els ossos dels vertebrats, en les closques i en els esquelets externs d'alguns invertebrats i en les closques dels ous de gallina.
El carbonat de calci és una sal mineral freqüent en els esquelets interns i externs de molts animals. Els àcids, com ara l'àcid clorhídric, ataquen el carbonat de calci i el dissolen tot produint alliberament de diòxid de carboni (CO_2), de vegades de manera ben visible i espectacular (efervescència), segons la reacció següent:

$CaCO_3$	+	$2HCl \longrightarrow$	$CaCl_2$	+	H_2O	+	CO_2
carbonat de calci		àcid clorhídric	clorur de calci		aigua		diòxid de carboni

Per fer l'activitat, necessitaràs dos o tres ossos llargs i frescos, de pollastre o de conill, ben nets de carn, closques de mol·luscos, esquelets d'eriçons de mar, un ou de gallina, àcid clorhídric diluït, àcid acètic, unes pinces i recipients de vidre, com ara gots.

a) En un recipient de vidre amb àcid clorhídric (2 mol dm^{-3}), posa-hi un dels ossos llargs i deixa-l'hi durant dos o tres dies. Passat aquest temps, treu l'os de l'àcid amb unes pinces, renta'l amb aigua i eixuga'l. L'os és ara tou i flexible a causa de la dissolució d'una de les sals minerals que el formava. Quina? On és el calci? I els carbonats?

b) Aboca unes quantes gotes d'àcid clorhídric diluït (0,5 mol dm^{-3}) damunt la superfície neta d'una closca de mol·lusc i de les plaques de l'esquelet extern d'un eriçó de mar. Observa què passa i fes-ne la descripció.

c) Introdueix un ou de gallina en una dissolució amb uns 150 cm^3 d'aigua destil·lada i uns 50 cm^3 d'àcid acètic (es pot substituir per vinagre). Explica les transformacions que experimenten les parts de l'ou, és a dir, la closca, la clara, etc., després que hagi estat submergit unes quantes hores en la dissolució.

b) Identificació de clorurs

Els clorurs són abundants en els organismes. La seva presència es comprova afegint-hi una solució de nitrat de plata: els clorurs formen amb aquest compost un precipitat blanc de clorur de plata.

En una solució de sal comuna (clorur de sodi, 1 mol dm^{-3}), afegeix-hi unes gotes de nitrat de plata (0,5 mol dm^{-3}) i comprova la formació d'un precipitat blanc.

c) Determinació aproximada del pH d'algunes substàncies

Fent servir paper indicador de pH, comprova el valor del pH de la saliva, la llet, el vi negre, el lleixiu, l'orina i el suc de llimona.

Amplia la informació amb altres substàncies, com ara aigua, refrescos, etc. i construeix un diagrama de pH amb la indicació dels valors trobats.

d) Investigar àcids i bases

Els **indicadors** són substàncies que tenen la propietat d'indicar, mitjançant algun canvi en el seu aspecte, com ara el color, si es troben en un medi àcid o alcalí. Alguns indicadors, com ara l'ataronjat de metil, són reactius químics, mentre que d'altres són pigments vegetals. Alguns dels més aparents són els pigments de la col llombarda, de les móres, de les remolatxes, etc. En el cas del pigment de la col llombarda es tracta d'una antocianina: un glúcid simple unit a una sal de polihidroxiflavili. Segons el pH del medi, la distribució de la càrrega positiva del flavili varia per ressonància i això li fa variar el color.

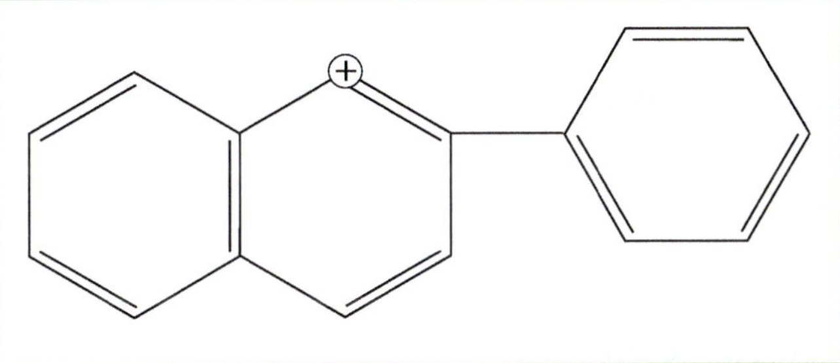

Prepara un te i sucs de col llombarda, móres, remolatxa, ceba, etc. aixafant una mica d'aquests ingredients en un morter amb aigua destil·lada. Omple tres tubs d'assaig per cada un dels sucs que has preparat i fes el mateix amb l'ataronjat de metil i la fenolftaleïna. Reserva un dels tubs de cada substància, que et serviran de control.

De les substàncies que has analitzat en l'apartat B (àcid clorhídric, refresc carbònic, lleixiu, etc.) algunes són bàsiques i altres àcides. Escull-ne una de cada i amb una pipeta afegeix –per a cada suc– unes gotes d'àcid al segon tub i unes gotes d'àlcali al tercer.

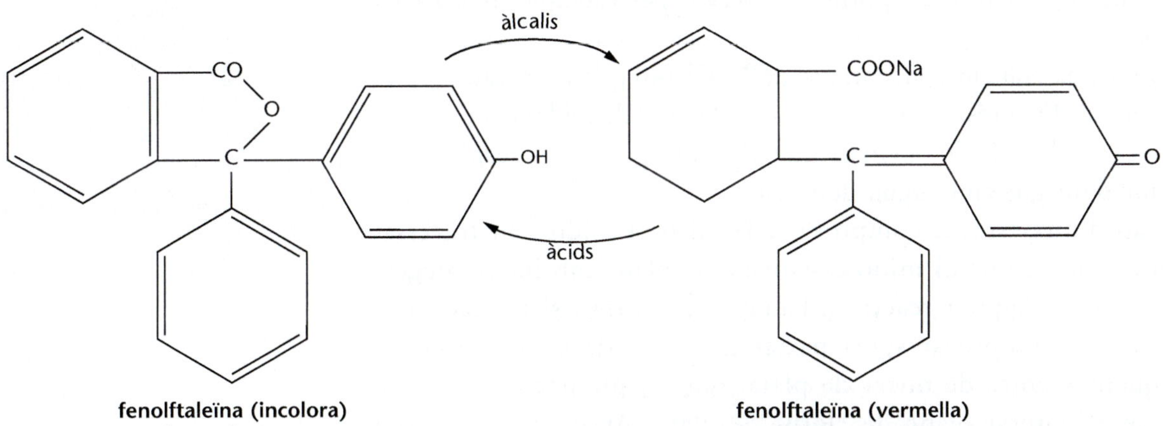

fenolftaleïna (incolora) forma lactona

fenolftaleïna (vermella) forma quinoide

Després copia la taula següent i omple-la.

Indicador	Color del suc	Color en àcid	Color en base
Col llombarda			
Móres			
Suc de ceba			
Fenolftaleïna			
Te (infusió)			
Ataronjat de metil			

e) La pressió osmòtica: construcció d'un osmòmetre

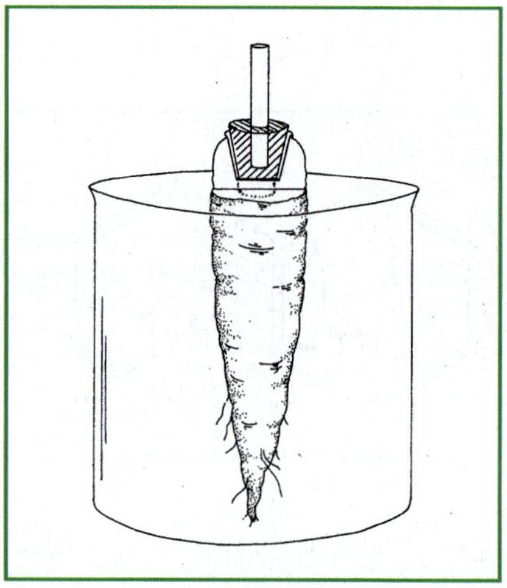

És relativament fàcil construir un «aparell» indicador de les variacions de la pressió osmòtica amb una pastanaga, que proporciona bones indicacions del funcionament de les membranes de les cèl·lules vegetals.

Agafa una pastanaga grossa i fes-hi, a la part superior i sense rebentar-la, una cavitat d'alguns centímetres cúbics. Omple la cavitat amb una solució concentrada de sacarosa i després tapa-la amb un tap de suro perforat del qual surti un tub de vidre. Si el tap no ajusta bé, cal segellar les vores amb parafina. A continuació, submergeix la pastanaga en un got ple d'aigua durant unes quantes hores. Transcorregut aquest temps, esbrina què ha succeït i per què. Redacta'n un informe.

f) La permeabilitat

Amb un paper de cel·lofana pots comprovar quines molècules són capaces de travessar-ne els porus. Fes servir, per exemple, midó i sal comuna.

Prepara una solució concentrada de NaCl (40 g/l) i, en calent, afegeix-hi midó. Després, fes una bossa amb el paper de cel·lofana i posa-hi una mica de la solució. Evitant que el contingut vessi, suspèn-ho a l'interior d'un got amb aigua destil·lada.

Al cap d'una estona, comprova si la sal o el midó han travessat la membrana. Com? El midó es tenyeix de blau amb lugol: afegeix algunes gotes d'aquest reactiu a l'aigua i comprova si la reacció és positiva. Per comprovar si ha passat el clorur de sodi, afegeix-hi unes quantes gotes de nitrat de plata, que en presència del clorur dóna un precipitat blanc de clorur de plata. Anota els resultats i comenta'ls.

UNITAT

7 Les proteïnes

Esquema

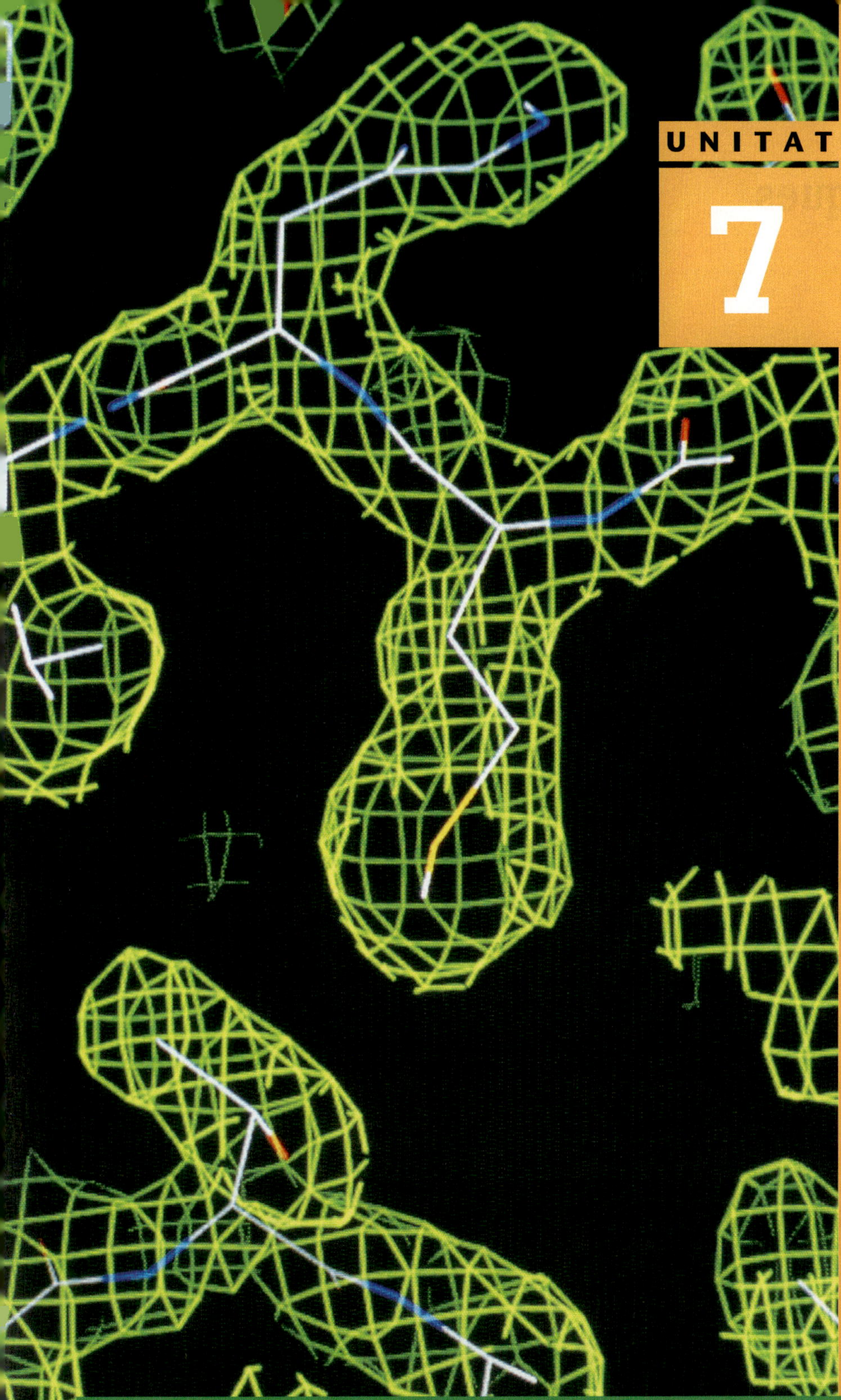

Imatge d'ordinador de l'estructura de la proteïna d'origen vegetal α-monocarina.

Les proteïnes són les biomolècules que presenten una diversitat d'estructures i de funcions més àmplia. Estan implicades en tots els processos cel·lulars: duplicació de l'ADN, transcripció d'aquest a l'ARN, síntesi de les biomolècules, obtenció d'energia, transport, regulació, protecció...
A diferència dels glúcids i dels lípids, que són pràcticament idèntics en les diferents espècies animals i vegetals, les proteïnes són molècules específiques: cada espècie sintetitza les seves proteïnes, sovint diferents de les d'altres espècies i, fins i tot, algunes proteïnes són exclusives de cada individu. La major part de les mutacions es manifesten en forma de canvis en la seqüència dels aminoàcids de les proteïnes.

1. La composició i les característiques de les proteïnes

A la recerca del secret de la vida, vaig començar la meva carrera en el marc de la histologia. Poc satisfet amb la informació que la morfologia cel·lular podia proporcionar-me sobre la vida, vaig passar a la fisiologia. La vaig trobar massa complicada i em vaig dirigir cap a la farmacologia, la qual igualment resultà massa complicada. Llavors, em vaig passar a la bacteriologia; però els bacteris eren, també, massa complexos i vaig descendir al nivell molecular, on vaig estudiar la química i la química física. Després de vint anys de treball, vaig arribar a la conclusió que per comprendre el que és la vida havia de baixar fins al nivell electrònic, al món de la mecànica ondulatòria. Però els electrons només són electrons i no tenen vida en absolut. Mentrestant, evidentment, he consumit la vida; se m'ha escapat entre els dits.

Albert Szent-Györgyi, Bioelectrònica *(1957)*

Les **proteïnes** són principis immediats orgànics formats per carboni (C), hidrogen (H), oxigen (O) i nitrogen (N), que molt sovint contenen sofre (S). Algunes proteïnes contenen també fòsfor (P). El terme deriva del grec *proteios*, que significa 'primari', com a al·lusió a la seva gran importància biològica. També s'han anomenat **pròtids**.

Químicament, les proteïnes són polipèptids, és a dir, llargues cadenes d'**aminoàcids** (des de prop de cent a alguns milers) units mitjançant **enllaços peptídics**, amb un pes molecular molt elevat. Es tracta de molècules força fràgils, les quals, amb l'acció de la calor, de les variacions del pH, de l'alta salinitat, etc., sofreixen alteracions de l'estructura, de les propietats físiques i de les funcions biològiques. Aquest procés s'anomena **desnaturalització**.

Les proteïnes són les molècules mitjançant les quals s'expressa la informació genètica. Aquesta informació, continguda en la seqüència de l'ADN, és, bàsicament, informació per a la síntesi de proteïnes.

Les proteïnes se sintetitzen en els **ribosomes** d'acord amb la informació que conté l'ADN i que transmet l'ARN missatger. Moltes proteïnes acaben de madurar en el reticle endoplasmàtic rugós i en el complex de Golgi. Les proteïnes són les biomolècules més variades i més abundants en les cèl·lules. Un simple bacteri en té milers de diferents.

S'anomenen **holoproteïnes** les que només estan formades per aminoàcids. En canvi, les **proteïnes conjugades** o **heteroproteïnes** tenen una part de la seva molècula, el **grup prostètic**, de naturalesa química diversa.

Cèl·lula al microscopi electrònic de transmisió. Destaca, a l'esquerra, el nucli i, al centre, un dictiosoma.

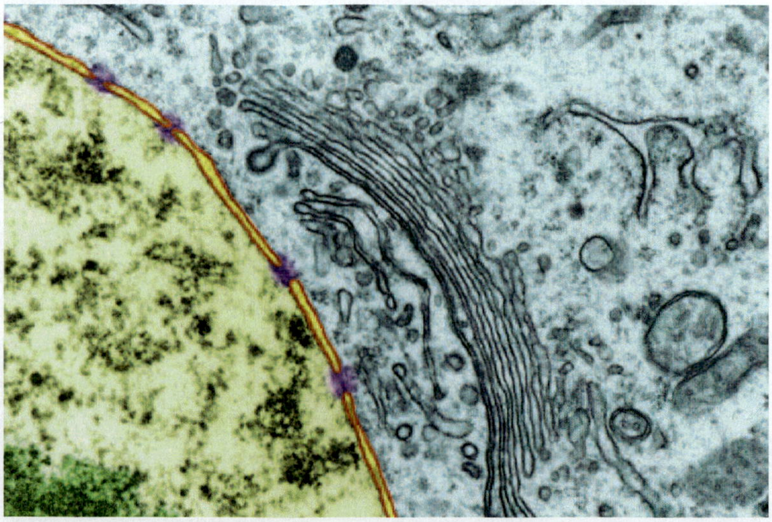

2. Els aminoàcids

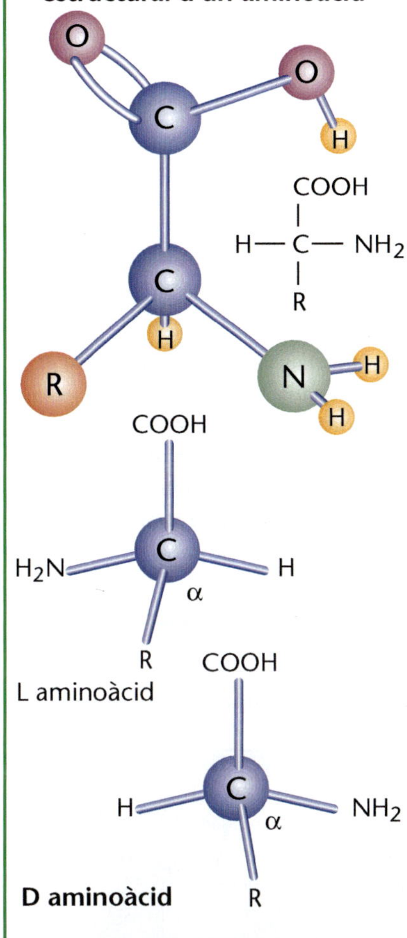

Els aminoàcids presenten quiralitat: el carboni α és el centre quiral. Els aminoàcids de configuració L tenen, en la seva representació plana, el grup amino disposat a l'esquerra del carboni α, mentre que els de configuració D el tenen a la dreta. Tots els aminoàcids de les proteïnes són de tipus L.

Els **aminoàcids** són compostos orgànics caracteritzats per presentar, com a mínim, un grup amino bàsic ($-NH_2$) i un grup **carboxil** àcid ($-COOH$). Es tracta, doncs, de compostos amfòters: en medi àcid tendeixen a comportar-se com a bases i en medi bàsic com a àcids.

Totes les proteïnes dels organismes, des dels bacteris més simples fins als vertebrats més grossos i complexos, són formades per combinacions diferents dels mateixos 20 aminoàcids. En cadascun d'ells, tret de la prolina (en realitat, un iminoàcid), hi ha un àtom de carboni central, anomenat **carboni** α, unit, llevat el cas de la glicina, a quatre grups diferents (és, doncs, asimètric).

Els quatre grups que s'uneixen al carboni a són: els ja esmentats grup amino i grup carboxil, un àtom d'hidrogen i un grup anomenat **cadena lateral** o **radical** (–R). Els 20 aminoàcids de les proteïnes es diferencien entre ells per la naturalesa química de les cadenes laterals. Aquest fet permet classificar-los de diverses maneres. Una de les divisions més emprades és la que té en compte la naturalesa hidrofòbica o hidrofílica del radical i, en aquest darrer cas, si el radical és àcid, bàsic o neutre.

Tanmateix, aquestes classificacions no són exactes perquè les classes que estableixen no són del tot excloents. Això vol dir que hi ha aminoàcids amb propietats poc marcades o de transició que, de fet, escauen a més d'una categoria. Així, per exemple, la glicina presenta un grup radical massa petit per influir realment sobre la polaritat dels grups amino i carboxil; l'alanina en realitat és poc hidròfoba; la serina i la treonina són els menys polars del grup dels polars, etc.

A banda dels 20 aminoàcids que formen part de les proteïnes de les cèl·lules, hi ha molts altres aminoàcids que tenen unes funcions biològiques importants, com ara l'ornitina, la β-alanina, etc.

DOCUMENTS

Tècniques de separació d'aminoàcids i proteïnes

*Els aminoàcids són **ions híbrids** o dipolars, dits també substàncies **amfòteres,** perquè es poden comportar com a àcids (en medi bàsic) i com a bases (en medi àcid). En realitat, però, cada aminoàcid té la seva especial configuració i càrrega elèctrica que li ve donada per la naturalesa del grup radical. Aquest fet determina per a cada aminoàcid un **punt isoelèctric** diferent que és un valor del pH per al qual la molècula no presenta càrrega elèctrica (és el pH en què les càrregues elèctriques s'equilibren), de manera que si a aquest pH l'aminoàcid es troba a l'interior d'un camp elèctric no es desplaça.*

*Els mètodes d'**electroforesi** es basen precisament en la capacitat dels aminoàcids de desplaçar-se a l'interior d'un camp elèctric a velocitats diferents,*

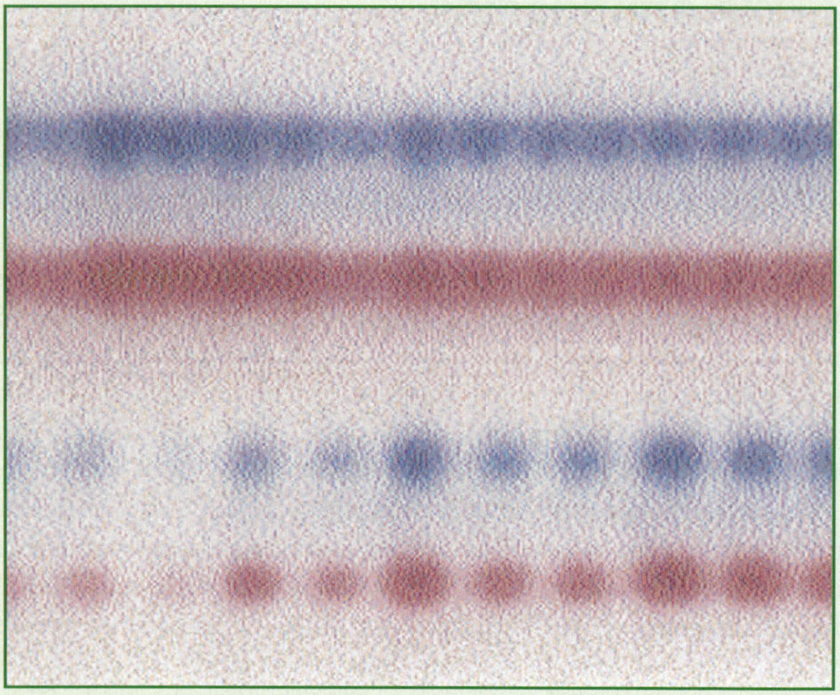

en funció de la càrrega i la grandària. Aquesta tècnica permet separar mescles d'aminoàcids (i per tant de proteïnes) que, per la seva càrrega elèctrica, es desplacen cap a l'ànode o cap al càtode quan la dissolució en què es troben és sotmesa a un camp elèctric. Consta de dues fases:

a) Se situen les mostres sobre un gel porós (acrilamida, midó...) que és sotmès a un camp elèctric durant un temps T. El pH del medi, la textura del gel de suport, la intensitat i la diferència de potencial, com també la durada de la prova, determinaran el grau de desplaçament i separació de les mostres.

b) Després, una tinció amb un colorant específic en una cubeta de revelat permetrà identificar els diferents aminoàcids ja separats.

Una segona tècnica de gran aplicació per a la separació d'aminoàcids i proteïnes és la ***cromatografia.*** *Tal com s'explica en l'apartat de pràctiques (en la pàgina 228) es tracta d'un mètode d'anàlisi basat en la percolació d'una mescla problema, en fase líquida o gasosa, al llarg d'una fase estacionària (un sòlid o un líquid que impregna un suport inert). En una cromatografia, els components de la mescla se separen d'acord amb la seva diferent velocitat de migració a través de la fase estacionària.*

Les molècules amb càrrega elèctrica es poden separar per electroforesi (il·lustració de l'esquerra).
La cromatografia (il·lustració de sota), en canvi, separa els components d'una mescla d'acord amb la seva diferent velocitat de migració a través d'una fase estacionària.

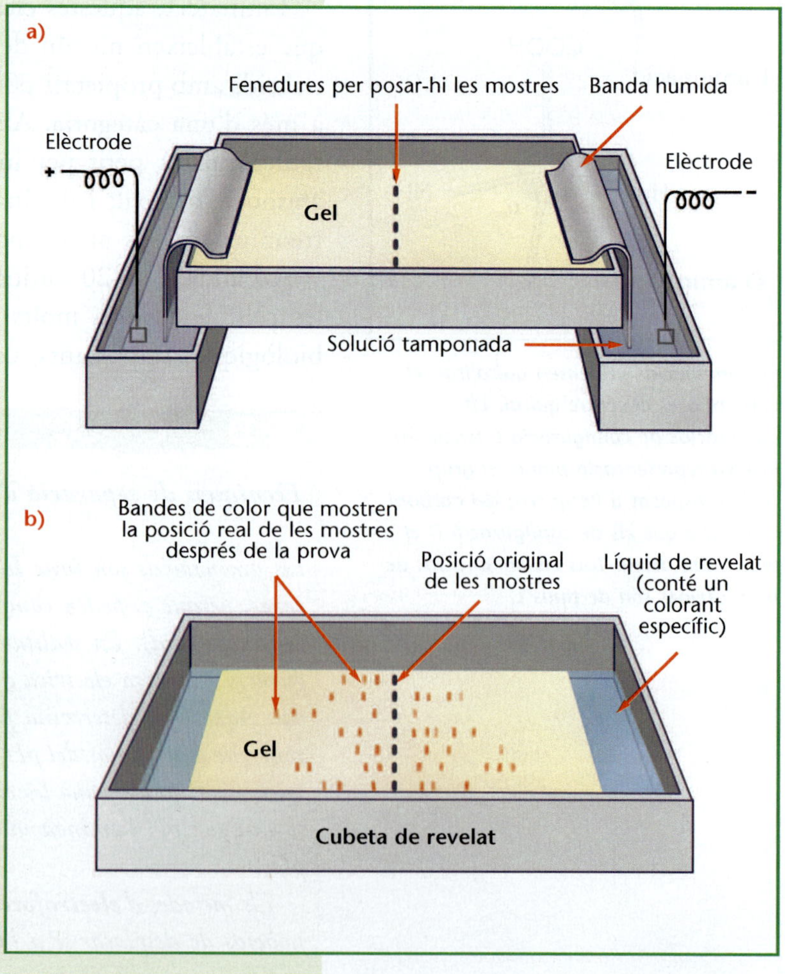

Els vint aminoàcids de les proteïnes

Aminoàcids hidrofòbics

Alanina — Ala A

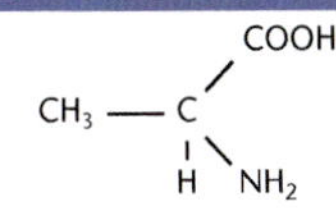

Valina — Val V

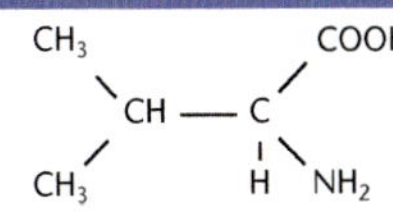

Leucina — Leu L

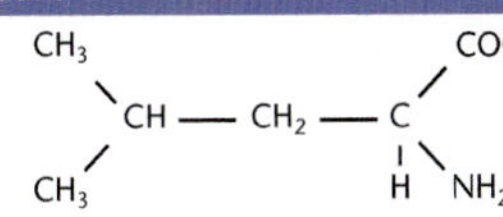

Isoleucina — Ile I

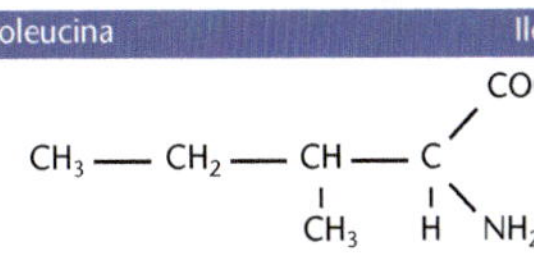

Prolina — Pro P

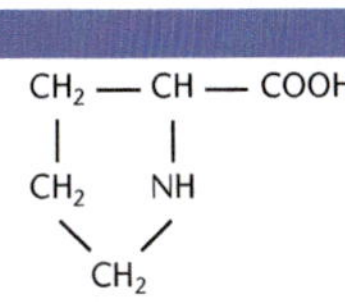

Fenilalanina — Phe F

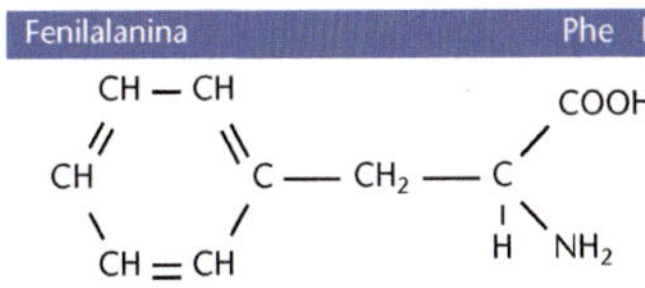

Triptòfan — Trp W

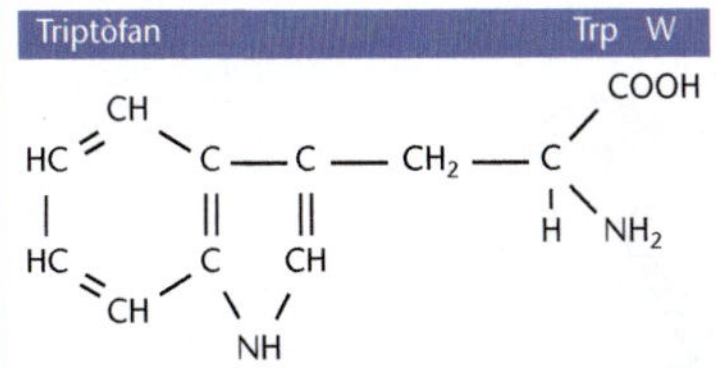

Metionina — Met M

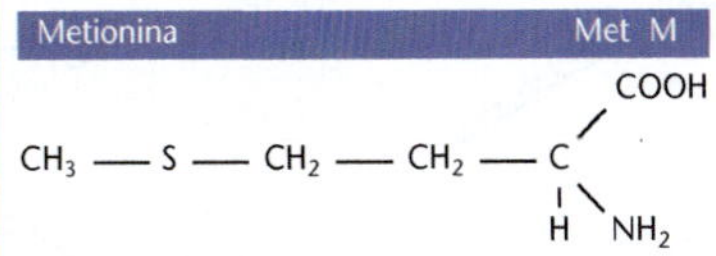

Cisteïna — Cys C

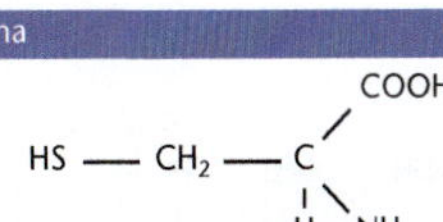

Glicina (glicocola) — Gly G

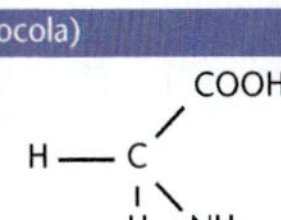

Aminoàcids hidrofílics

Amb radicals neutres

Asparagina — Asn N

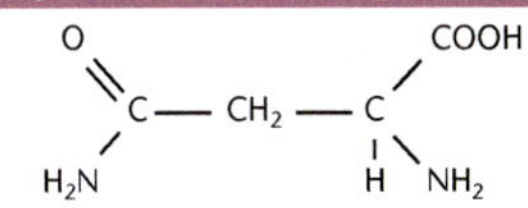

Glutamina — Gln Q

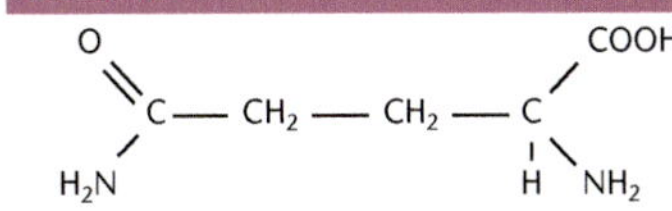

Serina — Ser S

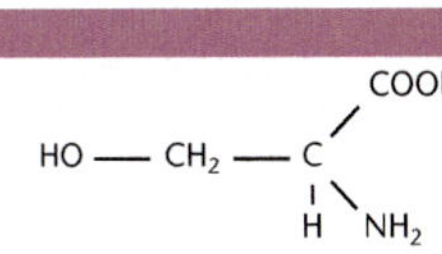

Treonina — Thr T

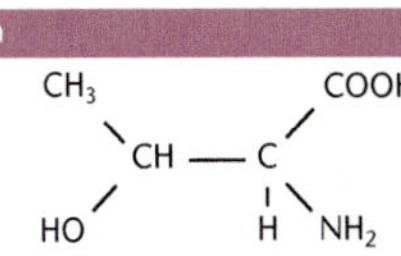

Tirosina — Tyr Y

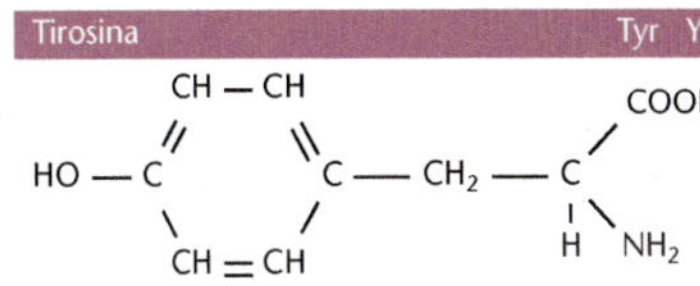

Amb radicals bàsics

Lisina — Lys K

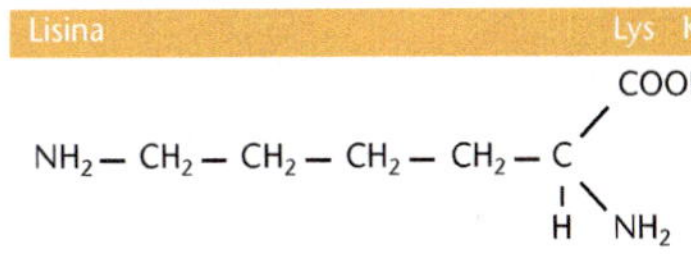

Arginina — Arg R

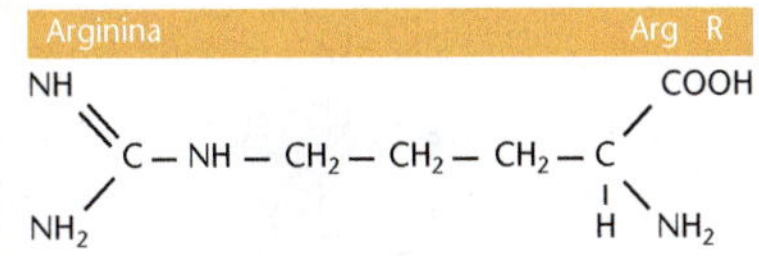

Histidina — His H

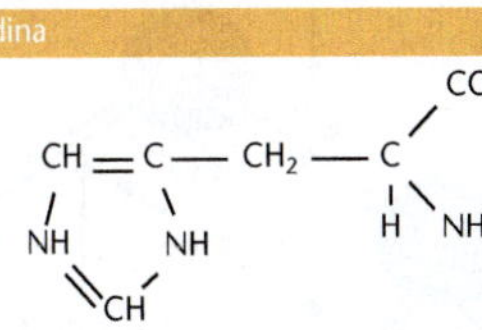

Amb radicals àcids

Àcid aspàrtic — Asp D

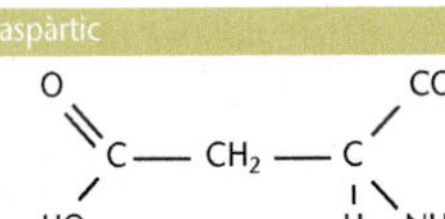

Àcid glutàmic — Glu E

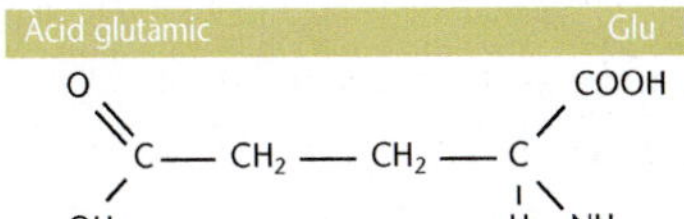

3. L'enllaç peptídic

Els aminoàcids poden unir-se entre ells per formar cadenes lineals mitjançant un tipus d'enllaç molt rígid, anomenat **enllaç peptídic**. En la formació d'aquest enllaç es desprèn una molècula d'aigua: el grup carboxil d'un aminoàcid cedeix un grup hidroxil (–OH) i el grup amino d'un segon aminoàcid cedeix un hidrogen. Entre els dos residus dels aminoàcids s'estableix un enllaç de tipus covalent.

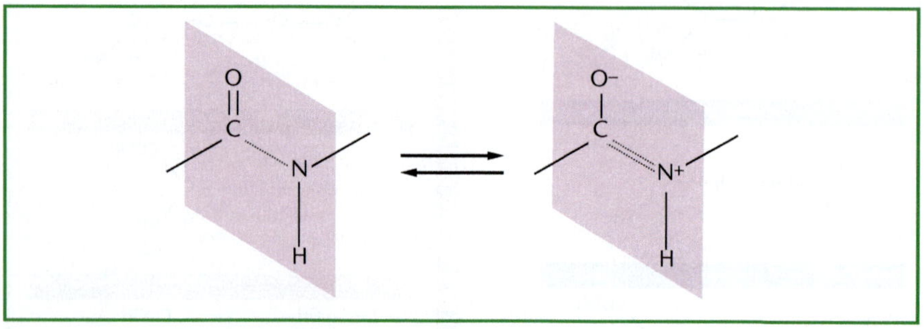

Ressonància de l'enllaç peptídic (tots els àtoms se situen en un mateix pla).

Formació d'un dipèptid

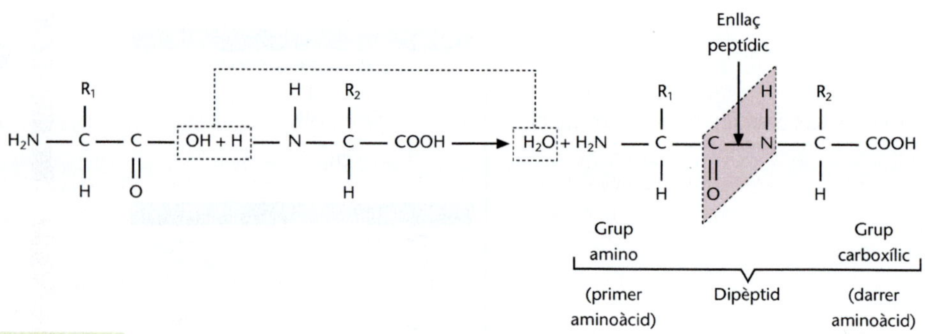

Estructura tridimensional de l'enllaç peptídic

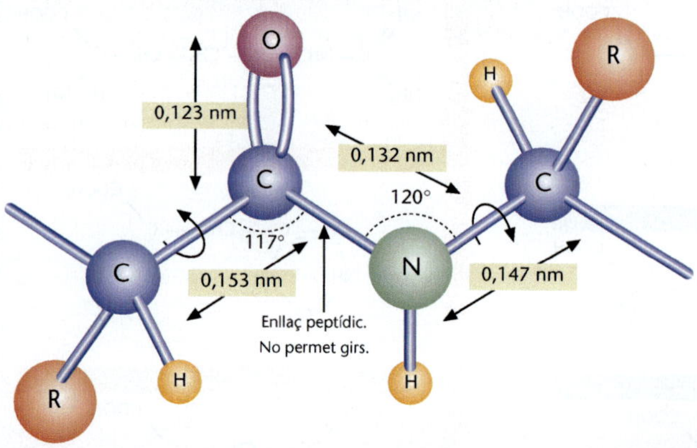

Un pentapèptid: serilgliciltirosilalanil-leucina

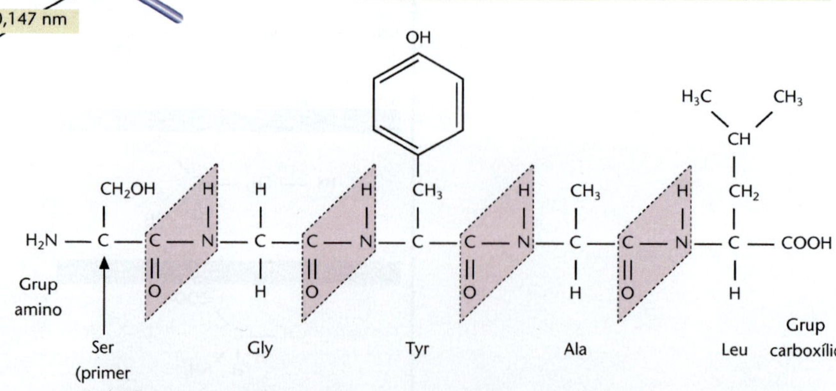

El compost format per la unió de dos aminoàcids s'anomena **dipèptid** i presenta un grup amino i un grup carboxil en els seus extrems. Els dipèptids poden enllaçar-se amb altres aminoàcids per formar d'aquesta manera els **tripèptids**, **tetrapèptids**, etc. Els pèptids que tenen fins a deu residus d'aminoàcids s'anomenen **oligopèptids**, mentre que els que en tenen un nombre superior són els **polipèptids**. La major part de les proteïnes són polipèptids de més de cent residus d'aminoàcids.

Tal com mostra la figura de la pàgina anterior, l'enllaç peptídic està en ressonància contínua entre la forma simple i la doble. En qualsevol cas, es tracta d'un enllaç rígid: el nitrogen del grup amino i el carboni carboxílic no poden girar entre si. Els únics girs possibles són els dels carbonis α. Per altra banda, els quatre àtoms implicats en l'enllaç peptídic se situen en un mateix pla. Tots aquests fets tenen una gran transcendència en l'estructura tridimensional de les proteïnes.

DOCUMENTS

Pèptids

Algunes importants molècules biològiques formades per aminoàcids no són en realitat proteïnes, sinó ***pèptids.*** *És a dir, estan formades per la unió d'un nombre curt d'aminoàcids (curt en comparació amb la quantitat d'aminoàcids que formen part de les proteïnes).*

Hormones *tan destacades com ara la insulina (51 aminoàcids), el glucagó (29 aminoàcids), l'oxitocina (9 aminoàcids), la vasopressina (9 aminoàcids) o la ACTH (39 aminoàcids) són pèptids. També són pèptids l'amiloide-beta, molècula implicada en el desenvolupament de la malaltia d'Alzheimer i les* ***endorfines*** *(aquestes formades per 5 o més aminoàcids). Les endorfines fan de moduladores del funcionament de les sinapsis cerebrals que funcionen com a analgèsics naturals amb una acció similar a la de les drogues presents en l'opi. També són pèptids moltes* ***toxines*** *d'alguns bolets com ara l'amatoxina (8 aminoàcids) de la farinera borda i, en realitat, també ho són la penicil·lina i altres* ***antibiòtics.***

Curiosament, molts d'aquests pèptids són cíclics (és a dir, el grup amino del primer aminoàcid s'uneix al grup carboxil terminal) i sovint contenen alguns aminoàcids diferents dels 20 que formen part de les proteïnes.

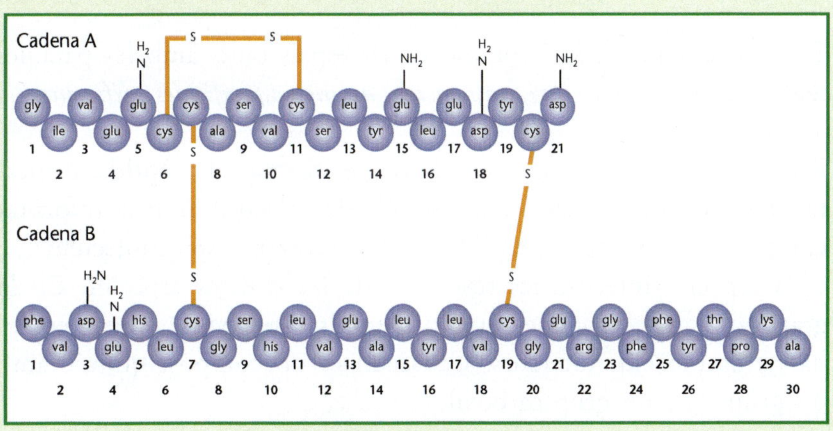

Seqüència de la insulina.

A C T I V I T A T S

7.1. Quina és la diferència més bàsica entre els 20 aminoàcids de les proteïnes?

7.2. Escriu la fórmula d'un L-aminoàcid i explica quins grups s'uneixen al carboni α.

7.3. Explica què són els aminoàcids essencials per a l'ésser humà. Esbrina en quines proteïnes i en quins aliments es troben.

7.4. Què determina l'ordre en què es troben disposats els aminoàcids en una proteïna?

7.5. Defineix els conceptes següents: enllaç peptídic, dipèptid, oligopèptid i polipèptid. Quin és el significat *d'amfòter* i *amfipàtic*?

7.6. Copia aquest quadre i completa'l.

Aminoàcid	Abreviatura	Símbol	És essencial? (Sí /No)
Valina			
Metionina			
Àcid aspàrtic			
Lisina			
Alanina			
Glicina			
Glutamina			
Triptòfan			

7.7. Quin tipus de biomolècules són les substàncies problema A, B, C i D, d'acord amb els resultats obtinguts en les diferents proves de laboratori que et detallem a la taula del costat?

	A	B	C	D
Soluble en aigua	+	+	–	+
Soluble en dissolvents orgànics	–	–	+	–
Gust dolç	–	+	–	+
Fehling	–	–	–	+
Biuret	+	–	–	–

7.8. Copia aquest text i completa'n els espais buits amb les paraules següents: *ribosomes*, *vint*, *aminoàcids*, *amino*, *específiques*, *diferents.*

Els enllaços peptídics uneixen els ... per formar els pèptids. Aquesta unió es produeix als ... de les cèl·lules d'acord amb la informació genètica continguda en l'ADN. Les proteïnes són molècules ...: cada espècie sintetitza les seves, ... de les d'altres espècies. En la gran varietat de proteïnes que formen els éssers vius, únicament hi ha ... aminoàcids diferents. Cadascun és un compost químic amb un grup ... i un grup carboxil.

4. Funcions biològiques de les proteïnes

Les plomes i les altres formacions dèrmiques són riques en proteïnes estructurals del grup de les ceratines.

Les proteïnes desenvolupen funcions essencials en totes les cèl·lules. La major part d'aquestes funcions estan relacionades amb la facilitat que tenen les macromolècules proteiques per unir-se de manera selectiva a altres molècules.

Entre les principals funcions biològiques de les proteïnes, cal esmentar les següents:

a) **Funció estructural i de protecció**

Certes proteïnes, com ara els col·làgens, les elastines, la tubulina, les ceratines, etc., formen estructures de sosteniment i de suport mecànic (membrana cel·lular, citoesquelet, etc.) i de protecció (pèls, plomes, etc.) de nombrosos organismes.

b) **Funció catalítica o enzimàtica**

Es coneixen alguns milers de proteïnes que actuen com a catalitzadors biològics o **enzims**, és a dir, que acceleren de manera extraordinària la velocitat de les reaccions químiques que es desenvolupen dins les cèl·lules. Entre les proteïnes amb funció catalítica, cal citar les catalases, les hidrolases, les lipases, les ribonucleases, etc.

c) **Funció transportadora**

Algunes proteïnes tenen gran facilitat per unir-se a altres molècules i ions, com ara les permeases, per transportar-los. En són bons exemples: algunes de les proteïnes que formen la membrana cel·lular i intervenen en l'entrada i la sortida de materials a la cèl·lula; l'hemoglobina de la sang, que transporta oxigen dels òrgans respiratoris a les cèl·lules; les lipoproteïnes, que transporten lípids del fetge als teixits, etc.

d) **Funció nutritiva i de reserva**

El valor nutritiu de les proteïnes depèn de la quantitat i de la proporció dels aminoàcids que contenen. En condicions normals, les proteïnes no tenen gaire importància com a materials energètics, però per la combustió d'un gram de proteïna s'obtenen 5,6 kcal, amb un rendiment net, tanmateix, inferior a 4 kcal. Proteïnes de gran valor nutritiu són l'albúmina de l'ou, la caseïna de la llet, la gliadina de les llavors del blat, etc.

e) **Funció reguladora o hormonal**

Les proteïnes reguladores controlen nombroses activitats metabòliques cel·lulars, dels teixits, dels òrgans, etc., com ara el creixement o la reproducció. Entre les proteïnes amb funció hormonal destaquen la insulina (en realitat, un polipèptid), que intervé en la regulació del contingut de glucosa a la sang, l'hormona del creixement, etc.

f) **Funció contràctil**

Algunes proteïnes tenen la capacitat de contreure's i són les responsables dels moviments dels cilis i dels flagels de les cèl·lules, de les fibres musculars, etc. Entre les proteïnes que desenvolupen aquesta funció, cal esmentar l'actina, la miosina i la tubulina.

g) **Funció de defensa i de reconeixement**

Els anticossos o immunoglobulines són proteïnes que se sintetitzen en els limfòcits B de la sang i que tenen la funció d'unir-se específicament a antígens diversos (virus, bacteris, altres microorganismes, grans de pol·len, sang, teixits aliens i substàncies diverses) per neutralitzar-ne l'acció. Intervenen en la defensa de l'organisme contra les infeccions i en els mecanismes que reconeixen si una substància determinada és pròpia de l'organisme o li és estranya. Els anticossos són els responsables dels processos de rebuig que es donen en els trasplantaments d'òrgans. El fibrinogen i la trombina, proteïnes del plasma sanguini, intervenen en la coagulació de la sang, procés fonamental per evitar-ne la pèrdua quan es produeix el trencament de vasos sanguinis.

h) **Funció homeostàtica**

Intervenen en la regulació de l'equilibri osmòtic de les cèl·lules i en el manteniment del pH.

D O C U M E N T S

El valor nutritiu de les proteïnes

Les proteïnes són indispensables com a nutrients plàstics per a la construcció i el manteniment de les estructures cel·lulars, per la qual cosa no poden ser substituïdes per cap altre principi immediat. En la producció d'energia, les proteïnes desenvolupen, generalment, un paper secundari, ja que aquesta funció correspon als glúcids i als lípids.

Les necessitats de proteïnes de les persones depenen fonamentalment de l'edat, però es calcula que una dieta equilibrada ha d'incloure del 15 % al 20 % de proteïnes.

Generalment, entre un 5 % i un 10 % de les proteïnes que ingerim travessen el tub digestiu sense ser assimilades.

Les proteïnes estan constituïdes per cadenes de 20 aminoàcids diferents, alguns dels quals, els aminoàcids essencials, no poden ser sintetitzats per les nostres cèl·lules i han de formar part, necessàriament, de la dieta.

Els aminoàcids essencials són, en general, més abundants en la carn, en el peix, en els ous i en la llet que no pas en els productes vegetals rics en proteïnes, com ara els cereals. Per aquest motiu, es recomana que, proporcionalment, hi hagi més proteïnes d'origen animal que no d'origen vegetal.

Perquè una dieta vegetariana sigui completa, és a dir, sense carències nutritives ha de procurar una combinació acurada dels aliments més deficitaris en determinats aminoàcids amb els que en tenen més.

Les proporcions d'aminoàcids essencials que hi ha en les proteïnes de l'ou de

La ciència de la proteòmica

La **proteòmica** és una branca molt moderna de la biologia derivada de l'aprofundiment de la ciència de la **genòmica.** Però mentre aquesta última estudia els genomes (seqüències de l'ADN), la proteòmica s'ocupa de l'estudi dels proteomes, paraula que defineix el conjunt de les **proteïnes expressades per un genoma**, és a dir, el conjunt dels milers de proteïnes codificades i expressades per l'ADN d'un organisme.

Fins ara, de la gran majoria d'aquestes proteïnes no se'n sap res. Però si es coneixen els gens es pot començar a conèixer quines proteïnes codifiquen. La proteòmica mira de catalogar totes les proteïnes que una cèl·lula sintetitza i utilitza en un moment o altre del seu cicle biològic. A diferència del genoma, el proteoma d'una cèl·lula és dinàmic i variable al llarg de la seva vida.

L'objectiu fonamental de l'estudi del proteoma és conèixer les estructures moleculars –mitjançant l'establiment de bancs de dades estructurals– i, a partir d'aquí, mirar de deduir les interaccions i les funcions que se'n deriven, gràcies a l'ús, per exemple, de xips d'ADN. Les implicacions a tots nivells, també en el diagnòstic i la teràpia mèdiques, seran molt probablement molt importants.

RECORDA

Els aminoàcids que l'organisme no pot sintetitzar a partir de molècules precursores fàcilment accessibles s'anomenen **essencials.** Aquests aminoàcids s'han d'aportar amb la dieta i són els vuit següents: valina, leucina, isoleucina, lisina, metionina, fenilalanina, treonina i triptòfan. Els estudis recents en suggereixen un novè: la histidina.

El denominat **valor biològic** de les proteïnes ingerides indica la mesura en què són aprofitades per l'organisme. El valor biològic de les proteïnes té relació amb la quantitat d'aminoàcids essencials que contenen, tant pel que fa a la quantitat com a la varietat. La manca de quantitats suficients d'un de sol actua com a factor limitant. Els més habituals són la manca de lisina en els cereals i derivats i la de metionina i cisteïna per a carns i lleguminoses.

Proporció mínima de proteïnes animals (en relació amb les d'origen vegetal) necessàries en una dieta equilibrada	
0-2 anys	75 %
3-5 anys	67 %
6-18 anys	60 %
Adult	50 %
Ancià	50 %

Contingut mitjà de proteïnes en diferents aliments (g/100 g d'aliment)

Aliment	*Contingut de proteïnes*
Grans de soja	38 g
Mongetes, llenties, cigrons, faves	22 g
Carn de vedella o au	18-20 g
Carn de porc	12-18 g
Peix	18-20 g
Ou	14 g
Llet de vaca	3,5 g
Cereals	8-12 g
Pa	7 g
Patates	2 g
Fruites i hortalisses	0,5-1,5 g

Necessitats mínimes de proteïnes[1]

	g proteïnes/kg/dia (*mínim proteic*)
0-6 anys	2,5
7-12 anys	2
13-18 anys	1,5
Adult	1
Ancià	1
Dona embarassada	1,5
Dona en període de lactància	2

1. La quantitat total o absoluta depèn molt de la massa corporal. Per això, malgrat que al llarg de la vida la necessitat de proteïnes/kg/dia disminueix respecte d'etapes anteriors, en les de fort creixement (l'adolescència), les necessitats absolutes de proteïnes continuen augmentant.

gallina i de la llet materna són tan equilibrades que permeten un aprofitament total d'aquestes proteïnes. Diem que tenen un ***valor biològic*** *del 100 %.*

En canvi, en l'altre extrem, les proteïnes de la gelatina, que no contenen l'aminoàcid essencial triptòfan, tenen un valor biològic igual a zero. Les proteïnes del blat, al seu torn, tenen un valor biològic –respecte de les de l'ou i la llet– del 50 %, ja que només tenen un 50 % de la lisina necessària, i les proteïnes de les mongetes (lleguminoses) tenen un valor biològic del 40 %, perquè només tenen un 40 % de l'aminoàcid essencial metionina necessari. En canvi, per un feno-

Aminoàcid (mg/g proteïna)	Proteïnes							
	Llet humana	*Llet de vaca*	*Ou de gallina*	*Carn de vedella*	*Peix (diverses espècies)*	*Gra de blat*	*Gra d'arròs integral*	*Gra de soja*
Histidina	26	27	22	34	35	25	26	28
Isoleucina	46	47	54	48	48	35	40	50
Leucina	93	95	86	81	77	72	86	85
Lisina	66	78	70	89	91	31*	40*	70
Metionina + cisteïna	42	33*	57	40	40	43	36	28*
Fenilalanina + tirosina	72	102	93	80	76	80	91	88
Treonina	43	44	47	46	46	31	41	42
Triptòfan	17	14	17	11	11	12	13	14
Valina	55	64	66	50	61	47	58	53
Valor biològic en ratolins	(95)	84	94	74	80	65	73	73

(*) Aminoàcid nutricionalment limitant quan l'aliment esmentat constitueix l'única font proteica del règim alimentari.

Composició en aminoàcids i valor biològic de les principals proteïnes alimentàries. (Font: FAO/OMS)

men de ***complementació****, la mescla de proteïnes diferents millora el conjunt: una mescla a parts iguals de blat i mongetes té un valor biològic del 70 %.*

En els països pobres, les dietes són deficitàries en proteïnes, tant d'origen animal com vegetal; en els països desenvolupats, en canvi, no hi acostuma a haver dèficit, excepte en aquells casos de persones que acostumen a fer dietes molt desequilibrades, com ara les que mengen quantitats excessives de sucres.

Cal tenir en compte que les proteïnes es poden destruir amb la calor, segons quina sigui la manipulació o la preparació que es faci dels aliments. Si bé aquest fet té una importància relativa en dietes que, com les de la major part de la gent del nostre país, tenen abundància de proteïnes, pot ser perillós en dietes més ajustades, com ara algunes dietes vegetarianes.

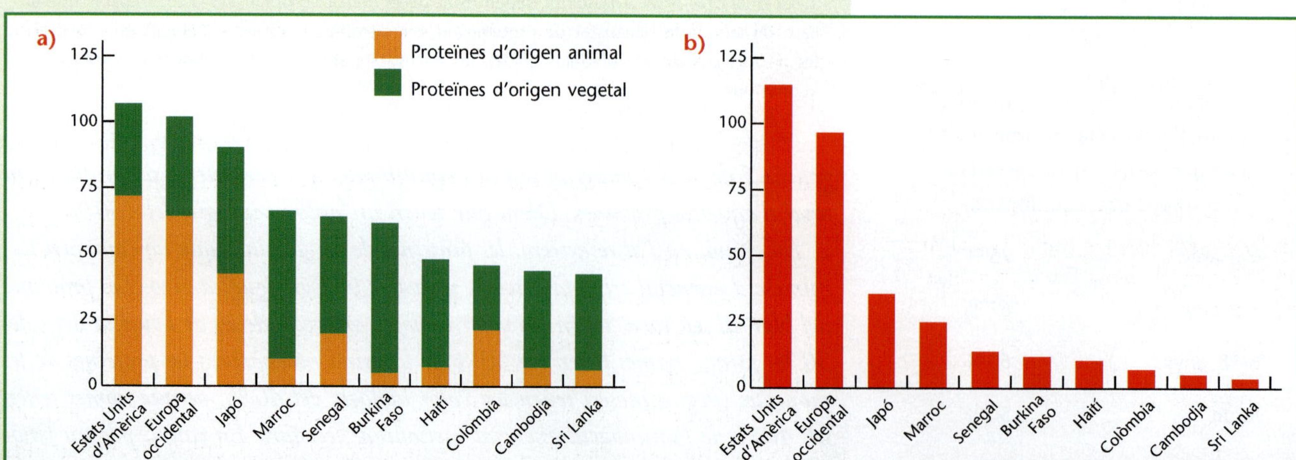

a) Consum de proteïnes (g/dia/habitant).
b) Consum de carn (kg/any/habitant).

5. L'estructura de les proteïnes

L'estudi de les proteïnes, formades per cadenes d'aminoàcids o polipèptids amb una disposició tridimensional molt complexa que en determina les propietats, ha permès distingir-ne quatre nivells estructurals:

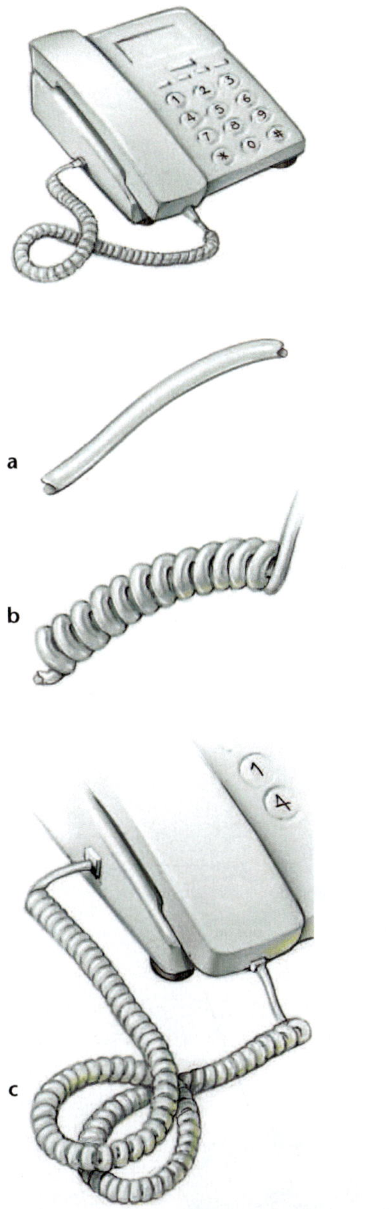

El fil del telèfon representa una bona analogia per entendre què és l'estructura primària (a), secundària (b) i terciària (c) de les proteïnes.

– L'**estructura primària** d'una proteïna, o **seqüència**, indica quants aminoàcids la formen i en quin ordre es troben enllaçats mitjançant l'enllaç peptídic entre els grups amino i carboxil. La seqüència de les proteïnes està codificada genèticament. Es contenen en la seqüència de bases de l'ADN. La seqüència d'una proteïna determina, en condicions fisiològiques, el plegament de la cadena d'acord amb una conformació nativa (estructures secundària, terciària...). La seqüència de les proteïnes s'escriu començant per l'aminoàcid portador de l'extrem amino lliure.

– L'**estructura secundària** és la disposició en l'espai de l'estructura primària: indica com es disposen en l'espai els aminoàcids consecutius. Els dos tipus principals d'estructures secundàries són l'**hèlix** α i l'**hèlix** β, o de full plegat. Aquestes estructures s'estableixen per les afinitats i els enllaços dèbils (sobretot els d'hidrogen) que es produeixen entre els diferents radicals. Un tercer tipus és l'hèlix del col·lagen, formada per tres cadenes enrotllades conjuntament.

– L'**estructura terciària** mostra com es doblega l'estructura secundària d'una proteïna. Aquest nivell estructural indica quina és la posició pel que fa a l'espai dels aminoàcids no consecutius. Tenint en compte les estructures secundària i terciària, les proteïnes presenten dos tipus de conformacions: la **fibrosa**, que recorda una corda, i la **globular**, que s'assembla a un cabdell i en facilita la solubilitat. El plegament tridimensional de l'estructura terciària és degut a les atraccions que s'estableixen entre els grups radicals d'aminoàcids allunyats entre si, els quals queden units per enllaços d'hidrogen, ponts disulfur, forces de van der Waals...

– L'**estructura quaternària** la presenten les proteïnes formades per dues o més cadenes, iguals o diferents, de polipèptids (proteïnes **oligomèriques**) i indica com s'uneixen entre elles les cadenes d'aminoàcids o **monòmers**.

Les conformacions natives de les proteïnes són molt sensibles als canvis de l'entorn. La desorganització o la modificació de l'estructura molecular s'anomena desnaturalització i comporta la pèrdua de l'activitat biològica d'aquestes molècules. El canvi que es produeix durant la desnaturalització pot ser irreversible, si ha estat molt sever, o reversible, i en aquest cas es pot recuperar la conformació de la proteïna. La desnaturalització no afecta ni els enllaços peptídics ni la seqüència o l'estructura primària de les proteïnes. Alguns dels agents causants de la desnaturalització són les variacions importants en el pH, l'augment de la temperatura o la presència de certes substàncies químiques, com ara la urea.

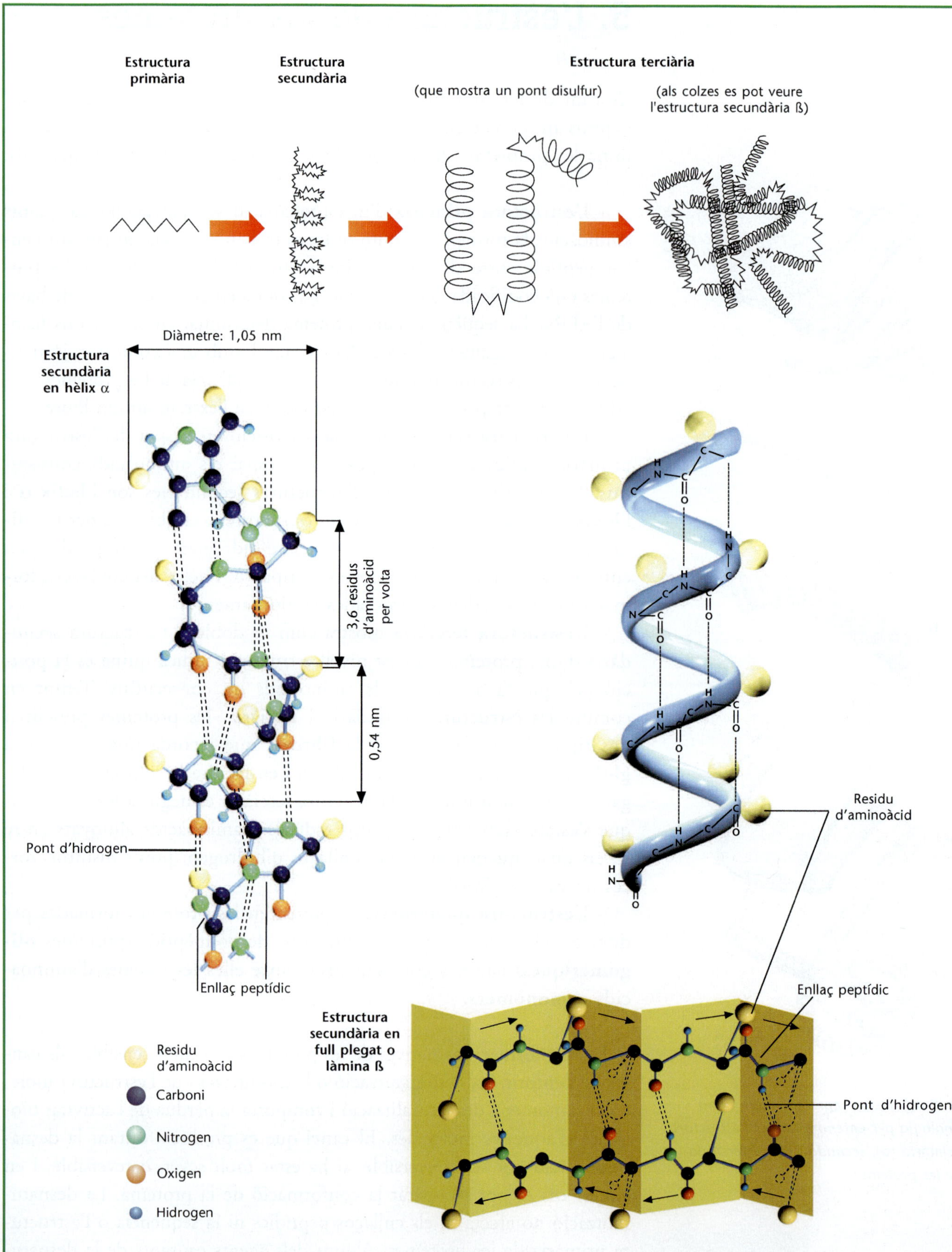

Esquema de la conformació tridimensional de les proteïnes.

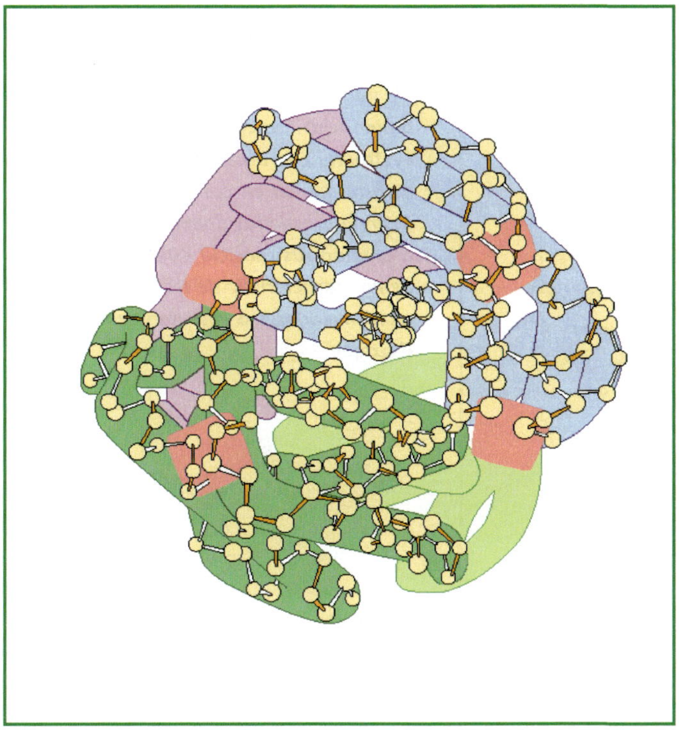

Estructura quaternària d'una proteïna.

5.1. Proteïnes fibroses

Les **proteïnes fibroses** són molt estables, dures i insolubles en el medi cel·lular. Les cadenes polipeptídiques que les formen estan disposades de manera paral·lela i formen fibres o làmines. Es troben fonamentalment en els teixits animals i, en general, desenvolupen funcions estructurals i de protecció.

Les **α-ceratines** tenen una gran resistència mecànica i abunden, per exemple, a l'estrat corni de la pell dels vertebrats, als pèls, a les plomes i a les ungles, banyes i peülles. Són riques en sofre. Altres ceratines són més toves i flexibles, com ara la fibroïna de la seda, segregada pel cuc de seda.

Les **elastines** són força elàstiques i es troben en els teixits conjuntius elàstics, per exemple els que formen els tendons i lligaments, i també a les parets dels vasos sanguinis.

Els **col·làgens** són les proteïnes que més abunden en els vertebrats. Els col·làgens es troben en els teixits conjuntius d'òrgans molt durs, com ara les dents, la matriu dels ossos, els cartílags, etc., o resistents a la tracció, com ara els tendons. Per cocció, els col·làgens es transformen en **gelatines**, barreges solubles de pèptids que es fan servir en alimentació.

5.2. Proteïnes globulars

Les **proteïnes globulars** són les formades per cadenes de polipèptids plegades segons conformacions més o menys esfèriques. En general, són força solubles (en funció de la seva massa molecular), presenten una gran activitat biològica (la majoria dels enzims i dels anticossos són proteïnes globulars) i tenen un alt valor nutritiu.

Les **histones** són les proteïnes bàsiques que, associades a l'ADN, formen la cromatina del nucli cel·lular.

Les **prolamines** (gliadina, zeïna, etc.) i les glutenines (glutenina) abunden en les llavors dels cereals.

En el grup de les **albúmines**, hi ha proteïnes amb funció de reserva nutritiva (l'ovoalbúmina de la clara de l'ou o la lactoalbúmina de la llet, per exemple) o amb funció transportadora (la seroalbúmina del plasma sanguini, etc.). També forma part d'aquest grup la globina, constituent bàsic de l'hemoglobina.

Les **globulines** són les proteïnes globulars que tenen un pes molecular més elevat, com ara les seroglobulines del sèrum sanguini, que inclouen les immunoglobulines o anticossos, i el fibrinogen, que intervé en la coagulació de la sang.

L'hemoglobina i la mioglobina, proteïnes transportadores d'oxigen

En els animals pluricel·lulars, l'aparell circulatori s'encarrega de transportar l'oxigen des dels pulmons, o des de les brànquies, fins a tots els teixits. En els vertebrats, la funció de transport de l'oxigen la porten a terme els glòbuls vermells, o eritròcits. En el cos humà, per exemple, hi ha uns 5 milions d'eritròcits per mm^3 de sang i, en total, en una persona d'uns 65 kg n'hi deu haver aproximadament $2{,}5 \times 10^{13}$. Cada eritròcit és un disc bicòncau que conté en el seu interior uns 3 000 milions de molècules d'hemoglobina. L'hemoglobina és una cromoproteïna porfirínica amb un grup prostètic, el qual s'anomena *grup hemo* i conté un àtom de ferro.

Aquest grup prostètic és fonamental en la unió oxigen-hemoglobina.

La funció de la mioglobina, amb el mateix grup prostètic hemo, és emmagatzemar oxigen dins les cèl·lules dels músculs i facilitar-ne la difusió.

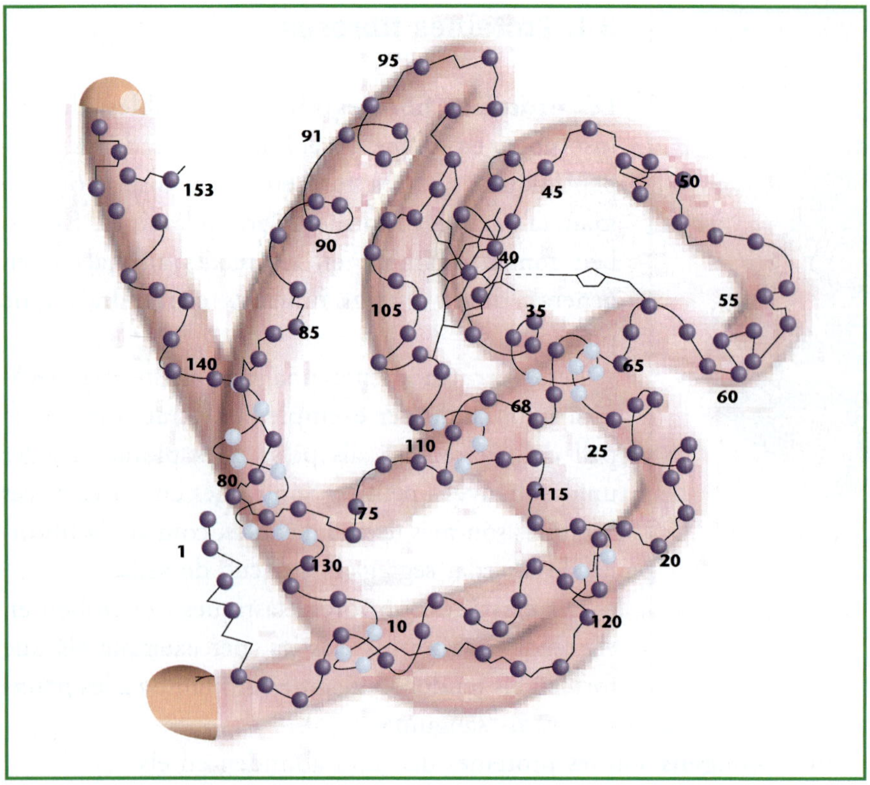

Estructura tridimensional de la mioglobina, una proteïna globular. Els nombres indiquen els diferents aminoàcids. En els trams rectes, l'estructura és bàsicament en hèlix α, mentre que en els colzes es desorganitza. Sobreimpressionat damunt la cadena d'aminoàcids (posició 40) hi ha el grup hemo, característic de les proteïnes transportadores o emmagatzemadores d'oxigen.

5.3. Les heteroproteïnes (proteïnes conjugades)

Les **heteroproteïnes**, o **proteïnes conjugades**, estan formades per una **fracció proteica** (constituïda per proteïnes globulars) i per una **fracció no proteica**, anomenada **grup prostètic**. Segons la naturalesa química del grup prostètic, es poden distingir diversos tipus d'heteroproteïnes:

- **Glucoproteïnes**: el grup prostètic és un glúcid.
  - Proteïnes de les membranes i cobertes cel·lulars.
  - Hormones (FSH o hormona estimuladora del fol·licle, LH o hormona luteïnitzant, TSH o hormona estimuladora de la tiroide).
  - Immunoglobulines.
  - Mucoproteïnes dels teixits connectius i dels líquids articulars.
  - Determinats enzims (entre els quals les ribonucleases).
- **Lipoproteïnes**: el grup prostètic és un lípid (un glicèrid, el colesterol, etc.) i exerceixen, entre altres, funcions de transport de greixos a la sang.
- **Fosfoproteïnes**: el grup prostètic és l'àcid ortofosfòric (caseïna, vitel·lina, etc.).
- **Nucleoproteïnes**: el grup prostètic són els àcids nucleics (cromatina del nucli cel·lular).
- **Cromoproteïnes**: el grup prostètic és un pigment.
  - Grup prostètic porfirínic: el pigment deriva de la porfirina (hemoglobina, mioglobina, citocroms, etc.).
  - Grup prostètic no porfirínic: el pigment no deriva de la porfirina (hemocianina, pigments biliars, etc.).

DOCUMENTS

Proteïnes homòlogues i especificitat

*Les proteïnes presenten **especificitat**. A diferència dels glúcids i dels lípids, que són pràcticament idèntics en les diferents espècies d'animals i vegetals, les proteïnes són altament específiques: cada espècie sintetitza les seves proteïnes, diferents de les de les altres espècies. Fins i tot dins d'una mateixa espècie hi sol haver diferències individuals.*

*Les proteïnes **homòlogues** són les proteïnes que desenvolupen la mateixa funció en espècies diferents. Es caracteritzen per presentar cadenes polipeptídiques de longitud i seqüència semblants, però amb canvis en alguns aminoàcids originats per mutació dels gens que les codifiquen.*

Exemples de proteïnes homòlogues ben estudiades són: l'hemoglobina de la sang dels mamífers, encarregada de transportar l'oxigen; els citocroms dels mitocondris, que intervenen en la respiració cel·lular; la insulina, que regula el contingut en glucosa de la sang, etcètera.

L'estudi de les seqüències de proteïnes homòlogues en espècies diferents, ha fet possible conèixer el fet que aquestes proteïnes presenten unes posicions crítiques on sempre es troben els mateixos aminoàcids (anomenats residus invariables), mentre que a la resta de les posicions els aminoàcids varien segons les diferents espècies. S'ha comprovat que, com més properes són evolutivament les espècies, més semblants són les seves proteïnes homòlogues, cosa que ha possibilitat construir arbres genealògics basats en les diferències i en les semblances entre les proteïnes homòlogues.

Grup hemo, grup prostètic de certes cromoproteïnes.

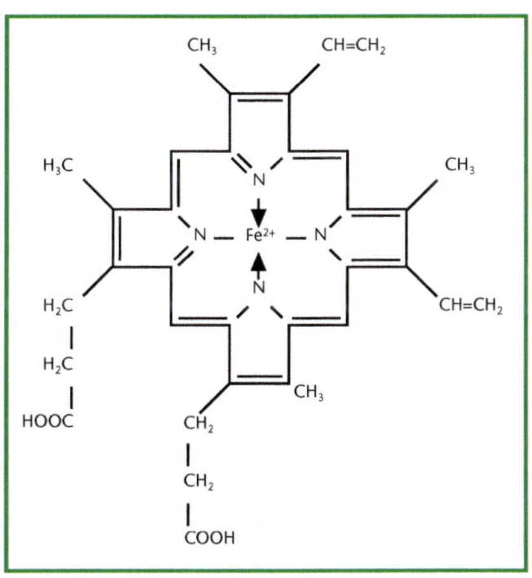

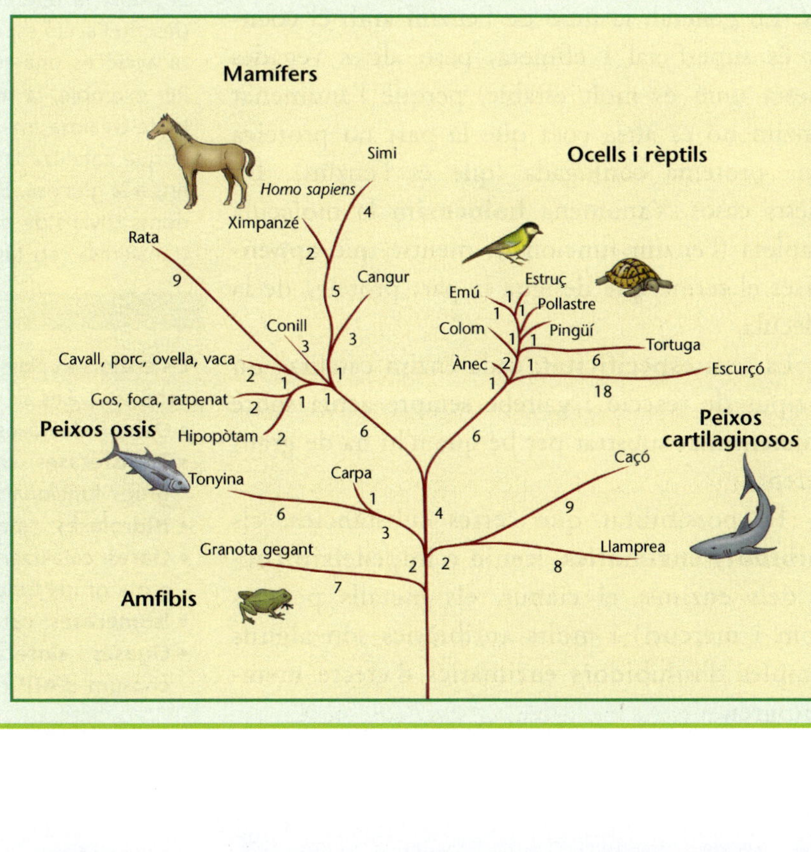

Arbre filogenètic dels vertebrats basat en les substitucions d'aminoàcids de la molècula de citocrom c. Les xifres indiquen el nombre d'aminoàcids en què cada citocrom c difereix del corresponent al punt de bifurcació més proper.

6. Els enzims: catalitzadors biològics

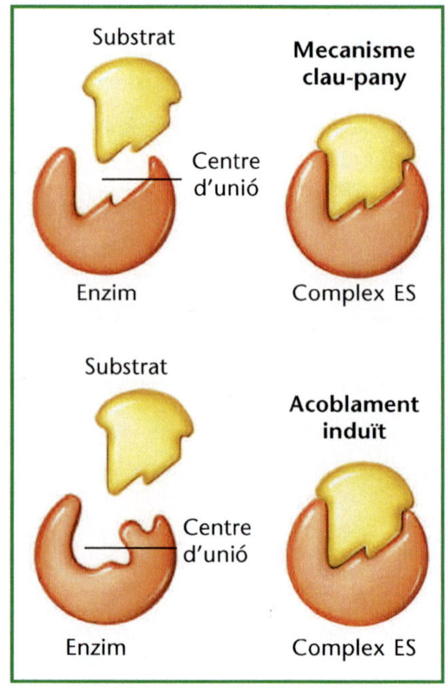

La reacció enzimàtica.

L'enzim (E) catalitza la formació del producte final (P) mitjançant la unió temporal amb el substrat (S) per formar el complex enzim-substrat (ES).

E + S ⇄ ES ⇄ E + P

Els catalitzadors són substàncies que augmenten notablement la velocitat de les reaccions químiques perquè en disminueixen l'energia d'activació necessària. Els enzims són proteïnes que catalitzen les reaccions químiques que tenen lloc en els organismes vius, la qual cosa possibilita que es desenvolupin en les condicions del medi biològic. Entre les característiques que cal remarcar de l'acció dels enzims, catalitzadors biològics o **biocatalitzadors**, destaquen les següents:

– El fet de ser proteïnes que actuen en quantitats molt petites i que no es consumeixen durant la seva acció.

– La unió temporal a la substància sobre la qual actuen, el **substrat**, per originar un **producte final**. Aquesta unió té lloc en una regió concreta de l'enzim, el **centre d'unió** o **centre actiu**.

– El fet que disminueixen l'energia d'activació necessària per a l'inici de la reacció.

– La reversibilitat de la seva acció, que està controlada per la temperatura, pel pH i per les concentracions del substrat i dels productes finals.

– El fet que la seva acció requereix sovint la presència de substàncies no proteiques, com ara els **coenzims**, que són, generalment, molècules inorgàniques. Tanmateix, si es tracta d'ions inorgànics reben el nom de **cofactors**. En general, la unió de l'enzim amb el coenzim és superficial i efímera, però altres vegades aquesta unió és molt estable, perquè l'anomenat coenzim no és altra cosa que la part no proteica d'una proteïna conjugada (que és l'enzim). En aquests casos, s'anomena **holoenzim** la molècula completa (l'enzim funcional), mentre que **apoenzim** és el terme que designa la part proteica de la molècula.

– La seva **especificitat**: cada enzim catalitza un sol tipus de reacció i gairebé sempre actua sobre un determinat substrat per bé que n'hi ha de graus diferents.

– La possibilitat que certes substàncies, els **inhibidors enzimàtics**, frenin o impedeixin l'acció dels enzims; el cianur, els metalls pesants (plom i mercuri) i molts antibiòtics són alguns exemples d'inhibidors enzimàtics d'efecte metabòlic greu.

Nomenclatura dels enzims

El nom d'un enzim consta de tres parts: prefix, infix i sufix. El prefix fa referència al substrat sobre el qual actua. L'infix descriu l'acció específica que hi catalitza, però s'omet si aquesta acció és una hidròlisi. El sufix és sempre el mateix: *-asa*. Per exemple, la **trealasa** és l'enzim que hidrolitza la molècula de trealosa, mentre que l'**ATP-glucosa-fosfotransferasa** és el que catalitza la transferència d'un grup fosfat des de l'ATP fins a la glucosa. Sovint, però, aquests noms coexisteixen amb noms trivials de més llarga tradició. Així, l'ATP-glucosa-fosfotransferasa rep també el nom d'**hexoquinasa**.

Classificació dels enzims

Els enzims es classifiquen d'acord amb el tipus de reacció que catalitzen. Les sis classes principals són les següents:

- **Oxidoreductases**: catalitzen les reaccions d'oxidació-reducció.
- **Transferases**: catalitzen les reaccions de transferència dels grups funcionals.
- **Hidrolases**: catalitzen les reaccions d'hidròlisi.
- **Liases**: catalitzen l'addició, sobre els enllaços dobles, de diferents grups funcionals (alcohol, amino, etc.).
- **Isomerases**: catalitzen les reaccions d'isomerització.
- **Ligases** i **sintetases**: catalitzen la formació d'enllaços, amb consum d'ATP o d'altres vectors energètics.

ACTIVITATS

7.9. Què s'entén per seqüència d'una proteïna? Amb quin altre terme es coneix? Quins són els seus enllaços responsables? Com es determina la seqüència d'una proteïna?

7.10. Defineix què és la conformació de les proteïnes i explica quins nivells estructurals inclou.

7.11. Digues de quin tipus és i per a què serveix cada una de les substàncies següents: miosina, immunoglobulina, lipasa, tubulina, hemoglobina, fibrinogen, caseïna i insulina.

7.12. Defineix què és un col·lagen i explica a quin grup de proteïnes pertany i en quins teixits i òrgans abunda.

7.13. Escriu, per a cada un dels conceptes següents, un substantiu o una frase breu que vulgui dir el mateix: catalitzador biològic, anticossos, proteïnes conjugades, escleroproteïnes, proteïnes simples, gelatina i proteïna oligomèrica.

7.14. Defineix el concepte de *proteïna conjugada* i de *grup prostètic*. Esmenta tres grups de molècules que actuïn com a grup prostètic i posa exemples de proteïnes conjugades.

7.15. Defineix què és un catalitzador i què és un enzim, i digues com actuen. Explica què és l'energia d'activació d'una reacció. Esmenta tres tipus d'enzims diferents en funció de la reacció que catalitzen.

7.16. Digues damunt de quins substrats actuen els enzims següents: lactasa, cel·lulasa i lipasa. Quines molècules s'originen per l'acció catalítica d'aquests enzims?

7.17. Contesta a les preguntes següents:

a) Quines diferències hi ha entre les proteïnes fibroses i les globulars? Posa tres exemples de cada una d'elles.

b) Quantes calories s'originen per oxidació d'un gram de proteïna?

c) Quina quantitat de proteïnes ha d'incloure una dieta equilibrada d'un ésser humà adult?

d) Per què no seria adequat fer de la gelatina la principal font de proteïnes d'una dieta?

e) Busca la taula de composició de quatre aliments d'origen animal que siguin rics en proteïnes i la de quatre aliments d'origen vegetal, també rics en proteïnes. Indica el contingut en proteïnes, per 100 grams, de cada un dels aliments anteriors.

RECORDA

Els enzims s'anomenen mitjançant noms compostos, cadascun dels quals inclou la denominació del substrat propi, seguit del nom de l'acció específica de l'enzim (que s'omet si és la hidròlisi) i de la terminació *–asa*. Sovint els enzims també tenen noms comuns.

7.18. L'aspartam, que com hem vist és un edulcorant molt intens, és un dipèptid format per àcid aspàrtic i fenilalanina. Quines podrien ser les dues fórmules estructurals d'aquesta substància? Formula-les. Assenya-la sobre les molècules alguns dels grups funcionals responsables del sabor dolç.

7.19. En què consisteix la tècnica de l'electroforesi? Explica per a què s'utilitza i en què es basa. Tot raonant les respostes, digues també si els següents factors poden influir en la migració d'aminoàcids i proteïnes:

a) diferència de potencial;
b) intensitat del corrent;
c) porositat del gel;
d) durada de la prova;
e) temperatura;
f) il·luminació.

7.20. Calcula el teu mínim proteic diari i després la proporció mínima recomanable de proteïnes d'origen animal que es necessita diàriament. A partir de les dades de la primera taula de la pàgina 213, calcula les quantitats d'aliments necessàries per assolir els mínims proteics que has calculat abans, per a tres dietes diàries diferents: a) amb carn; b) sense carn però amb peix; c) estrictament vegetariana però amb continguts proteics suficients per complementació.

7.21. Escriu les fórmules L i D de l'aminoàcid serina.

7.22. Amb boles de poliestirè expandit blanc de diferents mides i trossos de filferro, construeix un model tridimensional de l'aminoàcid glicina.

7.23 Quin grup funcional és el causant del caràcter bàsic dels aminoàcids?

7.24. Digues el nom dels aminoàcids que tenen els radicals següents i escriu-ne la fórmula completa: CH_3–; H–; HO–CH_2–.

7.25. En la il·lustració d'aquesta pàgina es representa la seqüència de la proteïna bacteriorodopsina. Cada lletra correspon al símbol d'un aminoàcid. Esmenta els noms dels cinc primers aminoàcids. Escriu la seqüència dels dotze primers aminoàcids fent-ne servir les abreviatures.

7.26. Consulta un diccionari etimològic i explica l'etimologia dels termes proteïnes i pròtid.

7.27. Digues a quin tipus de monòmers corresponen aquestes fórmules empíriques: H; NH_2; R–C–COOH.

7.28. La desnaturalització d'una proteïna, com afecta la seva estructura primària o seqüència?

7.29. Si en un got de llet hi aboquem unes quantes gotes d'àcid clorhídric, es produeix una reacció ben visible. Com s'anomena el procés que té lloc a la llet i quins dels seus components afecta? Si es filtra la llet amb paper de filtre i se separa el material coagulat, què cal fer per comprovar que hi ha proteïnes? Esbrina quines proteïnes abunden a la llet.

7.30. Explica què passa quan es bull o es fregeix un ou. Esmenta quines són les proteïnes més abundants en la clara i en el rovell d'ou.

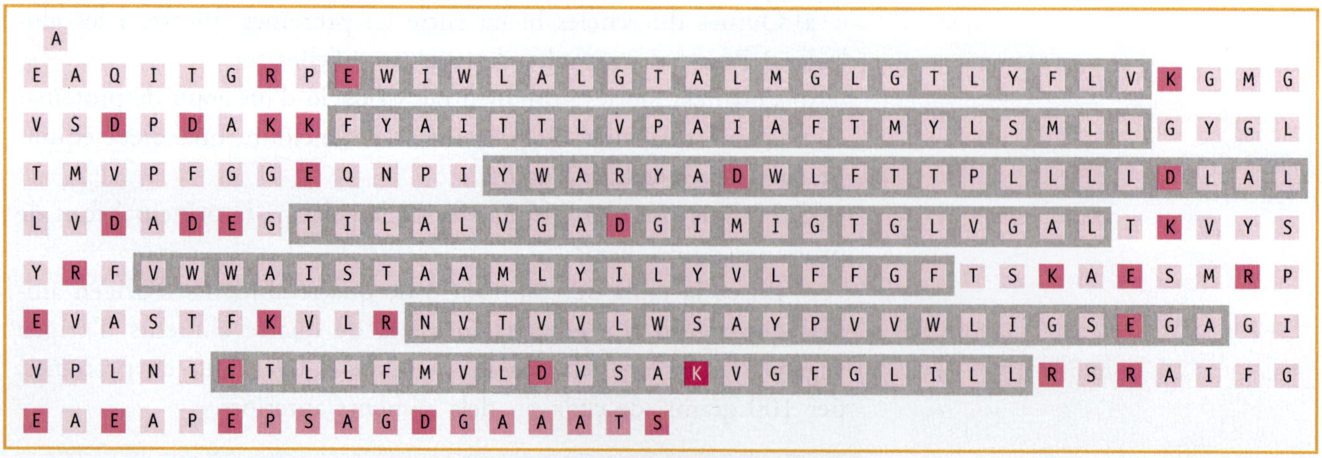

7.31. Què passa quan afegim àcid nítric concentrat a una solució de proteïna? Què ens indica aquesta reacció?
Què passa quan es fa la prova xantoproteica a una solució de l'aminoàcid glicina? Per què?

7.32. ¿Les proteïnes, desenvolupen funcions energètiques en els organismes? Raona la resposta.

7.33. Esmenta dos aliments d'origen animal que tinguin el màxim valor nutritiu. Quines són les necessitats diàries de proteïnes d'una persona d'entre 13 i 18 anys?

7.34. Quin és el valor biològic de la gelatina? A què és degut?

7.35. En un àpat, una persona es pren un parell d'ous ferrats. Fent les consultes que calguin, contesta a les preguntes següents:

a) Quines proteïnes ingereix?

b) On es produeix la digestió d'aquestes proteïnes? Quins enzims hi intervenen?

c) Quines molècules s'originen en la digestió de les proteïnes?

d) Quina funció desenvolupen aquestes molècules i en què es fan servir?

7.36. Què són les proteïnes homòlogues? Explica les seves aplicacions en els estudis de genètica.

7.37. L'hemoglobina i la mioglobina són dues proteïnes molt importants en els vertebrats. On es troben? Amb quines funcions estan relacionades? Com es diu el grup prostètic que les forma? Quin catió forma part d'aquest grup prostètic?

7.38. Identifica els esquemes de la il·lustració de sota, que representen l'estructura de les proteïnes, i ordena'ls. Què s'entén per conformació de les proteïnes? Quins enllaços químics formen l'estructura primària de les proteïnes?

7.39. L'arròs amb mongetes és un dels plats més populars de les cuines iberoamericanes. Aquest plat és molt nutritiu, tot i que el valor biològic de les proteïnes de l'arròs només és del 50 % i el de les mongetes, del 40 %. A què es deu, doncs, el seu alt valor nutricional? Sovint a aquest plat s'afegeix una mica de carn picada. Aquest fet millora o empitjora el valor biològic del conjunt? Per què? Reescriu les respostes anteriors explicant-les en termes de continguts en aminoàcids concrets.

7.40. Què és la proteònica? Quins són els objectius i les tècniques d'estudi d'aquesta branca de la biologia molecular?

1. Enumera cinc processos cel·lulars en què es trobin implicades les proteïnes. Com es manifesten en les proteïnes les mutacions o els canvis en l'ADN del nucli cel·lular? Què significa que les proteïnes són biomolècules específiques?

2. En les cèl·lules eucariotes, la síntesi de les proteïnes és un procés molt complex.

a) A quins tipus d'orgànuls citoplasmàtics es produeix aquesta síntesi?

b) Quines macromolècules del grup dels àcids nucleics són necessàries per a la síntesi de les proteïnes? Explica la funció de cada una d'elles.

c) Quins monòmers són imprescindibles per sintetitzar les proteïnes?

3. Quan les proteïnes s'hidrolitzen, s'obtenen, com a molècules resultants, aminoàcids. Respon a les preguntes següents, que fan referència a aquestes substàncies:

a) Què és, químicament, un aminoàcid?

b) Què significa que les molècules dels aminoàcids són amfòteres?

c) Quants aminoàcids diferents hi ha en les proteïnes?

d) Els aminoàcids es poden representar per la fórmula general R–C–..., en la qual falten alguns components:

– Quins grups s'enllacen al C α?

– Què es representa mitjançant la lletra R?

– Escriu la fórmula de R en els aminoàcids següents: serina, cisteïna, valina i leucina.

4. Escriu un tripèptid fent servir els aminoàcids glicina, cisteïna i valina.

5. En la il·lustració de sota es representa la seqüència de la molècula de la proteïna ribonucleasa, un enzim que trenca o hidrolitza les molècules d'ARN. Observa atentament aquesta il·lustració i contesta a les preguntes següents:

a) Quants aminoàcids són els que componen aquesta proteïna?

b) Escriu el nom i el símbol dels aminoàcids que ocupen els llocs 1, 7, 22, 66 i 124.

c) Quants residus de lisina i de valina hi ha compresos en aquesta proteïna?

d) Tenint en compte que les ratlles de color taronja representen uns enllaços especials, no peptídics, anomenats ponts disulfur, digues quants d'aquests enllaços conté la ribonucleasa i entre quines parelles d'aminoàcids s'estableixen.

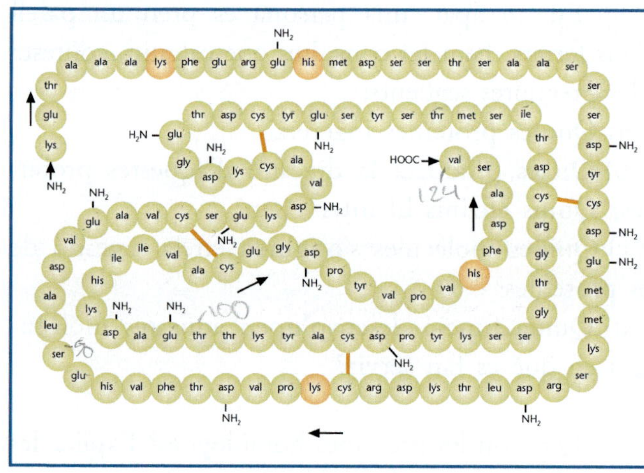

6. Consulta els gràfics de les pàgines 213 i 214 i fes una hipòtesi sobre en quins països són més freqüents les següents malalties o els següents dèficits nutricionals:

a) arteriosclerosi; b) dèficit proteic; c) excés de pes; d) excés de triglicèrids a la sang.

De les proteïnes als aliments

Objectius

a) Ús d'utillatge i tècniques bàsiques de laboratori (cont.).
b) Preparació de dissolucions i reactius (cont.).
c) Identificació de proteïnes i aminoàcids per mitjà de processos i reaccions químiques específiques.
d) Estudi d'algunes propietats fisicoquímiques de les proteïnes.
e) Introducció a l'aplicació pràctica de les tècniques bioquímiques de laboratori per a l'anàlisi de la qualitat alimentària.
f) Disseny d'experiments, comprovació d'hipòtesis, recollida de dades i confecció d'informes.

Observació: cal extremar les mesures de precaució en manipular les bases i els àcids que s'indiquen per a la realització d'algunes de les experiències.

Material

Genèric

Morter, càpsula de porcellana o similar, verd de malaquita, formaldehid, pipetes, comptagotes, embut, paper de filtre plegat, quadern de notes, tubs d'assaig i gradetes, pinces de laboratori, cremadors, suports o trespeus, reixeta protectora, xicres de laboratori, estufa de cultiu, ous, llet, puré de patata, terrina de menjar preparat per a nadons, pernil dolç, mostres diverses de carn fresca (salsitxes...), salsitxes de frankurt, mostres diverses d'embotit (xoriço, mortadel·la...), mostres de marisc (gamba, llagostí, cranc...), llexiu, cristal·litzadors, escalfador per al bany maria, sal (NaCl), mantega, margarina, recipient per a cromatografia, assecador, cubetes, gibrells o altres recipients grans, flascó o ampolla de vidre fosc, espàtules, erlenmeyer de 250, filtres de paper, embut de vidre, aigua destil·lada.

Productes, utillatge i reactius

Albúmina, clara d'ou, glicocola, tirosina, tripsina, midó, lugol, formaldehid, ninhidrina, hidròxid sòdic al 40 %, sulfat de coure a l'1 %, àcid clorhídric, àcid nítric concentrat, àcid sulfanílic (o reactiu de Griess A), a-naftilamina (o reactiu de Griess B), paper cromatogràfic Whatman núm. 1 o plaques de cromatografia Merck, n-butanol, àcid acètic glacial, bicarbonat sòdic (o un altre alcalinitzador), timol (o un altre bactericida), paper de cúrcuma.

Estufa de cultiu.

Aminoàcids i proteïnes

a) Identificació de proteïnes: la prova del biuret

Si es mesclen els enllaços peptídics amb unes gotes de sulfat de coure de les proteïnes (–CO–NH–) en calent i en un medi francament bàsic (per exemple, en presència d'hidròxid sòdic concentrat) el resultat és un característic color violeta-rosaci que és degut al **biuret**.

Aquest test es denomina *prova del biuret* perquè quan la urea procedent de les proteïnes s'escalfa per sobre del seu punt de fusió, es descompon en amoníac i àcid ciànic (CNOH) el qual, juntament amb una segona molècula d'urea, forma biuret ($NH_2.CO.NH.CO.NH_2$) que reacciona en presència de l'ió cúpric i dóna el color violeta-rosaci característic.

La prova de biuret serveix per identificar la presència d'enllaços peptídics, per tant serveix per detectar proteïnes o pèptids. En canvi, els aminoàcids lliures donen negatiu a aquesta prova.

Prova del biuret: el tub de l'esquerra ha donat positiu i el de la dreta, negatiu.

Analítica

Prepara una bateria de 5 tubs d'assaig i omple'ls amb 3 cm^3 de dissolucions: el primer tub amb una dissolució d'albúmina, el segon amb glicina (o glicocola), el tercer amb midó, el quart (tub control) amb aigua pura i el cinquè (tub problema) amb un contingut de la teva elecció (cal, però, que sigui una mescla homogènia i que el seu color no pugui emmascarar el resultat de la prova). Afegeix a cada tub 2 cm^3 d'hidròxid sòdic concentrat (al 20%), primer, i, després, de sulfat cúpric a l'1 %, gota a gota. Amb l'ajut de la pinça escalfa suaument els tubs. Observa, anota els resultats i interpreta'ls. Després, copia la taula següent i completa'n les dades. Redacta un informe i explica què has detectat; quines substàncies donen positiu en aquesta prova i quines, no.

	Albúmina	Glicocola	Midó	Control	Problema
Resultat					
Interpretació					

b) La prova xantoproteica

Si s'afegeix àcid nítric a una solució de proteïnes es forma sovint un compost aromàtic nitrat de color groc. Aquesta és precisament la raó del nom d'aquesta prova, ja que la paraula grega *xanthos* significa 'groc'. En realitat, la prova només dóna positiu quan en el medi hi ha aminoàcids amb radicals aromàtics (com els anells benzènics del triptòfan o, especialment, de la tirosina).

Per tant, mentre la prova del biuret és particularment útil per identificar proteïnes, la prova xantoproteica serveix per identificar els aminoàcids aromàtics.

Analítica

Prepara una bateria de 5 tubs d'assaig i omple'ls amb 3 cm^3 de dissolucions: el primer tub amb una dissolució d'albúmina, el segon amb glicina (o glicocola), el tercer amb tirosina, el quart (tub control) amb aigua pura i el cinquè (tub problema) amb un contingut de la teva elecció (cal, però, que sigui una mescla homogènia i que el seu color no pugui emmascarar el resultat de la prova).

Amb molt de compte, i amb l'ajut del professor o la professora, afegeix a cada tub 1 cm^3 de HNO_3. Escalfa'ls al bany maria fins a 100 °C, després refreda'ls amb aigua freda i afegeix-hi NaOH al 40 %, gota a gota. Observa, anota els resultats i interpreta'ls. Després, copia la taula de sota i completa'n les dades. Redacta un informe que, entre altres, contesti a les preguntes següents:

a) Hi ha alguna substància que hagi donat positiu a la prova del biuret i negatiu a la xantoproteica? Per què?

b) Hi ha alguna substància que, al contrari, hagi donat positiu a la prova xantoproteica i negatiu a la del biuret? Per què?

c) Quina prova permet identificar aminoàcids? Permet identificar-los tots?

d) Quina prova permet identificar proteïnes?

e) Quina prova permet identificar pèptids?

	Albúmina	Glicocola	Tirosina	Control	Problema
Resultat					
Interpretació					

c) La desnaturalització de les proteïnes

Una de les característiques més sobresortints de les proteïnes és la labilitat de la seva estructura tridimensional. Canvis en les condicions fisicoquímiques de l'entorn les desnaturalitzen. Com estudiarem més endavant, aquests canvis es manifesten també en molts dels processos de cocció dels aliments que contenen proteïnes.

Analítica

Prepara una bateria de 5 × 3 tubs d'assaig amb uns 3 cm^3 de dissolucions de proteïnes: albúmina, clara d'ou i llet. Afegeix al primer tub de cada sèrie 1 cm^3 d'àcid clorhídric; al segon, 1 cm^3 de NaOH; al tercer no hi afegeixis res, només escalfa'l amb l'ajut de les pinces; i el quart tub deixa'l com a control. Pel que fa al cinquè tub, pensa quin altre canvi susceptible de desnaturalitzar les proteïnes podries experimentar-hi.

Observa, anota els resultats i interpreta'ls. Després, copia la taula de sota i completa'n les dades. Redacta un informe.

	Albúmina	Clara d'ou	Llet
HCl			
NaOH			
Calor			
Control			
Lliure elecció			

d) Cromatografia d'aminoàcids

La cromatografia és un mètode d'anàlisi –és a dir, de separació– consistent a fer passar per percolació una mescla problema, en fase líquida o gasosa, a través d'una fase estacionària que pot ser un sòlid o un líquid que impregna un suport inert. En el procés, els components de la mescla se separen d'acord amb la seva diferent velocitat de migració tot al llarg de la fase estacionària (velocitat que varia en funció del temps i, en particular, de les dimensions i càrregues dels diferents components).

Analítica

Tal com s'indica en l'apartat de material, per a la cromatografia pròpiament dita tant podem fer servir paper Whatman com plaques Merck.

Prèviament, haurem d'haver preparat un hidrolitzat de proteïna que contingui una bona varietat d'aminoàcids. De fet, podríem preparar-ne diversos i observar-ne la diferent composició.

Per exemple podem posar 5 g de clara d'ou, 0,5 g de l'enzim tripsina i 5 cm^3 d'aigua en un petit recipient tapat que disposarem a l'estufa de cultiu (a uns 25 °C) durant 48 h. Per impedir que la contaminació bacteriana espatlli la mescla, cal addicionar un agent alcalinitzador (bicarbonat sòdic, per exemple) i un bactericida (timol, per exemple).

A l'interior d'un recipient de cromatografia de vidres alts (d'entre 25 i 30 cm) i que tanquin hermèticament disposarem un parell de dits de dissolvent (la fase estacionària) compost a parts iguals d'àcid acètic glacial, n-butanol i aigua destil·lada.

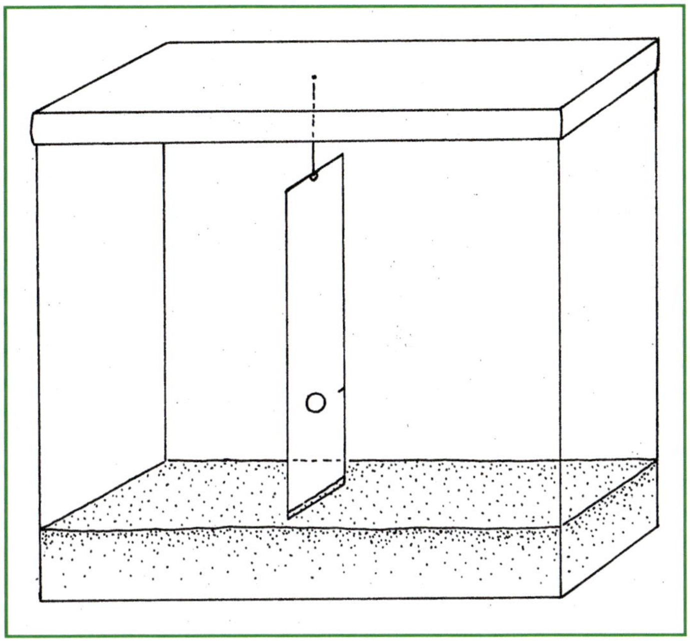

Disposarem el paper o placa de cromatografia penjat de la coberta del recipient, de manera que mulli una mica el líquid del fons. Amb un llapis marcarem una línia horitzontal a 4 o 5 cm de la superfície del líquid i sobre aquesta línia dipositarem cinc o sis gotes de les mescles problema, sense que es toquin si en tenim més d'una. Cal que no s'estenguin a penes. Per evitar-ho posarem les gotes una a una i cada cop l'eixugarem amb molta suavitat amb l'assecador de mà.

Deixarem reposar el recipient de 8 a 16 hores, ben tancat per evitar l'evaporació. Amb el llapis marcarem una línia allí on ha arribat el front del líquid i ho deixarem eixugar (si cal, amb l'assecador de mà podem accelerar suaument el procés).

El procés és pràcticament acabat, però no es veu res encara. Els diferents aminoàcids estan en algun punt entre la línia d'origen i la línia d'arribada: cal revelar els papers o les plaques, com si fossin negatius fotogràfics. Per això, agafem la tira o placa de cromatografia i la banyem en una cubeta amb ninhidrina, que tenyeix de blau els aminoàcids. Un cop revelades les taques dels aminoàcids retirem i eixuguem amb l'assecador.

Ninhidrina
2-hidrat d'1,2,3-indantriona

Pigment

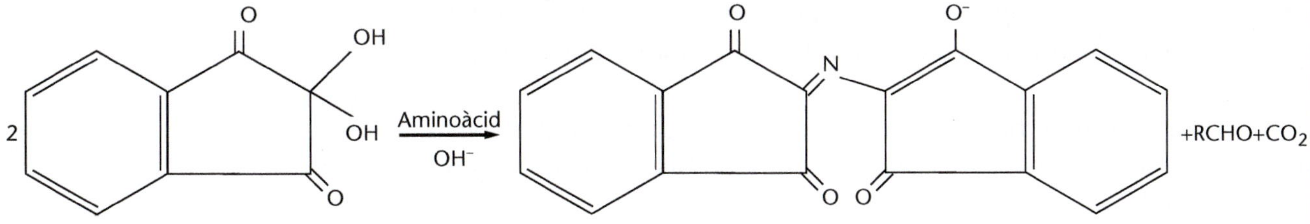

En presència d'aminoàcids, la ninhidrina es transforma en la substància pigmentada de la dreta.

Observació i interpretació dels resultats

Els aminoàcids es poden arribar a identificar pels seus coeficients de migració (c_a):

c_a = desplaçament de l'aminoàcid / desplaçament del front del dissolvent.

Per als aminoàcids de l'albúmina de l'ou, els coeficients són els següents:

Aminoàcid	Coeficient	Aminoàcid	Coeficient
Àcid aspàrtic	0,24	Lisina	0,14
Àcid glutàmic	0,30	Metionina	0,55
Alanina	0,38	Prolina	0,43
Arginina	0,20	Serina	0,27
Fenilalanina	0,68	Tirosina	0,45
Glicina	0,26	Treonina	0,35
Isoleucina	0,72	Valina	0,60
Leucina	0,73		

Redacta un informe sobre el procés de la cromatografia i, mitjançant esquemes i dibuixos, indica què has fet i per què s'han separat les substàncies analitzades. Mira de contestar preguntes com ara què passaria si canviéssim el suport o si variéssim la fase estacionària o la durada de la prova.

Dels nutrients als aliments

La **bromatologia** o ciència dels aliments s'ocupa, entre altres coses, de l'aplicació de tècniques químiques per a la identificació dels nutrients i altres substàncies contingudes en els aliments.

Algunes d'aquestes substàncies, com ara els conservants, hi són afegides per millorar la conservació dels aliments, són perfectament saludables i no presenten cap risc. No sempre, però, es poden fer servir per a tota mena d'aliments. Hi ha unes lleis alimentàries que en regulen l'ús.

Hi ha també el frau, és clar, com per exemple afegir materials barats en aliments de més preu. Per exemple, el midó. No és pas que sigui dolent, però és una adulteració.

De vegades, mesurar la qualitat dels aliments és complicat, perquè exigeix proves de labotatori complexes. Altres vegades, però, n'hi ha prou amb unes operacions senzilles per conèixer la qualitat d'allò que consumim.

e) Les carns tenen midó?

És clar que no. El midó és un polisacàrid de reserva de les plantes. Quan els animals en mengen, l'hidrolitzen a glucosa i, si els en sobra, aquesta glucosa l'emmagatzemen en forma de glicogen, no pas de midó.

La presència de midó s'identifica molt fàcilment amb el lugol. Aquesta tècnica pot servir per detectar-lo en el menjar. Provarem si alguns productes habituals (puré de patata, pernil dolç, salsitxes de Frankfurt, embotits...) en contenen.

Analítica

Els aliments càrnics no contenen midó. La prova del lugol permet detectar-ne adulteracions amb aquesta substància d'origen vegetal.

El pernil dolç és sovint un dels aliments amb els quals es cometen més fraus. Des de l'addició d'aigua per augmentar-ne el pes (només cal veure com queda el paper en què ha estat embolicat algun pernil dolç o com queda el mateix pernil deixat a l'aire sense embolicar) fins a l'addició de midó.

Agafa una mostra de cada un dels aliments següents: puré de patata, dues marques diferents de pernil dolç, dues marques diferents de salsitxa de Frankfurt, xoriço i mortadel·la. Aixafa amb el morter cada mostra i dissol-la en aigua destil·lada. Aboca'n només la part líquida en tubs d'assaig. Si creus que el color d'algun d'aquests sucs podria emmascarar el resultat de la mostra, neutralitza'l amb una gota de lleixiu.

Addiciona-hi unes gotes de lugol. Per comprovar el resultat de les proves, tira directament un parell de gotes de midó sobre mostres dels aliments analitzats.

Observació i interpretació dels resultats

Observa, anota els resultats i interpreta'ls. Després, copia la taula de sota i completa'n les dades. Redacta un informe que, entre altres, expliqui les qüestions següents:

	Puré de patata	Pernil dolç 1	Pernil dolç 2	Frankfurt 1	Frankfurt 2	Xoriço	Mortadel·la	Control
Resultat (color)								
Interpretació								

	Mantega	Margarina
Resultat (color)		
Interpretació		

a) És raonable que el puré de patata doni positiu a la prova del lugol? Per què?

b) Si algun dels aliments càrnics conté midó, què significa?

c) Dissenya un experiment que et permeti esbrinar la quantitat d'aigua continguda en el pernil.

f) I la mantega o la margarina?

Prepara en sengles tubs d'assaig dues mostres foses, escalfant-les lleugerament, de mantega i de margarina. Addiciona-hi unes gotes de lugol. Anota el resultat, comenta'l i explica'n les diferències.

g) Metabisulfit

El metabisulfit de potassi és un additiu conservador (E-224) i antioxidant permès en crustacis, vins i altres tipus d'aliments. També s'usa per realçar el color en carns crues, com ara les salsitxes, però està prohibit utilitzar-lo per a les carns cuites o adobades perquè no ajuda pas a la seva conservació i, com que realça el color, pot emmascarar putrefaccions.

Per a realçar el color de les carns crues a vegades s'usen additius conservadors i antioxidants.

Analítica

En solució aquosa, el $S_2O_5^{2-}$ es transforma en SO_3H^-, segons la reacció següent:

$$S_2O_5^{2-} + H_2O \rightarrow 2\ SO_3H^-$$

Per tant, pot detectar-se en forma de bisulfits, ja que aquests tenen capacitat per decolorar el verd de malaquita.

Preparació del reactiu. Prepara una dissolució de verd de malaquita al 0,02 % en aigua destil·lada. Pren 4 o 5 g de mostres de carn de diferents tipus. Tritura-les per separat en un morter i col·loca-les a les càpsules. Afegeix 8 gotes de verd de malaquita a cada mostra i agitales amb una espàtula.

En presència de metabisulfit el color verd del reactiu desapareix. Aquest resultat es pot confirmar amb formaldehid, ja que si s'afegeixen 15 gotes d'aquesta substància a les mostres reapareix el color verd.

Observació i interpretació dels resultats

Copia la taula de sota i completa'n les dades. Interpreta els resultats que has obtingut i redacta un informe.

	Mostra 1	Mostra 2	Mostra 3	Mostra 4	Mostra 5
Resultat (color)					
Interpretació					

h) Nitrits

Els nitrits de potassi i de sodi (E-249, E-250) s'usen com a conservadors en les carns preparades, especialment en els embotits. Tanmateix, el seu ús no pot excedir els 125 mg per kg i està prohibit de posarne en els aliments per a nens de menys de 6 mesos.

Analítica

Aquestes substàncies es reconeixen per la coloració rosa o rogenca que donen amb els reactius de Griess.

Preparació dels reactius. Si no disposes dels reactius de Griess, els pots preparar seguint aquestes pautes:

– Reactiu de Griess A: 1 g d'àcid sulfanílic en 30 ml d'àcid acètic i 70 ml d'aigua destil·lada.

– Reactiu de Griess B: 0,3 g d'α-naftilamina en 30 ml d'àcid acètic i 70 ml d'aigua destil·lada. Aquest reactiu cal guardar-lo en una ampolla de vidre fosc.

Preparació de les mostres. Prepara algunes mostres d'embotit i d'algun aliment preparat per a infants. Esmicola, per separat, uns 8 g de cada producte i tritura'ls finament en un morter. Aboca les pastes obtingudes en càpsules de porcellana, afegeix-hi 20 ml d'aigua destil·lada i remena-les amb una espàtula. Filtra el contingut de la càpsula amb un paper de filtre plisat sobre un embut i recull-lo en una altra càpsula.

Afegeix ara a cada mostra dues gotes d'àcid acètic glacial, quatre gotes de reactiu de Griess A i quatre gotes de reactiu de Griess B. Si hi ha nitrits apareixerà la coloració descrita.

Observació i interpretació dels resultats

Copia la taula de sota i completa'n les dades. Interpreta els resultats que has obtingut i redacta un informe.

	Mostra 1	Mostra 2	Mostra 3	Mostra 4	Mostra 5
Resultat (color)					
Interpretació					

El cefalotòrax de les gambes s'ennegreix quan deixen de ser molt fresques.

i) Detecció de la presència d'àcid bòric

Durant molt de temps, l'àcid bòric (H_3BO_3) s'utilitzà per millorar l'aspecte del peix i del marisc, ja que el cap de les gambes o dels llagostins, per exemple, es torna ràpidament negre si el producte no és molt fresc. En canvi, l'addició d'àcid bòric el manté d'un bonic color vermell. Tanmateix, l'àcid bòric fa anys que està prohibit perquè es tracta d'un producte tòxic.

Analítica

Els reactius emprats en aquesta prova són molt sensibles. Cal, per tant, que tots els estris a usar estiguin ben nets i aclarits amb aigua destil·lada.

Submergeix les diferents mostres de marisc a analitzar en un recipient amb aigua (plat soper, cristal·lizador...) durant uns 10 minuts. Després posa uns 5 cm^3 del suc obtingut en sengles tubs d'assaig i escalfa'ls, suaument, fins a 50 °C.

Mulla una tireta de paper indicador de cúrcuma a cada tub. Una coloració vermella intensa denota presència d'àcid bòric.

El paper indicador de cúrcuma està impregnat del principi actiu curcumina ($C_{21}H_{20}O_6$), de color groc taronja i procedent de l'arrel de la planta de la cúrcuma. En presència de H_3BO_3, la curcumina s'isomeritza a rosocianina que, en medi àcid (per exemple una gota de HCl), té un color vermell de sang.

És possible, encara, una contraprova: en medi bàsic la coloració vira a blau verdós. Deixa assecar la tira i, un cop seca, mulla-la amb unes gotes de NaOH. El bòric s'identifica ara per un color blau verdós.

Observació i interpretació dels resultats

Copia la taula de sota i completa'n les dades. Interpreta els resultats

	Mostra 1	Mostra 2	Mostra 3	Mostra 4	Mostra 5
Resultat en medi àcid (color)					
Resultat en medi bàsic (color)					
Interpretació					

que has obtingut i redacta un informe.

j) Estudi de l'ou

En aquesta sessió de laboratori has estudiat alguns aspectes pràctics de la composició de l'ou. Ara és el moment d'estudiar l'ou com a

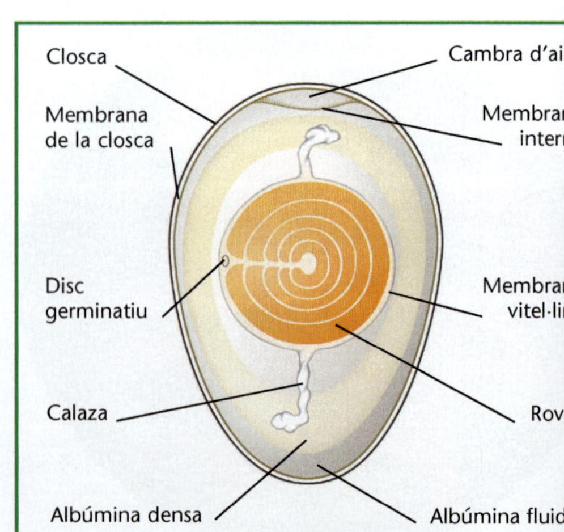

En salmorra, un ou fresc adopta una posició horitzontal. Com més vell és, més vertical queda.

aliment.

Mesurar la qualitat dels aliments no sempre és complicat. En el cas dels ous, per exemple, n'hi ha prou amb senzilles operacions per conèixer la qualitat d'allò que consumim. Un grup d'alumnes s'encarregarà de recollir ous de diversa frescor, que només ells coneixeran per mitjà de marques o senyals específics.

Com és un ou?

Per tal de comprendre els processos que s'esdevenen en un ou a mesura que envelleix cal conèixer quines parts té. Pren un ou, obre'l sobre un plat i mira d'identificar-hi totes les parts que hi ha indicades en el dibuix. Fes un dibuix semblant, assenyala-hi allò que has vist i digues si l'ou que has estudiat era molt fresc o no.

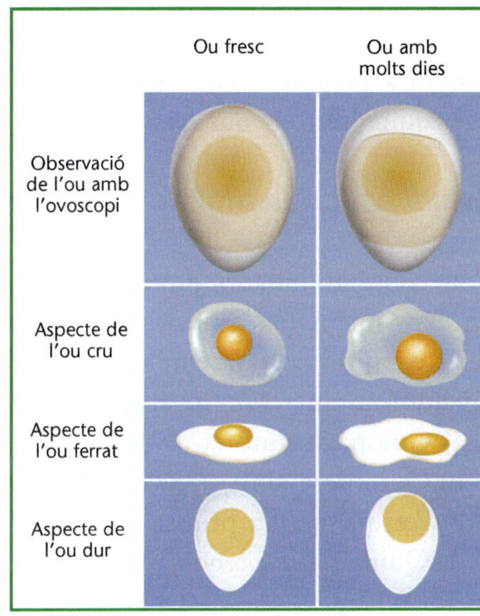

Com podem saber si un ou és fresc?

El mètode més fiable és el de l'ovoscopi. Es tracta d'un senzill aparell que permet mirar l'ou a besllum i estudiar així la posició i el volum de la cambra de gas.

Per l'aspecte. Un cop trencat i posat al plat, el rovell de l'ou fresc té poc diàmetre i força alçada. La clara queda bastant concentrada al seu voltant. Si té molts dies, la clara s'escampa més i el rovell se situa en posició excèntrica.

Per la densitat. La closca de l'ou és porosa i permet que el vapor d'aigua que hi ha a la cambra d'aire de l'ou surti i que hi entri aire. Això provoca el creixement d'aquesta cambra d'aire i, per tant, la densitat d'un ou és inversament proporcional a la seva frescor. És per aquest motiu que un ou fresc s'enfonsa en aigua pura i sura en aigua amb força sal.

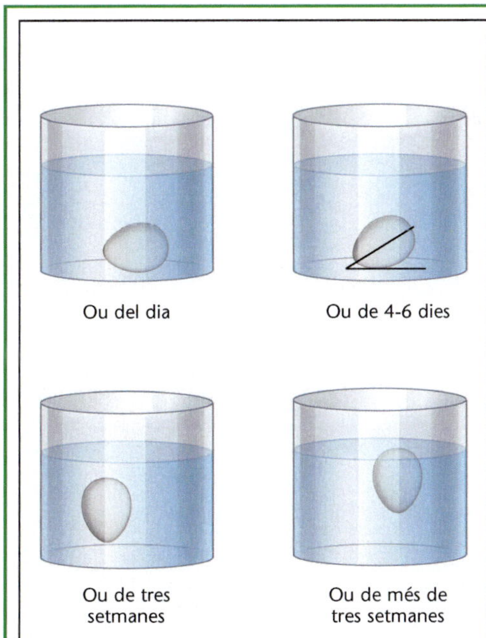

L'aigua que millor indica la qualitat d'un ou és la que conté 40 g de sal per litre. Un ou fresc s'hi enfonsa i hi queda tombat, amb l'eix major horitzontal. A mesura que l'ou es fa vell, tendeix a surar i el seu eix major s'aixeca. En una aigua amb 40 g de sal per litre, un ou de quatre a sis dies hi queda enfonsat, però amb una inclinació del seu eix major d'uns 20°; un ou de 8 o 10 dies presenta una inclinació de 45° i un ou de 3 setmanes té el seu eix major gairebé vertical. Els ous més vells s'aixequen del tot i suren. No obstant això, avui dia s'utilitzen molts procediments per allargar la vida dels ous: refrigeració, pintat o envernissat amb substàncies segelladores i antimicrobianes...

Analítica

Agafem ous de diverses procedències –prèviament identificats amb un senyal per saber-ne el grau de frescor– i dos recipients, un amb aigua pura i l'altre amb aigua saturada de sal. Primer posem els ous en el recipient amb aigua pura i observem que tots s'enfonsen. Després posem els ous en un recipient mig ple d'aigua saturada i observem que tots suren. A continuació, hi afegim aigua pura de mica en mica i observem el distint comportament dels ous.

Observació i interpretació dels resultats

Redacta un informe per explicar què has fet i com és possible estudiar d'aquesta manera la qualitat de l'ou. Procura que l'informe respongui a preguntes com ara quins són els ous que suren abans i per què; quins són els ous que tenen una cambra d'aire més gran; etc.

Estudi experimental de les proteïnes de l'ou

L'ou conté abundants proteïnes. Dissenya, ni que sigui teòricament, un experiment per avaluar-ne el procés de coagulació durant la cocció i comprova'n a la cuina de casa els aspectes més empírics. Escriu un informe que contesti a aquestes qüestions:

a) Què passa amb el rovell i la clara quan fem un ou ferrat?

b) Què passa amb el rovell i la clara quan fem un ou dur?

c) Per què qualla primer la clara que el rovell?

d) Quina relació tenen amb la frescor de l'ou les situacions següents en un ou dur:

- la posició del rovell;
- el fet que sigui fàcil o no de pelar;
- el color de la superfície del rovell.

e) Per què quan fem un ou ferrat, la part de la clara que toca el rovell és la que tarda més a quallar?

f) Si posem un pessic de sal en aquella part, qualla abans? Per què?

g) Quina altra substància d'efectes similars hi podríem posar?

UNITAT

8 La base molecular de l'herència: els àcids nucleics

Esquema

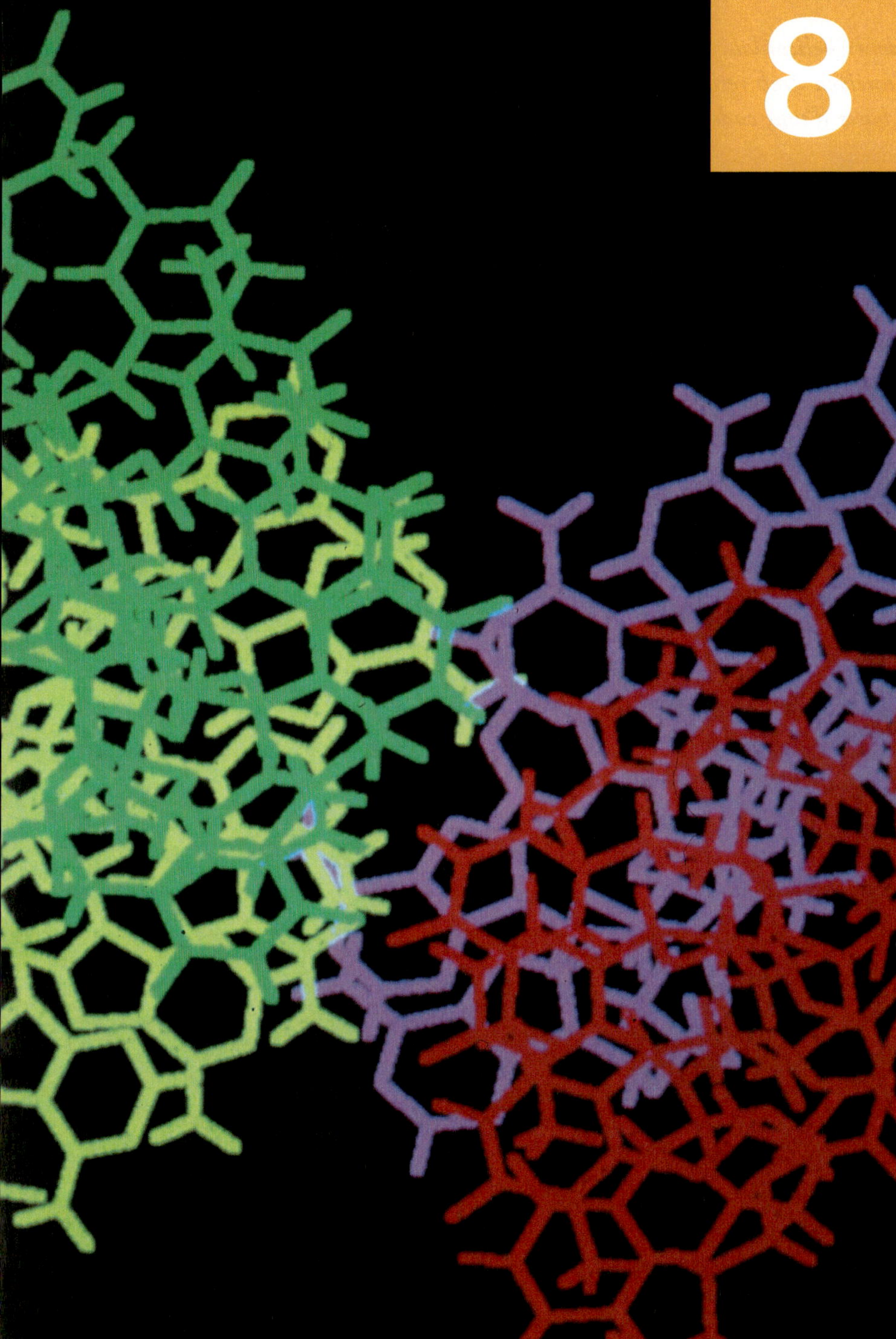

Model d'ordinador de l'estructura de les molècules d'ADN.

Per perpetuar-se, un organisme ha de ser capaç de reproduir-se. Per fer-ho, ha de posseir, i traspassar, una descripció completa d'ell mateix. Aquesta descripció és la informació genètica: un «conjunt d'instruccions» que detallen cada pas per construir una cèl·lula idèntica. En les cèl·lules, aquesta informació genètica necessària es troba en l'ADN o àcid desoxiribonucleic. Però la informació només és útil si es pot expressar. En les cèl·lules, la informació continguda en l'ADN es copia en una molècula emparentada, l'ARN o àcid ribonucleic, mitjançant un procés anomenat *transcripció*. A continuació, en un procés de traducció, aquesta informació així transcrita es tradueix en forma de proteïna.

1. Els àcids nucleics

L'estructura de l'ADN té dues cadenes helicoïdals, enrotllades al voltant del mateix eix. (...) Cada cadena consta de grups fosfodièster que s'uneixen amb residus de b-D-desoxiribosa. (...) Les bases són a l'interior de l'hèlix. (...) Donada la seqüència de bases d'una cadena, queda automàticament determinada la seqüència de l'altra cadena.

J. WATSON I F. CRICK, L'estructura molecular dels àcids nucleics *(1953)*

Els àcids nucleics, l'ADN i l'ARN, són principis immediats que tenen caràcter àcid. L'any 1869, el metge suís Friedrich Miescher, que treballava a la Universitat de Tübingen, els va descobrir estudiant els leucòcits del pus. No obstant això, conèixer-ne la composició i l'estructura molecular va costar molt. En la dècada de 1930, Walter Kossel i Philip Levine van estudiar-ne l'estructura covalent, i van descobrir que estaven formats per la unió de nucleòtids. L'any 1953, James Watson i Francis Crick van descobrir l'estructura tridimensional, en doble hèlix, de l'ADN. Es van basar en els estudis de difracció de raigs X de fibres d'ADN fets per Rosalind Franklin i Maurice Wilkins, i en l'anàlisi d'una diversitat d'altres dades, com ara la composició de bases, estudiada per Erwin Chargaff, durant la dècada de 1940.

L'any 1962, Watson, Crick i Wilkins (Franklin havia mort de càncer) van rebre el premi Nobel pel descobriment de l'estructura de l'ADN, un fet que es va revelar cabdal per al desenvolupament de la ciència de la segona meitat del segle XX, i a partir del qual es produí una allau de descobriments en el domini de la genètica i de la biologia moleculars.

Les bases nitrogenades.

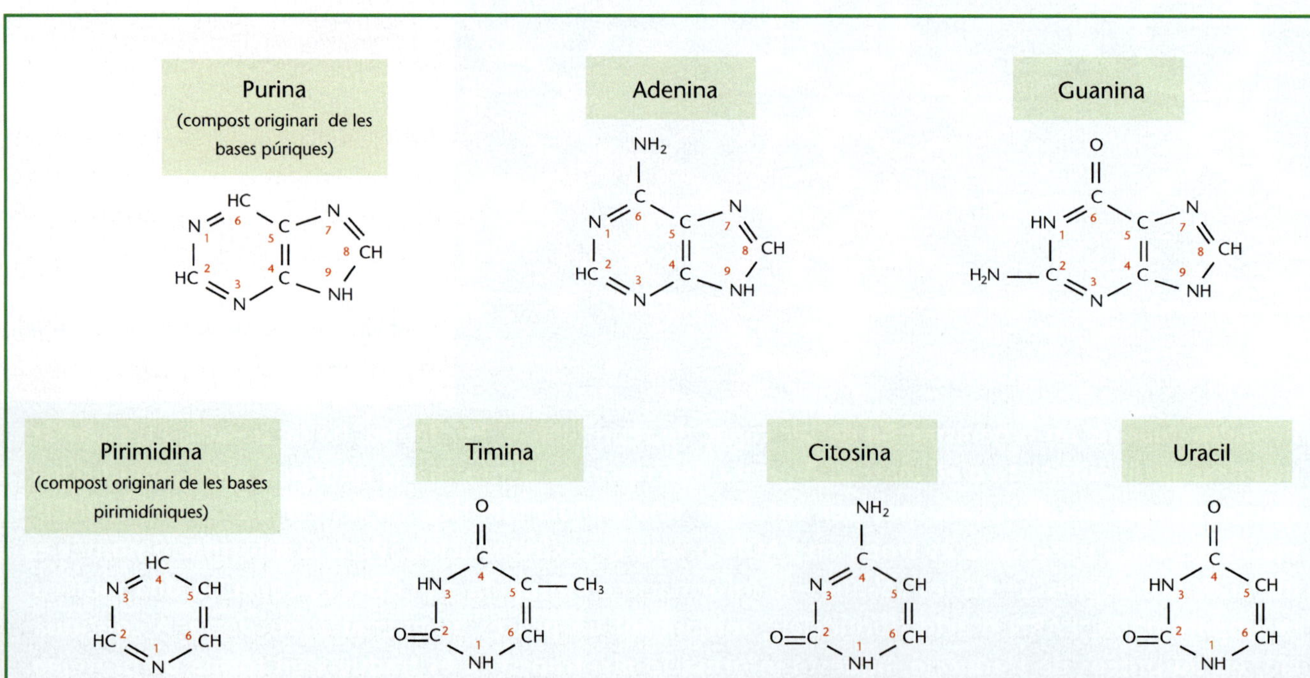

Els àcids nucleics contenen carboni (C), hidrogen (H), oxigen (O), nitrogen (N) i fòsfor (P); aquest últim en una proporció constant, del 10 %, a diferència de quan forma part de les proteïnes. Químicament, es defineixen com a llargues cadenes lineals no ramificades, constituïdes per la polimerització d'unes subunitats, dites **nucleòtids**.

β-D-ribosa

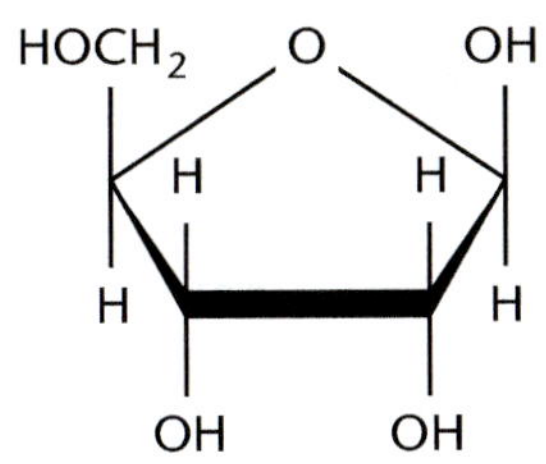

β-2-desoxi-D-ribosa

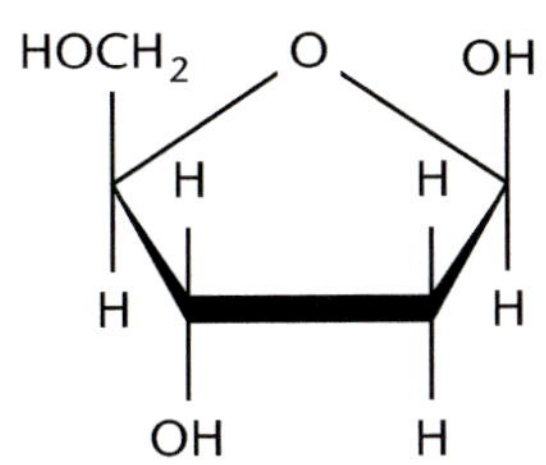

2. Nucleòsids i nucleòtids

La peça elemental que es repeteix en un àcid nucleic és el **nucleòtid**, el qual, al seu torn, està constituït per l'acoblament de tres molècules, una **pentosa**, una **base nitrogenada heterocíclica** i una molècula d'**àcid fosfòric** (ortofosfòric).

2.1. La composició i l'estructura

La pentosa que forma part dels nucleòtids dels àcids nucleics és la **D-ribosa**, una aldopentosa, o bé un derivat seu, la **2-desoxi-D-ribosa**. Els àcids ribonucleics (ARN) estan constituïts per nucleòtids de ribosa, mentre que l'ADN conté només nucleòtids de desoxiribosa.

D'altra banda, la substància rica en nitrogen i amb propietats alcalines, o «base nitrogenada heterocíclica», és una base púrica o pirimidínica, és a dir, derivada de la purina o de la pirimidina. Són bases púriques l'**adenina** i la **guanina** (de símbol A i G, respectivament) i són bases pirimidíniques la **timina**, la **citosina** i l'**uracil** (T, C i U, respectivament). La timina només es troba a l'ADN; l'uracil, a l'ARN. La resta de bases són comunes en ambdós àcids nucleics; de fet, l'uracil substitueix la timina quan, durant el procés de transcripció, es copia la seqüència de l'ADN en l'ARN.

Estructura general d'un nucleòtid (de ribosa)

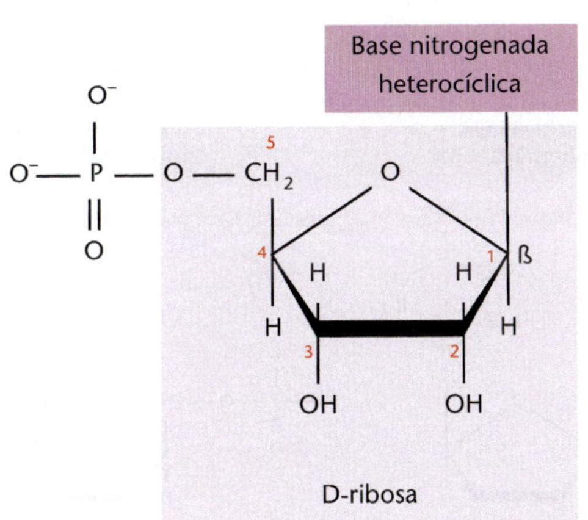

En l'ADN i en l'ARN hi ha també petites quantitats de derivats metilats de les quatre bases nitrogenades principals, que s'anomenen **bases minoritàries**, amb funcions específiques de protecció o programació de l'àcid mateix.

La unió de la ribosa o la desoxiribosa amb la base nitrogenada té lloc per mitjà d'un enllaç anomenat **N-glucosídic** entre el C-1', o carboni 1, de la pentosa i el nitrogen 1 (si és una base pirimidínica) o el nitrogen 9 (si és una base púrica) de la base nitrogenada. La molècula constituïda per la unió de la pentosa amb la base nitrogenada s'anomena **nucleòsid**. Quan el nucleòsid s'uneix amb l'àcid ortofosfòric a través d'una reacció d'esterificació sobre el grup –OH del carboni 5 de la pentosa, es forma un nucleòtid.

2.2. La denominació

Quan el sucre que hi ha en els nucleòsids és la ribosa, aquests es designen amb la terminació *-idina* (si les bases són pirimidíniques) o amb la terminació *-osina* (si les bases són púriques). Ara bé, quan el sucre que hi ha és la desoxiribosa, a més de les terminacions anteriors, s'anteposa el prefix *desoxi-* al nom de la base nitrogenada. Així, per exemple, la desoxiguanosina és el desoxiribonucleòsid de guanina, i la citidina és el ribonucleòsid de citosina.

D'altra banda, els nucleòtids s'anomenen anteposant a la denominació de la base la paraula *àcid*, que en descriu les propietats, i, si el sucre que hi ha és la ribosa, només es caracteritzen per la terminació *-ílic*. En cas que el sucre present sigui la desoxiribosa, s'afegeix el prefix *desoxi-* al nom de la base nitrogenada, igual que en el cas dels nucleòsids. Així, per exemple, el ribonucleòtid de citosina és l'àcid citidílic, i el desoxiribonucleòtid d'adenina és l'àcid desoxiadenílic. Lògicament, aquestes molècules, dotades de càrrega elèctrica, acostumen a estar dissociades i aleshores els escau la denominació amb la terminació *-at*; d'aquesta manera, els dos exemples esmentats corresponen al citidilat i al desoxiadenilat.

RECORDA

La M de monofosfat al·ludeix al fet que determinats nucleòtids de notable importància biològica contenen més d'una molècula d'àcid fosfòric, però no pas els que formen part dels àcids nucleics.

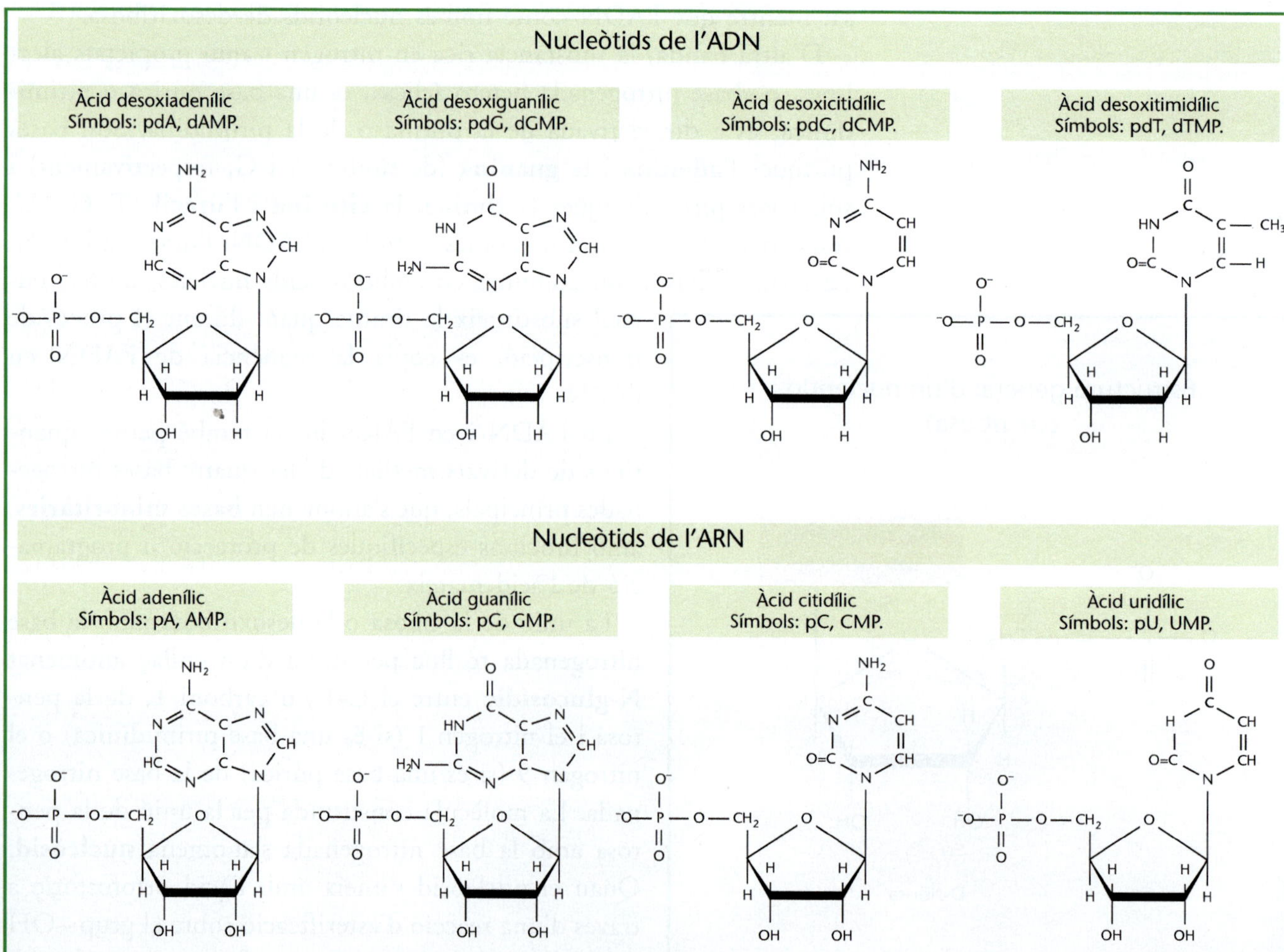

DOCUMENTS

Alguns nucleòtids particulars

*Alguns nucleòtids que no formen part dels àcids nucleics es troben, tanmateix, en quantitats relativament importants en el citoplasma de les cèl·lules, on porten a terme missions metabòliques fonamentals però allunyades de la genètica. Entre aquests nucleòtids, destaca l'**ATP** (**trifosfat d'adenosina**), nucleòtid d'adenina esterificat no per un, sinó per tres grups fosfòrics. L'ATP actua en les cèl·lules com a intermediari entre les reaccions que alliberen energia i les que en consumeixen; expressat en una paraula, com a moneda energètica. L'enllaç que uneix el segon (β) i el tercer (γ) fosfats de la molècula d'ATP allibera per hidròlisi una gran quantitat d'energia.*

*L'ATP és el vehicle o vector energètic universal per a les transferències cel·lulars d'energia, però en àmbits més concrets alguns altres nucleòtids trifosfats acompleixen papers similars, com ara l'**UTP** (**trifosfat d'uridina**) en la síntesi dels glúcids, el **CTP** (**trifosfat de citidina**) en la dels lípids o el **GTP** (**trifosfat de guanosina**) en la de les proteïnes.*

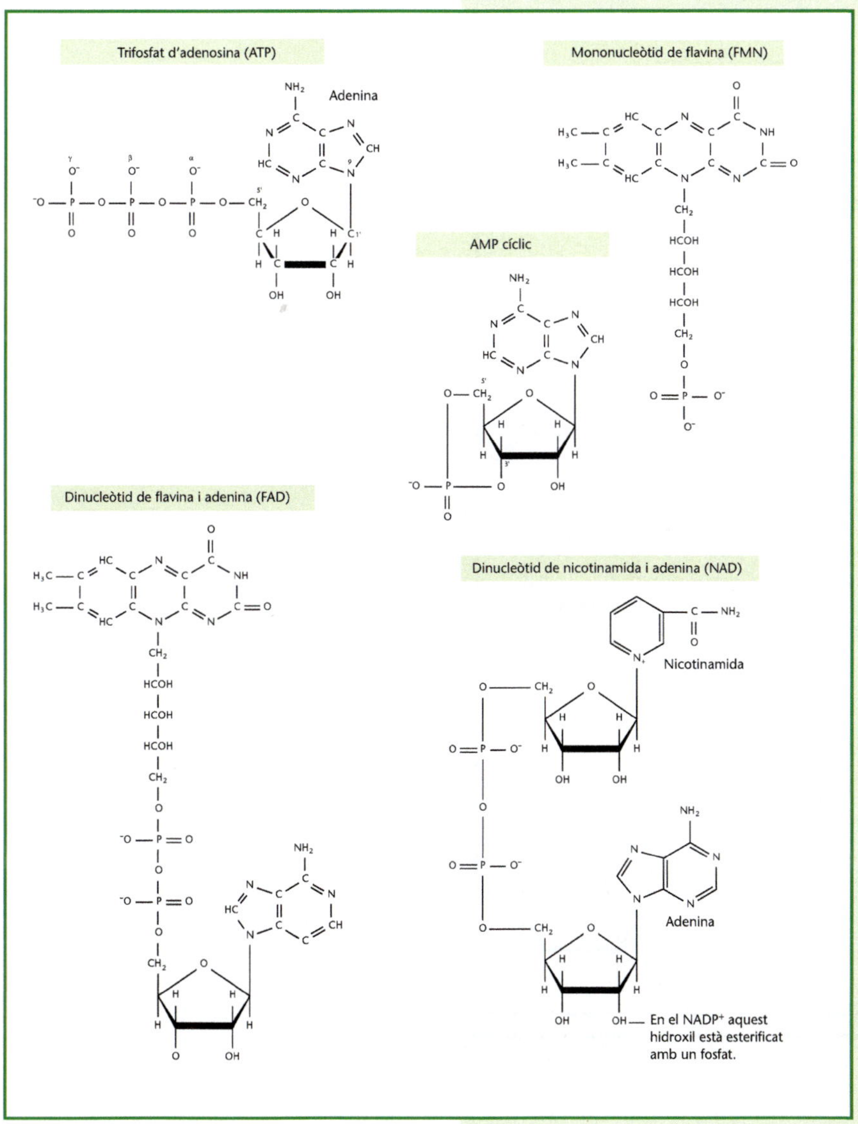

*Alguns dinucleòtids, com ara el **NAD** (**dinucleòtid de nicotinamida i adenina**) i el seu derivat fosfat, el **NADP** (**fosfat de dinucleòtid de nicotinamida i adenina**), també tenen funcions molt importants. De fet, aquests dinucleòtids actuen com a coenzims en moltes reaccions d'oxidació-reducció, com a portadors d'ions hidrur, ja que alternen entre les seves formes oxidades o reduïdes (NAD^+, $NADP^+$ i, respectivament, NADH i NADPH).*

*El **mononucleòtid de flavina** (**FMN**) i el **dinucleòtid de flavina i adenina** (**FAD**) tenen uns papers similars. En el cas del denominat coenzim A, que té la important funció metabòlica de transportar grups acil, la molècula conté també, juntament amb l'àcid pantotènic i el b-aminoetanol, un nucleòtid (difosfat d'adenosina).*

*Per la seva banda, el denominat **AMP cíclic** (**AMPc**) és un nucleòtid d'adenina en el qual el grup fosfat es troba esterificant dos –OH de la ribosa, en els carbonis 3' i 5' (és, doncs, l'àcid 3', 5' adenílic cíclic), i la seva funció en el metabolisme és actuar com a mediador en nombroses reaccions hormonals.*

ACTIVITATS

8.1. Identifica la fórmula que hi ha al marge.

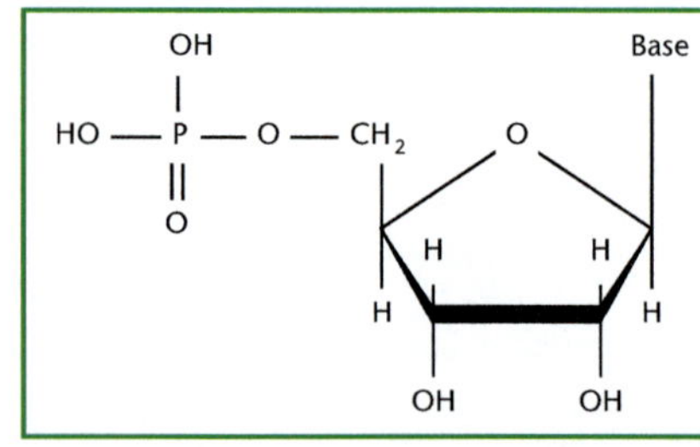

8.2. Escriu la fórmula de la D-ribosa i la de la 2-desoxi-D-ribosa. En què es diferencien?

8.3. Què hem de fer per convertir l'àcid adenílic en ATP? Què hem de treure al GTP per fer-ne una guanosina? Què hem d'afegir a una citidina per fer-ne un CDP?

8.4. De les substàncies següents, digues quines són nucleòtids, el nom de cada una i on i com es troben:

a)

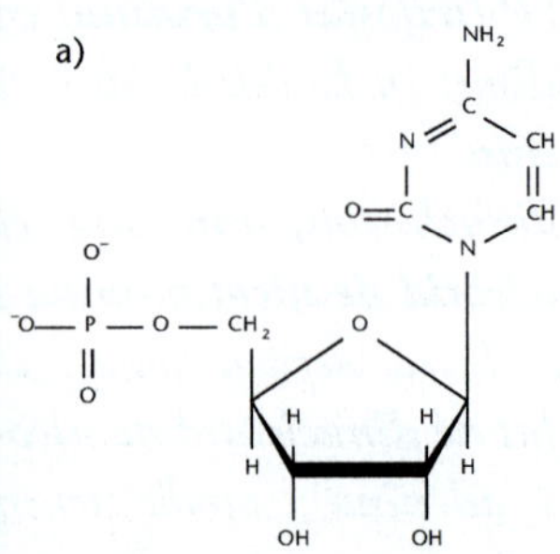

b)

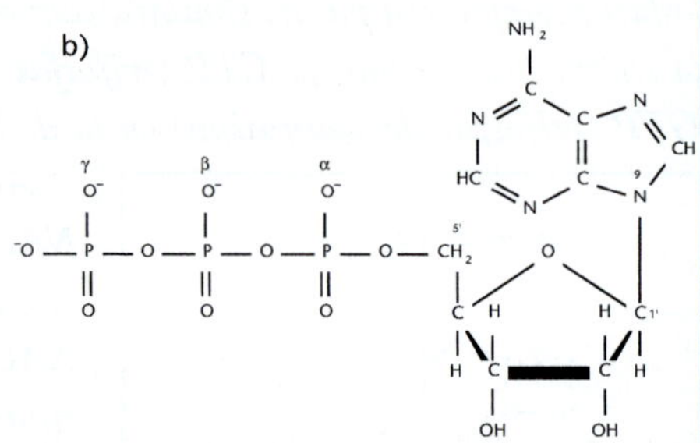

c)

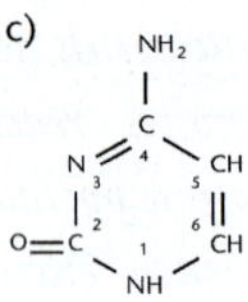

d)

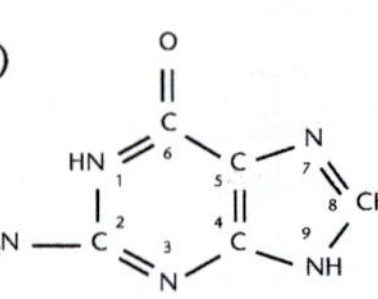

e)

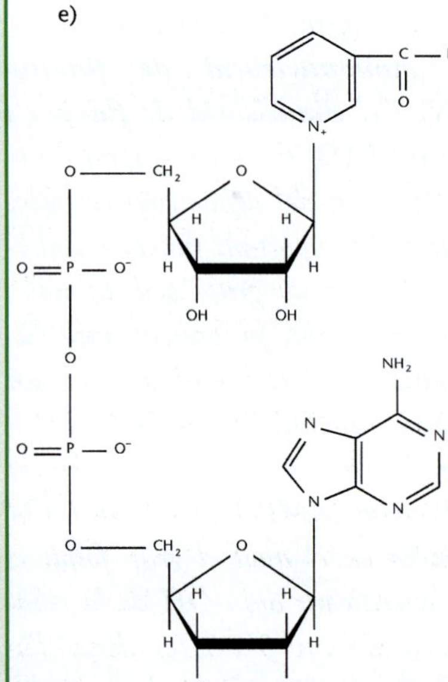

f)

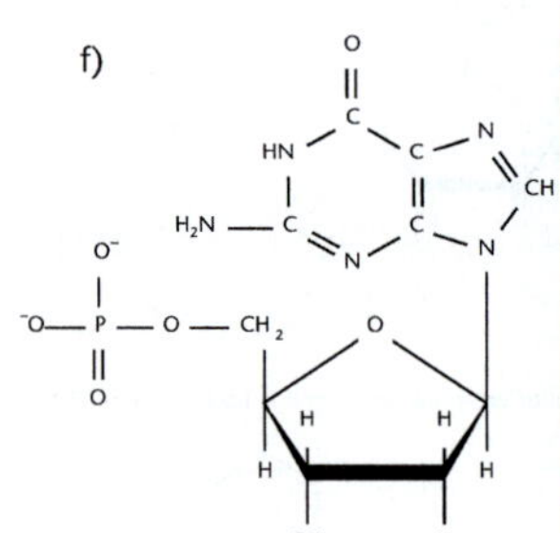

g)

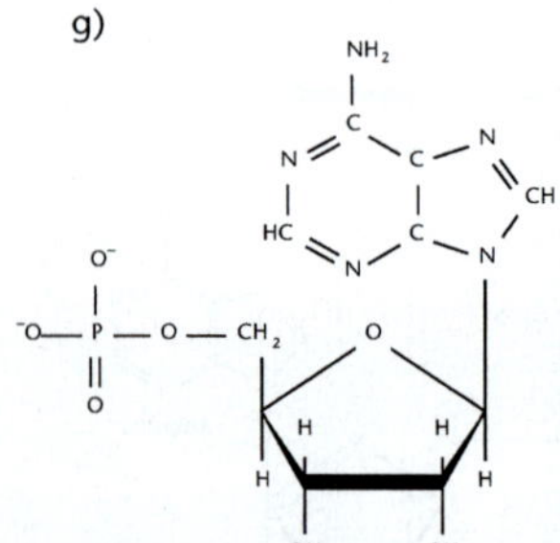

3. L'ADN o àcid desoxiribonucleic

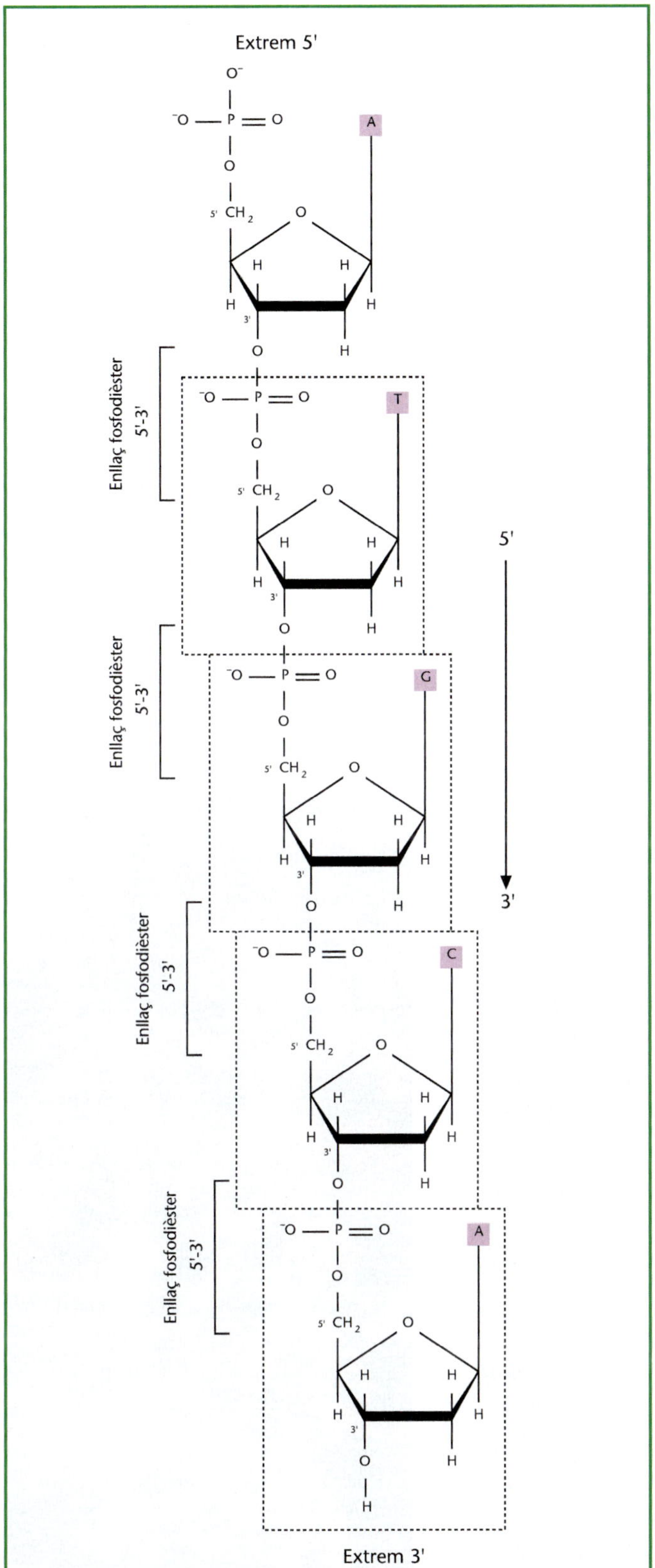

Estructura primària d'un fragment d'àcid nucleic amb 5 nucleòtids.

Un **àcid nucleic** és un polinucleòtid, és a dir, un polímer lineal de nucleòtids units per mitjà d'enllaços covalents que s'estableixen entre l'àcid fosfòric d'un nucleòtid (que esterifica al seu torn el carboni 5' de la pentosa) i el radical –OH del carboni 3' de la pentosa d'un altre nucleòtid. Aquests enllaços 5'-3' configuren cadenes lineals de les quals pengen les bases nitrogenades.

És a dir, les cadenes estan constituïdes per l'alternança de desoxiribosa i fosfat, mentre que les bases nitrogenades en pengen a intervals regulars. En el cas de l'ADN, que està format per dues cadenes enfrontades, aquest fet implica l'aparellament de les bases.

Com que tots els enllaços dièster tenen la mateixa orientació 5'-3', la cadena de nucleòtids té polaritat amb un extrem 5' i un extrem 3'. L'inici de la cadena és l'extrem 5'; els nous nucleòtids es van addicionant a l'extrem 3'. Les cadenes creixen en sentit 5'→ 3'. Per conveni, les seqüències dels àcids nucleics s'escriuen començant per l'extrem 5', que va a l'extrem esquerre.

3.1. La funció de l'ADN

La funció de l'ADN és la de ser portador de la informació genètica, que serveix per especificar (codificar) la seqüència de les proteïnes i els àcids ribonucleics (ARN) de la cèl·lula i de l'organisme. Bona part d'aquestes proteïnes són enzims que permeten a la cèl·lula i a l'organisme de sintetitzar la resta de principis immediats que necessiti.

Així doncs, l'ADN programa de manera coordinada, al llarg de l'espai i al llarg del temps, la biosíntesi de tots els components cel·lulars o de l'organisme. En una paraula, serveix per determinar les activitats de l'ésser viu, tant pel que fa als aspectes genèrics, relatius a l'espècie biològica a què pertany, com als més específics, propis de l'individu. D'altra banda, tota la informació que un organisme rep dels pares és transmesa en forma d'ADN.

La informació genètica es troba en la seqüència dels nucleòtids que formen la molècula d'ADN.

3.2. La seqüència i la composició

Les molècules d'ADN tenen una elevadíssima massa molecular i estan constituïdes per dues cadenes enfrontades de nucleòtids de desoxiribosa. Aquests nucleòtids són d'adenina i de timina, en quantitats iguals, i de citosina i guanina, també en quantitats iguals. Ara bé, les proporcions relatives de A + T i de C + G varien en els diferents ADN, des del 36 % fins al 70 %.

Els procariotes tenen una gran molècula d'ADN que forma el **cromosoma**, mentre que els nuclis de les cèl·lules eucariotes contenen diverses molècules d'ADN, combinades amb proteïnes, les quals constitueixen la **cromatina** del nucli o els **cromosomes** que apareixen en el transcurs de la divisió cel·lular. La informació genètica que conté l'ADN consisteix en l'ordre en què es disposen els diferents nucleòtids en la cadena.

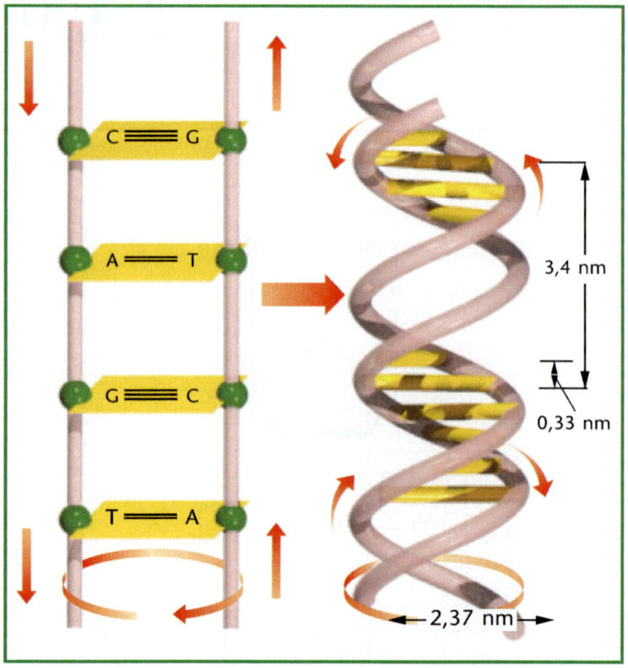

Estructura secundària de l'ADN: la doble hèlix.

D O C U M E N T S

Les nucleases

*Les **nucleases** són enzims que trenquen els enllaços existents entre els nucleòtids d'una cadena (enllaços fosfodièster) i tenen una gran utilitat, per això mateix, per a l'estudi i la recerca. Totes les cèl·lules tenen nucleases, habitualment confinades a l'interior dels lisosomes (orgànuls digestius rics en enzims hidrolítics), ja que, si no, farien malbé l'ADN i l'ARN. En el cos humà, són produïdes especialment pel pàncrees, que les aboca a l'intestí, on tenen una funció digestiva dels àcids nucleics de la dieta.*

*Les nucleases són unes eines molt útils per manipular els àcids nucleics en el laboratori. Algunes nucleases (les **desoxiribonucleases**) són específiques de l'ADN, mentre que unes altres (les **ribonucleases**) només ataquen les cadenes d'ARN. També n'hi ha que poden actuar tant sobre les cadenes d'ADN com d'ARN.*

*Una altra manera de classificar les nucleases és dividir-les en exonucleases i endonucleases. Les **exonucleases** només poden actuar als extrems de la molècula, desprenent els nucleòtids d'un a un (o en fragments petits), mentre que les **endonucleases** actuen sobre punts de l'interior de la cadena. Dins d'aquestes, les denominades **endonucleases de restricció** –produïdes principalment per bacteris– tenen una gran importància perquè són capaces de reconèixer punts específics. En unes altres paraules, identifiquen seqüències específiques de bases i hidrolitzen l'ADN només per aquells punts. Per exemple, la primera endonucleasa de restricció que es va conèixer, Eco RI, reconeix la seqüència 5'GAATTC3' i trenca l'enllaç entre l'àcid guanílic i l'adenílic.*

Des del seu descobriment, les endonucleases de restricció s'utilitzen profusament tant per a l'estudi de les molècules naturals ADN com per a la seva manipulació, en la tecnologia de l'ADN recombinant (enginyeria genètica).

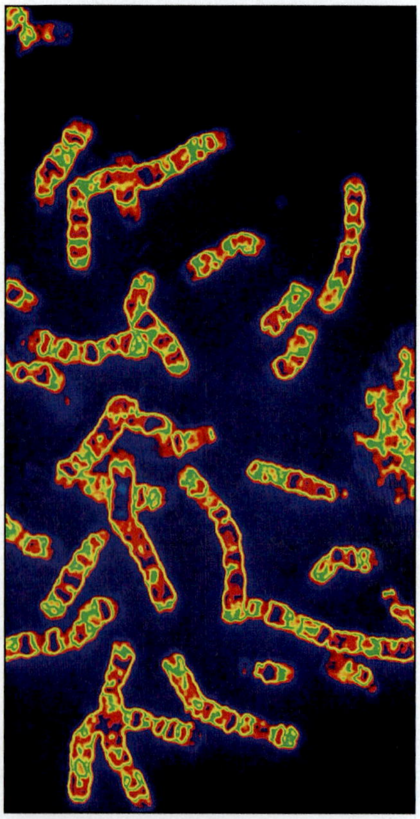

Cromosomes humans d'una cèl·lula en divisió, vistos al microscopi (1 000x).

3.3. L'estructura tridimensional

Excepte el cas d'alguns virus, que poden tenir com a material hereditari ADN monocatenari (constituït per un sol filament), la molècula d'ADN està formada per dos filaments, enrotllats en una **doble hèlix**, tal com van postular, l'any 1953, Watson i Crick. En aquest **ADN dúplex**, cada filament s'enrotlla a l'eix central imaginari d'esquerra a dreta (sentit dextrogir). En aquesta hèlix, la disposició de les dues cadenes és **antiparal·lela**: mentre l'una té una orientació 5'-3', l'altra la té 3'-5'. La part exterior de l'hèlix està formada pels esquelets ...pentosa-fosfat-pentosa-fosfat... de la cadena, mentre que les bases queden a la part interior, quasi perperdinculars a l'eix i enfrontades ordenadament. Aquesta doble hèlix té un diàmetre de 2,37 nm, fa una volta completa cada 10,4 parells de bases, que ocupen una longitud de 3,40 nm, de manera que cada base ocupa uns 0,33 nm i té un desfasament de 34,6° respecte de la següent.

L'analogia amb una escala de cargol és evident: l'esquelet de les pentoses i els fosfats de les dues cadenes de nucleòtids constitueix les dues baranes, mentre que cada esglaó està format aquí per dues bases

Detalls de l'estructura en doble hèlix de l'ADN (conformació B).

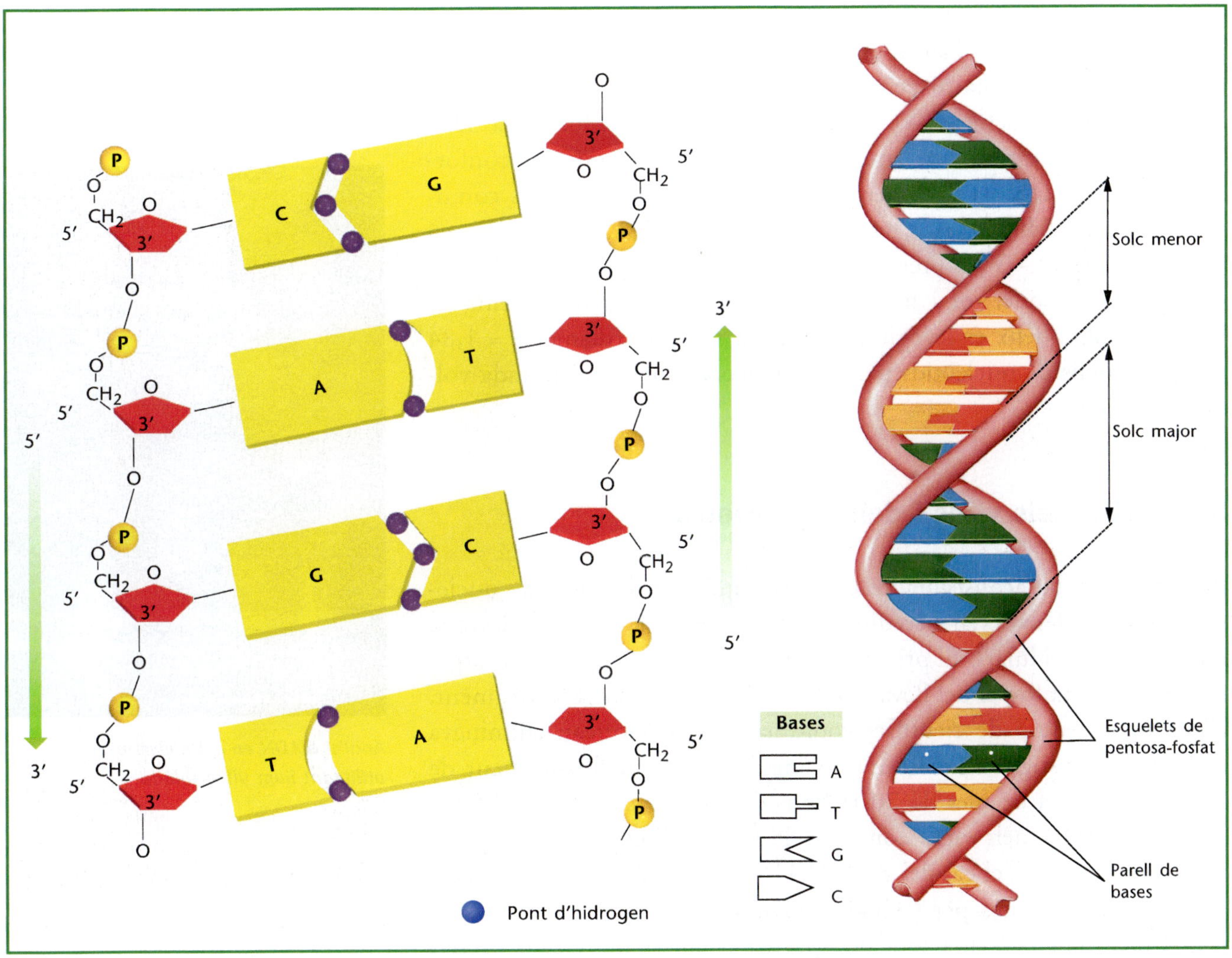

nitrogenades: les dels dos nucleòtids, de cadenes diferents, que queden enfrontats. La molècula d'ADN és molt estable, ja que mentre les cadenes pentosa-fosfat estan en contacte amb l'aigua circumdant, les bases nitrogenades, que són hidròfobes, queden resguardades a l'interior. Diverses forces dèbils donen estabilitat a la molècula d'ADN: els efectes hidrofòbics ja esmentats, les forces de van der Waals entre les bases apilades, els ponts d'hidrogen i la interacció amb alguns cations, en particular el Mg^{2+}.

En aquesta estructura, només encaixen determinats parells de bases, concretament l'adenina amb la timina (A-T) i la citosina amb la guanina (C-G), que s'uneixen, respectivament, per dos i tres ponts d'hidrogen. Donades les dimensions de l'hèlix, no poden quedar enfrontades dues purines (no hi cabrien) ni dues pirimidines (l'estructura quedaria baldera), però tampoc no es dóna cap dels altres enfrontaments teòrics possibles (A-C, T-G), ja que l'estructura química de les bases no permet l'establiment dels ponts d'hidrogen. Aquesta característica estructural de l'ADN explica que, tal com va descobrir Chargaff, el quocient A+G / T+C valgui sempre la unitat per a qualsevol molècula d'ADN. Precisament això té un gran significat fisiològic. Com que A s'aparella sempre amb T i C ho fa amb G, les dues cadenes són **complementàries** i, per tant, la seqüència de bases d'un filament determina la seqüència de l'altra. Aquesta complementarietat assegura la identitat de la informació genètica durant la replicació de l'ADN. Si l'ADN es copia fidelment, el mecanisme de l'herència funciona bé.

L'estructura descrita fins aquí correspon a la denominada conformació B de l'ADN, la descoberta per Watson i Crick i la més comuna en l'ADN cel·lular. Ara bé, algunes regions de l'ADN riques en parells de bases C-G adopten una configuració diferent, el Z-DNA (*z* de zig-zag), en què, tot i mantenir-se els mateixos aparellaments de bases, la doble hèlix és levogira, més llarga i estreta (diàmetre = 1,84 nm, 12 parells de nucleòtids per volta sencera i longitud de cada volta = 4,56 nm).

RECORDA

L'aparellament entre bases complementàries (A–T, C–G) assegura la identitat de la informació genètica.

3.4. L'ADN dels virus i dels procariotes

Actualment, s'ha aconseguit desxifrar la seqüència de bases de nucleòtids de tot el material hereditari d'alguns virus i el d'una dotzena d'organismes cel·lulars. El primer genoma sencer seqüenciat d'un organisme eucariota fou el del llevat *Saccharomyces cerevisiae*. Efectivament, el 1996, un equip de científics coordinat per A. Goffeau culminava un procés investigador que durà 66 mesos i amb un finançament de la Unió Europea de més de 20 milions d'euros.

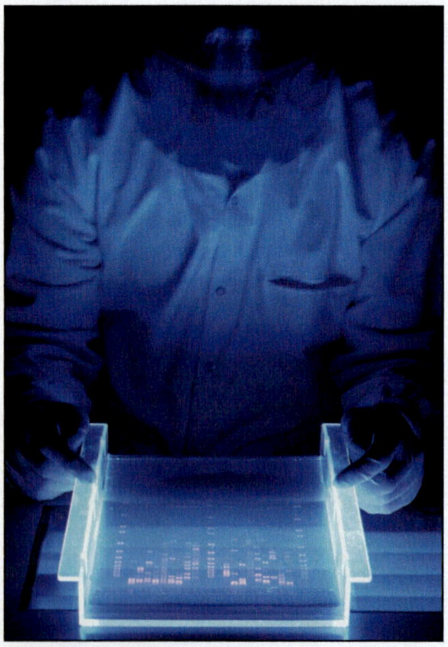

Anàlisi d'ADN en gel d'electroforesi, utilitzant llum ultraviolada.

Sovint l'ADN dels virus comprèn de l'ordre d'uns 5 000 a 10 000 parells de bases. En el cas del virus ϕX174, que en té uns 5 000, aquesta seqüència comença per CCGTCAGGAT, i si continuéssim la seva transcripció ens ocuparia tota una pàgina d'aquest llibre. Un bacteri

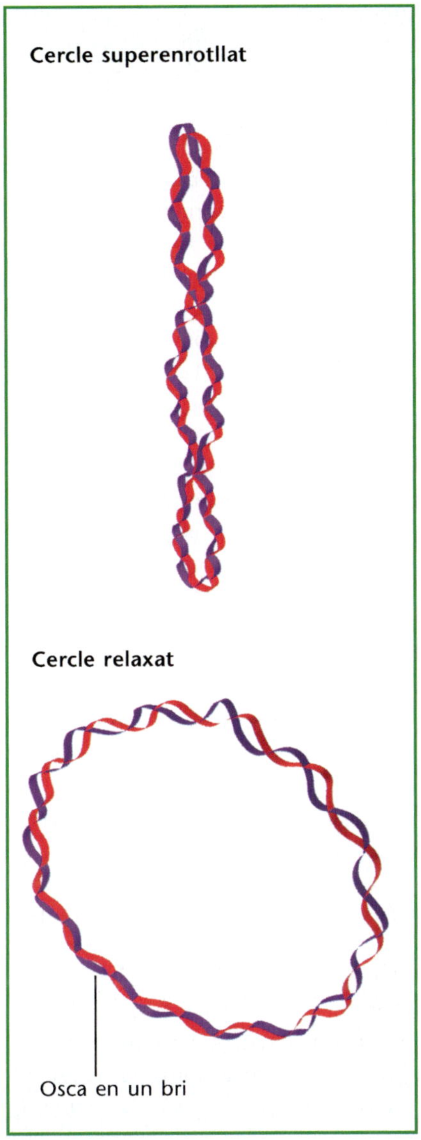

Superenrotllament de l'ADN dels procariotes.

com ara l'*Escherichia coli* té una molècula d'ADN constituïda per uns quatre milions de parells de nucleòtids i la seva transcripció ompliria un llibre d'unes 800 pàgines. L'ADN contingut en els cromosomes de cadascuna de les cèl·lules humanes requeriria una enciclòpedia de més de 500 o 1000 volums. Per això, en referir-se als nucleòtids que conformen l'ADN, es parla no només de parells de bases (*pb*), sinó també de milers de parells de bases (*Kpb*).

Aquestes xifres exorbitants ens il·lustren la complexitat i la fragilitat d'aquestes molècules, l'estudi de les quals demana tècniques de laboratori molt precises, i la necessitat física que l'ADN es trobi molt redoblegat a l'interior de les cèl·lules perquè, si no, no hi cabria. Així, per exemple, l'esmentada molècula de quatre milions de parells de nucleòtids que és l'ADN d'*Escherichia coli* té una longitud d'1,4 mm, unes set-centes vegades la longitud del bacteri. Els bacteris, els mitocondris, els cloroplastos i alguns virus tenen molècules d'ADN circular perquè els extrems de la llarga cadena s'uneixen entre ells per mitjà d'enllaços 5'-3'. Aquestes molècules circulars es repleguen sobre elles mateixes per l'establiment de nombrosos llaços que es fan en unir-se punts allunyats de la cadena per mitjà de proteïnes i, especialment, per una força de torsió, el **superenrotllament**.

De fet, és com si la doble hèlix s'hagués recargolat abans que s'unissin tots dos extrems. Intuïtivament ens en farem una idea si pensem en l'enrotllament que es produeix a vegades en el cable de telèfon o en el d'alguns electrodomèstics, tensionat per l'ús i la posició, de manera que l'ADN queda amb una quantitat d'energia addicional continguda.

Una classe particular d'enzims presents en procariotes i eucariotes, les **ADN-topoisomerases**, determina el grau de redoblegament de l'ADN, ja que catalitzen l'eliminació o la introducció dels superenrotllaments. Són molt importants perquè el grau de superenrotllament fa que determinats enzims o altres proteïnes s'uneixin o no a l'ADN i, per tant, que tinguin lloc o no determinats processos que necessiten el desenrotllament de l'hèlix, com ara la replicació i la transcripció de l'ADN.

Els bacteris, a més de la gran molècula d'ADN que és el cromosoma, contenen quantitats variables, generalment petites, d'ADN autònom, en forma de petites molècules d'ADN circular, els **plasmidis**, que es troben deslligats de l'ADN cromosòmic i tenen una existència independent al llarg de les divisions cel·lulars en les quals, un cop replicats, són transmesos a les cèl·lules filles. De vegades, però, els plasmidis poden integrar-se en l'ADN cromosòmic i, també, poden ser transferits des d'una cèl·lula a una altra, fins i tot d'espècie diferent.

Els plasmidis poden ser manipulats amb una relativa facilitat i per aquest motiu constitueixen un bon auxiliar en les tècniques de l'enginyeria genètica, les quals es basen sovint en la utilització d'ADN recombinant. Aquest ADN s'aconsegueix mitjançant la introducció en un plasmidi de gens d'altres procedències. Una vegada que es troba de nou a l'interior d'un bacteri, el plasmidi pot induir la producció de la proteïna codificada pel gen forani.

3.5. L'ADN dels eucariotes

Les cèl·lules eucariotes tenen una quantitat molt més elevada d'ADN que no pas els bacteris. Respecte de l'esmentada *Escherichia coli*, cada cèl·lula de la mosca del vinagre o *Drosophila melanogaster* en té 25 vegades més i cada cèl·lula humana, pel cap baix, unes 500 vegades més, encara que en els animals hi ha molt ADN repetitiu i, en canvi, el nombre de gens no és proporcionalment molt més gran. De fet, la longitud total de contorn de l'ADN d'una cèl·lula humana és d'uns dos metres. Ja es comprèn que ha de presentar un grau d'empaquetament formidable, i que amb explicacions com ara el superenrotllament no n'hi ha prou.

L'ADN es troba en el nucli cel·lular, on forma la **cromatina** en associació amb les histones, unes proteïnes alcalines. Quan la cèl·lula es divideix, la cromatina canvia d'aspecte i dóna lloc als **cromosomes**, però de fet són la mateixa substància. L'estructura de la cromatina és molt important, perquè permet l'empaquetament de l'ADN dels eucariotes. La cromatina està formada per fibres llargues i primes de 30 nm de diàmetre i, aproximadament, 1 o 2 mm de longitud. Si les ampliéssim un milió de vegades, tindrien 3 cm de diàmetre i 20 km de longitud! A aquesta mateixa escala el nucli d'una cèl·lula humana tindria 9 m de diàmetre i encabiria, és clar, no un sinó 46 d'aquests cables de 20 km!

Els nucleosomes

La cromatina té una estructura de collaret de granadura en què les **histones** tenen un paper clau, tal com van mostrar els estudis d'Aaron Klug i els seus col·laboradors, amb els quals van guanyar el Premi Nobel de Química de 1982. D'histones, n'hi ha de cinc tipus: H1, rica en lisina; H2A i H2B, riques en lisina i arginina, i H3 i H4, més riques en arginina. De cadascuna, n'hi ha milions de còpies en cada nucli. Tant la microscòpia electrònica i l'anàlisi dels patrons de difracció de raigs X, com la hidròlisi i altres proves bioquímiques, revelen que les «perles» que es repeteixen en aquest collaret són els **nucleosomes**, constituïts per dues còpies de cada histona i un fragment d'ADN d'uns 200 parells de bases. L'estructura del nucleosoma –tal com mostren les il·lustracions de la pàgina 249– és la següent: dues còpies de cadascuna de les 4 histones Core (H2A, H2B, H3 i H4), però no de l'H1, formen un octàmer sobre el qual fa dues voltes un segment d'ADN d'uns 150 parells; aquesta estructura rep el nom de **nucleosoma límit**, medul·la o partícula central. La resta d'ADN forma l'anomenat **ADN espaiador**, que estableix la transició cap al nucleosoma següent i sobre el qual se superposen les H1, que li donen estabilitat.

Els nucleosomes es disposen ordenadament, l'un rere l'altre, en llargs filaments o cadenes d'un gruix d'uns 10 nm; de fet, no representen sinó un primer nivell d'empaquetament de l'ADN, ja que aquests fila-

La cromatina nuclear i la informació genètica

La cromatina del nucli cel·lular es pot trobar en dues formes:

– **Eucromatina.** N'és la forma interfàsica menys condensada. Es troba disseminada en el nucli (es tenyeix poc o gens amb els colorants del nucli). Representa la forma activa de la cromatina, la que s'està transcrivint. La majoria de gens actius es troben, per tant, en l'eucromatina.

– **Heterocromatina.** És una forma condensada i inactiva de la cromatina, que no s'altera al llarg del cicle cel lular. Sovint es localitza a la perifèria del nucli i es tenyeix intensament amb els colorants nuclears. N'hi ha de dos tipus:

Constitutiva. Idèntica per a totes les cèl·lules de l'organisme. Formada principalment per seqüències repetitives, no té informació genètica pròpiament dita; inclou els telòmers i els centròmers dels cromosomes que no expressen el seu ADN.

Facultativa. Diferent en els diferents tipus de cèl·lules de l'organisme. Formada per gens que no s'expressen (però que poden fer-ho en un moment donat). El corpuscle de Barr (cromosoma X inactiu de les ♀ dels mamífers) n'és un exemple.

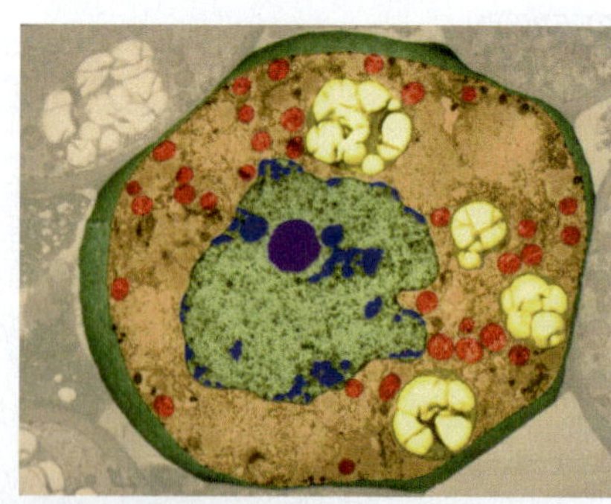

Cèl·lula vegetal (en fals color) vista al microscopi electrònic de transmissió. El nucli (en verd i blau) mostra els dos tipus de cromatina i també un nuclèol (porpra); al citoplasma, hi destaquen els mitocondris (vermell) i –dins dels corresponents plastidis– uns grans de midó (groc clar). Destaca, així mateix, la paret vegetal (verd fosc) (950 x).

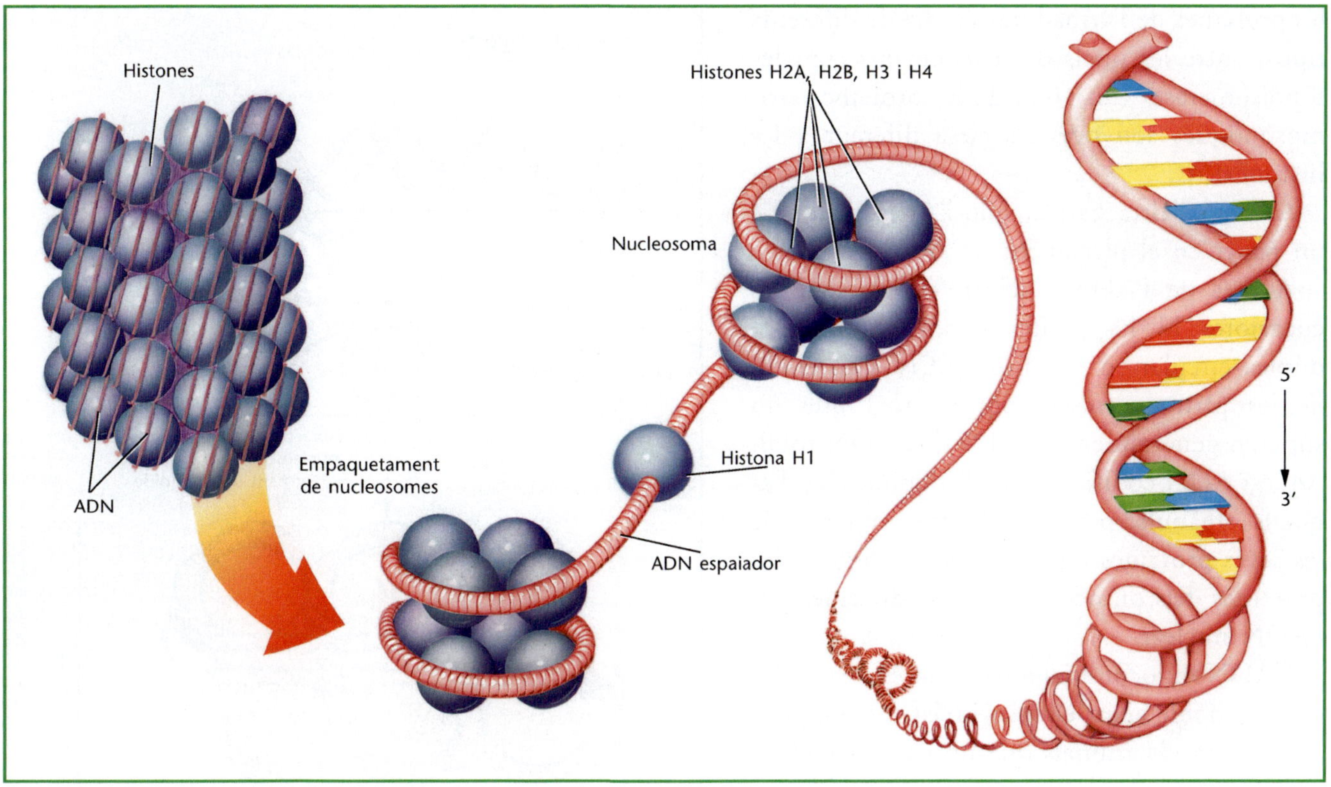

L'ADN dels eucariotes està superempaquetat, juntament amb molècules d'histones. Vuit unitats d'aquesta proteïna formen un nucli sobre el qual la cadena de l'ADN dóna dues voltes. Cada unitat així constituïda és un nucleosoma. Entre nucleosoma i* nucleosoma *hi ha una altra molècula d'histona (H1). Els nucleosomes, al seu torn, estan fortament empaquetats, tal com suggereix la part esquerra del dibuix.

ments de nucleosomes es poden enrotllar en ziga-zaga o, encara més freqüentment, en un **solenoide** (amb una forma que recorda la d'una llarga molla helicoïdal), en el qual a cada volta hi ha 6 nucleosomes arrenglerats gràcies a la disposició en un hexàgon de les corresponents histones H1 que n'estabilitzen l'estructura. El gruix de la fibra de solenoides és d'uns 30 nm.

Al seu torn, els solenoides s'empaqueten en una mena de «supersolenoides» d'uns 400 a 700 nm de diàmetre que constitueixen, ara ja sí, les fibres cromosòmiques. De fet, quan s'observen microfotografies de cromosomes metafàsics en què s'han eliminat les histones, es veu un esquelet o armadura central (*«scaffold»*) de proteïnes fibroses rodejat d'un «halo» extens d'ADN que forma llaços o **dominis** que entren i surten de l'esquelet pràcticament pel mateix punt.

L'anàlisi molecular confirma que aquests dominis són d'ADN, que s'uneixen a l'armadura per unes *regions d'associació específiques* (abreujadament dites SARs) i que entre

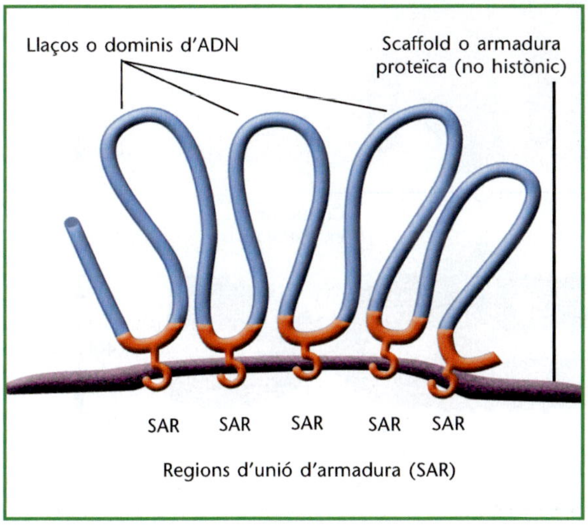

Unió dels dominis a l'armadura a través de les regions SAR.

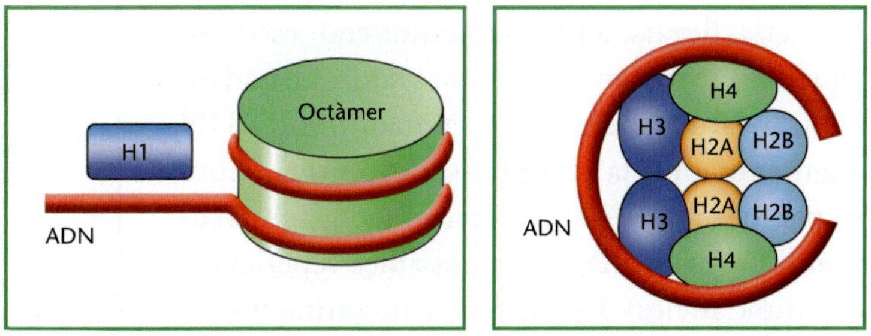

Posició de l'H1 i de l'octàmer en el nucleosoma (esquerra) i detall de la medul·la del nucleosoma (dreta).

les proteïnes de l'armadura n'hi ha de diferents tipus, entre les quals diversos enzims com les topoisomerases (un 10 % de les proteïnes cromosòmiques són de naturalesa diferent a les histones).

Se sap, d'altra banda, que l'ARN té també un paper en el plegament de l'ADN.

A més de l'ADN nuclear, en les cèl·lules eucariotes hi ha petites quantitats d'ADN dúplex circular en els mitocondris (i en el cas de les plantes, en els cloroplastos) que no superen generalment el 0,1% de l'ADN total. Aquest ADN codifica els àcids ribonucleics d'aquells orgànuls, però només unes quantes de les seves proteïnes específiques; el 95 % de les proteïnes dels mitocondris són codificades per l'ADN nuclear.

L'ADN mitocondrial o ADNmt és una molècula, de doble hèlix, circular i relativament petita (més en els animals que no pas a les plantes). El de l'espècie humana té 16 800 *pb*. Dins de cadascun dels mitocondris de les cèl·lules humanes hi ha un nucleoide amb 5 molècules d'ADNmt.

3.6. La paradoxa del valor C

S'anomena **valor C** d'una determinada espècie biològica el contingut d'ADN d'un dels seus gàmetes (o equivalent, cas d'espècies de reproducció asexual). Aquest valor oscil·la moltíssim d'una espècie a una altra, amb variacions erràtiques si comparem les quantitats presents en diversos organismes d'un grup amb les d'altres de grups diferents. Per exemple: entre les plantes i les salamandres hi ha valors molt diferents, però alguns d'aquells vegetals i animals tenen un valor C superior a l'humà. Ara bé, si, dins de cada grup d'organismes (bacteris, llevats, amfibis... mamífers), escollim aquells que tenen un menor valor C podem comprovar com, aleshores, la quantitat d'ADN augmenta amb la complexitat evolutiva. Com si per pertànyer a un determinat grup taxonòmic (i més enllà de les possibles repeticions o redundàncies) fes falta una quantitat mínima d'ADN.

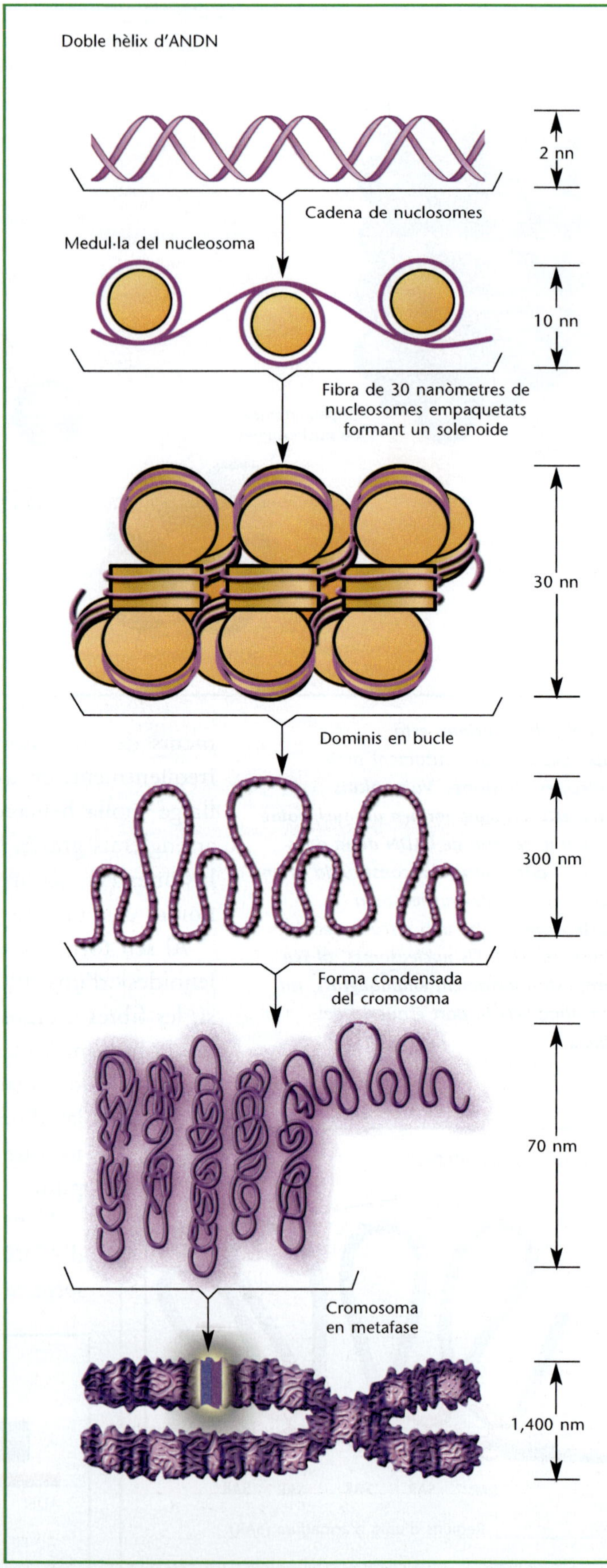

Estructura íntima d'un cromosoma.

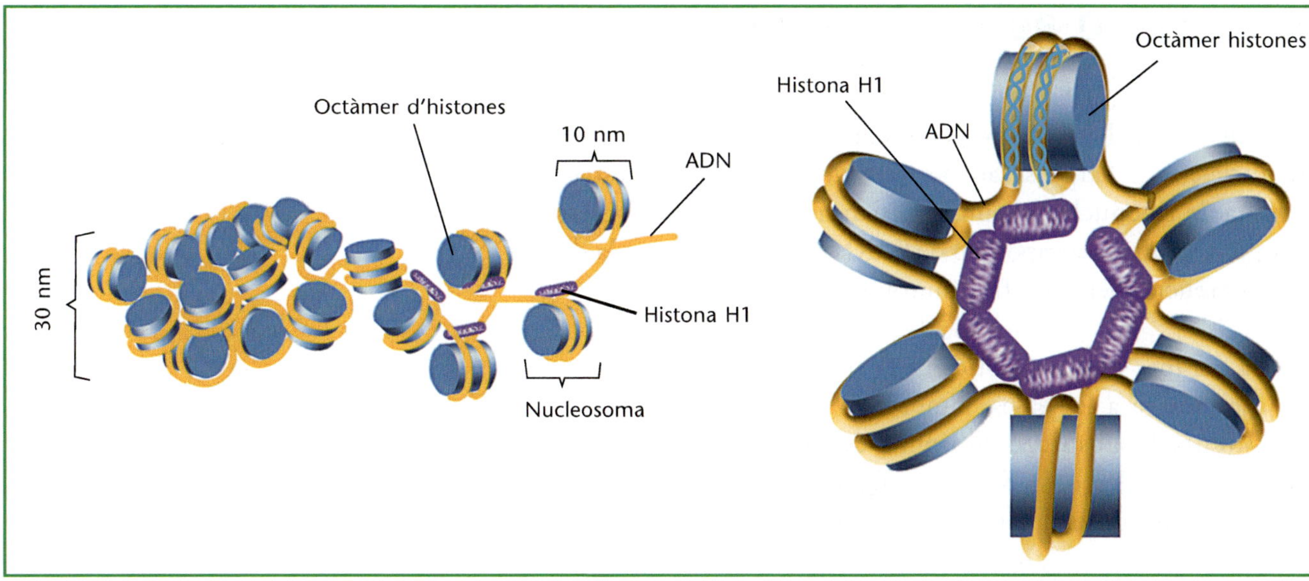

Empaquetament dels nucleosomes: el solenoide.

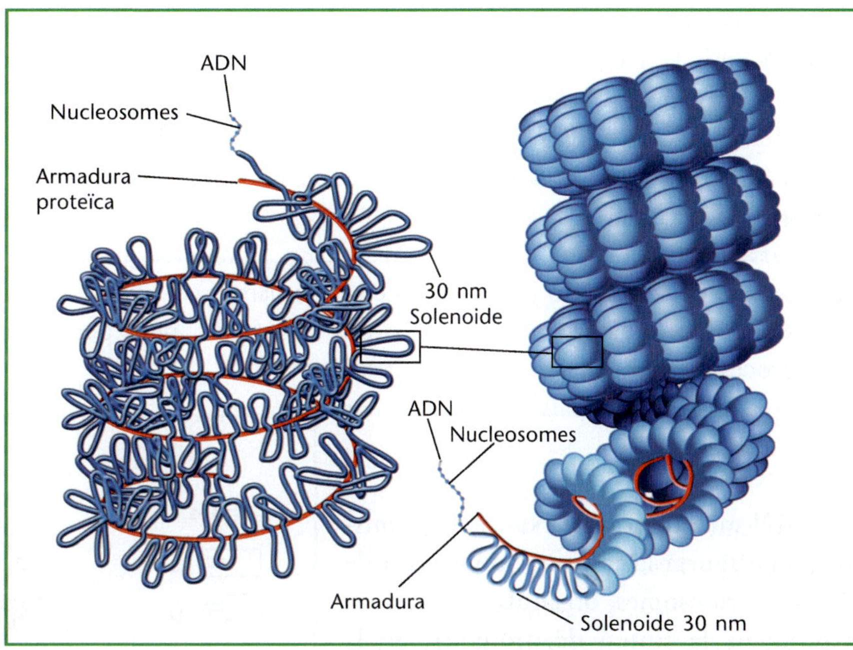

Armadura proteïca i estructura del cromosoma.

RECORDA

L'enorme quantitat d'ADN present en les cèl·lules eucariotes es troba fortament empaquetat. Els nucleosomes (constituïts per ADN i histones) en són un primer nivell.

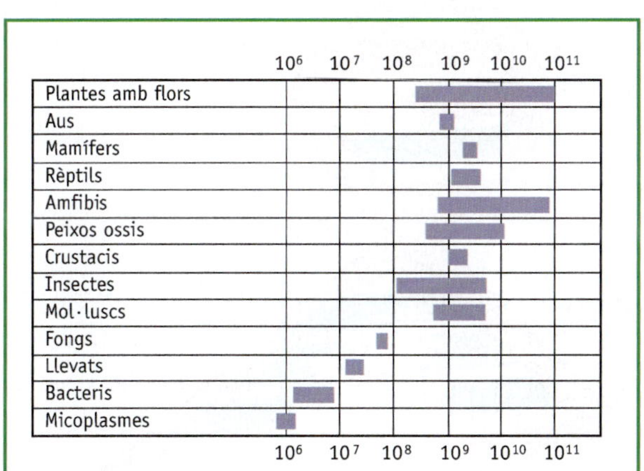

Variació de la quantitat d'ADN* (pb) *en diferents grups taxonòmics.

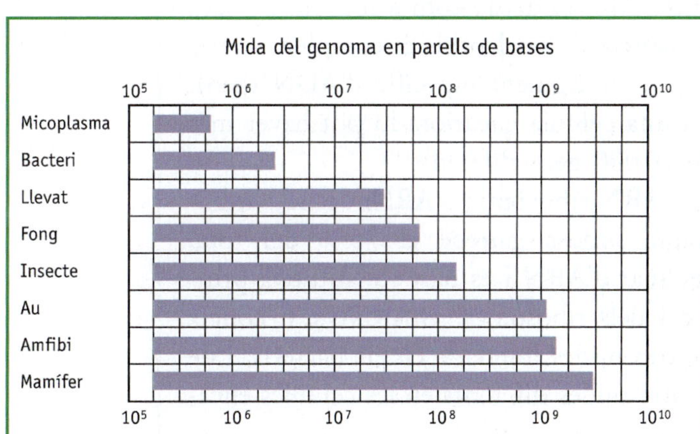

Espècie amb menys contingut d'ADN (valor C) dins de cada grup taxònomic.

4. L'ARN o àcid ribonucleic

Els àcids ribonucleics (ARN) estan constituïts, igual que l'àcid desoxiribonucleic, per llargues cadenes de nucleòtids. En aquest cas, però, es tracta de ribonucleòtids units mitjançant enllaços fosfodièster 5'-3'. En aquest sentit, la composició de l'ARN és molt similar a la de l'ADN. Se'n diferencia, però, en tres punts bàsics:

a) la pentosa dels nucleòtids és la ribosa i no la desoxiribosa;

b) pel que fa a les bases, també n'hi ha quatre de comunes: A, C, G i U (l'uracil substitueix la timina de l'ADN);

c) les molècules d'ARN, sovint força més petites que les d'ADN, estan formades generalment per un únic filament.

Ara bé, en aquesta única cadena d'ARN, amb freqüència es produeixen aparellaments de bases d'acord amb les normes de Watson i Crick (A amb U i C amb G), la qual cosa determina l'existència de freqüents forquetes i bucles, que semblen tenir un paper important en el reconeixement de l'ARN per proteïnes. També hi ha algunes molècules d'ARN bicatenàries, amb una estructura en doble hèlix similar, però no ben bé igual, a la de l'ADN.

Tret d'alguns virus que contenen ARN com a material hereditari, dipositari de la informació genètica, en els organismes cel·lulars l'ARN no té el paper de material hereditari, propi de l'ADN, però participa en el procés d'expressió d'aquesta informació.

Estructura en forqueta, per aparellament de bases, que es forma en les molècules d'ARN monocatenari.

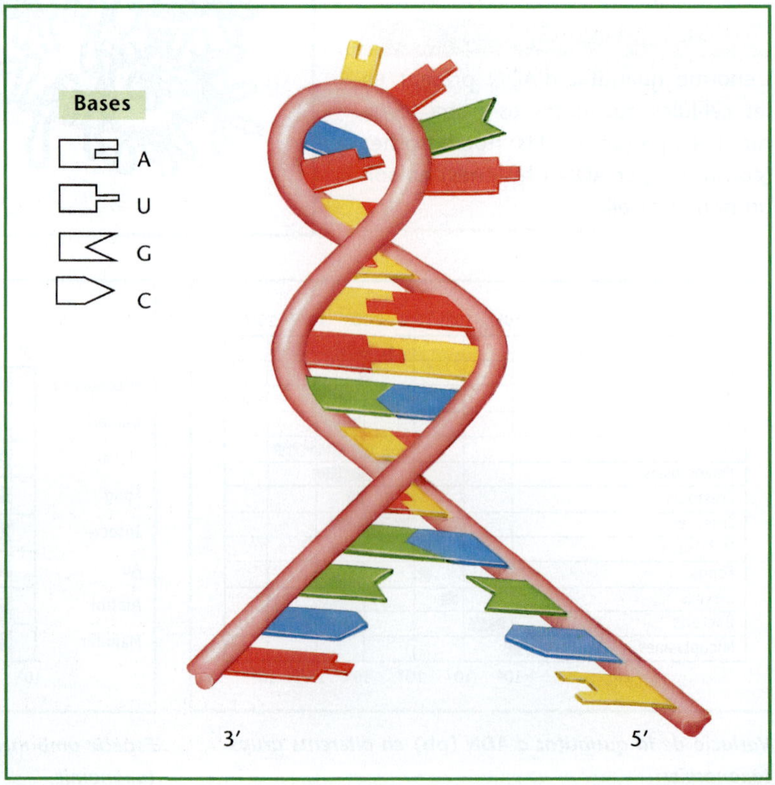

Les tres classes principals d'ARN cel·lular són les següents:

– **ARN missatger o ARNm**. L'ARN missatger transporta la informació genètica de l'ADN als ribosomes, orgànuls cel·lulars on es produeix la síntesi de proteïnes, en la qual l'ARNm actua com a matriu. La seva seqüència de nucleòtids és complementària a la d'un segment específic d'ADN (gen). En una cèl·lula eucariota hi pot haver més de 10 000 gens diferents.

– **ARN ribosòmic o ARNr** . L'ARN ribosòmic suposa gairebé el 75 % del total cel·lular d'ARN i és part constitutiva principal dels ribosomes. D'ARNr se'n coneix de tres mides diferents en els bacteris, i de quatre mides diferents en les cèl·lules eucariotes.

– **ARN de transferència o ARNt**. L'ARN de transferència, també dit ARN soluble,

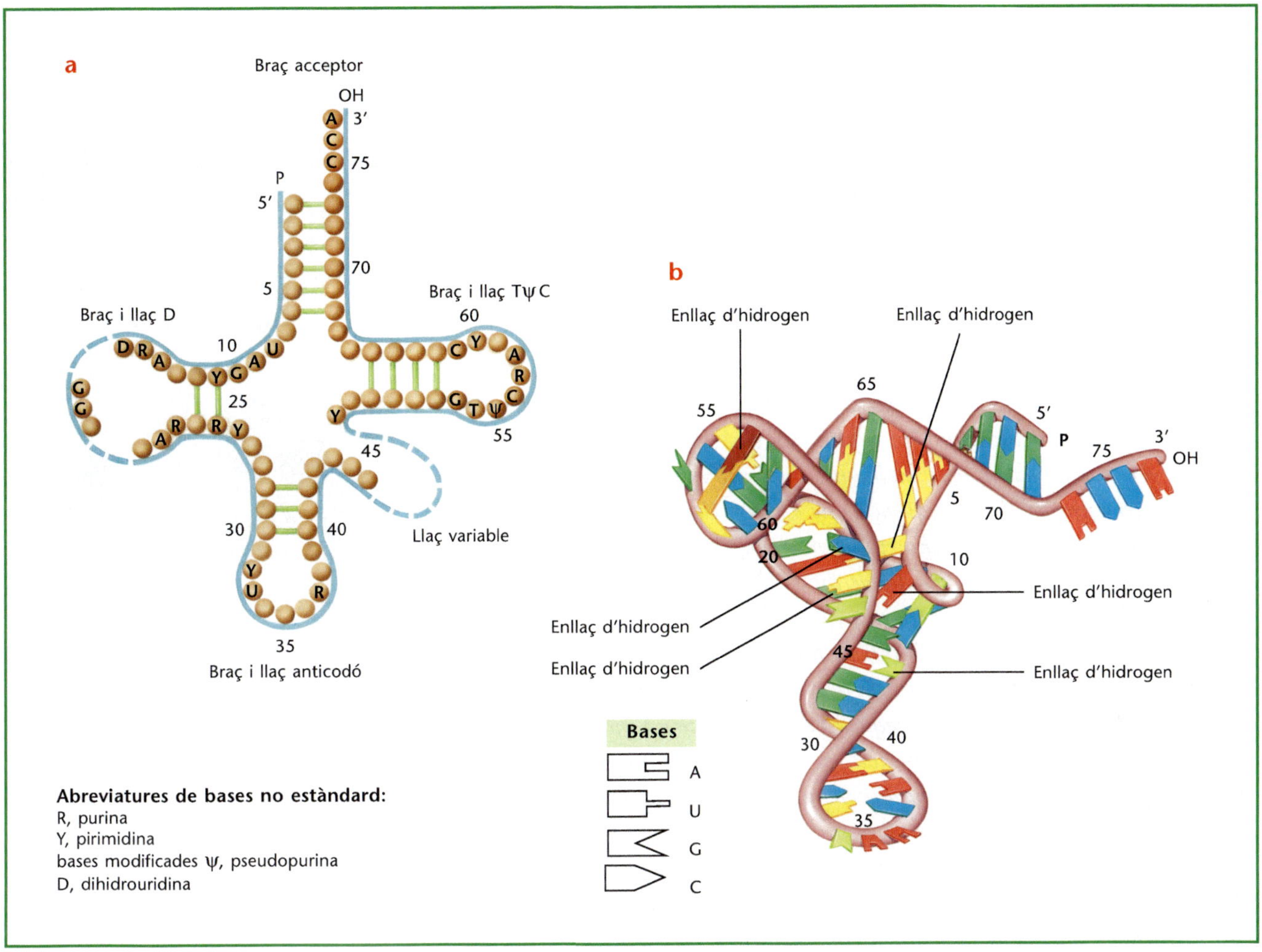

Estructura secundària, en forma de fulla de trèvol, de l'ARNt (a).
Estructura terciària tridimensional, en L, de l'ARNt (b).

transporta els aminoàcids que són afegits a les cadenes peptídiques en creixement durant la síntesi de proteïnes. Fa una funció d'intermediació o «adaptació» en la traducció a proteïna de la informació continguda en l'ARNm. N'hi ha com a mínin una classe per cadascun dels 20 aminoàcids constitutius de les proteïnes.

Els ARNt són molècules relativament petites formades per ribonucleòtids, entre 73 i 95, alguns dels quals són portadors de bases modificades, amb una configuració en trèvol que, com que està molt plegada, adopta una estructura tridimensional en L. Aquest doblegament és degut a aparellaments de bases de Watson i Crick i a altres interaccions diferents.

En el nucli de les cèl·lules eucariotes hi ha, a més, altres classes d'ARN. Es tracta dels **àcids ribonucleics heterogenis** o **ARNnh**, molècules grosses que són les precursores dels ARNm, i dels denominats **àcids ribonucleics nuclears petits** o **ARNpn**, que participen en el procés de maduració de l'ARNm.

En el citoplasma de les cèl·lules eucariotes, hi ha també altres ARN petits, alguns dels quals tenen un paper estructural, mentre que d'altres tenen una funció catalítica.

DOCUMENTS

L'anàlisi de l'ADN i la tècnica PCR

L'any 1954, Frederick Sanger, després d'haver posat a punt, durant molts anys de feina, un mètode per desxifrar la seqüència d'aminoàcids de les proteïnes, va establir per primera vegada la seqüència d'una proteïna, la insulina bovina. Li va ser concedit el seu primer premi Nobel, de química, l'any 1958. Més tard, va posar a punt un mètode per seqüenciar les cadenes de nucleòtids de l'ADN i va guanyar el segon Nobel, l'any 1980. El mètode enzimàtic de Sanger es basa en el coneixement del procés de duplicació de l'ARN i en l'ús d'alguns enzims implicats en aquest procés. Com moltes altres tècniques de biologia molecular, utilitza marcadors radioactius (en aquest cas el ^{32}P) per seguir la pista de l'ADN. A més d'aquest mètode enzimàtic, existeixen altres tècniques per determinar l'estructura primària (seqüència) de l'ADN, com ara el mètode químic de Maxam i Gilbert. De fet, s'ha evolucionat tan ràpidament en aquest camp que actualment es pot fer en qüestió de dies, i de manera automàtica, allò que uns decennis enrere costava tot un any de feina, així que s'ha aconseguit molt abans que no semblava (l'any 2000) la primera part del denominat Projecte Genoma Humà: desxifrar la seqüència dels $3{,}3 \times 10^9$ parells de nucleòtids que componen el nostre genoma. Si bé aquest projecte, que té un interès enorme, no portarà cap benefici pràctic immediat, és molt probable que en les pròximes dècades ajudi a descobrir nous medicaments o noves teràpies per guarir malalties hereditàries.

El que sí ha comportat una autèntica revolució pràctica és la denominada tècnica de la PCR, inicials d'una expressió anglesa que traduïda al català vol dir «reacció en cadena de la polimerasa». Es tracta d'un enginyós procediment de laboratori que va ser ideat per Kary Mullis (premi Nobel de química l'any 1993) i que es basa en l'activitat de determinats enzims polimerases. Aquesta tècnica permet obtenir ràpidament nombroses còpies de quantitats minúscules d'un fragment d'ADN, tan petites que n'hi ha prou, per exemple, amb l'ADN contingut en el nucli d'una sola cèl·lula. Quan se'n disposa en quantitat suficient, es procedeix a comparar-lo amb la mostra diagnòstica.

La PCR s'ha revelat molt útil en la recerca en enginyeria genètica, ja que permet multiplicar ràpidament el fragment d'àcid nucleic desitjat, però també en el domini pràctic, ja que permet establir diagnòstics ràpids i primerencs, com en el cas de la infecció pel virus de la sida. A més, ha revolucionat la medicina forense, ja que permet identificar persones a partir de mostres minúscules de sang seca, pèls o semen. L'anàlisi de l'ADN permet la identificació amb un grau elevadíssim de fiabilitat, tret dels bessons idèntics. També s'ha començat a aplicar amb èxit en l'estudi dels fòssils i de les restes arqueològiques.

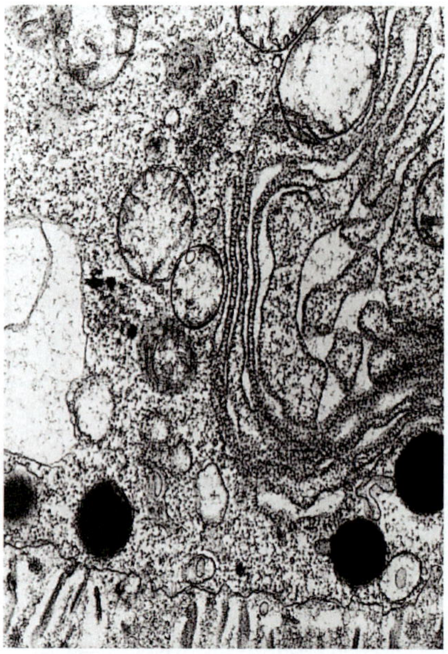

Ribosomes lliures en el citoplasma d'una cèl·lula eucariota en la qual s'observen estructures membranoses.

RECORDA

Tots els organismes emmagatzemen la informació hereditària en forma d'ADN. Tanmateix, alguns virus, excepcionalment, utilitzen l'ARN.

ACTIVITATS

8.5. Donada la seqüència d'un filament d'ADN dúplex ACCGTGGATCG, escriu correctament...

a) ...la seqüència del filament complementari;

b) ...la seqüència del corresponent ARNm.

8.6. L'ADN d'un determinat virus bacteriòfag té una massa molecular de 130 milions, mentre que la càpsida d'aquest virus, a l'interior de la qual hi ha l'ADN, té una longitud de 100 nm. Si sabem que la massa molecular d'un parell de nucleòtids és al voltant de 650, calcula la longitud total de l'ADN del virus i compara-la amb la longitud de la seva càpsida.

8.7. Una determinada mostra d'ADN d'origen animal conté un 28 % d'adenina en mols. Quines són les proporcions de les altres bases?

8.8. Com es pot desfer, en el laboratori, el superenrotllament d'un ADN circular de virus?

8.9. Donada la seqüència ACCGTCCGTGGAACT d'un filament d'ADN dúplex, contesta a les preguntes següents:

a) Quin enzim hauríem d'emprar per obtenir els nucleòtids terminals de A o T?

b) Quin enzim hauríem d'emprar per fer-ne dos fragments?

8.10. En un tub d'assaig que conté molècules d'ADN 5'ATCGCCCTT3' en solució aquosa, hi afegim una exoribonucleasa. Quins nucleòtids lliures obtindrem?

8.11. Relaciona cada terme del primer grup amb un terme del segon grup:

Primer grup: ARNr, NAD, ADN, CMP, dTMP, ARNm.

Segon grup: ribonucleòtid, àcid nucleic, dinucleòtid, desoxiribonucleòtid.

8.12. Observa la seqüència de la il·lustració següent, que correspon a un fragment de l'estructura primària de l'ADN, i resol les qüestions que hi ha a continuació:

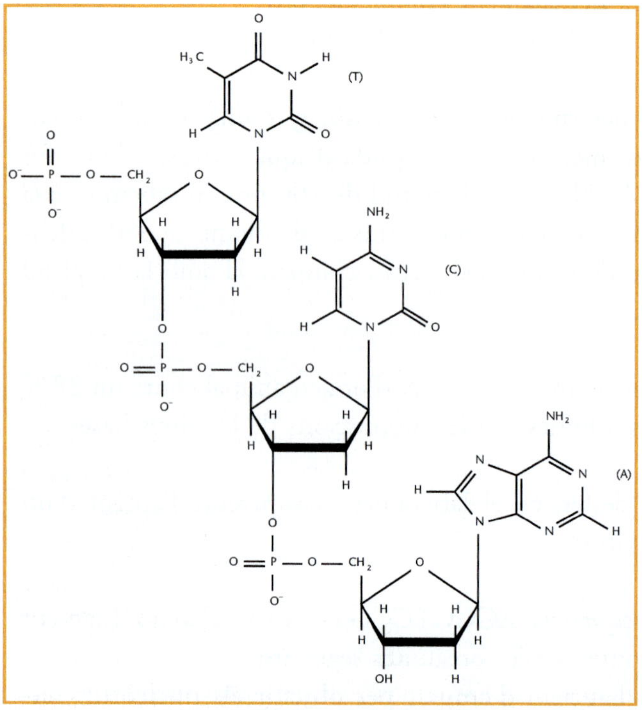

a) Què és exactament aquesta seqüència? Quantes subunitats la formen?

b) Quin és l'extrem 3' i quin, l'extrem 5'?

c) Com s'escriuria, abreujadament, aquesta seqüència?

d) Escriu amb tots els detalls la seqüència del filament complementari i estableix-ne els extrems 5' i 3'.

e) Assenyala els tipus d'enllaços que intervenen en la formació de cada nucleòtid i en la unió de dos nucleòtids contigus per formar la cadena polinucleotídica; a continuació, explica'ls.

f) En què ens basem per afirmar que es tracta d'ADN i no d'ARN? En què es diferencia una cadena polinucleotídica d'ADN d'una altra d'ARN?

g) Escriu l'equivalent en ARN de la cadena d'ADN original.

h) La cadena que es transcriu d'una molècula d'ADN té 100 000 nucleòtids, dels quals el 29 % són guanina; el 21 %, citosina; el 29 %, adenina, i el 21 %, timina. Determina el percentatge de bases de l'ARN transcrit. En què et bases per deduir-lo?

8.13. Escriu un ARNm resultat d'aquest ADN:
5' TTAATACGTCC... 3' 3' AATTATGCAGG... 5'

8.14. Assenyala la resposta correcta per a cada una de les qüestions següents:

1) Quin d'aquests nucleòtids pot formar part de l'ADN?
a) L'àcid adenílic.
b) L'àcid desoxiadenílic.
c) L'adenosín monofosfat.
d) El mononucleòtid de flavina.

2) Una determinada mostra d'ADN d'origen animal conté un 28 % d'adenina, en mols. Quines són les proporcions de les altres bases?
a) No es poden saber.
b) El 28 % de timina, el 22 % de citosina i el 22 % de guanina.
c) El 28 % de guanina, el 22 % de citosina i el 22 % d'adenina.
d) Cap de les respostes anteriors no és correcta.

3) L'estructura secundària en hèlix-a de l'ADN es presenta enrotllada al voltant d'un cilindre imaginari, de manera que...
a) ...a cada volta d'hèlix (pas de rosca) hi ha 3 nucleòtids que s'estenen al llarg de 0,54 nm.
b) ...a cada volta d'hèlix (pas de rosca) hi ha 10 nucleòtids que s'estenen al llarg de 0,54 nm.
c) ...a cada volta d'hèlix (pas de rosca) hi ha 3 nucleòtids que s'estenen al llarg de 0,33 nm.
d) ...a cada volta d'hèlix (pas de rosca) hi ha 10 nucleòtids que s'estenen al llarg de 3,4 nm.

4) Un filament d'una molècula d'ADN dúplex té aquesta seqüència: 5'ACC–GTG–GAT–CG3'. Quina és la seqüència de l'altre filament?
a) 5'TGG–CAC–CTA–GC3'.
b) 5'ACC–GTG–GAT–CG3'.
c) 3'ACC–GTG–GAT–CG5'.
d) 3'TGG–CAC–CTA–GC5'.

5) Donat el mateix filament d'ADN dúplex de la pregunta anterior, 5'ACC–GTG–GAT–CG3', digues, sense tenir en compte l'ordre, és a dir, sense tenir en compte on és el principi i el final, quina

seria la seqüència del corresponent ARN missatger:

a) TGG–CAC–CTA–GC.

b) ACC–GTG–GAT–CG.

c) ACC–GUG–GAU–CG.

d) UGG–CAC–CUA–GC.

6) Donada la seqüència ACC–GTC–CGT–CCT-AGC d'un àcid nucleic, quin enzim haurem d'utilitzar per obtenir els nucleòtids terminals A i C?

a) Una endodesoxiribonucleasa.

b) Una exodesoxiribonucleasa.

c) Una endoribonucleasa.

d) Una exoribonucleasa.

7) Quants parells de bases té una molècula d'ADN dúplex amb una longitud total de 20 mm?

a) Uns 5 milions de parells de nucleòtids.

b) Al voltant de 50 milions de parells de nucleòtids.

c) Uns 500 milions de parells de nucleòtids.

d) Al voltant de 5 000 milions de parells de nucleòtids.

8.15. L'ADN del nucli cel·lular està format per unes molècules enormes: els cromosomes. Per tal de poder-se encabir a l'interior d'aquell orgànul cal que estigui superenrotllat. Si el poguéssim desenrotllar, veuríem que la seva longitud real (longitud de contorn) és enorme. La longitud de contorn total de l'ADN d'una cèl·lula humana és d'uns dos metres. Quina és la longitud de l'ADN d'una persona adulta? Compara aquest valor amb magnituds com ara el perímetre de l'equador terrestre, la distància entre la Terra i la Lluna o la distància entre la Terra i el Sol.

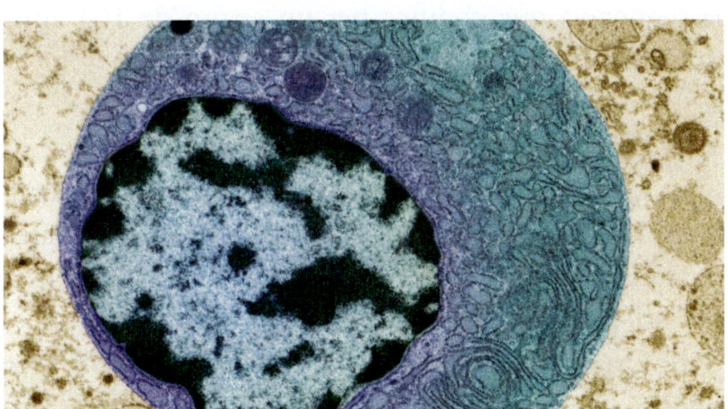

Cèl·lula cancerosa (en fals color) vista al microscopi electrònic de transmissió: destaca el voluminós nucli (en verd, la cromatina) (4 000x).

8.16. Llegeix aquest dossier de premsa fictici i després contesta a les preguntes que hi ha a continuació:

COMENÇA EL JUDICI PEL DOBLE ASSASSINAT DEL PUB VICTORIA

«Déu vulgui que no en surtis!» Aquesta va ser una de les imprecacions més suaus que van exclamar alguns dels familiars de dues de les persones assassinades pel suposat autor del crim, John Smith, el judici del qual va començar ahir a Londres. Els nervis dels familiars de les víctimes, els cossos de les quals no s'han trobat mai, es van encendre davant l'actitud de l'acusat. Sense immutar-se, Smith va negar ser autor dels crims del pub Victoria, que ell regentava, i que van succeir l'any 1983. Les dues persones assassinades van ser el propietari del pub, a qui l'acusat devia diversos mesos de lloguer, i un recaptador d'impostos.

El propietari va ser assassinat a la cuina del pub, que aquell dia era tancat al públic. La mort del recaptador, segons l'acusació, va tenir lloc cinc dies més tard, també al pub, però al soterrani.

En preguntar-li per què va demanar que li deixessin un cotxe «amb un portaequipatge gran», l'acusat va respondre: «L'endemà volia anar al camp amb una amiga i els seus fills.» No va respondre sobre un ganivet de grans dimensions desaparegut de la cuina del pub. I, respecte a la mala olor i unes mosques grans que van envair el local uns quants dies després de les dues desaparicions, l'acusat va declarar: «La mala olor procedia de la instal·lació de la cuina i les mosques, d'una desratització recent.»

Quan es va escorcollar el local, a primera vista semblava net. Malgrat tot, una inspecció policíaca acurada va trobar les restes minúscules de sang entre les juntures de les rajoles del local. En analitzar-la, les seves característiques coincidien amb les que es mostraven en els historials clínics de les víctimes. El judici continuarà avui.

Dos inspectors del grup de policia científica van aportar ahir encara més indicis contra l'acusat del doble crim del pub Victoria. Els agents van trobar restes de sang al soterrani. El fiscal, que demana per a l'acusat 71 anys de presó, sosté que va assassinar i esquarterar un recaptador d'impostos i el propietari del seu local per eliminar els deutes que ambdós li reclamaven.

BARCANOVA

Un cop establert el suposat mòbil, i sense haver trobat els cadàvers, les proves d'ADN –les restes de sang descobertes per la policia coincideixen amb el perfil genètic de les víctimes– i el feix de proves circumstancials seran decisives a l'hora de dictar sentència.

L'acusació particular afirma que després d'esquarterar els cadàvers, els va ficar en bosses de plàstic i a continuació en una maleta gran, que va arrossegar fins al cotxe, estacionat en un aparcament. Finalment, va dipositar les bosses en uns contenidors d'escombraries.

Segons els advocats, la prova pericial sobre les restes de sang trobades al soterrani del bar, que es corresponien amb les de les víctimes, «serà determinant».

Sense cadàver no hi ha assassinat. Així es poden resumir les dificultats que plantejava la imputació de les dues desaparicions. Després d'haver-se trobat restes de sang humana al soterrani del local mitjançant una inspecció acurada, la fiscalia i l'acusació particular iniciaren –un cop estudiat l'historial clínic dels dos desapareguts– la recerca de mostres orgàniques de les dues víctimes.

El propietari del pub havia estat objecte, anys enrere, d'una biòpsia pulmonar en un hospital públic, on el servei d'anatomia patològica conservava, efectivament, mostres del teixit analitzat. D'altra banda, al recaptador d'impostos se li havia extirpat, poc temps abans de desaparèixer, un tumor que s'havia analitzat en una clínica privada. En aquest centre mèdic els investigadors de la policia han obtingut també mostres per procedir a la comprovació.

Al laboratori d'anàlisis de la policia es va dur a terme la prova de la PCR a partir de l'ADN trobat a les restes de sang descobertes al pub; el contrast amb les mostres preservades va donar positiu en ambdós casos: l'ADN era el mateix. L'acusació espera que, quan es reprengui el judici previst per a la setmana vinent, aquesta prova resulti definitiva.

a) Què significa PCR? Quines utilitats té?

b) Què s'analitza amb la prova de la PCR?

c) Per què era tan important en aquest cas trobar mostres orgàniques dels desapareguts?

d) Amb quina altra mena de mostres s'hauria pogut comparar l'ADN trobat?

e) Quin valor pot tenir la prova de la PCR en un cas com aquest?

f) Què demostra el fet que en aquest cas el resultat de la prova hagi estat positiu?

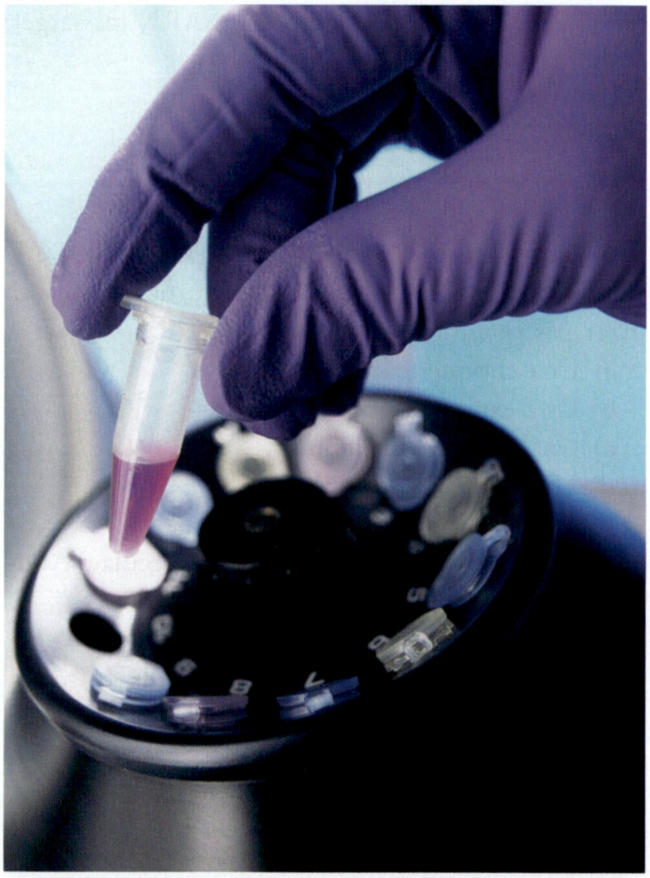

La tècnica de la centrifugació és un complement necessari –per concentrar el possible ADN que hi pugui haver en una hipotètica mostra– en qualsevol prova d'identificació per mitjà de les empremtes genètiques.

g) Quina altra mena de casos pot ajudar a aclarir? Raona la resposta.

8.17. La successió de tres nucleòtids en l'ADN determina un aminoàcid de la proteïna corresponent. Quina seria, doncs, la massa molecular aproximada que hauria de tenir el fragment d'ADN dúplex que conté la seqüència que codifica per un enzim de 164 aminoàcids?

8.18. Respon a les preguntes següents:

a) Quantes citosines (C) tindrà una molècula d'ADN (de doble cadena) de 1 000 parells de bases de longitud si el 20 % de la molècula està format per adenines (A)? Justifica la resposta.

b) Quant valdrà la relació (A + G)/(T + C)? Per què?

c) ¿Creus que dues molècules d'ADN amb la mateixa composició de bases i la mateixa longitud poden portar informació genètica diferent? Per què?

8.19. Si un fragment d'ADN dúplex de 1000 parells de nucleòtids pesa, aproximadament, 1×10^{-18} g, calcula quant pesa el cromosoma d'*Escherichia coli* i l'ADN total del nucli d'una cèl·lula humana.

8.20. Explica en quin any i en quines circumstàncies es va produir cada un dels esdeveniment següents, els quals van ser determinants en la història del coneixement dels àcids nucleics:

a) descobriment de la «nucleïna» (ADN);

b) confirmació que l'ADN és el material hereditari;

c) descobriment de l'estructura en doble hèlix de l'ADN;

d) seqüenciació completa del genoma humà.

8.21. A les mitocòndries hi ha ADN. Quines característiques singulars té aquest ADN? Com penses que s'hereta, per via paterna o per via materna?

8.22. Explica quines diferències hi ha entre l'*eucromatina* i l'*heterocromatina*.

8.23. En la taula de sota s'estableix la composició de bases (en tant per cent) de quatre virus. Determina en cada cas si el virus conté ADN i ARN i si l'àcid nucleic és de cadena senzilla o de cadena doble.

	Virus 1	Virus 2	Virus 3	Virus 4
Adenina	25	28	31	22
Guanina	24	22	19	19
Citosina	18	22	19	26
Timina	33	–	31	–
Uracil	–	28	–	33

8.24. Comenta i digues si són certes o falses aquestes afirmacions:

a) Els mamífers són els organismes que tenen més ADN.

b) Hi ha una relació entre complexitat evolutiva i quantitat d'ADN.

1. Una vegada llegit el text següent, contesta a les preguntes que hi ha a continuació:

L'ESTRUCTURA MOLECULAR DELS ÀCIDS NUCLEICS

Volem suggerir una estructura per a la sal de l'àcid desoxiribonucleic (ADN). Aquesta estructura té característiques noves que són de considerable interès biològic.

Ja Pauling i Corey han proposat una estructura per a l'àcid nucleic. Segons el nostre parer, aquesta estructura no és satisfactòria. [...]

Nosaltres volem proposar una estructura radicalment diferent. Aquesta estructura té dues cadenes helicoïdals, enrotllades al voltant del mateix eix. Hem adoptat les assumpcions químiques habituals, és a dir, que cada cadena consta de grups fosfodièster que s'uneixen amb residus de b-D-desoxiribosa per mitjà d'enllaços 3', 5'. Les dues cadenes (però no les seves bases) estan relacionades per un radical bivalent perpendicular a l'eix de la fibra. Ambdues cadenes formen hèlixs dextrogires, però a causa del radical bivalent, les seqüències dels àtoms a les dues cadenes van en direccions oposades. [...]

Les bases són a l'interior de l'hèlix i els fosfats, a l'exterior. Hi ha un residu a cada cadena, a cada 3,4 Å en la direcció Z. Hem suposat que hi ha un angle de 36° entre dos residus veïns en la mateixa cadena, de manera que l'estructura es repeteix al cap de 10 residus a cada cadena, és a dir, al cap de 34 Å. La distància d'un àtom de fòsfor a l'eix de la fibra és de 10 Å.

L'estructura és oberta i el seu contingut d'aigua és més aviat elevat. En continguts baixos d'aigua esperaríem que les bases es desplacessin, de manera que l'estructura podria esdevenir més compacta.

La nova característica de l'estructura és la manera com les cadenes són mantingudes unides per les bases puríniques i pirimidíniques. [...]

Dit d'una altra manera, si una adenina forma un membre d'un parell, a qualsevol de les dues cadenes, llavors amb aquestes assumpcions l'altre membre ha de ser timina; de la mateixa manera passa amb la guanina i la citosina. La seqüència de bases d'una sola cadena no sembla que sigui restringida en cap aspecte. Tanmateix, si només es poden formar parells específics de bases, cal assumir que, si es dóna la seqüència de bases d'una cadena, queda automàticament determinada la seqüència de l'altra cadena.

S'ha trobat experimentalment que, en l'ADN, la raó de les quantitats d'adenina amb les de timina i la de les de guanina amb les de citosina són sempre molt pròximes a la unitat. No ens ha passat pas desapercebut que l'aparellament específic que hem postulat suggereix un possible mecanisme de còpia del material genètic.

J. WATSON I F. CRICK, Nature *(1953)*

a) Què expliquen els autors en aquest article? Fesne un resum breu.

b) L'any 1953, el contingut de l'article era una novetat absoluta. Per què? Què se'n sabia, de l'ADN?

c) En què es van fonamentar Watson i Crick per fer les seves hipòtesis? Quins precedents hi havia?

d) El descobriment de Watson i Crick fou cabdal per al progrés de la biologia molecular. Fins i tot es diu sovint que aquesta ciència va néixer l'any 1953, quan es va publicar aquest article. Per què es considera tan important el descobriment de Watson i Crick?

e) Amb tot, han passat els anys i algunes coses en el text ho demostren. Per exemple, les unitats emprades. Quines unitats emprades per Watson i Crick estan actualment en desús? Com ho diríem ara?

f) Fixa't en la darrera frase del text de Watson i Crick. Què significa?

2. Quants parells de bases té una molècula d'ADN dúplex que té una longitud de 20 mm?

3. En mostres d'ADN aïllades de dues espècies bacterianes diferents, l'espècie 1 i l'espècie 2, l'adenina representa el 32% i el 17%, respectivament, de les bases totals. Tenint en compte aquestes premisses, respon a les preguntes següents:

a) Quines proporcions relatives de les altres bases s'espera que hi hagi a l'espècie 1 i a l'espècie 2? Raona la resposta.

b) Si bé la proporció A+G / T+C és igual a 1, ¿pots dir el mateix de la proporció A+T / G+C? Per què?

4. Tenint en compte que l'anàlisi de l'àcid nucleic d'un virus revela que les bases es troben en la proporció següent: adenina, 21%; uracil, 29%; citosina,

22 %; guanina, 28 %, digues si el virus en qüestió té un àcid nucleic de filament simple o dúplex i si és un ADN o un ARN.

5. En la il·lustració de sota hi ha representat un tros de cadena d'ADN. Posa-hi el nom i les dimensions de cada part, assenyala els límits dels nucleòtids i comenta'n l'estructura.

6. En la fotografia de la dreta apareixen diversos mitocondris vistos al microscopi electrònic. Observa-la bé i contesta a les preguntes següents:

a) De la llista de molècules que trobaràs a continuació, digues quines és probable que es trobin a l'interior dels mitocondris i quina funció hi fan: dAMP, FAD, NAD, ATP, CMP, ADN, ARNt, ARNm, ARNr.

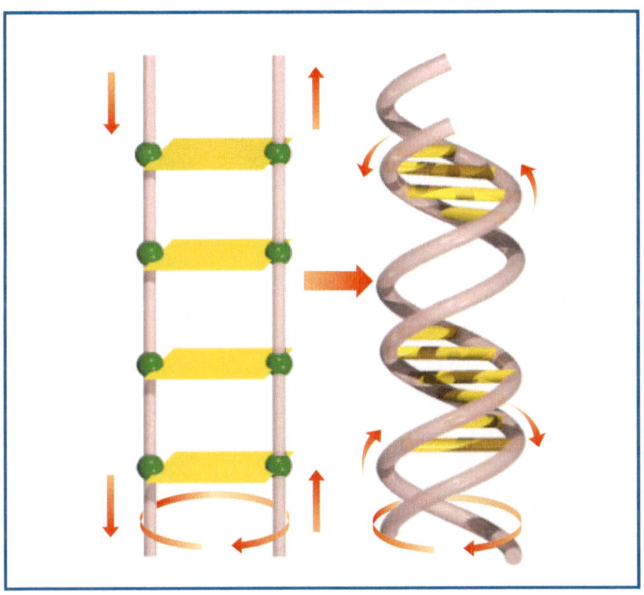

b) En el cas de les molècules que no es troben en els mitocondris, digues en quin punt de la cèl·lula es troben i explica'n el perquè.

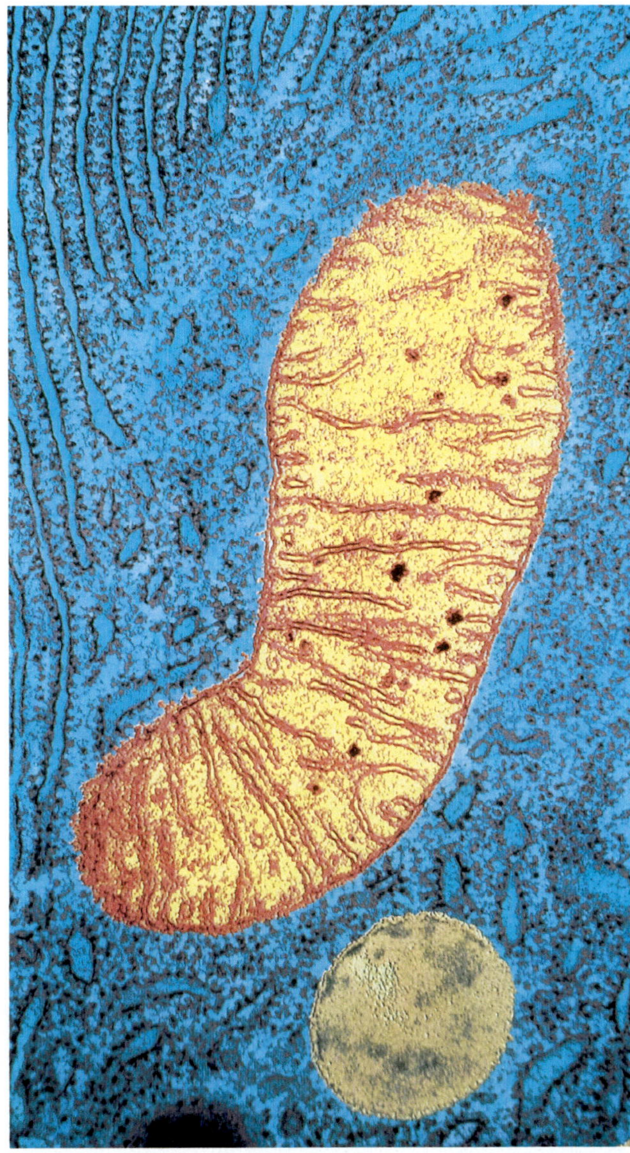

UNITAT

9 Les lleis de l'herència

Esquema

1. El naixement de la genètica
2. El treball de Mendel
3. Genotip i fenotip
4. La genètica i la teoria cromosòmica de l'herència
5. Determinació del sexe
6. Lligament
7. L'expressió dels gens

Els gens controlen l'herència dels caràcters hereditaris.

Durant milers d'anys, la humanitat ha intentat d'esbrinar com es transmeten els caràcters hereditaris i de conèixer-ne les lleis.
Gregor Mendel (1822-1884) va fer el primer pas en ferm.
Amb el temps, s'ha demostrat que l'explicació bastida per Mendel per donar compte dels resultats dels seus experiments és bàsicament correcta, i, tot i que ha resultat ampliable –té excepcions–, la seva formulació de les lleis de l'herència, «lleis de Mendel», constitueix la base de la part més formal o clàssica de la genètica: la **genètica clàssica** o **mendeliana**.

1. El naixement de la genètica

Cap dels experiments realitzats fins ara no ha estat portat a terme en una escala prou gran i de manera prou precisa per poder determinar el nombre de les diferents formes sota les quals apareixen els descendents dels híbrids. Cap d'ells no ha servit, tampoc, per classificar amb certesa aquestes formes segons les successives generacions o precisar-ne les relacions estadístiques.

GREGOR JOHANN MENDEL, Experiments d'hibridació en plantes *(1866)*

La genètica actual té el seu punt de partida en els treballs de Gregor Mendel, un monjo centreeuropeu que a mitjan segle XIX realitzà uns experiments d'entrecreuament amb pesoleres, els resultats dels quals publicà l'any 1866. Algunes plantes diferien només per un caràcter –**monohibridisme**–, com ara el color de la flor (blanca o rosada), el color del pèsol (groc o verd), la forma del pèsol (llis o rugós), etc. Altres vegades les plantes es diferenciaven per dos caràcters alhora –**dihibridisme**– (per exemple, color i forma de la llavor), o per més de dos a la vegada.

El **Naixement de Venus**, *de Sandro Botticelli. Fins al segle XIX, abans dels treballs de Gregor Mendel, que suposaren l'inici de la genètica, les lleis de l'herència biològica foren objecte d'especulació.*

Sovint els nens s'assemblen a algun avi o reprodueixen l'aspecte d'un besavi, ja que amb freqüència els pares amaguen en el seu cos nombrosos primordis barrejats de formes ben diverses, els quals, havent-los rebut del seu llinatge, passen als seus descendents. D'aquests primordis treu Venus formes d'aspecte variable i reprodueix les faccions, la veu o els cabells dels seus avantpassats.

LUCRECI,
De la natura de les coses
(segle I aC)

2. El treball de Mendel

Els experiments de Mendel

Mendel usà en els seus encreuaments amb pèsols set parelles de caràcters alternatius que, per autofecundacions repetides, conservà com a línies pures.
En conjunt, obtingué (atenent només a diferències en una sola parella de caràcters o monohibridismes) els resultats de la taula de peu de pàgina.

Abans de començar els experiments d'encreuament, Mendel es va assegurar que les seves varietats de pesoleres fossin **línies pures** (és a dir, genèticament homogènies). Per això va conrear-les durant generacions successives, i va eliminar qualsevol individu que s'apartés del tipus.

Habitualment, les flors de pèsols s'autofecunden, de manera que per encreuar dues varietats diferents cal fer un **encreuament experimental**, retirant, abans que siguin madurs, els estams d'una flor –la qual actuarà com a mare– i empolsinant-ne el pistil amb el pol·len d'una flor de l'altra estirp.

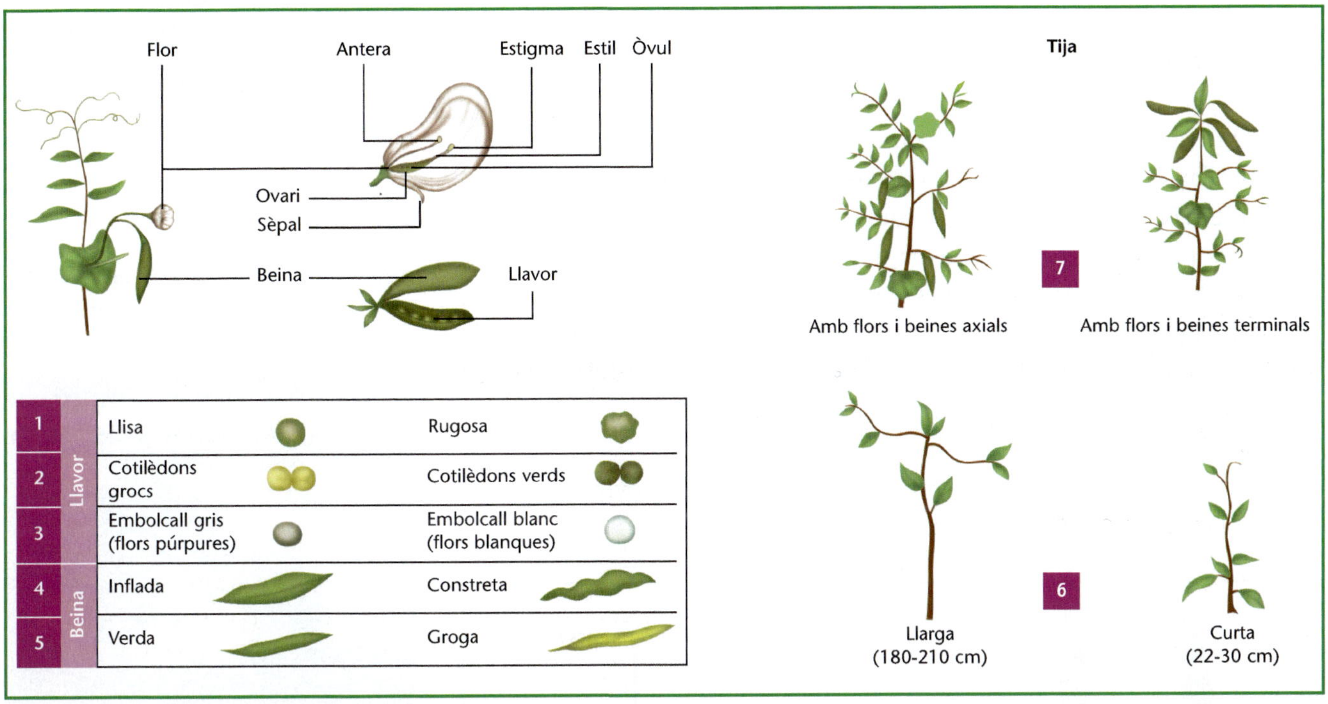

Resultats de Mendel (en cada cas el caràcter esmentat en primer terme és el dominant)

		F_2 *(nombre)*			F_2 *(percentatge)*	
Caràcter	F_1	Dominant	Recessiu	Total	Dominant	Recessiu
1 Llavors: llises o rugoses	Totes llises	5474	1850	7324	74,7	25,3
2 grogues o verdes	Totes grogues	6022	2001	8023	75,1	24,9
3 Flors: púrpures o blanques	Totes púrpures	705	224	929	75,9	24,1
4 Beines: inflades o constretes	Totes inflades	882	299	1181	74,7	25,3
5 verdes o grogues	Totes verdes	428	152	580	73,8	26,2
6 Tiges: llargues o curtes	Totes llargues	787	277	1064	74,0	26,0
7 amb flors axials o terminals	Totes axials	651	207	858	75,9	24,1
Total o mitjana		14949	5010	19959	74,9	25,1

Mendel obtingué l'èxit que no assoliren altres hibridadors d'animals o de plantes, tal com s'anomenaven aleshores, en part per la seva perspicàcia i en part pel bon disseny o valor metodològic dels seus experiments, que es pot resumir en tres punts: a) l'**enfocament analític** (en lloc de perdre's en el seguiment de l'herència de molts caràcters, Mendel només en va tenir en compte un o pocs més de dos alhora); b) la **utilització** de **línies pures**; c) l'**anàlisi quantitativa** dels resultats d'un encreuament especialment dissenyat.

Durant molts anys –fins a l'inici del desenvolupament de la genètica molecular, a mitjan segle XX–, aquesta mena d'anàlisi d'encreuaments experimentals va ser gairebé l'únic mètode de laboratori en l'estudi de la genètica.

Pesolera.

2.1. La llei de la uniformitat dels híbrids

Quan Mendel encreuà una línia pura de pèsols de llavor llisa amb una altra de llavor rugosa, els individus de la **primera generació filial** o **F_1** resultaren tots uniformes; en aquest cas, perquè tots s'assemblaven a un dels progenitors: el de llavor llisa. El mateix succeïa, però, amb qualsevol de les altres sis parelles de caràcters que Mendel estudià en el pèsol. Aquest fet, de validesa universal, constitueix la **llei de la uniformitat dels híbrids de la F_1 (primera llei de Mendel)**. Mendel denominà **dominant** el caràcter que preval en l'híbrid i **recessiu** el que no s'hi manifesta.

De fet, però, la dominància no és un fet universal. Sovint –tal com passa, per exemple, amb el color de la flor de nit (*Mirabilis jalapa*)–,

Pèsols llisos (a) i pèsols rugosos (b), com els que va utilitzar Mendel en els seus experiments.

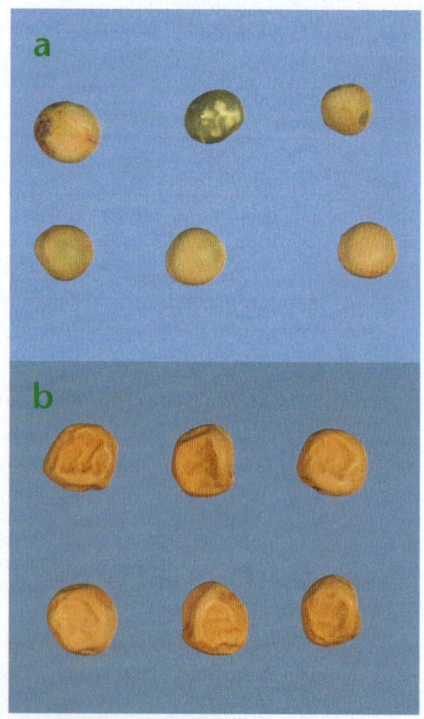

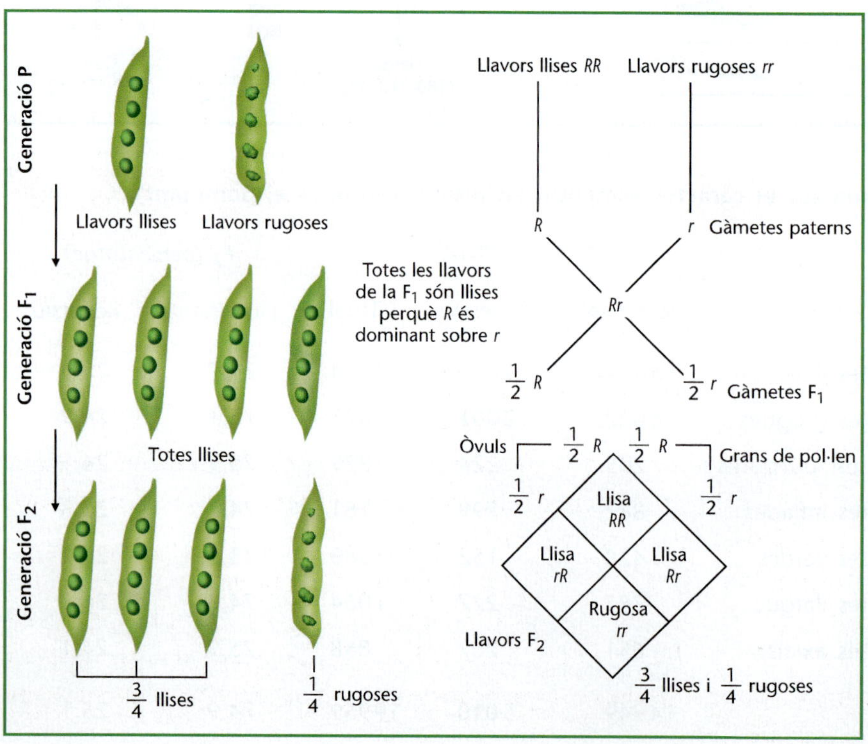

Encreuament entre una planta de pèsol de llavors llises i una de llavors rugoses (monohibridisme amb dominància).

Encreuament entre flors de nit de flor vermella i de flor blanca (monohibridisme amb herència intermèdia). En aquest cas, els heterozigots de la F_2 presenten flors rosades.

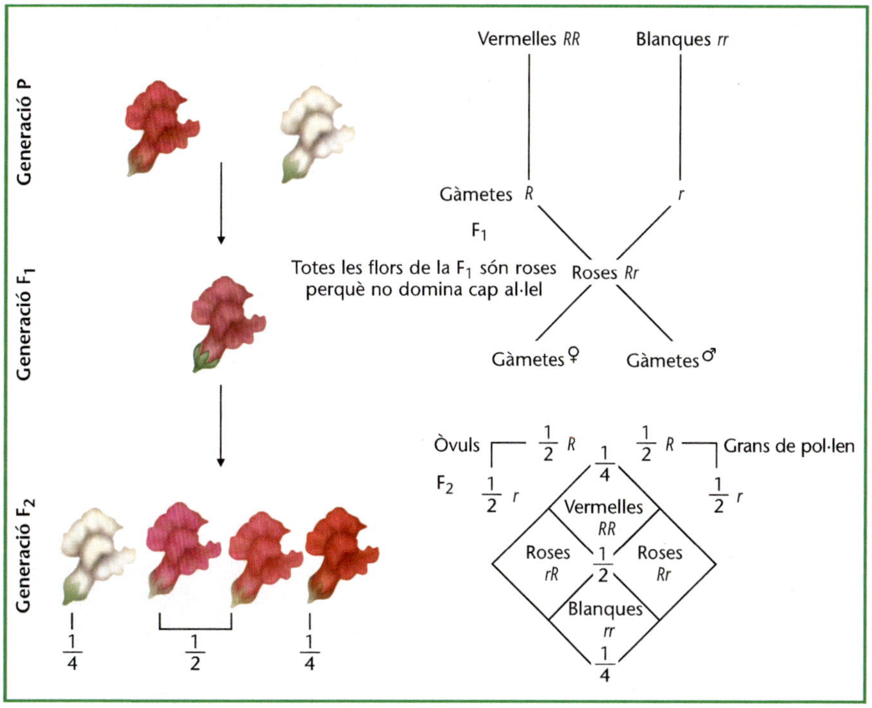

Per encreuar diferents varietats de pèsols, cal evitar l'autofecundació i recórrer a encreuaments experimentals.

es dóna una altra situació, l'**herència intermèdia**, anomenada així perquè els híbrids presenten un aspecte intermedi. Efectivament, si s'encreuen dues línies pures de *Mirabilis jalapa*, vermelles i blanques, respectivament, els híbrids resultants presenten un aspecte intermedi: flors de color rosa. Hi ha encara una tercera situació possible, la denominada **codominància**, caracteritzada pel fet que en l'híbrid es manifesten els dos caràcters alhora. Així, per exemple, les característiques del grup sanguini A i del grup sanguini B s'expressen igualment en les persones que han heretat totes dues característiques (una de cada progenitor).

Així doncs, aquesta primera llei de l'herència postula que tots els híbrids de la primera generació filial (en un encreuament entre línies pures) són uniformes, bé perquè són com un dels progenitors (quan hi ha dominància), bé perquè presenten un aspecte intermedi entre tots dos progenitors (quan hi ha herència intermèdia), o bé perquè els manifesten tots dos alhora (quan hi ha codominància).

L'herència dels grups sanguinis AB0 presenta codominància.

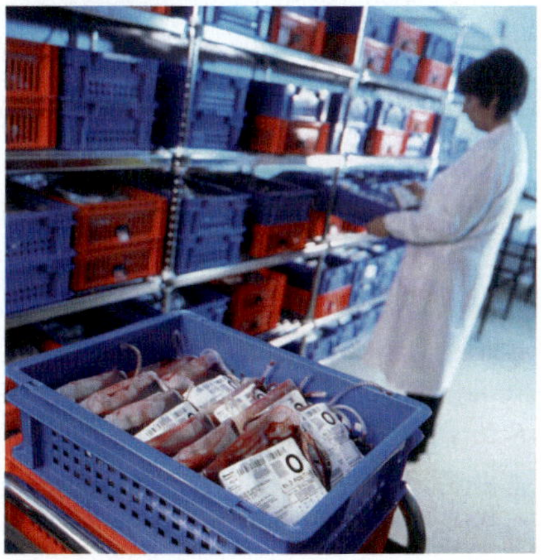

2.2. La llei de la segregació

Una vegada obtinguda la primera generació filial, Mendel no s'aturà, sinó que deixà que els individus d'aquesta generació s'autofecundessin i n'analitzà la descendència: la **segona generació filial** o **F_2**.

En el cas considerat fins ara (la forma de la llavor del pèsol), s'observa que la proporció de plantes amb llavors llises i rugoses en la F_2 és de 3:1. De les de llavor llisa, 1/3 són línies pures, mentre que els altres 2/3 són híbrids i repeteixen els resultats de la F_2 en les seves descendències.

En el cas d'herència intermèdia, la segona generació filial està constituïda per plantes amb flors vermelles, flors rosades i flors blanques, en una proporció 1:2:1. Les plantes de flors vermelles i les de flors blanques són línies pures, mentre que les de flors rosades són híbrides i repeteixen en les seves descendències aquestes proporcions 1:2:1. Quan hi ha codominància, la situació és semblant.

Mendel considerà amb molta perspicàcia que els caràcters alternatius estan determinats per *factors* –actualment, els denominem **gens** (terme proposat pel genetista danès Wilhelm Johannsen el 1909), i sabem que estan constituïts per ADN i que es troben en els cromosomes–. Els gens es transmeten a través dels gàmetes i cadascun d'ells pot existir en dues formes alternatives (**al·lels** o **al·lelomorfs**), per exemple, llis/rugós, vermell/blanc, etc., amb el benentès que cada individu posseeix dos gens, idèntics o no, per a cada caràcter. L'**homozigot** és l'individu que té dos al·lels idèntics per a un determinat caràcter, i l'**heterozigot**, el que els té diferents. Per tant, doncs, les línies pures són homozigòtiques, i els híbrids, heterozigòtics.

De la reaparició dels dos caràcters dels progenitors en la F_2, Mendel en va deduir la **llei de la segregació (segona llei de Mendel)**: els dos factors (gens) per a cada caràcter no es mesclen ni es fusionen de cap manera, sinó que se segreguen a l'hora de formar-se els gàmetes. Un heterozigot dominant es pot reconèixer encreuant-lo amb un homozigot recessiu. La meitat de la descendència serà també recessiva.

RECORDA

Mendel fou qui va descobrir com es transmeten els factors que determinen els caràcters hereditaris. Anys més tard, aquests factors foren identificats i anomenats **gens**.

Flor de nit.

2.3. La llei de la transmissió independent

Dels resultats obtinguts per Mendel es desprèn, igualment, la **llei de la transmissió independent (tercera llei de Mendel)**, que postula que els gens per a diferents caràcters s'hereten de manera independent. Així, per exemple, quan es porta a terme, tal com féu Mendel, un **dihibridisme** (encreuament entre dues varietats de línies pures que difereixen per dos caràcters a la vegada) entre pesoleres de llavors llises i grogues i pesoleres de llavors rugoses i verdes (sent aquests dos últims caràcters recessius, respectivament, respecte als seus parells al·lelomorfs llis i groc), s'obté una F_1 on tots els individus, híbrids, són uniformes, ja que repeteixen les característiques del progenitor doble dominant. Per autofecundació de la F_1, s'obté una F_2 composta per quatre classes d'individus, de llavor llisa i groga, llisa i verda, rugosa i groga i, finalment, rugosa i verda, en una proporció, respectivament, 9:3:3:1.

RECORDA

Mendel, que feia servir línies pures en els seus encreuaments (és a dir, utilitzava línies genèticament homogènies), encreuava pèsols que diferien per pocs caràcters alhora: monohibridisme (un sol caràcter diferent), dihibridisme (dos caràcters diferents), etc.

Nombre de gens (caràcters) diferents	*Nombre de gàmetes diferents en la F_1*	*Nombre de genotips diferents en la F_2*	*Nombre de fenotips diferents en la F_2 (en cas de dominància completa)*
1	2	3	2
2	4	9	4
3	8	27	8
...	...	...	...
n	2^n	3^n	2^n

De manera general, els encreuaments de línies pures que difereixen per n caràcters donen lloc a híbrids (poliheterozigots) de la F_1 que produeixen 2^n classes de gàmetes diferents. Així, per exemple, en un trihibridisme (amb relació de dominància en els tres casos), els individus de la F_1 formaran vuit classes de gàmetes i en la F_2 formaran vuit tipus diferents d'individus (fenotips), mentre que el nombre de genotips diferents, tal com mostra la taula de dalt, és de 3^n.

A diferència de les dues primeres lleis, de validesa general, la tercera llei de Mendel no sempre es compleix. Al contrari, al llarg de la història de la genètica, ben aviat començaren a acumular-se irregularitats i excepcions, perquè per a molts gens sembla que la tendència és heretar-los conjuntament. Tal com veurem més endavant, això és degut a la posició en un mateix cromosoma dels gens que determinen els diferents caràcters.

Resultats de l'encreuament de pesoleres de llavor llisa i groga amb pesoleres de llavor rugosa i verda (dihibridisme).

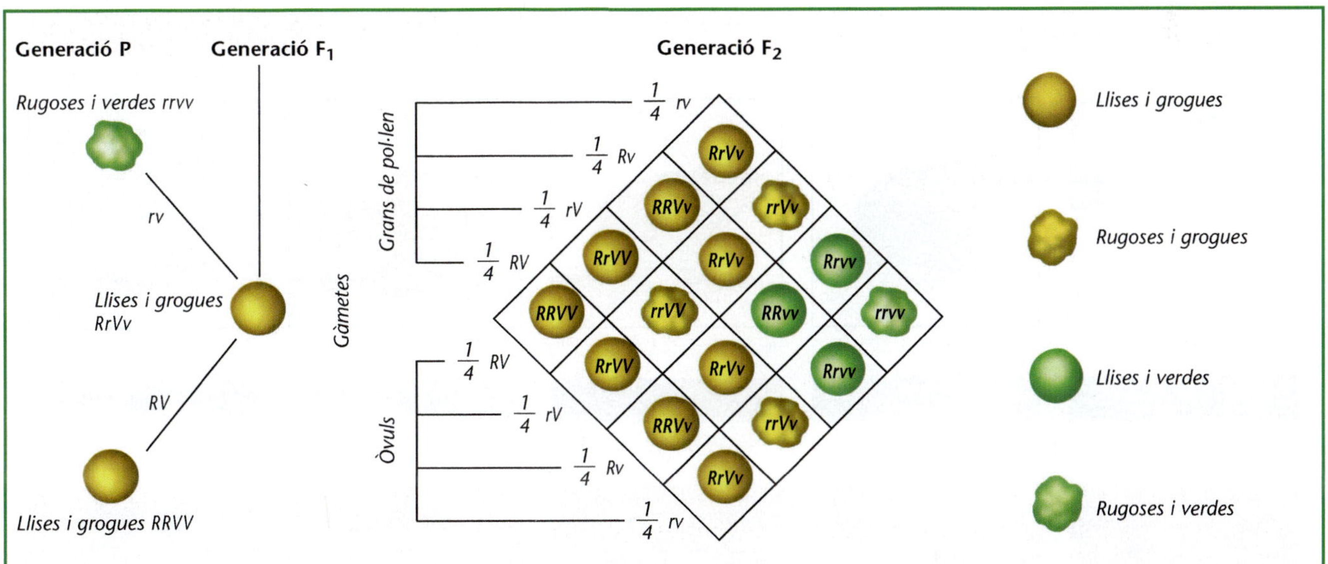

Generació F_2

$\frac{1}{16}$ (RRVV) + $\frac{2}{16}$ (RrVV) + $\frac{2}{16}$ (RRVv) + $\frac{4}{16}$ (RrVv) = $\frac{9}{16}$ Llavors llises i grogues

$\frac{1}{16}$ (rrVV) + $\frac{2}{16}$ (rrVv) = $\frac{3}{16}$ Llavors rugoses i grogues

$\frac{1}{16}$ (RRvv) + $\frac{2}{16}$ (Rrvv) = $\frac{3}{16}$ Llavors llises i verdes

$\frac{1}{16}$ (rrvv) = $\frac{1}{16}$ Llavors rugoses i verdes

3. Genotip i fenotip

El terme **genotip** designa tant la constitució genètica d'un individu entesa en un sentit global com la constitució més concreta, pel que fa als gens o als al·lels, per a un caràcter determinat.

D'una manera equivalent, el terme **fenotip** es refereix tant a l'aspecte global de l'individu com a un tret concret: el color de la llavor, el color de la flor, etc. Tal com hem vist fins ara, el genotip s'expressa en el fenotip en funció de les relacions de dominància dels al·lels. En canvi, per exemple, en un monohibridisme amb herència intermèdia, les proporcions genotípiques i fenotípiques són, en cada cas, 1:2:1; si hi ha dominància, les proporcions fenotípiques són, tal com hem vist, 3:1, però les genotípiques, 1:2:1. Tanmateix, però, l'expressió del genotip en el fenotip no és una qüestió lineal, ja que, de fet, el fenotip és el resultat de la interacció dels factors ambientals amb el genotip en el desenvolupament.

3.1. Al·lels múltiples

Mendel suposà l'existència de dues variants al·lèliques per a cada caràcter hereditari. De fet, en molts casos, no n'hi ha solament dues, sinó més (3, 4, 5...). El que passa, però, és que en els organismes diploides cada individu només és portador de dues variants (iguals o diferents).

El color del pèl en el conillet d'Índies és un caràcter regit per una sèrie de 4 al·lels (l'estricta realitat és, de fet, una mica més complicada) amb relacions de dominància i necessitat esglaonades.

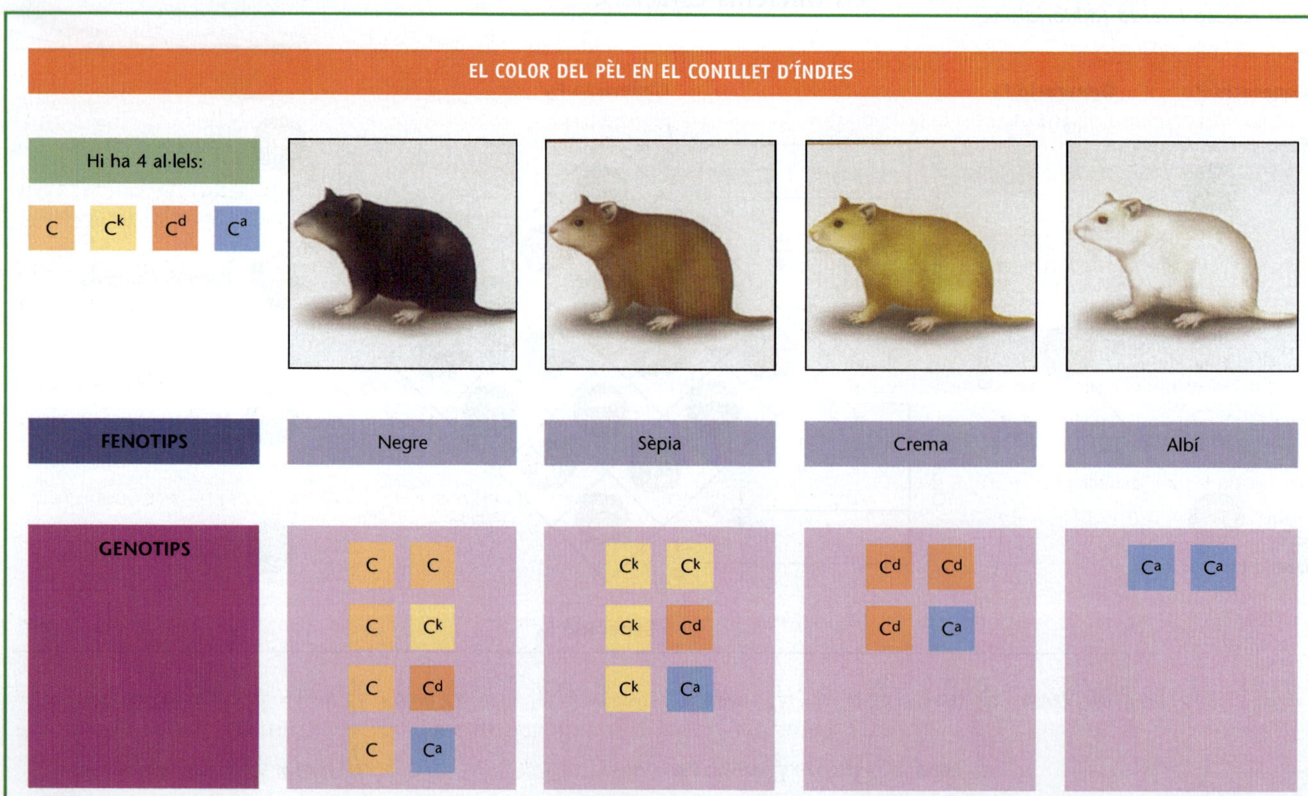

3.2. Cèl·lules haploides i diploides

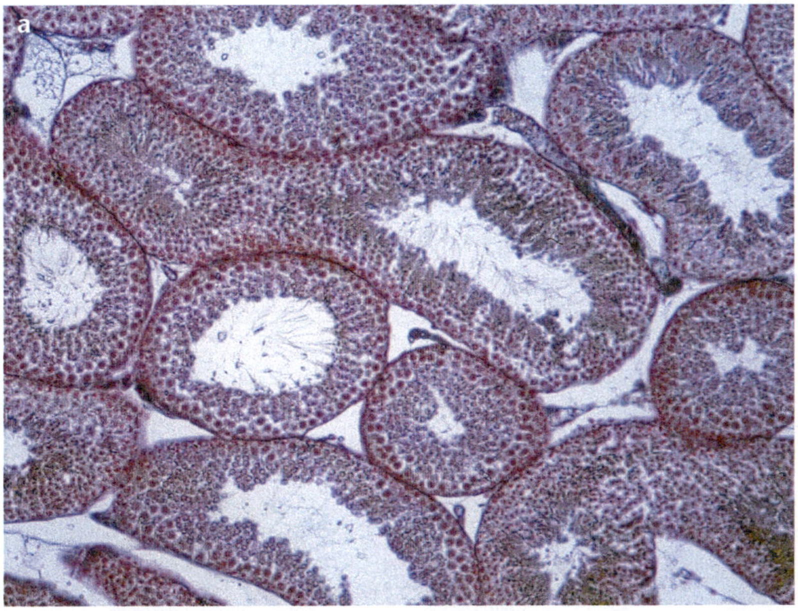

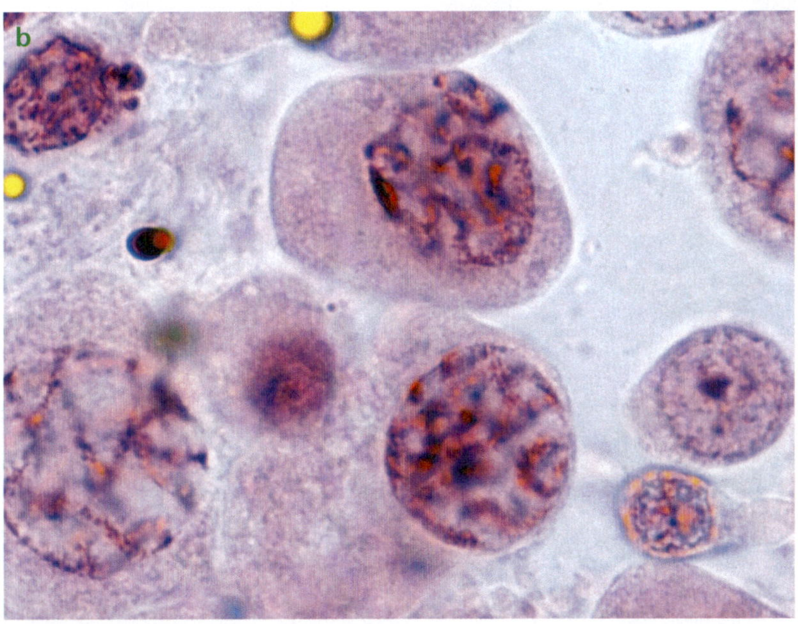

a) Cèl·lules testiculars en procés de divisió meiòtica a l'interior dels tubs seminífers en secció transversal.

b) Cèl·lules testiculars ampliades en el transcurs de la profase I (zigotè i paquitè).

El nombre de cromosomes és constant per a totes les cèl·lules d'una mateixa espècie biològica, excepte en el cas dels organismes de reproducció sexual. En la major part d'aquestes espècies, tal com hem vist anteriorment, el nombre de cromosomes de les cèl·lules reproductores –els gàmetes– és la meitat del de les altres cèl·lules del cos.

Les cèl·lules amb una dotació de cromosomes senzilla (n) són cèl·lules **haploides**, i les que tenen dotació doble ($2n$), **diploides**. Així, per exemple, el nombre cromosòmic diploide ($2n$) i haploide (n) de les cèl·lules somàtiques (corporals) i reproductores de l'ésser humà és, respectivament, de 46 i 23. Per a cada parella, un dels cromosomes procedeix d'un progenitor, i l'altre cromosoma procedeix de l'altre progenitor.

La **meiosi**, un tipus especial de divisió cel·lular que origina cèl·lules filles haploides a partir d'una cèl·lula diploide, impedeix que, en els organismes de reproducció sexual, el nombre de cromosomes es dobli en cada generació (tal com succeiria si es fecundessin gàmetes diploides).

Però la meiosi té altres conseqüències genètiques molt importants: la recombinació entre cromosomes homòlegs i la segregació d'aquests cromosomes. Tots dos processos es realitzen de manera aleatòria.

La cèl·lula que inicia la meiosi té dos jocs de cromosomes, i de cada parell un procedeix del pare i l'altre, de la mare. Tots dos poden tenir informació genètica diferent (l'un pot portar, per exemple, informació per a «ulls blaus» i «grup sanguini A», i l'altre, posem per cas, per a «ulls marrons» i «grup sanguini 0»). Atès que els cromosomes homòlegs s'entrecreuen i estableixen zones de contacte o **quiasmes** durant la meiosi, les combinacions de gens paterns i materns no es mantenen sempre, perquè si hi ha hagut intercanvi de fragments cromosòmics o **recombinació** entre els indrets portadors de la informació per al color dels ulls i per al grup sanguini, algunes de les cèl·lules filles poden contenir noves combinacions d'informació; per exemple, ulls blaus i grup 0, o ulls marrons i grup A.

Durant la profase de la primera divisió meiòtica, els cromosomes homòlegs s'aparellen, es formen quiasmes i es produeix l'entrecreuament entre cromàtides i la recombinació genètica. Quan els cromosomes homòlegs se separen, algunes cromàtides han bescanviat segments (en el dibuix només n'han bescanviat un).

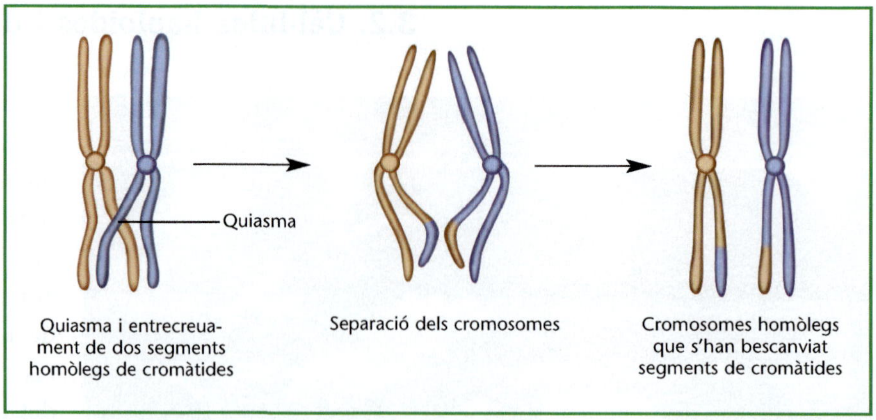

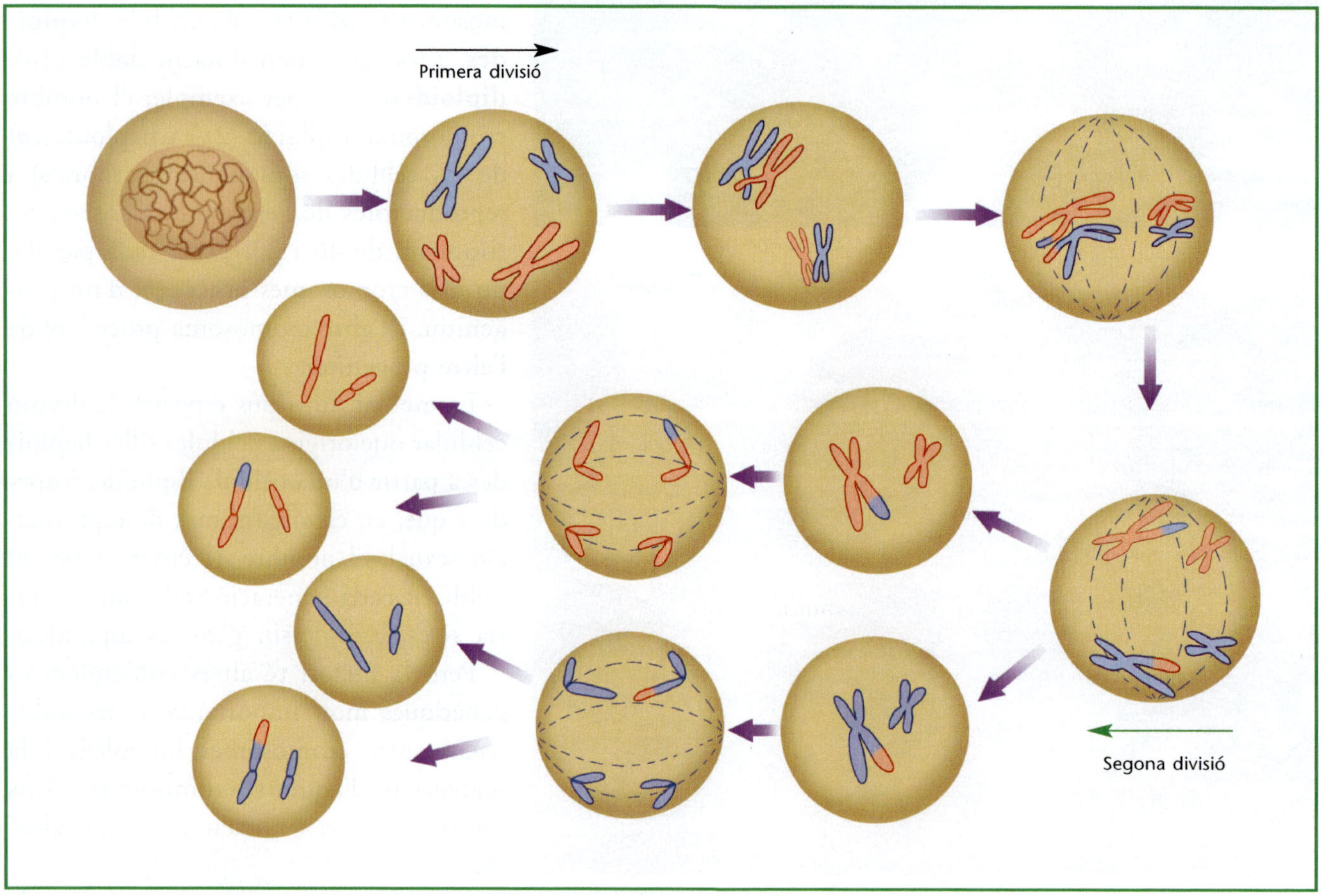

La meiosi redueix a la meitat el nombre de cromosomes, tal com mostra aquesta il·lustració d'una cèl·lula amb 2n = 4 cromosomes.
A partir d'una cèl·lula diploide es formen cèl·lules haploides, amb n cromosomes = 2.

La meiosi, doncs, té unes conseqüències genètiques que es poden resumir de la manera següent:

a) *La meiosi fa possible la conservació del nombre de cromosomes*, de generació en generació, en els organismes que es reprodueixen sexualment.

b) *La meiosi atorga als organismes de reproducció sexual una gran varietat i, per tant, una enorme plasticitat evolutiva*, perquè és una font inesgotable de recombinació genètica. Efectivament, només un cromo-

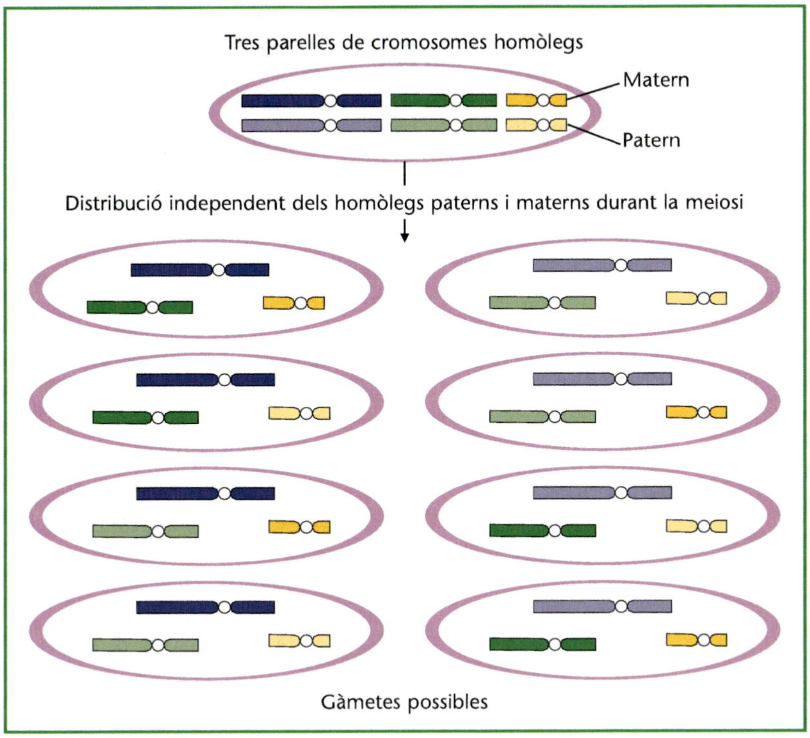

Els gàmetes es formen a partir de les cèl·lules precursores durant la meiosi. La distribució independent dels cromosomes d'origen matern i patern fa que els gàmetes continguin informació genètica molt diversa. Per simplificar, el dibuix mostra una cèl·lula amb només 3 parells de cromosomes i sense tenir en compte els efectes de la recombinació genètica.

soma de cada parell passa a una o altra cèl·lula filla. La mescla de gens paterns i materns que això comporta és molt gran. A més, l'entrecreuament de material genètic afavoreix la recombinació dels trets hereditaris materns i paterns fins a nivells virtualment il·limitats. Negligint fins i tot aquest efecte multiplicador de l'entrecreuament, la probabilitat que un gàmeta humà rebi tots els cromosomes materns o paterns és de $(1/2)^{22}$.

c) *La meiosi és un procés que es troba en la base de la regulació del sexe dels individus* en tots els organismes en què la determinació del sexe és cromosòmica.

DOCUMENTS

Genètica i probabilitat

Els resultats observats en l'estudi d'un cas real o en un experiment rarament concorden amb els resultats esperats, ja que les probabilitats genètiques són conseqüència d'esdeveniments casuals durant la formació dels gàmetes i la seva unió a l'atzar. Els resultats de les mostres petites sovint es desvien més de les proporcions esperades que quan la població estudiada és més gran.

En tirar una moneda enlaire, hi ha la mateixa probabilitat (1/2) que surti cara o creu. Si la tirem dues vegades, la probabilitat és la mateixa en cada cas (el resultat de la segona vegada no està influït pel de la primera), però la probabilitat que totes dues vegades surti cara és el producte de la probabilitat que surti la primera vegada i també la segona ($1/2 \times 1/2 = 1/4$). Aquesta és una regla general de la teoria de les probabilitats que podem enunciar així: la ***probabilitat combinada*** *que es produeixin dos esdeveniments independents amb probabilitat p i q, respectivament, és el* ***producte de probabilitats****,* pq. *En l'exemple de la moneda, la probabilitat que surti cara totes dues vegades és $(1/2)^2$.*

Tanmateix, si ens demanem quina és la probabilitat que en llançar dues vegades la moneda surti una vegada cara i l'altra creu, aleshores hem de reconèixer que és de 2pq, *perquè hi ha dues possibilitats: que surti cara la primera i creu la segona o viceversa, i en tots dos casos es compleix la condició expressada, és a dir, una vegada cara i una vegada creu. Això significa que quan existeixen possibilitats alternatives per complir les condicions d'un enunciat, la probabilitat total és la suma o addició de les probabilitats individuals.*

L'aplicació i el desenvolupament lògic d'aquestes regles demostra que, de manera general, quan hi ha dos esdeveniments independents i alternatius, la probabilitat de les diferents situacions, si fem dues provatures, serà un dels termes del desenvolupament del binomi: $(p + q)^2 = p^2 + 2pq + q^2$, *on p i q són les probabilitats d'un esdeveniment i l'altre (cara i creu, en el nostre exemple), i, en general, del binomi* $(p + q)^n$ *si* n *és el nombre de casos o proves.*

Així, per exemple, ens podem preguntar: quina és la probabilitat que dels tres fills d'una parella d'ulls foscos però tots dos heterozigòtics per al caràcter ulls blaus (recessiu) dos tinguin els ulls blaus i un tercer ulls foscos? La resposta és el terme $3pq^2$ *del desenvolupament del binomi* $(p + q)^3$, *on* p *(és a dir, probabilitat de tenir un fill d'ulls foscos) és 0,75, i* q *(és a dir, probabilitat de tenir un fill d'ulls blaus) és 0,25. Per tant,* $3 \times 0{,}75 \times (0{,}25)^2 = 0{,}141$ *(és a dir, del 14,1 %).*

DOCUMENTS

La notació genètica

Hi ha diverses formes de representar els gens i els seus al·lels. Per exemple, si només es coneixen dos al·lels d'un gen, es designa l'al·lel dominant amb una lletra majúscula i l'al·lel recessiu amb la corresponent minúscula (sovint la lletra emprada és la inicial del caràcter rar o mutant: en el cas dels pèsols de Mendel grocs i verds usaríem V *per a l'al·lel groc i* v *per al verd).*

També s'utilitza una altra notació, vàlida també en tots aquells casos en què es coneixen més de dos al·lels per locus (posició que ocupa un gen en el cromosoma), segons la qual s'utilitza una lletra (o grup de lletres) minúscula per designar el gen, i els diferents al·lels es distingeixen mitjançant exponents. L'al·lel normal (dit també tipus salvatge o silvestre), que sovint és l'al·lel dominant d'una sèrie d'al·lels múltiples, es designa amb l'exponent $^+$ *o simplement amb el signe* +, *i aleshores el gen s'identifica per l'al·lel recessiu. Sovint, la lletra (o lletres) utilitzada és la inicial del caràcter mutant o del fenotip recessiu en una sèrie múltiple. Així, els al·lels* w^+, w^a *i* w *són els tres termes d'una sèrie d'al·lels localitzats en el cromosoma X de la mosca del vinagre (*Drosophila melanogaster*) amb relacions de dominància* $w^+ > w^a > w$, *i causants del color dels ulls en aquest insecte: vermell, ataronjat i blanc, respectivament (de l'anglès* white, *que vol dir 'blanc', mentre que el signe > indica dominància).*

No és gaire freqüent que el fenotip mutant sigui dominant. En aquest cas (tal com passa, per exemple, amb la forma dels ulls bar de la drosòfila), s'utilitza la inicial majúscula per designar-lo; en l'exemple esmentat, B *i* B^+ *són els símbols per designar el gen mutant* Bar *i el seu al·lel normal, respectivament.*

Quan es consideren diversos gens, s'escriuen seguits tots els que es troben en el mateix cromosoma, i després d'una barra tots els situats en el cromosoma homòleg; després d'una coma, s'escriuen de la mateixa manera els d'un segon cromosoma i així successivament. Així, per exemple, $y\ w^a/y^+\ w$, se/se^+ *indica no sols que els gens* y *(*yellow*) i* w *(*white*) són del mateix cromosoma, diferent del de* se *(*sepia*), sinó també la disposició relativa en cada cromosoma homòleg dels diferents al·lels d'aquest triple heterozigot.*

Els arbres genealògics

Un arbre genealògic és una representació gràfica de la distribució d'un determinat caràcter en un conjunt familiar.

Un cercle representa un individu femení, i un quadrat, un de masculí. Si es desconeix el sexe de l'individu, s'utilitza un rombe. Els individus que presenten el caràcter estudiat s'indiquen mitjançant un senyal o un color diferent.

Cada filera horitzontal representa una generació: com més avall és la filera, més recent és la generació. L'ordre de les generacions s'indica mitjançant xifres romanes. Dins de cada generació, els individus es numeren amb xifres aràbigues, des del més vell (a l'esquerra) fins al més jove (a la dreta).

Una línia d'encreuament, és a dir, una línia horitzontal que connecta directament un individu ♀ amb un de ♂, representa un encreuament entre ells. La descendència d'aquest encreuament, que òbviament es trobarà en la generació següent, es representa connectada mitjançant una línia vertical que surt des de la línia d'encreuament anterior. En el cas dels bessons, es fan sortir d'una mateixa línia.

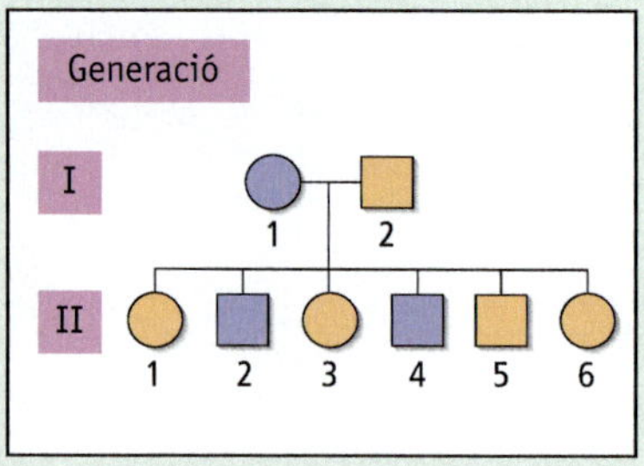

ACTIVITATS

9.1. Quines foren les claus dels bons resultats de Mendel?

9.2. En encreuar un conillet d'Índies negre amb un d'albí, s'obtingueren 12 descendents negres. En canvi, en un segon encreuament d'un conill negre i un d'albí, s'obtingueren 6 descendents negres i 5 d'albins. Quins són els genotips més probables dels progenitors i de la descendència dels dos encreuaments?

La forma de la cresta en el pollastre és un caràcter hereditari.

9.3. En el pollastre, la cresta en roseta és dominant sobre la cresta senzilla. Com podria esbrinar un criador de pollastres si les seves aus amb cresta en roseta són homozigòtiques o heterozigòtiques?

9.4. Dues rates de laboratori negres van ser encreuades amb un mascle bru. La primera va parir, en diferents ventrades, 30 rates negres, mentre que la segona va donar un total de 13 rates negres i 10 de brunes. Com s'hereta el color del pèl en les rates? Quins són els genotips dels individus dels dos encreuaments?

9.5. En el pèsol, el caràcter «color de la llavor» és determinat per un gen amb dos al·lels; l'al·lel V determina color groc i és dominant respecte de l'al·lel v, que determina color verd. El caràcter «forma de la llavor» és determinat per un altre gen independent de l'anterior: l'al·lel R determina llavor llisa i és dominant sobre l'al·lel r, que determina llavor rugosa.

a) S'encreuen dues varietats pures, una de llavor groga i una altra de llavor verda. En la F_2 s'obtenen 556 llavors. Quantes llavors grogues esperaràs obtenir? Per què?

b) S'encreuen dues varietats pures, una de llavor groga i llisa i l'altra de llavor verda i rugosa. En la F_2 s'obtenen 3584 llavors. Quantes llavors verdes i rugoses esperaràs obtenir? I quantes de verdes i llises? Per què?

c) Les plantes de la F_1 anterior s'encreuen amb la varietat pura de llavors verdes i rugoses. D'aquest encreuament s'obtenen 852 llavors. Quantes llavors grogues i llises esperaràs obtenir? Per què?

9.6. Suposa que en una espècie de plantes es fa l'encreuament següent: $AARR \times aaBB$, on l'al·lel A domina sobre a, però R i B són els dos al·lels d'un segon gen, independent del primer, que presenten herència intermèdia. Digues:

a) Quantes classes fenotípiques es poden esperar en la F_2?

b) Quina probabilitat hi ha d'obtenir un individu de genotip $aaBB$ en la F_2?

c) Quina proporció d'homozigots es pot esperar per als dos gens en la F_2?

BARCANOVA

9.7. Les característiques fenotípiques dels grans d'una panotxa de blat de moro no depenen del genotip de la planta mare, sinó que són l'expressió dels gens de les diferents llavors. És a dir, una panotxa constitueix un conjunt d'individus de la generació següent a la de la planta que la porta. Algunes de les característiques genètiques d'aquestes llavors són el color (púrpura o groc) i el caràcter (midonós o dolç) de l'endosperma.

La panotxa de la fotografia fou collida d'una planta de la F_1, resultat de l'encreuament entre dues línies pures. S'hi han comptat 246 llavors amb els caràcters púrpura i midonós, 84 púrpura i dolç, 79 groc i midonós, i 27 groc i dolç.

a) Formula una hipòtesi que permeti explicar aquests resultats i l'herència d'aquests caràcters.

b) Com ho faries per comprovar la idoneïtat de la hipòtesi formulada?

Panotxa de blat de moro.

9.8. Mendel va encreuar una línia pura de pesoleres de flors porpres amb una altra línia pura de pesoleres de flors blanques. Per altra banda, també va encreuar una línia pura de tiges curtes amb una altra de tiges llargues. A la pàgina 265 trobaràs els resultats que va obtenir. Amb una notació genètica adequada, escriu tots els genotips, fins a la F_2, d'ambdós encreuaments.

9.9. Totes les cèl·lules i tots els organismes, ¿tenen dos al·lels per a cada caràcter hereditari?

9.10. Si considerem una espècie animal amb cinc parells de cromosomes, digues quina proporció de gàmetes d'aquest animal tindran tots els cromosomes d'origen patern.

9.11. Durant la meiosi, només un cromosoma de cada parell passa a una o altra cèl·lula filla. Prescindint de l'entrecreuament i la recombinació que té lloc entre els homòlegs, digues quina és la probabilitat que en l'espècie humana un gàmeta rebi tots els cromosomes materns o paterns.

9.12. En una determinada espècie animal, el caràcter «llavi leporí» hereditari és determinat per un gen autosòmic. Un mascle i una femella d'aquesta espècie, tots dos de llavi leporí, han tingut tres fills: dos de llavi leporí i un de llavi normal.

a) El llavi leporí, és un caràcter dominant o recessiu? Per què?

b) Quin és el genotip de cadascun dels progenitors?

c) Quina és la probabilitat que, si aquesta mateixa parella té tres fills més, tots tres tinguin el llavi leporí?

d) Quina és la probabilitat que tots tres tinguin el llavi normal?

9.13. Explica què són, en la teoria de la probabilitat, esdeveniments independents i esdeveniments alternatius, i digues què és la probabilitat simple i la probabilitat combinada.

9.14. On es pot esperar més variabilitat genètica, en la descendència d'un organisme que es reprodueix asexualment o en un organisme que ho fa sexualment? Per què? Quina és la fórmula general que expressa el nombre de diferents tipus de combinacions cromosòmiques que es poden donar en els gàmetes d'un organisme amb n parells de cromosomes?

9.15. Quina proporció de parelles d'individus no albins però amb un primer fill albí poden esperar de tenir un segon fill que no sigui albí?

4. La genètica i la teoria cromosòmica de l'herència

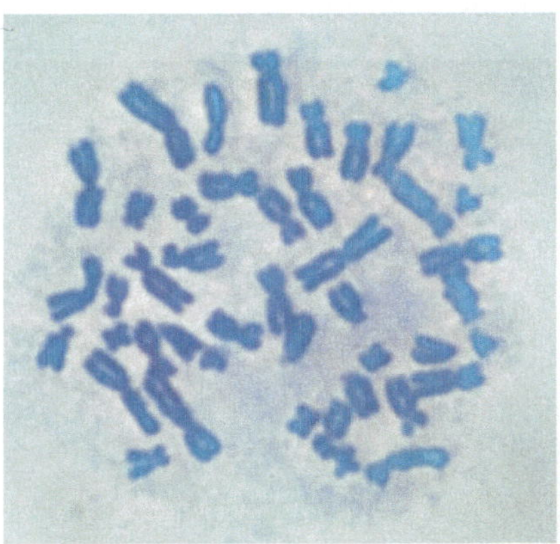

Cromosomes humans durant la metafase mitòtica (placa equatorial) vistos a través del microscopi òptic.

Quan, al final del segle XIX, el perfeccionament dels microscopis va portar al descobriment i la interpretació de la mitosi i la meiosi, ningú no fou capaç de veure-hi implicacions hereditàries. Ara bé, els treballs de Mendel foren descoberts l'any 1900 i ben poc després, l'any 1902, Walter S. Sutton, als Estats Units, i Theodor Boveri, a Alemanya, van comprendre la relació existent entre tots dos camps i suggeriren la **teoria cromosòmica de l'herència**, és a dir, que els «factors hereditaris», que ben aviat passaren a anomenar-se **gens**, estan continguts en els cromosomes. Gairebé al mateix temps, el 1905, el britànic William Bateson havia proposat el terme **genètica** per referir-se a l'estudi de l'herència biològica.

D'una manera admirable, la teoria cromosòmica de l'herència, que va ser desenvolupada, entre altres, pel nord-americà Thomas Hunt Morgan, explica, entre altres coses, l'existència en cada individu de dos al·lels per a cada caràcter (en correlació amb l'existència de parells de cromosomes homòlegs) i la segregació dels al·lels durant la formació dels gàmetes (per la segregació dels cromosomes homòlegs en el transcurs de la meiosi).

Una vegada acceptat el fet que els gens ocupen posicions determinades en els cromosomes (locus), es va comprendre per què alguns gens s'hereten de manera independent (si estan situats en cromosomes no homòlegs), mentre que per a d'altres, situats en el mateix cromosoma, la tendència és heretar-los conjuntament, desmentint la universalitat de la tercera llei de Mendel. També ben aviat es descobriren i s'interpretaren altres anomalies mendelianes, com ara l'herència lligada al sexe.

D O C U M E N T S

La reproducció cel·lular i els cromosomes

El mateix any que l'embriòleg alemany Oscar Hertwig (1849-1922) realitzava les seves memorables investigacions sobre la fecundació de l'ou de l'eriçó de mar, un botànic polonès establert a Alemanya, Eduard Strasburger (1844-1912), estudiava profundament el nucli de les cèl·lules vegetals.

Aquest darrer va descriure amb molta sagacitat la divisió (o mitosi) de la cèl·lula i, particularment, la divisió del nucli en dos nuclis fills. Mostrà que aquest fenomen va sempre acompanyat, en el si del nucli, d'algunes partícules que són fàcils d'acolorir, cadascuna de les quals es divideix en dues. Les observacions de Strasburger foren ben aviat complementades pel seu col·laborador Walther Flemming (1843-1915).

Aquest darrer, en examinar el nucli de les larves d'amfibis, estengué al regne animal els resultats de Strasburger.

Fou Flemming qui designà amb el nom de cromatina la substància que integra aquelles partícules del nucli fàcils de tenyir, i que demostrà, el 1880, que en produir-se la divisió cel·lular les partícules es divideixen en sentit longitudinal.

L'atenció dels biòlegs se centrà cada cop més en aquestes partícules, que Heinrich Waldeyer (1836-1921) designà, el 1888, amb el nom de cromosomes.

Un citòleg belga, Eduard van Beneden (1846-1910), establí, amb una sèrie d'admirables investigacions portades a terme entre els anys 1883 i 1887, que el nombre dels cromosomes és idèntic en el nucli de l'òvul i en el de l'espermatozoide. Realitzà les seves observacions sobre un cuc de la classe dels nematodes, l'ascàride del cavall o Ascaris megalocephala, *el qual, pel nombre molt petit dels seus cromosomes, era particularment apte per a la numeració cromosòmica.*

Van Beneden féu una altra constatació cabdal: observà que el nucli de les cèl·lules reproductores madures conté dues vegades menys cromosomes que el nucli de les cèl·lules germinals de les quals neixen. El 1887, el biòleg alemany Theodor Boveri (1862-1915) confirmà aquest important descobriment.

Després de les revelacions d'Oscar Hertwig sobre el comportament dels nuclis en l'acte de la fecundació, entre els biòlegs prengué cos de manera natural la idea que el nucli de la cèl·lula representa el lloc on es contenen les propietats hereditàries. La idea arrelà definitivament amb la descoberta dels cromosomes, òrgans essencials del nucli. Semblava lògic pensar que aquests òrgans, de nombre constant en una mateixa espècie i de nombre equivalent en la cèl·lula mascle, posseïen totes les qualitats requerides per tenir un paper preponderant en els fenòmens de l'herència. El futur havia de demostrar l'exactitud d'aquesta intuïció.

JEAN ROSTAND, Introducció a la història de la biologia *(adaptació)*

Microscopi del segle XIX.

4.1. L'herència lligada al sexe

a) Drosòfila ♀ normal, tipus salvatge, d'ulls vermells.
b) Drosòfila ♀ mutant d'ulls blancs (white)*.*

Al principi del segle XX, en el seu laboratori dels Estats Units, Thomas Hunt Morgan estudiava la genètica de la mosca del vinagre *Drosophila melanogaster*. Va descobrir que el resultat de l'encreuament entre mosques d'ulls vermells (tipus salvatge) i mosques mutants (és a dir, genèticament diferents del tipus salvatge) d'ulls blancs, s'allunya de les proporcions mendelianes típiques. En efecte, quan l'encreuament s'efectua entre una femella homozigòtica d'ulls vermells amb un mascle de línia pura, d'ulls blancs, la F_1 és tota uniforme d'ulls vermells i la F_2 presenta una proporció fenotípica de 3/4 de mosques d'ulls vermells i 1/4 de mosques d'ulls blancs, però amb una distribució particular entre els sexes: mentre que totes les femelles tenen els ulls vermells, la meitat dels mascles els tenen vermells i l'altra meitat, blancs.

En canvi, el resultat de l'encreuament recíproc (femella d'ulls blancs amb mascle d'ulls vermells) és diferent. En aquest cas, la F_1 no és homogènia, sinó que tots els mascles són d'ulls blancs i totes les femelles, d'ulls vermells. La F_2 presenta un 50 % de mosques d'ulls blancs i un 50 % de mosques d'ulls vermells, proporcions que es mantenen

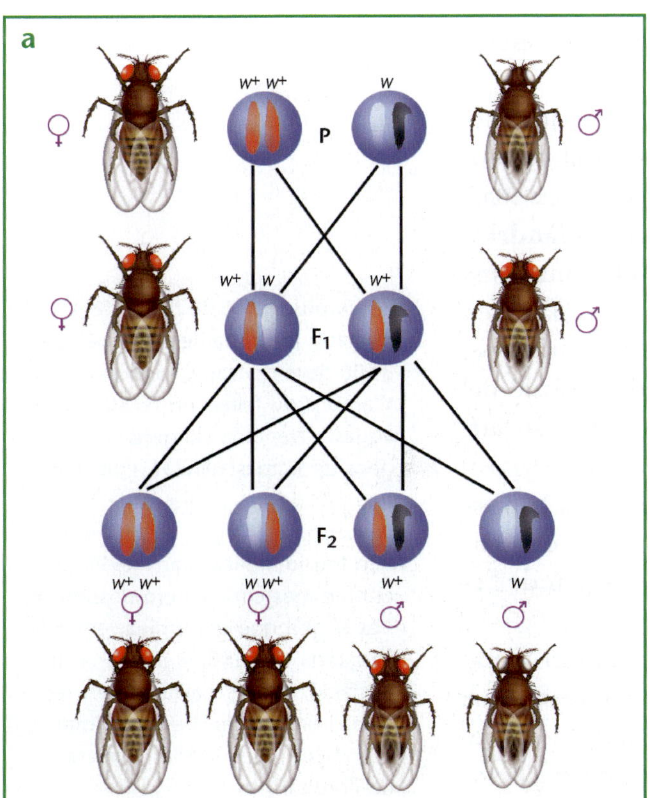

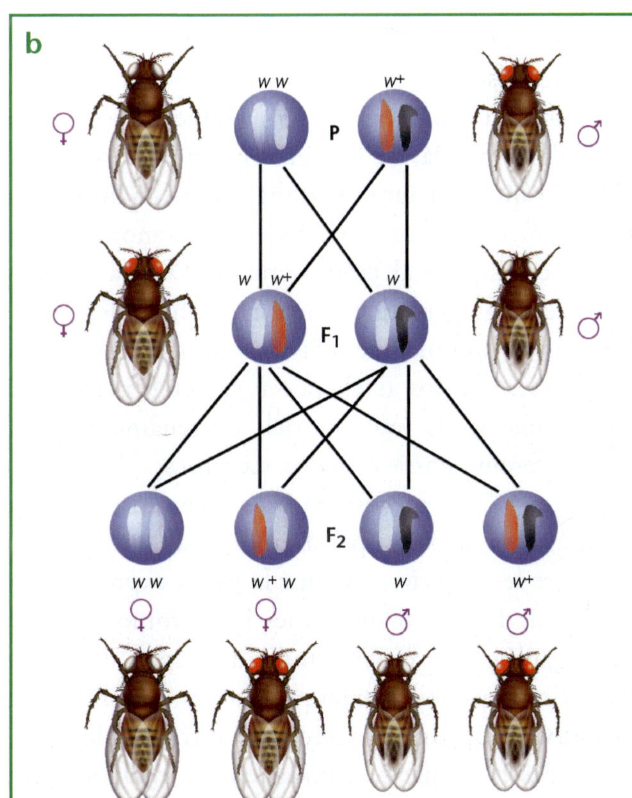

Herència lligada al sexe.
a) Resultat de l'encreuament entre una femella d'ulls vermells i un mascle d'ulls blancs.
b) Resultat d'un encreuament recíproc: femella d'ulls blancs i mascle d'ulls vermells.

en cada sexe (1/4 de femelles d'ulls vermells, 1/4 de femelles d'ulls blancs, 1/4 de mascles d'ulls vermells i 1/4 de mascles d'ulls blancs, en total).

Morgan va denominar aquest tipus d'herència **lligada al sexe**, perquè, tal com ell explicà i tal com es desprèn de la il·lustració de la pàgina anterior, és possible interpretar-la si se suposa, d'una banda, que el gen en qüestió es troba en el cromosoma X, i de l'altra, que el cromosoma Y no conté informació per al caràcter. Es coneixen molts gens lligats al sexe en la major part de les espècies. En aquests casos, els mascles porten només un al·lel per a aquests caràcters: no són ni homozigots ni heterozigots, sinó **hemizigots**. Dos dels trets més aparents d'aquesta mena d'herència són: en primer lloc, el seu caràcter «encreuat» (sovint el caràcter canvia de sexe d'una generació a l'altra perquè els mascles reben el cromosoma X de la mare i les femelles en reben un de cada progenitor); i, en segon lloc, atès que la major part de mutants són recessius, la raresa amb què les femelles, en comparació dels mascles, exhibeixen el fenotip mutant, tot i que en poden ser «portadores» (heterozigòtiques) i transmetre'l, en aquest cas, al 50 % dels seus fills mascles.

L'anestèsia amb èter és un procediment comú per a la manipulació, al laboratori de les drosòfiles.

4.2. El cromosoma Y

Al cromosoma Y li falta el duplicat de la major part de gens presents en el cromosoma X.

No obstant això, no està completament desproveït d'informació genètica. D'una banda, hi ha gens que només són presents en el cromosoma Y i que, per tant, es transmeten i manifesten només en els mascles, de manera necessària. És el que s'anomena **herència holàndrica** o herència lligada al cromosoma Y. D'altra banda, en el cromosoma Y també hi ha gens que tenen el seu homòleg en el cromosoma X (en el fragment homòleg de tots dos cromosomes). En aquest cas, tots dos sexes presenten dos al·lels per al caràcter, però atesa la transmissió del cromosoma Y, els resultats dels encreuaments experimentals són atípics i diferents entre tots dos recíprocs.

En general, el cromosoma Y és necessari en els animals per a la masculinitat o, si més no, per a la fertilitat, tot i que hi ha grans diferències entre les espècies, i sovint la plena expressió del sexe depèn de l'equilibri de la dosi d'autosomes i de cromosomes Y.

A vegades, el sexe d'un individu depèn d'un precís equilibri metabòlic. En l'espècie humana pot succeir, encara que molt rarament, que un individu no tingui el receptor intracel·lular de l'hormona testosterona i desenvolupar-se com a femella malgrat tenir una dotació cromosòmica XY.

El cromosoma X de l'espècie humana té probablement més de 3 500 gens. En canvi, el cromosoma Y amb prou feines en té 30. Entre aquesta trentena de gens hi ha els gens de la masculinitat, com ara el gen SRY (sigles angleses de *Sex determination Region of Y*). Aquest gen fou identificat l'any 1990 en el braç més curt del cromosoma Y i és el gen que determina, entre la cinquena i la vuitena setmana de gestació, la deferenciació dels testicles i la cascada d'esdeveniments que determinen la masculinització de l'organisme.

DOCUMENTS

Els organismes més investigats

*Tal com va dir, l'any 1961, el genetista Seymour Benzer, «en l'estudi de la genètica tot està supeditat a l'elecció de l'organisme adequat». Des que Thomas Hunt Morgan i el seu deixeble Calvin Bridges van introduir, cap a l'any 1910, l'ús als laboratoris de la mosca del vinagre (*Drosophila melanogaster*), per la rapidesa amb què cria i la facilitat de cultivar-la, alguns organismes –cada vegada més simples– emprats pels genetistes han acabat acaparant l'atenció dels biòlegs a causa de les seves reduïdes dimensions, la simplicitat del seu material genètic, la seva fecunditat o la facilitat i l'economia en el seu ús. A hores d'ara, aquests éssers són els organismes amb genoma més ben conegut. De fet, molts dels coneixements actuals de la biologia –i molt del que sabem de nosaltres mateixos–, els biòlegs els han après d'aquests petits éssers, començant per les rates i els ratolins de laboratori.*

*Entre aquests organismes hi ha una planta, de la família de la col, l'*Arabidopsis thaliana*, molt usada en enginyeria genètica per la seva menudesa, la facilitat de cultiu al laboratori i la celeritat del seu cicle biològic. El* Caenorhabditis elegans *presenta uns avantatges semblants; és un petit cuc nematode, gairebé transparent, de no més d'un mil·límetre de llargada, que es cultiva amb facilitat i es reprodueix en només tres dies.*

*Entre els bacteris, molt usats també en l'experimentació en genètica molecular, el més conegut i el més estudiat és l'*Escherichia coli*, un enterobacteri, és a dir, un bacteri de la flora intestinal. Més simples que els bacteris, alguns virus –com ara els* fags lambda, T2, ϕX174, *etc.– també són molt estudiats, des que es va disposar de tècniques adequades per al cultiu cel·lular de virus.*

DOCUMENTS

Vocabulari bàsic de genètica

Al·lel o al·lelomorf. *Cadascuna de les varietats existents en la població per a un mateix gen.*

Autosoma. *Qualsevol cromosoma no relacionat directament amb la determinació del sexe (diferent de X o de Y).*

Codominància. *Situació hereditària caracteritzada pel fet que en l'heterozigot es manifesten, completament, els dos al·lels.*

Dihibridisme. *Encreuament experimental en què els progenitors difereixen per dos caràcters alhora.*

Diploide. *Cèl·lula (o organisme) amb 2*n *cromosomes, és a dir, amb* n *parelles de cromosomes homòlegs (i, per tant, amb dos al·lels, iguals o diferents, per a un mateix caràcter).*

Dominància. *Situació hereditària caracteritzada pel fet que, en l'heterozigot, un al·lel, dit dominant, es manifesta alhora que emmascara o impedeix la manifestació fenotípica de l'altre, el recessiu.*

Encreuament recíproc. *Encreuament recíproc respecte a un altre, en el qual els caràcters considerats es troben en progenitors de sexe oposat.*

Encreuament retrògrad. *Encreuament entre els ♂ de la descendència d'un encreuament anterior i les seves mares, o, també, entre les femelles filles d'aquell encreuament i els seus ♂ progenitors.*
Fenotip. *Aspecte extern (morfològic, bioquímic, etc.) que presenta un individu d'un determinat genotip. El terme tant és aplicable d'una manera global (aspecte global) com d'una manera concreta en relació amb un caràcter concret. El fenotip és el resultat de la interacció genotip-ambient.*
Gen. *Fragment d'ADN. En sentit clàssic, unitat hereditària. Cadascuna de les unitats del material genètic que determinen l'herència i l'expressió d'un caràcter. (Hi ha també, però, gens reguladors, que no determinen un caràcter, sinó que regulen l'expressió d'altres gens, anomenats estructurals.)*
Genètica. *Branca de la biologia que estudia l'herència biològica.*
Genotip. *Constitució hereditària d'un individu. Tant és aplicable globalment com de manera concreta a la constitució hereditària en un determinat locus o per a un determinat caràcter.*
Haploide. *Cèl·lula (o organisme) amb* n *cromosomes, que té només un únic representant de cadascuna de les parelles d'homòlegs dels cromosomes presents en les cèl·lules diploides de la mateixa espècie (és portador d'un sol al·lel per a un caràcter donat).*
Hemizigot. *En l'herència lligada al sexe, individus (els ♂, en l'ésser humà i en la major part d'espècies) que només tenen un al·lel (gen) per al caràcter en qüestió.*
Herència holàndrica. *Herència d'un caràcter determinat per un gen situat en el cromosoma Y.*
Herència intermèdia. *Situació hereditària caracteritzada pel fet que l'heterozigot presenta un fenotip híbrid, intermedi entre els dos homozigots.*
Herència lligada al sexe. *Herència d'un caràcter determinat per un gen situat en el cromosoma X.*
Heterocromosoma. *Cromosoma sexual, X o Y, que determina el sexe de l'individu.*
Heterozigot. *Individu portador de dos al·lels diferents per a un caràcter donat.*
Homozigot. *Individu portador de dues còpies idèntiques del mateix gen. L'homozigot produeix un sol tipus de gàmetes, mentre que l'heterozigot en produeix de dos tipus.*
Híbrid. *Individu resultant de l'encreuament de dos progenitors diferents.*
Línia pura. *Organismes genèticament homogenis (homozigots), si més no per a un caràcter donat.*
Lleis de Mendel. *Regles bàsiques de la transmissió dels caràcters hereditaris, descobertes per Mendel.*
Locus. *Localització cromosòmica d'un gen o també posició determinada que un gen ocupa en un cromosoma.*
Meiosi. *Divisió reduccional, lligada a la reproducció sexual, en què, a partir d'una cèl·lula diploide, es formen quatre cèl·lules filles haploides i durant la qual es produeix la recombinació del material hereditari.*
Monohibridisme. *Encreuament experimental en què els progenitors difereixen tan sols en un caràcter.*
Mutació. *Alteració d'un fragment del material hereditari com a conseqüència d'un canvi en el material genètic d'una cèl·lula.*

En el seu desenvolupament històric, els primers coneixements de la genètica es relacionaven amb les proporcions fenotípiques i genotípiques de la descendència que s'observen en els encreuaments.
Les lleis que determinen aquestes proporcions constitueixen la **genètica** clàssica, **mendeliana** o qualitativa. Després vingué, a poc a poc, el coneixement relatiu a la **genètica molecular**, és a dir, a la naturalesa química del material hereditari, a l'ADN i a les transformacions que aquest pot experimentar.

Mutant. *Individu que és portador d'una mutació.*
Primera i segona generació filials. *Generacions resultants d'un encreuament experimental. També s'anomenen F_1 i F_2.*
Proporcions o freqüències fenotípiques. *En un encreuament, repartició quantitativa dels diferents fenotips entre els individus de les generacions filials.*
Proporcions o freqüències genotípiques. *En un encreuament, repartició quantitativa dels diferents genotips entre els individus de les generacions filials.*
Recessivitat. *Qualitat de recessiu. Allò oposat a dominant.*

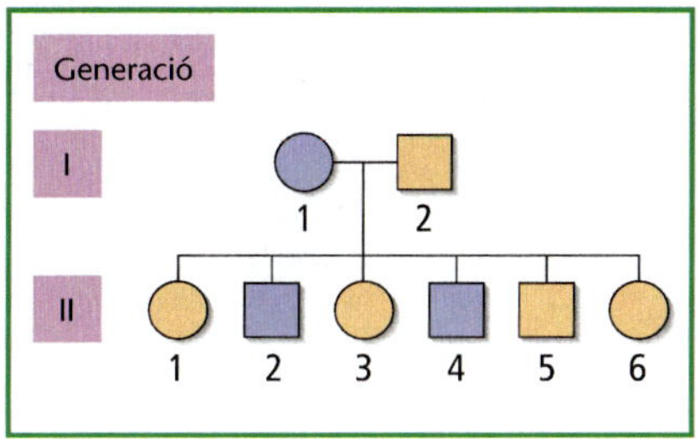

ACTIVITATS

9.16. Observa l'arbre genealògic de l'esquerra, en el qual els símbols blaus representen individus afectats. Quins descendents demostren que no es pot tractar del cas d'un gen recessiu lligat al sexe: l'1 i el 2? El 4? El 5? El 2 i el 4?

9.17. Observa els tres arbres genealògics de sota (A, B i C) i indica, per a cada un d'ells, si es tracta d'un cas d'herència d'un gen autosòmic recessiu, d'un gen autosòmic dominant, d'un gen recessiu lligat al sexe, d'un gen dominant lligat al sexe o d'un gen holàndric. Raona la resposta.

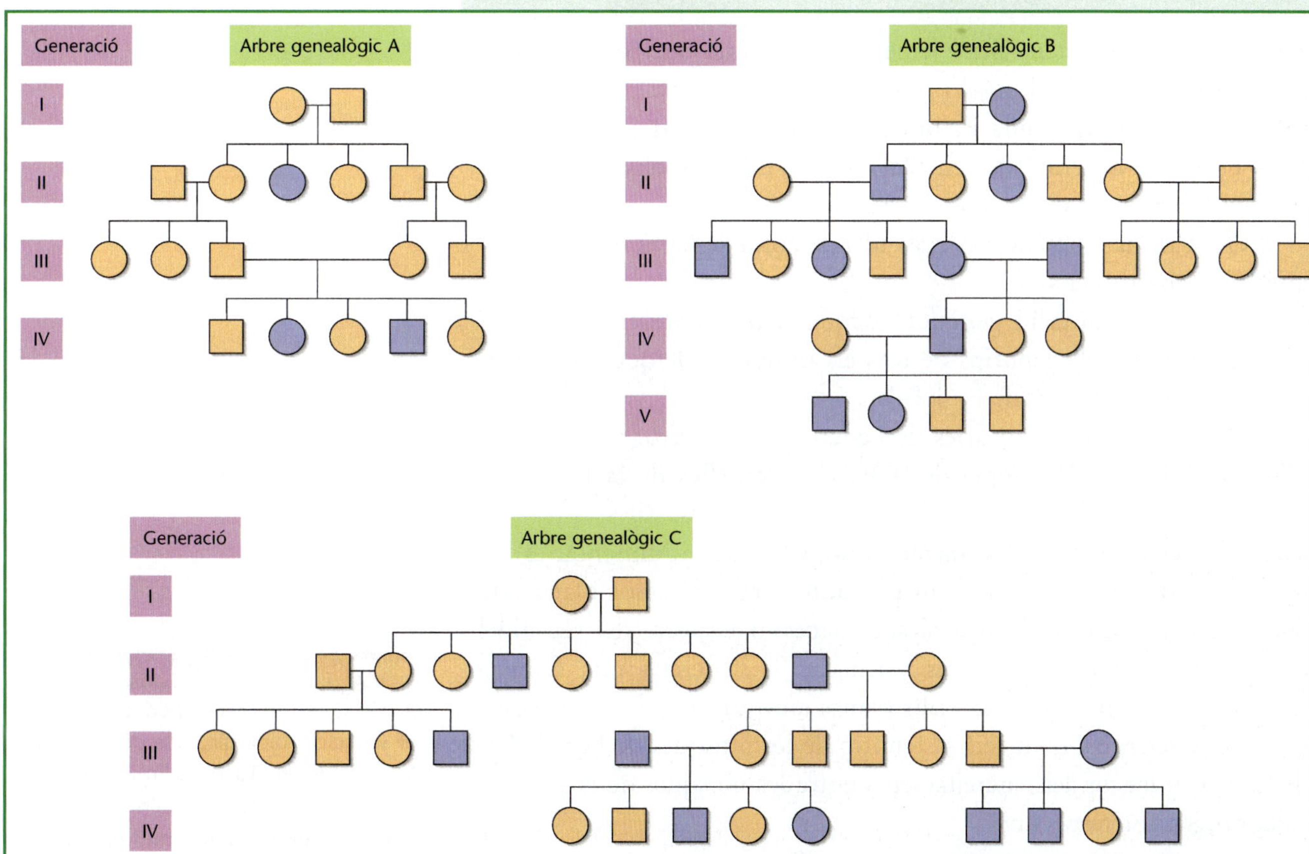

9.18. Una ♀ d'una línia pura de *Drosophila melanogaster* d'ulls blancs (un caràcter recessiu lligat al sexe) s'encreua amb un ♂ d'ulls vermells.

Posteriorment, s'encreua una femella de la F_1 d'aquell encreuament amb un ♂ d'ulls vermells.

a) Quins seran els fenotips de la F_1 i de la descendència de la F_1?

b) Utilitzant una notació adequada, fes un esquema d'aquests encreuaments i escriu el genotip de tots els individus.

9.19. Suposant que els mascles d'una parella de gats domèstics poden ser grocs o negres i les femelles, grogues, negres o jaspiades, respon les preguntes següents:

a) Com poden explicar-se aquests resultats d'acord amb un model d'herència lligada al sexe?

b) Utilitzant una notació adequada, escriu els genotips i els fenotips d'un encreuament entre una femella groga i un mascle negre. Quines seran les proporcions entre la descendència?

c) Un determinat encreuament produeix: 1/4 de ♀ jaspiades, 1/4 de ♀ negres, 1/4 de ♂ grocs i 1/4 de ♂ negres. De quin color eren els progenitors?

d) Un altre encreuament produeix: 1/4 de ♀ jaspiades, 1/4 de ♀ grogues, 1/4 de ♂ negres i 1/4 de ♂ grocs. De quin color eren els progenitors?

9.20. En l'encreuament entre femelles d'una línia pura de drosòfiles d'ulls vermells (tipus salvatge) i mascles d'una altra línia pura d'ulls de color sèpia, s'obtingué una F_1 uniforme de mosques d'ulls vermells i en la F_2 es van obtenir 304 femelles, totes d'ulls vermells, i 315 mascles, dels quals 161 d'ulls sèpia i 154 d'ulls vermells.

a) Quin tipus d'herència per als ulls de color sèpia es desprèn d'aquests resultats? Per què?

b) Escull una notació genètica adequada per representar aquests caràcters i escriu els genotips de tots els individus d'aquest encreuament (generació parental, F_1 i F_2).

c) Quins resultats obtindries de l'encreuament retrògrad entre els mascles d'ulls de color sèpia de la F_2 i les femelles de la F_1?

9.21. En la drosòfila, el caràcter «vestigial» (ales rudimentàries) és recessiu i està determinat per un gen autosòmic. El color blanc està determinat per un al·lel lligat al sexe, recessiu respecte del seu al·lel normal que determina els ulls vermells. Si s'encreua una femella homozigòtica d'ales normals i ulls blancs amb un mascle d'ales vestigials i ulls vermells, quin serà el fenotip de les mosques de la F_1? ¿I el de la descendència dels encreuaments entre les mosques de la F_1 amb cada progenitor respectiu?

9.22. *Ebony* i *white* són dos caràcters recessius en la drosòfila situats en cromosomes diferents. Quines F_1 i F_2 cal esperar de l'encreuament d'una femella homozigòtica *white* i *ebony* amb un mascle normal?

Entre els gats, habitualment només les femelles presenten un pelatge jaspiat.

RECORDA

A 25 °C les drosòfiles poden completar el seu cicle biològic, des de l'ou fins a la crisàlide, en 15 dies. En un petit flascó d'un vuitè de litre se'n poden criar alguns centenars amb unes farinetes de blat de moro, econòmiques i senzilles de preparar. Això ha fet de la *Drosophila melanogaster* un dels organismes més utilitzats per a l'estudi de la genètica mendeliana.

RECORDA

La determinació del sexe no és un mecanisme cromosòmic per a totes les espècies. En alguns organismes és més aviat el resultat de processos fisiològics. En alguns peixos d'aquari, com ara en els comuns *platis* i *molis*, és freqüent que els individus siguin primer femelles i, posteriorment, mascles.

9.23. El mutant recessiu *bobbed* de la drosòfila, que determina un fenotip amb pèls més curts i prims que els de les mosques normals, es troba situat a la regió del cromosoma X, homòloga amb el cromosoma Y (i, per tant, també és present en aquest últim). Quina descendència tindrà una mosca femella homozigòtica recessiva encreuada amb un mascle heterozigòtic que porta el mutant en el cromosoma X? I si el porta en el cromosoma Y?

5. Determinació del sexe

En la major part d'organismes superiors, la determinació del sexe és una qüestió genètica. Tal com hem estudiat, l'ésser humà, la drosòfila i la gran majoria d'animals vertebrats i invertebrats, tenen un parell de cromosomes, els **cromosomes sexuals**, iguals en les femelles (**XX**), i diferents en els mascles (**XY**). Així, mentre que les femelles produeixen per meiosi uns gàmetes que són tots portadors d'un cromosoma **X** (són el **sexe homogamètic**), els mascles produeixen dos tipus d'espermatozoides (**sexe heterogamètic**), els uns portadors d'un cromosoma **X**, que en fecundar l'òvul originaran individus del sexe femení, i els altres, d'un cromosoma **Y,** que en fecundar l'òvul originaran mascles.

L'herència del sexe.

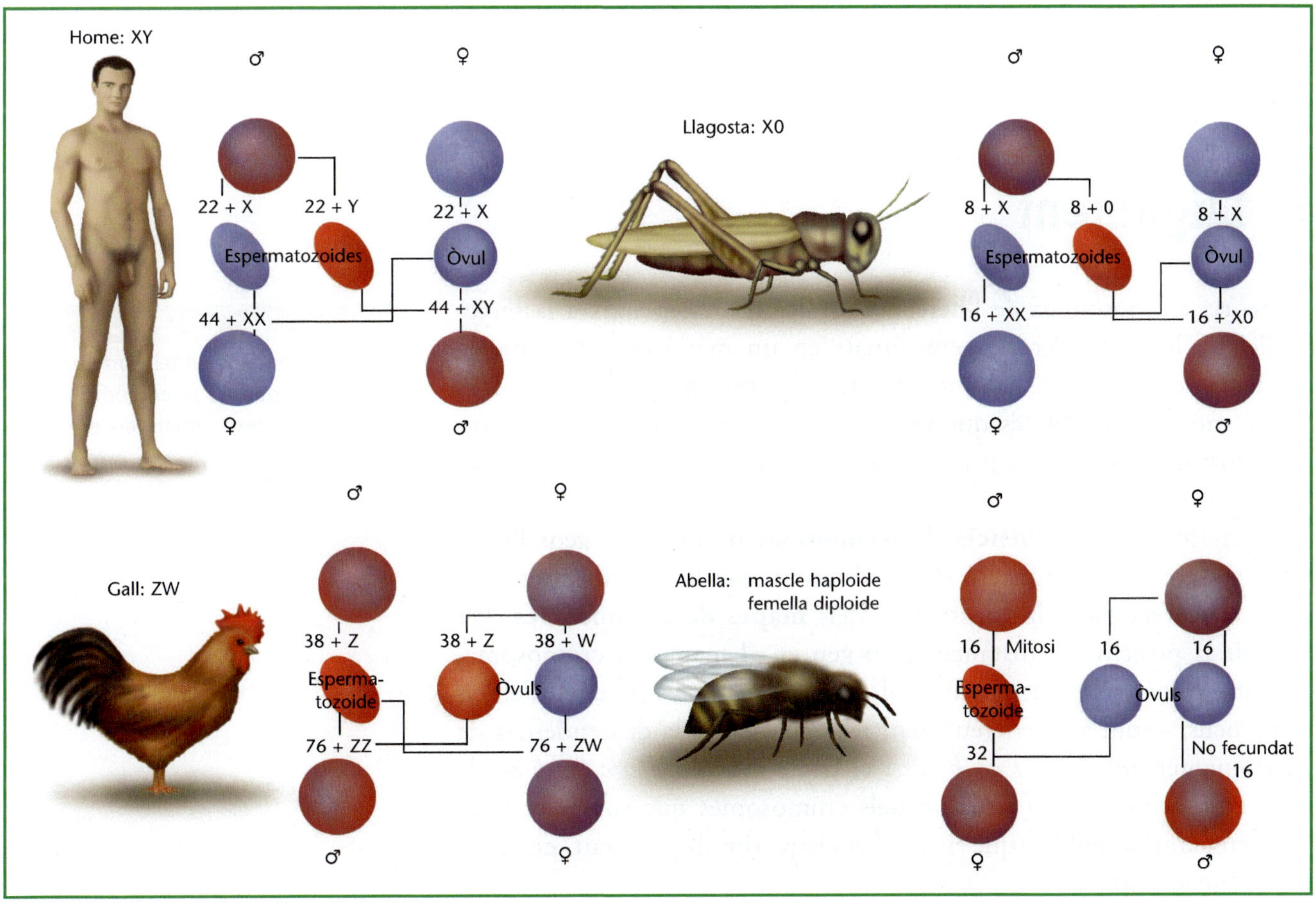

Hi ha organismes, com ara alguns vertebrats inferiors i els insectes ortòpters, que tenen un sistema cromosòmic de determinació del sexe que suposa una petita variant respecte a l'anterior: les femelles són **XX**, mentre que els mascles només tenen un cromosoma **X,** són **X0**.

Un tercer tipus, denominat **ZW**, propi de papallones i d'aus, és l'invers a l'estudiat en primer lloc: el sexe heterogamètic és el femení (**ZW**) i l'homogamètic, el masculí (**ZZ**). Cal assenyalar que, en aquests organismes, l'herència dels caràcters lligats al sexe segueix el mateix model, però invertit respecte als sexes (les femelles són, en aquest cas, les hemizigòtiques).

En les abelles, la determinació del sexe és diplohaploide.

Una determinació genètica del sexe que no es basa en un parell de cromosomes sexuals és la **diplohaploide**, pròpia de formigues i d'abelles. En aquest cas, els mascles són haploides –s'originen a partir d'òvuls no fecundats– i les femelles, diploides. La diferència entre la reina i les obreres, doncs, no és genètica, sinó conseqüència de l'alimentació.

Altres vegades la determinació del sexe és fisiològica o depèn de factors externs. En el cuc marí bonèl·lia, els individus que viuen lliures des que són larves es converteixen en femelles, mentre que els que són capturats per femelles adultes esdevenen, adherits a la pell d'aquestes i per efecte d'hormones masculinitzadores, mascles pigmeus.

6. Lligament

La teoria cromosòmica de l'herència explica les excepcions a la tercera llei de Mendel. Per als gens situats en un mateix cromosoma, la tendència és heretar-los conjuntament. Com més propers són els seus locus, més improbable és que hi hagi recombinació entre ells durant la meiosi i, per tant, més probable és que passin junts a la descendència.

RECORDA

La tercera llei de Mendel no té validesa universal, ja que no té en compte el lligament dels gens situats en el mateix cromosoma.

Precisament, la **freqüència de recombinació** entre dos gens lligats s'utilitza com una estimació de la distància que hi ha entre els seus locus, i serveix per a la construcció dels **mapes de cromosomes**. Per establir la posició i la distància d'un gen en el mapa del cromosoma, s'utilitzen encreuaments en els quals se segreguen tres parelles d'al·lels (tres locus) –com ara l'encreuament retrògrad entre la descendència de l'encreuament $a^{+}\ b^{+}\ c^{+}\ /\ a^{+}\ b^{+}\ c^{+}$ i el triple recessiu $a\ b\ c\ /\ a\ b\ c$–, la qual cosa fa possible la detecció dels cromosomes que són fruit d'un entrecreuament doble (que han participat simultàniament en dues recombinacions).

7. L'expressió dels gens

Drosophila melanogaster ♀ *amb ales.*

Genotip	Fenotip
IC	Blanc
Icc	Blanc
iiC	Acolorit
iicc	Blanc

Fins aquí hem considerat, gairebé a la manera de Mendel, els gens com a regidors individuals de caràcters alternatius. Tanmateix, al llarg de la història de la genètica s'ha descobert un intricat ventall d'interaccions i efectes diversos. Algunes situacions genètiques particulars són definides mitjançant els termes següents:

a) **Penetració**, que és la freqüència amb què es manifesta un gen determinat (en combinació homozigòtica si és recessiu) en el fenotip dels seus portadors.

b) **Expressivitat**, que és el grau d'expressió fenotípica d'un gen penetrant. A diferència del gen per al color groc dels pèsols, o altres gens mendelians que tenen una penetració i una expressivitat del 100 %, el gen dominant per a la corea de Huntington en l'ésser humà –una malaltia nerviosa degenerativa– té una penetració incompleta (alguns portadors no la manifesten mai) i una expressivitat variable (el grau de malaltia varia d'uns individus als altres).

c) **Pleotropia**, que és l'efecte pel qual un sol gen (mutant) afecta dos o més aspectes del fenotip d'un organisme, que poden semblar no relacionats. Així, les drosòfiles homozigòtiques recessives pel gen «vestigial» tenen les ales vestigials, i els balancins i els pèls dorsals modificats, i són, a més, deficients en longevitat i fertilitat. Moltes malalties humanes (fenilcetonúria, hemoglobina falciforme, etc.), degudes a petits canvis moleculars hereditaris, són pleotròpiques.

d) **Gens duplicats**, que són els que acumulen els seus efectes sobre un sol caràcter fenotípic sense ser al·lels d'un mateix locus. Els seus efectes poden ser additius, amb dominància o sense, o respondre a una situació d'epístasi.

e) **Epístasi**, que és la interacció de dos gens no al·lèlics en què un gen (epistàtic) interfereix en l'expressió fenotípica de l'altre gen (hipostàtic) i pot arribar a inhibir-la. En les gallines, per exemple, la presència del gen *I* és epistàtica sobre el gen del color del locus *C*. Les gallines de raça Leghorn tenen el genotip *IICC* i són blanques perquè tenen el gen *I*. En canvi, les de raça Wyandotte (que són *iicc*) també són blanques perquè no tenen el gen *I* i són homozigòtiques recessives pel gen del color (*C*). En canvi, quan s'encreuen les dues races, els fenotips *iiC* són acolorits.

f) **Caràcters mètrics o quantitatius**, que són aquells trets fenotípics, com ara l'estatura o el color de la pell, que presenten una variació contínua entre els individus que és representable gràficament (distribució normal o histograma de freqüències). La seva herència és multifactorial, ja que està regida per factors múltiples o poligens. La influència de l'ambient fa que la variació sigui gairebé contínua en molts dels caràcters mètrics.

ACTIVITATS

9.24. Si destruïm els ovaris d'una gallina o bé es destrueixen sols a causa d'una malaltia, a vegades al seu lloc s'hi desenvolupen testicles. Tot i així, la constitució cromosòmica de la gallina roman invariable. Si encreuem aquesta gallina amb una gallina normal, quina proporció de mascles i de femelles hi haurà entre els seus descendents? I quines proporcions fenotípiques tindran aquests descendents per a un caràcter recessiu lligat al sexe?

9.25. Els caràcters lligats al sexe, ¿es manifesten sempre amb més freqüència en els mascles que en les femelles? Per què?

9.26. Dos gens situats en el mateix cromosoma, ¿poden segregar-se i passar a la descendència amb total independència?

9.27. Quines F_1 i F_2 cal esperar de l'encreuament entre les races de gallines Leghorn i Wyandotte?

9.28. Si a la drosòfila li falten els seus corresponents al·lels de tipus salvatge (que determinen ulls vermells), l'al·lel autosòmic recessiu *bw*, que determina els ulls de color marró (*brown*), interacciona amb l'al·lel recessiu lligat al sexe *v*, que determina un fenotip d'ulls de color vermellós brillant, i origina mosques amb ulls blancs. Quins genotips i quins fenotips (respecte del color dels ulls) podríem esperar en la descendència que resultaria d'un encreuament entre una femella d'ulls blancs de genotip $bw,bw/v,v$ amb un mascle d'ulls marrons de genotip $bw,bw/v^{+},Y$?

9.29. Una espècie comuna de papallona (*Colias crocea*) té les ales de color groc, però un gen que només s'expressa en les femelles determina ales de color verd. Es tracta, doncs, d'un caràcter d'expressió limitada a un sexe; és a dir, hi pot haver femelles grogues i verdes, però tots els mascles són grocs. En un experiment, es van encreuar una ♀ d'ales verdes amb un ♀ d'ales grogues, tots dos de línies pures, i es van obtenir només papallones d'ales grogues.

Observa les fotografies de la columna de la dreta i contesta a les preguntes següents:

a) El caràcter «ales verdes», és dominant o recessiu? Per què?

b) Escriu els genotips de tots els individus en el cas que es tractés d'un gen autosòmic. En cas que hi hagi diferències entre mascles i femelles, de quin tipus serien?

c) Escriu els genotips de tots els individus en el cas que es tractés d'un gen lligat al sexe. En cas que hi hagi diferències entre mascles i femelles, de quin tipus seran?

9.30. En el bestiar boví, el caràcter presència de banyes és determinat per un gen autosòmic recessiu (*p*), mentre que l'al·lel dominant (*P*) determina l'absència de banyes.

Un toro sense banyes s'encreua amb tres vaques. De l'encreuament amb la vaca A, la qual té banyes, s'obté un vedell amb banyes; de l'encreuament amb la vaca B, la qual no té banyes, s'obté un vedell amb banyes; de l'encreuament amb la vaca C, la qual té banyes, s'obté un vedell sense banyes.

a) Quin és el genotip del toro i de les tres vaques? Justifica la resposta.

b) Quines proporcions fenotípiques esperaries obtenir de l'encreuament del toro amb la vaca A?

c) Quines proporcions fenotípiques esperaries obtenir de l'encreuament del toro amb la vaca B?

9.31. Llegeix la següent biografia de Gregor Johann Mendel (Heinzendorf, Àustria 1822 – Brno, Txèquia 1884), i contesta a les preguntes que hi ha a continuació:

Mendel entrà en l'orde dels agustinians i el 1847 s'ordenà sacerdot. Fou professor de ciències a la Reial Escola de Brno, després d'haver suspès tres vegades els exàmens que li haurien permès d'ensenyar en centres més avançats. Durant vuit anys, a partir del 1857, cultivà pèsols en el jardí del convent.

[...] Amb els seus experiments va poder demostrar que quan es mesclaven dues característiques, aquestes no es fonien, sinó que conservaven la seva identitat, combinant-se segons regles fixes i simples.

[...] Això demostrava que la selecció natural podia treballar lentament, però eficaçment, en la variació natural. Mendel ho pogué assenyalar perquè havia llegit L'origen de les espècies de Darwin, *però quan va escriure els seus experiments mai no esmentà Darwin.*

Mendel escriví amb cura el resultat dels seus experiments, però, com a aficionat desconegut que era, es pensà que seria més prudent obtenir el padrinatge d'algun botànic d'anomenada [...] i envià el seu escrit a Nägeli, un dels botànics més prestigiosos de l'època; [...] aquest fullejà l'escrit, trobà que no tenia cap valor i l'hi retornà amb uns comentaris breus i freds que realment desanimaren Mendel.

[...] Eren temps molt difícils; els prussians, guiats per Otto von Bismarck, esdevenien hegemònics a Europa: l'any 1866 Àustria fou vençuda [...] i les tropes prussianes ocuparen Brno. Malgrat això, Mendel publicà aquell mateix any el seu treball (seguit d'un altre el 1869) a les Memòries d'Història Natural *de Brno. A partir de llavors ja no es dedicà més a la investigació científica per diversos motius: en primer lloc per la freda acollida de Nägeli [...], en segon lloc perquè fou nomenat superior del monestir i això li deixava poc temps lliure [...] i en tercer lloc perquè s'engreixà notablement i li era difícil ajupir-se contínuament tal com demana el cultiu dels pèsols.*

[...] El treball de Mendel va romandre desconegut. Poques persones fullejaren aquell periòdic [...] i les que ho feren [...] el passaren per alt. Així, Darwin morí el 1882 sense saber que el punt dèbil de la seva teoria s'havia solucionat. Mendel, al seu torn, morí l'any 1884. L'any 1900, De Vries trobà l'escrit de Mendel i per fi es van divulgar, una generació després del seu descobriment, el que ara s'anomenen les «lleis de l'herència de Mendel».

Isaac Asimov, Enciclopèdia Biogràfica de Ciència i Tecnologia

a) A què atribueixes l'èxit de Mendel en el descobriment de les lleis de l'herència, un tema que molts altres havien intentat aclarir sense reeixir-hi?

b) Sense repetir l'enunciat de les seves lleis, fes un breu resum dels descobriments de Mendel.

c) Un cop publicats els resultats a les *Memòries d'Història Natural* de Brno, quin va ser el futur dels descobriments de Mendel?

d) Intenta explicar per què els contemporanis de Mendel no valoraren l'aportació que aquest va fer.

e) ¿Hi ha alguna relació entre Mendel i la teoria de l'evolució?

Carabasses.

9.32. Mendel descobrí que el color groc de la beina del pèsol (no el de la llavor) és un caràcter hereditari recessiu, mentre que el color verd és en aquest cas dominant. Si anomenem *g* el gen recessiu (beina groga) i *G* el gen dominant (beina verda), digues quins seran els genotips i els fenotips i les proporcions dels encreuaments següents:

a) *GG* × *gg*; b) *GG* × *Gg*; c) *Gg* × *Gg*; d) *Gg* × *gg*.

9.33. En les carabasses, el fruit de color blanc (*W*) és dominant sobre el de color groc (*w*), i el fruit en forma de disc (*D*) és dominant sobre el de forma esfèrica (*d*). En la taula de peu de pàgina, s'indica el fenotip dels pares i dels descendents d'alguns encreuaments. Si els dos gens són independents, quin serà, en cada cas, el genotip dels pares?

9.34. En una espècie de mosca de la fruita, es coneixen set al·lels diferents del gen que codifica l'enzim fosfatasa àcida. Quants genotips diferents són possibles per a aquest gen? Escriu-los, tot usant una notació adequada.

9.35. La forma de les fulles d'una tomaquera pot ser retallada o entera i, respecte de l'alçària, les plantes poden ser nanes o normals. Cadascun d'aquests caràcters està controlat per un gen amb dos al·lels. Aquests gens són independents. En un encreuament experimental es van obtenir els resultats següents:

F_0: fulla retallada, alçària normal × fulla entera, planta nana.

F_1: totes les plantes amb fulles retallades i alçària normal.

F_2: 920 plantes amb fulles retallades, alçària normal;
291 plantes amb fulles enteres, alçària normal;
299 plantes amb fulles retallades, nanes;
101 plantes amb fulles enteres, nanes.

Fixa't bé en aquests resultats i contesta a les preguntes següents:

a) Quins són els caràcters dominants? Per què?

b) Pensa una notació adequada per representar aquests gens i escriu tots els genotips possibles per als fenotips següents: fulla retallada, fulla entera, alçària normal i planta nana.

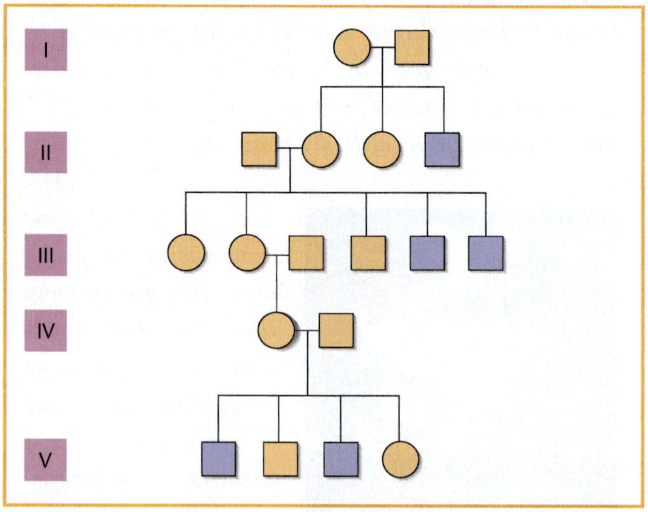

Fenotip dels pares	Fenotip dels descendents
a) Blanc, disc × groc, esfèric	1/2 blanc, disc; 1/2 blanc, esfèric
b) Blanc, esfèric × blanc, esfèric	3/4 blanc, esfèric; 1/4 groc, esfèric
c) Groc, disc × blanc, esfèric	Tots blanc, disc
d) Blanc, disc × groc, esfèric	1/4 blanc, disc; 1/4 blanc, esfèric; 1/4 groc, disc; 1/4 groc, esfèric
e) Blanc, disc × blanc, esfèric	3/8 blanc, disc; 3/8 blanc, esfèric; 1/8 groc, disc; 1/8 groc, esfèric

c) Escriu els genotips de tots els individus de l'encreuament de l'experiment.

d) Quins tipus de gàmetes formaran els individus de la F_1? En quines proporcions?

Tomaquera.

9.36. Els individus representats pels quadrats blaus d'aquest arbre genealògic estan afectats per una anomalia genètica que no afecta la resta d'individus. Suposant que cap dels individus de fora de la família (II-1, III-3 i IV-2) no és portador del gen per a l'anomalia, resol les qüestions següents:

a) Demostra que aquest gen no pot ser dominant.

b) Demostra que aquest gen no pot ser autosòmic.

c) Si es tractés d'un gen recessiu lligat al sexe, quins serien els genotips de tots els individus?

d) Quina és la probabilitat que un nou fill de IV-1 i IV-2 sigui un ♂ afectat o una ♀ portadora?

9.37. Dibuixa les plaques metafàsiques de la primera i la segona divisió meiòtica d'un organisme amb dos parells de cromosomes homòlegs, l'un metacèntric i l'altre telocèntric.

9.38. Contesta a les preguntes següents:

a) Si llances enlaire dues vegades una moneda, quina és la probabilitat d'obtenir dues vegades cara?

b) Quina és la probabilitat d'obtenir una vegada cara i una vegada creu si també la llances enlaire dues vegades?

c) Quina és la probabilitat d'obtenir quatre vegades cara i sis vegades creu si la llances deu vegades?

d) Quina és la probabilitat que una parella de ratolins negres, però heterozigòtics ambdós pel gen de l'albinisme (recessiu), tinguin un fill albí?

e) Quina és la probabilitat que la parella de ratolins anterior tingui una ventrada de set ratolins constituïda per quatre ratolins negres i tres d'albins?

9.39. El genetista murcià José Fernández Nonídez va publicar, l'any 1921, el primer manual de genètica en castellà: *La herencia mendeliana*. Després d'haver llegit el fragment que hi ha a continuació, extret del llibre citat, digues quines són les dues idees centrals del text i posa'n alguns exemples.

> *L'estudi sistemàtic dels cromosomes sexuals ha proporcionat una base ferma per a la interpretació del procés de determinació del sexe, un dels problemes biològics objecte de més controvèrsies i que ja havien intentat explicar els filòsofs més famosos de l'antiguitat. Al mateix temps, ha permès d'interpretar correctament els resultats d'alguns encreuaments, en els quals el sexe de l'individu és un factor important en la distribució dels caràcters en la descendència. Aquesta modalitat de transmissió hereditària es coneix amb el nom d'herència lligada al sexe.*
>
> JOSÉ FERNÁNDEZ NONÍDEZ, L'herència mendeliana

9.40. Quants gàmetes diferents pot formar un individu diploide de genotip *AABbCc*?

9.41. Si una planta heterozigòtica respecte a dos gens independents (*AaBb*) s'autofecunda:

a) En quines proporcions trobaràs els genotips *AaBb*, *AAbb* i *AABb* en la descendència?

b) I el fenotip *A-B-*?

9.42. Digues si el caràcter manifestat pels tres individus de l'arbre genealògic de més avall podria explicar-se d'acord amb els punts següents:

1) un gen dominant i lligat al sexe;
2) un gen recessiu i lligat al sexe;
3) un gen holàndric;
4) un gen autosòmic dominant;
5) un gen autosòmic recessiu.

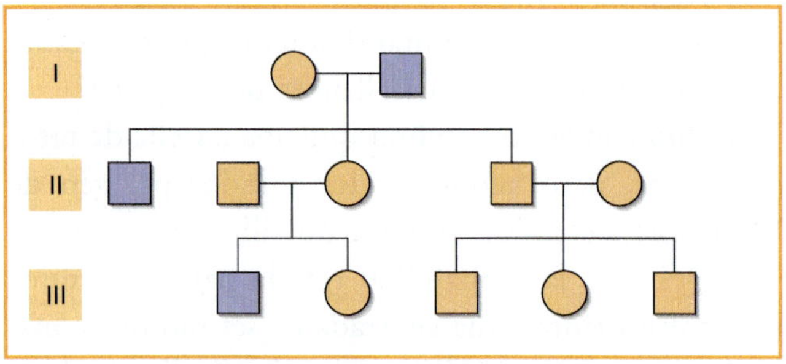

9.43. Com ja saps, el caràcter ulls blancs de la drosòfila està determinat per un gen recessiu lligat al sexe (w).

L'al·lel de tipus salvatge (w^+) determina, per contra, ulls vermells. Suposant que s'encreua una femella d'ulls blancs amb un mascle d'ulls vermells i s'obtenen 88 descendents, respon a les preguntes següents:

a) Quants d'aquests exemplars esperes que siguin mascles i quants femelles? Per què?

b) Dels mascles descendents, quants n'esperes que tinguin els ulls blancs? Per què?

c) Si s'aparella una femella descendent de l'encreuament anterior amb un mascle d'ulls blancs i s'obtenen 104 descendents, quants d'aquests esperes que siguin mascles d'ulls blancs? Per què?

Cultiu de **Drosophila melanogaster.**

1. Llegeix el text de Mendel, que pertany a la seva publicació de l'any 1865 *Experiments d'hibridació en plantes*, i respon a les preguntes que hi ha a continuació:

> *En cada un dels 7 encreuaments, el caràcter dels híbrids s'assembla tant a una de les formes paternes que l'altre no s'observa [...]. Els caràcters que es transmeten complets en la hibridació i formen, per tant, els caràcters de l'híbrid s'anomenen dominants i els que queden latents en el procés s'anomenen recessius, [...] perquè encara que els caràcters així designats es retiren o desapareixen completament en els híbrids, reapareixen sense canviar en la seva descendència, com es demostrarà més endavant.*

a) Quins són els 7 encreuaments de què parla Mendel? Amb quins organismes va experimentar?

b) En un altre paràgraf d'aquella obra, diu que en l'encreuament experimental el risc d'una falsa fecundació per pol·len estrany és molt petit, ja que entre més de 10 000 plantes que van ser examinades, només se'n van trobar uns quants casos. Quin procés seguia Mendel, per fer la hibridació?

c) ¿Existeix alguna altra possible relació entre al·lels, a més de la relació de dominància-recessivitat descrita en aquest text? Raona la resposta.

d) De quina manera Mendel va demostrar que els caràcters recessius no desapareixen?

2. En el tomàquet, el fruit de color vermell és dominant sobre el de color groc. Suposa que una planta homozigòtica de fruits vermells s'encreua amb una de fruits grocs i contesta a les preguntes següents:

a) Els fenotips de les plantes de la F_1 i de la F_2.

b) Les proporcions fenotípiques de la descendència d'un encreuament entre plantes de la F_1 i el progenitor de fruits vermells.

c) Les proporcions fenotípiques de la descendència d'un encreuament entre plantes de la F_1 i el progenitor de fruits grocs.

3. En el conillet d'Índies, hi ha una sèrie d'al·lels múltiples (4 al·lels, tot simplificant una mica les coses) que determinen el color del pelatge. Les combinacions homozigòtiques d'aquests al·lels determinen els fenotips següents:

CC = negre, c^kc^k = sèpia, c^dc^d = crema, c^ac^a = albí

Aquests al·lels (autosòmics) presenten les relacions de dominància següents (el símbol > vol dir que l'al·lel de l'esquerra és dominant sobre el de la dreta):

$C > c^k > c^d > c^a$

a) Quants genotips diferents hi haurà en relació amb el locus que determina el color del pèl? Escriu-los.

b) Digues els genotips més probables dels diferents individus d'aquests encreuaments entre conillets d'Índies que es diferencien pel color del pèl:

	Negre	Sèpia	Crema	Albí
Negre × negre	22	0	0	7
Negre × albí	10	9	0	0
Crema × crema	0	0	24	11
Sèpia × crema	0	24	11	12
Negre × albí	13	0	12	0
Negre × crema	19	20	0	0
Negre × sèpia	18	20	0	0
Sèpia × sèpia	0	26	9	0

c) Escriu els genotips de tots els individus de la F_1 i la F_2 d'un encreuament entre un mascle negre de genotip Cc^a i una femella sèpia de genotip c^kc^a.

4. El tret distintiu del goril·la Floquet de Neu era l'albinisme, un caràcter hereditari determinat per un al·lel mutant recessiu. Per tal d'obtenir descendents albins, Floquet de Neu fou aparellat amb tres femelles normals (homozigòtiques) i amb algunes filles d'aquests encreuaments. En tots els casos, tingué fills mascles i femelles, però tots de color normal. Tenint present això, contesta a les preguntes següents:

a) Quina era la probabilitat que Floquet de Neu, aparellant-se amb les femelles normals, tingués un descendent albí? Per què?

b) Quina era la probabilitat que Floquet de Neu tingués un descendent albí si s'aparellava amb una filla resultant dels encreuaments amb les femelles normals? Per què?

c) Escriu els genotips de tots els individus implicats en les dues preguntes anteriors.

d) Explica, fent servir l'exemple de Floquet de Neu, les dues primeres lleis de Mendel.

e) Explica quin de tots els encreuaments possibles ofereix una probabilitat més gran d'obtenir descendència albina.

5. Observa l'arbre genealògic de sota i contesta a les preguntes següents:

a) Suposant que el caràcter indicat està determinat per un únic gen amb dos al·lels, ¿es pot excloure fàcilment que es tracti d'un gen lligat al cromosoma Y? Per què? Quins altres tipus d'herència es poden excloure? Per què?

b) Quins altres mecanismes genètics són, en canvi, possibles? Quin és el més probable? Per què?

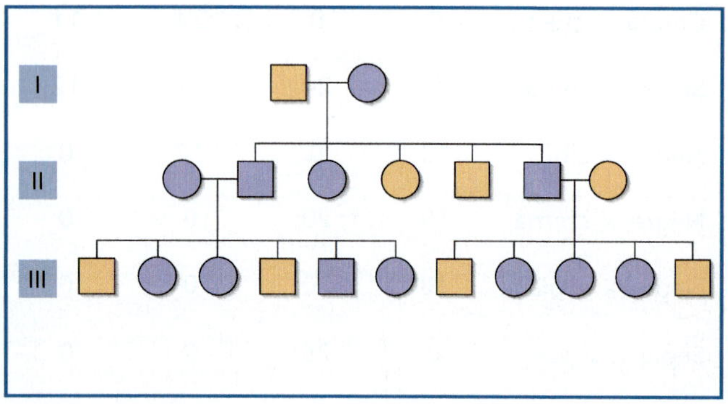

6. Destria quina és la resposta correcta per completar la frase següent:

Els cromosomes homòlegs...

a) ...s'aparellen durant la meiosi.
b) ...s'aparellen durant la mitosi.
c) ...s'aparellen durant la mitosi i la meiosi.
d) ...no s'aparellen mai.

7. Digues quin dels processos següents no pot esdevenir-se durant la primera profase de la meiosi:

a) La condensació dels cromosomes.
b) L'aparellament dels cromosomes homòlegs.
c) La formació dels quiasmes.
d) La segregació.

8. Copia les frases següents i escriu al costat de cada una si és certa o falsa:

a) Tots els cromosomes de la cèl·lula d'un organisme són morfològicament idèntics.

b) Durant la primera profase de la meiosi, qualsevol cromosoma es pot aparellar amb qualsevol altre del nucli cel·lular.

c) Les cèl·lules resultants de la meiosi tenen només la meitat dels cromosomes que les cèl·lules que l'han començada.

9. Digues si en una espècie diploide pot tenir lloc el següent:

a) La meiosi.
b) La mitosi.
c) La formació de quiasmes i la recombinació genètica.
d) La determinació genètica del sexe.

10. Destria quines són les respostes correctes per completar la frase següent:

Un gen situat en el cromosoma X pot...

a) ...ser autosòmic.
b) ...ser dominant.
c) ...ser holàndric.
d) ...presentar al·lelomorfisme múltiple.

Estudi experimental de les lleis de Mendel amb *Drosophila melanogaster*

Objectiu

a) Comprovació de les lleis de l'herència per mitjà d'encreuaments experimentals.

Material

Agar-agar, alcohol etílic, embut, estufa de cultiu, farina de blat de moro, flascons de cultiu, llevat fresc, lupa binocular, nipagin (o un altre fungicida equivalent), paper, paper de filtre, pinzells del 0, soques diverses de *Drosophila melanogaster*, taps de cotó o de matèria plàstica, tisores.

Morfologia de la **Drosophila melanogaster.**

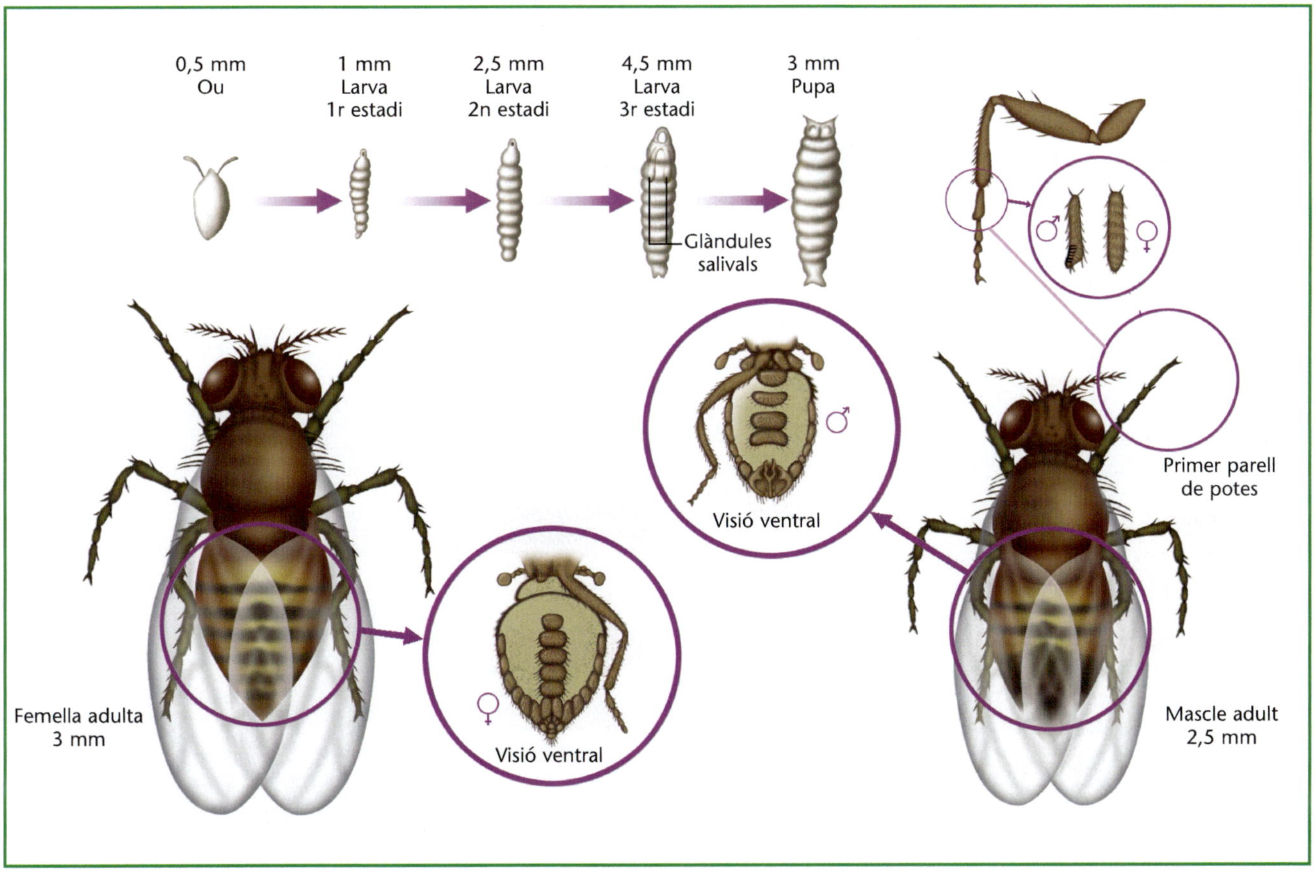

Cria i cultiu

La mosca del vinagre (*Drosophila melanogaster*) és un insecte dípter utilitzat –juntament amb algunes altres espècies del mateix gènere– en els laboratoris d'investigació i en les aules escolars per a l'estudi de la genètica. Els seus cromosomes ($2n = 8$) han estat mapats amb precisió, ja que es coneixen milers de mutants en aquesta espècie, i tots els aspectes de la biologia d'aquests organismes són dels més ben estudiats.

Femella de drosòfila en el moment de la posta.

Cicle biològic

La drosòfila, com tots els dípters, té un desenvolupament indirecte mitjançant una metamorfosi completa: de l'ou surt una larva que després d'haver sofert dues mudes (hi ha, doncs, tres fases o estadis larvaris) es transforma en una fase quiescent, la crisàlide, en el curs de la qual tenen lloc les profundes transformacions que porten a l'imago o insecte adult. Tot aquest cicle biològic és molt ràpid i la duració total depèn de la temperatura de cultiu: 10 dies a 25 °C i 15 dies a

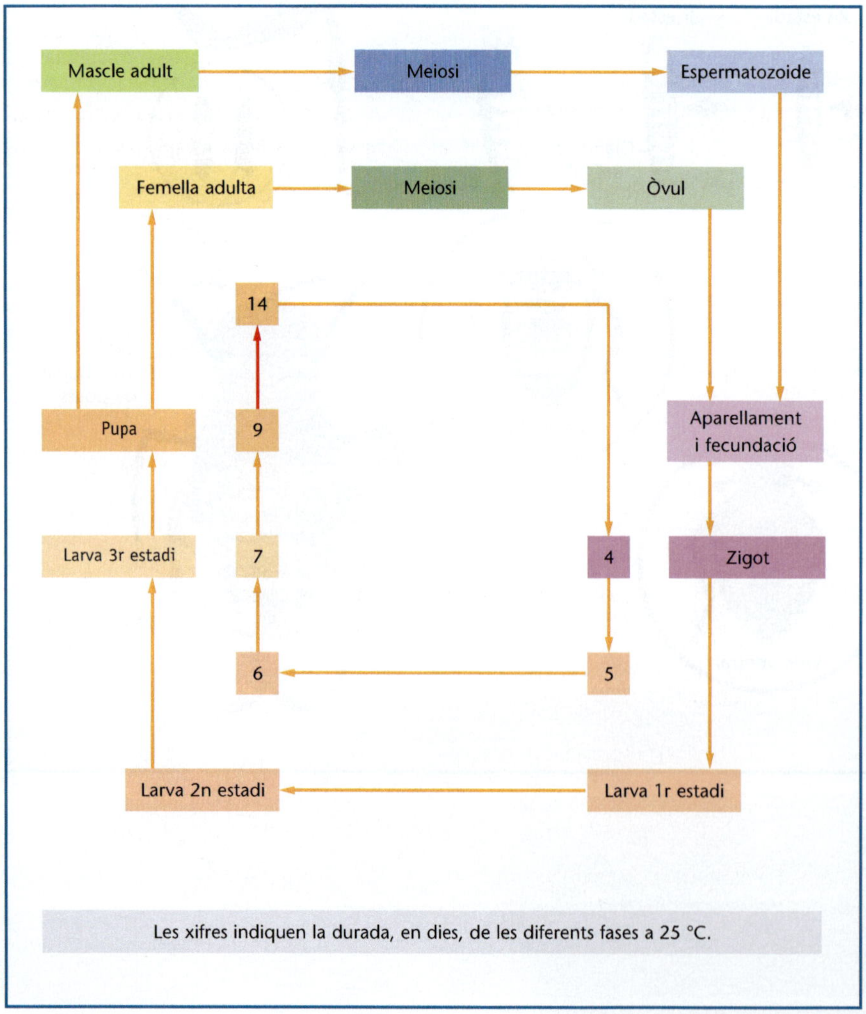

Esquema del cicle biològic de la **Drosophila melanogaster.**

Exemplar yellow *de drosòfila.*

17 °C. A les sis hores de néixer, mascles i femelles s'aparellen, i aquestes ja ponen ous abans no passen 24 hores (cada femella en pon uns quants centenars en qüestió de dies).

Cultiu

Al laboratori, les drosòfiles es cultiven en flascons de vidre a l'interior dels quals es posa un medi alimentari que consisteix en farina de blat de moro i agar-agar, segons la recepta següent (per preparar uns 40 flascons d'1/8 de litre, en els quals es posa un parell de dits de farinetes):

a) 18 g d'agar-agar i 3 cullerades soperes de sucre en 1200 cm^3 d'aigua posats al foc, a ebullició, evitant que s'hi formin grumolls.

b) Quan bull, s'hi afegeixen 260 g de farina de blat de moro en 600 cm^3 d'aigua i es deixa coure, remenant, durant uns deu minuts.

c) Es retira del foc i s'hi afegeixen 3 g de nipagin (un fungicida, per evitar floridures) en 33 cm^3 d'alcohol. Es remena i es posa en els flascons abans no qualli (és útil fer servir un embut fet amb la part superior d'una ampolla de plàstic retallada).

Un cop solidificades les farinetes a l'interior dels flascons, s'eixuguen, si cal, les parets interiors amb una mica de paper de filtre i s'empolsina la superfície del menjar amb una mica (una punta de cullereta) de llevat fresc picat ben menut. Finalment, es deixa caure damunt la pasta una tira de paper plegada en acordió (perquè les larves a punt de metamorfosar-se en pupa trobin un lloc sec on fer-ho).

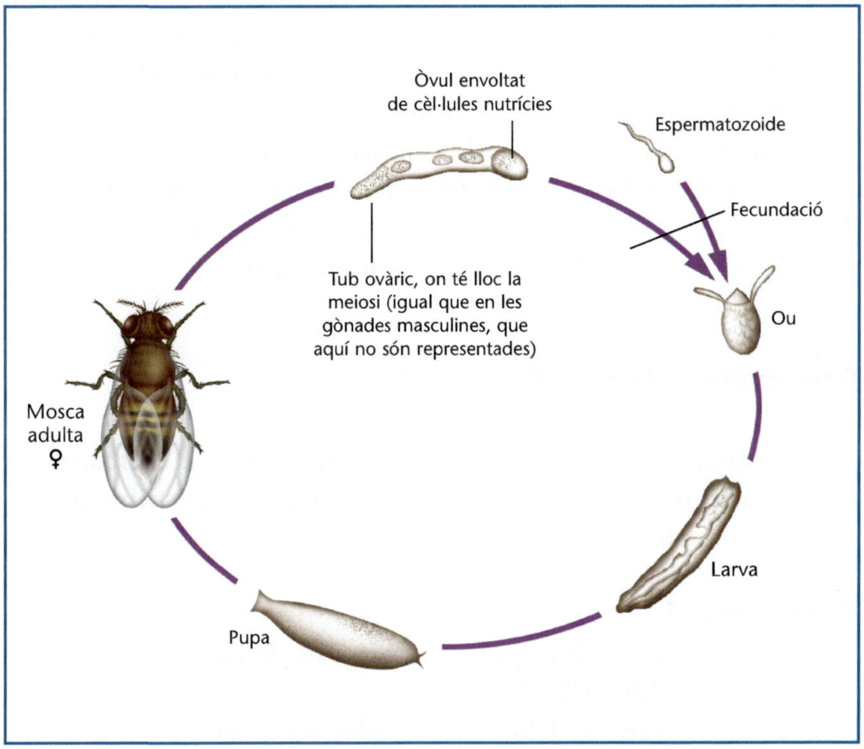

Il·lustració del cicle biològic de la Drosophila melanogaster.

Identificació dels sexes

Femella de **Drosophila melanogaster.**

Mascles i femelles adults es distingeixen fàcilment per l'extrem de l'abdomen, més arrodonit, petit i fosc (per la cara dorsal) en el mascle i més gran, amb anells foscos que alternen amb bandes clares, en la femella. A més, els mascles porten les denominades pintes sexuals de color negre, al primer artell del tars del primer parell de potes, que, a la lupa, destaquen clarament. En les pupes ja ben formades, aquestes pintes es transparenten i, per tant, ja és possible la identificació dels sexes en la fase de crisàlide.

Encreuaments experimentals

La facilitat en la cria i la manipulació de la *Drosophila melanogaster* la fa molt útil per a l'aprenentatge de la genètica. Per seleccionar els individus, com també per procedir al comptatge de les progènies, s'adormen les mosques introduint-les en un flascó de vidre amb un cotonet xop d'èter etílic (alerta, però, perquè una sobredosi els és letal).

A l'hora de procedir als encreuaments, cal cerciorar-se que les **femelles** siguin **verges**, ja que s'aparellen poques hores després de néixer. Per aquest motiu, cal buscar-les durant les primeres hores d'emergència d'una generació, ben despigmentades o fins i tot amb les ales encara sense estirar, símptomes inequívocs d'extrema jovenesa. Un cop triades, es posen dos o tres mascles i dues o tres femelles en un flascó amb medi de cultiu fresc. Cal dipositar els exemplars encara adormits en una paperineta, perquè si cauen sobre les farinetes del fons s'hi enganxen i no se'n poden deslliurar. Passats uns dies, i quan l'activitat de les larves dins les farinetes denota l'eficàcia reproductora dels progenitors, cal retirar aquests últims perquè, altrament, en emergir les mosques de la nova generació, s'hi confondrien.

Per preparar la F_2 cal posar dos o tres mascles i dues o tres femelles (en aquest cas, no cal que siguin verges) en un nou flascó de cultiu i repetir les mateixes operacions indicades abans.

Descripció dels principals mutants

Vegem a continuació algunes de les soques mutants i els encreuaments més adequats per a l'aprenentatge de la genètica. (Entre parèntesis figura la localització cromosòmica.)

Cromosoma 1

yellow (y) (I, 0,1). Cos, quetes i venes alars de color groc.
white (w) (I, 1,5). Ulls de color blanc.
white apricot (w^a) (I, 1,5). Ulls de color ataronjat.

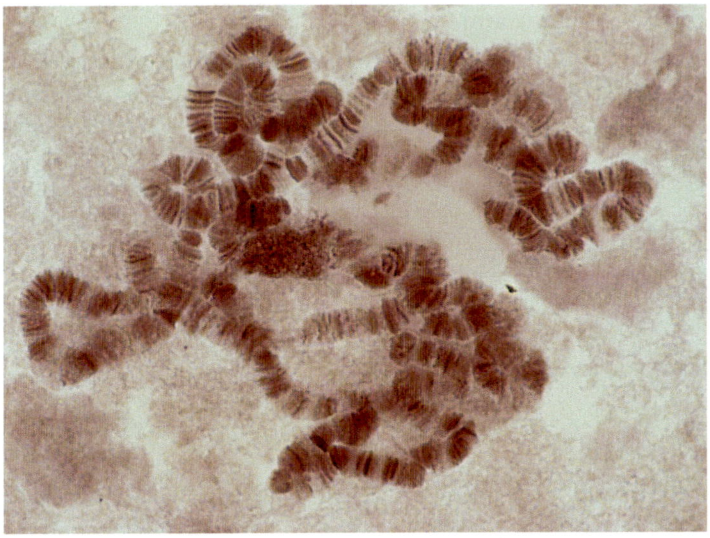

Fotografia al microscopi òptic de cromosomes gegants de **Drosophila melanogaster** *(1 000x).*

crossveinless (cv) (I, 13,7). Venes transversals, anteriors i posteriors, molt reduïdes o absents.

carmine (cm) (I, 18,9). Ulls de color vermell –carmí– fosc i translúcid. En combinació amb *bw*, lleugerament més clar que *bw* sol.

cut (ct) (I, 20,0). Ales acabades en punta i retallades. Ulls lleugerament més petits i en forma de ronyó.

lozenge (lz) (I, 27,7). Ulls estrets, amb àrees més fosques i facetes fusionades. Les pintes tarsals estan reduïdes i part de les femelles són estèrils.

vermilion (v) (I, 33,0). Ulls de color vermell.

miniature (m) (I, 36,1). Ales petites que no passen de l'extrem de l'abdomen, amb superfície grisosa, més opaca que no pas en el fenotip normal.

forked (f) (I, 56,7). Quetes curtes, escapçades, bifurcades o deformades.

Cromosoma 2

black (b) (II, 48,5). Cos, tarsos i venes alars de color fosc, quasi negre.

cinnabar (cn) (II, 57,5). Ulls d'un color vermell més viu que no pas el fenotip normal. Interacciona amb *bw.*

vestigial (vg) (II, 67,0). Ales i balancins molt reduïts. La viabilitat és només d'un 60-70% de la de les soques normals.

brown (bw) (II, 104,5). Ulls de color més fosc, de color de vi en les mosques més joves i púrpura en les de més edat. En combinació amb *cinnabar (cn)* i *vermilion (v)* interacciona i produeix un fenotip d'ulls blancs.

Cromosoma 3

sepia (se) (III, 26,0). Ulls de color sèpia.

Stubble (Sb) (III, 58,2). Letal en combinació homozigòtica. El fenotip de l'heterozigot presenta quetes reduïdes (de la meitat de la seva llargada). Aquesta alteració cromosòmica està associada a una inversió i sovint es combina amb una altra inversió, portadora d'un altre letal (*v. Ubx*) del mateix cromosoma, de manera que la soca es manté sempre heterozigòtica (els homozigots no són viables).

Ultrabithorax (Ubx) (III, 58,8). Letal en combinació homozigòtica. El fenotip es caracteritza per la grandària (gairebé doble) dels halteris i la presència característica d'un o més pèls a la superfície del segment apical de l'halteri. Aquesta alteració cromosòmica està associada a una inversió i sovint es combina amb una altra inversió portadora d'un altre letal (*v. Sb*) del mateix cromosoma, de manera que la soca es manté sempre heterozigòtica (els homozigots no són viables).

RECORDA

Els mascles i les femelles de drosòfila s'aparellen molt poques hores després d'haver emergit de la crisàlide. Per tant, cal estar segurs d'escollir individus no aparellats si es vol procedir a un determinat encreuament experimental. Cal triar femelles no fecundades, verges. La despigmentació o les ales encara no desplegades són algunes de les proves que en palesen la jovenesa, i que per tant seran útils a l'hora de triar els individus per a l'experiment.

ebony (e) (III, 70,7). Cos fosc, progressivament més pigmentat amb l'edat de la mosca.

rough (ro) (III, 91,1). Ulls d'aspecte arrugat i més petits que els del fenotip normal.

Cromosoma 4

eyeless (ey) (IV, 0,02). Ulls més petits que no pas en el fenotip normal que van des de l'absència total fins a grandàries properes a les normals.

spapol (sp) (IV, 0,05). Ulls de superfície rugosa, irregular i més petits.

Mutants especialment aptes per al següent:

– Monohibridisme. Normal amb qualsevol dels següents: *sepia*, *ebony*, *rough*, *eyeless* o *spapol*.

– Dihibridisme. Cadascuna de les parelles de soques següents: *eyeless* × *ebony*, *eyeless* (o *spapol*) × *black*.

– Lligat al sexe. Normal amb qualsevol dels següents: *yellow*, *white*, *white apricot* o *miniature*.

– Interacció: *cinnabar* × *brown*.

RECORDA

El **mòrgan** és la unitat de distància en el mapa cromosòmic, dividit en 100 centimòrgans, en el qual la mitjana de recombinacions és la unitat.
En un centimòrgan, la possibilitat de recombinacions és de l'1 %.

Mapes cromosòmics de **Drosophila melanogaster.**

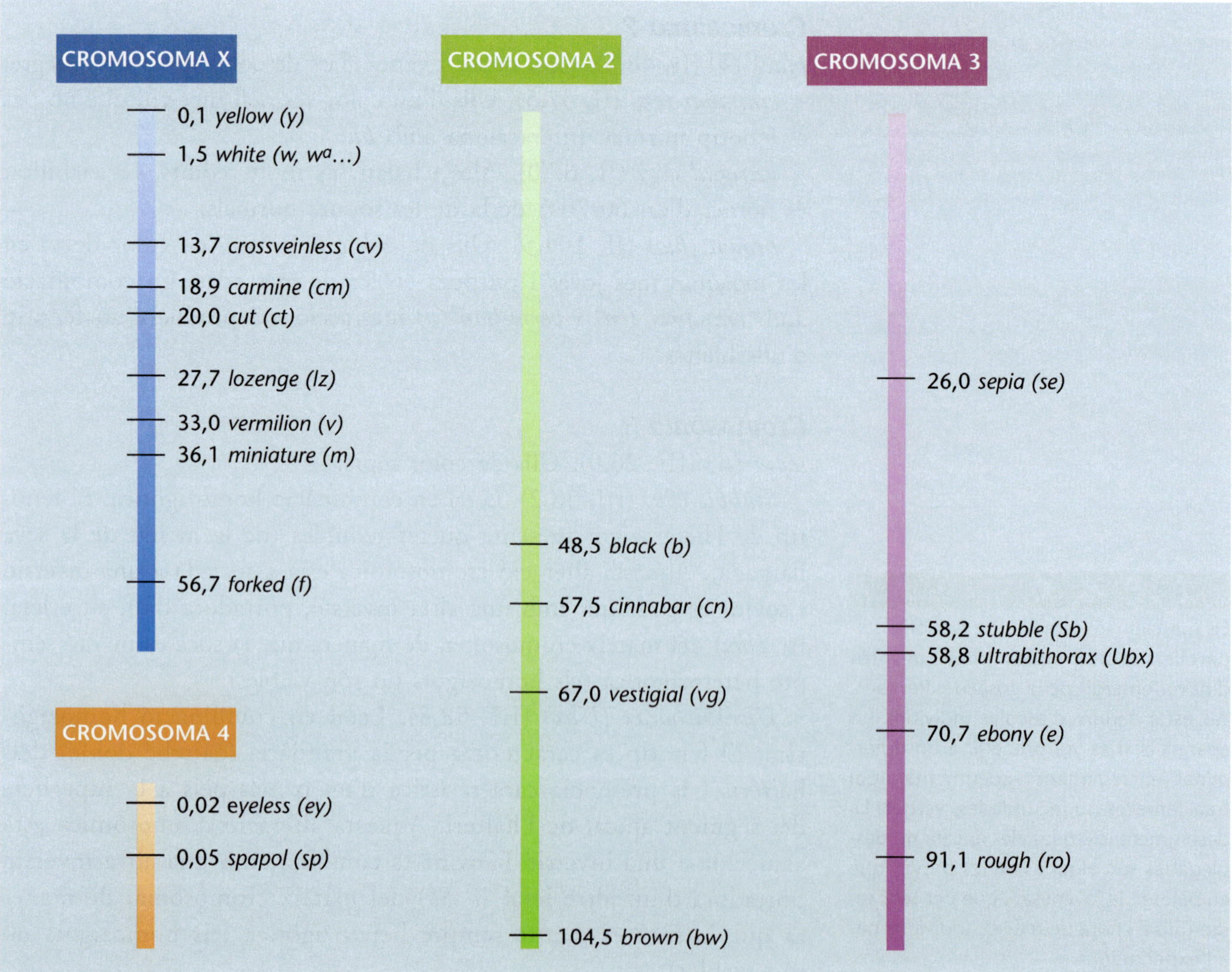

– Al·lelomorfisme múltiple: *white* × *white apricot*.

– Dihibridisme amb un dels dos gens lligat al sexe. Cadascuna de les parelles següents: *yellow* × *ebony*, *yellow* × *sepia* o *miniature* × *sepia*.

– Gens letals: normal × Stubble-Ultrabhitorax.

– Gens lligats. Distància aproximada d'1 centimòrgan: *yellow* × *white* (ambdós lligats al sexe). Distància aproximada de 10 centimòrgans: *black* × *cinnabar* o *white* × *crossveinless* (ambdós lligats al sexe). Distància aproximada de 20 centimòrgans: *ebony* × *rough*.

– Interacció en gens lligats: *brown* × *cinnabar* (gairebé, però, a 50 centimòrgans).

Procediment

Aquest treball pràctic s'ha d'efectuar en diferents sessions repartides al llarg d'algunes setmanes. Algunes sessions no es poden demorar, sinó que cal fer-les tot just les femelles comencen a emergir.

Un cop triats els encreuaments a fer, anota els passos seguits per obtenir la F_1; un cop produïda, observa-la a la lupa i anota'n els resultats. Prepara el procediment per obtenir la F_2 i un cop l'hagis obtinguda anota'n els resultats. Compara els resultats obtinguts amb els resultats esperats i interpreta'ls.

UNITAT 10

L'expressió del material hereditari: de l'ADN a les proteïnes. Les mutacions

Esquema

1. L'ADN és el material hereditari
2. Expressió del material genètic
3. La traducció o síntesi de proteïnes
4. Les mutacions
5. Regulació de l'expressió dels gens
6. Més enllà del genoma: l'epigenètica

L'ampliació, per mitjà de la PCR, de mostres minúscules d'ADN té una utilitat creixent en la medicina forense.

L'ADN, que forma els cromosomes de les cèl·lules, és el material hereditari. Les unitats de l'ADN s'anomenen gens. Aquesta informació genètica es transmet de generació en generació per mitjà d'un procés fidel de duplicació, el qual, no obstant això, està exposat a errors de còpia o de repartiment, és a dir, a mutacions. L'expressió dels gens implica la seva transcripció prèvia en ARN i, finalment, el trasllat de la informació que contenen fins a una seqüència d'aminoàcids (traducció), mitjançant un codi genètic o codi d'equivalències entre els triplets de bases i els diferents aminoàcids.

1. L'ADN és el material hereditari

> *La lectura del missatge genètic recorda la música de les màquines de discos (*jukebox*) dels cafès. Prement un botó es pot escollir, entre els discos de la màquina, aquell que hom vol escoltar, però en cap cas no es pot modificar el text o l'execució de la música gravada.*
>
> *François Jacob,* La lògica del vivent *(1970)*

Una vegada contrastada experimentalment la teoria cromosòmica de l'herència al principi del segle XX, calia investigar la naturalesa del material hereditari. Si els cromosomes estaven constituïts per proteïnes i àcids nucleics, la funció hereditària havia de recaure en un d'aquests dos elements. En aquells moments, molts biòlegs estaven més inclinats a atorgar aquest paper a les proteïnes (se sabien més coses sobre la seva estructura molecular i són molt més variades que els àcids nucleics). L'any 1944, Oswald Theodore Avery i els seus col·legues, basant-se en una línia d'investigació oberta anteriorment per l'anglès Frederick Griffith, identificaren els gens amb l'ADN.

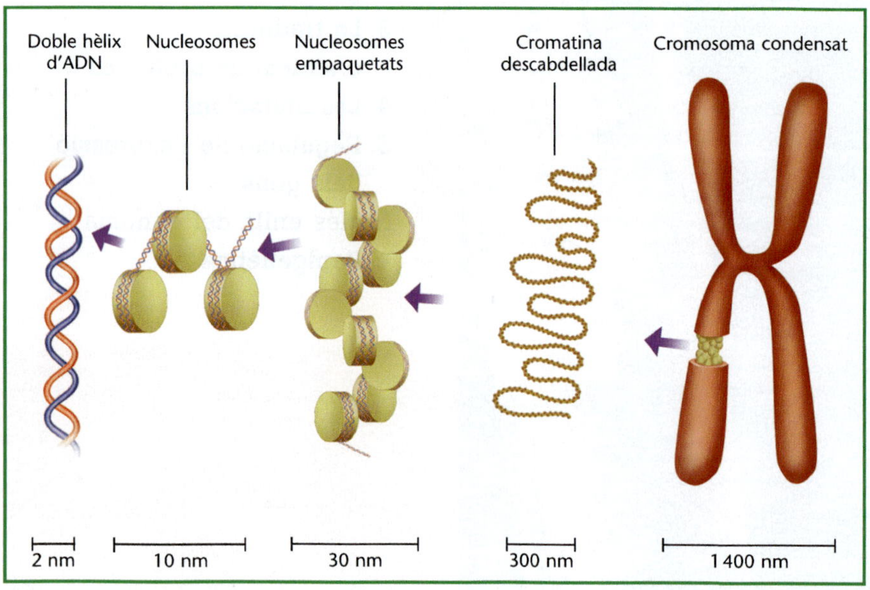

Els nivells de compactació creixent de la informació continguda en els cromosomes.

1.1. L'experiment de Griffith

Streptococcus pneumoniae.

L'any 1928, Frederick Griffith va començar a treballar amb el bacteri *Streptococcus pneumoniae*, causant de la pneumònia, del qual es coneixien dues formes: l'una virulenta i llisa, denominada S (de l'anglès *smooth*, que vol dir 'llis'), en què la presència d'una càpsula gelatinosa dóna un aspecte brillant i llis a la colònia; i l'altra, menys virulenta i rugosa, denominada R (de l'anglès *rough*, 'rugós'), en què la manca de càpsula gelatinosa de les cèl·lules fa les colònies aspres i irregulars. Els ratolins als quals inoculava bacteris S morien, però no els que eren

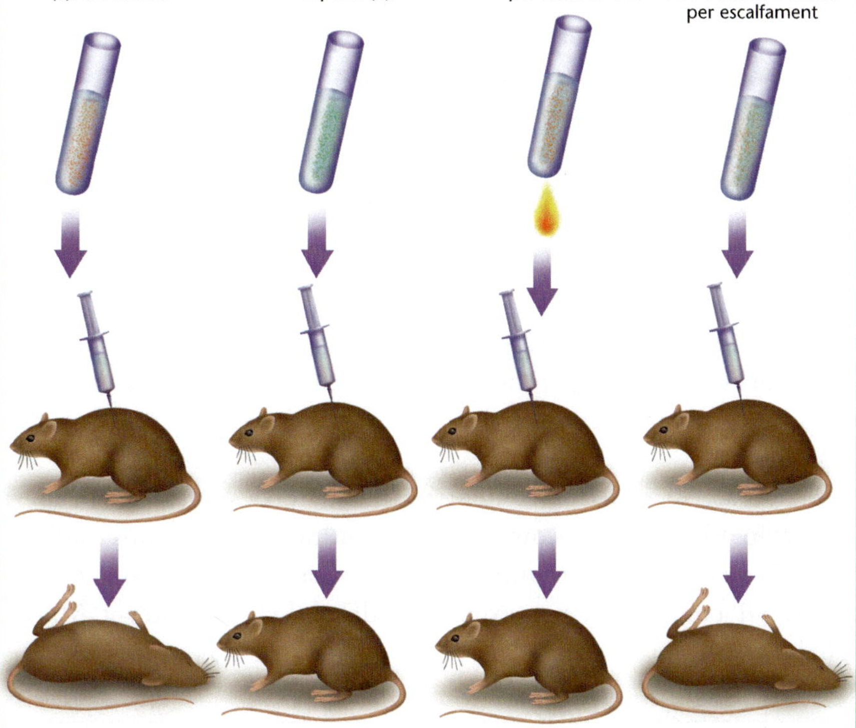

L'experiment de Griffith i la naturalesa del material hereditari.

inoculats amb bacteris R, ni tampoc un tercer grup d'inoculats amb bacteris S morts per escalfament.

En canvi, el que resultava sorprenent de l'experiment de Griffith (i que ell no va poder explicar del tot) és que un quart grup de ratolins inoculats amb una mescla de bacteris R i bacteris S (aquests darrers morts per escalfament) morien i en la seva sang es podia constatar la presència de bacteris S.

Efectivament, l'extracte de bacteris S morts tornava virulents alguns cultius de bacteris R quan hi era addicionat. Griffith va suposar, correctament, que s'havia produït una **transformació** dels bacteris R en S a partir d'un principi transformador, que no pogué identificar, procedent dels bacteris S morts.

1.2. L'experiment del grup d'Avery

RECORDA

Oswald Theodore Avery i els seus col·legues van demostrar, l'any 1944, que l'ADN és el material genètic, tot reprenent el treball que Griffith havia començat l'any 1928. En les dècades successives, la genètica anà incorporant progressivament l'ús dels microorganismes com a organismes d'investigació.

Oswald Theodore Avery i els seus col·legues, Colin Munro MacLeod i MacLyn McCarty, de l'Institut Rockefeller de Nova York, foren els qui demostraren que el principi transformador de Griffith era l'ADN. Començaren eliminant, per hidròlisi enzimàtica, totes les proteïnes de l'extracte i només hi deixaren l'ADN. Tot seguit, comprovaren que l'extracte continuava tenint capacitat per atorgar virulència. Després, van procedir a l'inrevés: en retiraren l'ADN i hi deixaren només les proteïnes. El resultat va ser que aquella mena d'extracte no presentava cap capacitat de transformació dels bacteris R en S. Finalment, encara van fer una altra prova. Tractaren l'extracte sencer amb l'enzim ADN-asa, que hidrolitza l'ADN, i comprovaren que l'extracte perdia la capacitat transformadora. La conclusió és clara: el principi transformador és l'ADN.

A banda dels resultats, aquests treballs són importants en la història de la biologia perquè iniciaren l'ús –que s'ha fet extensiu– de microorganismes (fongs, bacteris, bacteriòfags...) en la investigació genètica, ja que facilita l'anàlisi de quantitats elevadíssimes de descendents. En el cas dels experiments d'Avery, aquests també iniciaren un model de treball experimental que es féu comú més endavant: l'ús de proves biològiques o enzimàtiques per demostrar aspectes bioquímics.

Així mateix, aproximadament per la mateixa època, en l'experimentació biològica es començà a difondre l'ús d'isòtops radioactius, els quals permetien usar molècules «marcades» i fer-ne el seguiment, tal com feren, per exemple, Alfred Day Hershey i Martha Chase.

Detalls de l'estructura en doble hèlix de l'ADN (conformació B).

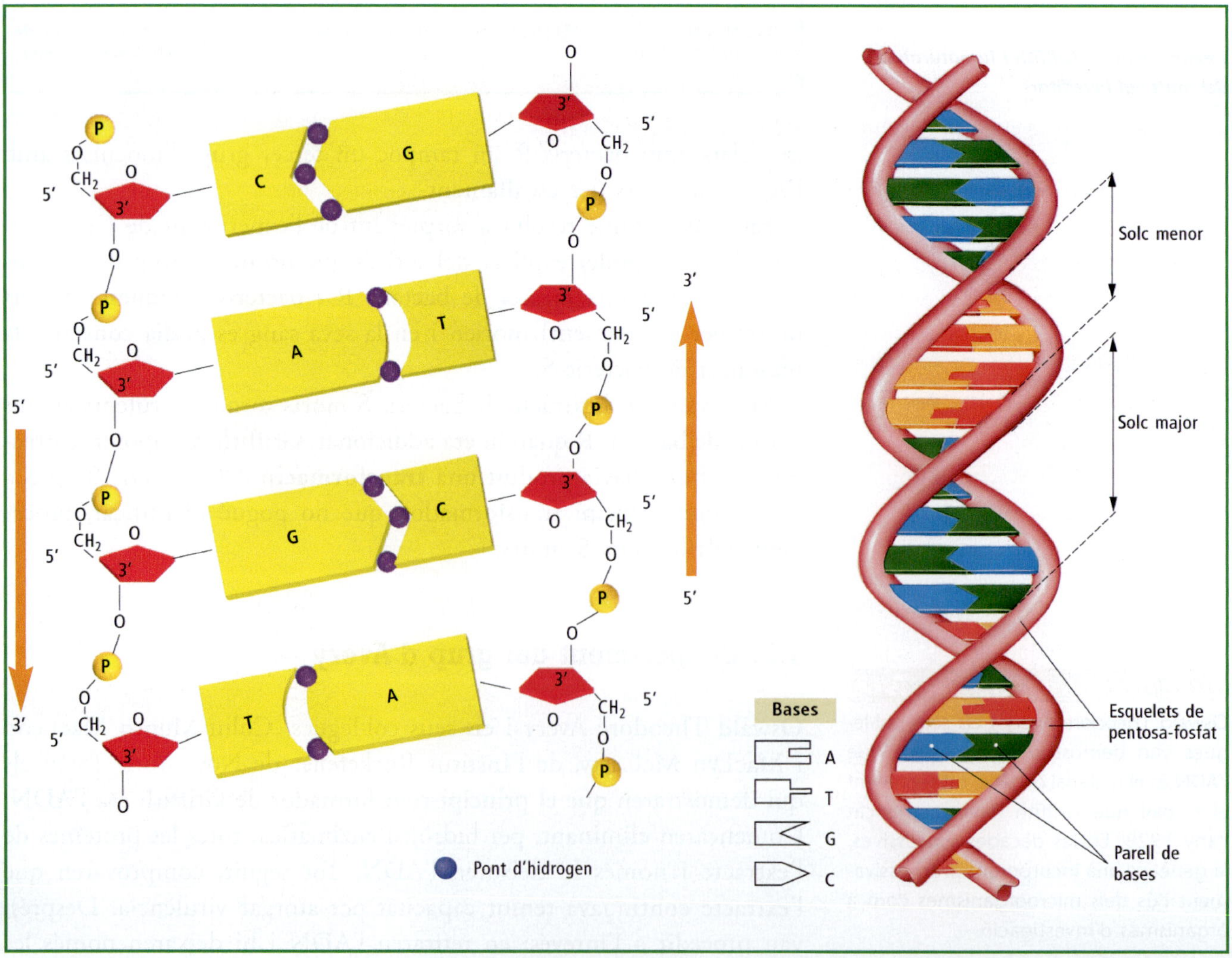

1.3. L'experiment de Hershey i Chase

A la dècada de 1940, la comunitat científica no estava gaire preparada per copsar la transcendència dels treballs del grup d'Avery, de manera que el següent pas decisiu no arribaria fins a l'any 1952, amb les investigacions d'Alfred Hershey i Martha Chase.

Efectivament, aquests investigadors, que treballaven amb el bacteriòfag *T2* d'*Escherichia coli*, van demostrar, marcant amb l'isòtop radioactiu ^{35}S la proteïna i amb el ^{32}P l'àcid nucleic, que només l'ADN del bacteriòfag i no la seva part proteica penetra a l'interior del bacteri per infectar-lo. És a dir, la informació genètica per a la síntesi de nous virus es troba en l'ADN i no en la proteïna.

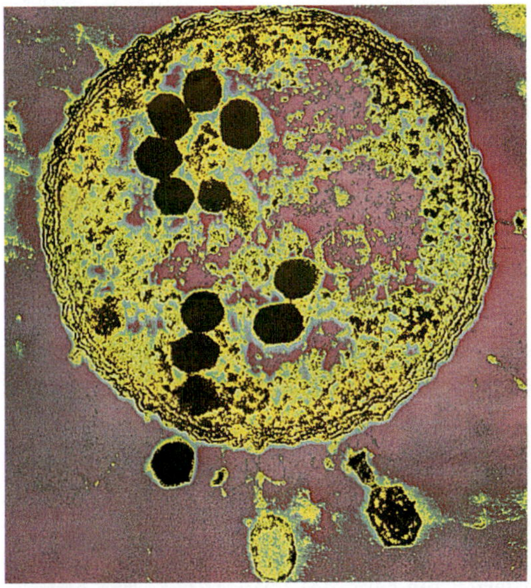

Bacteriòfags* T2 *parasitant un microorganisme.

L'experiment de Hershey i Chase.

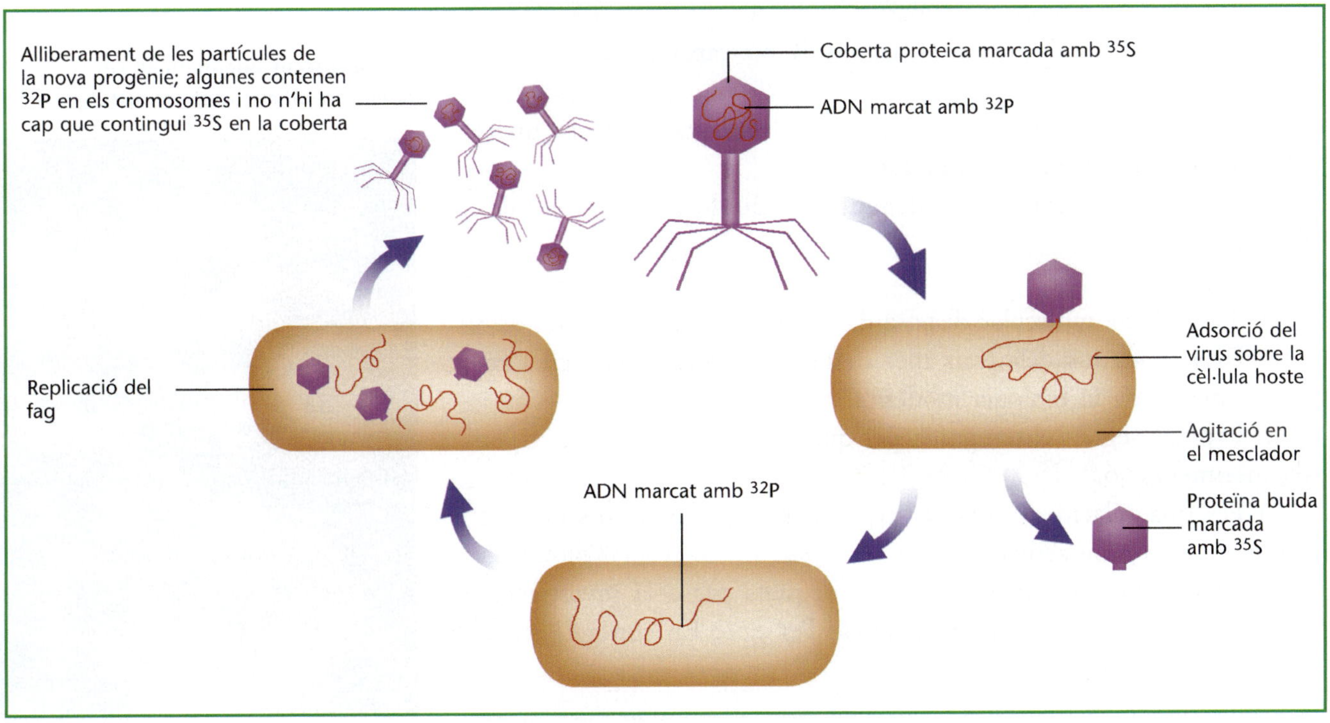

ACTIVITATS

10.1. L'any 1952, Alfred Day Hershey i Martha Chase van portar a terme un experiment que demostrava la funció biològica de l'ADN. Explica en què va consistir, amb quins organismes el van dur a terme i quina importància va tenir en aquell moment.

10.2. Descriu l'estructura d'una cadena d'ADN, explica quins tipus de subunitats la componen i com estan unides.

10.3. Quines proves permeten afirmar que l'ADN és el material genètic? Quines són les propietats de les molècules d'ADN que el fan apte per ser el material genètic? Quines característiques ha de posseir una molècula per poder acomplir aquesta funció?

10.4. L'any 1944, Avery i els seus col·legues van publicar el treball *Studies on the chemical transformation of pneumococcal types*, en què donaven compte dels resultats dels seus experiments:

«En l'exemple estudiat, un material molt pur i lliure de proteïna, compost en la seva major part, si no exclusivament, d'ADN, pot estimular variants R no capsulades de pneumococs [...] perquè produeixin un polisacàrid capsular idèntic en la seva especificitat al de les cèl·lules a partir de les quals s'havia aïllat la substància inductora. [...] El material capsular no tan sols es reprodueix en les generacions següents, sinó que el mateix factor desencadenant [...] es reduplica en les cèl·lules filles.»

a) En què van consistir els experiments del grup d'Avery?

b) Com s'ho havien fet, Avery i els seus col·laboradors, per obtenir un material lliure de proteïna?

c) Què significa l'expressió «variants R no capsulades de pneumococs»?

d) Quina era l'especificitat de les cèl·lules a partir de les quals s'havia aïllat la substància inductora?

e) Per què el factor desencadenant es reduplica en les cèl·lules filles?

10.5. La biologia molecular disposa de força tècniques pròpies.

a) Explica alguns dels trets més destacats que caracteritzen l'experimentació de la biologia moderna.

b) Explica, segons el teu parer, per què és tan emprat aquest tipus d'experimentació.

c) Fes una relació de tots els experiments que coneguis en què s'usen isòtops radioactius.

d) Quins són els organismes més adequats per a la investigació dels aspectes moleculars de la genètica? Per què? En concret, quins s'han utilitzat més?

RECORDA

Durant les dècades de 1930 i 1940, abans que els treballs d'alguns científics demostressin la funció hereditària de l'ADN, molts investigadors pensaven que eren les proteïnes les que desenvolupaven aquesta funció hereditària.

Streptococcus pneumoniae *vistos al microscopi electrònic de rastreig.*

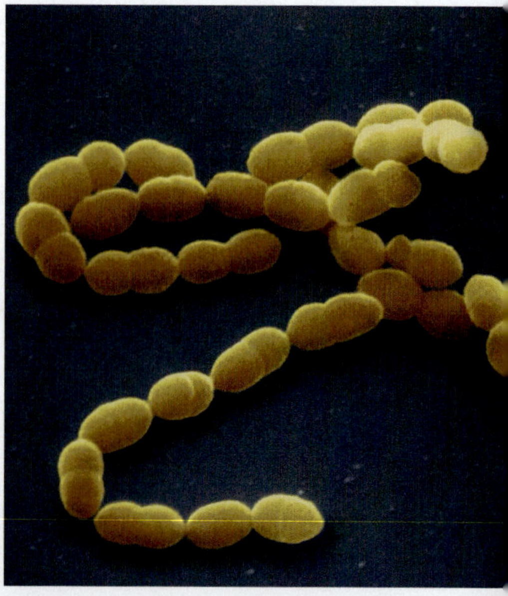

Un gen, un enzim

El primer descobriment de la relació entre un defecte genètic i una anomalia bioquímica fou realitzat, l'any 1909, pel metge anglès Archibald Edward Garrod quan postulà que l'alcaptonúria, una malaltia hereditària, és deguda a la manca d'un enzim que posteriorment s'identificà amb l'oxidasa de l'àcid homogentísic o alcaptona, que, en condicions normals, actua en la via de degradació dels aminoàcids amb anells aromàtics.

2. Expressió del material genètic

Amb l'experiment de Hershey i Chase, quedava establert que l'ADN era el material hereditari. L'interès pel seu estudi es féu encara més evident. Un any després, el 1953, James Dewey Watson i Francis Crick van publicar el seu cèlebre article en què explicaven l'estructura en doble hèlix de l'ADN. Cada vegada era més evident que per aprofundir els coneixements de la biologia calia conèixer a fons l'estructura i la **replicació** (duplicació) de l'ADN.

Cap a la dècada anterior, la de 1940, l'anàlisi genètica de les mutacions realitzada pels nord-americans George Wells Beadle i Edward Lawrie Tatum amb el fong *Neurospora crassa* i per Joshua Lederberg amb *Escherichia coli* portà a l'evidència que els gens codifiquen proteïnes i féu famosa l'expressió «un gen, un enzim». Per aquests treballs, Beadle, Tatum i Lederberg reberen el premi Nobel de medicina l'any 1958.

Les dècades de 1950 i 1960 van ser transcendentals per a la consolidació de la **genètica molecular**, tal com la dècada de 1970 ho seria per a l'avenir de l'esplendor de l'enginyeria genètica. Fou llavors que es descobriren les línies principals de com es transmet la informació genètica. Si bé la informació hereditària està continguda en l'ADN, els components funcionals actius de les cèl·lules són les proteïnes, i la seqüència d'aminoàcids de les proteïnes és el missatge hereditari.

L'ADN, que conté la informació hereditària, dirigeix la síntesi de l'ARN en un procés que rep el nom de **transcripció** i que comporta la formació d'una classe d'ARN: l'ARN missatger o ARNm. Una vegada al citoplasma, la informació continguda en aquest ARNm (que és una còpia fidel de la de l'ADN) serveix habitualment per a la síntesi d'una cadena polipeptídica (proteïna). Aquest procés de **traducció** té lloc en els ribosomes –formats per ARN ribosòmic (ARNr) i proteïnes–, mitjançant l'ajut d'una tercera classe d'ARN, els ARN de transferència o ARNt, que transfereixen al polipèptid en formació els aminoàcids per als quals presenten especificitat. El **flux de la informació genètica** (que, a vegades, rep el nom de «dogma central» de la biologia molecular) es pot resumir tal com expressa l'esquema de sota (els retrovirus en representen una excepció).

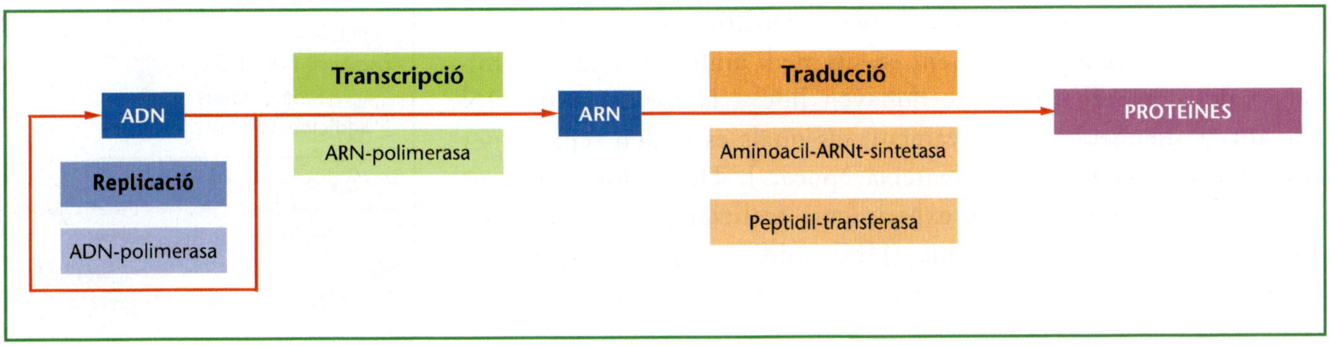

2.1. La replicació de l'ADN

S'anomena **replicació** de l'ADN el procés de duplicació o síntesi d'aquest àcid nucleic que té lloc en cada generació cel·lular; en el cas de les cèl·lules eucariotes, la replicació té lloc en el període S del cicle de la cèl·lula, abans no comenci la seva divisió. Aquesta síntesi compleix unes «regles» que, en la seva major part, són vàlides també per a la síntesi de l'ARN o transcripció.

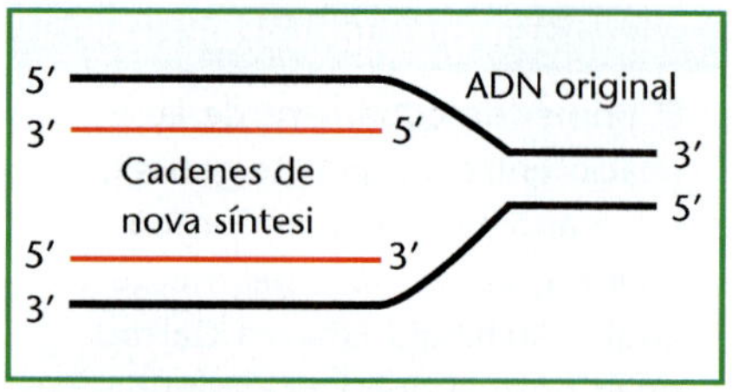

Polaritat de les cadenes d'ADN en la forqueta de replicació.

a) Les noves cadenes de nucleòtids se sintetitzen copiant brins d'ADN preexistents o *motlles* (com que en la replicació es copien els dos brins de la doble hèlix d'ADN, en resulten dues dobles hèlixs). En conseqüència, les noves cadenes conserven la informació (seqüència de les bases dels nucleòtids) del motlle original, malgrat que la seva seqüència no és idèntica, sinó complementària de la del motlle.

b) La síntesi dels nous filaments es fa sempre i únicament en el sentit 5' → 3', ja que l'ADN motlle es «llegeix» en sentit 3' → 5' (per aquest motiu les seqüències de nucleòtids de l'ARN s'escriuen i es llegeixen d'esquerra a dreta; així, per exemple, quan escrivim AUU volem dir, de fet, [5'] AUU [3']).

c) Els enzims que copien els àcids nucleics són **polimerases**. Així, les ADN-polimerases són els enzims que sintetitzen més ADN a partir d'un motlle preexistent.

Duplicació de l'ADN

Quan es va descobrir la transcendència de l'ADN i de la seva duplicació, s'especulà molt sobre si aquesta era dispersiva (en aquest cas, no es conservarien les cadenes originals), conservadora o semiconservadora. És a dir, si la nova doble hèlix d'ADN (nou dúplex) era completament nova (per oposició a la molècula original, que romandria intacta en el cas de la hipòtesi conservadora), o bé si el que succeïa era que es formaven dos dúplexs, cadascun d'ells constituït per un bri antic i un de nova síntesi.

La primera demostració d'aquesta última possibilitat, **hipòtesi semiconservadora**, fou aportada l'any 1958 per Matthew Meselson i Franklin Stahl, que, també en aquest cas, usaren microorganismes en els seus experiments. Aquests científics cultivaren el bacteri *Escherichia coli* primerament en un medi amb sals d'amoni amb ^{15}N i després amb ^{14}N, que donaven lloc a la formació d'ADN «pesant» i «lleuger», respectivament, els quals es poden separar per centrifugació. Gairebé a la mateixa època, J. H. Taylor i els seus col·legues dugueren a terme experiments realitzats amb bases marcades amb isòtops radioactius ([^{3}H]timidina, concretament) en cèl·lules d'arrel de lliri i demostraren que en els eucariotes passava el mateix.

Etapes inicials del procés de la replicació: formació de la forqueta de replicació.

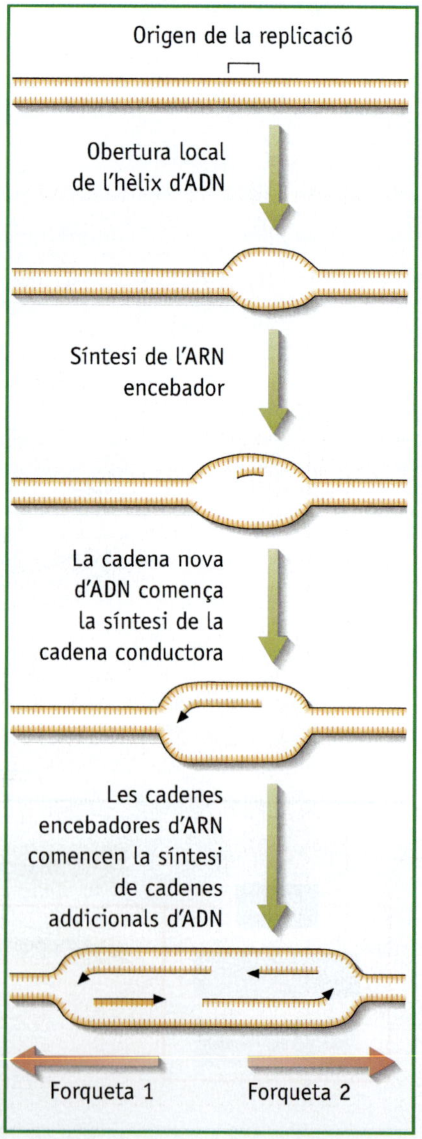

L'EXPERIMENT DE MESELSON I STAHL: LA REPLICACIÓ ÉS SEMICONSERVADORA

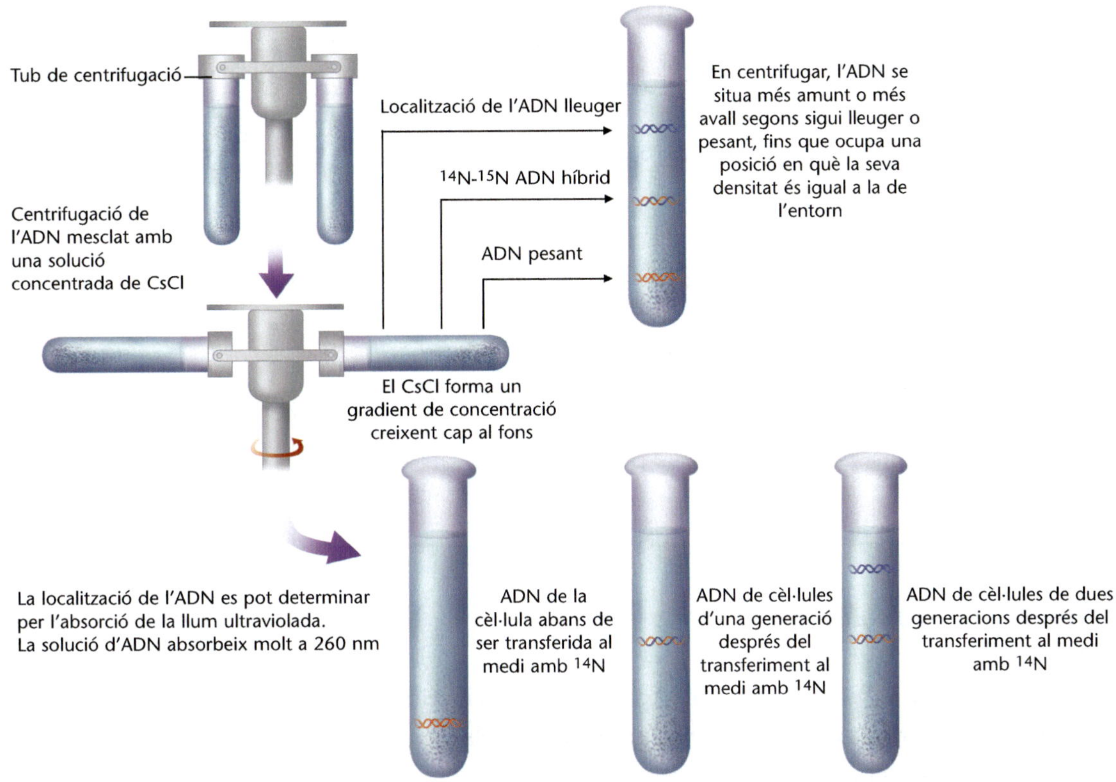

Generacions	Resultats observats		Interpretació
	Tipus d'ADN	Sedimentació (– → +)	
0	Pesant	Cultiu amb ^{15}N	
1	100 % híbrid	Cultiu amb ^{14}N	
2	50 % híbrid 50 % lleuger	Cultiu amb ^{14}N	
3	25 % híbrid 75 % lleuger	Cultiu amb ^{14}N	

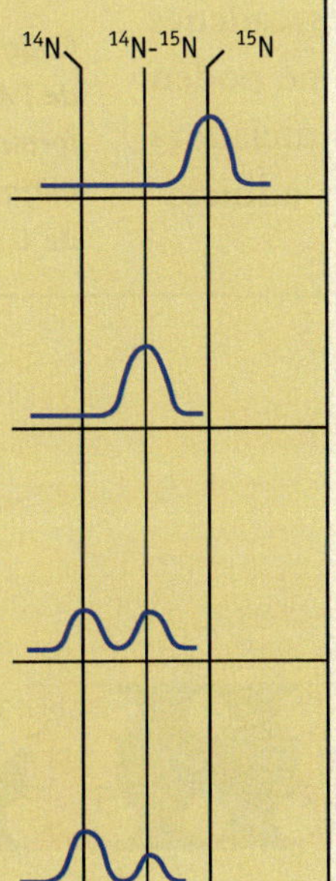

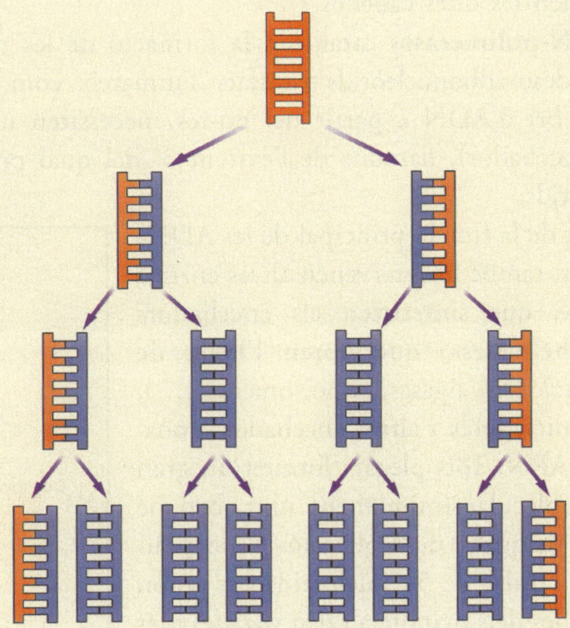

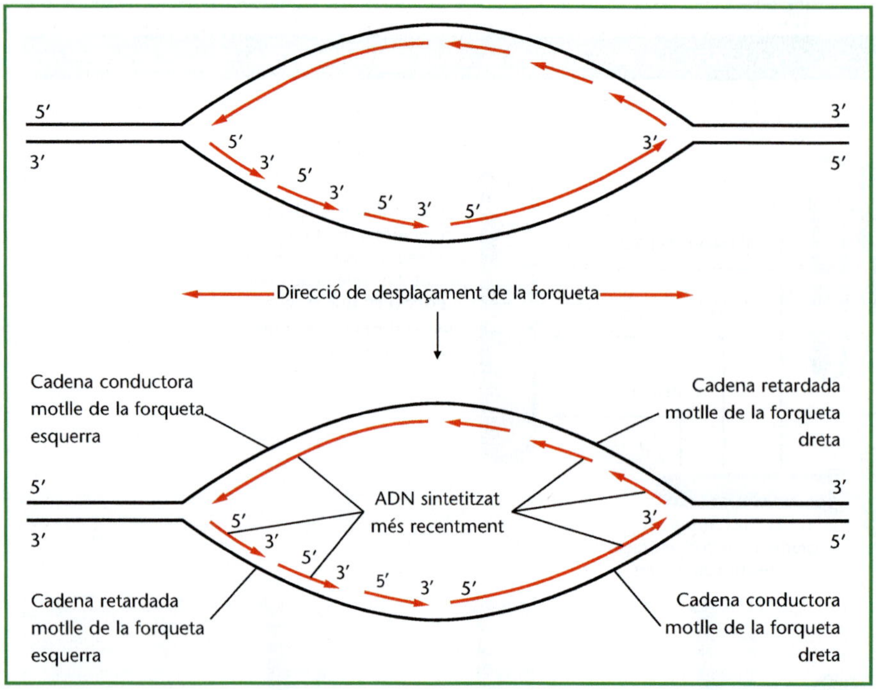

La forqueta de replicació és asimètrica i la síntesi sobre el filament conductor és contínua. Però, com que el nou ADN se sintetitza en sentit 5' → 3', el que es forma sobre la cadena retardada ha de sintetitzar-se inicialment a trossets curts (fragments d'Okazaki) que després s'uneixen en un moviment de «punt endavant i punt enrere» de l'ADN-polimerasa que hi opera.

Mecanisme de la replicació

La síntesi de l'ADN és un procés molt complex que s'inicia en unes regions del cromosoma denominades **orígens**, les quals són úniques en el cromosoma bacterià i múltiples en els eucariotes.

Durant la replicació, la doble hèlix de l'ADN progenitor es desenrotlla temporalment. Cada filament serveix de motlle per a la formació d'una cadena complementària. El procés implica la formació de dues **forquetes de replicació** que es desplacen en sentits oposats a partir de l'origen. En cada forqueta, la síntesi és bidireccional, és a dir, es copien les dues cadenes.

Les **ADN-polimerases** catalitzen la formació de les noves cadenes a partir de desoxiribonucleòtids trifosfats. Tanmateix, com que no poden iniciar un bri d'ADN a partir del no-res, necessiten un «iniciador» d'ARN (encebador), damunt de l'extrem 3' del qual poden addicionar nucleòtids.

Al costat de la funció principal de les ADN-polimerases, també hi intervenen altres enzims («primases», que sintetitzen els encebadors d'ARN; «helicases», que obren l'hèlix de l'ADN; nucleases, ligases, topoisomerases...), proteïnes iniciadores i altres encebadors constituïts per ARN. Tots plegats formen un gran complex molecular íntimament unit, ben bé una gran «màquina de replicació» (que polimeritza de l'ordre de 50 nucleòtids per segon en les cèl·lules dels mamífers i deu vegades més en els procariotes).

Cadascuna de les cadenes de nucleòtids de l'ADN actua com a motlle per a la formació d'una cadena complementària mitjançant l'aparellament de T amb A i de C amb G.

RECORDA

S'anomena **replicació** de l'ADN el procés de duplicació o síntesi de l'àcid nucleic.

La **transcripció**, en canvi, és el procés de formació d'una molècula d'ARN a partir d'una de les dues cadenes d'un filament d'ADN.

De les dues cadenes d'ADN nou, l'una, el **bri conductor**, se sintetitza de manera contínua, mentre que l'altra, el **bri retardat**, se sintetitza de manera discontínua, en una mena de procés de «repunt». A mesura que van quedant al descobert nous segments d'ADN motlle (en sentit 3' → 5'), es van formant uns segments anomenats «segments d'Okazaki» (en honor del seu descobridor, Reiji Okazaki), constituïts per curts trams d'ARN encebador i ADN nou. Posteriorment, els ARN encebadors són eliminats, mentre que els fragments d'ADN queden units entre si. En les cèl·lules eucariotes, la replicació comporta, finalment, l'empaquetatge de l'ADN nou en nucleosomes.

Fidelitat de la replicació

La fidelitat de la còpia de l'ADN és extraordinària (només un error cada 10^7 parell de bases copiades). A més, repetits mecanismes enzimàtics de «lectura i correcció» detecten i reparen les incorreccions de parells de bases mal aparellats. No obstant això, qualsevol error de còpia o de repartició del material entre les cèl·lules filles produirà un canvi en el material genètic, és a dir, una **mutació**.

DOCUMENTS

Correcció de proves

L'ADN-polimerasa és molt fidel, però a vegades es poden produir aparellaments A-C o G-T incorrectes. El mateix enzim que catalitza la síntesi de la nova cadena –és a dir, l'ADN-polimerasa– abans de posar cada nou nucleòtid verifica si el darrer presenta un aparellament correcte amb el que li fa de motlle. Si el nucleòtid no és correcte l'elimina i ho intenta de nou. Aquest mecanisme eleva la fidelitat del procés de còpia fins a menys d'un error per cada 10^7 bases copiades.

L'ADN experimenta alteracions de manera contínua, com ara desaparellaments, pèrdues del grup amino de la citosina (que passa a uracil), o pèrdua de bases púriques (A, G). En el temps que es triga a llegir aquesta frase, l'ADN del nostre cos perd unes 10^{12} bases púriques. Molts d'aquests errors són corregits per una bateria d'enzims de reparació específics. Tanmateix, alguns errors (per exemple els aparellaments T-T que bloquegen la replicació i que s'anomenen dímers de timina) es van acumulant i són afavorits per determinats factors ambientals com ara la llum ultraviolada. Una de les conseqüències més visibles d'aquest fet és el càncer, que augmenta la seva incidència de manera exponencial amb l'edat.

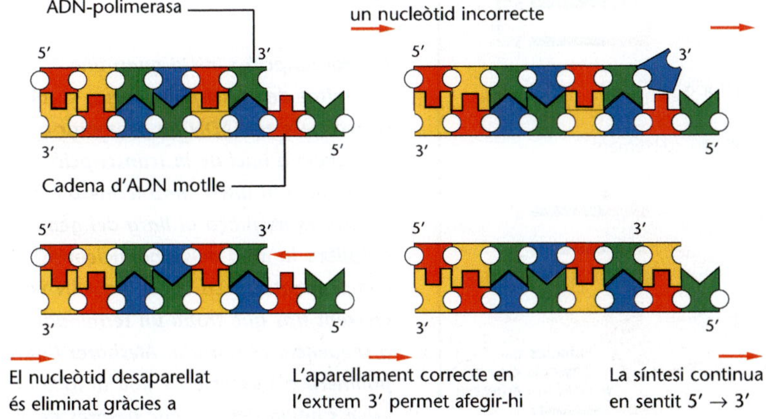

2.2. La transcripció de l'ADN

La **transcripció** és el procés de formació d'una molècula d'ARN complementària d'un filament d'ADN. Només es copia una de les dues cadenes de l'ADN dúplex, la **cadena codificadora**. Normalment, la molècula d'ARN formada actua com un **ARN missatger** que dirigirà, posteriorment, la síntesi de la proteïna corresponent. En alguns casos, però, el producte final d'altres gens és el mateix ARN: ARN ribosòmic o ARN de transferència.

Mecanisme de la transcripció

La transcripció és un procés catalitzat per l'enzim **ARN-polimerasa.** D'aquest enzim, se'n coneixen tres tipus en les cèl·lules eucariotes i només un en els procariotes. La transcripció s'inicia quan l'ARN-polimerasa reconeix una seqüència de bases **promotora** prop del principi del gen que es copia, com ara les seqüències TTGACA i TATATT. Aleshores, es produeix l'obertura temporal de la doble hèlix i s'inicia la síntesi de l'ARN a partir del seu extrem 5', mentre es va llegint el filament d'ADN en sentit 3' → 5', a partir de ribonucleòtids activats (nucleòtids trifosfat). El procés té una velocitat considerable, de gairebé 2 000 nucleòtids per minut.

La cadena d'ARN en creixement va quedant lliure, fet que facilita que una segona i una tercera ARN-polimerasa catalitzin noves síntesis en un procés múltiple que pot generar centenars de transcrits d'ARN en qüestió de minuts. Quan l'ARN-polimerasa troba una seqüència de terminació i la reconeix, es desenganxa i la síntesi cessa.

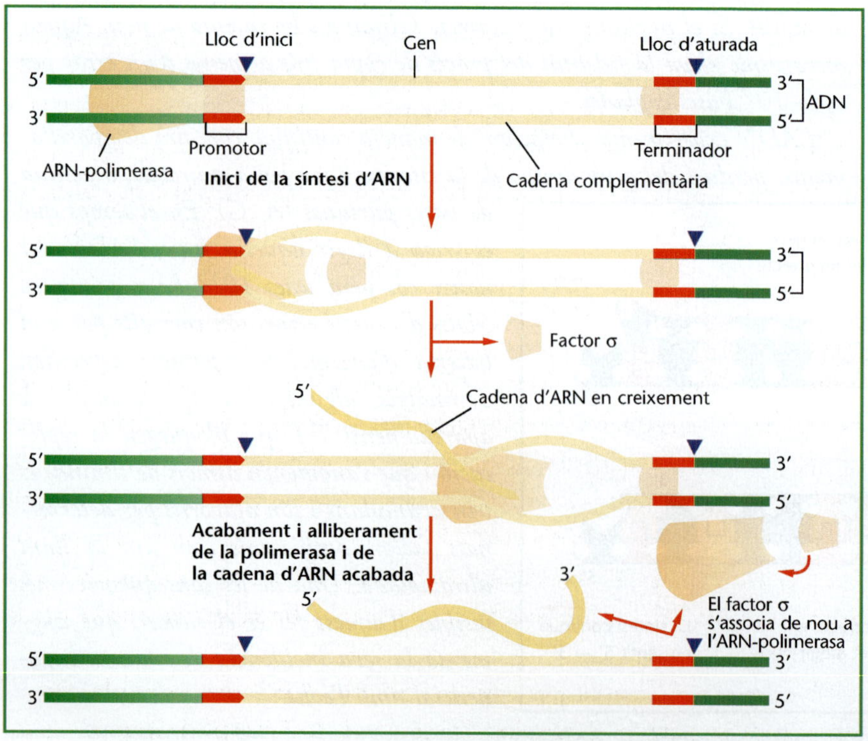

La transcripció s'inicia quan una subunitat de l'ARN-polimerasa, el factor σ, reconeix en l'ADN un promotor o seqüència d'inici de la transcripció. Aleshores s'hi uneix amb fermesa i, mentre es desplaça al llarg del gen, catalitza la unió dels ribonucleòtids complementaris. La cadena d'ARN va creixent fins que troba un terminador o seqüència d'aturada. Aleshores l'ARN-polimerasa s'associa de nou al factor σ –que s'havia desprès poc després de començar la síntesi– i pot reiniciar el procés.

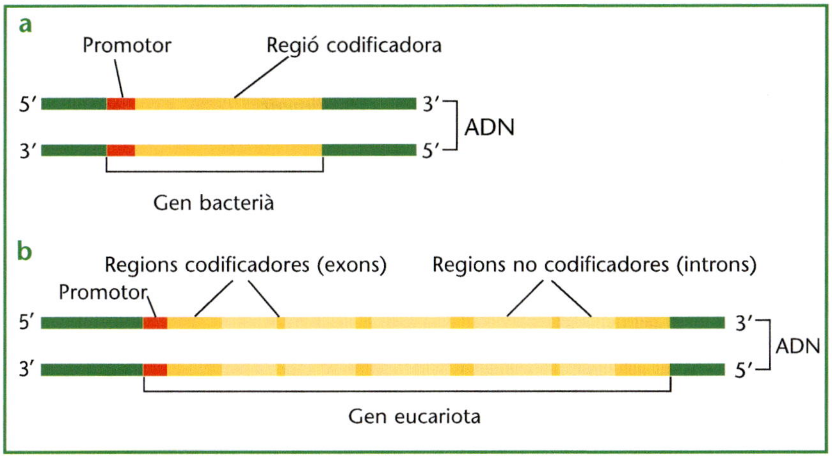

Comparació entre els gens dels bacteris i els dels organismes eucariotes. En el primer cas (a) hi ha una seqüència contínua de nucleòtids que codifica per a una proteïna. En canvi, en els eucariotes (b) la seqüència codificadora sovint està interrompuda per introns o seqüències no codificadores.

Maduració

La molècula d'ARN que es forma com a resultat immediat de la transcripció és un «transcrit primari». En els bacteris aquesta molècula és ja l'**ARN missatger (ARNm)**; és a dir, és traduïda directament a proteïnes, a vegades quan encara no s'ha acabat de sintetitzar. En els eucariotes, en canvi, abans de convertir-se en ARNr, ARNt o ARNm i traduir-se, en aquest cas, en proteïna, la molècula del transcrit primari ha de «madurar», és a dir, ha d'experimentar alguns canvis moleculars.

El transcrit primari, que una vegada madur donarà lloc als ARNm dels eucariotes, s'anomena **ARN nuclear heterogeni** o **ARNnh**. La maduració d'aquest transcrit, que té lloc al nucli cel·lular, implica tres canvis principals: a) la incorporació d'un «casquet» en l'extrem 5' (un nucleòtid de guanina metilat, que s'incorpora per mitjà d'un enllaç 5'→ 5'); b) l'addició d'una «cua» de poli-A (que conté de 100 a 250 residus d'adenilat) que, com el casquet, atorga estabilitat a la molècula; c) un procés de **tall i unió** (*splicing*) que elimina seqüències internes o **introns** de l'ARN que no seran finalment traduïts a seqüències proteiques i entronca els fragments restants o **exons**, els únics que apareixen en el producte final o ARNm, que és exportat al citoplasma.

Els introns són eliminats per uns enzims singulars formats de proteïna i ARN, les ribonucleoproteïnes nuclears petites o **snRNP**, que reconeixen determinades seqüències de nucleòtids en les proximitats dels extrems de l'intró, similars en la major part dels casos (seqüències consens).

Per la seva part, els transcrits primaris dels ARN ribosòmics (ARNr) i ARN de transferència (ARNt), també experimenten un procés de maduració, en bacteris i en eucariotes: eliminació de seqüències internes, escurçaments, metilacions i altres modificacions de les bases, etc.

Introns i colinealitat

L'any 1977 fou possible formar molècules híbrides d'ARNm i un filament del corresponent ADN; això demostrà l'existència dels introns en els gens dels eucariotes, un dels descobriments més sorprenents de la biologia molecular. Així doncs, mentre en els procariotes la norma és la **colinealitat** o correspondència lineal (contínua) entre els aminoàcids d'una proteïna i la seqüència corresponent dels nucleòtids en la molècula d'ADN, en els eucariotes aquesta colinealitat en molts casos no existeix.

El nombre d'introns per gen és variable. Així, per exemple, mentre que el gen de la β-globina en té 2, el de l'ovoalbúmina en té 7.

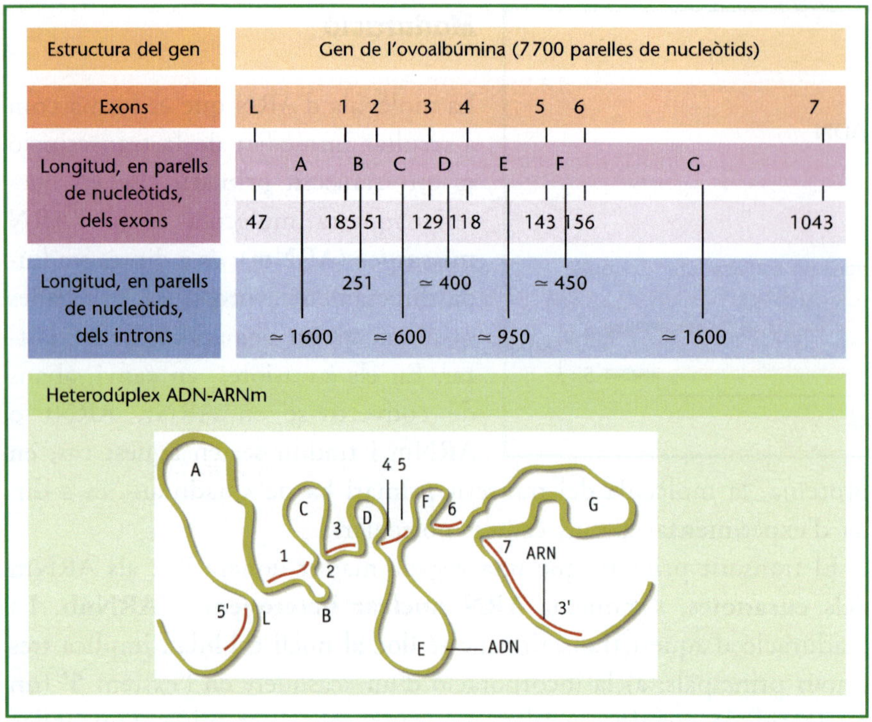

Els introns determinen la formació de bucles en les molècules d'ADN heterodúplex, fet que en va fer possible el descobriment.

Fins i tot, en algun cas, aquest nombre pot arribar a 50. Sovint, és més gran la longitud total dels introns que no la de les seqüències codificadores de proteïnes. Així, per exemple, mentre que el gen de l'ovoalbúmina conté un total de 7700 parells de bases, la suma total dels seus exons té només una longitud d'uns 1800 parells. De fet, molts gens de mamífers tenen més introns que exons. Mentre que prop d'un 75 % dels gens dels mamífers presenten introns, aquest percentatge baixa a només entre un 10 % i un 20 % en els eucariotes unicel·lulars.

En l'actualitat s'accepta que l'existència dels introns té un profund significat biològic, ja que afavoreix la recombinació entre exons.

El procés de maduració de l'ARN és d'una gran importància per a la regulació de l'expressió dels gens. Segons l'estat de desenvolupament de l'organisme o d'un teixit cel·lular, a partir d'un mateix transcrit d'ARN es poden formar ARN missatgers (ARNm) diferents i, per tant, proteïnes diferents. En alguns casos, els diferents exons d'un gen codifiquen dominis estructurals i funcionals diferents del seu producte proteic, cosa especialment aparent en els gens que codifiquen per als anticossos.

A més, l'existència dels introns sembla tenir un clar significat evolutiu: probablement ha facilitat l'aparició de noves proteïnes útils, un fet que compensa amb escreix el manteniment de tant d'ADN no codificador com hi ha en els genomes dels organismes superiors. Molts biòlegs pensen que les cèl·lules primitives tenien exons i que els bacteris els han perdut pel fet d'haver-se adaptat a un tipus de vida en la qual prima la immediatesa de la replicació i l'expressió ràpida del material genètic, poc compatibles amb un genoma gran.

CCCTGTGGAGCCACACCCTAGGGTTGGCCA
ATCTACTCCCAGGAGCAGGGAGGGCAGGAG
CCAGGGCTGGGCATAAAAGTCAGGGCAGAG
CCATCTATTGC TTACATTTGCTTCTGACAC
AACTGTGTTCACTAGCAACTCAAACAGACA
CCATGGTGCACCTGACTCCTGAGGAGAAGT
CTGCCGTTACTGCCCTGTGGGGCAAGGTGA
ACGTGGATGAAGTTGGTGGTGAGGCCCTGG
GCAGGTTGGTATCAAGGTTACAAGACAGGT
TTAAGGAGACCAATAGAAACTGGGCATGTG
GAGACAGAGAAGACTCTTGG GTTTCTGATA
GGCACTGACTCTCTCTGCCTATTGGTCTAT
TTTCCCACCCTTAGGCTGCTGGTGGTCTAC
CCTTGGACCCAGAGGTTCTTTGAGTCCTTT
GGGGATCTGTCCACTCCTGATGCTGTTATG
GGCAACCCTAAGGTGAAGGCTCATGGCAAG
AAAGTGCTCGGTGCCTTTAGTGATGGCCTG
GCTCACCTGGAC AACCTCAAGGGCACCTTT
GCCACACTGAGTGAGCTGCACTGTGACAAG
CTGCACGTGGATCCTGAGAACTTCAGGGTG
AGTCTATGGGACCCTTGATGTTTTCTTTCC
CCTTCTTTTCTATGGTTAAGTTCATGTCAT
AGGAAGGGGAGAAGTAACAGGGTACAGTTT
AGAATGGGAAACAGACGAATGATTGCATCA
GTGTGGAAGTCTCAGGATCGTTTTAGTTTC
TTTTATTTGCTGTTCATAACAATTGTTTTC
TTTTGTTTAATTCTTGCTTTCTTTTTTTTT
CTTCTCCGCAATTTTTACTATTATACTTAA
TGCCTTAACATTGTGTATAACAAAAGGAAA
TATCTCTGAGATACATTAAGTAACTTAAAA
AAAAACTTTACACAGTCTGCCTAGTACATT
ACTATTTGGAATATATGTGTGCTTATTTGC
ATATTCATAATCTCCCTACTTTATTTTCTT
TTATTTTTAATTGATACATAATCATTATAC
ATATTTATGGGTTAAAGTGTAATGTTTTAA
TATGTGTACACATATTGACCAAATCAGGGT
AATTTTGCATTTGTAATTTTAAAAAATGCT
TTCTTCTTTTAATATACTTTTTTGTTTATC
TTATTTCTAATACTTTCCCTAATCTCTTTC
TTTCAGGGCAATAATGATACAATGTATCAT
GCCTCTTTGCACCATTCTAAAGAATAACAG
TGATAATTTCTGGGTTAAGGCAATAGCAAT
ATTTCTGCATATAAATATTTCTGCATATAA
ATTGTAACTGATGTAAGAGGTTTCATATTG
CTAATAGCAGCTACAATCCAGCTACCATTC
TGCTTTTATTTTATGGTTGGGATAAGGCTG
GATTATTCTGAGTCCAAGCTAGGCCCTTTT
GCTAATCATGTTCATACCTCTTATCTTCCT
CCCACAGCTCCTGGGCAACGTGCTGGTCTG
TGTGCTGGCCCATCACTTTGGCAAAGAATT
CACCCCACCAGTGCAGGCTGCCTATCAGAA
AGTGGTGGCTGGTGTGGCTAATGCCCTGGC
CCACAAGTATCACTAAGCTCGCTTTCTTGC
TGTCCAATTTCTATTAAAGGTTCCTTTGTT
CCCTAAGTCCAACTACTAAACTGGGGGATA
TTATGAAGGGCCTTGAGCATCTGGATTCTG
CCTAATAAAAAACATTTATTTTCATTGCAA
TGATGTATTTAAATTATTTCTGAATATTTT
ACTAAAAAGGGAATGTGGGAGGTCAGTGCA
TTTAAAACATAAAGAAATGATGAGCTGTTC
AAACCTTGGGAAAATACACTATATCTTAAA
CTCCATGAAAGAAGGTGAGGCTGCAACCAG
CTAATGCACATTGGCAACAGCCCCTGATGC

Seqüència de bases del gen de la β-globina humana (es llegeix d'esquerra a dreta com un text normal). Les parts ressaltades són els exons; la resta són introns o seqüències no codificants.

Les diferents etapes de l'expressió gènica en el cas del gen de la β-globina humana.

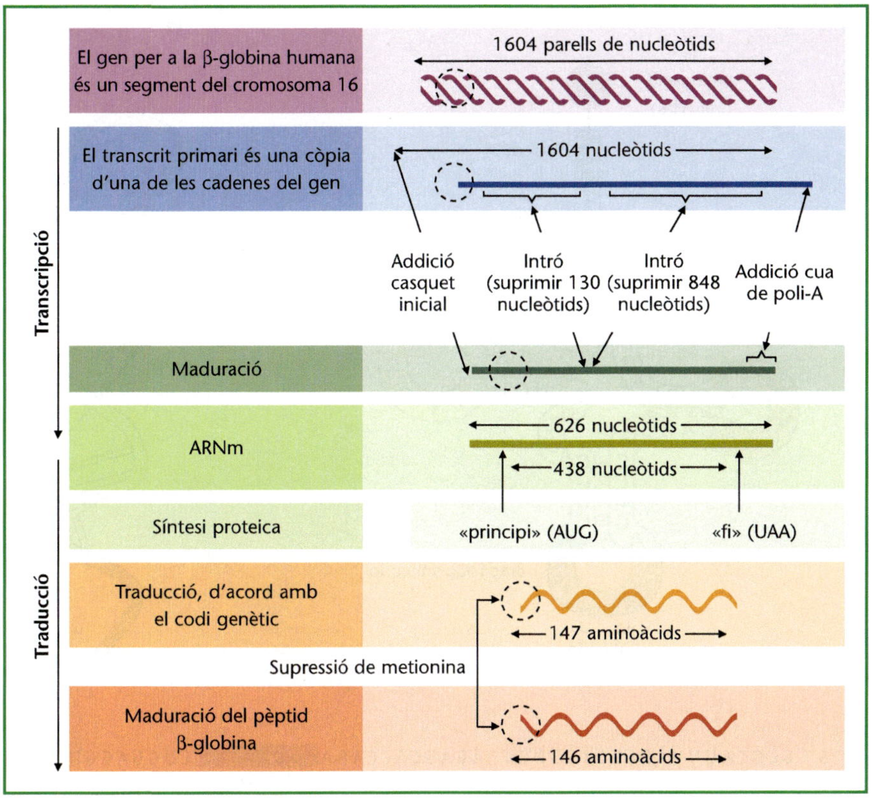

Del gen a la proteïna en els eucariotes (a) i en els procariotes (b).

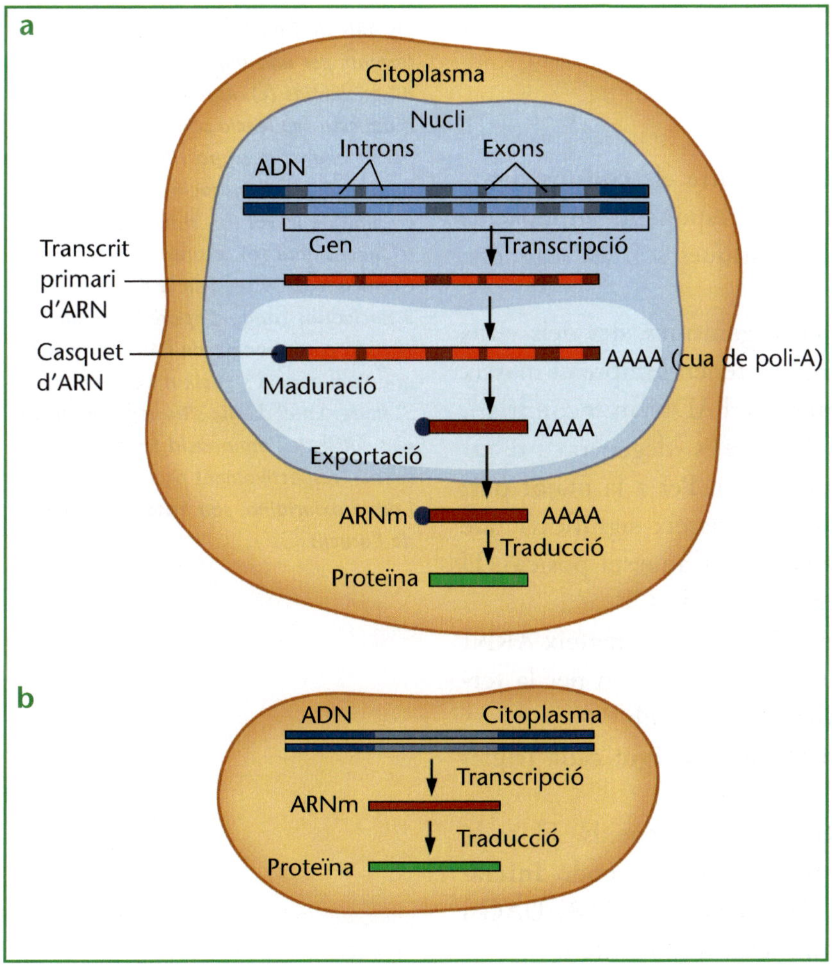

3. La traducció o síntesi de proteïnes

La **traducció** és un fenomen que consisteix en la síntesi d'una proteïna a partir de la informació –seqüència de nucleòtids– de l'**ARN missatger** (ARNm), i té lloc al citoplasma amb la participació activa dels ribosomes.

En aquest procés actuen, com a «adaptadors», els **ARN de transferència o ARNt**, dels quals n'hi ha com a mínim un per cadascun dels 20 aminoàcids.

El terme *traducció* fa referència precisament a un cert canvi de llenguatge. En efecte, la informació genètica de l'ADN o de l'ARNm està continguda en un alfabet de quatre lletres (els nucleòtids), i aquesta mateixa informació ha de ser traduïda a la seqüència d'aminoàcids, és a dir, a un altre «idioma» amb un alfabet de vint lletres.

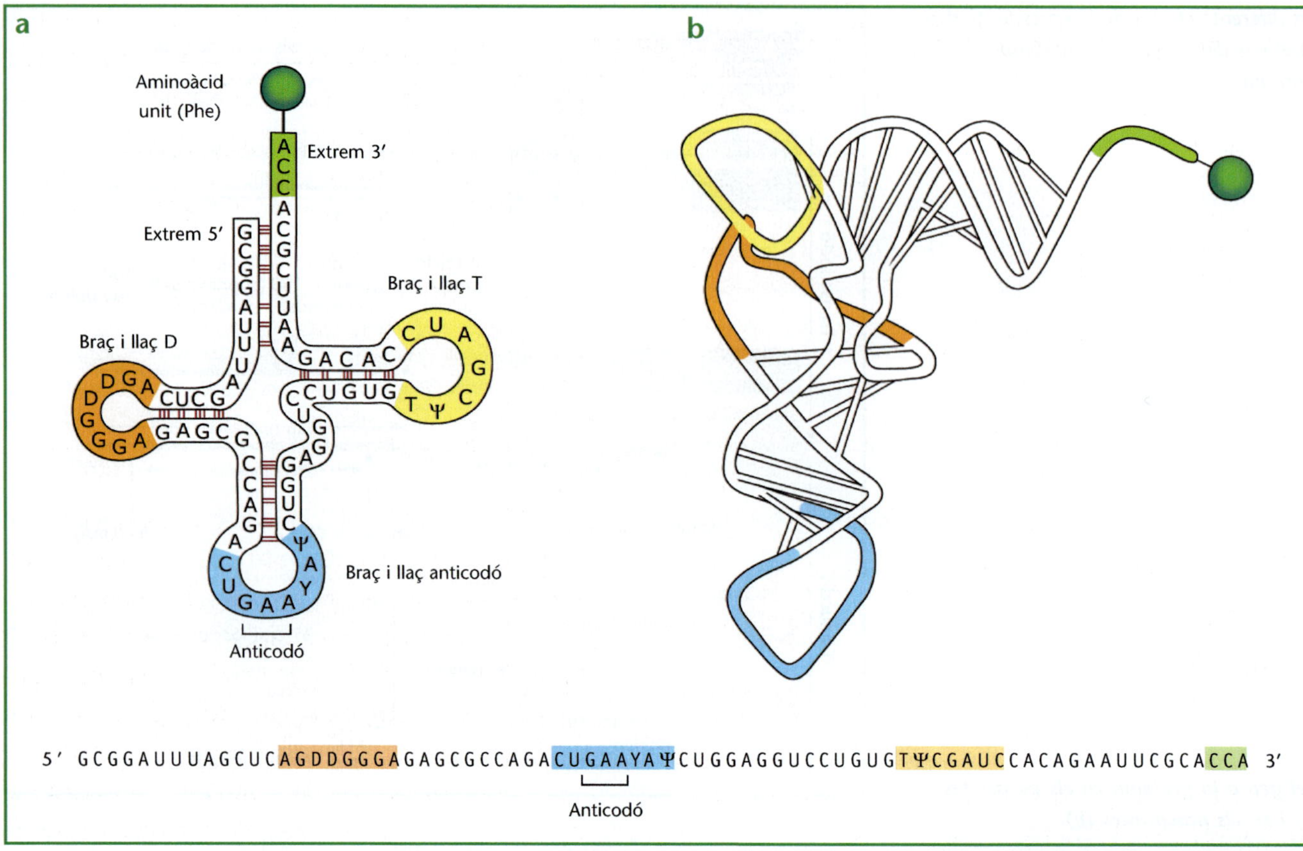

Els ARN de transferència o ARNt estan formats per una seqüència d'uns 80 nucleòtids (c). Alguns segments curts d'aquesta seqüència són complementaris, per la qual cosa s'aparellen i la molècula adopta una configuració bidimensional en fulla de trèvol (a), si bé l'estructura tridimensional (b) recorda la lletra L. L'anticodó és la seqüència de 3 nucleòtids capaç d'aparellar-se amb el codó corresponent de l'ARNm, mentre que l'aminoàcid s'uneix a l'extrem 3' lliure. En el dibuix s'ha representat un dels ARNt de l'aminoàcid fenilalanina (Ψ i D, respectivament pseudopurina i dihidroxiuridina, són bases derivades de l'uracil).

3.1. El codi genètic

El **codi genètic** és el conjunt d'equivalències entre els **codons** o triplets de nucleòtids de l'ARN missatger i els corresponents aminoàcids de les proteïnes. Les seves principals característiques són les següents:

a) És pràcticament **universal**. En tots els organismes, des dels virus fins als grups d'eucariotes, els mateixos triplets tenen sempre el mateix significat (les principals excepcions es donen en l'ADN mitocondrial).

b) Presenta **redundància** (a vegades es diu que és «degenerat», usant una paraula manllevada de la mecànica quàntica). Per a la major part d'aminoàcids, hi ha triplets sinònims (amb el mateix significat). De les tres bases, la tercera és la menys important. En aquesta posició, U i C són sempre equivalents; A i G, a vegades.

c) La «degeneració» és deguda al fet del **balanceig**. Un mateix ARNt pot aparellar-se amb diversos codons que només difereixen per la tercera base, perquè a aquest nivell l'aparellament és dèbil.

d) Malgrat la redundància, el codi **no és pas ambigu**; cada triplet significa només un aminoàcid.

e) Dels 64 codons possibles, 61 determinen aminoàcids. El codó AUG, que determina metionina, és al mateix temps un codó **iniciador**, senyal d'inici de la síntesi proteica. Els altres tres (UAA, UAG i UGA) són **codons de terminació o de parada**, que l'aturen.

Primera lletra (extrem 5')	Segona lletra: U		C		A		G		Tercera lletra (extrem 3')
U	UUU	Phe	UCU	Ser	UAU	Tyr	UGU	Cys	U
	UUC		UCC		UAC		UGC		C
	UUA	Leu	UCA		UAA	Stop	UGA	Stop	A
	UUG		UCG		UAG	Stop	UGG	Trp	G
C	CUU	Leu	CCU	Pro	CAU	His	CGU	Arg	U
	CUC		CCC		CAC		CGC		C
	CUA		CCA		CAA	Gln	CGA		A
	CUG		CCG		CAG		CGG		G
A	AUU	Ile	ACU	Thr	AAU	Asn	AGU	Ser	U
	AUC		ACC		AAC		AGC		C
	AUA		ACA		AAA	Lys	AGA	Arg	A
	AUG	Met	ACG		AAG		AGG		G
G	GUU	Val	GCU	Ala	GAU	Asp	GGU	Gly	U
	GUC		GCC		GAC		GGC		C
	GUA		GCA		GAA	Glu	GGA		A
	GUG		GCG		GAG		GGG		G

El codi genètic és el quadre d'equivalències entre els codons o triplets de bases de l'ARNm i els aminoàcids que constitueixen les proteïnes.
Per mitjà d'aquest codi, el llenguatge de quatre lletres de l'ADN, agafades de tres en tres, es tradueix en el llenguatge de vint lletres dels polipèptids (seqüència d'aminoàcids).

f) Els triplets estan juxtaposats i la seva lectura es fa sense pauses. Mentre que en els eucariotes pot no haver-hi encavallament, en els bacteris la síntesi proteica pot iniciar-se a partir de més d'una seqüència AUG de l'interior d'un mateix ARN missatger. És a dir, a partir d'un únic ARNm se sintetitzen proteïnes diferents.

3.2. Les etapes de la traducció

La traducció de l'ARN missatger, que és molt complexa, opera sempre en direcció 5' → 3'. Habitualment, un mateix ARNm és traduït per més d'un ribosoma (la qual cosa origina unes figures semblants a cadenes de rosari, els **poliribosomes** o **polisomes**, observables al microscopi). En el procés, que dura d'uns segons a uns minuts, es consumeix més energia (en forma de nucleòtids trifosfats) que en qualsevol altra activitat biosintètica de la cèl·lula.

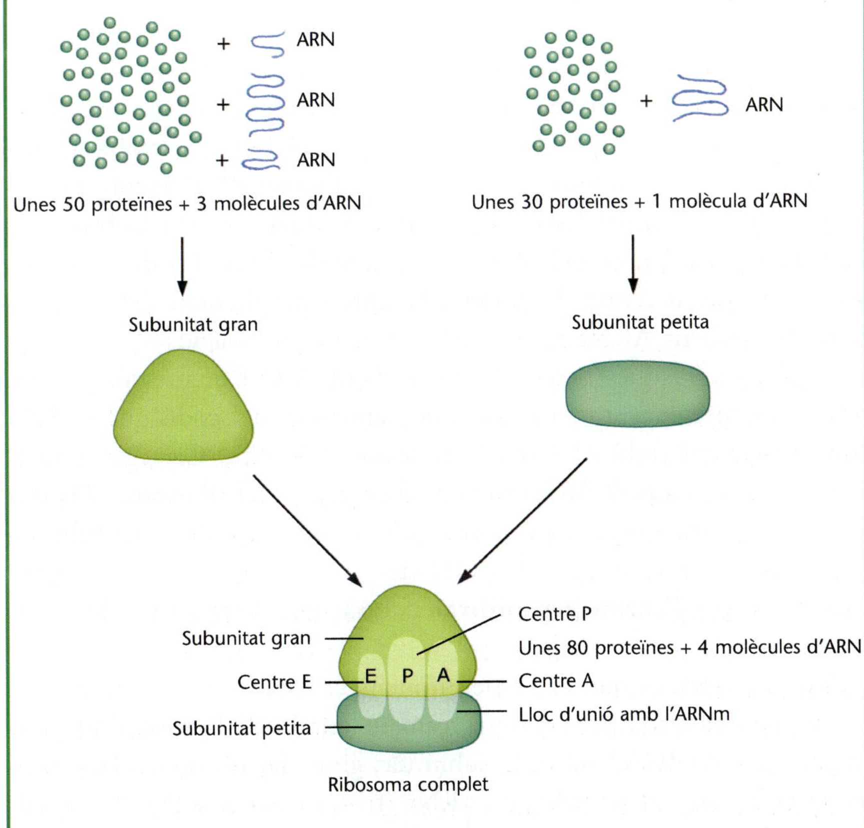

Els ribosomes són la maquinària cel·lular per a la síntesi de proteïnes. Estan formats per dues subunitats amb un total d'unes vuitanta proteïnes i 4 molècules d'ARN, el qual sembla tenir funcions catalítiques. Un ribosoma té tres llocs d'unió per als ARNt (E, P i A) i un per a l'ARNm.

En la traducció, s'hi distingeixen les etapes següents:

– *Activació dels aminoàcids o fase prèvia.* Els diferents aminoàcids s'uneixen a l'extrem 3' del seu ARNt específic per formar els respectius **aminoacil-ARNt**. Aquest és un procés específic de cada aminoàcid, catalitzat per l'enzim **aminoacil-ARNt-sintetasa**, en el qual es consumeix ATP.

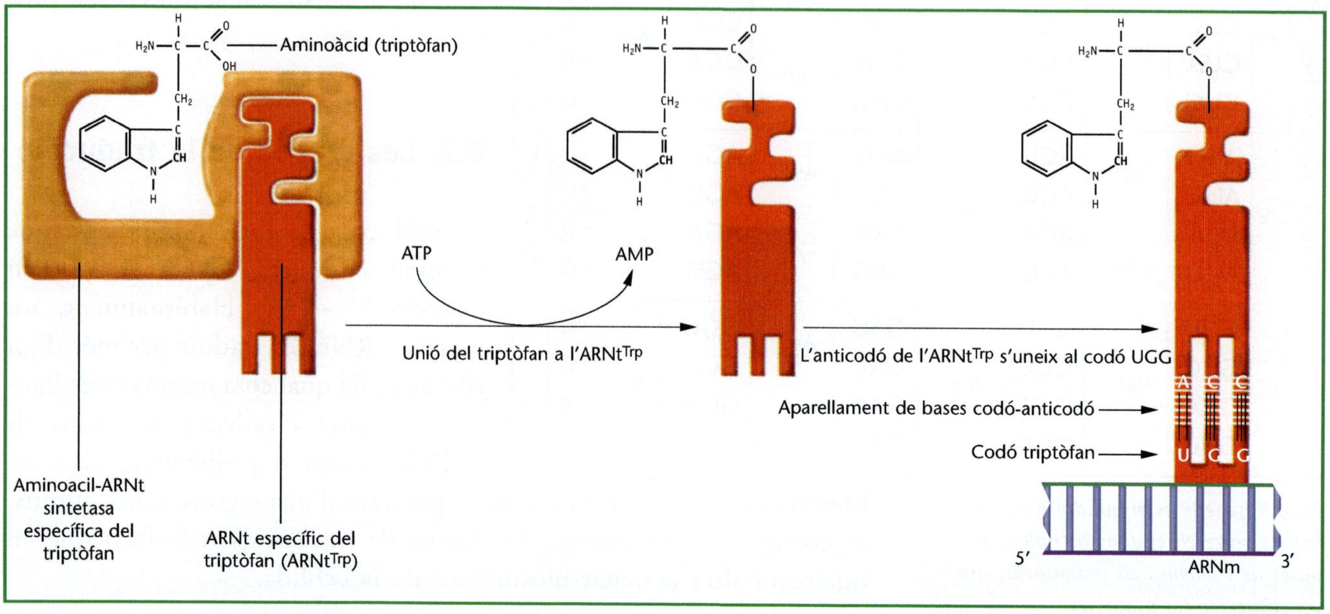

L'enzim aminoacil-ARNt acobla un aminoàcid determinat (en aquest cas el triptòfan) al seu ARNt corresponent. D'aquesta manera, l'ARNt s'uneix a la seqüència de nucleòtids apropiada i incorpora a la posició adequada el seu aminoàcid corresponent.

– *Iniciació.* La traducció d'un ARNm s'inicia amb el codó AUG o **codó d'inici**. Els passos són els següents: l'ARNt de la metionina s'uneix a la subunitat ribosòmica menor. Després, aquesta subunitat s'uneix a l'extrem 5' de l'ARNm. A continuació, la subunitat menor es desplaça, en sentit 5' → 3', al llarg de l'ARN fins que troba el primer AUG. Aleshores, unes proteïnes –dites **factors d'iniciació**– es desprenen de la subunitat ribosomal petita, la qual pot així unir-se a la subunitat gran. Un cop el ribosoma és complet i l'ARNt de la metionina s'ha unit al centre P comença la síntesi pròpiament dita, amb la unió del següent ARNt amb el corresponent aminoàcid.

– *Elongació.* Aquest segon ARNt no és un ARNt qualsevol, sinó un ARNt que presenta un anticodó complementari del codó que hi ha a continuació del codó AUG en la molècula d'ARNm. Carregat amb el seu aminoàcid, aquell ARNt s'uneix al centre A del ribosoma. Els dos aminoàcids, ara propers, s'uneixen mitjançant un enllaç peptídic en una reacció (entre el grup COOH del primer i el NH_2 del segon) catalitzada per l'enzim **peptidiltransferasa**, que forma part del ribosoma.

Aquesta reacció, que és l'esdeveniment crucial de la síntesi proteica, és acompanyada per un desplaçament relatiu de la subunitat petita (unida a l'ARNm) sobre la subunitat gran del ribosoma, que ocasiona el desplaçament dels dos ARNt (fins ara units a P i A) cap als centres E i P, respectivament.

LA SÍNTESI DE PROTEÏNES

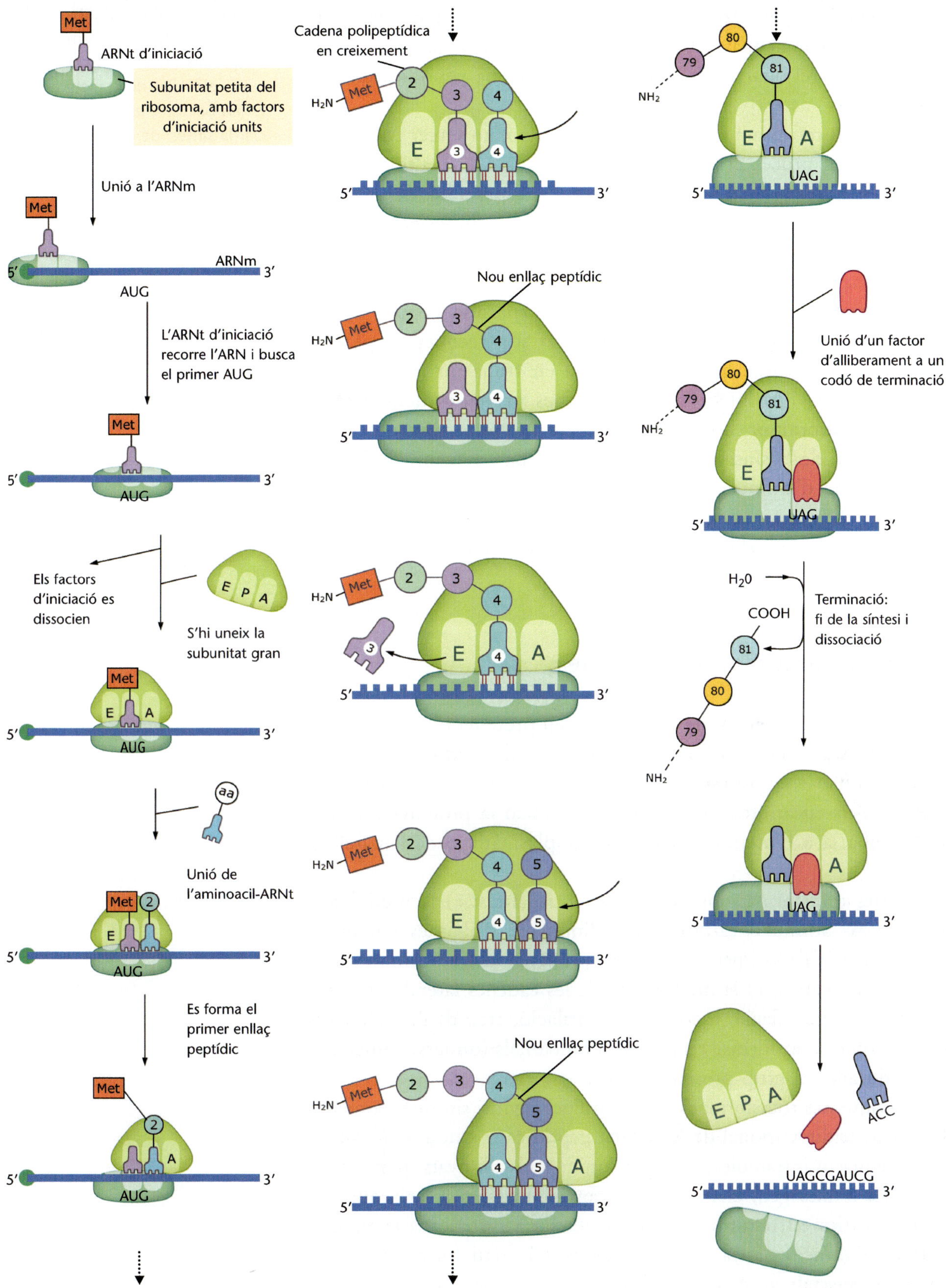

Després, la subunitat petita es desplaça (en sentit 5' → 3') tres nucleòtids al llarg de l'ARNm, de manera que torna a estar encarada amb la subunitat gran. Aquest desplaçament provoca l'alliberament del primer ARNt que ocupava el centre E i que ja s'havia desenganxat del seu aminoàcid (el qual ara forma part de la cadena peptídica en creixement).

Sobre el centre A, ara novament lliure, s'uneix un tercer ARNt i les tres etapes del procés es repeteixen una vegada i una altra: a) unió d'un nou ARNt carregat i formació de l'enllaç peptídic; b) desplaçament de la subunitat petita sobre l'ARNm; c) recomposició del ribosoma i alliberament de l'ARNt descarregat. El resultat és el creixement de la cadena peptídica.

– *Acabament de la síntesi.* Els **codons de parada** (UAA, UAG i UGA) no corresponen a cap proteïna i no són reconeguts per cap ARNt, de manera que quan el ribosoma en troba un la síntesi s'atura. A falta de l'ARNt corresponent, unes proteïnes denominades **factors d'alliberament** s'uneixen al centre A. Aquest fet determina la interrupció de la síntesi i l'alliberament, separadament, de l'ARNt i de la cadena d'aminoàcids. Per la seva part, el ribosoma es dissocia i resta de nou inactiu. Sovint, els ARNm presenten més d'un codó de parada, gairebé seguits, com una mena de mecanisme de seguretat.

RECORDA

La síntesi de proteïnes a partir de la seqüència inscrita en l'ARNm té lloc en els ribosomes del citoplasma cel·lular, en un procés en el qual participen activament els ARN de transferència (ARNt). En els bacteris, els ribosomes poden iniciar la síntesi de proteïna a partir de codons AUG localitzats a l'interior de l'ARNm. D'aquesta manera, se sintetitzen proteïnes diverses a partir d'un sol ARNm.

3.3. La maduració de les proteïnes

La cadena peptídica, abans de convertir-se en proteïna funcional, experimenta un seguit de transformacions o procés de **maduració** que pot començar quan encara s'està produint la síntesi en el ribosoma i que, en el cas dels eucariotes, pot perllongar-se quan la proteïna de secreció es troba ja a l'interior del reticle endoplasmàtic o de l'aparell de Golgi.

Aquestes transformacions poden ser, entre altres: a) la modificació dels extrems amino o carboxil; b) l'eliminació d'algunes seqüències (necessàries per passar, per exemple, de prohormones a hormones o de zimogens a enzims); c) la modificació de les cadenes laterals dels aminoàcids per carboxilació, metilació, fosforilació, etc.; d) l'engalzament dels monòmers per formar els polímers funcionals (dímers, trímers...); e) la unió amb el grup prostètic, etc.

Totes aquestes transformacions tenen lloc, sovint, simultàniament al plegament tridimensional de la cadena peptídica, a causa de la formació dels enllaços intramoleculars entre aminoàcids allunyats (ponts disulfur, ponts d'hidrogen, etc.). Aquests canvis atorguen a les seqüències peptídiques les estructures secundària, terciària i quaternària típiques de la configuració nativa de les proteïnes i les fan funcionals. Unes proteïnes especials, dites xaperonines, faciliten el procés de plegament de les cadenes peptídiques.

Severo Ochoa (Luarca, Astúries 1905 - Madrid 1993) es doctorà en medicina a la Universitat de Madrid i amplià els estudis a Glasgow, Heidelberg, Londres i Oxford. L'any 1941 marxà als Estats Units d'Amèrica, on va descobrir l'enzim fosforilasa polinucleòtid, que permeté sintetitzar els polinucleòtids. L'any 1959 fou guardonat, juntament amb Arthur Kornberg, amb el premi Nobel de medicina i fisiologia per les investigacions sobre els àcids nucleics que feren possible la síntesi de l'ARN in vitro.

DOCUMENTS

Definició de gen

Mendel descobrí com s'hereten els caràcters hereditaris sense conèixer els gens. Més tard aquests foren identificats amb fragments de cromosoma. Des del punt de vista pràctic, continua sent vàlid el sentit clàssic que identifica el gen amb algun tret observable en el fenotip. Així, parlem de tants gens com variants hereditàries hi reconeixem: el gen per als ulls vermells i el gen per als ulls blancs de la drosòfila; el del color groc i el del color verd dels pèsols, etc.

L'any 1909, el danès Wilhelm Johannsen introduí el terme gen *('el que dóna origen a') per designar els «factors de l'herència» descoberts per Mendel. Durant molt de temps, es tingué una idea física dels gens com si fossin fragments o «perles indivisibles d'un collaret» (el cromosoma). A mitjan segle* XX *sorgí l'evidència que els gens controlen l'estructura de les proteïnes i es féu cèlebre l'expressió «un gen, un enzim».*

Tanmateix, ben aviat començà a sorgir l'evidència de la divisibilitat del gen, que revolucionà la genètica de la mateixa manera que, amb anterioritat, el descobriment de la divisibilitat de l'àtom havia revolucionat la física. Es féu evident que la unitat genètica bàsica és diferent i depèn de la funció considerada (recombinació, mutació, etc.) i, a poc a poc, s'anà imposant la concepció dels gens com a seqüències de nucleòtids de l'ADN.

Qualsevol aproximació al concepte de gen ha de tenir en compte tots els descobriments recents, com per exemple:

– l'existència dels gens saltadors;

– el fet que el material genètic d'alguns virus és l'ARN;

– el fet que alguns gens no codifiquen per a proteïnes sinó per a molècules d'ARN;

– la derivació de proteïnes diferents a partir d'una mateixa seqüència de nucleòtids a causa de l'existència dels introns i de la maduració alternativa de l'ARN.

La definició moderna de gen –si més no la dels denominats gens estructurals que s'identifiquen en funció del seu producte– el fa igual a una seqüència d'ADN (ARN, en el cas dels retrovirus), que és transcrita com una unitat única (amb independència de la seva localització i continuïtat física) i que codifica un conjunt d'ARN o cadena polipeptídica relacionada. Encara més senzill: un gen és una seqüència transcrita de nucleòtids que codifica un producte (ARN o proteïna) amb una funció cel·lular específica. Ara bé, algunes d'aquestes seqüències tenen funcions únicament reguladores dels altres gens.

DOCUMENTS

Transcriptasa inversa i elements genètics mòbils

Com s'ho fan els virus d'ARN –com ara el VIH de la sida– per integrar la seva informació genètica en la de la cèl·lula? Per mitjà de la síntesi d'una còpia en ADN de l'ARN víric. L'any 1970, Howard Temin, que hi anava al darrere des de feia alguns anys, i David Baltimore van descobrir l'enzim transcriptasa inversa (o retrotranscriptasa), que catalitza la síntesi esmentada.

El descobriment de Temin i Baltimore és molt important (per aquest motiu van rebre el premi Nobel de medicina del 1975), perquè representa una excepció al caràcter direccional del flux de la informació biològica (ADN → ARN → proteïnes). Durant un temps, es va creure que la transcriptasa inversa era exclusiva de determinats virus d'ARN (retrovirus). Ara sabem que no. L'activació dels gens saltadors hi està molt relacionada.

Durant la dècada de 1940, Barbara McClintock va descobrir en el blat de moro l'existència de gens que s'activaven o s'inactivaven (talment com un llum que s'encén o s'apaga) en funció d'un gen que, en saltar d'un punt a l'altre del genoma, influïa sobre els gens veïns. Tanmateix, el descobriment d'aquests ***gens saltadors*** *era massa revolucionari per a l'època i gairebé no fou reconegut (Barbara McClintock no va rebre el premi Nobel de medicina pel seu descobriment fins l'any 1983).*

Avui dia, sabem que els elements genètics mòbils, ***elements transponibles o transposons****, són habituals en moltes espècies. Es tracta de segments d'ADN que poden ser transferits, és a dir, inserits en una nova porció del cromosoma. Per fer-ho, necessiten un enzim denominat* ***transposasa****. Els transposons són propis tant dels bacteris com dels eucariotes. En aquests últims hi ha la classe especial dels* ***retrotransposons****, els quals no es desplacen en forma d'ADN, sinó per mitjà d'un intermediari d'ARN. Totes les cèl·lules en tenen múltiples còpies, si bé només solen transferir-se molt de tant en tant. En el genoma humà també hi ha abundants seqüències genètiques mòbils, especialment dues: l'element* ***L1****, tan repetit que constitueix prop d'un 4 % del genoma humà, i la seqüència* ***Alu****, de només uns 300 parells de bases, però tan repetida (més de 500 000 còpies) que representa prop d'un 5 % de l'ADN total.*

El paper de la transcriptasa inversa en la infecció causada per un retrovirus.

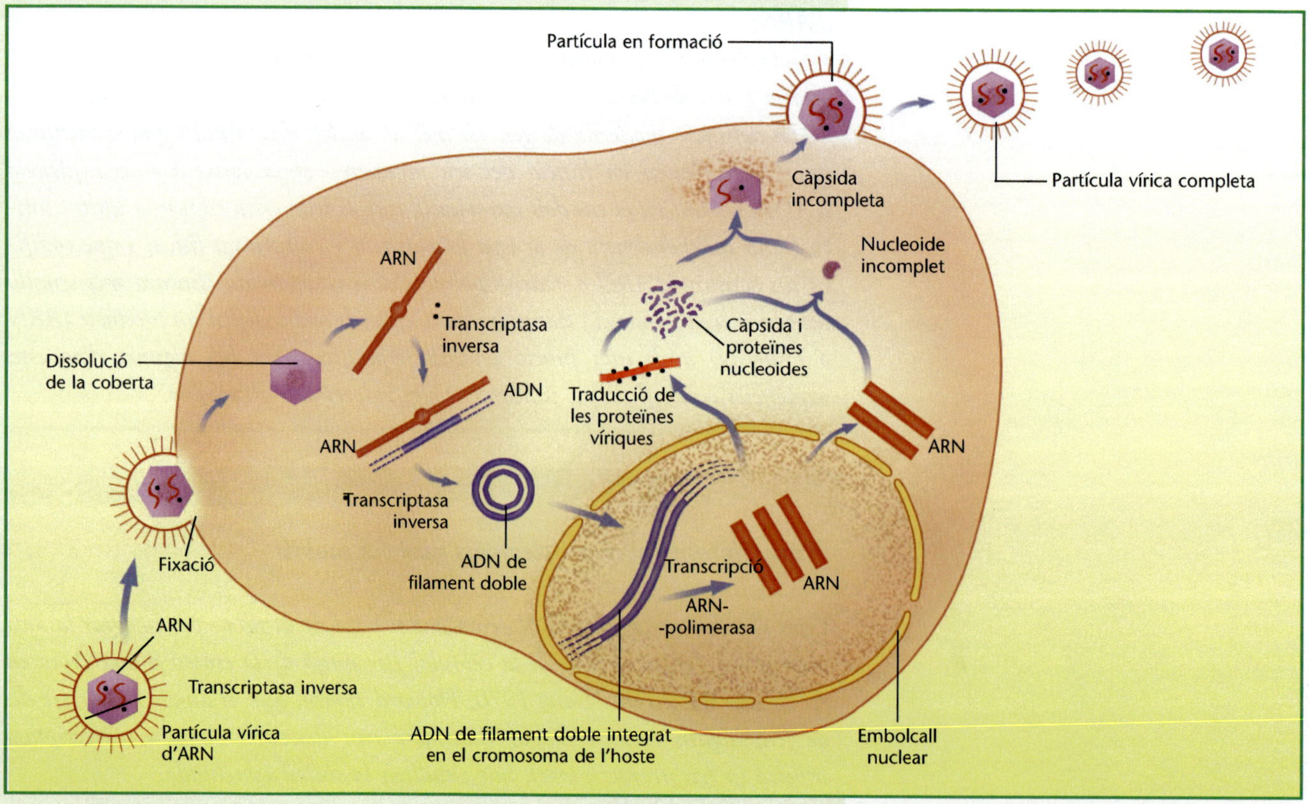

BARCANOVA

RECORDA

Els **virus** són com gens autònoms protegits per un embolcall de proteïnes. La seva mobilitat els ha permès tenir un paper important en l'evolució de les espècies.

En alguns casos, la similitud dels transposons amb el funcionament dels retrovirus és molt gran. No tan sols alguns dels seus gens són força semblants, sinó que hi ha transposicions en què, de fet, hi intervé una transcriptasa inversa.

En els seus salts, l'element mòbil pot malmetre, reordenar o arrossegar seqüències properes de l'ADN, de manera que la seva influència, favorable, sobre l'evolució dels genomes ha estat segurament molt gran. Des d'aquest punt de vista, un plasmidi –molècula d'àcid nucleic que es replica de manera independent del cromosoma– és un transposó amb capacitat de replicació autònoma.

Tot fa pensar que els virus deriven d'aquests elements genètics mòbils (transposons i plasmidis) dels quals serien els ancestres. Probablement, els primers virus van aparèixer quan algun plasmidi d'ARN va adquirir un gen que codifica per a una proteïna protectora. Protegits per la seva càpsida, els virus han aconseguit una capacitat única: transferir seqüències d'àcids nucleics entre espècies diferents (aquest procés de transducció s'utilitza actualment en enginyeria genètica per traslladar gens d'una cèl·lula a una altra).

ACTIVITATS

10.6. Copia la taula següent, relatiu a una cadena d'ADN humà que es transcriu i als productes relacionats amb aquesta transcripció, i completa'l.

ADN	A … T	… … …	C C C
ARNm	… C …	… … …	G … …
ARNt	… … …	… … …	… … …
Proteïna	… … … … …	Triptòfan	… … … … …

10.7. En la replicació de l'ADN, cada bri de l'ADN inicial actua com a motlle per a la síntesi d'un bri complementari. Quins són els tres mecanismes de replicació teòricament possibles? Quin dels tres s'adiu amb la replicació de l'ADN? En relació amb l'experiment de Meselson i Stahl, quins haurien estat els resultats de la sedimentació al cap de 0, 1, 2 i 3 generacions? Dibuixa'n els gràfics relatius.

10.8. Les ADN-polimerases catalitzen la incorporació de desoxiribonucleòtids monofosfats al bri d'ADN en formació, mentre que les peces elementals disponibles són els nucleòsids trifosfats. Com s'explica, aquest fet?

10.9. Respon a les preguntes següents:

a) Quan es formen, els segments d'Okazaki? Per què es formen?
b) Com es forma l'iniciador d'aquests segments?
c) Com s'elimina després aquest iniciador?
d) Com s'uneixen els fragments restants?

10.10. Fixa't en els conceptes següents i explica si hi ha cap diferència entre cada una de les parelles: a) *gen / factor hereditari*; b) *caràcter universal del codi / caràcter no ambigu del codi*; c) *replicació de l'ADN / síntesi de l'ADN*; d) *replicació conservadora / replicació semiconservadora*; e) *replicació unidireccional / replicació bidireccional.*

10.11. Tal com s'explica en el text, J. H. Taylor i els seus col·legues van experimentar amb plantetes de lliri després d'haver-les cultivat amb [^{3}H]timidina. En van agafar unes quantes cèl·lules i en van fer una autoradiografia (mostra 1) per mirar-ne els cromosomes (l'isòtop radioactiu revela la seva presència). Van deixar que aquestes cèl·lules es reproduïssin una vegada (F_1) i encara una segona vegada (F_2). Quina interpretació es pot fer d'aquests resultats? Per què la [^{3}H]timidina es reparteix d'aquesta manera?

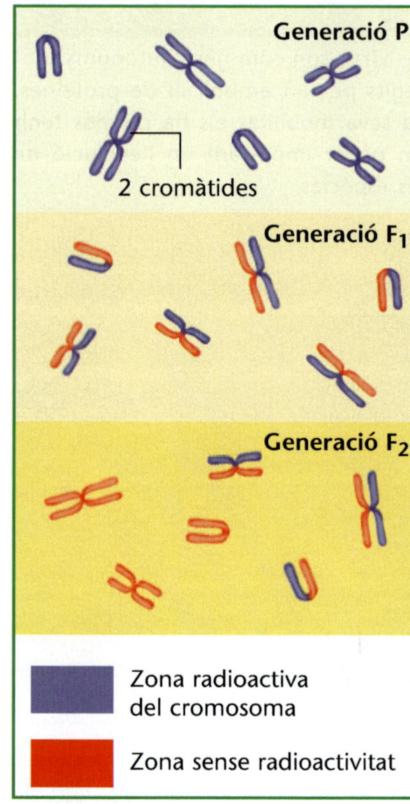

L'experiment de Taylor.

10.12. Mitjançant tècniques especials (denominades d'hibridació), és possible obtenir, des de la dècada de 1970, molècules bicatenàries híbrides formades per fragments de l'ADN i l'ARNm d'una mateixa espècie bacteriana. Quines conclusions es poden extreure d'aquest fet en relació amb el procés de la transcripció i amb l'arquitectura molecular de l'ADN i l'ARN?

10.13. Quines són les característiques estructurals comunes dels ARNt? Quines són les característiques estructurals que els diferencien?

10.14. Quina funció tenen els codons UAA, UAG i UGA? ¿Hi ha ARNt que els reconeixen? Com són reconeguts?

10.15. Defineix els termes *intró, colinealitat, anticodó, ARN-polimerasa* i *peptidiltransferasa.*

10.16. Quin és el percentatge de guanina d'un ADN vegetal amb un contingut d'adenina del 33 %? Per què? Si el codó de l'ARN missatger que codifica l'aminoàcid lisina és 5'AAG3', quina és la seqüència de bases de l'anticodó de l'ARNt corresponent? Quin és l'extrem 5' i quin el 3'? Quina és la funció dels codons que no codifiquen cap aminoàcid?

10.17. Determina, per als anticodons 3'UUA5', 3'UCU5', 3'AAU5' i 3'ACU5', les qüestions següents:

a) el codó corresponent de l'ARNm, tenint en compte els extrems 5' i 3';

b) la seqüència de 3 nucleòtids de la cadena d'ADN que es transcriu;

c) la seqüència de 3 nucleòtids de la cadena d'ADN complementària;

d) l'aminoàcid que correspon a cada codó.

10.18. Explica la diferència entre *virus, virió, transposó* i *plasmidi.*

10.19. Per tal d'obtenir nous mutants s'exposen cultius del bacteri *Escherichia coli* a l'acció mutagènica dels raigs X. Després d'exposicions repetides, s'obtenen alguns mutants que no creixen en un medi mínim amb glucosa i sals minerals, medi en el qual en canvi creixen les *E. coli* normals. Per poder cultivar aquests mutants cal afegir al medi mínim alguns aminoàcids, o bé algunes bases nitrogenades. Observa la taula que hi ha a continuació i resol les qüestions següents:

a) Digues el nom de dos o tres elements químics que han de formar part necessàriament del medi mínim.

b) On es manifestarà de manera més immediata l'efecte d'una mutació: en un bacteri o en una cèl·lula humana? Per què?

c) Formula hipòtesis bioquímiques per explicar per què els mutants 1 i 2 no creixen en el medi mínim i necessiten una aportació d'alguns aminoàcids o de bases nitrogenades.

d) Explica com s'hauria de dissenyar un experiment que corrobori les teves hipòtesis.

	Creixement en medi mínim	Creixement en medi suplementat amb aminoàcids	Creixement en medi suplementat amb bases nitrogenades
Soca mare	Sí	Sí	Sí
Mutant 1	No	Sí	No
Mutant 2	No	No	Sí

4. Les mutacions

La morfologia pròpia del gat siamès és el resultat d'una mutació puntual en el seu material genètic.

Les mutacions –canvis en els gens o en els cromosomes– són alteracions del material hereditari que es produeixen per un error en els mecanismes moleculars de replicació o de reparació de l'ADN cel·lular, o bé per disfuncions en la repartició dels cromosomes durant la divisió cel·lular.

Les mutacions són fets accidentals (excepcions a una regularitat), aleatoris i, per tant, de caràcter no direccional. Tanmateix, constitueixen –malgrat que moltes tinguin un efecte deleteri– la base de la diversitat del material hereditari que ha permès l'evolució per selecció natural. Algunes mutacions, com ara les que alguns autors denominen **macromutacions**, produeixen canvis notables i, per això, tenen una gran importància evolutiva.

Les mutacions es produeixen de manera espontània, tot i que alguns factors o **agents mutàgens** n'augmenten l'aparició, especialment les radiacions d'alta energia, com ara els raigs gamma i els raigs X, o la

BARCANOVA

llum ultraviolada i diverses substàncies químiques, com ara el gas mostassa, el peròxid d'hidrogen i l'àcid nitrós, els efectes mutagènics dels quals són ben coneguts (i per això han estat usats com a armes químiques de destrucció massiva).

Els mecanismes enzimàtics de lectura i correcció de proves durant la replicació de l'ADN fan que, tal com hem dit, en els mamífers només una de cada 10^9 bases es copiï de manera incorrecta. Si tenim en compte tots els diferents tipus de mutacions existents, la **freqüència de mutació** calculada per a una diversitat d'organismes és, de mitjana, de l'ordre d'1 entre 100 000 i 1 entre 10 000 000 (10^{-5} – 10^{-7}). S'estima que les mutacions letals contingudes en un cromosoma humà sencer poden afectar ben bé un de cada 100 o 1 000 gàmetes. Al llarg de la seva vida, una persona adulta acumula, segurament, entre 10 i 100 mutacions de parells de bases en les seves cèl·lules somàtiques.

Mentre que les mutacions de les cèl·lules somàtiques no tenen transcendència evolutiva –encara que poden induir la formació de tumors i malformacions–, les mutacions en les cèl·lules germinals (òvuls i espermatozoides) són molt importants, perquè totes les cèl·lules que després de la fecundació resulten de la divisió del zigot en seran portadores.

Hi ha dos tipus de mutacions:

– Les **mutacions gèniques** o puntuals, que afecten un o més parells de bases de l'ADN.

– Les **mutacions** o **aberracions cromosòmiques**, que afecten fragments de cromosoma, cromosomes sencers o tot el seu conjunt. A vegades, les mutacions que afecten el nombre de cromosomes (no tan sols la forma) es classifiquen en un tercer grup a part: el de les **mutacions genòmiques**. Les mutacions cromosòmiques es poden observar al microscopi.

Les mutacions són fets accidentals, aleatoris i no direccionals. Tanmateix, la freqüència amb què succeeixen es pot veure notablement incrementada pels denominats agents mutàgens, com ara les radiacions ionitzants, la llum ultraviolada o diverses substàncies químiques.

4.1. Mutacions gèniques

Les **mutacions gèniques** són degudes a errors en la replicació o la reparació de l'ADN i a vegades són molt puntuals. Efectivament, algunes mutacions són simples substitucions de parells de bases (que canvien el sentit d'un triplet, però no el sistema de lectura). Entre aquestes hi ha les **transicions** (substitució d'una base púrica o pirimidínica per una altra de la mateixa família) i les **transversions** (substitució d'una purina per una pirimidina o viceversa).

Les més freqüents (80 % del total de les mutacions gèniques) són les que per **addició** o **deleció** (pèrdua) de parells de bases produeixen un corriment del sistema de lectura –que opera per triplets de bases–. Aquest **desplaçament de la pauta de lectura** acostuma a causar canvis dràstics de la proteïna codificada.

La llum ultraviolada és un poderós agent mutagen.

DOCUMENTS

Paraules de tres lletres

El text genètic està escrit amb «paraules» de tres lletres. També hem escrit amb paraules de tres lletres la següent nota de comanda de dos frankfurts, ja que volem menjar, mentre estudiem, una salsitxa a l'estil americà, amb sal i col fermentada, i una altra només amb sal i sense col. A través d'aquesta nota, es pot veure la gravetat dels tipus de mutacions sobre el significat del missatge.

Tipus de mutació	Lloc de la mutació	Resultat
Missatge original	ELS DOS AMB SAL MES UNA AMB COL	
Substitució d'una lletra	ELS DOS AMB SAC MES UNA AMB COL	Canvi de sentit
Substitució d'una lletra	ELS DOS AMB SAF MES UNA AMB COL	Disminució de sentit
Inserció d'una lletra	ELS DOS AMB SAF LME SUN AAM BCO L	Alteració total del sentit a partir del punt de mutació
Addició d'un fragment	ELS DOS AMB SAF TGH MLM ESU NAA MBC OL	Alteració total del sentit a partir del punt de mutació
Deleció d'una lletra	ELS DOS AMB SAM ESU NAA MBC OL	Alteració total del sentit a partir del punt de mutació
Deleció d'un fragment	ELS DOS AMB SA	Pèrdua greu d'informació

4.2. Mutacions cromosòmiques

Les **mutacions cromosòmiques** són mutacions que impliquen una reordenació del material genètic ja existent, més que no pas nous canvis en aquest material. Aquest tipus de mutacions afecten fragments de cromosomes, cromosomes sencers o, fins i tot, el conjunt del genoma i es produeixen durant la divisió cel·lular, especialment en la meiosi. Algunes afecten l'estructura dels cromosomes; d'altres, el nombre.

Canvis en l'estructura dels cromosomes

a) Per minva o addició de fragments:

– **Delecions**. Són la pèrdua d'un fragment de cromosoma. Sovint són letals.

– **Duplicacions**. Suposen la presència repetida d'un fragment de la dotació cromosòmica (sobre el cromosoma original o sobre un altre). Sovint han tingut una gran importància evolutiva, ja que, per mutació posterior, permeten la diversificació del material hereditari. De fet,

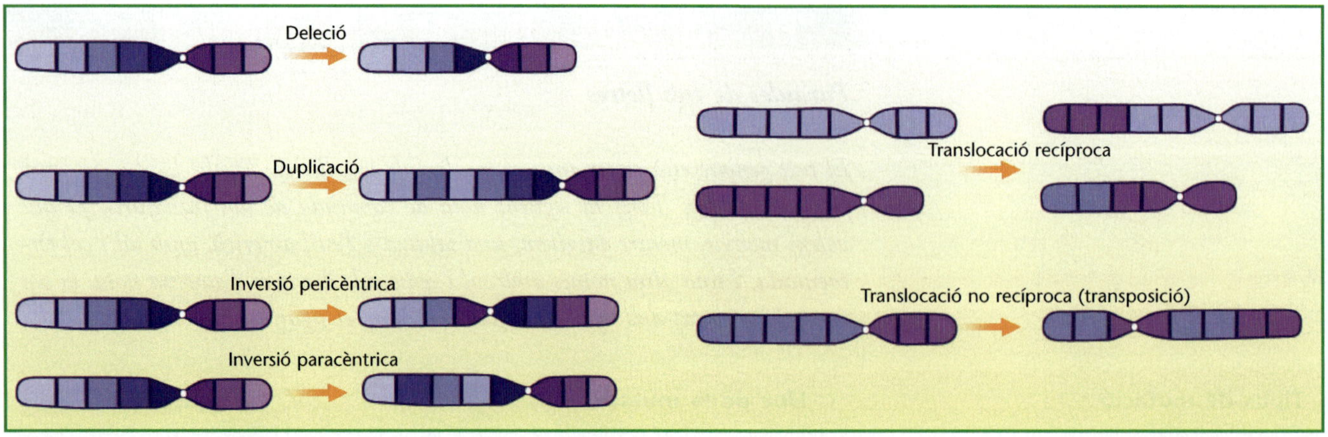

Canvis en l'estructura dels cromosomes.

un percentatge elevat del genoma dels eucariotes està constituït per segments repetitius.

b) Per canvis en la localització de fragments:

– **Inversions**. Suposen la presència, en posició invertida, d'un fragment del cromosoma. Les inversions que inclouen el centròmer s'anomenen **pericèntriques** i les que no l'inclouen, **paracèntriques**. Les inversions sovint ocasionen l'herència conjunta de blocs de gens. A vegades, les inversions successives s'imbriquen i això fa possible l'establiment de seqüències filogenètiques a partir del seu estudi microscòpic.

– **Translocacions**. Són el canvi de localització (en un altre cromosoma) d'un fragment. Si no són **recíproques** s'anomenen **transposicions**. Els seus efectes són semblants als de les inversions.

Canvis en el nombre de cromosomes (mutacions genòmiques)

– **Fusió cèntrica**. Consisteix en la reducció del nombre de cromosomes per fusió de dos cromosomes homòlegs.

– **Fissió cèntrica**. Representa l'aparició d'un nou cromosoma per partició en dos d'un cromosoma preexistent.

– **Aneuploïdia**. Deriva generalment d'una segregació anormal en la meiosi i és la manca o excés d'un dels cromosomes propis de l'espècie. Per a un parell de cromosomes homòlegs determinat, els **nul·lisòmics** (no representats) no en tenen cap, els **monosòmics** només en tenen un i els **trisòmics** i els **tetrasòmics** en tenen tres i quatre, respectivament, en lloc dels dos habituals.

– **Euploïdia**. És l'alteració del nombre habitual de dotacions cromosòmiques senceres. Per defecte, **monoploïdia**, o per excés, **poliploïdia** (triploïdia, tetraploïdia, etc.). La poliploïdia s'origina per meiosis anormals, que donen lloc a gàmetes sense reducció cromosòmica, o bé per duplicació espontània dels cromosomes en les cèl·lules somàtiques. La poliploïdia és molt rara en els animals, però té una gran importància en el món vegetal (es calcula que prop del 50 % de les angiospermes són poliploides).

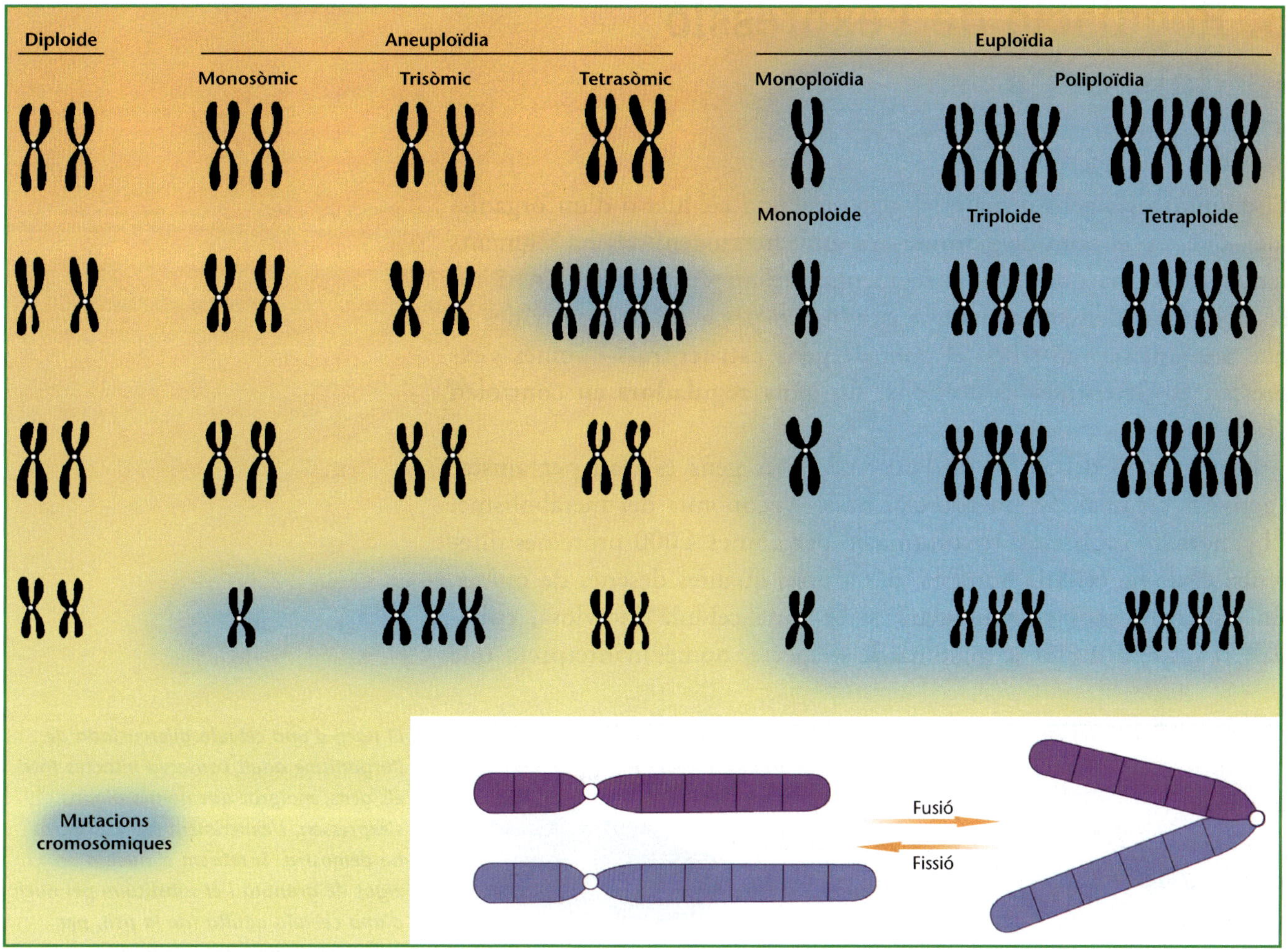

Canvis en el nombre dels cromosomes. Aneuploïdia, al centre, i euploïdia, a la dreta. La primera columna de l'esquerra representa el cariotip normal, mentre que les parts assenyalades en blau són les que han experimentat mutació.

ACTIVITATS

10.20. Explica el significat i la importància de dues característiques fonamentals de les mutacions:

a) el seu caràcter accidental i aleatori;
b) el seu caràcter no direccional.

10.21. Fixa't en cada un dels conceptes de les parelles que hi ha a continuació i explica'ls:

a) *transició* / *transversió*;
b) *inversió pericèntrica* / *inversió paracèntrica*;
c) *translocació* / *transposició*;
d) *fusió cèntrica* / *fissió cèntrica*;
e) *aneuploïdia* / *euploïdia*;
f) *monoploïdia* / *poliploïdia*.

10.22. Defineix breument cada un dels termes o conceptes següents: *deleteri, letal, agent mutagen, agent carcinogen o cancerigen, pauta de lectura de l'ADN, cromosoma gegant* i *citogenètica*.

5. Regulació de l'expressió dels gens

El conjunt dels gens o material genètic d'una cèl·lula o d'un organisme –que rep el nom de **genoma**– és molt heterogeni. Hi ha segments repetits, introns i abundants segments que no s'expressen. Fins i tot la major part dels segments que codifiquen per a ARN o proteïnes –i que per aquesta raó reben el nom de **gens estructurals**– només s'expressen en determinades ocasions. Els **gens reguladors** en controlen l'expressió.

La regulació o control de l'expressió dels gens és clau per ajustar l'activitat cel·lular. És un principi bàsic d'economia del metabolisme. El genoma d'un bacteri té informació per a unes 4 000 proteïnes diferents; el d'una cèl·lula humana, per a unes quantes desenes de milers. En els organismes pluricel·lulars, si bé cada cèl·lula (nerviosa, epitelial...) disposa de tot el genoma de l'espècie, només n'interpreta una

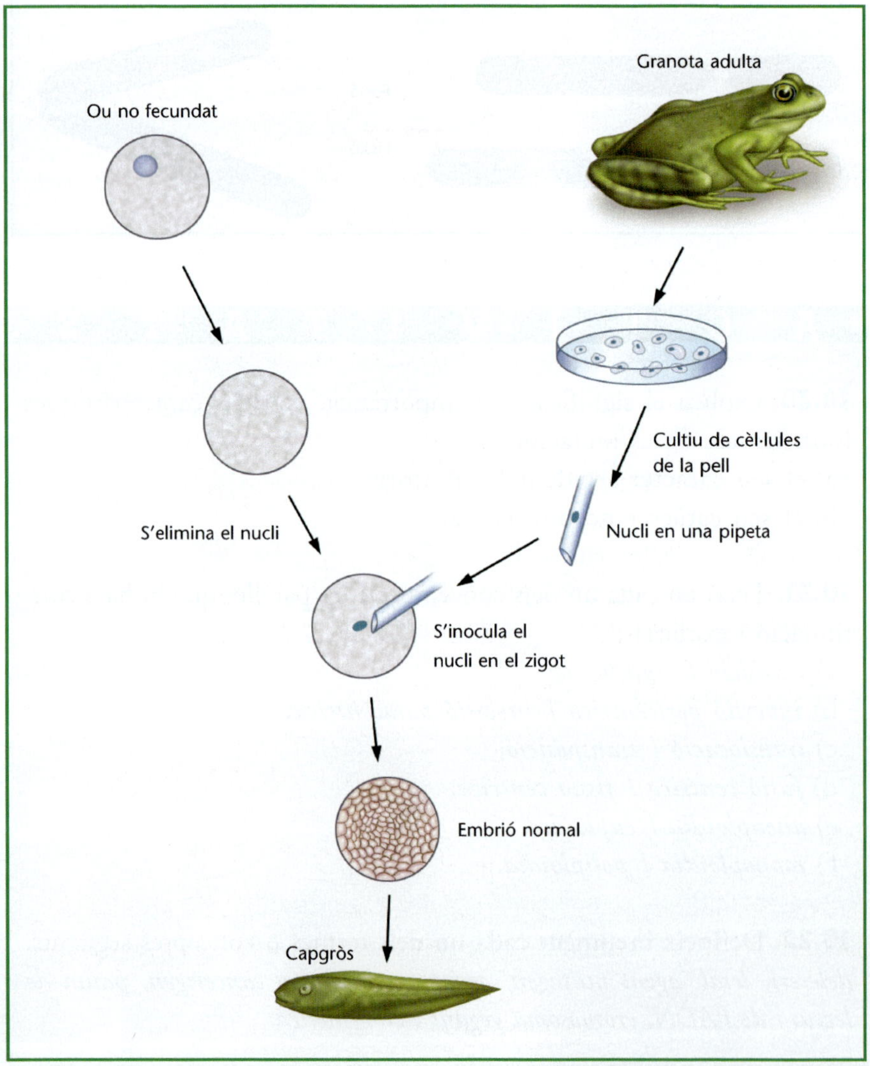

El nucli d'una cèl·lula diferenciada de l'organisme adult conserva intactes tots els gens, malgrat que només alguns s'expressen. L'experiment aquí il·lustrat ho demostra. Si retirem el nucli d'un zigot de granota i el substituïm pel nucli d'una cèl·lula adulta (de la pell, per exemple) d'una altra granota, el zigot es desenvolupa amb normalitat en un capgròs que acaba sent una nova granota.
En això es basen les tècniques de clonació de les diferents espècies de mamífers experimentades en els darrers anys.

part, i això encara només en el moment oportú; el resultat és un concert harmoniós. De fet, la diferenciació cel·lular té lloc perquè les cèl·lules produeixen i acumulen proteïnes diferents; és a dir, expressen gens diferents a ritmes diferents.

L'estudi de la regulació dels gens és un dels camps més actius de recerca. La importància de la regulació gènica es pot estimar comparant la diferent composició proteica dels teixits. Tanmateix, algunes proteïnes són comunes a totes les cèl·lules (per exemple: les ribosomals, les de les membranes del reticle, les del citoesquelet, els enzims de la glucòlisi, etc.) i es diuen **constitutives**. Els gens constitutius són els que les codifiquen.

El control de l'expressió gènica –conegut només de manera parcial– s'efectua a diferents nivells del procés que va de l'ADN a la proteïna mitjançant els passos següents:

- control de l'inici de la transcripció;
- control de la maduració del transcrit primari;
- selecció dels ARNm que seran traduïts;
- activació o inactivació selectiva de les proteïnes un cop sintetitzades.

De tots aquests passos, el més important és el primer. L'inici de la transcripció està regulat per **proteïnes** que s'uneixen a **seqüències**

*L'operó triptòfan d'*Escherichia coli*. Els gens 1, 2, 3, 4 i 5 codifiquen per a diferents enzims de la via de síntesi de l'aminoàcid triptòfan (a dalt). En absència de triptòfan (a baix, a l'esquerra) la proteïna repressora està inactivada, de manera que l'ARN-polimerasa pot unir-se a la regió promotora i iniciar la transcripció. En presència de triptòfan, en canvi (a baix, a la dreta), la proteïna repressora pot unir-se a l'operador, la qual cosa bloqueja la transcripció dels gens dels enzims perquè bloqueja la unió de l'ARN-polimerasa al promotor.*

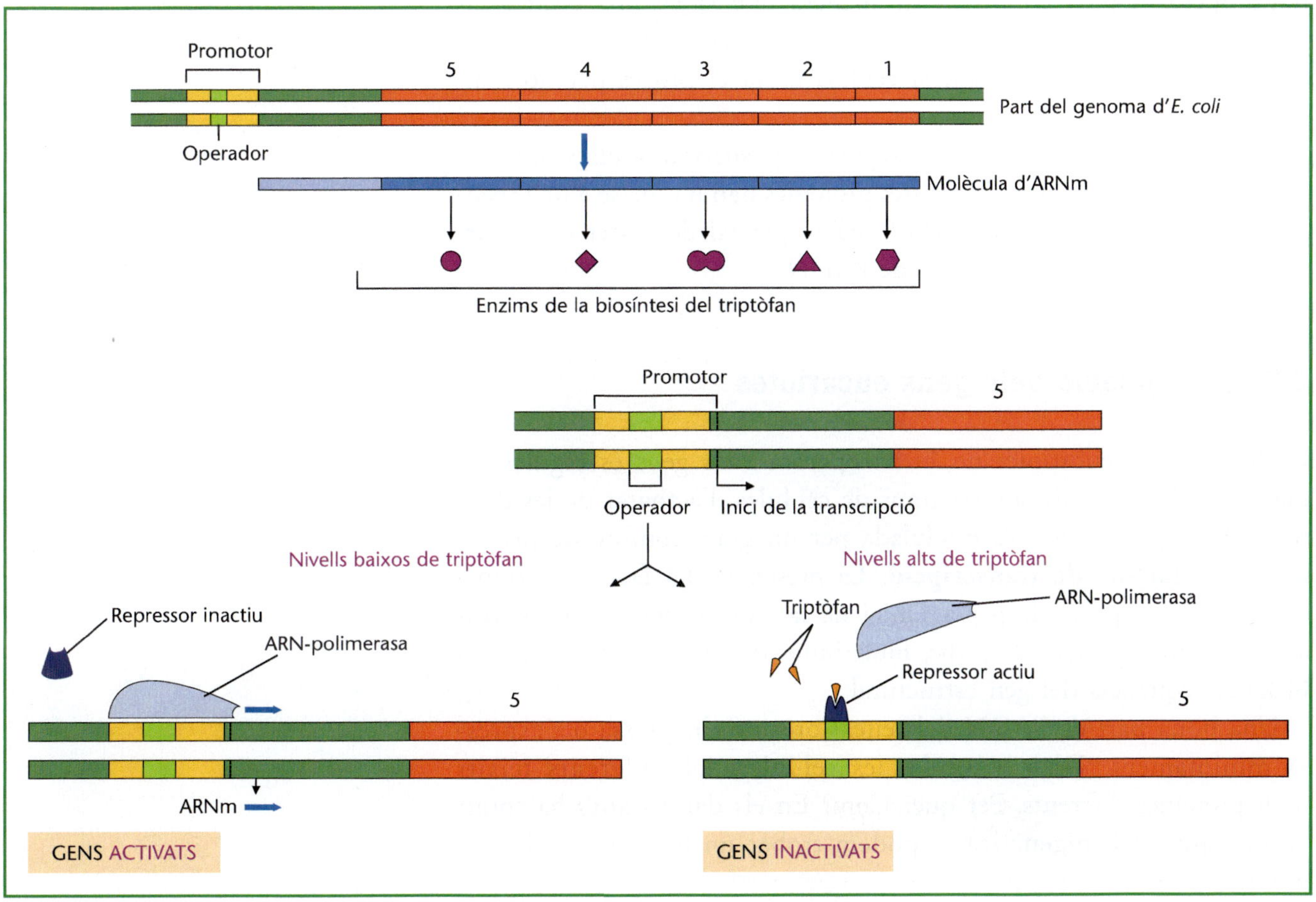

reguladores de l'ADN. Aquesta unió actua de manera comparable a un interruptor, que posa en marxa o atura el procés. Algunes de les proteïnes reguladores són **repressores** i inactiven gens (la presència de la proteïna repressora sobre la seqüència reguladora bloqueja la traducció), mentre que altres tenen l'efecte contrari i són **activadores** dels gens.

5.1. L'operó

El cas més senzill d'unitats organitzatives de l'ADN és el dels **operons**, propis dels bacteris. Diversos gens relacionats i més o menys contigus són regulats per una única seqüència reguladora o **operador**. Fixem-nos, per exemple, en l'**operó triptòfan** que regula l'expressió de 5 gens que codifiquen per a enzims de la ruta metabòlica de síntesi d'aquell aminoàcid. Es tracta d'un operó de regulació negativa per a una proteïna repressora.

La **proteïna reguladora** pot unir-se a la regió operadora, i quan ho fa bloqueja l'accés de la RNA-polimerasa a l'indret **promotor** de la transcripció, de tal manera que fa que aquesta sigui impossible. És la presència de triptòfan en el medi allò que permet que la proteïna reguladora s'uneixi a la regió operadora. Com que aquesta proteïna és al·lostèrica, si no hi ha triptòfan aquella unió és impossible i, per tant, la transcripció es posa en marxa de manera que la cèl·lula fabrica els 5 enzims necessaris per a la síntesi de l'aminoàcid. En canvi, quan comença a haver-hi triptòfan, la cèl·lula atura el procés per no malbaratar recursos.

També es coneixen operons de regulació positiva modulats per proteïnes activadores. Moltes d'aquestes proteïnes han d'unir-se a una segona molècula –per exemple, l'AMP cíclic– per tal de poder enganxar-se sobre la seqüència reguladora de l'ADN.

5.2. La regulació dels gens eucariotes

En les cèl·lules eucariotes no hi ha operons i els gens es regulen de manera individual. En aquest tipus de cèl·lules, l'activitat de les diferents ARN-polimerases és modulada per un gran nombre de proteïnes, dites **factors de transcripció**. La presència del factor de transcripció és indispensable per a l'inici de la síntesi, encara que sovint actuï a gran distància, és a dir, molt lluny del punt cromosòmic on hi ha la seqüència del gen estructural.

Una bona part de l'ADN dels eucariotes no s'expressa o s'expressa mínimament. D'altra banda, les cèl·lules dels diferents teixits usen proteïnes diferents. Per que? Com? En els darrers anys ha sorgit la idea que en l'epigenètica hi podem trobar un bon grapat de respostes.

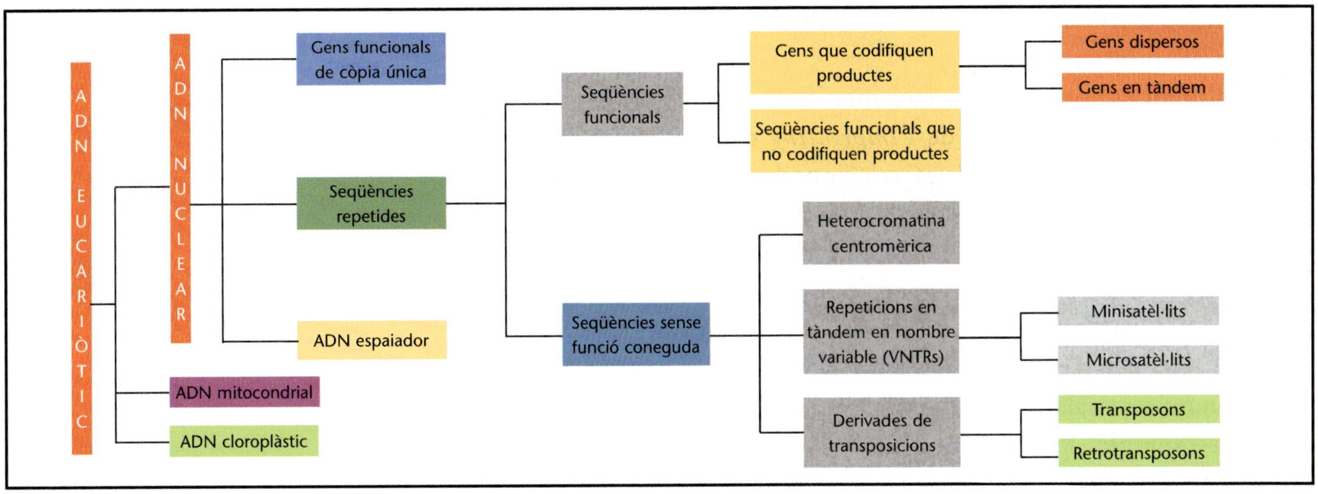

Tipus d'ADN en els eucariotes.

Les bases moleculars de l'epigenètica

Els mecanismes epigenètics més coneguts són les modificacions químiques del mateix ADN o la modificació de les proteïnes de la cromatina, en especial les histones. En concret, els tres principals tipus d'informació epigenètica són els següents:

- metilació de l'ADN;
- *imprinting* genètic;
- modificació d'histones (acetilació, metilació, fosforilació...).

La metilació –postsíntesi– de l'ADN és l'alteració epigenètica més important. Molt sovint té un efecte inactivador de l'expressió gènica. Consisteix –gairebé sempre– en l'addició d'un grup metil en la posició 5' de l'anell d'una citosina (que sol formar part d'un dinucleòtid CpG). La metilació de l'ADN és un fenomen enzimàtic que sembla tenir un paper clau en la diferenciació de les cèl·lules dels diferents teixits. La metilació de l'ADN sovint es produeix en sinergia amb la metilació de les histones.

La impronta, o *imprinting*, es manifesta només en organismes superiors. Els gens improntats s'expressen de manera diferent segons quin sigui el seu origen parental: un mateix gen es manifestarà –si té una marca o *imprinting*– de manera diferent segons si el seu origen és matern o patern (o ho farà o deixarà de fer-ho i viceversa segons quin sigui aquell origen).

6. Més enllà del genoma: l'epigenètica

L'**epigenètica** estudia els canvis heretables que s'esdevenen en la funció gènica sense que hagi tingut lloc cap canvi en la seqüència de l'ADN. Les transformacions epigenètiques tenen un important paper en el desenvolupament dels organismes i en l'evolució de les espècies. El primer en usar el terme *epigenètica* en el seu sentit modern fou, l'any 1942, el biòleg escocès Conrad E. Waddington, tot i que aquesta branca de la biologia s'ha desenvolupat molt recentment, arran dels darrers avenços en el coneixement de l'estructura de la cromatina.

És ben cert que són els gens que contenen la informació genètica però, per a la seva correcta expressió, els cal un «ambient» epigenètic específic. Una part important d'aquest «ambient» és l'estructura de la cromatina, que pot ser influïda per l'ambient extern. D'altra banda, tot i que totes les cèl·lules d'un organisme tenen un mateix genoma, al llarg de la seva vida, i segons quin sigui el seu tipus (musculars, epitelials, nervioses, etc.), expressaran gens diferents. Molts d'aquests gens estan governats per factors epigenètics que indueixen canvis diferencials de la seva expressió. Es pot dir, doncs, que l'epigenètica estudia els canvis que fan que uns gens s'expressin o no, depenent de les condicions en què es troben. S'anomena herència epigenètica la transmissió d'informació no-ADN de cèl·lula a cèl·lula, a través de la meiosi o la mitosi.

La informació epigenètica s'ha comparat, en ocasions, amb la clau musical amb què s'interpreta una melodia: per a un mateix conjunt de notes el resultat serà diferent en funció de la clau usada. El conjunt d'aquests elements informatius rep el nom d'epigenoma. També s'ha comparat aquest epigenoma amb la puntuació i el format d'un text. Mentre que, en aquest cas, les paraules serien la seqüència de bases de l'ADN, l'epigenoma en determinaria quines porten majúscula i quines s'escriuen en negreta o, també, on van els parèntesis, les comes o els punts i a part.

Actualment es coneixen diversos manifestacions de la regulació epigenètica (com els fenòmens de l'*imprinting* o la inactivació del cromosoma X), així com malalties relacionades amb defectes epigenètics, entre les quals diversos tipus de càncer (leucèmies, de mama...) i les síndromes d'Angelman, de Prader-Willi, i de Rett. Les diferències existents entre els bessons genèticament idèntics en són una altra manifestació, particularment interessant. Malgrat compartir la totalitat (100 %) dels seus gens, aquests bessons no sempre desenvolupen les mateixes malalties amb predisposició hereditària (tal com mostren, per exemple, les recerques dutes a terme sobre l'herència de la diabetis tipus 1).

6.1. La cromatina, les histones i la modulació de l'expressió gènica

El control de l'estructura de la cromatina és clau en l'expressió del material genètic. En principi la cromatina és repressora de la transcripció dels gens perquè l'empaquetament fa que siguin inaccessibles les regions *promotores* (aquelles involucrades en l'inici de la transcripció) i dificulta la processó de les ARN-polimerases.

Durant la fase de maduració de la cromatina, aquesta pot canviar de conformació, ja sigui al nivell dels nucleosomes individuals o en extensions força més considerables. Aquest procés pot consistir en modificacions posttraduccionals de les histones o en un procés encara més general de remodelació de la cromatina, que implica consum d'energia en forma d'ATP i n'indueix canvis en l'estructura. En les histones hi ha «escrit», per mitjà d'un seguit de modificacions químiques, el conjunt d'instruccions amb què la cromatina regula l'expressió de la informació hereditària de l'ADN. Se suposa que aquests canvis –que assenyalen regions genòmiques específiques– podrien ser llegits per altres proteïnes capaces d'identificar els perfils de les modificacions específiques.

Aquell conjunt de modificacions químiques, que rep el nom de codi de les histones, és força variat: inclou acetilacions, fosforilacions, metilacions, etc., dels aminoàcids, en especial els situats als extrems amino-terminals de les histones H3 i H4. Sovint l'acetilació d'aquestes lisines terminals, pel fet que suposa una disminució de la càrrega positiva total de la molècula d'histona, sol implicar –en conseqüència– una menor afinitat de la histona per a l'ADN i, per tant, n'afavoreix la transcripció. Per contra, la metilació d'aquelles mateixes lisines sol anar generalment associada a la repressió de la transcripció.

Altres vegades els nucleosomes presenten histones variants. Com la CENP-A, una variant de la H3 associada a regions silencioses dels centròmers, o la «macro H2A» en relació amb el cromosoma X inactiu de les femelles dels mamífers.

DOCUMENTS

La diversitat dels anticossos és el resultat de la transposició i la recombinació genètiques

La gran diversitat dels anticossos és el resultat d'una extraordinària diferenciació genètica que té lloc en el transcurs del procés de maduració dels limfòcits B, un cop aquests han estat sensibilitzats per la presència d'antígens específics.

Durant molts anys ha estat un enigma el fet que es poguessin generar prou anticossos diferents per tal de respondre epecíficament a milions d'antígens diversos. ¿És que cada limfòcit hauria de tenir un gen per a cada tipus d'anticòs? Això és impossible perquè literalment no hi ha ADN suficient en el nucli de les cèl·lules humanes.

La molècula d'immunoglobulina, que s'assembla a una Y, té dues cadenes polipeptídiques llargues o pesants (amb 446 residus aminoàcids) i dues cadenes curtes o lleugeres (216 aminoàcids), i mentre una part de les cadenes lleugeres i de les pesants és constant (C), els extrems dels braços de la Y, tant pel que fa a les cadenes lleugeres com a les pesants, tenen una seqüència variable (V), diferent per a cada anticòs específic.

Això feia pensar que l'ADN que codifica les cadenes lleugeres es podia originar per unió de dos gens, l'un que codifica la regió variable i l'altre que codifica la regió constant. Això fou demostrat entre el 1976 i el 1978 per Susumu Tonegawa en comprovar com els gens que causaven la fracció constant i la variable d'una determinada cadena lleugera estaven molt apropats en l'ADN dels limfòcits que produïen aquest anticòs específic, però molt allunyats en l'ADN de les seves cèl·lules mare. La conclusió a què es va arribar és que els limfòcits poden seleccionar segments d'ADN que codifiquen la regió variable d'una cadena a partir de parts diferents i molt separades del genoma cel·lular, i transferir-les fins a una posició propera al gen que codifica la regió constant (que no és exactament únic) d'una cadena lleugera determinada.

Actualment, se sap que l'ADN que codifica les regions variables, tant el de les cadenes lleugeres com el de les pesants, consta d'unes quantes classes de gens, escampats per tot el genoma, que poden ser traslladats i engalzats de formes diverses. Possiblement se sintetitza a partir de més de 400 gens variables (V) diferents, d'uns 12 gens de diversificació (D) i de 4 gens d'unió (J), que poden ordenar-se en combinacions diferents i que són susceptibles d'ulteriors addicions o modificacions de les seves bases. La combinació d'aquesta multitud de cadenes pesants (més variable) i de cadenes lleugeres pot arribar a donar més de 10^{11} molècules diferents d'immunoglobulines.

Els anticossos o immunoglobulines són proteïnes sintetitzades pels limfòcits B que tenen la funció exclusiva d'unir-se de manera específica a un determinat antigen. Tal com va descobrir el nord-americà d'origen japonès Susumu Tonegawa, que va guanyar el premi Nobel de medicina l'any 1987, l'enorme diversitat d'anticossos existents s'explica per la transcripció diferencial.

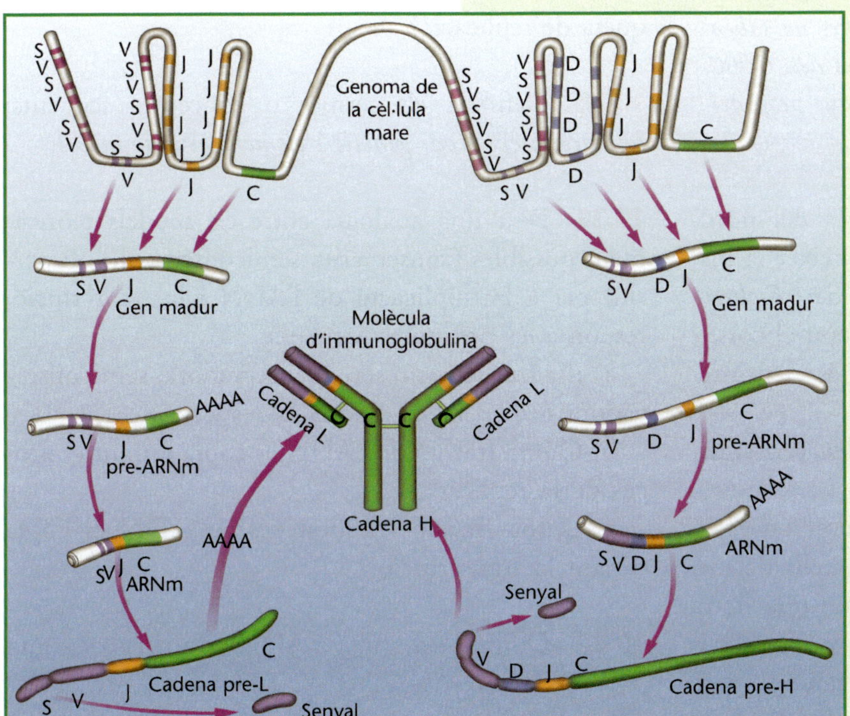

10.23. Llegeix el text següent, que va ser publicat en el diari *El País* l'any 1996, i contesta a les preguntes que hi ha a continuació:

> ***Desxifrat el genoma complet d'un organisme viu***
>
> *El llevat, usat des de fa segles per fer cervesa, pa o formatge, és el primer organisme viu complex els gens del qual han estat desxifrats en la seva totalitat [...]. Són 6 000 gens i ahir van ser presentats simultàniament a Europa i als Estats Units. Els científics han descobert que més de la meitat dels gens del llevat són molt similars als de les cèl·lules humanes, la qual cosa té enormes implicacions per a l'estudi comparat del genoma humà i per a la recerca en el camp de les malalties hereditàries.*
>
> *[...] «El genoma del llevat és 250 vegades més petit que el de l'ésser humà, però és un bon model de la cèl·lula humana», va dir ahir, a Brussel·les, Bruno Hansen [...]. A diferència dels bacteris, que no tenen nucli, els llevats –igual que els animals i les plantes– tenen el seu material genètic preservat a l'interior del nucli cel·lular. Els 6 000 gens del llevat –l'ésser humà en té uns 100 000– estan agrupats en 16 cromosomes i escrits amb 12 milions d'unitats químiques (les bases).*
>
> *[...] «Més de la meitat dels gens del llevat són similars als dels humans», va explicar ahir André Goffeau, coordinador del projecte. [...] Els científics no saben encara per a què serveixen uns 2 000 gens dels 6 000 que té el llevat [...]. El que sí saben és que prop del 30 % d'aquest genoma és redundant [...].*

a) Un any abans, el grup de recerca del nord-americà Craig Venter havia donat a conèixer el primer genoma complet d'un bacteri (el de l'*Escherichia coli*). Per què, doncs, és tan important el coneixement del genoma d'un llevat, si no és el primer genoma complet conegut?

b) Quants nucleòtids té un gen del llevat, de mitjana?

c) La informació del genoma del llevat està formada per, aproximadament, 3×10^9 parells de nucleòtids. Suposant que utilitzessis només una lletra (A, G, C o T) per a cada nucleòtid i no deixessis cap línia en blanc, quantes pàgines d'aquest llibre necessitaries per transcriure tota aquesta informació? I en el cas del genoma de l'home?

d) Què vol dir que prop del 30 % del genoma del llevat és redundant? En el panorama biològic, ¿és estrany que una part important del genoma d'una espècie contingui informació que no es tradueix a proteïnes? Se sap quines funcions té aquesta informació?

10.24. Donat un bri d'ADN d'un procariota 3'GAGGGGAAATTCT5'..., resol les qüestions següents, sempre en relació amb aquest filament:

a) Escriu la seqüència del bri complementari.

b) Escriu la seqüència de l'ARNm format per transcripció d'aquell ADN.

c) Escriu la seqüència del pèptid resultant.

d) Escriu la seqüència del pèptid en el cas que el transcrit a ARNm fos el bri complementari de l'ADN.

e) Digues si les respostes c) i d) serien les mateixes si el bri d'ADN fos part del material genètic d'un eucariota.

10.25. En condicions adequades, el cromosoma d'un bacteri com ara l'*Escherichia coli* es replica cada 40 minuts. Si sabem que el seu ADN té una longitud d'1,4 mm i que la replicació és bidireccional, a quina velocitat, expressada en voltes/minut, s'ha de desenrotllar l'hèlix de l'ADN a mesura que avança la forqueta de replicació?

10.26. Defineix els termes o conceptes següents: *balanceig, exó, codi genètic* i *element genètic mòbil.*

10.27. Fent una analogia entre els models teòricament possibles (conservatiu, semiconservatiu i dispersiu) per a la duplicació de l'ADN i la transcripció, respon a les preguntes següents:

a) ¿La transcripció seria conservadora, semiconservadora o dispersiva? Raona la resposta.

b) Quina fracció de l'ADN es copia durant el procés de la replicació?

c) Quina fracció d'aquest mateix ADN es copia durant la transcripció?

10.28. Donat un bri d'ADN d'un procariota 3'TATCGGAGAGACACATTTCC5'..., resol les qüestions següents, sempre en relació amb aquest filament:

a) Escriu el bri complementari.

b) Escriu l'ARNm format per transcripció d'aquell ADN.

c) Escriu la seqüència del pèptid resultant.

d) Escriu la seqüència del pèptid en cas que el filament transcrit a ARNm fos el bri complementari d'ADN.

10.29. Repeteix els passos de l'activitat anterior amb els brins següents:

a) ...3'TACATACAGCCC5'...

b) ...5'CCGCAAACGCTTAAT3'...

c) ...3'CGCCATATC5'...

10.30. Per obtenir ARN sintètic es pot partir de mescles de ribonucleòtids i afegir-hi un enzim capaç d'enllaçar-los a l'atzar.

Suposa que ho volguessis fer amb una mescla d'un 70% de ribonucleòtids d'uracil i un 30% de ribonucleòtids de citosina i respon a les preguntes següents:

a) Quins triplets o codons són possibles?

b) Amb quines freqüències relatives es reproduirien?

c) Quina composició peptídica, qualitativa i quantitativa, tindria la proteïna resultant?

10.31. Si *in vitro* has obtingut els ARN sintètics següents:

a) UUUUUUUUUUUU;

b) UAUAUAUAUAUA;

c) UACUACUACUAC;

quins pèptids esperes obtenir de la síntesi *in vitro* a partir d'aquestes seqüències?

10.32. El polinucleòtid sintètic ...5'AAAAAAAA AAAAC3' s'utilitza com a ARNm per a la síntesi *in vitro* d'un pèptid. Quan aquesta molècula resultant és tractada molt breument amb l'enzim carboxipeptidasa, s'obté l'aminoàcid asparagina. Tenint en compte aquest fet, en quin sentit podem concloure que opera la síntesi proteica: en sentit 3' → 5' o bé en sentit 5' → 3'? Per què?

10.33. Tenint en compte que un gen codifica una cadena polipeptídica formada per una seqüència alternada dels aminoàcids fenilalanina (Phe) i tirosina (Tyr), i que el codó de la Phe és UUU i el de la Tyr és UAU, contesta a les preguntes següents:

a) Quina és la seqüència de nucleòtids corresponent de la cadena d'ADN que es transcriu?

b) Quina és la seqüència de nucleòtids de la cadena d'ADN que no es transcriu?

c) Quina és la seqüència de nucleòtids dels anticodons dels ARNt d'aquests dos aminoàcids?

10.34. Fixa't en les expressions que tens a continuació. Defineix-les i explica quina diferència hi ha entre cada parella:

a) *transposons / plasmidis*;

b) *transposasa / transcriptasa inversa*;

c) *transposició / recombinació*;

d) *seqüència d'inserció / transposó*;

e) *gen saltador / pseudogèn*.

10.35. Per què uns esdeveniments aleatoris, no direccionals i sovint deleteris, com ara les mutacions, poden ser la base de l'evolució? Com s'explica aquest fet?

10.36. Dibuixa de manera esquemàtica (i amb l'ajut de lletres per simbolitzar els gens) els parells de cromosomes que difereixen per les mutacions següents: a) inversió; b) deleció; c) inversió pericèntrica; d) deleció intercalar; e) fusió cèntrica; f) fissió cèntrica.

10.37. Un ARNt té l'anticodó 5'-GGG-3'. A causa d'una mutació en el gen que codifica aquest ARN de transferència, l'ARN resultant té l'anticodó 5'-GGA-3'. Contesta a les preguntes següents:

a) Quin codó reconeix l'ARNt normal? Indica'n l'extrem 5' i el 3'.

b) Quin codó reconeix l'ARNt mutant? Indica'n l'extrem 5' i el 3'.

c) Quin aminoàcid porta l'ARNt normal i quin, el mutant?

10.38. Els bacteris del tipus *Escherichia coli* són microorganismes capaços de sintetitzar triptòfan quan són cultivats en un medi sense aquest aminoàcid. En canvi, quan s'afegeix triptòfan al medi de cultiu, els bacteris deixen de sintetitzar-ne.

a) Explica aquest mecanisme de regulació en termes de control gènic.

b) Com anomenaries aquest tipus de regulació?

10.39. Copia els mots o sintagmes del primer grup i aparella'ls amb els del segon grup.

Primer grup: Oswald Avery, aberració cromosòmica, eliminació d'introns, mutació gènica, operó, replicació, traducció, transcriptasa inversa, transcripció, triplet de bases.

Segon grup: ARN-polimerasa, ARNt, codó, desplaçament de la pauta de lectura, l'ADN és el principi transformador de Griffith, maduració de l'ARN, regulació de l'activitat gènica, retrovirus, semiconservadora, trisomia.

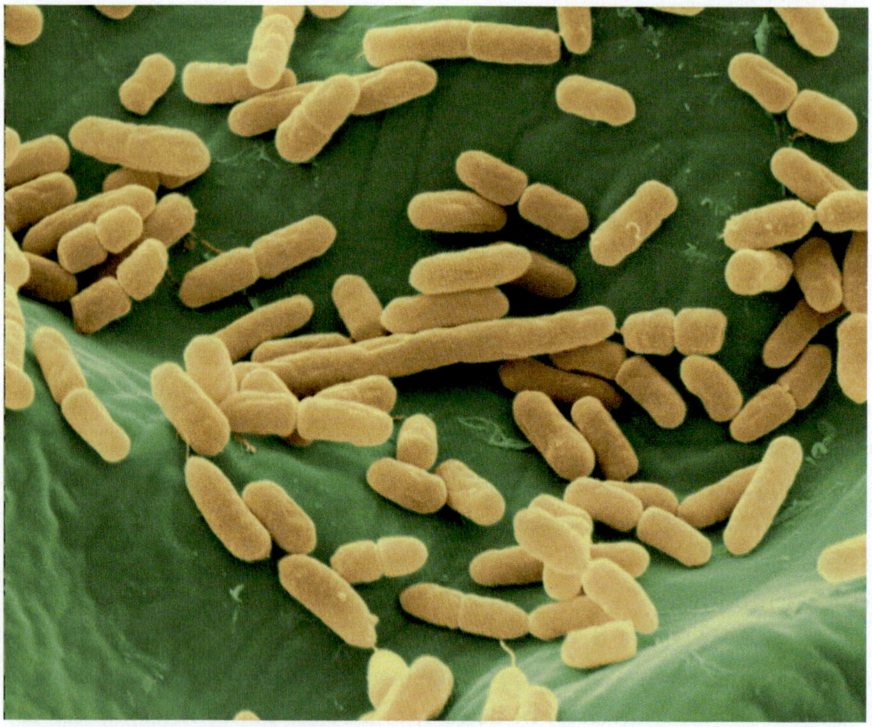

Escherichia coli *vistes al microscopi electrònic de rastreig.*

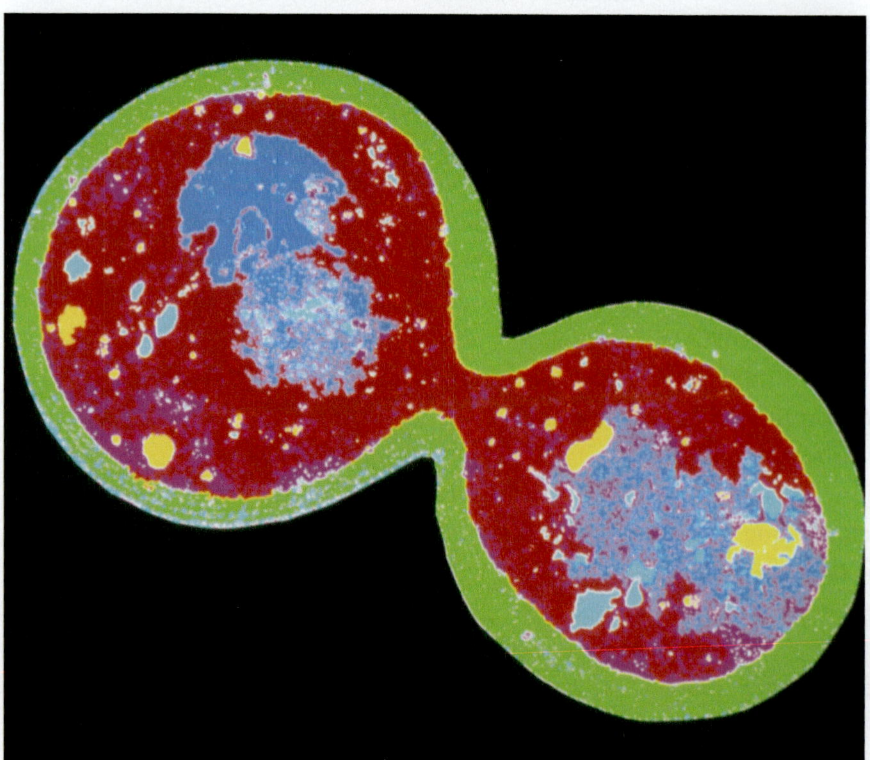

Microfotografia (en fals color) de **Saccharomyces cerevisae** *en gemmació vist al microscopi electrònic de transmissió (7 500x).*

1. L'anàlisi del material genètic d'un determinat organisme ens dóna la composició de bases següent:

- adenina, 21 %;
- uracil, 29 %;
- citosina, 23 %;
- guanina, 27 %.

Respon a les preguntes següents:

a) De quina molècula es tracta?

b) És de doble filament o de filament senzill?

c) A quin organisme pertany?

2. El dibuix mut d'aquesta pàgina representa el flux d'informació en una cèl·lula eucariota. Fes-ne una còpia i indica-hi les parts i els processos següents (alguns els hauràs de posar més d'una vegada): *ADN, aminoàcids, ARN missatger, ARNt, cadena polipeptídica, citoplasma, embolcall nuclear, energia* (en forma de nucleòtids trifosfat), *filament codificador, filament no codificador, gen, nucli, porus de l'embolcall, producte de l'expressió del gen, ribosoma, subunitat ribosòmica gran, subunitat ribosòmica petita, traducció* i *transcripció*.

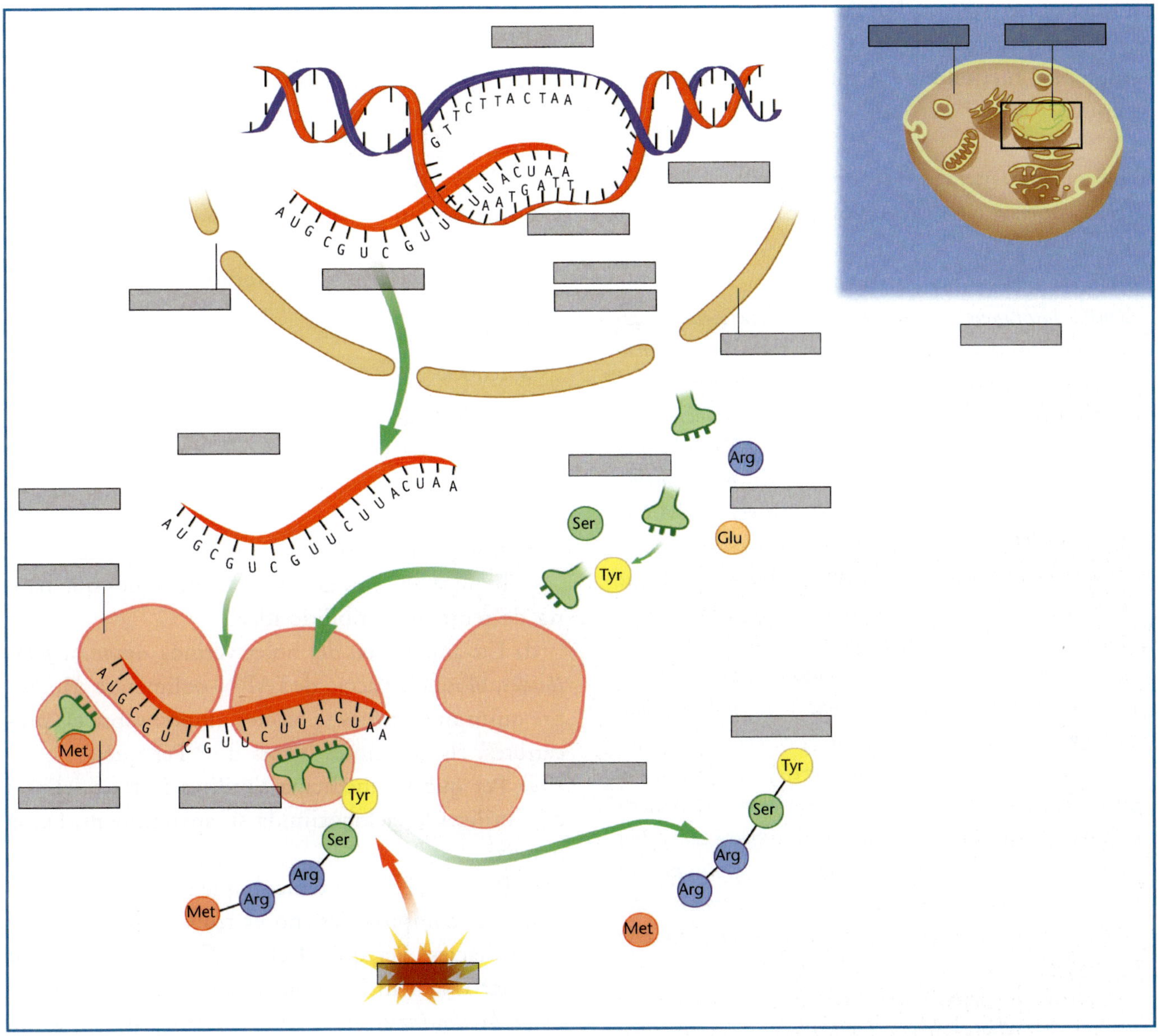

3. Contesta a les preguntes següents:

a) Quin és el percentatge de guanina d'un ADN vegetal amb un contingut d'adenina del 20 %? Per què?

b) Si un codó de l'ARN missatger que codifica l'aminoàcid asparagina és 5'AAU3', quina és la seqüència de bases de l'anticodó de l'ARNt corresponent? (Especifica quin és l'extrem 5' i quin el 3'.)

c) Quina és la funció dels codons que no codifiquen cap aminoàcid?

d) En un experiment de laboratori observem que un determinat ARNm humà, 5'AUA3', no codifica per a l'aminoàcid isoleucina, sinó que ho fa per a l'aminoàcid metionina. De quin tipus d'ADN deriva aquell ARNm? Per què?

4. Llegeix amb atenció el següent text de Christian de Duve i contesta a les preguntes que hi ha a continuació:

Algunes substàncies actuen des del punt de vista molecular impedint o distorsionant el flux d'informació genètica en alguna de les seves fases: replicació, transcripció o traducció. Algunes d'aquestes substàncies són, per exemple, l'actinomicina, que s'uneix a l'ADN i n'atura la duplicació, o l'α-amanitina, del bolet verinós Amanita phalloides, *que bloqueja l'acció de l'ARN-polimerasa II.*

L'antibiòtic rifampicina bloqueja la transcripció perquè s'uneix a l'ARN-polimerasa, mentre que alguns altres dificulten o impedeixen la traducció. Entre ells, la puromicina, que provoca, en eucariotes i procariotes, la terminació de la síntesi peptídica abans d'hora, o la cicloheximida, que inhibeix la peptidiltransferasa en els eucariotes. Amb una acció específica sobre la traducció en procariotes hi ha, per exemple, les tetraciclines, que impedeixen que comenci la traducció, o les estreptomicines, amb efectes semblants i que causen també errors en la traducció quan aquesta comença; el cloramfenicol, que inhibeix la peptidiltransferasa, o l'eritromicina, que bloqueja el ribosoma i impedeix que continuï la lectura sobre l'ARNm.

Molts d'aquests antibiòtics que dificulten la síntesi de proteïnes en els procariotes tenen utilitat mèdica per lluitar contra els bacteris patògens. No obstant això, alguns resulten secundàriament tòxics per a l'home, com és el cas del cloramfenicol (que distorsiona la biosíntesi en els mitocondris i pot produir anèmia) i han de ser refusats.

Si és possible lluitar amb èxit contra els bacteris amb armes moleculars que espatllin o anul·lin la seva maquinària, és perquè aquesta és ben diferent de la de les cèl·lules de l'hoste, que no en resulten afectades. El fet que els virus no tinguin maquinària pròpia i usin la de les cèl·lules que els hostatgen explica per què, en canvi, és tan difícil trobar medicaments que siguin eficaços contra ells i que al mateix temps no tinguin greus efectes secundaris indesitjats.

Christian de Duve, La cèl·lula viva

a) Copia i completa la taula de sota amb els noms de les substàncies que actuen sobre la replicació, la transcripció i la traducció de la informació genètica en els procariotes, i amb els noms de les substàncies que ho fan en els eucariotes.

	Procariotes	Eucariotes
Replicació		
Transcripció		
Traducció de la informació genètica		

b) Què és un antibiòtic? Quina utilitat té?

c) Explica algunes de les característiques que hauria de tenir un antibiòtic ideal.

d) L'α-amanitina, del bolet verinós *Amanita phalloides*, bloqueja l'acció de l'ARN-polimerasa II. ¿Sobre quins organismes té efectes, doncs: sobre els procariotes, els eucariotes o tots dos? Per què?

e) Per què en medicina s'utilitza la tetraciclina i no s'utilitza la cicloheximida si, aparentment, fan el mateix?

f) Per què el cloramfenicol, que té propietats antibiòtiques comprovades, no es troba habitualment a les farmàcies? Per què el cloramfenicol pot produir anèmia? (No n'hi ha prou de contestar «*que distorsiona la biosíntesi en els mitocondris*», sinó que cal que ho expliquis una mica més.) Per què cal moderar l'ús de les tetraciclines i d'altres substàncies semblants?

g) Com explicaries el fet que alguns laboratoris farmacèutics van continuar venent al Tercer Món antibiòtics a base de cloramfenicol, una vegada que la legislació dels països occidentals en prohibís la venda en el propi territori?

h) Per què és tan difícil trobar medicaments eficaços contra els virus?

5. Observa la il·lustració del costat, en la qual hi ha una doble hèlix d'ADN en què una cadena ha perdut un segment, i contesta a les preguntes següents:

a) Quins tipus d'enllaços s'han trencat?

b) Quins seran els nucleòtids que s'afegiran? En quin ordre i a partir de quin extrem ho faran?

c) Com són les dues cadenes, una respecte de l'altra?

d) ¿Pot tenir algun avantatge l'aparició d'errors que no perjudiquin la supervivència de l'individu?

e) Com s'anomenen en general aquests errors?

6. El bacteri *Escherichia coli* sintetitza els enzims necessaris per metabolitzar la lactosa si és cultivat en un medi que en conté. En canvi, la síntesi enzimàtica s'acaba si s'addiciona glucosa al medi de cultiu.

a) Quin sentit té aquesta mena de comportament?

b) Explica aquest mecanisme en termes de control gènic.

c) Quin nom rep el model que ho explica?

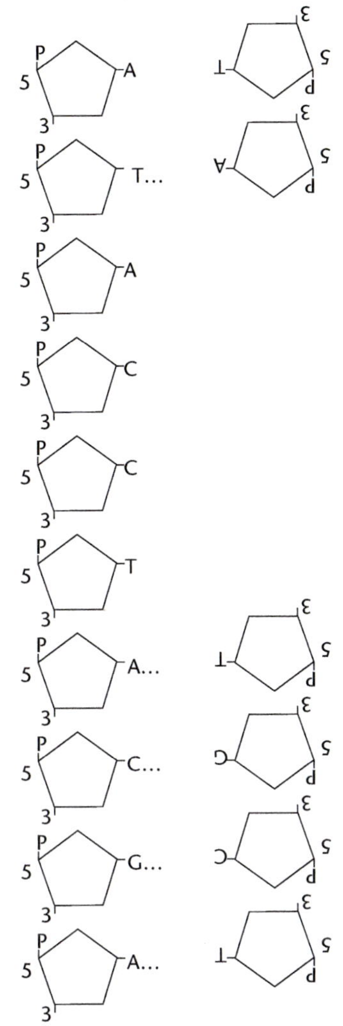

UNITAT 11

El genoma humà

Esquema

L'ADN de cada individu és únic i constitueix un marcador biològic de gran precisió.

En els darrers anys, poques àrees del coneixement han experimentat un progrés tan gran com la genètica humana. Avui dia, comencem a conèixer els mecanismes moleculars de moltes de les nostres característiques genètiques. També hem après a identificar un gran nombre de mutacions gèniques i d'alteracions cromosòmiques causants de malalties hereditàries. Moltes d'aquestes malalties es podran tractar i guarir en un futur que, en alguns casos, no és gaire llunyà.

1. Salut, malaltia i genètica

La teràpia gènica és la gran esperança del futur per al tractament d'algunes malalties genètiques. Consisteix a introduir en les cèl·lules d'un individu malalt un gen sa, per tal que pugui substituir el gen defectuós.

JAVIER BENÍTEZ ORTIZ, Per què ens assemblem als nostres pares *(1997)*

Totes les característiques biològiques de l'ésser humà –des del grup sanguini, el color dels cabells o el timbre de veu– estan contingudes en els seus cromosomes. Ara bé, n'hi ha prou amb un petit error en el patrimoni genètic de l'individu perquè la salut se'n ressenti greument. A vegades, un repartiment defectuós dels cromosomes durant la meiosi dóna lloc al naixement d'un infant severament afectat (síndrome de Down). Altres vegades l'errada encara és més subtil, talment una falta d'ortografia en la informació continguda en algun gen. D'aquesta manera, a causa d'informacions defectuoses en algun dels gens, hi ha nadons que neixen amb músculs que no funcionen (distròfia), d'altres es queden cecs (retinitis), n'hi ha que no poden respirar (mucoviscidosi) i alguns estan exposats a greus hemorràgies (hemofília).

Les **malalties hereditàries** són malalties degudes a alguna alteració dels gens o dels cromosomes. Sovint, es manifesten des del moment del naixement. No s'han de confondre, però, amb les malalties produïdes per un desenvolupament defectuós de l'embrió o del nadó, com és ara el cas de la paràlisi cerebral, causada per lesions irreversibles de les neurones motores en el moment del naixement. També hi ha malalties hereditàries que no es manifesten fins al cap dels anys. És el cas d'un tipus de demència –la corea de Huntington– que apareix després dels 40 anys. Altres vegades, la presència de gens anòmals atorga una predisposició a desenvolupar una malaltia (com, per exemple, en el càncer de còlon), la qual no necessàriament s'acabarà manifestant.

Fins fa molt poc, les malalties genètiques –de les quals no es coneixia la causa– eren molt difícils de tractar i, sens dubte, impossibles de curar. De mica en mica, el panorama està canviant. En alguns casos, l'estudi dels mecanismes moleculars de les malalties ha permès de trobar-hi un remei. S'espera que, en el futur, la teràpia gènica permetrà guarir-ne moltes.

Plec simiesc característic de la mà d'un afectat per la síndrome de Down.

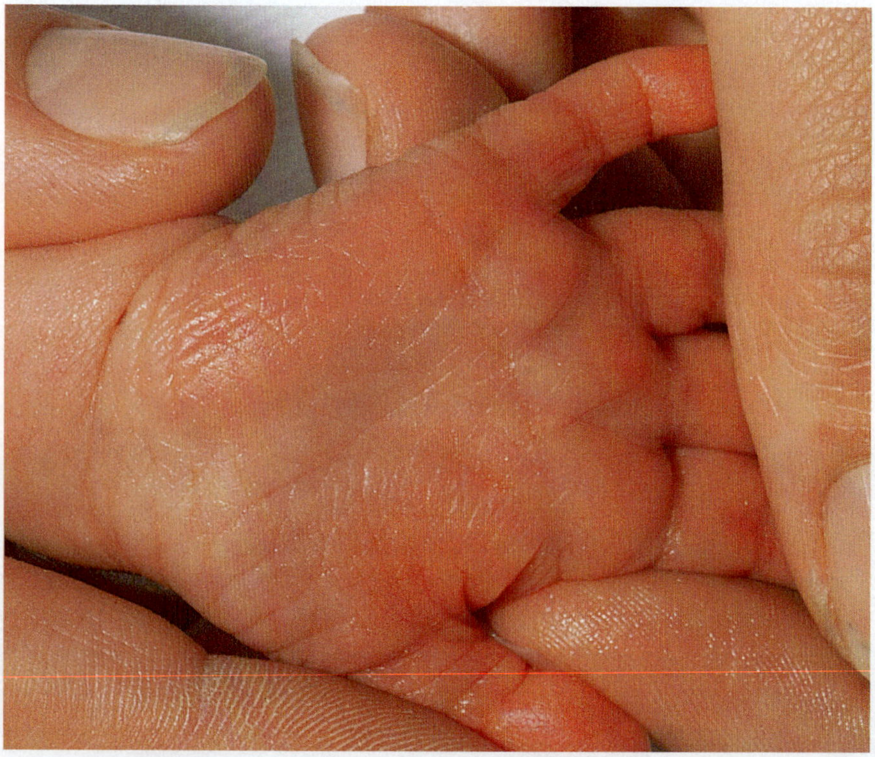

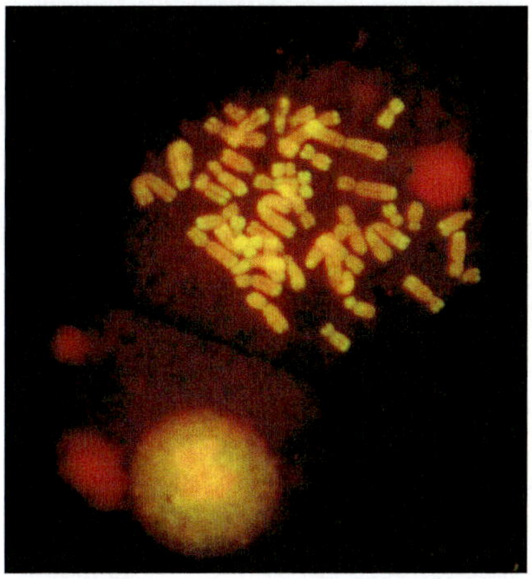

Cromosomes humans durant la divisió cel·lular.

2. El genoma humà

El genoma humà està constituït, aproximadament, per algunes desenes de milers de gens (30 o 40 mil, o potser més), repartits en els diferents cromosomes. L'any 1956, Joe H. Tijo i Albert Levan van descobrir que el nombre de cromosomes humans és de 46 (23 parells). Les tècniques actuals permeten identificar i estudiar la dotació cromosòmica d'un organisme atenent el nombre, la mida i la forma dels cromosomes de les seves cèl·lules. Això s'anomena **cariotip**.

2.1. El cariotip humà

El perfeccionament de les tècniques per cultivar cèl·lules i tenyir els cromosomes ha permès desenvolupar un mètode d'anàlisi del cariotip humà, el qual s'utilitza als laboratoris de citogenètica de tots els hospitals.

El cariotip humà. Dibuix esquematitzat a partir de la morfologia i la distribució de bandes dels diferents cromosomes quan es tenyeixen amb els colorants nuclears.

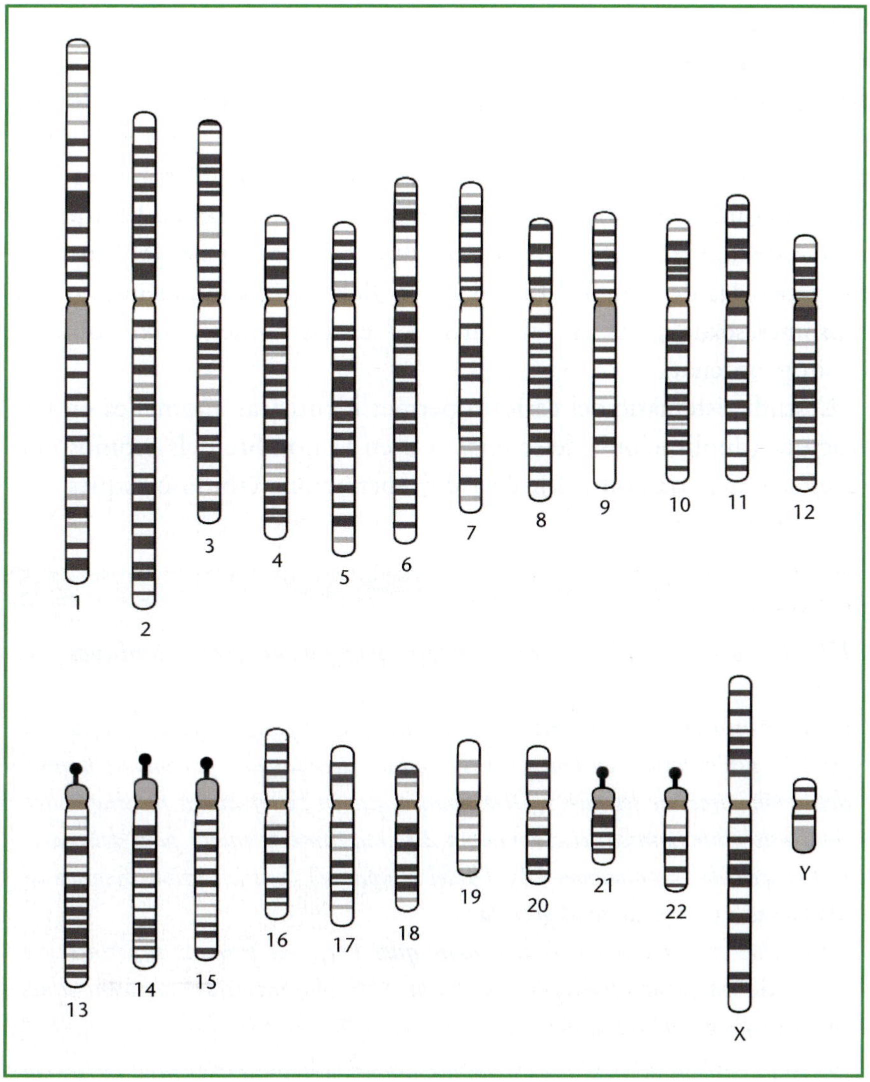

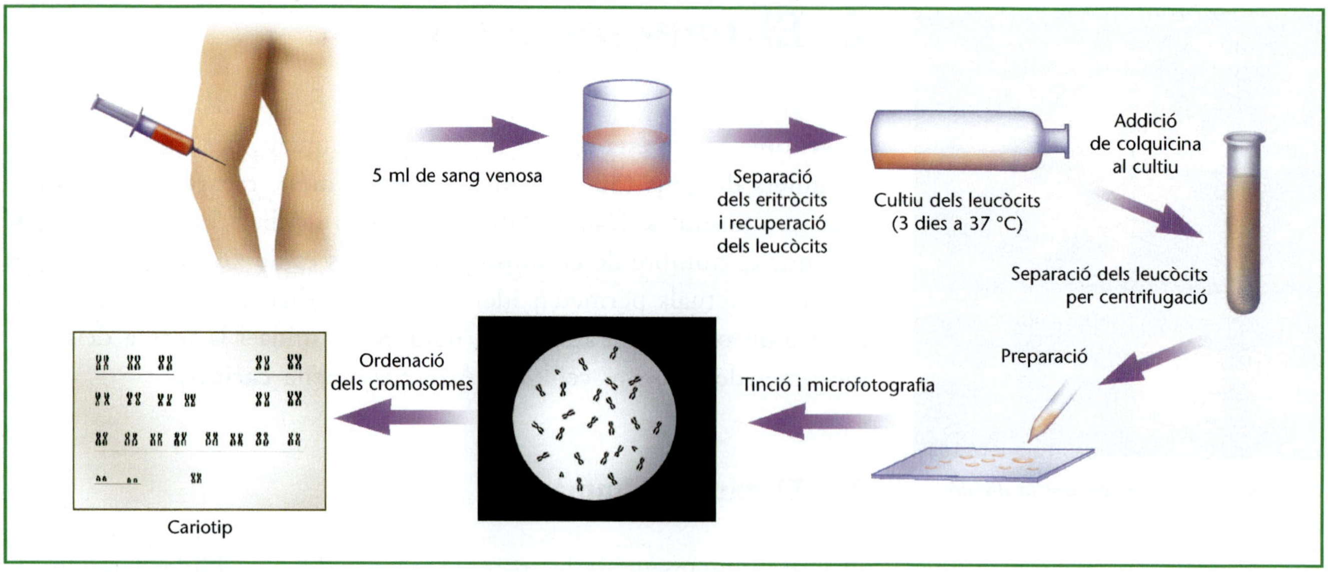

Tècnica d'obtenció d'un cariotip.

Consisteix en el cultiu de glòbuls blancs (o de cèl·lules embrionàries, en el cas del diagnòstic prenatal) en un medi on es divideixen activament. Al cap d'un temps, s'hi afegeix un tòxic vegetal (la colquicina) que atura la mitosi precisament en el moment en què els cromosomes són més aparents i individualitzats (metafase). Aleshores, se'n fan preparacions microscòpiques, les quals es tenyeixen amb colorants que en ressalten les bandes (per exemple el Giemsa, que tenyeix més fosques les regions riques en A i T) i es fotografien. Després, es retallen els cromosomes i, sobre la base d'unes pautes estandarditzades (en funció de la forma i del patró de bandes), s'ordenen i s'enganxen sobre un paper des del parell 1 fins al 23 (el dels heterocromosomes o cromosomes sexuals: XX en les dones, XY en els homes). Així s'obté un cariotip ordenat.

L'estudi sistemàtic del cariotip permet identificar anomalies en l'estructura (duplicacions, delecions...) o en el nombre dels cromosomes (monosomies, trisomies...), és a dir, aberracions cromosòmiques.

DOCUMENTS

*L'*Homo sapiens *i el ximpanzé: inversions i fusions cromosòmiques*

L'espècie humana té 46 cromosomes, mentre que els pòngids (el ximpanzé i el goril·la, per exemple) en tenen 48. Un estudi detallat dels patrons de bandes dels cromosomes de les dues espècies mostra que en l'ésser humà ha tingut lloc una fusió cromosòmica (el cromosoma 2 humà conté la major part del material genètic dels cromosomes 12 i 13 del ximpanzé), i sis inversions respecte al ximpanzé i vuit respecte al goril·la.

Algunes de les diferències cromosòmiques entre els primats superiors són inversions paracèntriques, però la major part són inversions pericèntriques (que comprenen el centròmer).

La tècnica de l'electroforesi o separació, mitjançant l'acció d'un camp elèctric, de partícules carregades elèctricament permet comparar els diferents patrons moleculars dels individus.

2.2. El Projecte Genoma Humà (PGH)

L'objectiu del **Projecte Genoma Humà** és analitzar l'estructura de l'ADN humà per tal de determinar la posició de cadascun dels gens en la seqüència completa. El 26 de juny de l'any 2000, Francis Collins, coordinador del projecte públic internacional de recerca, i Craig Venter, aleshores cap de recerca de l'empresa privada d'enginyeria genètica Celera, anunciaren que s'havia completat en un 97 % la seqüenciació dels 3 000 milions de parells de nucleòtids del genoma humà. Des de la Casa Blanca donaven a conèixer els resultats obtinguts, acompanyats pel president dels Estats Units i, en videoconferència, pel primer ministre del Regne Unit.

Aquest projecte, començat l'any 1988 i destinat a seqüenciar tot el material genètic humà (mapa genètic), és la més gran empresa d'investigació en ciències biomèdiques que mai s'hagi dut a terme, i representa un esforç internacional d'investigació genètica en el qual col·laboren més de dos-cents equips científics de diferents països. Un cop fet el primer pas –la seqüenciació de les bases de l'ADN humà–, ara es tracta d'identificar tots els gens de l'ADN i determinar-ne la funció. Actualment, només es coneix la funció d'uns 3 000 gens, dels aproximadament 30 000 o 40 000 que, segons es calcula, integren el genoma humà.

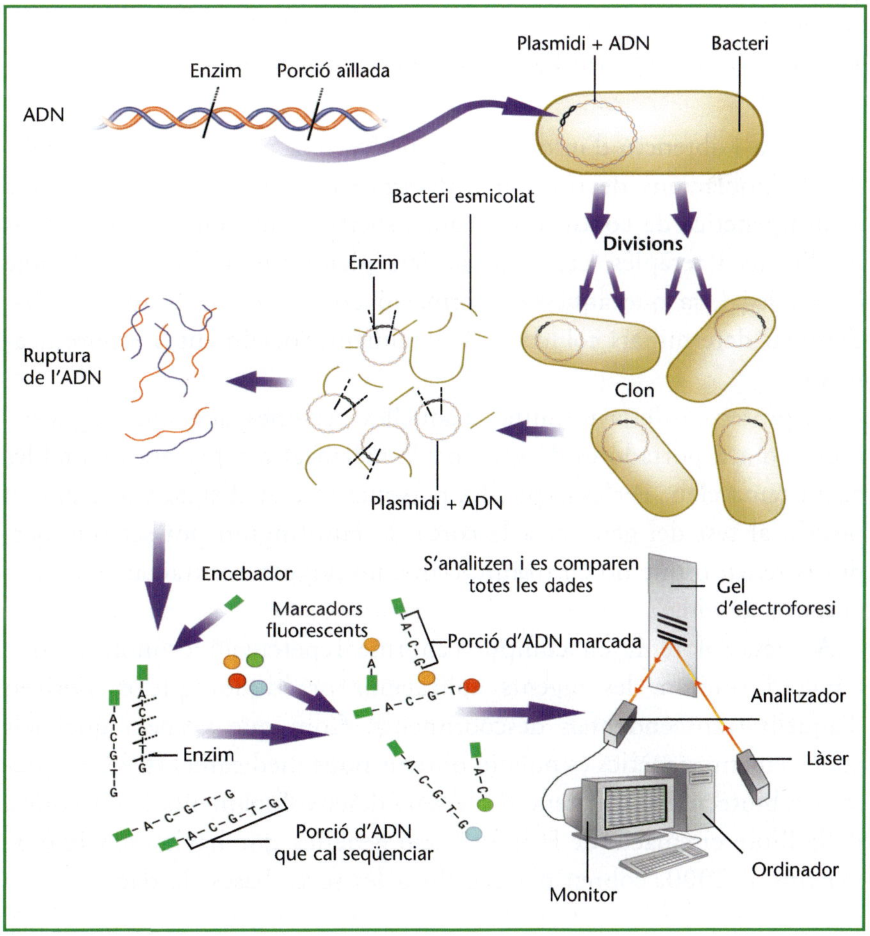

La seqüenciació de l'ADN.

Per fer els mapes, s'utilitzen els denominats gens marcadors, gens amb al·lels diferents i identificables, dels quals s'estudien les taxes de recombinació al llarg de les generacions en determinats grups de població, com per exemple els mormons d'Utah, que sovint presenten famílies molt nombroses i mantenen registres genealògics molt precisos.

En síntesi, la feina consisteix a seqüenciar els gens i després aquestes seqüències (de milers de nucleòtids) són emmagatzemades en potents ordinadors (bancs de dades o **genoteques**) que en permeten la comparació. L'estratègia de Venter, que utilitzà el mètode *shotgun* (escopeta de gens), accelerà el procés. En lloc d'estudiar els cromosomes ordenadament i procedir pas a pas, els partí en milers i milers de petits fragments a l'atzar, més fàcils d'estudiar, i després els ordenà amb potents equips informàtics a partir dels solapaments detectats en les seves seqüències.

Gràcies al desenvolupament del **Projecte Genoma Humà** s'esperen importants avenços mèdics, no tant per a una suposada teràpia gènica, actualment poc factible, sinó més aviat per a l'obtenció de medicaments específics i per avançar en el diagnòstic precoç i en el tractament de les malalties hereditàries. És el cas, per exemple, d'una de les més freqüents: la **mucoviscidosi** o **fibrosi cística**, que afecta un de cada 2 000 nounats. La recerca genètica ha permès avançar considerablement en el seu coneixement.

El Projecte Genoma Humà ha permès conèixer la seqüència de bases de gairebé tot l'ADN humà. També es coneix el genoma sencer d'alguns organismes especialment estudiats (el ratolí, la mosca del vinagre o drosòfila, el cuc *Rhabditis elegans* de la classe dels nematodes, la planta *Arabidopsis thaliana*, etc.). Ara bé, conèixer la seqüència és només un primer pas, a partir del qual caldrà desenvolupar noves disciplines científiques, com ara la **genòmica**, que estudia la funció dels gens, i la **proteòmica**, que s'ocupa de les proteïnes codificades per un genoma complet.

Els reptes de l'ús de la informació genètica

Gràcies a l'obtenció d'informació genètica serà possible, per exemple, definir poblacions de risc per a determinades malalties, establir una anàlisi genètica de conductes o hàbits socials i culturals, patentar gens modificats i teràpies, etc. Aquests fets plantegen problemes d'índole ètica i legal, ja que aquesta informació podria ser utilitzada per discriminar determinats col·lectius laboralment, socialment o econòmicament.

La protecció de la intimitat d'aquelles persones que són diagnosticades com a portadores de gens per a malalties ara per ara incurables és un tema clau. Per exemple, les persones que als Estats Units donen positiu al test del gen per a la corea de Huntington pot ser que perdin la feina, o que no en trobin, o que no puguin contractar una assegurança de vida.

A més, cal tenir en compte l'enorme repercussió econòmica que tenen, i tindran, les ingents aplicacions pràctiques que es deriven d'aquells transcendentals descobriments. Com que s'espera que dels coneixements genètics es puguin obtenir nous medicaments, les empreses de biotecnologia patenten els seus desenvolupaments i, en contra de la lliure circulació de la informació genètica que havia estat la norma fins al 2000, cobren per accedir a les seves bases de dades.

2.3. Investigació i teràpia gènica

L'objectiu definitiu en el camp de les malalties genètiques –encara no assolit– és la teràpia gènica (literalment, 'guarir els gens'). Si un gen que codifica per a una proteïna necessària no funciona, i la manca d'aquesta proteïna és la causa de la malaltia, una solució possible és la de subministrar al malalt repetides dosis de la proteïna en qüestió; però seria molt millor si es pogués reparar el gen afectat.

La primera solució és la farmacològica. Els hemofílics, per exemple, reben un tractament a base de factors de coagulació de la sang (proteïnes) que ells no tenen. Aquests factors de coagulació procedeixen de la sang d'altres persones, si bé actualment, en alguns casos, ja és possible fabricar-los per enginyeria genètica.

La segona solució, en canvi, seria la **teràpia gènica**. En aquest cas, es tracta de subministrar al malalt cèl·lules (preferentment les pròpies, per evitar rebuig) en les quals el gen afectat ha estat reparat (per manipulació genètica), per tal que una vegada dins l'organisme funcioni correctament.

El Projecte de l'Epigenoma Humà

El Projecte de l'Epigenoma Humà és una extensió del Projecte del Genoma Humà que, mitjançant la col·laboració d'entitats públiques i privades, té per objecte l'estudi dels patrons de metilació del genoma humà en els diferents teixits i identificar-ne i catalogar les denominades posicions variables de metilació (MVPs).

Se sap que la metilació flexible de l'ADN en determinades circumstàncies és un mecanisme clau per entendre com la influència externa pot afectar la funció del genoma. D'aquí ve, precisament, el gran interès de l'epigenètica humana: pot mostrar els nexes entre genètica, malaltia i medi ambient.

En l'actualitat ja s'ha completat l'estudi dels patrons de metilació del complex major d'histocompatibilitat (MHC), una regió del cromosoma 6 relacionada amb un gran nombre de malalties i en el qual s'han identificat MVPs en uns 150 loci.

Pel que fa a la terapèutica, del desenvolupament del projecte s'espera l'obtenció d'eines eficaces per al diagnòstic precoç de malalties cancerígenes i autoimmunes.

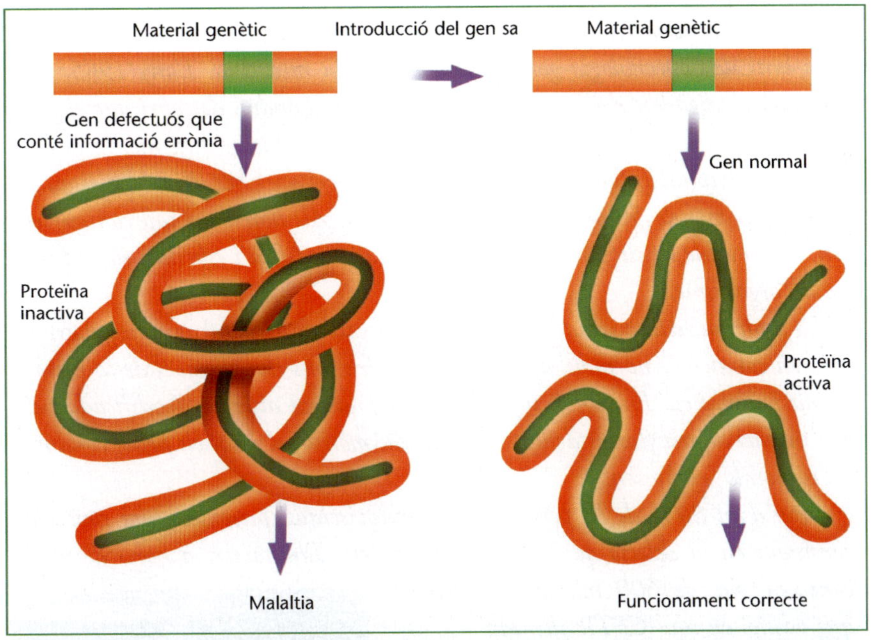

La recerca en genètica humana té, entre les seves finalitats, poder substituir els gens mutats que produeixen malalties pels corresponents gens normals o reparats. En això consisteix l'anomenada **teràpia gènica***.*

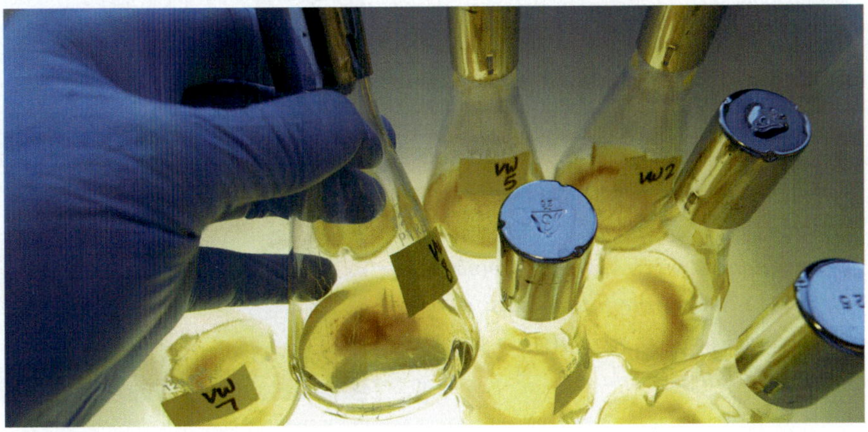

Cultiu cel·lular.

DOCUMENTS

La fibrosi cística

La fibrosi cística o mucoviscidosi és una malaltia hereditària causada per un gen autosòmic recessiu. A Europa és relativament freqüent, ja que un de cada 2 000 nounats presenta la malaltia (és homozigot recessiu) i un de cada 25 individus és portador del gen, encara que no manifesta la malaltia.

Les manifestacions orgàniques de la malaltia consisteixen en una alteració de les glàndules exocrines, les quals elaboren secrecions massa viscoses que obstrueixen els conductes pancreàtics i les vies respiratòries i ocasionen infeccions sovintejades i obstrucció pulmonar. Sense un tractament adequat (mucolítics, antibiòtics i fisioteràpia), les lesions pulmonars irreversibles que se'n deriven poden portar a la mort prematura del malalt durant les dues primeres dècades de la vida.

Ara per ara, el tractament de la fibrosi cística només és pal·liatiu, però hi ha una diversitat de protocols experimentals de tractament per mitjà de teràpia gènica aprovats i en curs, amb resultats moderadament satisfactoris, que miren d'utilitzar virus atenuats com a vehicles per introduir el gen normal en les cèl·lules pulmonars i fer que s'hi expressi.

La història de la recerca sobre la fibrosi cística és un bon exemple dels primers èxits de la tecnologia genètica aplicada a la medicina. L'any 1985, un equip d'investigadors del Saint Mary's Hospital de Londres descobrí que el gen causant està situat en el braç llarg del cromosoma 7. Quatre anys més tard, l'equip de l'Hospital Infantil de Toronto, dirigit per Lap-Chee Tsui i en el qual treballaven més de 50 persones, va aïllar el gen. Aleshores, un cop conegut el gen, fou possible localitzar la proteïna que aquest codifica i esbrinar-ne la funció a l'organisme.

*La proteïna resultà ser la CFTR (*cystic fibrosis transmembrane regulator*), que, en condicions normals, afavoreix el pas dels ions clor a través de la membrana plasmàtica. En canvi, si és present la proteïna alterada (codificada pel gen mutat) aquest flux és deficitari en aigua, motiu pel qual els petits conductes corporals s'embussen.*

Prop d'un 80 % de les persones amb mucoviscidosi presenten una mutació consistent en la deleció de 3 nucleòtids concrets. Tanmateix, a hores d'ara es coneixen més de 600 mutacions diferents que ocasionen una CFTR alterada.

Actualment, la detecció del gen de la fibrosi cística es pot efectuar per mitjà d'una analítica força simple, a partir d'una mostra de sang o d'un altre teixit. En el cas que un membre d'una parella sàpiga que és portador del gen, és important que l'altre membre efectuï la prova, ja que si ambdós són portadors del gen tenen una probabilitat del 25 % de tenir fills afectats; en canvi, si només un dels membres n'és portador, la probabilitat és nul·la.

Bateria de dispositius de còpia d'ADN per mitjà de la reacció en cadena de la polimerasa (PCR) al Joint Genome Institute de Califòrnia, en el marc del projecte HUGO de recerca de l'ADN humà.

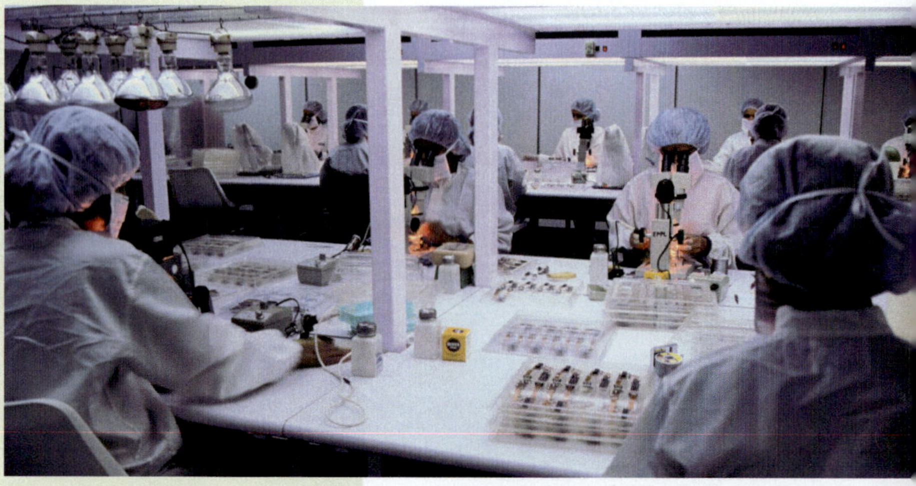

3. Els marcadors biològics

Els diferents al·lels d'un mateix gen determinen proteïnes lleugerament diferents. Com que el nombre de gens és molt elevat, cada persona presenta unes combinacions singulars que la identifiquen, llevat dels bessons univitel·lins. Algunes d'aquestes combinacions reben el nom de **marcadors biològics** i tenen moltes aplicacions pràctiques, entre les quals destaquen el reconeixement de l'individu en l'àmbit legal i, fins i tot, criminal (demandes de paternitat dubtosa; identificació a través de restes de sang, pèls, etc.), i l'estudi de les reaccions d'incompatibilitat en el cas de transfusions i trasplantaments, ja que les proteïnes alienes poden actuar com a antígens contra els quals reacciona el sistema immunològic.

3.1. Els grups sanguinis

S'anomenen **grups sanguinis** els sistemes de proteïnes presents a la sang pels quals els individus presenten **polimorfisme**, és a dir, variants proteiques distintes originades per diferents al·lels d'un mateix gen. Els més populars són el **sistema AB0** i el **factor Rh**.

El **sistema AB0** està constituït per proteïnes de la superfície dels glòbuls vermells determinades per tres al·lels d'un gen autosòmic situat en el cromosoma 9 (en realitat, la situació és més complexa, però a efectes pràctics es pot considerar així): I^A, I^B i i, dominants els dos primers sobre i i codominants entre si. Tal com es pot veure en el quadre de peu de pàgina, les proteïnes de superfície dels glòbuls, A o B, són reconegudes com a estranyes (antígens o aglutinògens) per les persones que no les tenen, les quals produeixen anticossos (o aglutinines) anti-A (o α) i anti-B (o β), respectivament. En el moment de fer una transfusió, cal tenir-ho en compte. En la pràctica, s'empra sang del mateix grup, tot i que dels quatre grups existents (A, B, AB i 0), la sang dels individus del grup 0 no pot ser bloquejada per cap aglutinina (són «donadors universals»), mentre que els del grup AB les poden rebre totes (són «receptors universals»).

El sistema AB0				
Grup sanguini (fenotip)	A	B	AB	0
Genotip	I^AI^A, I^Ai	I^BI^B, I^Bi	I^AI^B	ii
Antígens en la superfície dels glòbuls vermells (aglutinògens)	A	B	AB	0
Anticossos presents en el sèrum (aglutinines)	β (anti-B)	α (anti-A)	–	α (anti-A) β (anti-B)

Taula resum del sistema AB0.

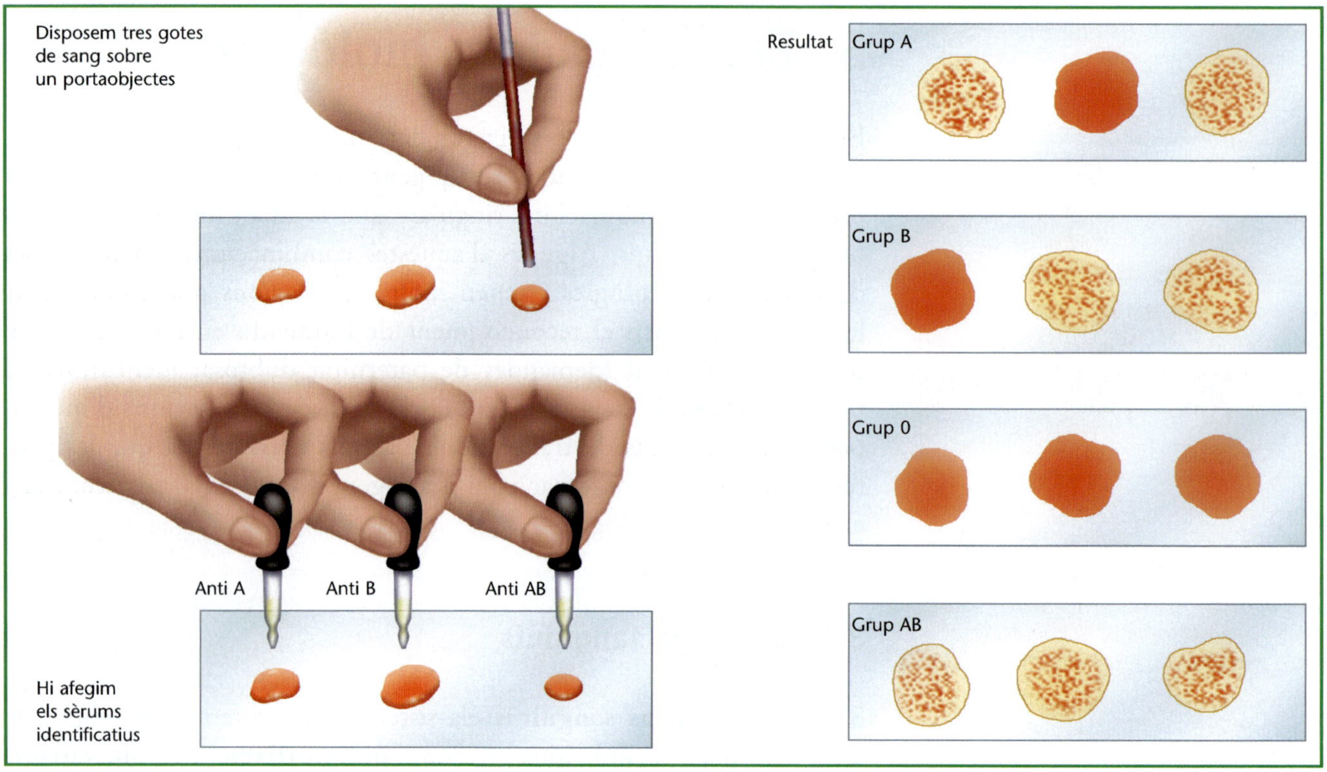

Identificació dels grups sanguinis AB0. La sang portadora de l'antigen A es coagula amb sèrum anti-A (que conté les aglutinines α), mentre que la sang portadora de l'antigen B es coagula amb sèrum anti-B (que conté les aglutinines β). El sèrum anti-AB (que conté aglutinines α i β) coagula qualsevol sang que contingui antígens A o B. Per a cadascun dels quatre grups sanguinis, disposem un portaobjectes on, per mitjà d'un tub capil·lar, posem tres gotes de sang. A cada una hi afegim –d'esquerra a dreta– tres gotes de sèrum d'identificació, respectivament, anti-A, anti-B i anti-AB. La il·lustració en mostra els resultats.

El **factor Rh** és encara més senzill. Hi ha dos grups: Rh positiu (Rh^+) i Rh negatiu (Rh^-), segons si l'individu és portador o no d'un gen dominant (*D*) sobre el seu al·lel recessiu (*d*).

En determinats casos, el factor Rh pot ser causa d'una greu incompatibilitat maternofilial. Això passa quan una mare Rh^- que s'ha sensibilitzat prèviament durant el final de l'embaràs o en el moment del part d'un fill Rh^+ (moments en què la sang del fetus entra en contacte amb la de la mare), gesta un segon fill Rh^+ (el pare ha de ser, és clar, Rh^+). En aquests casos, cal fer un seguiment mèdic atent, ja que la reacció d'incompatibilitat podria posar en perill la vida del fill. Habitualment, després del primer part s'administren a la mare anticossos capaços de destruir els glòbuls vermells del fill, per tal d'evitar que la seva presència generi en la mare la formació d'anticossos anti Rh^+.

Aquesta situació no és gaire freqüent en l'àmbit mediterrani, on la freqüència del gen *d* i, per tant, d'individus Rh^- és baixa, però es pot donar en altres grups de població. Tal com es pot deduir fàcilment, l'anàlisi genètica revela que determinades combinacions hereditàries són impossibles. Així, per exemple, un home i una dona Rh^- mai no podran tenir un fill Rh^+, de la mateixa manera que, posem per cas, una parella formada per una persona del grup B i una del grup 0 no poden tenir un fill A. Aquesta és la base per resoldre alguns casos de paternitat dubtosa. Quan l'anàlisi genètica indica possible compatibilitat, el dictamen legal de paternitat s'ha de basar en l'anàlisi d'un nombre considerable de grups sanguinis. En canvi, n'hi ha prou amb una sola combinació impossible per descartar la paternitat.

3.2. El sistema HLA o complex principal d'histocompatibilitat (MHC)

El sistema immunològic de tots els vertebrats reconeix, especialment, uns **antígens** denominats **d'histocompatibilitat**, que es troben a la superfície de la major part de les cèl·lules.

Per tant, si el sistema detecta la presència de cèl·lules estranyes, les destrueix. Els principals antígens són els que formen el **complex principal** (o «major») **d'histocompatibilitat (MHC)**, que en l'ésser humà s'anomena també **sistema HLA** (sigla de *Human Leukocyte Antigen*), perquè s'estudien en els leucòcits.

Aquests antígens –regits per un grup de gens del cromosoma 6 amb múltiples al·lels (en alguns casos més de 100!)–, presenten una variabilitat enorme, de manera que constitueixen una mena de carnet d'identitat biològic.

Quan s'ha de practicar un trasplantament, cal fer anàlisis específiques de sang que permetin seleccionar d'entre els possibles donants el tipus HLA que presenta més similitud (el qual, lògicament, es troba a vegades entre els familiars més propers).

Per mitjà de la tècnica de la PCR és possible comparar determinades seqüències molt variables de l'ADN humà (extretes d'una mostra ínfima de material biològic, com ara un cabell o una gota de sang) amb les mateixes seqüències de l'ADN d'altres persones.
La singularitat d'aquestes regions de l'ADN permet utilitzar aquesta tècnica en medicina forense. En la il·lustració, M ensenya les reaccions de la PCR realitzades sobre la mostra forense, i A, B i C les seqüències de l'ADN de tres persones sospitoses. En aquest exemple, els subjectes A i C poden ser descartats, mentre que B es converteix en un clar sospitós.

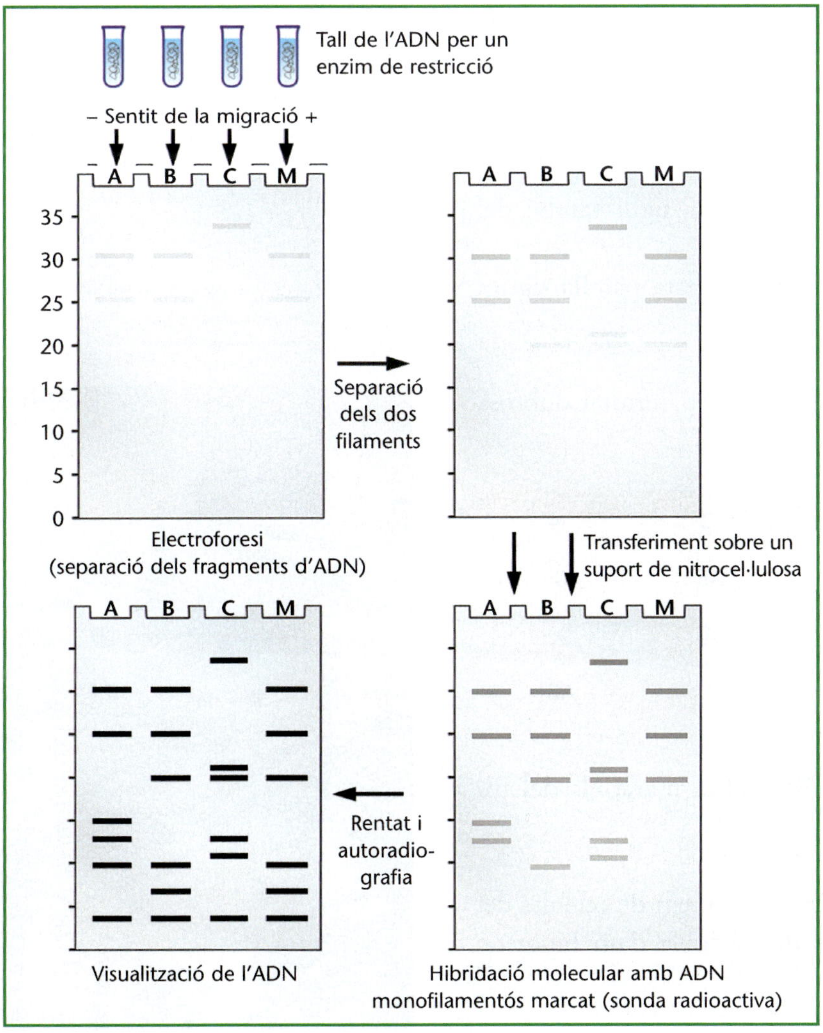

3.3. Les empremtes genètiques

En medicina legal o criminal, per identificar les persones, també s'utilitzen les denominades **empremtes genètiques**, és a dir, l'anàlisi i comparació de la seqüència de regions hipervariables de l'ADN, com ara les seqüències de nombre variable de repeticions en tàndem o VNTR (*Variable Number of Tandem Repeat*). La tècnica –que és ben complexa– consta dels tres passos següents:

1) Sovint comença amb una petita mostra inicial. N'hi ha prou amb una petita taca de sang –fins i tot amb l'ADN d'un sol leucòcit!– per obtenir múltiples còpies de la molècula d'ADN, gràcies a l'anomenada **tècnica de la PCR** o **reacció en cadena de la polimerasa.**

2) Després es fan migrar en un camp elèctric (per mitjà d'una tècnica d'electroforesi) les còpies de l'ADN fragmentat que es volen estudiar.

3) Posteriorment, quan s'han separat els dos filaments, es fan hibridar amb una sonda radioactiva (molècula d'ADN marcada amb un isòtop radioactiu), la qual cosa permet visualitzar les seqüències d'ADN per mitjà de la fotografia o la llum ultraviolada.

La comparació dels patrons de bandes permet detectar si la mostra estudiada és igual a la d'algun sospitós. L'especificitat d'algunes regions de l'ADN és tan gran que si es comparen regions de dos ADN d'origen diferent i aquestes són iguals es pot afirmar, de fet, que es tracta de l'ADN d'una mateixa persona.

ACTIVITATS

11.1. Fes per escrit el que et proposem a continuació:

a) Defineix els termes *genoma*, *genotip* i *cariotip*.

b) Explica el concepte de *malaltia genètica*.

c) Explica les diferències entre *malaltia genètica*, *malaltia cromosòmica* i *predisposició hereditària*.

11.2. Si un home del grup sanguini A té un fill del grup 0 amb una dona del grup B:

a) Quins són els genotips de tots els individus esmentats?

b) Quins altres fenotips poden presentar-se en la descendència d'aquesta parella?

c) Quina probabilitat hi ha que el fill següent sigui també del grup 0? Explica per què.

d) Quina probabilitat hi ha que dos fills d'aquesta parella siguin tots dos mascles i del grup sanguini AB?

11.3. Dóna la teva opinió sobre els quatre casos de paternitat dubtosa plantejats en aquesta taula:

	1	2	3	4
Mare	0+	A+	AB−	0+
Fill	A−	0−	A+	A−
Presumpte pare	B+	B+	A−	AB+

Tingues en compte els fenotips (AB0 i Rh) de la mare, els del fill i els del presumpte pare.

11.4. Un malalt en estat greu necessita un trasplantament de cèl·lules del moll de l'os. Digues amb quines cèl·lules de medul·la d'un hipotètic donant seria més fàcil evitar un rebuig:

RECORDA

El sistema AB0 està regit per dos gens I^A i I^B codominants entre si i dominants sobre un tercer: *i*.

El factor Rh és controlat per un gen amb dos al·lels: *D* i *d*.

El primer, dominant, determina Rh+; el segon, en combinació homozigòtica, Rh−.

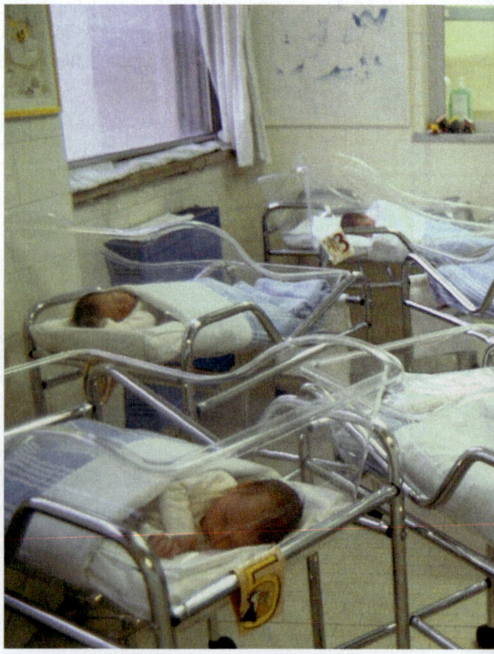

RECORDA

El sistema HLA o complex principal d'histocompatibilitat està constituït pels principals antígens de compatibilitat de teixits.

a) les d'un cosí germà;
b) les d'un bessó univitel·lí;
c) les d'un noi que acaba de morir i és donant d'òrgans;
d) les seves mateixes (després d'haver-les extret i guarit mitjançant una tècnica mèdica).

11.5. A l'hospital, dues dones han parit simultàniament. Una vegada traslladades a les seves habitacions respectives, a la primera li lliuren un nen i a la segona, una nena. Tanmateix, la dona a la qual han lliurat el nen dubta que aquell sigui el seu fill, ja que quan encara estava sota els efectes de l'anestèsia li havia semblat que comentaven que havia tingut una nena. Sabem que aquesta dona és del grup AB i el seu marit, del grup 0. El marit de l'altra dona, en canvi, és B, igual que ella. Pel que fa als nadons, el nen és del grup 0 i la nena, del grup A. S'han equivocat, a l'hospital?

11.6. Tot i que és molt improbable en l'espècie humana, es coneix algun cas en què dos bessons són fills de pares diferents. Una dona del grup 0 ha tingut dos fills bessons, l'un del gup sanguini A i l'altre del grup B. A més de tenir relacions amb el seu company, que és del grup A, aquesta dona havia mantingut relacions amb un altre home, del qual es desconeix el grup sanguini. Digues, raonant la resposta, quins dels casos següents són possibles i en quines circumstàncies:
a) els bessons són univitel·lins;
b) els bessons són fills del seu company;
c) els bessons són fills de l'altre home;
d) cada bessó és fill d'un pare diferent.

Sala de nadons d'un hospital.

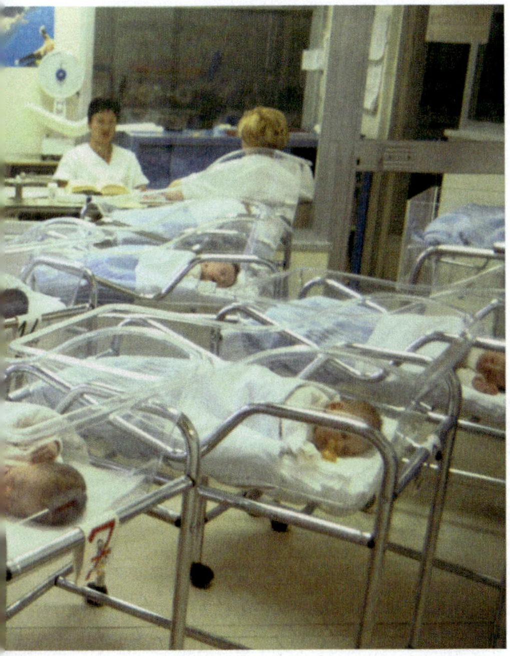

11.7. En acabar els estudis, un noi que gaudeix de molt bona salut ha estat seleccionat per entrar a treballar en una important empresa multinacional. Tanmateix, en les proves mèdiques li han detectat el gen de la corea de Huntington i han preferit un altre candidat. El noi creu que és injust, però també està molt preocupat per altres aspectes, com ara la possibilitat de contagiar la seva companya o de transmetre el gen als seus futurs fills.
A més, les proves que ha de fer per a una altra possible feina en una segona empresa les realitza el mateix gabinet de selecció de personal que va fer les de la multinacional i pensa que potser també el descartaran. Com si no n'hi hagués prou, ha de signar el contracte de la seva assegurança de vida (que el banc li exigeix per concedir-li una hipoteca) i la lletra del contracte l'obliga a declarar qualsevol malaltia greu que pateixi.
Valoreu aquesta situació en relació amb la salut d'aquesta persona i les diferents conductes que s'hi descriuen.

4. Gens, cromosomes i mutacions

Aproximadament un 5 % dels nounats presenten alguna malaltia o alteració genètica produïda per un gen defectuós. Prop d'un 0,5 % dels nounats (i un 50 % dels avortaments espontanis) són portadors

Localització en els cromosomes d'alguns gens relacionats amb les malalties de base hereditària.

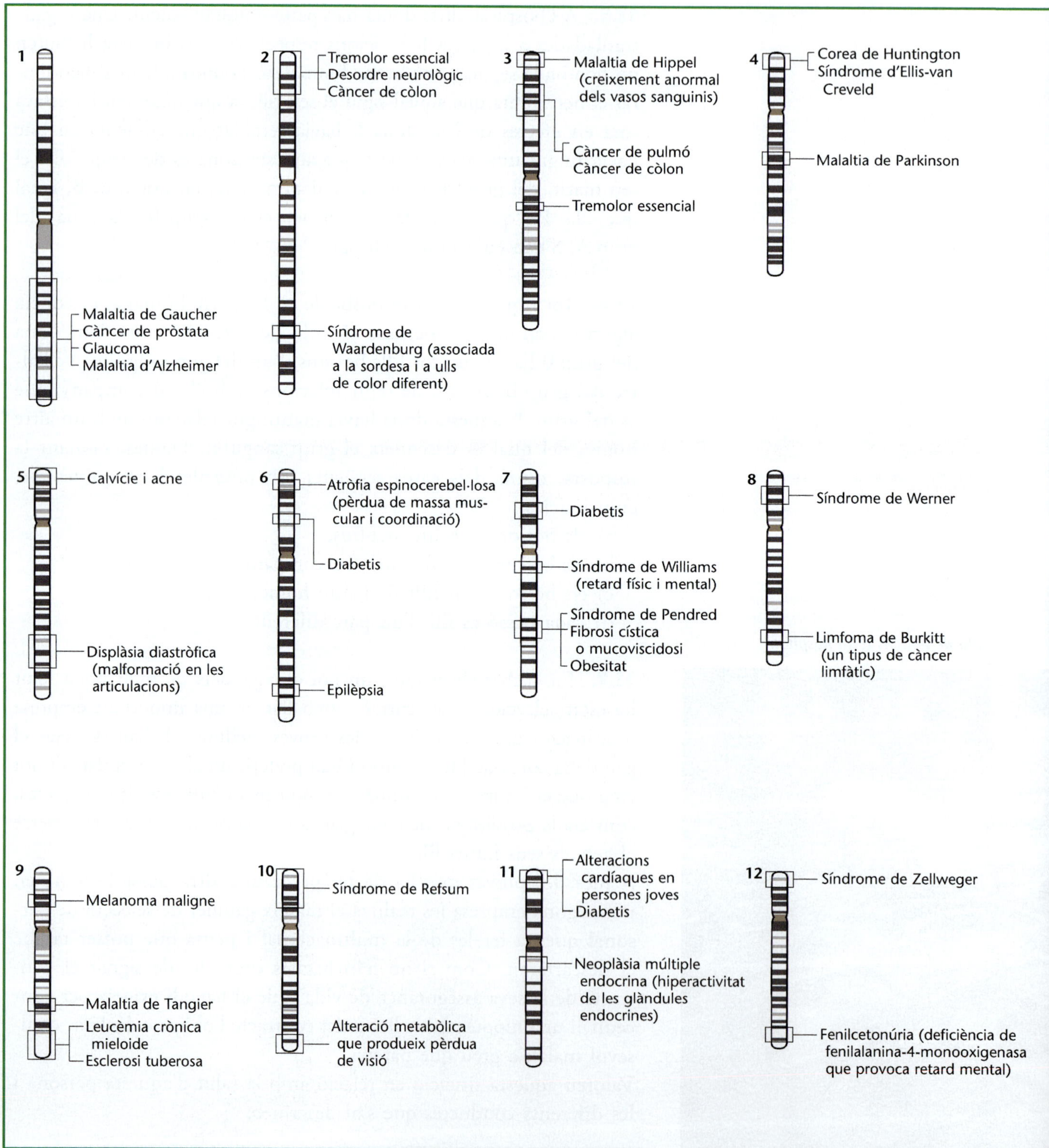

d'una aberració cromosòmica. Un tercer grup de persones presenten una predisposició hereditària a veure's afectades per una malaltia, que en molts casos és deguda a trastorns d'herència multifactorial, en els quals participen nombrosos gens. A les pàgines següents, ens referirem als dos primers grups de malalties.

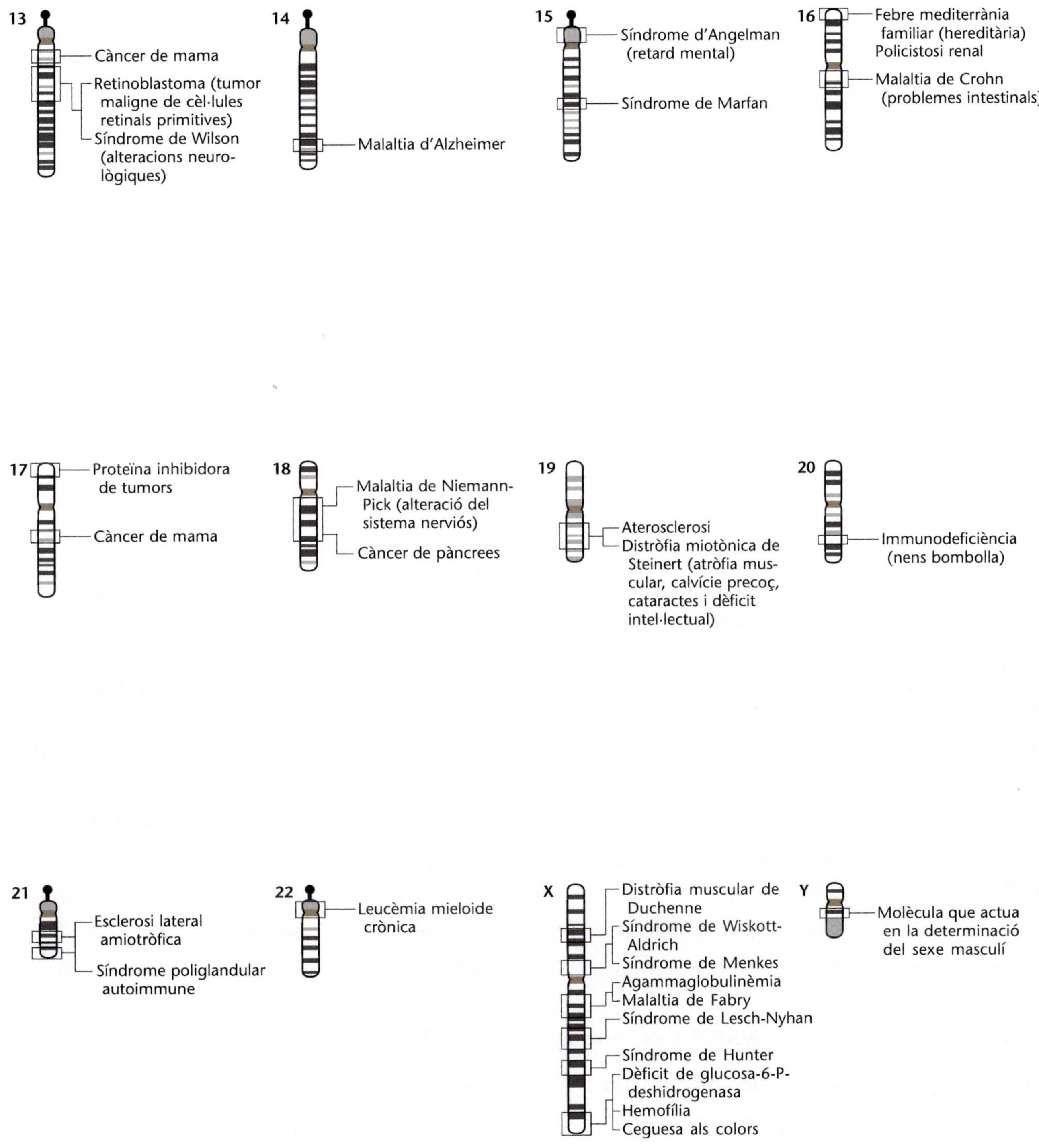

4.1. Alteracions gèniques

Es calcula que més de 3 000 gens humans presenten variants al·lèliques (dominants o recessives) causants d'anomalies o de malalties greus. N'hi ha que són autosòmiques i n'hi ha que estan lligades al sexe, perquè el gen es troba situat en el cromosoma X. En aquest cas, lògicament, la incidència del trastorn és molt més alta en els homes que no pas en les dones, les quals, no obstant això, en poden ser portadores. La incidència d'algunes de les malalties més freqüents se situa entre 1/1 000 i 1/3 000 dels nounats nascuts vius. D'altres, afortunadament, són molt més rares.

S'anomena **consell genètic** l'assessorament basat en la genòmica, els estudis genealògics i el càlcul de probabilitats que s'ofereix a les parelles amb antecedents familiars de malalties hereditàries, per tal que puguin prendre decisions fonamentades en la genètica.

Algunes de les principals alteracions gèniques humanes

Alteració gènica	*Descripció*	*Tipus d'herència*	*Dominant/ recessiu*	*Incidència aproximada*
Acondroplàsia	Nanisme per un creixement insuficient en longitud dels ossos.	Autosòmic	Dominant	1/10 000
Albinisme	Cabells blancs i pell rosada en extrem per manca de síntesi de melanina.	Autosòmic	Recessiu	1/100 000
Corea de Huntington	Degeneració nerviosa i demència a partir dels 40 anys.	Autosòmic	Dominant	1/20 000
Daltonisme	Diversos trastorns relacionats amb la incapacitat per diferenciar correctament els colors.	Lligada al sexe	Recessiu	♂ = 1/15 ♀ = 1/100
Distròfia miotònica de Steinert	Degeneració muscular.	Autosòmic	Dominant	1/20000
Drepanocitosi (anèmia falciforme)	Hemoglobina anormal, glòbuls vermells falciformes.	Autosòmic	Recessiu	No determinada
Fenilcetonúria	Deficiència mental.	Autosòmic	Recessiu	1/15000
Fibrosi cística o mucoviscidosi	Dificultats respiratòries i intestinals greus.	Autosòmic	Recessiu	1/2000
Hemofília	Defecte de coagulació de la sang.	Lligada al sexe	Recessiu	♂ = 1/10000
Miopatia (distròfia) de Duchenne	Degeneració muscular greu.	Lligada al sexe	Recessiu	♂ = 1/5 000
Neurofibromatosi	Tumors cerebrals i als nervis auditius.	Autosòmic	Recessiu	1/3 000
Policistosi renal	Quistos de ronyó múltiples.	Autosòmic	Recessiu	1/250
Retinitis pigmentària	Degeneració de la retina.	Diverses situacions genètiques		1/2 000
Talassèmies	Anèmia hereditària mediterrània.	Autosòmic	Recessiu	1/65

4.2. Mutacions cromosòmiques

Les alteracions en la dotació cromosòmica de l'individu format a partir d'un zigot que presenta anomalies en l'estructura dels cromosomes o en el seu nombre són molt freqüents. Es presenten en un de cada 200 nounats i són també la causa d'un de cada dos avortaments espontanis.

La major part d'alteracions cromosòmiques provoquen greus disfuncions, com ara retard mental i alguns trets físics particulars que permeten identificar les diferents síndromes (trisomies o monosomies en molts casos). L'any 1959, Jérôme Lejeune, Marthe Gautier i Raymond Turpin van identificar en la trisomia del cromosoma 21 la causa de la més coneguda de les alteracions cromosòmiques: la síndrome de Down.

Les radiacions (radioactivitat, llum ultraviolada, raigs X...), determinats productes químics i les infeccions víriques poden induir l'aparició de mutacions cromosòmiques (i gèniques) en els gàmetes. Si un d'aquests gàmetes afectats és el que origina el zigot, el nou individu serà portador de la mutació.

Hi ha, però, un altre factor important: les errades en la repartició dels cromosomes durant la meiosi (les quals també poden augmentar per les causes abans esmentades). Concretament, si durant la meiosi no se separen els dos elements d'un parell de cromosomes homòlegs, aquests aniran a parar a la mateixa cèl·lula filla, i això originarà uns gàmetes amb un cromosoma de més i altres amb un de menys. Si el gàmeta fecundat és el que té un cromosoma de més, s'originarà un zigot portador d'una trisomia; si és el que té un cromosoma de menys, el zigot serà portador d'una monosomia. En ocasions, la trisomia es produeix perquè un dels progenitors és portador de cromosomes units o de translocacions.

L'edat avançada dels pares té una gran influència sobre aquest fet. En el cas de la síndrome de Down, per exemple, la probabilitat que un nadó neixi afectat per la malaltia augmenta progressivament a partir dels 30 anys d'edat de la mare i es dispara si en té més de 45 o 50.

A partir de l'estudi de la sang del nadó, es poden detectar algunes anomalies genètiques, com ara la síndrome de Down.
La fotografia mostra una nena afectada per aquesta síndrome.
En un 95 % dels casos, la causa de la síndrome de Down és la manca de disjunció dels dos cromosomes 21 durant la formació dels gàmetes.
En el 5 % de casos restants, la causa és una translocació en els cromosomes d'un dels pares, de manera que un cromosoma 21 (o una bona part d'aquest) s'uneix a un cromosoma més gran, habitualment el 14.

Algunes investigacions fan pensar que, com més avançada és l'edat de la mare, el que augmenta no és la producció de gàmetes anormals, sinó la retenció de fetus anormals, que en la dona jove són avortats espontàniament. L'edat del pare no sembla determinant en la freqüència d'incidència de la síndrome de Down en els nadons, encara que alguns estudis suggereixen que una edat del pare superior als 55 anys sí que hi pot tenir certa influència.

Risc d'aparició de la síndrome de Down	
Edat de la mare (anys)	*Nens afectats (× 1000)*
Entre 15 i 29	0,5
Entre 30 i 34	1
Entre 35 i 39	2,5
Entre 40 i 44	9
Entre 45 i 49	30
Més de 50	83

a) ***Gràfic del risc d'aparició de la síndrome de Down.***
b) ***Cariotip masculí amb trisomia del cromosoma 21.***

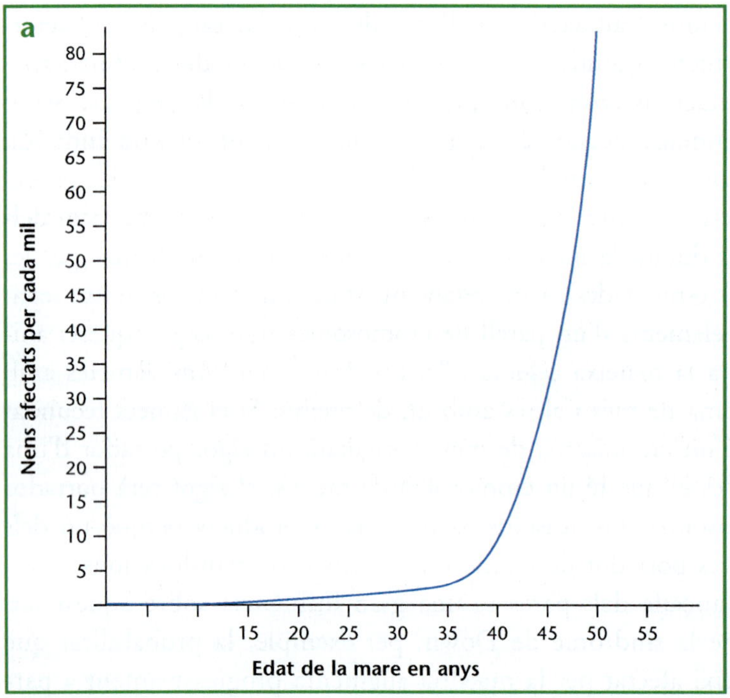

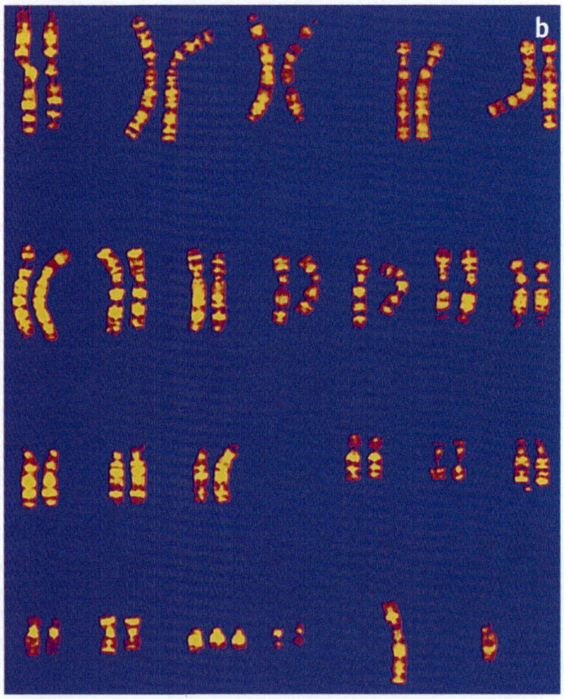

D O C U M E N T S

El diagnòstic prenatal

*Quan per alguna raó (com ara l'edat avançada de la mare o l'existència d'antecedents familiars) s'estima que hi ha un risc elevat que el fetus sigui portador d'una anomalia genètica, es pot realitzar un **diagnòstic prenatal** per detectar-la i, si escau, considerar la possibilitat d'interrompre l'embaràs.*

Hi ha una gran varietat de tècniques de diagnòstic prenatal. A partir del líquid amniòtic que

Amniocentesi.

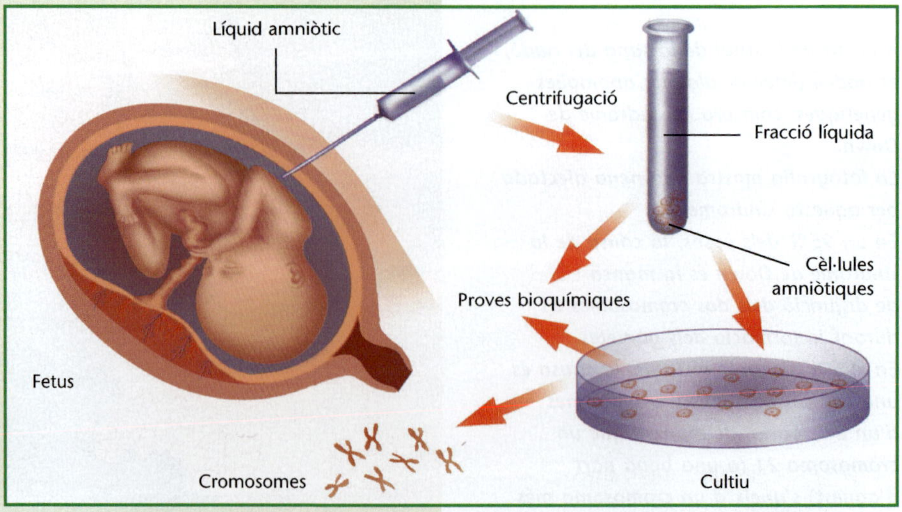

BARCANOVA

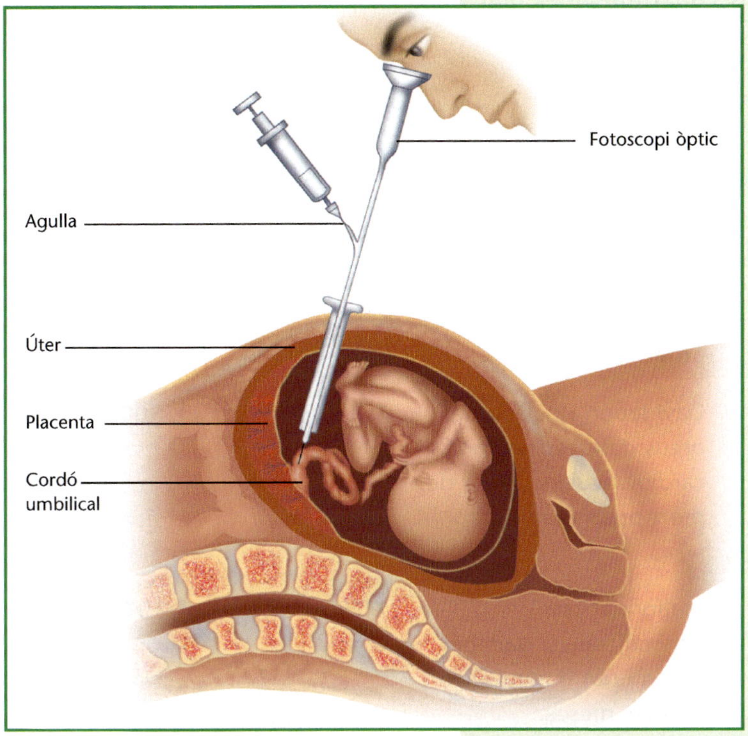

Extracció de sang fetal.

*envolta el fetus, per exemple, es poden fer **proves bioquímiques** que detecten defectes metabòlics. O bé, com que en aquest líquid sempre hi ha algunes cèl·lules que s'han desprès del fetus, se'n pot extreure una mostra i cultivar després les cèl·lules que conté, en les quals es poden examinar els cromosomes al microscopi i verificar les possibles aberracions cromosòmiques. Aquest procés s'anomena **amniocentesi**. També és possible l'**anàlisi de la sang fetal**, que s'obté del cordó umbilical en un procés d'extracció guiat per ecografia, o, fins i tot, l'anàlisi de mostres de la pell o del fetge del fetus.*

*De les tècniques més usades actualment, la més moderna és la **biòpsia de les vellositats del còrion** (una membrana embrionària), que es fa sota control ecogràfic i permet una major precocitat del diagnòstic. Mentre que l'amniocentesi o l'anàlisi de sang s'han de practicar entre les 15 i les 20 setmanes d'embaràs, la biòpsia corial pot fer-se a partir de les 8 o 10 setmanes.*

*Finalment, en molts casos ja és possible l'**anàlisi de l'ADN fetal** i la identificació de gens anòmals per mitjà de tècniques d'ADN recombinant.*

Les tècniques de diagnòstic precoç redueixen l'angoixa de l'espera i, en cas que s'hagi de recórrer a l'avortament terapèutic, aquest es pot fer més aviat (molt millor des del punt de vista tècnic i psicològic).

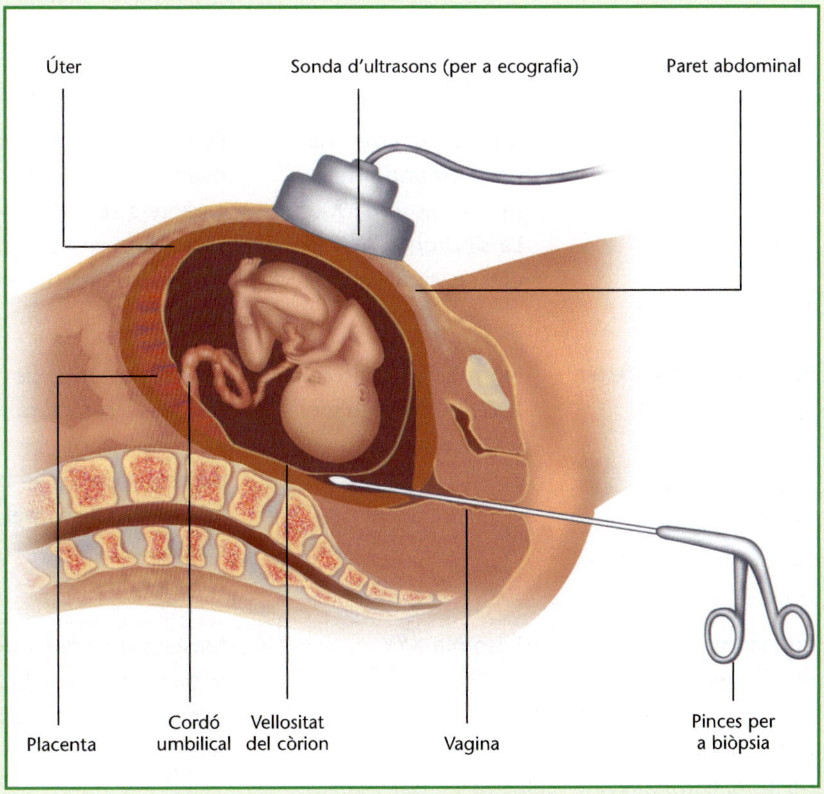

Biòpsia de les vellositats del còrion.

Les aberracions cromosòmiques humanes				
Aberració cromosòmica	*Tipus de mutació cromosòmica*	*Síndrome*	*Freqüència d'avortaments espontanis*	*Incidència aproximada (nascuts vius)*
Síndrome de Down	Trisomia del cromosoma 21; en alguns casos rars, el tercer 21 està unit al cromosoma 14.	Retard mental greu; empremtes palmars anormals i trets facials característics. Mortalitat elevada a partir dels 16 anys.	1/140	1/700
Síndrome de Patau	Trisomia del cromosoma 13.	Llavi leporí i paladar fes; greus defectes neuronals i cardiovasculars; causa de mort prematura.	?	1/5 000
Síndrome d'Edwards	Trisomia del cromosoma 18.	Malformacions generalitzades; gairebé tots moren durant els primers mesos.	1/200	1/10 000
Síndrome del miol o del crit del gat	Deleció del braç curt del cromosoma 5.	Plors molt aguts. Malformacions greus. Mort molt prematura.	?	1/45 000
Anomalia Filadèlfia	Translocació 22-9.	Leucèmia aguda crònica.	?	Entre un 15 % i un 20 % de les leucèmies en les persones adultes.
Síndrome de Turner	Manca del cromosoma Y (monosomia del cromosoma X). La síndrome XXX té efectes similars.	Femelles estèrils amb ovaris molt atrofiats i caràcters sexuals secundaris molt poc desenvolupats; baixa estatura.	1/18	1/2 500 dones
Síndrome de Klinefelter	Normalment trisomia XXY, però a vegades XXXY o XXXXY.	Mascles estèrils, de testicles i caràcters sexuals secundaris poc desenvolupats i amb trets feminoides (poc pèl corporal, pits augmentats...).	?	1/500 homes
Cromosoma Y supernumerari	Trisomia XYY.	Mascles més alts que la mitjana. Personalitat infantil amb una suposada tendència a l'agressivitat.	?	1/1 000 homes

RECORDA

La **fibrosi cística** o **mucoviscidosi** és produïda per la presència d'una proteïna anòmala, la CFTCR, codificada per un gen mutat situat en el cromosoma 7. La fibrosi cística, que afecta una de cada 3 000 persones, és una de les malalties gèniques més comunes.

ACTIVITATS

11.8. La fibrosi cística és una malaltia que s'hereta com una anomalia determinada per un gen autosòmic recessiu. Un home i una dona sans per a aquest caràcter tenen dos fills amb fibrosi cística i un fill normal.

a) Quina és la probabilitat que el pròxim fill tingui fibrosi cística?

b) El fill no afectat d'aquesta parella està preocupat per la possibilitat de ser heterozigot per a l'al·lel que determina la malaltia. Quina és la probabilitat que ho sigui?

c) Per què la fibrosi cística té conseqüències tan severes sobre la salut si està provocada per una mutació que només afecta tres nucleòtids?

d) Un home i una dona sans tenen tres fills: una noia sana i un noi i una noia malalts de fibrosi cística. Quina és la probabilitat que la noia sana sigui portadora del gen per a la fibrosi cística?

e) Quin és el genotip de la noia sana, el dels seus pares i el dels seus germans?

f) Suposant que la noia sana sigui portadora del gen per a la fibrosi cística, quina probabilitat té de tenir un fill afectat per la malaltia?

11.9. L'acondroplàsia és una anomalia, determinada per un gen autosòmic, que dóna lloc a un tipus de nanisme en l'espècie humana. Dos nans acondroplàstics tenen dos fills, un d'acondroplàstic i un de sa. Tenint en compte això, respon a les preguntes següents:

a) L'acondroplàsia, és un caràcter dominant o recessiu? Per què?

b) Quin és el genotip de cadascun dels progenitors? Per què?

c) Quina és la probabilitat que el proper descendent de la parella sigui sa i quina és la probabilitat que sigui acondroplàstic? (Cal que dibuixis abans l'esquema de l'encreuament.)

11.10. Una malaltia genètica està determinada per un gen autosòmic recessiu. Digues quina de les afirmacions següents és certa i per què:

a) Dos individus afectats mai no poden tenir fills sans.

b) Si els dos membres d'una parella estan afectats, tindran fills afectats i filles no afectades.

c) Si s'aparellen un home afectat i una dona sana, tots els descendents són sans.

d) Si un descendent d'un aparellament determinat presenta la malaltia, almenys un dels seus avis la presentava.

11.11. L'albinisme és un caràcter determinat per un al·lel autosòmic recessiu. Digues quins són els genotips dels progenitors i els dels descendents d'una família en què un home i una dona no albins han tingut cinc fills, quatre de pigmentació normal i un d'albí; i els genotips d'una família formada per un home sa i una dona albina que tenen tres fills sans.

11.12. La corea de Huntington és una malaltia que ve determinada per un al·lel dominant autosòmic *H* i es manifesta, generalment, després dels 40 anys. Una persona jove de sexe masculí, la qual sap que el seu pare pateix aquesta malaltia, voldria saber:

a) Quina probabilitat té de manifestar la malaltia passats els 40 anys.

b) Quina probabilitat hi ha que un fill seu hereti l'al·lel *H*.

11.13. L'hemofília està determinada per un gen recessiu lligat al sexe. Una dona sana, el pare de la qual era hemofílic, s'aparella amb un home sa. Contesta a les preguntes següents i justifica la resposta:

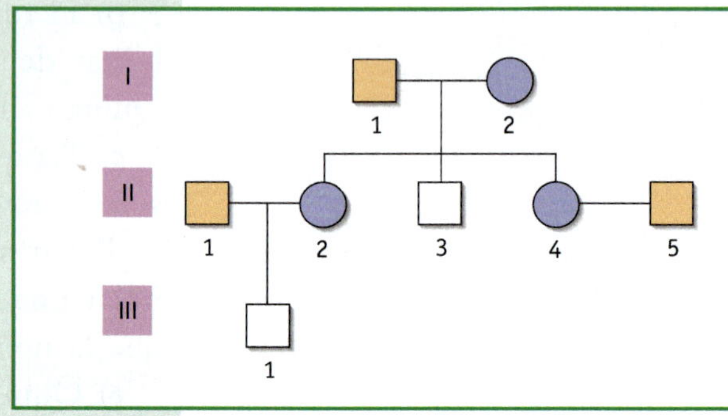

a) Quina és la probabilitat que tinguin un nen hemofílic?

b) Quina és la probabilitat que tinguin una nena hemofílica?

c) Les persones assenyalades en blau en l'arbre genealògic de sobre són hemofíliques. Quin és el genotip de tots els individus d'aquest arbre?

d) La parella formada pels individus II-4 i II-5 pot tenir fills hemofílics? Amb quina probabilitat?

e) Explica si és correcta l'afirmació següent: «La meitat dels òvuls formats per la dona II-2 són portadors del gen per a l'hemofília.» Raona la resposta.

11.14. El daltonisme és degut a un al·lel recessiu d'un gen que es troba en el cromosoma X. Suposant el cas d'un noi daltonià, fill de pare i mare amb visió normal, respon a les preguntes següents:

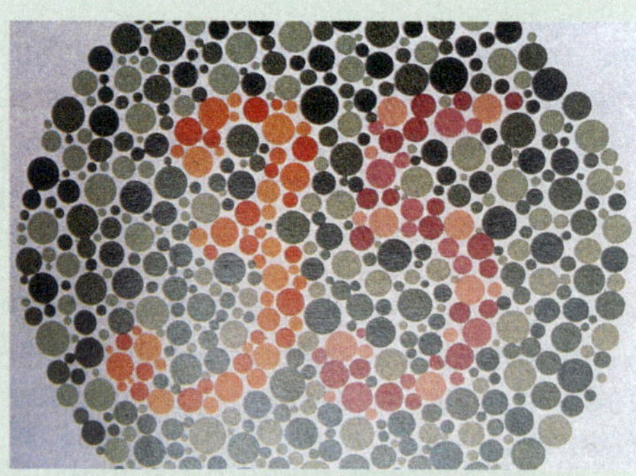

Les làmines d'Ishihara constitueixen el test més conegut per diagnosticar el daltonisme. A la làmina de la il·lustració, una persona amb visió normal per als colors hi pot reconèixer el número 35.

a) Si aquest noi té un oncle daltonià, ¿serà un oncle per part de mare o per part de pare?

b) La mare d'aquest noi espera un fill de sexe masculí. Quina és la probabilitat que sigui daltonià? I si fos una nena?

c) Per què el daltonisme és molt més freqüent entre els homes que no pas entre les dones?

11.15. En una parella, ni l'home ni la dona no són hemofílics. Tanmateix, un oncle patern de la dona sí que ho és. Ara bé, llevat d'aquest, no es coneix cap més antecedent d'hemofília en la seva família, ni tampoc en la del marit. Dibuixa l'arbre genealògic de la família, indica els possibles genotips i calcula quina és la probabilitat que té la parella de transmetre la malaltia als seus fills. Raona la resposta.

11.16. Suposa que un home que té una malaltia determinada i una dona sana tenen vuit fills, quatre nens i quatre nenes. Totes les noies presenten la malaltia del pare, però cap dels nois no la presenta. Explica, raonant la resposta, quin dels següents tipus d'herència té aquesta malaltia:

a) autosòmica recessiva; b) autosòmica dominant; c) lligada al sexe i recessiva; d) lligada al sexe i dominant.

11.17. Observa la taula de peu de pàgina, que mostra alguna de les anomalies més freqüents en l'espècie humana, les quals fan referència al nombre de cromosomes sexuals, i contesta a les preguntes que hi ha a continuació.

a) En vista d'aquests resultats, es podria formular la hipòtesi següent: «En l'espècie humana, el sexe dels individus té a veure amb la presència o absència del cromosoma Y. Altres variables, com ara el nombre total de cromosomes i el nombre d'autosomes, no hi tenen cap influència.» ¿Creus que és una hipòtesi encertada i oportuna, o n'hi hauria alguna altra de més vàlida? Quina? En qualsevol cas, en què s'hauria de basar?

b) Digues què és una anomalia en el nombre de cromosomes i explica algun mecanisme que pugui produir anomalies d'aquest tipus.

11.18. Una dona albina i no hemofílica és filla d'un home hemofílic. Aquesta dona està embarassada d'un home que no és ni hemofílic ni albí i que en la seva família no té cap antecedent pel que fa a aquests trastorns. Acudeix al metge, el qual, gràcies a una ecografia, li diu que tindrà dos fills bessons, un nen i una nena.

a) Quina probabilitat hi ha que tots dos fills no siguin ni albins ni hemofílics?

b) Quina és la probabilitat que tots dos siguin hemofílics, però no albins?

c) I si el pare de les criatures fos hemofílic i albí, quina seria la probabilitat que tots dos fills no fossin ni albins ni hemofílics?

d) I, seguint en aquest darrer cas, quina seria la probabilitat que tots dos no fossin albins, però sí hemofílics?

Nombre total de cromosomes	*Nombre d'autosomes*	*Heterocromosomes*	*Sexe de l'individu afectat*
45	44	X	Femella
47	44	XXY	Mascle
47	44	XXX	Femella
47	44	XYY	Mascle
48	44	XXYY	Mascle

11.19. L'hemocromatosi és una malaltia hereditària causada per una mutació en un gen del braç curt del cromosoma 6. Observa l'arbre genealògic de sota amb l'esquema dels dos cromosomes 6 tal com es veuen en una determinada fase de la mitosi i contesta a les preguntes següents:

a) Quin és el patró d'herència d'aquest gen?

b) Quins són els genotips dels individus I-1 i III-1?

c) De quina fase de la mitosi es tracta? Raona la resposta.

d) Quines cromàtides tenen idèntica informació genètica?

e) Quina explicació donaries al fet que la salut de les dones amb hemocromatosi empitjora després de la menopausa?

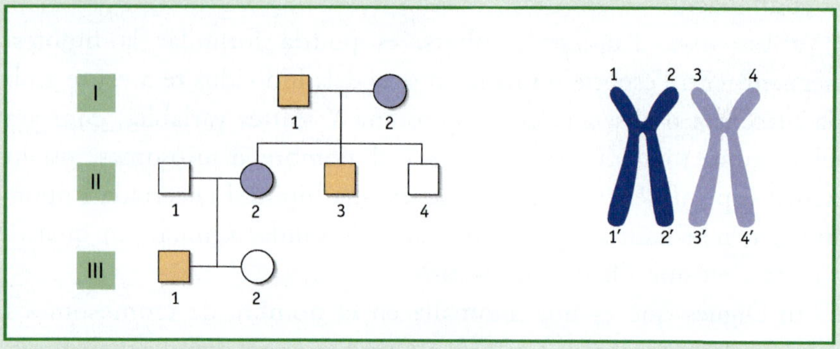

5. Genètica i càncer

El terme *càncer* designa un grup nombrós de malalties que afecten òrgans molt diversos. Totes aquestes malalties, però, tenen en comú la seva naturalesa cel·lular; és a dir, el càncer és una malaltia de les cèl·lules, les quals proliferen exageradament a causa de mitosis repetides, sense control, per alteració dels mecanismes de regulació del cicle cel·lular.

Les cèl·lules canceroses ignoren els controls normals de l'organisme i es divideixen sense fre originant una massa informe o **tumor**. Es diu que el tumor és maligne quan creix ràpidament, envaeix els teixits veïns i, mitjançant el sistema circulatori, es reprodueix en altres òrgans.

Les cèl·lules que formen un tumor deriven d'una cèl·lula única que en algun moment (sovint anys abans que es manifesti la malaltia) va experimentar una mutació.

Hi ha dues classes de gens que tenen un paper destacat en l'inici del càncer: els **protooncogens** i els **gens supressors** tumorals, aquests darrers també dits *guardians del genoma*. Quan un protooncogèn normal pateix una mutació, es transforma en oncogèn i codifica proteïnes hiperactivadores de la divisió cel·lular. En canvi, els gens supressors (com p*16*, p*53*, etc.) codifiquen, en el seu estat normal, proteïnes que inhibeixen el creixement cel·lular. Quan una mutació els deixa inactius, desapareixen els frens que regulen la proliferació cel·lular.

Epigenètica i càncer

Se sap que en el desenvolupament de càncers, si més no en certs tipus, hi ha fenòmens epigenètics implicats. Concretament, en relació amb la metilació de l'ADN.
Quan es desenvolupa un tumor es perd prop del 50 % de l'ADN metilat però al mateix temps es produeix la hipermetilació de determinades regions dels gens supressors tumorals.
Una branca incipient de l'epigenètica humana, la farmacoepigenètica s'ocupa de desenvolupar medicaments inhibidors de la metilació de l'ADN, els primers dels quals ja són al mercat.

Desenvolupament d'un dels tipus de càncers humans més freqüents: el càncer de còlon.

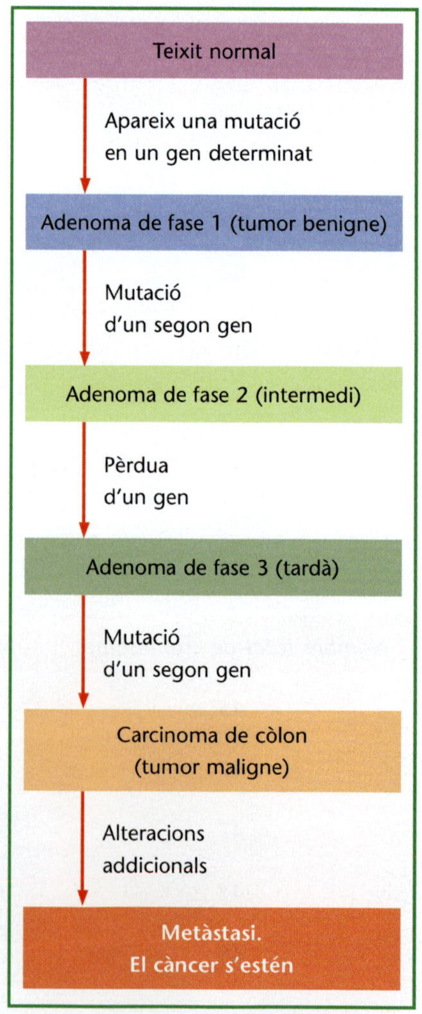

11.20. Una noia Rh− està embarassada. Explica si això pot representar un risc per a la seva salut o per a la de l'infant. Raona la resposta.

11.21. Una noia presenta una forma de sordesamudesa determinada per un al·lel recessiu. Ni el pare ni la mare són sordmuts. Quina és la probabilitat que un germà de la noia de sexe masculí tingui la mateixa malaltia?

11.22. En l'espècie humana, el grup sanguini MN està controlat per dos al·lels *M* i *N*, amb codominància. L'anàlisi de sang practicada sobre una mostra de 208 individus revela 119 individus del grup M, 76 del grup MN i 13 del grup N.

a) Calcula les freqüències dels tres genotips (freqüències genotípiques).

b) Calcula les freqüències dels gens M i N (freqüències gèniques).

11.23. Digues quines proporcions fenotípiques caldria esperar dels encreuaments següents:

a) $I^AI^A \times I^AI^B$;

b) $I^AI^A \times I^Bi$;

c) $I^AI^A \times I^Ai$;

d) $I^Ai \times I^Ai$;

e) $I^Ai \times I^AI^B$.

11.24. Quina proporció de parelles constituïdes per individus no albins, però amb un primer descendent albí, poden esperar que el segon no ho sigui?

11.25. A les poblacions d'indis de les tribus hopi i zuni, al sud-oest de l'Amèrica del Nord, hi ha una freqüència d'albinisme relativament alta. L'albinisme és determinat per un al·lel recessiu autosòmic *a*. Un home i una dona pigmentats de la tribu hopi –tots dos amb un pare albí– tenen dos descendents. Quina probabilitat hi ha que tots dos descendents siguin albins? I que ho sigui almenys un dels dos descendents?

11.26. Un home i una dona amb visió normal tenen ambdós el pare daltonià. Determina el genotip de la parella i contesta a les preguntes següents:

a) Quina és la probabilitat que aquesta parella tingui una filla sana?

b) Quina és la probabilitat que tingui un fill daltonià i una filla daltoniana?

11.27. El retinoblastoma és un càncer infantil derivat de les cèl·lules de la retina. Quan és bilateral, és a dir, quan afecta ambdós ulls, és degut a una mutació dominant d'un gen del cromosoma 13. En canvi, quan afecta només un ull és ocasionat per una mutació localitzada a les cèl·lules de la retina. Tenint en compte aquesta premissa, contesta a les preguntes següents:

a) Una mare que durant la infància va patir un retinoblastoma bilateral, quina probabilitat té de tenir un fill que desenvolupi aquesta malaltia?

b) I una mare que durant la infància va patir un retinoblastoma de l'ull dret, quina probabilitat té de tenir un fill que desenvolupi aquesta malaltia?

11.28. L'arbre genealògic de sota mostra amb el color blau els individus que, en una determinada família, han desenvolupat la corea de Huntington. A partir d'aquestes dades, i sabent que la malaltia es manifesta a partir dels 40 anys, digues quina és la probabilitat que l'individu de sexe femení IV-3, que té pocs anys, desenvolupi la malaltia de gran.

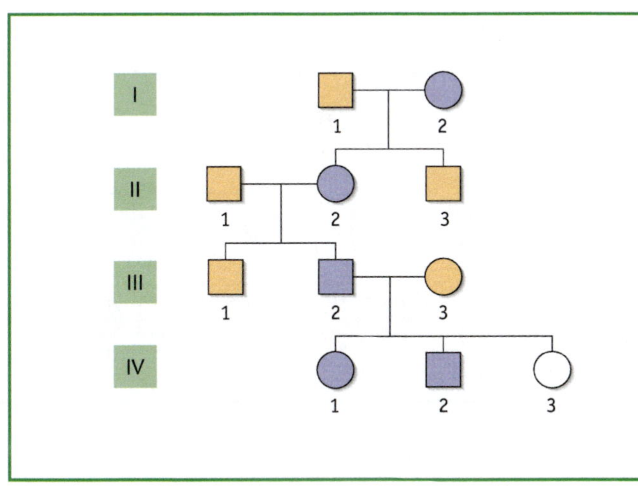

11.29. Contesta a les preguntes següents:

a) Quina és la probabilitat que una dona no daltoniana i albina i un home daltonià i no albí tinguin un fill albí i daltonià?

b) Quina probabilitat hi ha que una filla d'aquesta parella, casada amb una home albí i no daltonià, tingui un fill albí i no daltonià?

c) I si el marit de la filla fos albí i daltonià?

11.30. L'arbre genealògic assenyalat amb la lletra *a* mostra l'herència del color dels ulls en una família. El color blau representa els individus amb els ulls blaus, i el color taronja, els individus amb els ulls marrons. Sabent que aquest caràcter és determinat per un gen autosòmic amb dos al·lels, contesta a les preguntes següents:

a) Quin és l'al·lel dominant?

b) Digues quins dels homes són homozigòtics per al caràcter ulls blaus.

c) Digues quines dones són heterozigòtiques.

d) La parella formada per l'home II-1 i la dona II-2, podria tenir un fill amb els ulls blaus? Per què?

11.31. Els dos arbres genealògics assenyalats amb les lletres *b* i *c* mostren l'herència de l'albinisme (arbre *b*) i de la corea de Huntington (arbre *c*) en l'espècie humana. Observa atentament els dos arbres genealògics i després contesta a les preguntes següents:

a) Quin és el model d'herència d'aquestes dues malalties?

b) Quina és, per a l'arbre *c*, la probabilitat que una parella formada pels individus III-4 i III-5 tingui un descendent afectat de corea de Huntington? ¿És la mateixa probabilitat amb independència del sexe del descendent?

c) En el cas de l'arbre *b*, quina és la probabilitat que un germà de l'individu IV-3 estigui afectat per l'albinisme? I si fos una germana, ¿tindria la mateixa probabilitat que el seu germà de patir la malaltia?

d) Escriu tots els genotips dels individus de l'arbre *b*, relatiu a l'albinisme.

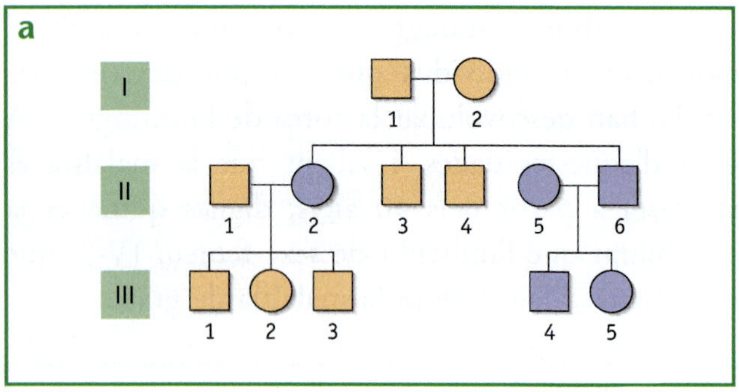

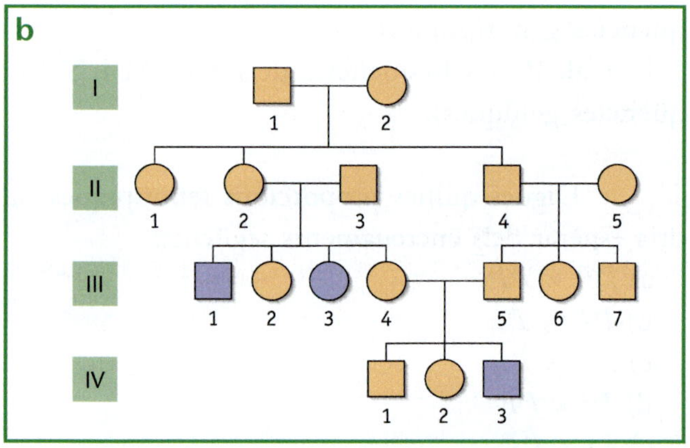

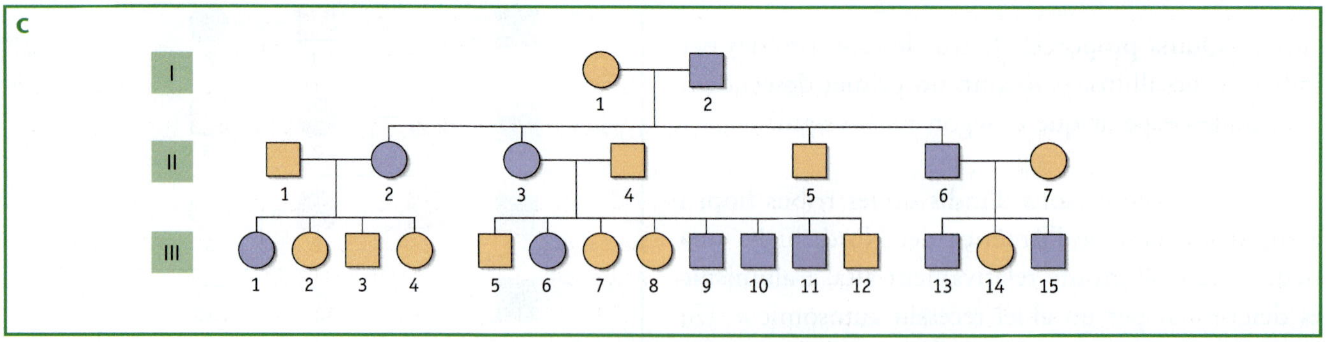

1. En el text següent, hi ha diversos errors. Assenyala'ls i explica'n els motius.

En l'espècie humana, la fecundació entre un òvul i un espermatozoide, dues cèl·lules formades per mitosi, dóna lloc a una cèl·lula diploide, el zigot o cèl·lula ou. El zigot té una única còpia per a cadascun dels gens propis de l'espècie, la meitat aportats per l'òvul i l'altra meitat per l'espermatozoide. A partir del zigot, i per successives meiosis, s'obtenen els diferents teixits, constituïts per diversos tipus de cèl·lules, genèticament diferents, que formen l'embrió. El sexe d'aquest embrió ve determinat per l'òvul. Si aquest és portador d'un cromosoma X, l'embrió serà femella.

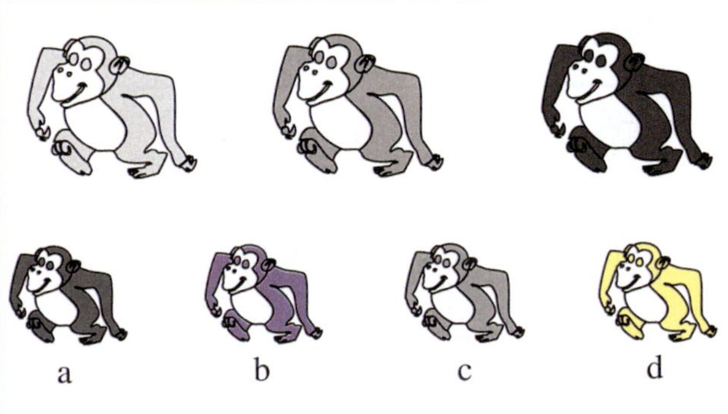

Julio Lillo, Universidad Complutense de Madrid. TEA Ediciones (cortesia)

2. El daltonisme és una de les alteracions de la visió dels colors més comunes. Es tracta d'una anomalia hereditària causada per un gen recessiu lligat al sexe que provoca una falta de cons (cèl·lules encarregades de la visió dels colors) en els ulls dels individus afectats. Tot i que hi ha diversos graus de deficiència de la visió cromàtica, la major part dels daltonians es caracteritzen per la impossibilitat de diferenciar el color verd del vermell. Aquestes deficiències són la base de tots els tests per detectar el daltonisme, com és el cas de les làmines TIDA de dalt. Es tracta de seleccionar quines mones de la filera inferior són iguals a alguna mona de la filera de dalt. Mentre que un daltonià seleccionarà la b) i la c), una persona amb visió normal només seleccionarà la c). Fes la prova i, a més, contesta la pregunta següent, raonant la resposta: per què el daltonisme té una incidència més alta en els homes que en les dones?

3. Els tres arbres genealògics de sota mostren l'herència de tres caràcters hereditaris diferents en l'espècie humana. En cada cas, només els individus marcats en blau són els que estan afectats. Contesta a les preguntes següents:

a) En el cas A, ¿s'explicaria l'herència del caràcter si fos deguda a un gen dominant lligat al sexe?

b) En el cas B, ¿s'explicaria l'herència del caràcter si fos deguda a un gen autosòmic recessiu?

c) En el cas C, ¿s'explicaria l'herència del caràcter si fos deguda a un gen recessiu lligat al sexe?

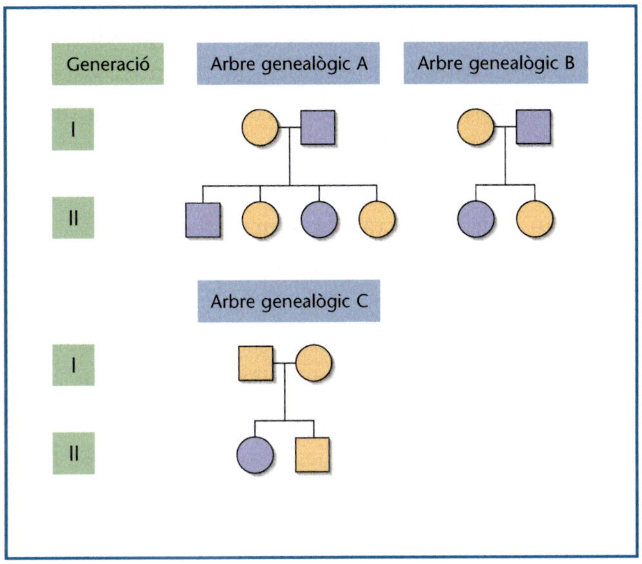

4. La fibrosi cística o mucoviscidosi és una de les malalties genètiques més freqüents. Consisteix en un augment de la viscositat de les secrecions mucoses, les quals obstrueixen els bronquis i embussen els canals secretors del pàncrees. La causa d'aquesta malaltia és la mutació en el gen que codifica per a una proteïna específica: la proteïna CFTCR.

A continuació, s'indica un fragment del gen normal (A) i el mateix fragment del gen mutat (B):

A) $^{3'}$TTTCTTTTATAGTAGAAACCACAA$^{5'}$;

B) $^{3'}$TTTCTTTTATAGTAACCACAA$^{5'}$.

Contesta a les preguntes següents:

a) De quin tipus de mutació es tracta?

b) Quina deu ser la seqüència d'aminoàcids que correspon a aquest fragment de la proteïna normal? I la de la proteïna mutada?

c) La proteïna CFTCR regula el transport d'ions Cl^- a través de la membrana de les cèl·lules secretores. Se sap que la permeabilitat al Cl^- que aquestes cèl·lules tenen varia en funció de la càrrega elèctrica d'alguns aminoàcids que contenen i influeix sobre la fluïdesa de la secreció mucosa.

Digues de quina manera aquest fet pot explicar l'origen de la malaltia.

d) Quin tipus d'herència presenta aquesta malaltia?

5. Aproximadament el 5 % de la població és heterozigot per al gen de la mucoviscidosi o fibrosi cística. Dit d'una altra manera, la probabilitat que un individu qualsevol –sense antecedents familiars de muscoviscidosi– sigui heterozigot és 1/20. Digues, en conseqüència:

a) Quina és la probabilitat que una parella qualsevol (sense antecedents coneguts de mucoviscidosi en la família) tingui un fill afectat per aquesta malaltia? Explica com has fet el càlcul.

b) I quina és la probabilitat si el pare o la mare tenen un germà afectat de mucoviscidosi?

c) I si tots dos tenen un germà afectat?

6. Quins són els principals factors de risc de tenir fills portadors d'aberracions cromosòmiques? Quin és el fonament de les tècniques emprades per a la detecció clínica d'aquestes anomalies cromosòmiques? Totes aquestes tècniques, són iguals? Presenten riscos? Avalua la utilitat d'aquestes tècniques en relació amb el risc.

7. Digues, en relació amb el sistema AB0, quins són els genotips dels pares representats en el quadre de sota. Tingues en compte les dades referents al fenotip dels descendents.

Fenotip dels descendents (proporcions)				
Fenotip dels pares	*Grup sanguini*			
	A	*B*	*AB*	*0*
a) B × B	–	3/4	–	1/4
b) B × A	1/4	1/4	1/4	1/4
c) B × AB	1/4	1/2	1/4	–
d) B × 0	–	1	–	–

8. Consulta la taula de la pàgina 360 i contesta a les preguntes següents:

a) Se suposa que en el cas de la fenilcetonúria la probabilitat de ser heterozigot és, aproximadament, d'1/60. Quina és la probabilitat que una parella qualsevol tingui un fill afectat per aquesta malaltia?

b) Quina seria aquesta probabilitat si l'home tingués un germà afectat de fenilcetonúria? ¿I si el tingués la dona?

c) Estudia l'arbre genealògic de més avall, que correspon al d'una família amb un cas de fenilcetonúria. Digues, justificant la resposta, quina és la probabilitat que els individus III-1 i III-2 (cosins germans) tinguin un descendent afectat per aquesta malaltia en el cas que els individus II-1 i II-5 siguin homozigots.

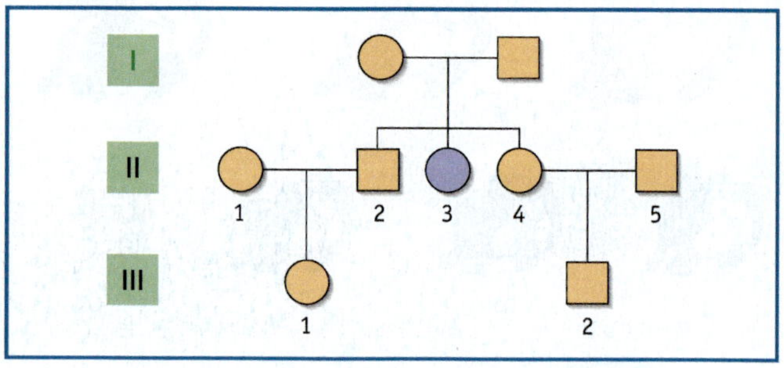

UNITAT

12 L'enginyeria genètica: biotecnologia i salut

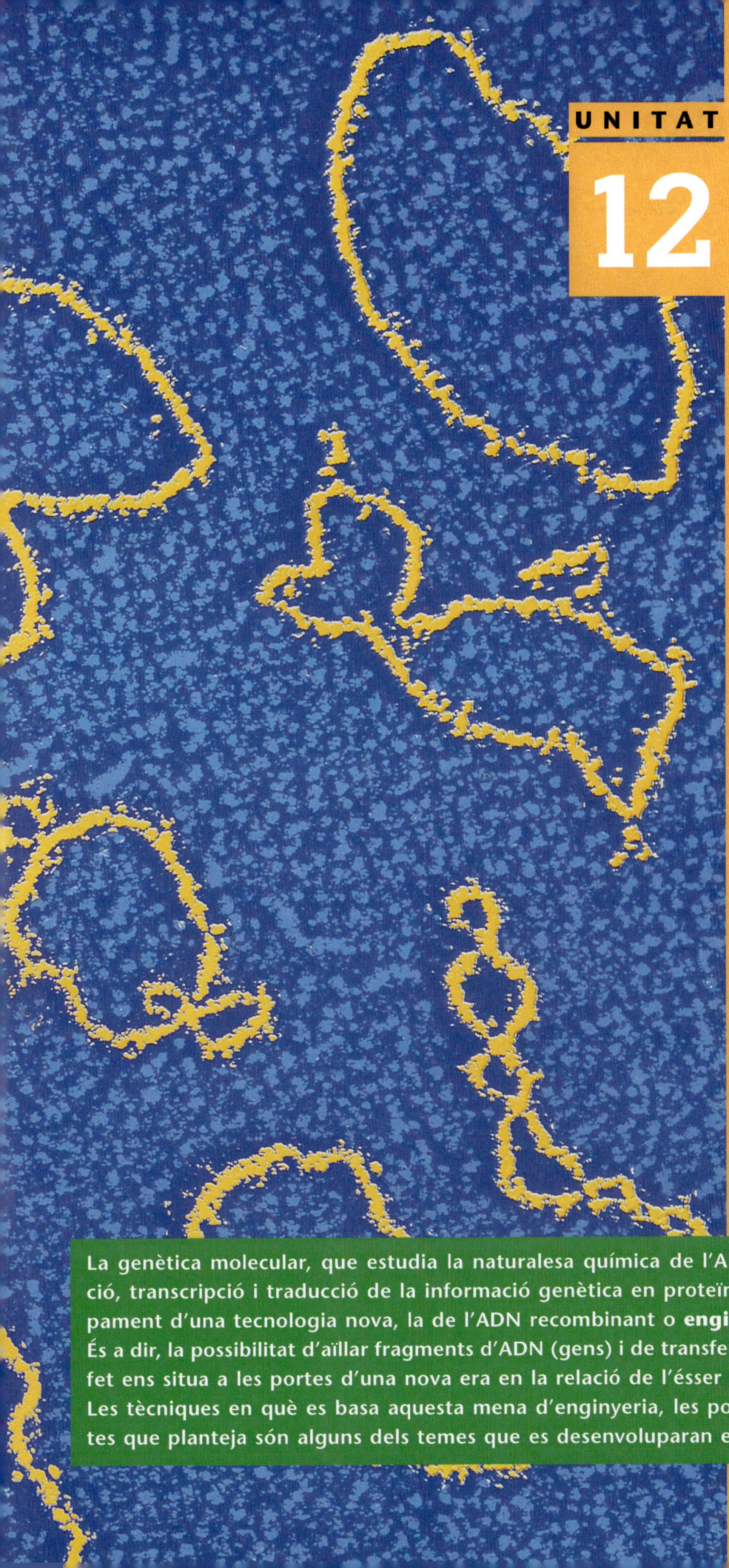

Esquema

Molècules d'ADN (50 000x).

La genètica molecular, que estudia la naturalesa química de l'ADN i els mecanismes de duplicació, transcripció i traducció de la informació genètica en proteïnes, ha fet possible el desenvolupament d'una tecnologia nova, la de l'ADN recombinant o **enginyeria genètica**.

És a dir, la possibilitat d'aïllar fragments d'ADN (gens) i de transferir-los a altres organismes. Aquest fet ens situa a les portes d'una nova era en la relació de l'ésser humà amb la natura.

Les tècniques en què es basa aquesta mena d'enginyeria, les possibilitats que s'albiren i els reptes que planteja són alguns dels temes que es desenvoluparan en aquesta unitat didàctica.

1. L'enginyeria genètica

> *I així, doncs, quina és la causa de tant rebombori? I, en primer lloc, en què consisteix l'enginyeria genètica?*
>
> CHRISTIAN DE DUVE, La cèl·lula viva *(1984)*

La **biotecnologia** té els seus orígens en la Prehistòria, amb l'obtenció d'aliments fermentats, com ara la cervesa, el formatge, el vi o el pa. En canvi, l'**enginyeria genètica** s'inicia després de la consolidació de la genètica, a la segona meitat del segle XX. Es diu que neix l'any 1973.

DOCUMENTS

Dades cronològiques de la biotecnologia i l'enginyeria genètica

Abans del 600 aC
Ús dels llevats per elaborar cervesa i vi.
Cap al 400 aC
Ús dels llevats per elaborar pa.
Cap al 1521
Els asteques recol·lecten algues lacustres per alimentar-se.
Cap al 1670
A les mines de Río Tinto (Huelva) s'enriqueix el coure amb l'ajut de microorganismes.
1680
Amb l'ajut del microscopi, Anton van Leeuwenhoek observa microbis per primer cop.
1865
Gregor Mendel descobreix les lleis bàsiques de l'herència.
1871
Friedrich Miescher descobreix la nucleïna (ADN).
1873
Louis Pasteur patenta als Estats Units un cultiu de llevats.
1876
Louis Pasteur aconsegueix identificar la funció dels enzims dels llevats en les fermentacions.
1897
Eduard Buchner descobreix que els enzims extrets dels llevats poden transformar la glucosa en alcohol.
1928
Alexander Fleming descobreix l'acció antibiòtica de la penicil·lina.
1944
Oswald Avery i els seus col·legues confirmen que l'ADN és el material hereditari.
Comença la producció de penicil·lina a gran escala, després del treball de purificació d'aquest antibiòtic per part d'Ernst Chain i Howard Florey.
1953
James Watson i Francis Crick descobreixen l'estructura en doble hèlix de l'ADN.
1955-1956
Severo Ochoa descobreix l'ARN-polimerasa i Arthur Kornberg l'ADN-polimerasa.
1961-1966
Marshall Nirenberg i els seus col·laboradors desxifren el codi genètic.
1962
S'inicia l'extracció d'urani mitjançant microorganismes.
1967
Gellert descobreix les ADN-ligases.

Aixafant el raïm per a l'obtenció de vi. Detall d'una pintura mural de la tomba d'un escriba del faraó Tuthmosis IV (segle XV aC).

Recerca transgènica en plantes a l'Institute Nationale pour la Recherche Agricolaire, a Versalles (França). Pol·linització artificial d'una planta d'enciam (Lactuca sativa) amb el pol·len d'una flor modificada genèticament perquè sigui resistent a un herbicida.

1972
Paul Berg obté la primera molècula d'ADN recombinant, tallant i enganxant ADN d'un virus i d'un bacteri.
1973
Primers experiments d'enginyeria genètica amb èxit (de trasplantament d'ADN i de clonació molecular, per Stanley Cohen, Shing Chan i Herbert Boyer).
1975
A partir d'hibridomes, César Milstein obté els primers anticossos monoclonals. Frederick Sanger i els seus col·laboradors enllesteixen les tècniques de seqüenciació de l'ADN.
1976
L'Institut Nacional de la Salut (NIH) dels EUA adopta les normes de conducta per a l'enginyeria genètica.
1977
Es crea Genetech, la primera companyia comercial d'enginyeria genètica.
1978
Hamilton Smith, Daniel Nathans i Werner Arber obtenen el premi Nobel de medicina pel descobriment dels enzims de restricció (iniciat per W. Arber, a partir del 1962).
1980
Primeres patents de microbis obtinguts per enginyeria genètica (als Estats Units i al Regne Unit) i obtenció dels primers ratolins transgènics.
1981-1982
Rècord històric a Wall Street per la sortida a borsa de la companyia de biotecnologia Cetus.
Obtenció d'un ratolí transgènic (Palmiter i Brinter).
Obtenció d'una drosòfila transgènica (Spradling i Rubin).
S'autoritza l'ús mèdic de la insulina obtinguda per enginyeria genètica.
1983
Desenvolupament de la primera planta de tabac transgènica.
1985
El nord-americà Kary Mullis (premi Nobel de química l'any 1993) enllesteix la tècnica d'amplificació de l'ADN o de reacció en cadena de la polimerasa (PCR). Es comercialitza la segona proteïna obtinguda des de 1978 per enginyeria genètica: l'hormona del creixement.
1986-1988
Primeres plantes transgèniques; cromosomes artificials de llevat (yeast) *o YAC; vectors per clonar ADN molt llarg.*
Aïllament del gen de la distròfia muscular de Duchenne.
Primera patent d'un animal transgènic (un ratolí). Es comercialitza el primer factor sanguini de coagulació obtingut per enginyeria genètica.
1991
Comencen les primeres fases del Projecte Genoma Humà.
1997
Ian Wilmut i el seu equip de la Universitat d'Edimburg obtenen el primer mamífer clònic: l'ovella Dolly.
Directiva de la UE que autoritza la patent de desenvolupaments biotecnològics a partir d'elements aïllats de plantes, d'animals o del cos humà.
2001
Es completa la primera fase del Projecte Genoma Humà: la seqüenciació total (en un 97%) dels 3 000 milions de nucleòtids de l'ADN de l'espècie humana.
2003
Síntesi in vitro *del genoma dels virus* ΦX174 *(5 386 parells de bases).*
2008
Síntesi, al laboratori (reconstrucció in vitro*), del genoma de* Mycoplasma genitalium, *un procariota senzill amb 582 000 parells de bases.*

DOCUMENTS

Abús de les lleis de la naturalesa, científics convertits en empresaris o jugar a Déu?

Alguns gens tenen, per naturalesa, un grau considerable de mobilitat; van d'un indret a l'altre del genoma; poden incorporar-se en un genoma i sortir-ne amb l'ajut de petits satèl·lits de repòs, com plasmidis, fags o virus, i també poden viatjar d'un genoma a un altre constituïts en passatgers d'aquestes partícules. Aquestes migracions tenen lloc a gran escala en la natura.

Vistes així les coses, el conjunt de virus i partícules afins es converteix en una flota de transportadors de gens, l'origen probable dels quals s'hauria produït mitjançant l'emancipació evolutiva de gens mòbils procedents de genomes complexos, procariotes o eucariotes. Una vegada els científics aprengueren a valorar aquests fets i a comprendre'n els mecanismes subjacents, la idea d'usar aquesta flota per al transport de determinats gens, escollits a propòsit, brotà de manera espontània: la natura aportava les eines. Així nasqué l'enginyeria genètica, per convertir-se, potser, en una de les tècniques més poderoses que mai hagi desenvolupat la humanitat.

Certament, l'enginyeria genètica evocava un panorama ple de núvols tan ombrívols que els mateixos científics s'espantaren. El juliol del 1974, en una acció sense precedents, un grup d'eminents especialistes declarà una moratòria voluntària de no emprendre cap assaig fins que fos possible valorar-ne els efectes. Tal com era de preveure, aquesta lloable manifestació de prudència i responsabilitat social provocà un considerable enrenou i encengué un debat públic, amb una profunda càrrega emocional. S'escampà el temor a epidèmies incontrolables a escala mundial i a invasions massives de càncer. S'aixecaren acusacions de pretendre «jugar a Déu», «abusar de les lleis de la naturalesa», «traspassar la barrera sagrada de l'espècie» i altres gosadies. Prometeu, Pandora, Frankenstein i altres figures mítiques foren convocades per expressar amb nous termes la desconfiança, profundament arrelada, de la humanitat envers qualsevol coneixement nou o innovació tecnològica. Fent-se ressò dels poderosos corrents que s'havien alçat dins i fora de la comunitat científica, les administracions responsables de l'àrea de la salut posaren el tema sobre la taula i redactaren una legislació que gairebé imposava més precaucions en la manipulació dels microorganismes genèticament modificats que en el tracte amb bacteris i virus més mortífers i temibles.

Un cop apagat, aquell furor ha estat substituït per un altre, reencarnació de la febre de l'or. S'han aixecat companyies per explotar la nova tècnica, s'han reclamat patents, molts científics s'han convertit en empresaris i algunes universitats, en socis d'aventures comercials. Tot plegat acompanyat d'un debat llarg i prolix sobre la llibertat de la informació científica i sobre el desinterès de la comunitat científica.

I així, doncs, quina és la causa de tant rebombori? I, en primer lloc, en què consisteix l'enginyeria genètica, o tecnologia de l'ADN recombinant, tal com se'n diu en purisme d'acadèmia? Quins són els seus objectius fonamentals? En teoria, i també en la pràctica, el que es fa és bastant senzill. S'a-

RECORDA

Des de bon començament, l'ús de l'enginyeria genètica ha suscitat polèmica i desconfiança.

¿Es tracta de por davant la innovació tecnològica i el nou coneixement, o bé és més aviat prudència davant els riscos que planteja?

gafa un fragment d'ADN i s'introdueix en una cèl·lula perquè es repliqui, juntament amb el genoma d'aquella i, en determinades aplicacions, s'intenta també que es transcrigui i que es tradueixi.

CHRISTIAN DE DUVE, La cèl·lula viva

L'**enginyeria genètica** –o encara millor, la **tecnologia de l'ADN recombinant**– consisteix en la modificació del patrimoni hereditari d'un ésser viu, com ara un bacteri, una planta o un animal, per mitjà de la introducció d'un o més gens procedents d'una altra espècie biològica, sovint ben diferent. El procediment s'assembla a un empelt de gens, del qual resulta una construcció nova; d'aquí prové, precisament, l'ús del terme *enginyeria* aplicat a la manipulació genètica.

L'enginyeria genètica és filla de l'aplicació dels coneixements adquirits sobre el material hereditari, del qual es va descobrir la possibilitat de manipular-lo a mesura que es va anar coneixent la naturalesa de l'ADN i la manera en què la informació que conté s'expressa en proteïnes.

Així mateix, han estat molt importants alguns coneixements previs, ja disponibles cap a mitjan segle XX, relatius als processos de transferència natural de material genètic en els bacteris (transformació, transducció...). Aquests coneixements s'han pogut utilitzar per traslladar els gens d'una espècie a una altra.

A partir d'una petita mostra de proteïna es pot conèixer la seqüència d'aminoàcids. Això permet identificar-ne el gen entre els d'una genoteca i localitzar-lo amb una sonda. Un cop obtingut el gen, se'l pot inserir en una cèl·lula perquè s'hi expressi la proteïna.

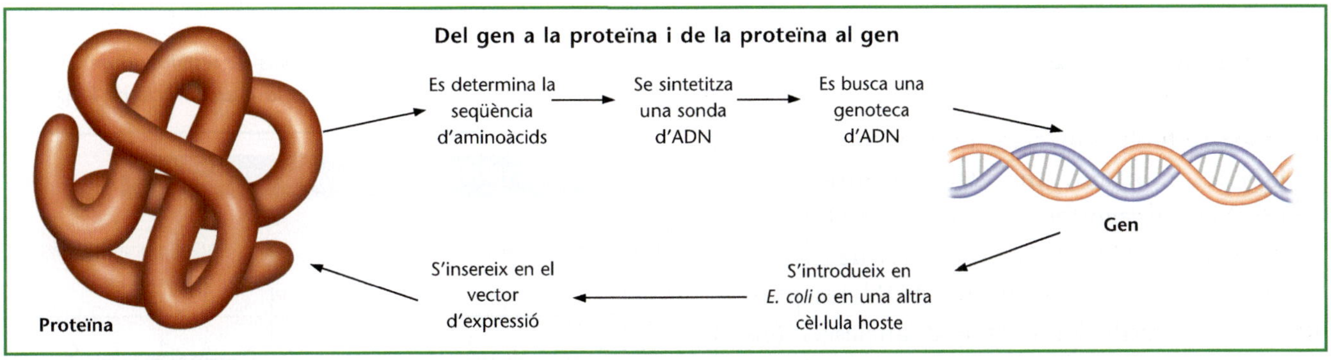

Plasmidi vist a través del microscopi electrònic.

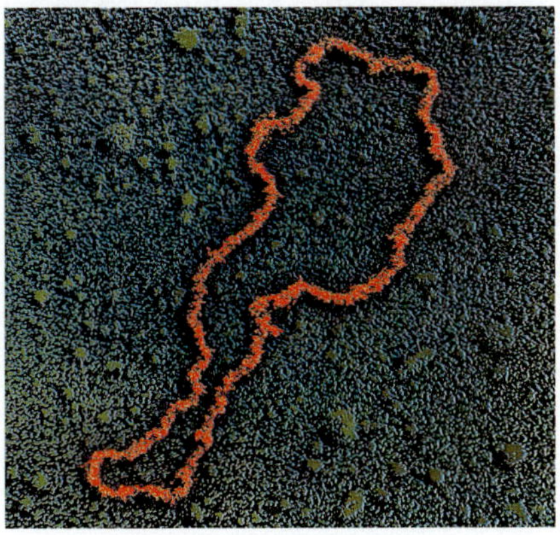

2. La tecnologia de l'ADN recombinant

L'enginyeria genètica, que es va desenvolupar durant la dècada de 1970 i, especialment, al principi de la dècada de 1980, és ara una realitat. A més, les seves aplicacions pràctiques no fan sinó augmentar.

Aquesta tècnica té unes possibilitats tan grans que és molt difícil imaginar fins a on pot arribar, tant en el domini agroalimentari i ramader com en el camp de la salut i la medicina. Ens trobem al començament d'una de les revolucions culturals més transcendentals que hagi viscut mai la humanitat.

Es considera que l'enginyeria genètica va començar l'any 1973, quan Stanley Cohen, Shing Chan i Herbert Boyer van elaborar la tècnica del trasplantament de gens i de la **clonació molecular**, que consisteix a introduir a l'interior d'un bacteri (actualment també pot ser una cèl·lula eucariota) un fragment d'ADN aliè perquè s'hi dupliqui.

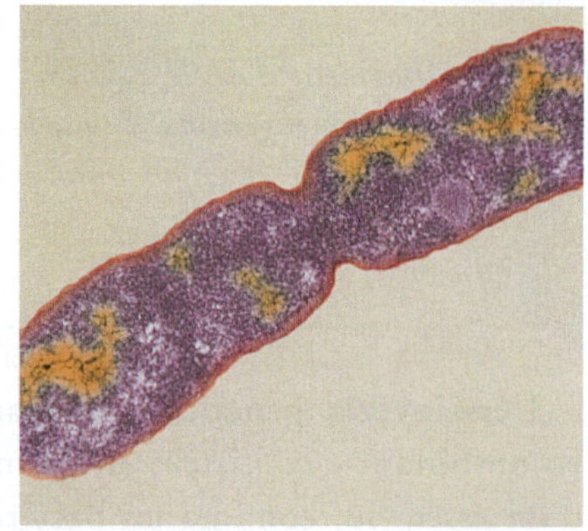

Bacteri Escherichia coli *dividint-se, vist a través del microscopi electrònic. El seu ADN forma una gran molècula (el cromosoma bacterià), però també hi ha petits elements genètics mòbils (els plasmidis) (31x).*

La clonació permet aconseguir, en poc temps, un gran nombre de còpies. És el primer pas per obtenir després quantitats considerables de la proteïna que el gen codifica. A més, té l'aspecte positiu de poder disposar de moltes còpies d'un gen per estudiar-ne les seqüències i establir **genoteques** o arxius de gens.

El bacteri *Escherichia coli* és una de les cèl·lules receptores més utilitzades. El fet que hagi estat molt estudiat i que el seu ADN sigui ben conegut simplifica molt les coses, com també les simplifiquen l'existència de plasmidis i els fenòmens de sexualitat propis del bacteri.

Efectivament, per introduir un gen en l'ADN d'una cèl·lula hoste, cal un vehicle, i per dur a terme aquesta funció s'utilitzen sovint els plasmidis o fragments autònoms d'ADN. A vegades s'usen altres vehicles, com per exemple determinats tipus de virus.

2.1. Els enzims de restricció

Un aspecte molt important de la tecnologia de l'ADN recombinant, una vegada identificat el gen que es vol transferir, consisteix en la necessitat de tallar l'ADN donant, separar-ne el fragment i, després, inserir-lo en l'ADN receptor. Per fer-ho, s'utilitzen unes endonucleases (els denominats **enzims de restricció**) que recorren les molècules d'ADN i les tallen en punts concrets, després que hi hagin localitzat seqüències precises de bases (particulars de cada enzim de restricció). Els enzims de restricció van ser descoberts per Hamilton Smith, Daniel Nathans i Werner Arber, descobriment pel qual van obtenir el premi Nobel de medicina l'any 1978.

L'ús dels enzims de restricció i de les ligases per a la manipulació de l'ADN.

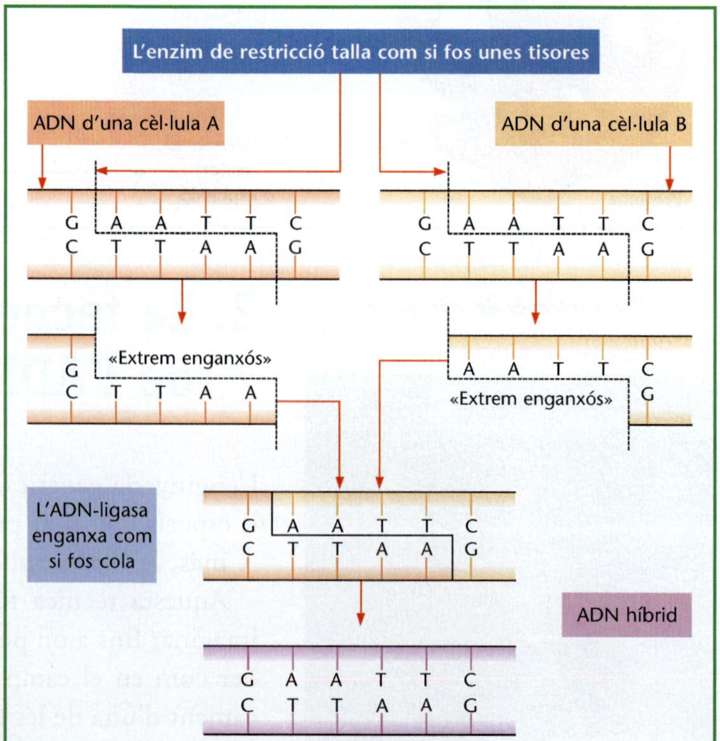

Els petits fragments que aquests enzims tallen presenten en els dos extrems seqüències monofilament curtes. Són precisament aquests extrems «enganxosos» els que faciliten, posteriorment, la unió de trossos d'ADN d'espècies diferents. Aquesta unió es catalitza per les ADN-ligases.

DOCUMENTS

Els virus i l'enginyeria genètica

A banda de la conjugació (unió temporal entre dos bacteris), per mitjà de la qual es transfereixen gens d'una cèl·lula bacteriana a una altra, hi ha dos mecanismes més que permeten la incorporació d'ADN forà per part d'un bacteri: la ***transducció*** *i la* ***transformació****. Tots dos són molt útils en enginyeria genètica.*

La ***transducció*** *es produeix quan un bacteriòfag incorpora part de l'ADN de la cèl·lula hoste al seu ADN, de manera que el pot transportar i introduir en una nova cèl·lula hoste. Són molt útils els denominats fags de transducció* ***restringits*** *(que incorporen regions específiques de la cèl·lula hoste) i els* ***defectius*** *(que incorporen tant ADN de l'hoste que no disposen de prou espai per al propi i, per bé que poden continuar infectant, ja no maten les cèl·lules hoste).*

La ***transformació*** *és el canvi genètic que experimenta un bacteri després d'haver estat exposat a un ADN aïllat provinent d'un altre bacteri (o fins i tot d'una altra procedència) i d'haver-s'hi recombinat (recorda sobre això l'experiment clàssic de Griffith, explicat en les pàgines 304-305). L'ADN transformador més utilitzat en els experiments d'enginyeria genètica és el dels plasmidis.*

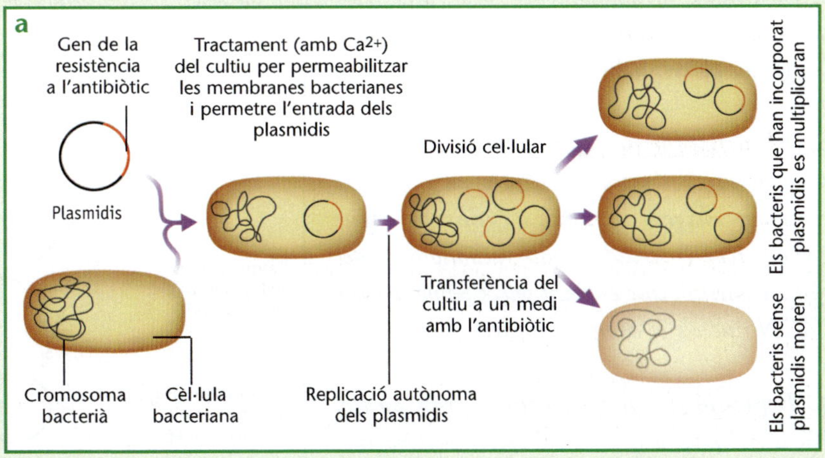

Els processos de transformació (a) i transducció (b) en enginyeria genètica.

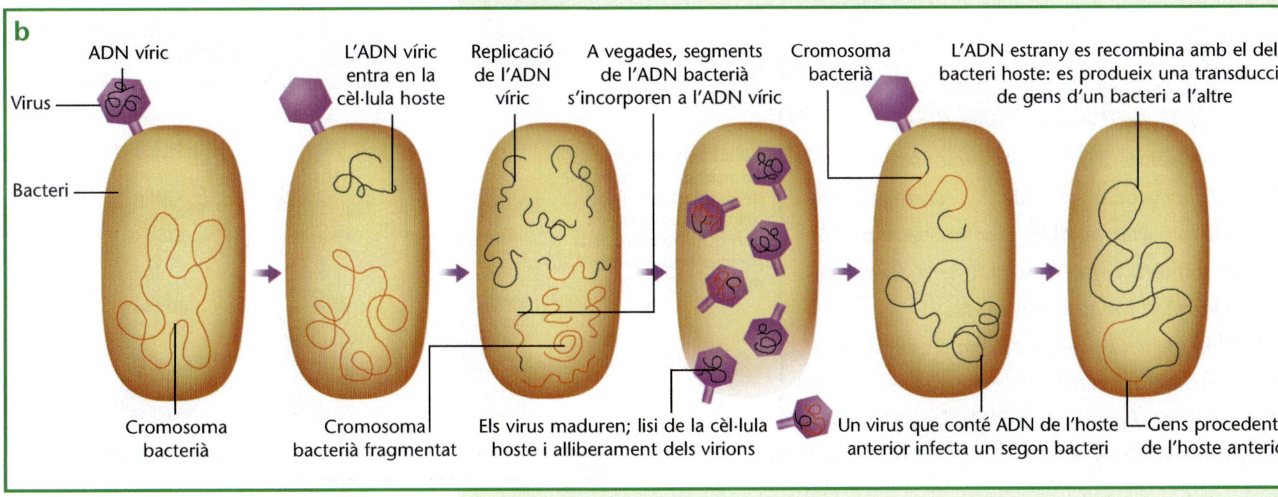

DOCUMENTS

La transferència de gens

La tecnologia de l'ADN recombinant comporta habitualment les etapes següents:

1. Preparació de l'ADN que es vol clonar. Aquest ADN pot ser:

– ADN obtingut per mitjà de la transcriptasa inversa a partir d'un ARNm;

– ADN sintètic;

– ADN tallat de l'interior d'un genoma per mitjà dels enzims de restricció.

***2. «Empelt» sobre un ADN receptor, que s'obre per mitjà d'enzims de restricció, i clonació dels gens.** Si, com és habitual, s'ha partit del genoma fragmentat d'una cèl·lula donant, cadascun dels fragments d'ADN s'insereix sobre un plasmidi (ADN receptor). L'ús de plasmidis que contenen gens que confereixen resistència als antibiòtics facilita enormement el reconeixement de les cèl·lules que han incorporat el plasmidi, necessari per no perdre el gen objecte d'estudi en el cúmul de microbis del cultiu. N'hi ha prou de tractar el cultiu amb l'antibiòtic en qüestió: només els bacteris resistents són portadors del gen. La resta són eliminats.*

Cultivada adequadament, cadascuna d'aquestes cèl·lules «recombinades» dóna lloc a un clon, és a dir, a una colònia integrada per cèl·lules genèticament idèntiques.

***3. Identificació del clon portador del gen seleccionat.** Per trobar el clon o els clons que contenen el gen transferit, s'utilitzen còpies radioactives (marcades amb radioisòtops) del gen en qüestió, que es fixen selectivament sobre l'ADN que els és complementari.*

***4. Expressió del gen i cultiu a gran escala.** No n'hi ha prou que la cèl·lula receptora tingui un gen d'una procedència determinada (per exemple, humana). Cal que s'hi expressi, és a dir, que la cèl·lula receptora produeixi la proteïna per a la qual codifica aquell gen.*

Són necessàries, a més, seqüències particulars d'ADN (operador, promotor...), veritables senyals genètics que puguin «ser entesos» per la cèl·lula receptora i que habitualment s'incorporen per mitjà d'un nou plasmidi.

Finalment, una vegada s'ha obtingut aquest clon operatiu, cal cultivar-lo en un tanc de fermentació per obtenir quantitats significatives de la proteïna desitjada.

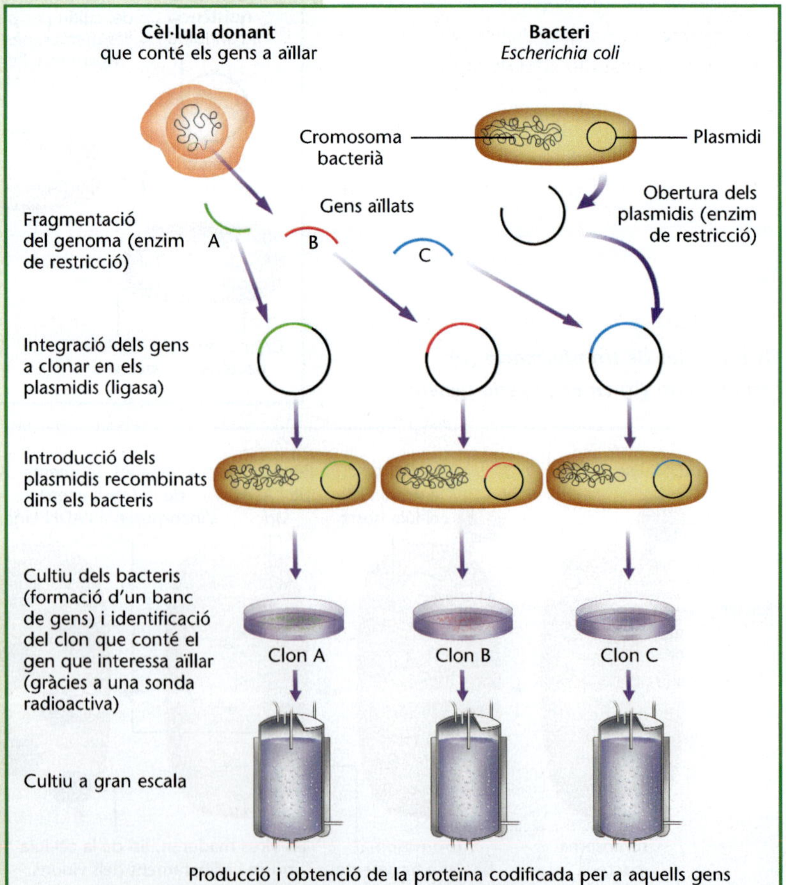

Les diferents etapes de la clonació de l'ADN. El gen a transferir és inserit –amb l'ajut d'enzims de restricció i ligases– a l'interior d'un plasmidi bacterià (en la il·lustració d'E. coli). Els bacteris són cultivats de nou i, mitjançant sondes radioactives, es localitzen els clons que contenen els gens a clonar. Després, aquests clons són cultivats a gran escala, on es formaran grans quantitats de bacteris recombinants que permeten obtenir la proteïna expressada pels gens clonats.

3. Enginyeria genètica i biotecnologia

Bioreactor que s'utilitza per a l'experimentació de penicil·lines sintètiques. En el procés de producció s'usen bioreactors amb cabuda per a milions de litres.

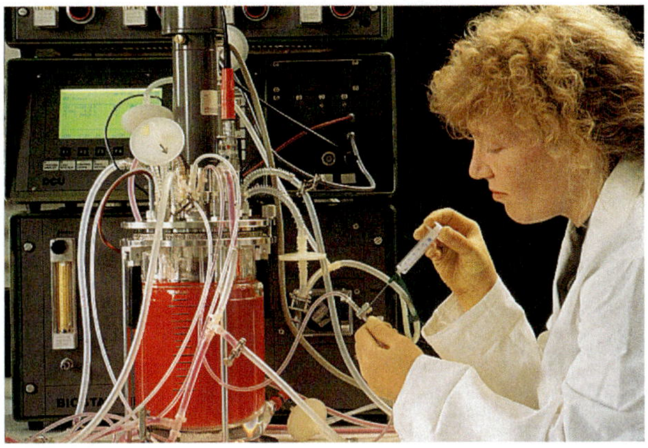

S'anomena **biotecnologia** l'aprofitament dels recursos biològics per mitjà del control o la modificació dels organismes, com ara microbis, plantes o animals.

La biotecnologia és molt antiga. Per exemple, les tècniques necessàries per a l'elaboració de pa o de begudes alcohòliques es coneixen des de fa milers d'anys.

Avui dia, però, les innovacions i els descobriments científics de la biotecnologia moderna es fonamenten en processos industrials basats en els desenvolupaments tecnològics més avançats. La història de la penicil·lina, un antibiòtic produït pel fong *Penicillium notatum*, és prou il·lustrativa d'aquest fet. Des del seu descobriment, l'any 1928, per Alexander Fleming, fins a la seva producció massiva al principi de la dècada de 1940, va transcórrer més d'un decenni ple d'innovacions. Els científics i tecnòlegs aconseguiren varietats de *Penicillium* que produïen centenars de vegades més penicil·lina, i el seu cultiu en dipòsits gegantins (**bioreactors**) va permetre aïllar l'antibiòtic purificat.

En un tanc de fermentació o bioreactor, es controlen l'entrada d'aire, la temperatura i la quantitat de nutrients dels quals s'alimenten els microbis.

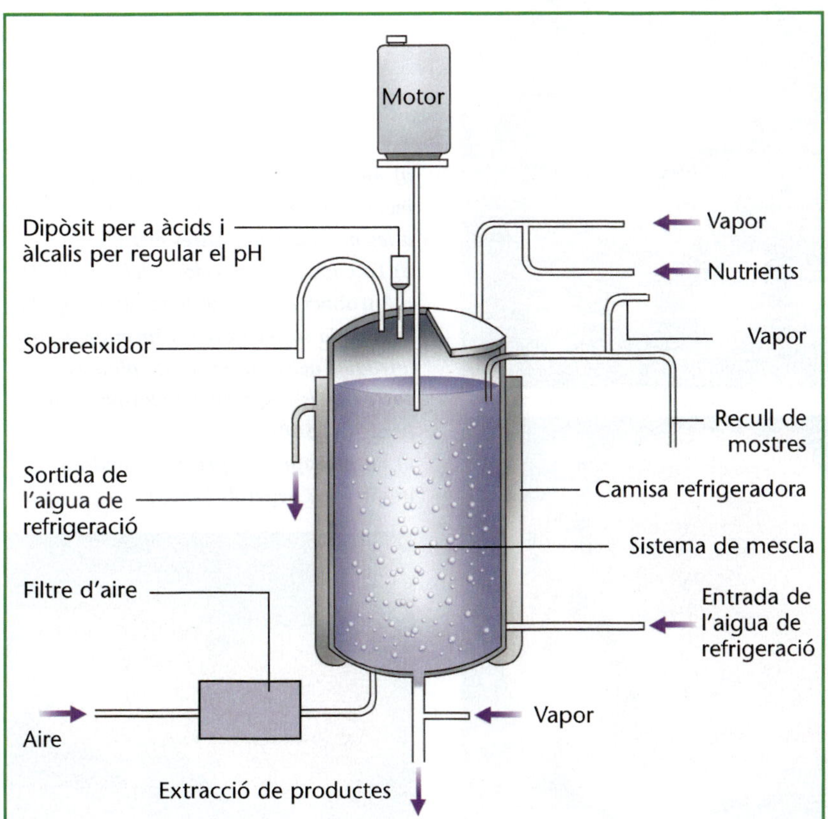

El desenvolupament de l'enginyeria genètica, que permet manipular els gens dels organismes, ha situat la biotecnologia en una nova frontera. I és que l'enginyeria genètica i la biotecnologia comportaran un canvi substancial en les relacions de l'ésser humà amb la natura, en una proporció comparable, com a mínim, al descobriment de l'agricultura i la ramaderia.

Al llarg dels segles, l'ésser humà ha efectuat una selecció empírica de les plantes i dels animals domèstics que li ha permès de millorar-ne les races. Després, el desenvolupament de la genètica féu possible una millora molt més gran basada en una planificació més precisa de la selecció i la hibridació, alhora que se seguia un procés semblant en l'aplicació empírica dels microorganismes emprats en la fabricació d'aliments (pa, formatge, derivats fermentats de la llet, begudes alcohòliques, etc.). Ara és l'hora de la biotecnologia basada en l'enginyeria genètica.

3.1. Avenços en agrobiologia

La introducció de gens forans en el nucli d'una cèl·lula vegetal requereix, per ser operativa, que els gens s'incorporin amb normalitat al material genètic del nucli cel·lular, cosa que es va aconseguir per primera vegada l'any 1986. Com a vector, es va utilitzar un plasmidi procedent del bacteri infecciós *Agrobacterium tumefaciens*, que en moltes plantes cultivades causa un càncer en el coll de l'arrel.

Convenientment modificat i desproveït dels seus efectes cancerígens, l'esmentat plasmidi es fa servir per transferir gens diversos a totes les plantes susceptibles de ser atacades per l'*Agrobacterium*. Fins ara s'han obtingut varietats transgèniques en tres dotzenes llargues d'espècies (col, colza, cotó, meló, patata, remolatxa, soia, tabac i tomàquet, entre altres), que incorporen resistències diverses (a determinats paràsits, a algun insecticida...) o que milloren la seva perdurabilitat i conservació.

En el futur, segurament es podran incorporar altres gens que permetin controlar la maduració dels fruits o que millorin la resistència dels cultius a les condicions climàtiques i edàfiques, com també als insecticides i fungicides. També es podrà augmentar el valor nutricional dels productes vegetals i millorar-ne l'aspecte amb vista a la seva comercialització.

La fusió dels denominats **protoplastos** (cèl·lules vegetals desproveïdes de la membrana de cel·lulosa) també té unes possibilitats molt grans. És una forma ràpida d'obtenir híbrids que permetin agrupar les característiques de dues espècies ben diferents. Per mitjà de tècniques de cultiu de teixits, es fa créixer la **cèl·lula híbrida** resultant de la fusió fins a produir una planta adulta.

Tanmateix, el repte principal que hi ha a l'horitzó, i sobre el qual ja fa molts anys que es treballa, és la transferència a les plantes no lleguminoses (els cereals, per exemple) de determinats gens bacterians que permeten fixar el nitrogen (com ara els gens *nif* dels *Rhizobium*). Això tindria una gran importància econòmica i mediambiental, perquè es podria disminuir el nivell de nitrats i nitrits que contaminen les aigües i es produirien efectes positius pel que fa a la salut i l'eutrofització.

RECORDA

Les primeres plantes transgèniques obtingudes (canya de sucre, col, colza, cotoner, meló, patatera, tabac, tomaquera i soia) eren totes sensibles a l'*Agrobacterium tumefaciens*. Els gens transferits els atorguen resistència a un virus, a un insecte paràsit i a un herbicida, i també fan que es conservin millor.

a

b
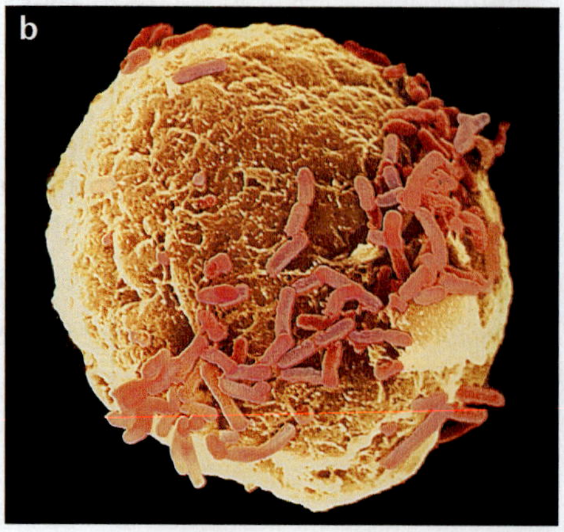

c
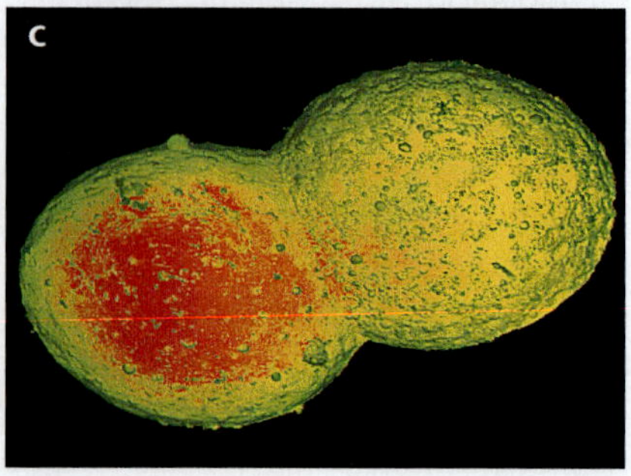

a) Algunes plantes transgèniques incorporen gens que les fan més resistents a les malalties o a altres estralls.
*b) La capacitat infecciosa dels plasmidis d'*Agrobacterium *s'utilitza, una vegada eliminada la seva acció cancerígena, per introduir gens forans en les plantes susceptibles de ser infectades per aquest bacteri (1 500x).*
c) Els protoplastos permeten multiplicar in vitro *els vegetals (450x).*

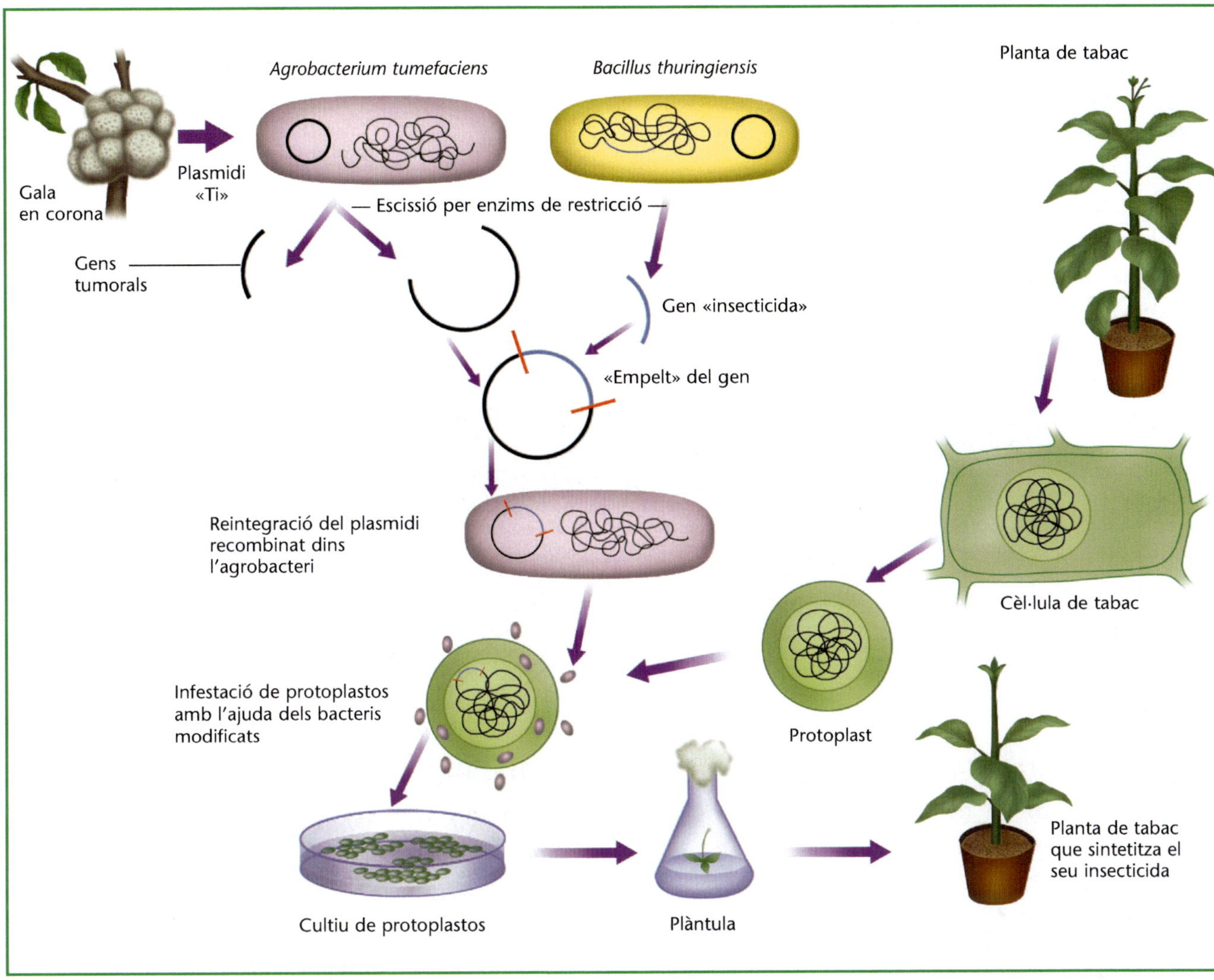

L'ús de les possibilitats infeccioses dels **Agrobacterium** *ha permès d'obtenir les primeres plantes transgèniques.*

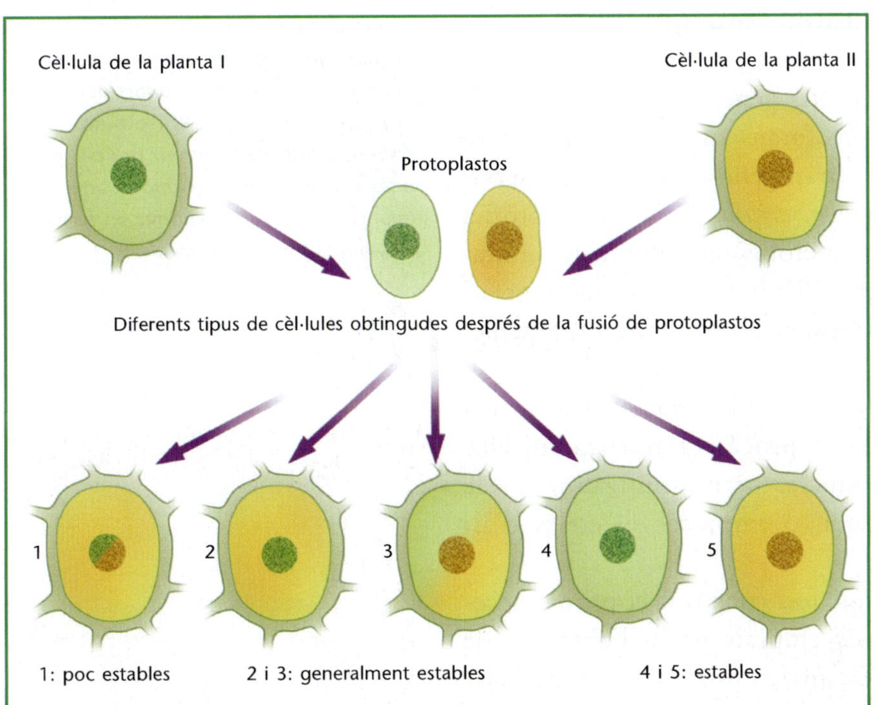

La fusió dels protoplastos origina unes cèl·lules híbrides que només conserven una part de les característiques de les cèl·lules originals.

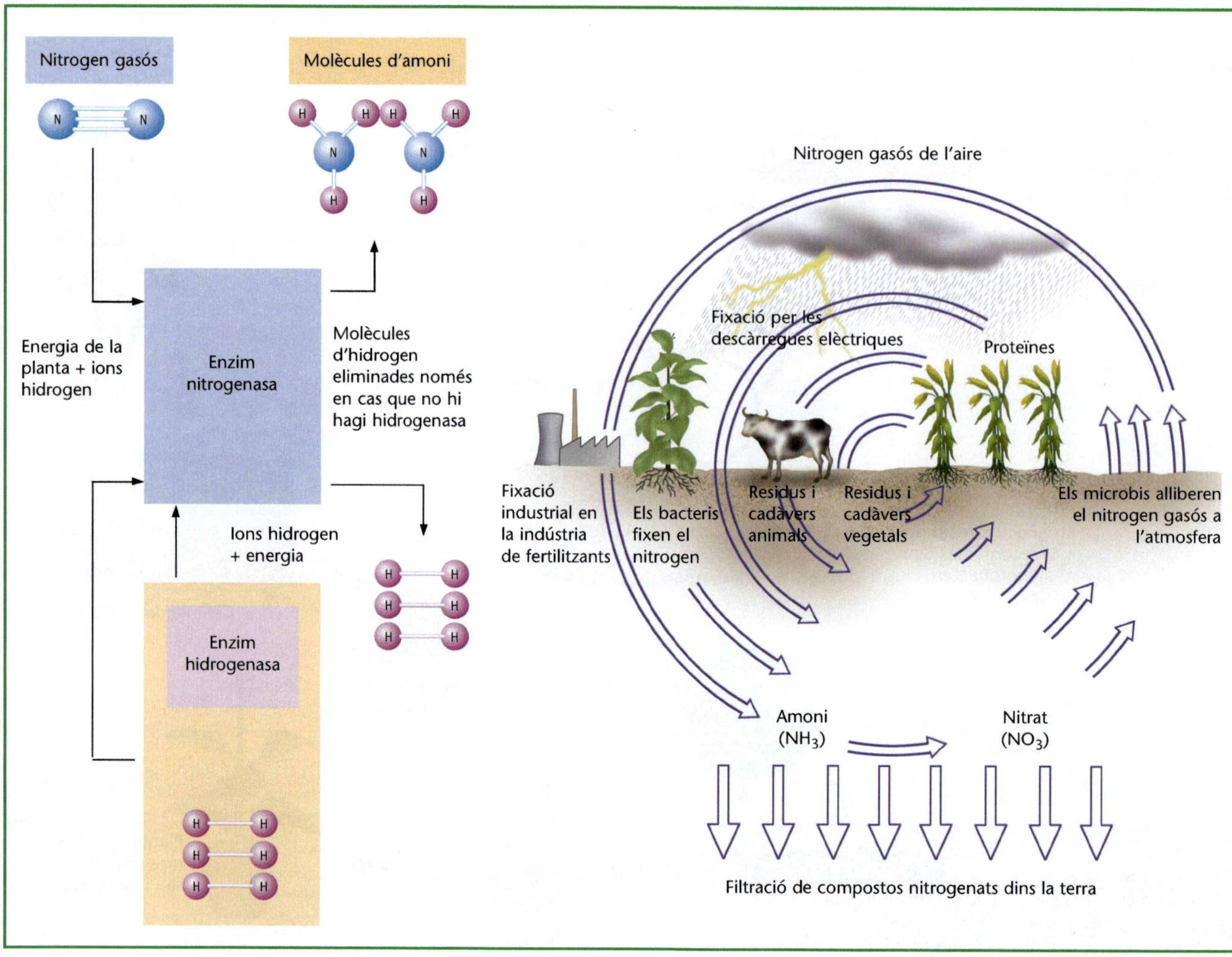

***En el cicle biogeoquímic de l'element químic N, el nitrogen atmosfèric (N_2) només pot ser utilitzat per aquells bacteris que disposen dels gens de les nitrogenases (bacteris fixadors del nitrogen), com ara els* Rhizobium.**
La possibilitat de transferir aquests gens a les plantes conreades tindria una importància positiva enorme en termes econòmics i mediambientals.

3.2. Altres formes d'obtenir plantes transgèniques

Quan van començar els estudis d'enginyeria genètica (al principi de la dècada de 1980) per tal d'introduir gens forans en els vegetals i obtenir plantes modificades genèticament (transgèniques), es feien servir gairebé sempre bacteris del gènere *Agrobacterium*. Tot i que s'aprofita la gran capacitat infecciosa d'aquests microbis, el mètode té limitacions. De fet, els *Agrobacterium* tenen dificultat per infectar vegetals monocotiledonis, com ara el blat, l'arròs o el blat de moro, que tenen un gran interès econòmic.

Per això, actualment s'utilitzen altres mètodes, com ara la introducció d'ADN en protoplastos. Aquest procés es realitza mitjançant microinjecció o bé emprant productes permeabilitzadors de la membrana, com ara el polietilenglicol, o impulsos elèctrics d'alt voltatge.

Ara bé, des de l'any 1987, any en què fou construït el primer accelerador específic, un dels mètodes més emprats per a l'obtenció de plantes transgèniques és la **biobalística**, que consisteix a bombardejar cèl·lules vegetals amb micropartícules. De fet, es tracta de micropro-

Els cultius de més importància econòmica (com ara el blat, en la fotografia) són objecte d'importants recerques per obtenir-ne varietats transgèniques millorades. Actualment, es disposa ja d'algunes races manipulades per biobalística.

jectils amb el cor d'or o de tungstè (elements químicament inerts) i recoberts de l'ADN que es vol inserir. Fortament accelerats en un accelerador de partícules, aquests projectils surten tan rabents que travessen la paret i la membrana cel·lular sense fer malbé la cèl·lula. Posteriorment, s'obtenen els vegetals sencers per cultiu de teixits.

Malgrat la baixa proporció de cèl·lules bombardejades que de fet resulten transformades genèticament, la biobalística és en l'actualitat la millor opció per obtenir varietats transgèniques d'arròs, blat de moro, blat, canya de sucre, espàrrec, melca, papaia o soia.

3.3. Animals transgènics

Els **microorganismes recombinants** són microbis el patrimoni genètic dels quals ha estat manipulat per enginyeria genètica; els **animals transgènics** són aquells que han incorporat un gen d'una altra espècie, com ara la humana. El mitjà clàssic per obtenir-los consisteix a introduir per microinjecció un gen forà en un òvul fecundat, que és reimplantat en l'úter d'una femella d'adopció. Després del període de gestació, aquesta femella donarà a llum l'animal transgènic.

Ateses les característiques de la reproducció dels animals superiors, la tecnologia de l'ADN recombinant encara és molt incipient en zoologia. Tanmateix, l'any 1982 la investigació en aquest domini va produir un dels primers resultats espectaculars: l'obtenció de ratolins gegants, portadors del gen humà de l'hormona del creixement. Des d'aleshores, s'han obtingut ovelles, vaques, porcs i conills transgènics, i també algunes espècies de vertebrats inferiors.

La investigació amb relació als animals transgènics aporta millores importants en la producció (de carn, de llet...) i en la resistència a les malalties. També pot proporcionar models d'estudi per a la investigació de malalties humanes i facilitar l'obtenció de productes farmacèutics a partir de la sang d'aquests animals. Així, per exemple, ja s'utilitzen ovelles transgèniques, amb els corresponents gens humans, per obtenir alguns dels factors de coagulació que manquen als hemofílics (especialment els factors VIII i IX). Alguns d'aquests productes es poden trobar també en la llet, d'on encara són més fàcils d'extreure; d'aquí l'interès que els gens transferits s'expressin en cèl·lules de la glàndula mamària. Aquesta mena d'ovelles i porcs transgènics que proporcionen proteïnes d'interès farmacològic són autèntics bioreactors vius.

D O C U M E N T S

L'ovella Dolly i els animals clònics

El 22 de febrer de 1997, els investigadors escocesos de l'equip de Ian Wilmut van donar a conèixer el desenvolupament experimental d'un animal obtingut per clonació: l'ovella Dolly. S'anomena **clonació** *el procés que té com a resultat la formació d'un organisme que posseeix un patrimoni genètic idèntic a un altre. Dolly –el primer mamífer gran obtingut per clonació– va ser el resultat de la transferència del nucli d'una cèl·lula donant diferenciada a un oòcit no fecundat i desproveït experimentalment de nucli, el qual posteriorment fou implantat en una femella portadora. Precisament, la novetat del procés d'obtenció de l'ovella Dolly està en el fet que la cèl·lula de la qual prové és una cèl·lula diferenciada o especialitzada, procedent d'un teixit concret (la glàndula mamària) d'un animal adult. Fins aquell moment se suposava que només es podien obtenir animals clònics a partir de cèl·lules no especialitzades procedents d'embrions.*

Si bé la tècnica de Wilmut i dels seus col·legues no és nova, sí que ho és la manera d'evitar els problemes que planteja l'alt grau de control a què estan sotmeses les cèl·lules dels mamífers. Els investigadors empraren l'estimulació elèctrica de l'oòcit i una mena d'hibernació de les cèl·lules embrionàries (per cultiu en un medi pobre) per interrompre a voluntat el seu cicle cel·lular normal. Mentre que en els animals inferiors la clonació experimental no presenta grans problemes, en els vertebrats –i, especialment, en els mamífers– les dificultats són tan grans que bona part dels qui ho havien intentat en els darrers cinquanta anys hi van desistir. De fet, la clonació es basa en la idea del biòleg alemany Hans Spemann, el qual, l'any 1938, va suggerir de prendre un oòcit per utilitzar-lo com a entorn per a l'expressió dels gens continguts en un altre nucli. Però no va ser fins l'any 1981 que científics de la Universitat de Ginebra van obtenir tres ratolins de laboratori clònics; la tècnica consistí a introduir el material genètic d'una cèl·lula embrionària en l'òvul d'una femella fecundada.

A hores d'ara, l'envelliment prematur que ha experimentat Dolly planteja dubtes sobre la conveniència d'utilitzar cèl·lules diferenciades en la clonació.

En qualsevol cas, després de l'ovella Dolly foren clonats altres mamífers (vedells, porcs, simis, etc.).

La clonació suscita temors, però tanmateix obre una porta a un panorama d'aplicacions prometedor. La ramaderia podria beneficiar-se d'aquestes tècniques per aconseguir animals clònics a partir dels exemplars més productius o més resistents a determinades malalties. En el futur, els animals clònics poden possibilitar grans avenços en medicina, tant en el coneixement d'algunes malalties com en el seu tractament; per exemple, per mitjà de l'obtenció d'animals que produeixin proteïnes amb característiques humanes que esdevinguin teràpies per a malalties fins ara incurables.

L'ovella Dolly.

La ramaderia tradicional es basa en la selecció artificial dels animals que presenten els caràcters més útils (producció de carn, de llet, de llana, etc.). Les noves tecnologies permeten anar encara més lluny.

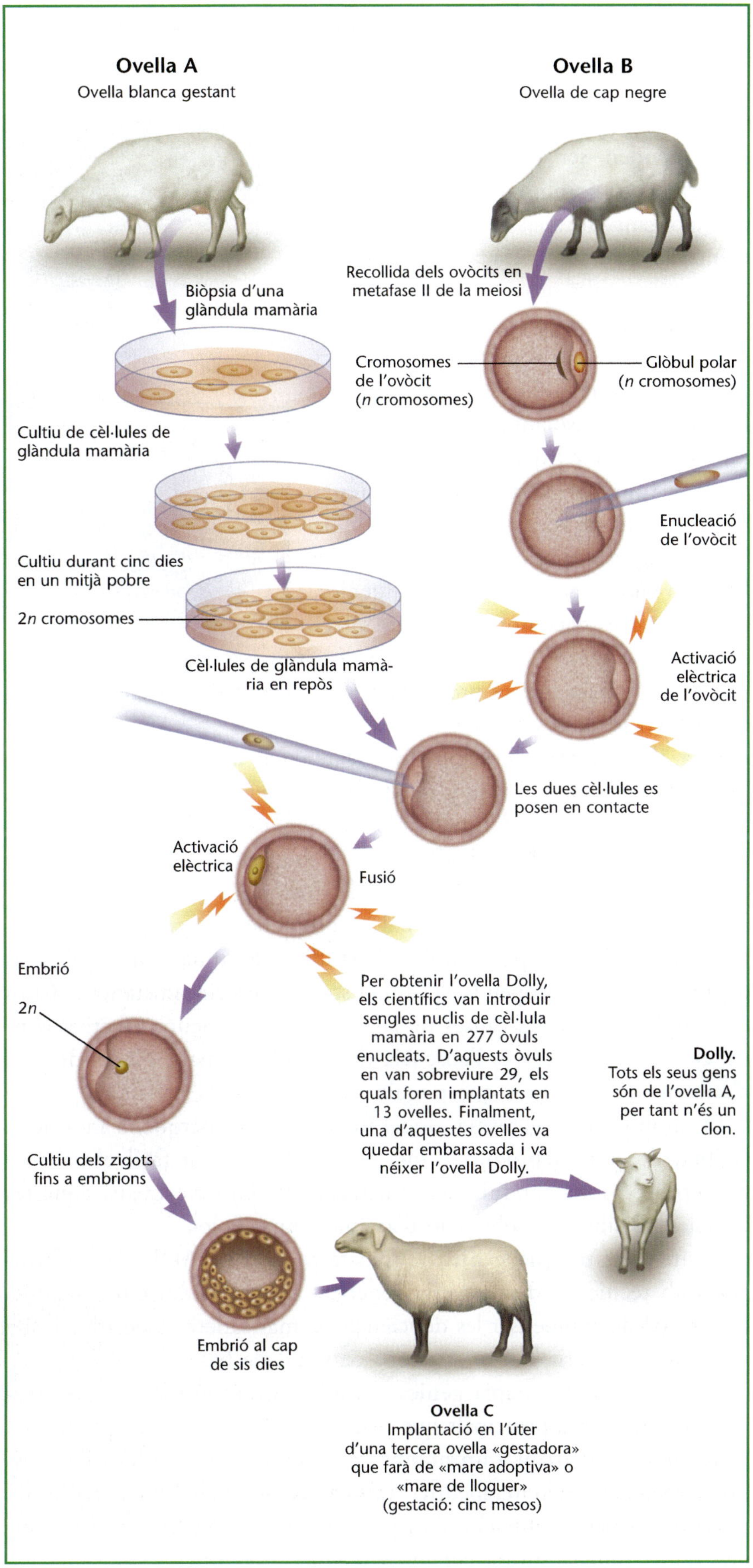

Esquema de la clonació de l'ovella Dolly.

3.4. Recerques farmacològiques, models animals i teràpia gènica

La possibilitat d'obtenir proteïnes humanes a partir de la llet d'animals transgènics és una de les finalitats que persegueix la recerca farmacològica en enginyeria genètica.

Com acabem de veure, els animals transgènics poden ser emprats per produir medicaments. També són útils en l'obtenció d'òrgans animals per a trasplantaments, la qual cosa suscita grans polèmiques, com molts altres aspectes de l'enginyeria genètica.

Els defensors d'aquests procediments argumenten que la disponibilitat d'òrgans humans per a trasplantaments sempre serà un factor limitat i que, per tant, cal preparar-se per als **xenotrasplantaments** (trasplantaments amb òrgans animals). De fet, en alguns països com ara el Regne Unit, hi ha granges d'animals transgènics, portadors de gens humans. Entre altres aplicacions, aquests animals haurien de servir per reduir o eliminar la reacció de rebuig que es produeix quan el cos entra en contacte amb proteïnes i teixits estranys.

Una altra de les aplicacions més clares dels animals transgènics és la teràpia gènica, tot i que, desafortunadament, encara és llunyana. Actualment, en molts dels laboratoris que investiguen malalties humanes s'utilitzen **models animals**, com ara els ratolins transgènics, en els quals s'han introduït gens causants de malalties humanes. Per exemple, si se sap que un gen anòmal té propietats cancerígenes, es pot inocular en una estirp de ratolins i estudiar de quina manera els seus organismes desenvolupen la malaltia i sota quines circumstàncies. Com a exemple, una de les causes de la manca d'una vacuna efectiva contra el virus de la sida és l'absència de models animals. No es disposa d'animals de laboratori que puguin experimentar la malaltia.

Fertilització in vitro.

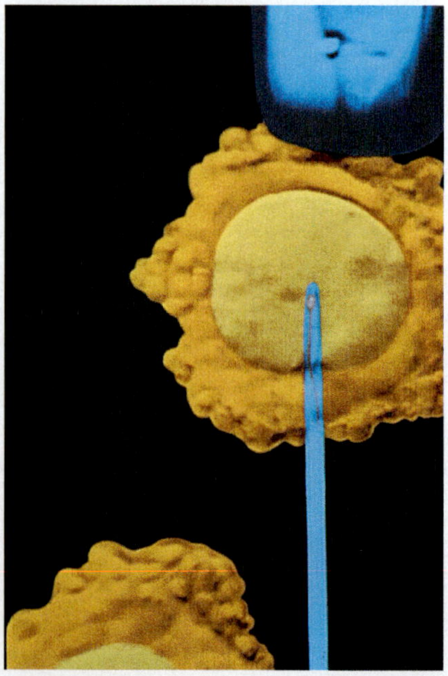

El ratolí és un organisme model força adequat, perquè, a més de la facilitat de cria i reproducció que té, és relativament fàcil obtenir-ne (*in vitro*) cèl·lules modificades genèticament. Posteriorment, aquestes cèl·lules possibiliten l'obtenció d'animals transgènics.

S'entén per **teràpia gènica** la transferència d'un ADN forà, obtingut amb tècniques d'enginyeria genètica, a les cèl·lules d'un organisme per tal de compensar les deficiències o mancances associades a una malaltia hereditària o a un trastorn corporal de base genètica.

Ara com ara, la teràpia gènica es troba encara en fase d'investigació. Les dificultats principals que planteja són la necessitat que el nou material genètic arribi a un nombre molt elevat de cèl·lules i l'expressió correcta del gen terapèutic. Tanmateix, les malalties hereditàries ocasionades per la mutació d'un gen en concret són les més susceptibles d'una solució futura per mitjà d'aquesta tècnica.

DOCUMENTS

La genòmica

*L'any 1995 es va seqüenciar el primer **genoma** (o conjunt de gens) d'un organisme cel·lular, el del bacteri Haemophilus influenzae. Actualment, es coneixen les seqüències gairebé completes d'unes desenes de bacteris i virus, el del llevat* Saccharomyces cerevisiae *i el d'uns quants organismes superiors.*

*El coneixement de la seqüència del genoma només és un primer pas, encara que molt transcendent, ja que obre les portes a la recerca d'aspectes tan importants com ara la identificació dels gens i la seva funció. Aquests aspectes constitueixen l'objecte d'estudi de la **genòmica**, una nova ciència que influirà en gairebé tots els camps de la biologia i la medicina, però també en el desenvolupament de les ciències socials i econòmiques. De manera més o menys immediata, la genòmica permetrà identificar els gens associats a moltes malalties, fer un diagnòstic precoç d'aquestes malalties i avançar en el seu tractament.*

A més, gràcies a l'aplicació farmacològica de la genòmica (farmacogenòmica) serà possible saber per què per a unes persones és eficaç un medicament determinat i en canvi per a d'altres ho és més un medicament alternatiu. Això permetrà una medicació molt més precisa i personalitzada. A mitjà termini les conseqüències seran enormes, tan grans que resulta impossible avaluar-ne l'abast.

Primers genomes d'organismes superiors seqüenciats

Organisme	*Any*	*Parells de nucleòtids (en milions)*	*Gens suposats*
Drosophila melanogaster	1996	120 000 000	13 500
Caenorhabditis elegans	1998	97 000 000	19 100
Arabidopsis thaliana	2000	115 000 000	25 500
Ésser humà	2001	3 200 000 000	30 000/40 000

DOCUMENTS

Clonació i cèl·lules mare

*Quan es parla de clonació, sovint es confonen dos processos diferents: la **clonació reproductiva** i la **clonació terapèutica**. La legislació internacional prohibeix expressament la primera en l'ésser humà, ja que té per finalitat l'obtenció d'individus genèticament idèntics al donador del nucli implantat en l'òvul prèviament enucleat i induït a desenvolupar-se fins a un individu adult.*

*En canvi, la **clonació terapèutica** té per finalitat la conservació de cèl·lules mare, és a dir, de cèl·lules embrionàries de pocs dies que encara no s'han especialitzat i que mitjançant una estimulació adequada poden transformar-se en qualsevol teixit o òrgan. En els darrers anys s'ha obert la possibilitat d'obtenir cèl·lules mare a partir de cèl·lules especialitzades. La generació i l'ús de cèl·lules mare té a veure amb la capacitat d'«esborrar» instruccions epigenètiques «velles» i imprimir-ne de noves de manera eficaç i controlada. Actualment s'investiga l'ús de cèl·lules mare per curar lesions i malalties com ara cremades, infarts, leucèmies, etc.*

Les primeres etapes d'aquest procés són possibles, però és difícil fer que les cèl·lules mare es diferenciïn a voluntat de manera específica, per exemple en cèl·lules epitelials o musculars. La clonació terapèutica serveix, doncs, per obtenir i conservar embrions clònics (amb la mateixa dotació genètica de l'individu malalt), però no pas amb finalitats reproductives, sinó per obtenir-ne teixits que no provoquin rebuig per part del sistema immunològic del malalt.

3.5. Perspectives en el domini mediambiental

L'enginyeria genètica i la biotecnologia també presenten importants aplicacions, actuals i de futur, en el domini mediambiental. Per exemple, avui dia s'utilitzen microorganismes recombinants (és a dir, obtinguts per enginyeria genètica) capaços de viure en medis amb presència de metalls pesants, altament tòxics, per eliminar aquest tipus especialment greu de contaminació.

Els microorganismes recombinants s'utilitzen en la mineria per obtenir metalls pesants.

D'altra banda, alguns bacteris capaços de digerir hidrocarburs, com ara determinades pseudomones, s'utilitzen des de fa molts anys per combatre les marees negres i reduir els danys dels vessaments de petroli. Atès que les pseudomones tenen la limitació que cada espècie o varietat només ataca un tipus d'hidrocarbur, per mitjà de tècniques d'enginyeria genètica s'intenta obtenir estirps de pseudomones capaces de digerir-ne una gran varietat (el petroli, per exemple, n'és una mescla ben rica).

Així mateix, els microorganismes tenen un paper important com a descomponedors de la matèria orgànica, i per això s'utilitzen en molts processos de depuració (d'aigües residuals, per a l'obtenció de biogàs...).

El desenvolupament de la biotecnologia tracta de millorar el rendiment d'aquests processos, mentre que l'enginyeria genètica investiga com fer més eficaces les estirps de microbis recombinants.

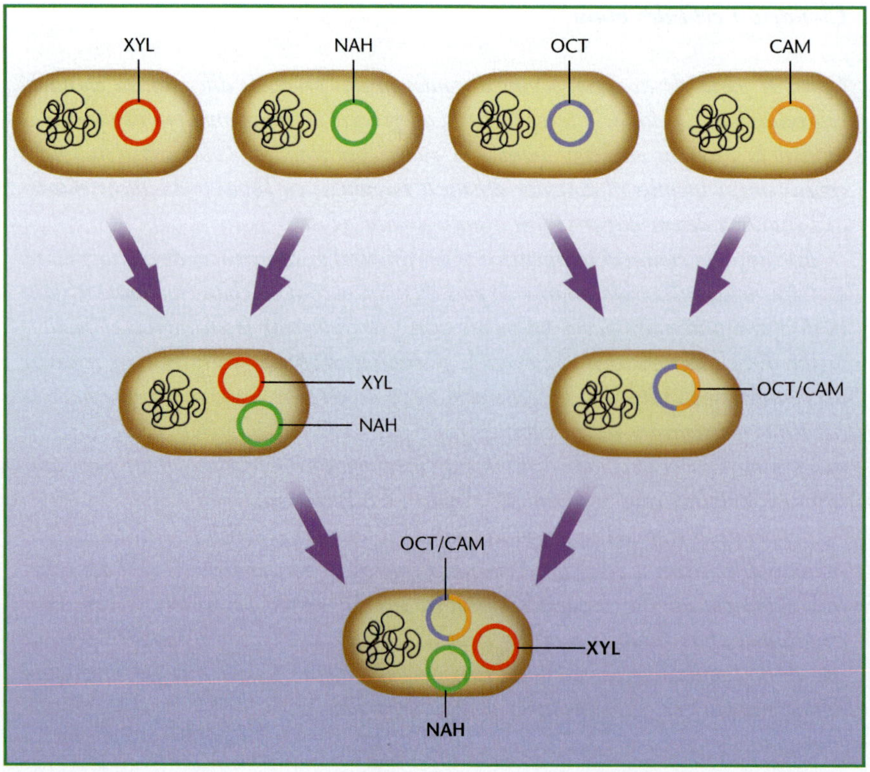

Esquema de la manipulació genètica de pseudomones per obtenir una estirp que digereixi alhora els quatre components principals del petroli: xilens, naftens, octans i càmfores.
Els gens (xyl, nah, oct *i* cam) *que confereixen aquesta capacitat es troben en quatre plasmidis diferents. Com que els plasmidis que contenen* cam *i* oct *no poden coexistir en la mateixa cèl·lula, prèviament ha calgut fusionar-ne els gens.*

4. Productes biotecnològics i organismes transgènics

Per bé que es troba tot just al començament, l'enginyeria genètica ja ha donat alguns fruits, i algunes de les seves aplicacions són una realitat.

Fins ara s'ha comercialitzat una dotzena llarga de molècules obtingudes d'aquesta manera, amb unes vendes anuals que generen, a escala mundial, guanys molt importants.

Entre les molècules obtingudes a partir de microorganismes recombinants, tenim l'**interferó**, amb una funció estimulant del sistema immunològic; la **vacuna contra el virus de l'hepatitis B**, i hormones com ara la insulina (des del 1982, la primera molècula obtinguda per enginyeria genètica que es comercialitza) i l'**hormona del creixement**, que fan possible tractar de manera eficaç aquelles persones que pateixen malalties per dèficit: la diabetis, en el cas de la insulina, i el nanisme, en el de l'hormona del creixement.

Així mateix, a partir d'animals transgènics es comença a disposar de **factors de coagulació** de la sang per al tractament d'una altra malaltia per dèficit, l'hemofília.

Les cèl·lules humanes produeixen la insulina en el pàncrees a partir d'un precursor codificat per un ARNm específic: la preproinsulina. D'aquest precursor, se n'eliminen posteriorment els fragments que sobren (el C i el senyal). La insulina produïda per enginyeria genètica s'obté a partir de dos fragments d'ADN de síntesi química que s'insereixen en dues estirps diferents de bacteris. Un bacteri produeix el fragment A i l'altre el B. Posteriorment, els dos fragments s'uneixen químicament i s'obté una insulina idèntica a la natural.

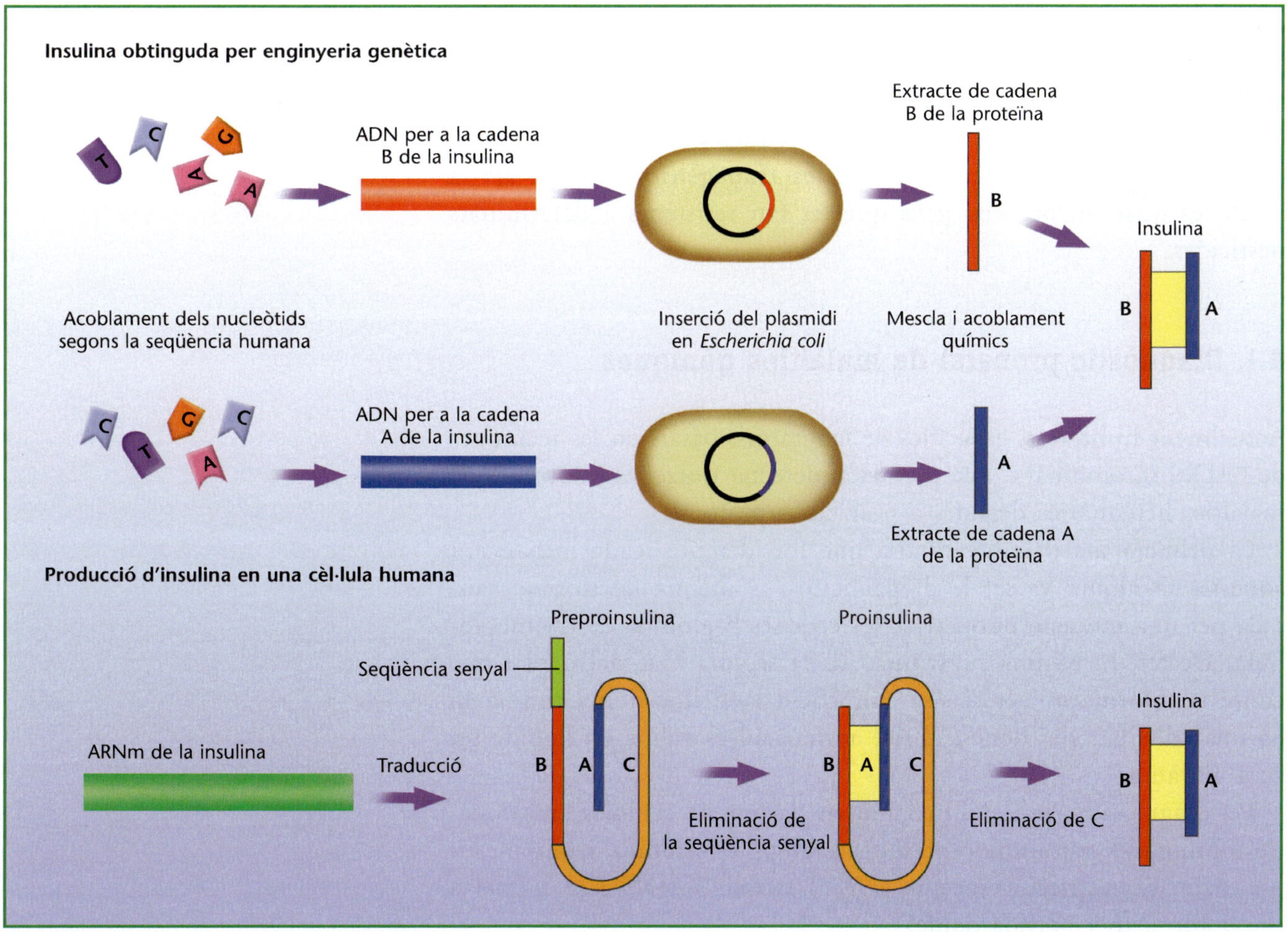

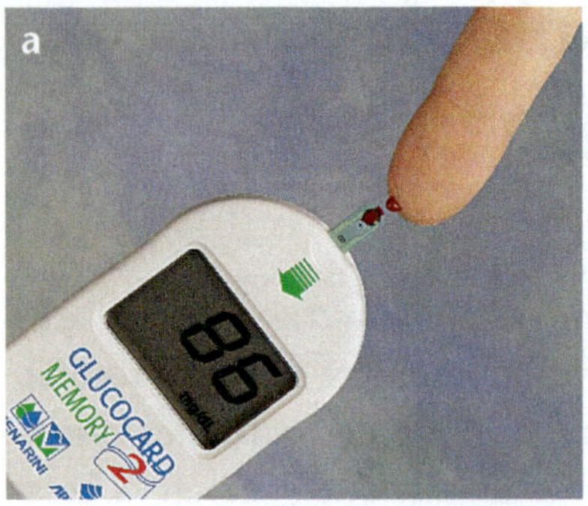

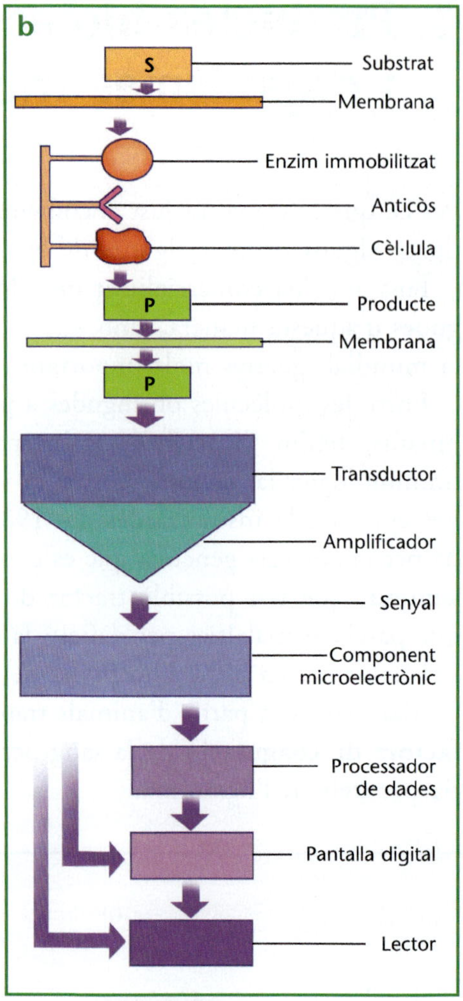

a) Biosensor que serveix per mesurar el nivell de glucèmia.
b) Funcionament d'un biosensor, un dispositiu d'anàlisi que incorpora algun component biològic (un enzim, una cèl·lula, un anticòs...). Permet mesurar de manera còmoda i immediata paràmetres sanguinis, com ara la urèmia, el volum cel·lular, els clorurs, etc.

D'altra banda, les tècniques de diagnòstic han experimentat grans canvis. Per exemple, les «sondes moleculars», obtingudes per enginyeria genètica, permeten detectar de manera precoç gens defectuosos en el fetus. I els denominats **anticossos monoclonals**, que detecten la presència de proteïnes específiques, ja s'utilitzen en els tests d'embaràs, i s'espera que en el futur es puguin arribar a aplicar en el tractament de malalties greus.

També cal recordar que d'uns anys ençà s'han començat a comercialitzar les primeres **plantes transgèniques** (com ara la soia), les quals incorporen gens que les fan resistents a determinats pesticides.

4.1. Diagnòstic prenatal de malalties gèniques

Actualment hi ha tests específics de laboratori, basats en les tècniques de l'ADN recombinant, que permeten detectar dotzenes i dotzenes de malalties hereditàries degudes a mutacions puntuals.

La primera malaltia hereditària que fou diagnosticada mitjançant aquestes tècniques va ser la drepanocitosi o anèmia falciforme, causada per una mutació puntual de les cadenes β-globina de l'hemoglobina. De fet, hi ha una substitució de la segona base del triplet que conté la informació per al sisè aminoàcid i en lloc d'una timina hi ha una adenina, així doncs, el sisè aminoàcid és valina en lloc de ser àcid glutàmic.

Per diagnosticar aquestes malalties es parteix de cèl·lules embrionàries obtingudes per amniocentesi o per biòpsia coriònica, i mitjançant un enzim de restricció específic (*Hpal*) es talla l'ADN i se sotmet a electroforesi (per partida doble).

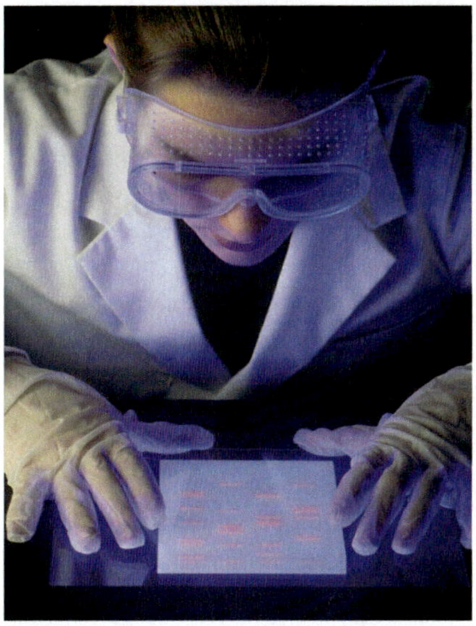

L'ús de sondes radioactives o fluorescents permet detectar els fragments específics d'ADN.

A continuació, es preparen dues sondes, radioactives o fluorescents, que permetran visualitzar els fragments d'ADN específics, mutats o no. Actualment, moltes d'aquestes sondes són sintètiques.

Mentre que la sonda per al gen normal de l'hemoglobina s'hibrida amb un fragment d'uns 7 000 nucleòtids, la que permet detectar la mutació s'hibrida amb un fragment d'uns 13 000 nucleòtids, perquè la mutació ha afectat la seqüència que reconeix l'enzim de restricció específic. Aquestes seqüències marcadores s'anomenen **polimorfismes de longitud dels fragments de restricció** o **RFLPs** (pronunciat *rif-lips*) i són d'una gran importància clínica.

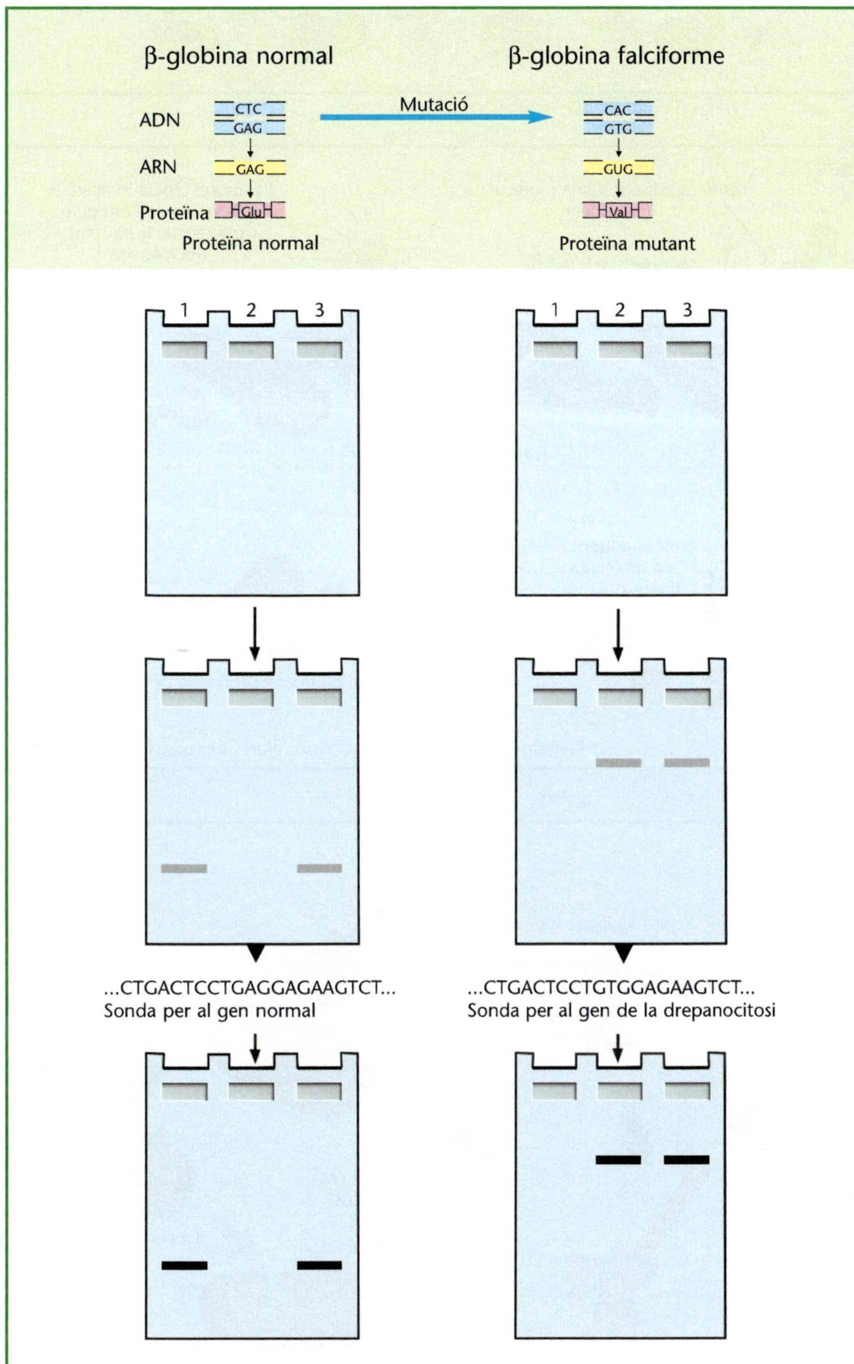

Una mutació puntual en el gen que codifica per a la β-globina és causa de la drepanocitosi. Amb un enzim de restricció específic es talla l'ADN obtingut per amniocentesi i se sotmet a electroforesi sobre gel.
En el de l'esquerra s'hi addiciona la sonda per al gen normal i en el de la dreta la sonda per al gen mutat. La mostra 1 correspon a un individu amb dos gens normals, la mostra 2, a un heterozigot, mentre que la mostra 3 pertany a un embrió que desenvoluparà la forma greu d'anèmia.

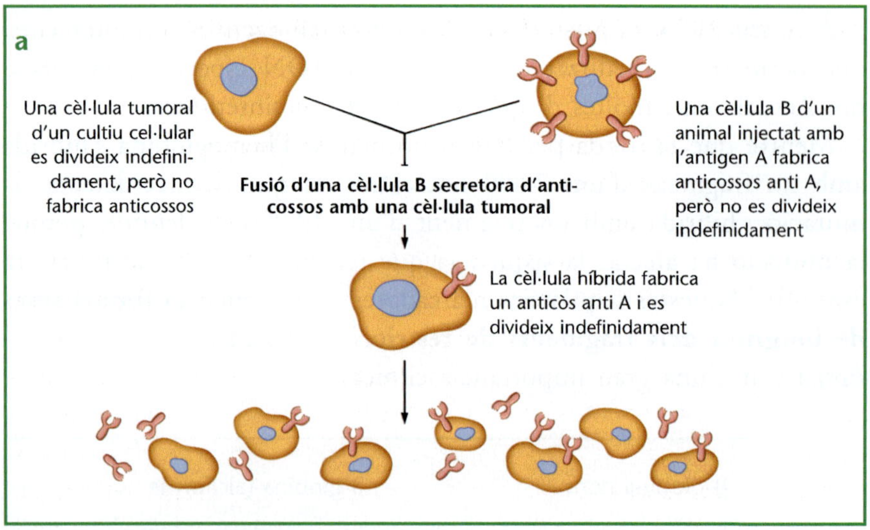

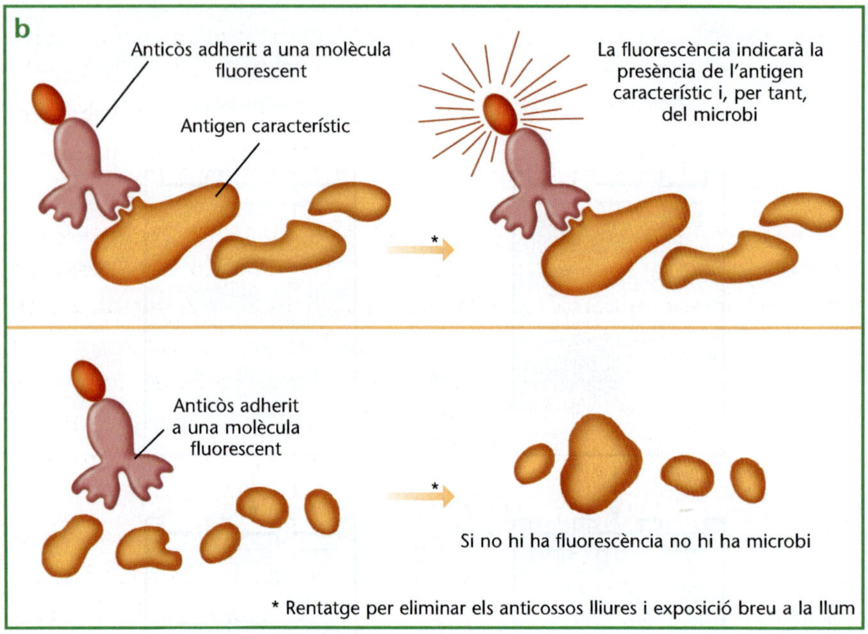

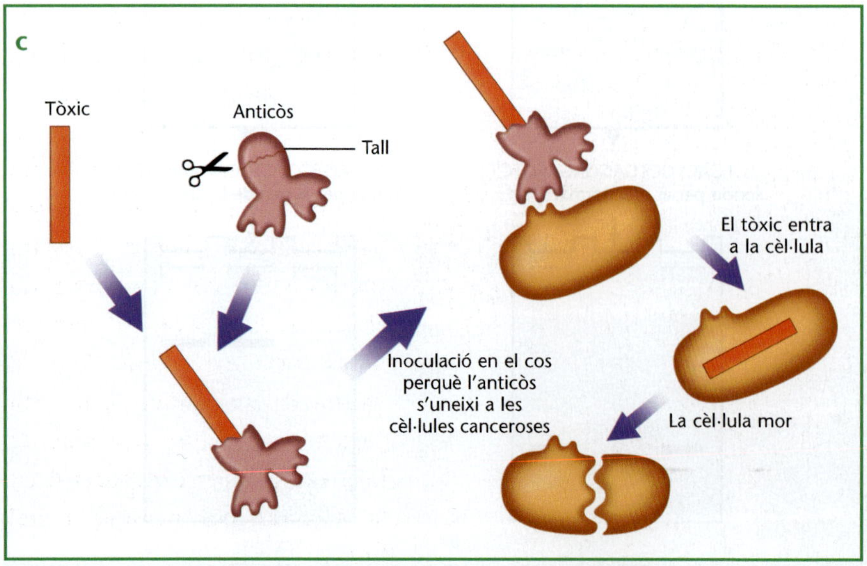

Els anticossos monoclonals són molt específics i és probable que aviat tinguin una gran importància mèdica.

a) Es poden obtenir grans quantitats d'un sol tipus d'anticòs (anticossos monoclonals) mitjançant la fusió o hibridació d'un limfòcit o cèl·lula B (obtinguda d'un animal infectat amb un antigen X) amb una cèl·lula d'un tumor de les cèl·lules B. La cèl·lula resultant es divideix indefinidament i secreta anticossos específics anti-X.

b) Els anticossos monoclonals també podrien ser útils per al diagnòstic, ja que la presència de substàncies específiques en la sang (o en altres mostres corporals) ajuda a diagnosticar les malalties. En aquest cas s'utilitzen anticossos monoclonals capaços de reconèixer antígens específics produïts pels agents causants de malalties. Per poder-los visualitzar es fan servir anticossos adherits a molècules fluorescents. Si en la mostra analitzada hi ha antígens, aquests s'uniran als anticossos marcats amb fluorescència (primer cas).

c) Els anticossos monoclonals es podrien usar per guiar els medicaments cap a les cèl·lules canceroses. S'uneix un anticòs monoclonal amb un tòxic cel·lular i es forma un complex que s'introdueix en el cos del pacient. Aquest complex reconeix l'antigen de les cèl·lules canceroses, i el tòxic les mata en penetrar-hi.

4.2. Desconfiança envers l'enginyeria genètica

La polèmica ha acompanyat el desenvolupament de l'enginyeria genètica des del seu començament: d'una banda, perquè persones desaprensives podrien utilitzar aquestes tecnologies amb finalitats perverses; de l'altra, pel temor que suscita com a novetat, per la seva enorme potencialitat i pels efectes desconeguts que podria tenir en la natura el fet (improbable per les mesures de precaució que es prenen) que algun organisme recombinant s'assilvestrés.

Mai fins ara l'ésser humà no havia tingut una posició tan dominant sobre la natura viva, amb tot el que això comporta de fer-ne un ús abusiu. D'una manera semblant a allò que s'esdevingué amb el descobriment de la radioactivitat i l'energia nuclear, tant el fet en ell mateix com els temors que suscita són d'una gran magnitud. No obstant això, no són els descobriments en si el que hem de témer; al contrari, obren portes insospitades uns quants anys enrere, com és el cas dels beneficis que ens proporciona l'ús dels isòtops radioactius en la pràctica clínica i en la recerca biomèdica. Però, al mateix temps, la bomba atòmica ens recorda que també es poden produir usos destructius i descontrolats.

D'altra banda, és ben curiós i paradoxal el que revelen les enquestes sociològiques: una gran majoria de la població s'expressa en contra de la manipulació gènica d'animals i plantes aplicada en els dominis de l'agricultura i la ramaderia, però, en canvi, no manifesta cap inconvenient pel que fa a l'experimentació dirigida a la teràpia gènica.

Preparant planços per al cultiu experimental d'oliveres clòniques.

Finalment, hi ha encara altres aspectes socials i econòmics. Per exemple, s'ha plantejat la qüestió dels beneficis que obté una multinacional que comercialitza a la vegada un pesticida i una planta transgènica resistent al mateix pesticida. A més, cal un etiquetatge rigorós que informi el consumidor de les manipulacions a què s'han sotmès els productes de consum, com ara aliments, fàrmacs o substàncies d'una altra naturalesa. A la fi, hauria de ser aquest qui, ben informat, escollís; per això la informació és tan important en la societat del present i del futur.

4.3. Cap a la vida artificial?

L'any 2003, el laboratori de bioenginyeria de Craig Venter havia sintetitzat el genoma sencer del virus ΦX174 que té 5 386 parells de bases. Era un començament. Menys de cinc anys després, el gener del 2008, el mateix C. Venter va donar a conèixer l'obtenció al seu laboratori del genoma sencer d'una cèl·lula: la del *Mycoplasma genitalium* (amb 582 000 parells de bases i, només, 485 gens), un procariota dels més senzills.

Haver aconseguit aquella síntesi *in vitro* (a partir del coneixement de la seqüència) suposava un ingent treball de bricolatge genètic innovador: sintetitzar petits fragments d'ADN, engalzar-los i clonar-los utilitzant –per mitjà de solucions innovadores– les maquinàries cel·lulars d'*Escherichia coli* i el llevat. I, finalment, comprovar que la seqüència completa era idèntica a la natural.

Significa això l'obtenció de vida artificial? És clar que no, però és possible veure-ho com un primer pas, tècnicament important. El següent seria demostrar que un genoma així aconseguit pot tenir activitat biològica. És a dir, inserir-lo en una cèl·lula viva i veure que funciona o, encara millor, obtenir les corresponents cèl·lules vives basades en l'expressió funcional d'aquell genoma.

De moment el vell somni de crear vida artificial al laboratori continua sent una quimera. Però, si més no, en l'àmbit dels bacteris algunes coses estan canviant. I potser les microfàbriques productores de biomolècules útils són més a prop. Ara per ara, diversos laboratoris capdavanters investiguen intensament el **genoma mínim**. Quin és el mínim de gens per a fer funcionar un organisme? A partir d'organismes simples com els micoplasmes i altres bacteris i a base d'anar traien i reposant gens, s'investiga què deixa de funcionar i què continua inalterat, quins gens són absolutament necessaris per al funcionament del microbi i quins no ho són.

RECORDA

L'enginyeria genètica es va desenvolupar a partir de l'any 1973. En canvi, la biotecnologia va començar a la Prehistòria.

La manipulació genètica d'animals i plantes i el temor a l'ús pervers per part de desaprensius i col·lectius dominants són els aspectes que susciten més desconfiança envers l'enginyeria genètica. A l'altre extrem de la balança, hi ha la recerca dirigida a la teràpia gènica. La il·lustració mostra com s'identifica, per mitjà d'una sonda d'ADN, una anomalia genètica causant d'una malaltia.

Tècnica d'hibridació per a la detecció malaties hereditàries per mitjà de sondes d'ADN específiques

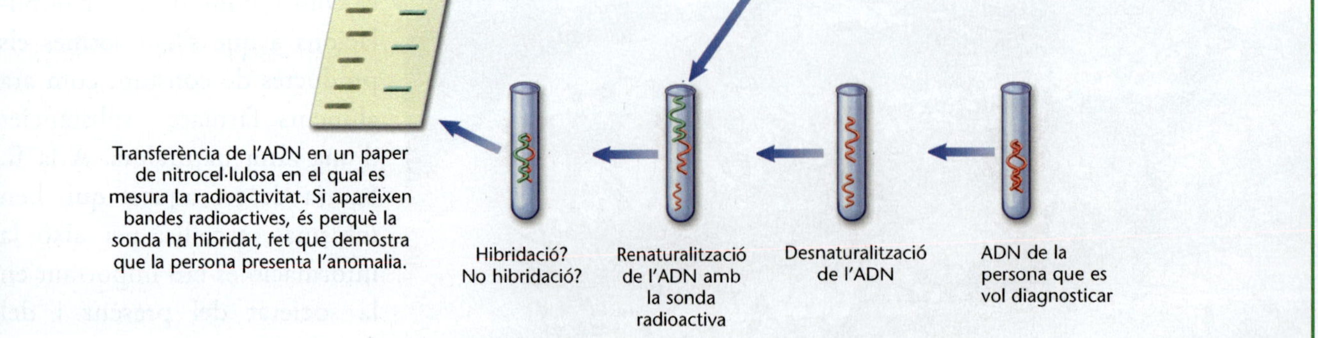

Segurament, aquells no són gaire més de 200. Formarien el genoma mínim per a una vida mínima artificial. El repte biològic és formidable. Com ho són els interessos –també els econòmics– que es mouen al seu entorn.

DOCUMENTS

Bioètica

El progrés de la recerca genètica planteja problemes ètics; alguns són nous, com ara els que estan relacionats amb les patents d'organismes genèticament modificats, però altres tenen a veure amb temes filosòfics clàssics que ara cal replantejar.

*S'entén per **bioètica** l'estudi interdisciplinari d'aquests problemes, creats pels avenços de les ciències biològiques i mèdiques, i la seva repercussió en la societat i en el seu sistema de valors.*

La bioètica pretén determinar uns principis normatius i la rectitud de les conductes d'acord amb el respecte pels drets humans i per la dignitat de la vida. Com que els problemes són nous, l'estudi encara és en construcció, a mig fer. Caldrà aclarir molts temes per tal que la humanitat es pugui beneficiar dels avenços biomèdics sense quedar perjudicada pels seus efectes negatius o perillosos.

Els temes que es plantegen són temes com ara l'eutanàsia (en quines condicions els éssers humans poden decidir sobre la pròpia mort?); el control de la reproducció (fins a quins extrems són vàlides les tècniques de reproducció assistida?, la clonació pot esdevenir una tècnica reproductiva?, de quina manera l'avenç en el coneixement genètic ha d'influir en la regulació de la interrupció de l'embaràs?); la manipulació genètica (quins límits cal establir per a les patents de materials biològics?, fins a quin punt és vàlida la manipulació animal i vegetal?, en quines condicions es poden manipular els gens humans?); els trasplantaments (què cal fer per assegurar que tothom hi pugui accedir en condicions de justícia i equitat?, com s'han de portar a terme les recerques sobre la clonació terapèutica?, quins són els límits dels xenotrasplantaments?), i sobretot el control del poder que dóna el coneixement científic (l'accés a la informació científica ha de ser lliure, públic i universal?, com s'assegura que la informació relativa a cada individu és confidencial i no s'utilitzarà per discriminar-lo?).

ACTIVITATS

12.1. Defineix els conceptes següents: *enginyeria genètica, tecnologia de l'ADN recombinant* i *biotecnologia*.

12.2. Digues com s'anomena l'organisme que ha rebut un o més gens forans, en el cas que es tracti...

a) ...d'un microbi;

b) ...d'una planta;

c) ...d'un animal.

12.3. Defineix el concepte d'*enzim de restricció*, digues de quina classe d'enzims es tracta i explica'n la utilitat en enginyeria genètica.

12.4. Digues en què consisteix la clonació i quines conseqüències pràctiques podria arribar a tenir.

12.5. Quines són les possibilitats de l'enginyeria genètica? Matisa la resposta segons una perspectiva temporal: esmenta exemples de coses ja realitzades, de realitzables a curt termini i, finalment, d'abastables potser a mitjà termini.

12.6. Defineix els conceptes següents: *anticossos monoclonals, bioreactor, cèl·lules mare, fusió de protoplastos, genoteca, model animal d'una malaltia, teràpia gènica, xenotrasplantament, clonació terapèutica* i *clonació reproductiva.*

12.7. Llegeix el text següent, extret d'un article publicat a *El Periódico de Catalunya* el 28 de novembre de 1997, i contesta a les preguntes que hi ha a continuació:

França es va convertir ahir en el primer país europeu que permet cultivar en el seu territori una varietat de blat de moro transgènica. El blat de moro acceptat [...] és resistent al barrinador, una eruga que devasta els cultius, i a [...] un herbicida molt potent. La decisió va ser presa per unanimitat al final d'una reunió [...] sota la presidència del primer ministre. Per reforçar la informació dels consumidors, el govern ha decidit organitzar una conferència de consens sobre les plantes transgèniques juntament amb l'Oficina d'Avaluació Científica i Tecnològica. Simples ciutadans sense coneixements especials sobre la qüestió intervindran en els debats juntament amb un grup d'experts. El ministre d'Agricultura [...] també va anunciar que el blat de moro tindrà un seguiment biològic i mediambiental i, si el cereal és utilitzat en la fabricació d'aliments, els consumidors en seran informats amb un etiquetatge especial.

a) Per què té tanta importància el fet esmentat?

b) Quines conseqüències pot tenir?

c) Quins altres usos pot tenir aquest blat de moro, a part dels alimentaris?

d) Valora el sentit i les conseqüències que pot tenir el fet que ciutadans que no són científics participin en el seguiment d'aquest cultiu transgènic.

12.8. Què són i quina utilitat poden tenir en els experiments de manipulació genètica els bacteriòfags de transducció restringits? I els defectius?

12.9. Explica el significat de la transducció i de la transformació, indica'n les diferències i explica per què poden ser útils en enginyeria genètica.

12.10. Contesta a les preguntes següents:

a) Què són els plasmidis?

b) Quina utilitat tenen en enginyeria genètica?

c) Per què s'utilitzen plasmidis que incorporen gens que confereixen resistència als antibiòtics?

d) De quina manera es poden substituir els plasmidis?

12.11. Relaciona cada terme o concepte del primer grup amb el corresponent del segon grup.

Primer grup: genoteca, enginyeria genètica, clonatge molecular, plasmidi, enzim de restricció, xenotrasplantament, teràpia gènica, protoplast.

Segon grup: obtenció de còpies d'una determinada molècula, endonucleasa, vehicle, tecnologia de l'ADN recombinant, arxiu de gens, cèl·lula vegetal nua, substitució d'un gen defectuós, utilització d'òrgans animals per a trasplantaments.

12.12. Explica què són els biosensors i per a què s'usen. En el futur, quina mena de biosensors es podrien desenvolupar?

12.13. Consulta la bibliografia necessària i fes un breu informe sobre la penicil·lina.

Procura que no sigui més llarg d'una pàgina i que, a més de dir, és clar, qui la va descobrir, respongui a les preguntes següents:

a) Quines circumstàncies van afavorir el descobriment de la penicil·lina?

b) Amb quines dificultats inicials es va trobar el seu descobridor?

c) Quina evolució va tenir aquest descobriment?

d) Com es va arribar a la producció industrial de penicil·lina?

e) Quin és el desenvolupament modern de les penicil·lines i dels altres antibiòtics sintètics? Quines millores biotecnològiques s'hi han introduït?

f) Com definiries el concepte d'antibiòtic sintètic?

12.14. Repassa els teus coneixements de genètica i explica què és la reacció en cadena de la polimerasa (PCR) i quines són les seves aplicacions.

12.15. Fes una relació d'alguns dels microorganismes més emprats en enginyeria genètica i mira d'esbrinar quins es van fer servir per elaborar la prova de la PCR.

12.16. Consulta l'apartat de la pàgina 384 i contesta a les preguntes següents:

a) En què consisteix el mètode de la biobalística per a l'obtenció de plantes transgèniques?

b) Quins vegetals transgènics s'han obtingut amb el mètode de la biobalística?

c) Quins avantatges presenta aquest mètode, amb relació a l'ús dels bacteris del gènere *Agrobacterium*?

d) Hi ha mètodes alternatius?

12.17. Contesta a les preguntes següents, relacionades amb la clonació i l'ovella Dolly:

a) A quin fenomen natural equival la clonació a partir d'embrions?

b) En què es diferencia genèticament l'ovella Dolly d'un altre organisme clònic obtingut a partir d'un embrió?

c) Quines creus que poden ser les causes de l'envelliment prematur i l'artrosi prematura que ha experimentat l'ovella Dolly?

1. Rellegeix el document «Bioètica» de la pàgina 397 i contesta a alguna de les preguntes que s'hi plantegen. Per a cada cas descrit, fes una relació d'arguments a favor i en contra d'un control més estricte o més lax del tema.

Si és possible, planteja-ho en forma de debat a la classe, de manera que estudiants diferents defensin posicions diferents.

2. Llegeix els següents extractes de notícies de premsa relacionades amb l'enginyeria genètica i publicades durant l'any 2000, i després contesta a les preguntes que hi ha a continuació.

a) 11/4/2000. Brussel·les posa en vigor l'etiquetatge obligatori per als aliments que continguin més d'un 1 % d'aliments transgènics. Les associacions de consumidors han acollit favorablement la notícia.

b) 12/4/2000. Una empresa nord-americana cria uns salmons transgènics que creixen 10 vegades més de pressa perquè els ha inserit dos gens: el de l'hormona del creixement i un altre que l'activa. L'empresa assegura que són estèrils. Els detractors afirmen que això darrer és impossible de demostrar.

c) 17/4/2000. El dimarts passat les accions de Celera Corporation es cotitzaven a la Borsa de Nova York a 73 dòlars. El dimecres van pujar a 115 dòlars. Els que en van comprar el dijous –quan es va conèixer la notícia– van arribar tard: les accions s'havien apujat fins a 144 dòlars.

d) 5/5/2000. Una parella de Madrid, l'home de la qual és hemofílic i portador del virus de la sida i del virus de l'hepatitis C (que va agafar fa 18 anys en una transfusió de sang), va recórrer a la reproducció assistida amb un doble motiu: que la dona quedi embarassada sense infectar-se i que els fills no siguin hemofílics. Ahir la dona va donar a llum dues nenes perfectament sanes.

e) 7/12/2000. Científics del laboratori Roslin d'Edimburg i de l'empresa nord-americana de biotecnologia Viragen van donar a conèixer ahir l'existència de Britney, una gallina transgènica. La clara dels ous que posarà aquesta au contindrà fins a mig gram d'una proteïna anticancerígena que fins ara s'obtenia als laboratoris en quantitats mínimes (mil·ligrams).

a) Quines són les tècniques de l'ADN recombinant que suposes que s'han emprat en cada cas?

b) En relació amb la notícia del dia 17 d'abril de l'any 2000, quina és la notícia que es va conèixer el dijous d'aquella setmana?

c) En relació amb la resta de notícies, en quins fets biològics i en quines tècniques es basen els possibles efectes benèfics de l'enginyeria genètica? Quins en poden ser els riscos?

3. Més enllà de la ciència bàsica, la transcendència de l'enginyeria genètica és tan gran que afecta molts dels aspectes de la nostra vida. Per jutjar i decidir amb encert, cal tenir-ne una visió prou fonamentada i àmplia. Llegeix els textos que hi ha en aquesta pàgina i en les següents. El primer, de l'organització Greenpeace, té una oposició bel·ligerant respecte dels transgènics, mentre que els altres tres reflecteixen els punts de vista de dos professionals que es dediquen a l'enginyeria genètica. Completa la teva informació amb l'opinió d'altres grups socials.

Després discuteix, en un debat amb els teus companys i les teves companyes, les qüestions que et plantegem en la pàgina 403, al final d'aquests textos. (Si us distribuïu els papers a representar, podreu aprofundir més la discussió.)

ELS TRANSGÈNICS

Què són?

Un transgènic és un organisme viu que ha estat creat artificialment manipulant els seus gens. Les tècniques d'enginyeria genètica consisteixen a aïllar segments d'ADN (el material genètic) d'un ser viu (virus, bacteri, vegetal, animal i, fins i tot, humà) per introduir-los en el material hereditari d'un altre.

Quins són els seus efectes?

Medi ambient i agricultura: suposen un greu risc per a la diversitat i tenen efectes irreversibles i imprevisibles sobre els ecosistemes.

Salut: els riscos a llarg termini dels transgènics presents en la nostra alimentació no s'estan avaluant correctament i el seu abast continua sent desconegut. Sorgeixen noves dades sobre els danys a mamífers.

Societat i economia: reforcen el control de l'alimentació

per part d'unes poques empreses multinacionals. Destrueixen la seguretat i la sobirania alimentària.

Què proposem?

– Que s'apliqui el principi de precaució i se'n prohibeixi qualsevol cultiu fins que no es donin les condicions mínimes per garantir la seva innocuïtat.

– Que s'exigeixin responsabilitats a qui alliberi transgènics, per als danys al medi ambient, a la salut i a altres agricultors.

– Que el govern deixi de donar suport a aquesta indústria, en contra de l'interès global del planeta i dels ciutadans.

– Que s'ofereixi una transparència real.

– Que es respectin les normes de cultiu i d'etiquetatge.

Traduït de la pàgina web de Greenpeace (desembre de 2007)

ELS ALIMENTS TRANSGÈNICS

[...] La línia argumental és comuna: els aliments transgènics són perillosos de menjar, provoquen problemes en el medi ambient i només beneficien les multinacionals que els produeixen. Què hi ha de cert, en tot plegat? Cal entendre, primerament, què són aquests aliments. Són productes biotecnològics obtinguts per mitjà de tècniques d'enginyeria genètica. Conceptualment parlant, res de nou en la tecnologia d'aliments, ja que des de l'inici de la història hom ha fet ús d'una grollera eina genètica: l'encreuament sexual i la selecció posterior. Tècnicament, és quelcom molt diferent, ja que amb l'enginyeria genètica podem modificar un únic gen del genoma d'un animal o d'una planta comestible.

Són segurs per a la salut? Si ens fixem en criteris científics, són tan segurs, o més, que qualsevol dels del supermercat. Gràcies a la tecnologia genètica, coneixem millor els canvis introduïts en una patata transgènica que en una varietat tradicional d'aquest vegetal obtinguda per millora clàssica. Però és que, a més, per poder ser comercialitzada, aquesta patata transgènica ha de superar llargues proves de laboratori encaminades a delimitar-ne la composició i a demostrar-ne la manca de toxicitat. Només aleshores podrà ser venuda. No són proves rutinàries o trivials. En el cas del tomàquet MacGregor, el primer aliment transgènic comercialitzat, l'empresa productora va haver de fer desenes d'assajos durant més de quatre anys fins a obtenir el permís. I allò que és més important per al consumidor espanyol: així serà amb tots els aliments transgènics que es comercialitzin, d'acord amb el reglament de la UE. [...] Al costat d'aquest control exhaustiu, cal recordar que qualsevol aliment tradicional obtingut per millora clàssica no necessita aquestes proves, i tanmateix ningú no aixeca la veu tot i que no sapiguem quants elements del seu patrimoni genètic hem canviat. Exigim com a consumidors el mateix nivell de control per a tots els aliments, siguin transgènics o no.

Els aliments transgènics són un risc per a la natura? Els seus detractors pensen que sí. Sobretot pel que fa als vegetals transgènics. D'una banda, argumenten que es pot produir una transferència del gen modificat de la varietat transgènica a espècies salvatges, amb la conseqüent ruptura de l'equilibri ecològic. Aquest fenomen de transferència es pot produir en la natura amb una freqüència extraordinàriament baixa, però no nul·la. Per tant, cal un control sobre l'alliberament d'aquestes espècies transgèniques. Però el lector ha de saber que aquest control es porta a terme, que qualsevol alliberament de plantes transgèniques a l'ambient implica una sol·licitud prèvia avaluada i seguida per un comitè d'experts. D'altra banda, són diversos els grups ecologistes que opinen que utilitzar vegetals transgènics pot amenaçar la biodiversitat. Si repassem la història, veurem que els majors atemptats contra la biodiversitat alimentària els cometem els consumidors cada dia. Fa 300 anys, a Lleida hi havia dues dotzenes de varietats comestibles de pomes. Avui només n'hi ha dues, i això sense haver aplicat tècniques d'enginyeria genètica. Els motius són clars. El consumidor ha exigit un determinat patró organolèptic de poma i el productor ha esbiaixat els seus cultius per satisfer-lo. ¿Els aliments transgènics són un factor addicional que pot incrementar aquesta tendència? No hi ha cap motiu racional que així ho indiqui, però no hem d'abaixar la guàrdia. El problema de la biodiversitat és de tothom. [...] Hem de conscienciar els nostres conciutadans de la preservació de la biodiversitat, i afavorir, crear i mantenir col·leccions de cultiu. [...]

Els opositors als transgènics argumenten que el mercat de llavors transgèniques estarà en mans d'unes quantes multinacionals, amb el consegüent risc de monopolis. ¿Saben en mans de quantes companyies està la venda de llavors no transgèniques? En mans de les mateixes que han tingut la capacitat i l'atreviment d'invertir en R+D. Igual que en el cas dels automòbils, no més de dues dotzenes de companyies. En resum, és evident que les repercussions econòmiques dels aliments transgènics, com les de tot desenvolupament tecnològic, són importants i, en certa manera, imprevisibles [...].

DANIEL RAMON VIDAL,
coordinador nacional de Ciència i Tecnologia dels Aliments del CSIC
El País *(20 de desembre de 1997)*

CANÇÓ PER UNA OVELLA CLÒNICA

Segons diuen els sociòlegs, el públic europeu accepta la utilització de les noves biotecnologies quan s'apliquen al camp de la salut, però estan en contra de les seves aplicacions agrícoles o alimentàries. [...]

En els mitjans de comunicació abunden els comentaris alarmistes i catastrofistes. [...]

Des de l'òptica d'un científic, preocupa el corrent de pensament anticientífic amb el qual es troba a cada pas el ciutadà. Els descobriments científics hi són rebuts, tret de la premsa especialitzada, com plagues bíbliques que ens apropen a una hecatombe. [...]

Pobra ovella Dolly! Més aviat sembles un boc expiatori el qual, juntament amb els científics que t'han obtingut, es pot culpar de tot allò que en aquesta societat no ens agrada, ja siguin dictadures passades o futures, reals o de ficció. Però, Dolly, pots estar tranquil·la si algun dia, potser no gaire llunyà, una companya teva aconsegueix –per obra i gràcia d'uns científics que li insereixin un parell de gens– de secretar a la llet un remei contra la plaga; [aleshores] tots aquests que ara t'infamen aniran veloços a reclamar el seu mig litre, exigint als científics la seguretat d'una curació automàtica i oblidant que abans t'havien titllat de bèstia apocalíptica. Et demanaran aleshores una resposta clara i sense matisos, que la seva incultura científica (per què... ¿és que tal vegada la ciència és cultura?) pugui entendre [...].

MIGUEL VICENTE,
professor d'investigació del Departament de Biologia Cel·lular i del Desenvolupament del CSIC
El País *(28 de març de 1997)*

DE LES BOSSES DE FAM A L'OBESITAT

La nostra relació amb el menjar en aquest principi del segle XXI és una de les millors demostracions de les paradoxes i les contraindicacions que viu la nostra societat, que considerem moderna i globalitzada. Al món hi ha enormes bosses de fam i malnutrició que disminueixen, però no acabem de resoldre aquest problema. Tanmateix, creix –fins i tot en països en desenvolupament– el nombre de persones per a les quals l'obesitat és un problema. [...] Al mateix temps, la imatge de l'aliment criat amb els cànons d'una agricultura tradicional idealitzada és el que ens guia sovint a decidir què mengem. [...] Sabem que la nostra agricultura és agressiva amb el medi ambient i no volem que es guanyin terrenys de cultiu a partir de terrenys encara no explotats. I, per si no n'hi hagués prou, ens assabentem amb sorpresa de l'aparició de tecnologies com la clonació d'animals o les plantes modificades genèticament. Quan cal prendre decisions sobre aquest tema, les nostres contradiccions afloren amb tota la seva esplendor.

Fixem-nos en la clonació d'animals de granja. Quan fa poc més de 10 anys va néixer Dolly s'obrí una nova pàgina en la història de la biologia. [...] Unes 500 vaques i porcs clonats creixen actualment als EUA i s'espera l'arribada a Europa en qualsevol moment de semen de toros clonats o de carn procedent dels seus descendents. [...] No hi ha cap raó per pensar que els productes procedents d'animals clonats plantegin problemes per a la salut. Tanmateix, a Europa ens preguntem quins avantatges reals plantegen aquests animals mentre que la seva creació implica problemes de benestar animal i el seu ús sistemàtic pot reduir la diversitat d'espècies en les quals es basa la nostra alimentació. [...]

Més complicat per als responsables polítics és el problema de les plantes modificades genèticament. Perquè aquestes sí que han demostrat avantatges en el seu ús, però també han concitat unes reaccions violentes i organitzades en contra. Es tracta de plantes a les quals, per mitjà de mètodes moleculars, s'ha introduït un gen que no existia en l'espècie. Quan el 1983 es demostrà que seria possible fer aquest tipus de modificacions, ja es va veure que la tecnologia obria moltes possibilitats d'aplicació, però que podria arribar a produir riscos que s'haurien de minimitzar. Per això, des de 1986 als EUA, i des de 1990 a Europa, s'han dictat unes nor-

matives molt rigoroses que permeten l'ús d'aquesta nova tecnologia amb la cautela més gran. Al món es plantaren, el 2007, 100 milions d'hectàrees d'aquestes plantes: soja, blat de moro, cotó i colza, essencialment. Les modificacions introduïdes en aquestes plantes afavoreixen un cultiu més fàcil i les protegeixen dels atacs dels insectes. La realitat és que l'agricultura d'alguns països ha canviat de manera radical. A l'Argentina, per exemple, la superfície de soja s'ha multiplicat i la seva exportació és essencial per a l'economia argentina. Aquesta soja s'usa, essencialment, per a dues coses: per produir oli que es fa servir sobretot als països de l'est d'Àsia i per a pinso que s'usa a Europa en gran quantitat. [...] A Europa, amb la prohibició de les farines càrniques després de la crisi de les vaques boges, la soja importada d'Amèrica, la majoria transgènica, és imprescindible per als pinsos, i quelcom de semblant s'esdevé amb el blat de moro. [...]. Tanmateix, l'oposició a aquestes plantes continua sent intensa.

Però davant del menjar és difícil de reaccionar fredament. [...] Per a la part opulenta del nostre món, la funció del menjar no és ben bé la d'aliment. El menjar és una forma d'art, és part del nostre estil de vida, una forma de comunicar-nos i d'expressar les nostres conviccions. I semblem oblidar que avui el menjar és un producte industrial, un element de comerç global, quelcom que s'ha de produir de manera eficient, que està afectat pels equilibris globals. [...]

L'aplicació de noves tecnologies a la recerca d'aliments existeix des d'abans que existís la història. [...] I no es va fer sense conflictes, tal com ho demostra la lluita entre l'agricultor i el caçador que apareix en tota la literatura començant per la història de Caín i Abel. [...] Per fer front als reptes que tenim davant, no podem permetre'ns la possibilitat de deixar d'utilitzar qualsevol tecnologia que ajudi a assegurar la producció d'aliment abundant i saludable. Juntament amb aquestes, hem desenvolupat mecanismes socials i científics que ens permeten fer-les servir amb tota prudència. Utilitzar sàviament tecnologies i mecanismes de reflexió i control és imprescindible per afrontar la complexa problemàtica que s'acosta.

PERE PUIGDOMÈNECH,
membre del Grup Europeu d'Ètica de les Ciències i les Noves Tecnologies
El País *(15 de març de 2008)*

a) Què vol dir R+D? Per què és important? A què es refereix Daniel Ramon Vidal per explicar la desaparició de les varietats de pomes? Com ho explicaries? Quines són –segons aquest mateix text– les mesures de control que es prenen abans de la comercialització d'un vegetal transgènic? ¿Són adequades aquestes mesures?

b) Algunes de les idees expressades pels autors dels textos no són l'expressió de fets científics, sinó d'opinions. Com a opinions –per bé que fonamentades–, són objecte d'una crítica raonada?

c) Quins són els riscos de les plantes transgèniques per a la salut de les persones? ¿I per al medi ambient?

d) Com a consumidors, què podem exigir respecte de la difusió dels productes biotecnològics?

e) De quina manera els científics poden garantir la seguretat dels desenvolupaments de l'enginyeria genètica?

f) Explica la manera de superar les actituds anticientífiques. Argumenta quina seria la conducta més assenyada que caldria prendre davant de les noves tecnologies.

g) Explica quina és l'actitud dels científics davant dels riscos que, segons els seus detractors, presenten els aliments transgènics.

Apèndix

1. Principals abreviacions emprades en biologia i bioquímica

A	Adenina
ADN o DNA	Àcid desoxiribonucleic
ADNasa	Desoxiribonucleasa
ADNc	ADN complementari
ADNmt	ADN mitocondrial
AMP, ADP, ATP	Monofosfat, difosfat i trifosfat d'adenosina
AMPc	AMP cíclic
ARN	Àcid ribonucleic
ARNasa	Ribonucleasa
ARNm	Àcid ribonucleic missatger
ARNr	Àcid ribonucleic ribosòmic
ARNt	Àcid ribonucleic de transferència
C	Citosina
CMP, CDP, CTP	Monofosfat, difosfat i trifosfat de citidina
CoA	Coenzim A
FAD	Dinucleòtid de flavina i adenina
$FADH_2$	Forma reduïda del FAD
fMet	N-formil-metionina
G	Guanina
GMP, GDP, GTP	Monofosfat, difosfat i trifosfat de guanosina
NAD^+	Dinucleòtid d'adenina i nicotinamida
NADH	Forma reduïda del NAD
$NADP^+$	Fosfat del dinucleòtid d'adenina i nicotinamida
NADPH	Forma reduïda del NADP
P*i*	Fosfat (ortofosfat) inorgànic
PEP	Fosfoenol pirúvic
PP*i*	Pirofosfat inorgànic
T	Timina
TMP, TDP, TTT	Monofosfat, difosfat i trifosfat de timidina
U	Uracil
UMP, UDP, UTP	Monofosfat, difosfat i trifosfat d'uridina

2. El codi genètic

1a posició (extrem 5')	2a posició U	C	A	G	3a posició (extrem 3')
U	Phe	Ser	Tyr	Cys	U
	Phe	Ser	Tyr	Cys	C
	Leu	Ser	STOP	STOP	A
	Leu	Ser	STOP	Trp	G
C	Leu	Pro	His	Arg	U
	Leu	Pro	His	Arg	C
	Leu	Pro	Gln	Arg	A
	Leu	Pro	Gln	Arg	G
A	Ile	Thr	Asn	Ser	U
	Ile	Thr	Asn	Ser	C
	Ile	Thr	Lys	Arg	A
	Met	Thr	Lys	Arg	G
G	Val	Ala	Asp	Gly	U
	Val	Ala	Asp	Gly	C
	Val	Ala	Glu	Gly	A
	Val	Ala	Glu	Gly	G

3. Història de la Terra

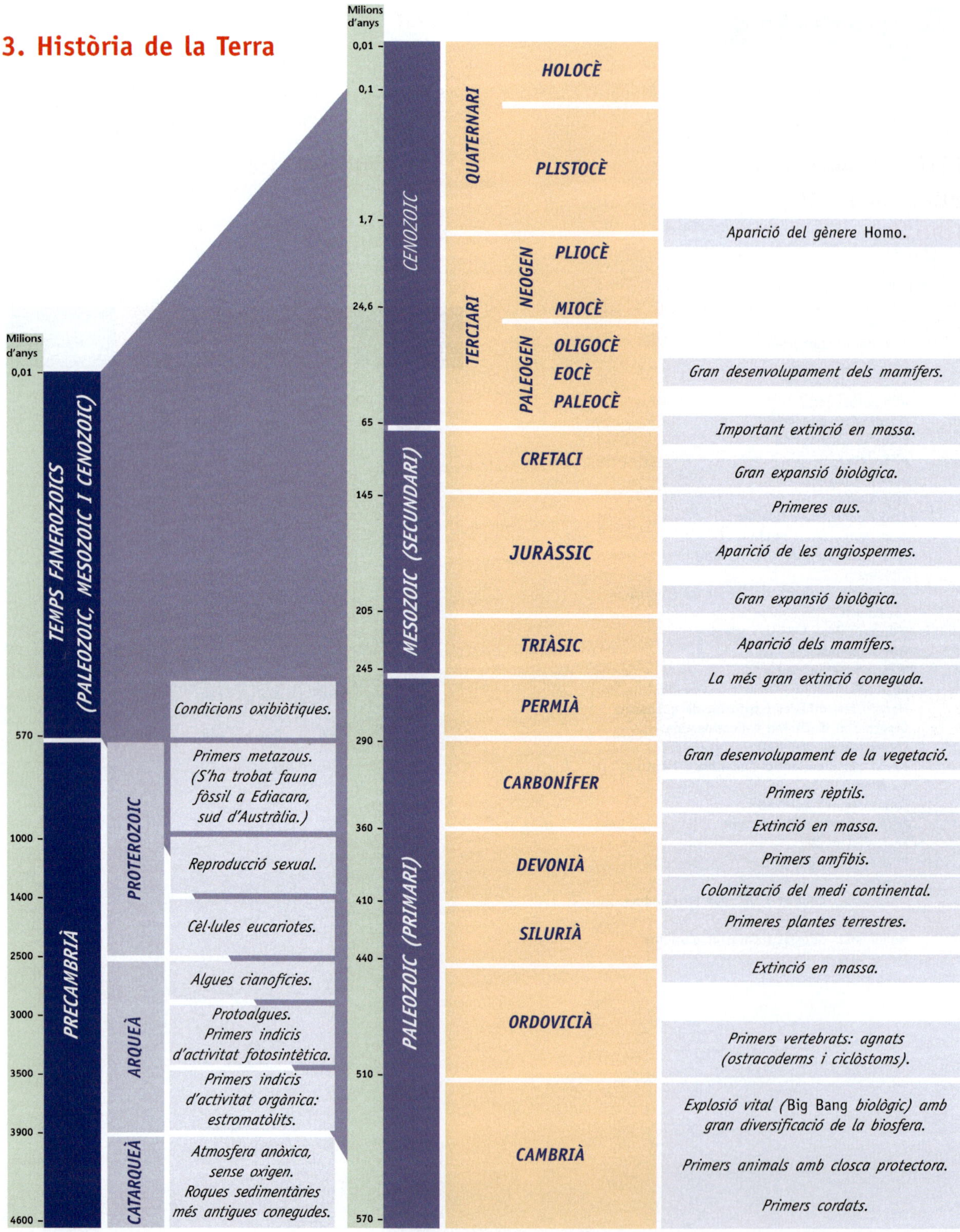

4. Els cinc regnes de la biosfera

ANIMALS *Eucariotes pluricel·lulars heteròtrofs*	**INVERTEBRATS I VERTEBRATS**
PLANTES *Eucariotes pluricel·lulars autòtrofs*	**CRIPTÒGAMES (sense flors) I FANERÒGAMES (amb flors)**
FONGS *Eucariotes unicel·lulars o pluricel·lulars heteròtrofs*	**LLEVATS, FLORIDURES I BOLETS**
PROTOCTISTOS *Eucariotes unicel·lulars o multicel·lulars, autòtrofs o heteròtrofs*	**PROTOZOUS I ALGUES**
MONERES *Procariotes unicel·lulars*	**BACTERIS I CIANOFÍCIES**

5. Principals aminoàcids

Símbols i abreviatures dels aminoàcids			Codons					
A	Ala	Alanina	GCA	GCC	GCG	GCU		
C	Cys	Cisteïna	UGC	UGU				
D	Asp	Àcid aspàrtic	GAC	GAU				
E	Glu	Àcid glutàmic	GAA	GAG				
F	Phe	Fenilalanina	UUC	UUU				
G	Gly	Glicina	GGA	GGC	GGG	GGU		
H	His	Histidina	CAC	CAU				
I	Ile	Isoleucina	AUA	AUC	AUU			
K	Lys	Lisina	AAA	AAG				
L	Leu	Leucina	UUA	UUG	CUA	CUC	CUG	CUU
M	Met	Metionina	AUG					
N	Asn	Asparagina	AAC	AAU				
P	Pro	Prolina	CCA	CCC	CCG	CCU		
Q	Gln	Glutamina	CAA	CAG				
R	Arg	Arginina	AGA	AGG	CGA	CGC	CGG	CGU
S	Ser	Serina	AGC	AGU	UCA	UCC	UCG	UCU
T	Thr	Treonina	ACA	ACC	ACG	ACU		
V	Val	Valina	GUA	GUC	GUG	GUU		
W	Trp	Triptòfan	UGG					
Y	Tyr	Tirosina	UAC	UAU				

Índex alfabètic

BARCANOVA

BARCANOVA

F

G

M

N

O

P

Q

R

S

T

U

V

W

X

Z

Referències de les fonts

ANGUITA, FRANCISCO: *Origen e historia de la Tierra*. Alcorcón, Rueda, 1988.
ASIMOV, ISAAC: *Enciclopedia biográfica de ciencia y tecnología*. Madrid, Alianza Editorial, 1987.
BENÍTEZ ORTIZ, JAVIER: *¿Por qué nos parecemos a nuestros padres?* Madrid, Temas de Hoy, 1997.
BOSCH DE LA TRINXERIA, CARLES: *L'hereu Noradell*. Barcelona, Península, 1991.
DARWIN, CHARLES: *L'origen de les espècies*. Barcelona, Edicions 62, 1983.
DARWIN, CHARLES: *L'origen de l'home*. Edicions Científiques Catalanes, 1964.
DIDEROT, DENIS: «Converses amb D'Alembert». Dins: *Escrits filosòfics*. Barcelona, Edicions 62, 1983.
DUVE, CHRISTIAN DE: *La célula viva*. Barcelona, Premsa Científica, 1988.
FERNÁNDEZ NONÍDEZ, JOSÉ: *La herencia mendeliana*. Madrid, Espasa Calpe, 1935.
FOLCH, RAMON (dir.): *Biosfera*. Barcelona, Enciclopèdia Catalana (10 vol.).
FOLCH, RAMON: *Comprendre la natura*. Barcelona, Barcino, 1990.
FOLCH, RAMON: *Història Natural dels Països Catalans*. Barcelona, Enciclopèdia Catalana, 1985-1992.
GOULD, STEPHEN JAY: *El libro de la vida*. Barcelona, Editorial Crítica, 1999.
HALL, D. I K. RAO: *Fotosíntesis*. Barcelona, Omega, 1984.
JACOB, FRANÇOIS: *La lógica de lo viviente*. Barcelona, Laia, 1977.
LAMARCK, JEAN-BAPTISTE: *Filosofía zoológica*. Barcelona, Alta Fulla, 1986.
LEHNINGER, A. L.: *Principios de bioquímica*. Barcelona, Omega, 1993.
LÓPEZ PIÑERO, JOSÉ M.: *Diccionario histórico de la ciencia moderna en España*. Barcelona, Edicions 62, 1983.
LURIA, SALVATORE: *36 Lecciones de Biología*. Madrid, Blume, 1979.
MARGALEF, RAMON: *Ecologia*. Barcelona, Servei del Medi Ambient, 1985.
MARGALEF, RAMON: *Planeta azul, planeta verde*. Barcelona, Labor, 1992.
MARGULIS, LYNN I DORION SAGAN: *Què és la vida?* Barcelona, Proa, 1997.
MENDEL, GREGOR JOHANN: *Experiments d'hibridació en plantes*. Madrid, Alhambra, 1978.
PATTERSON, COLIN: *La evolución*. Barcelona, Fontalba, 1985.
SCHRÖDINGER, ERWIN: *¿Qué es la vida?* Barcelona, Tusquets, 1984.
SCHUMACHER, WALTER: *Tratado de Botánica*. Barcelona, Omega, 1989.
SZENT-GYÖRGYI, ALBERT: *Bioelectrònica*. Nova York, Academia Press, 1968.
VERNADSKI, VLADIMIR IVANOVITX: *La biosfera*. Madrid, Visor, 1997.
WATSON, J. I F. CRICK: «L'estructura molecular dels àcids nucleics» és traduït de *Nature* (1953).

Aquest llibre correspon al primer curs de la matèria de Biologia de la modalitat del Batxillerat de Ciències i Tecnologia, forma part del Projecte Editorial de Barcanova, i ha estat elaborat d'acord amb l'ordenació curricular establerta pel Departament d'Educació de la Generalitat de Catalunya.

Coordinació tècnica: Marcel Planas
Edició: Berta Ferrer i Mauro Giani
Maquetació: Advanced Creativity
Disseny d'interiors: Mariona Ribó
Disseny de la coberta: Departament de Projectes
Elaboració de la coberta: Laura Rodríguez

Fotografies de la coberta: AGE-Fotostock, J. M. Barres
Fotografies: A1 PIX Ltd., AGE-Fotostock, Aisa, O. Alamany, Album, Asa, J. M. Barres, Biblioteca de Catalunya, Bioflash, S. Calvet (UAB) (cortesia), Corbis / Cover, M. Durfort, Europa Press, X. Ferrer, Firo-Foto, Fototeca Stone, CD Gallery, García Valero, Gerda, Getty Images, C. Guixé, Index, A. Masó, Micros, Obac, Oronoz, Prisma, Servei de Medicina de la Reproducció de l'Institut Universitari Dexeus (cortesia), Sincronia, Super-Stock, J. Trueba - Madrid Scientific Films, S.L., Ll. Valcàrcel, J. Vidal, Vision Agency, Zardoya, M. Pérez de Tudela / M. Steel / Arxiu Anaya i Arxiu Barcanova.

Rosa Sensat, 9-11, 4a planta. 08005 Barcelona
Telèfon 93 217 20 54
barcanova@barcanova.cat / www.barcanova.cat
Segona edició: maig de 2010
Vuitena impressió: abril de 2021
DL B. 14096-2010
ISBN: 978-84-489-2340-2
Printed in Spain

PAPER DE FIBRA CERTIFICAT

Adaptació del llibre per a alumnes cecs o amb baixa visió

Editorial Barcanova i l'ONCE mantenen un acord de col·laboració mitjançant el qual els centres educatius que tinguin alumnes cecs o amb problemàtiques severes de baixa visió poden posar-se en contacte amb el *Centre de Recursos Educatius ONCE de Barcelona* per a l'adaptació d'aquest llibre. Per contactar amb el CRE de l'ONCE podeu fer-ho per telèfon o bé per correu electrònic.